Mittmann · Tatzeit
Große Fälle der Deutschen Volkspolizei, Band 1 und 2

W0177387

Wolfgang Mittmann

TATZEIT

Große Fälle der Deutschen Volkspolizei
Band 1 und 2

 Das Neue Berlin

Mit Vorbemerkungen von Dr. Bärbel Schönefeld, Leiterin der Polizeihistorischen Sammlung beim Polizeipräsidenten in Berlin

Im Interesse des Schutzes der Privatsphäre verschiedener Personen wurden einige Namen vom Autor geändert. Die mit ihnen in Zusammenhang stehenden Tatsachen sind verbürgt.

Vorbemerkungen

Dreißig, vierzig, fast fünfzig Jahre liegen zwischen dem Geschehen und dem heutigen Betrachten. Jahre, in denen sich eine unwahrscheinlich vielgestaltige historische Entwicklung in Deutschland vollzog. Jahre, in denen in Osteutschland ein politisches System installiert wurde und zerbrach, das sich als Zukunft Deutschlands ausgab, sich zum Sieger der Geschichte deklarierte.

Die Recherchen zu fast vergessenen Kriminalfällen holen ein Stück deutscher Wirklichkeit ins Licht der Öffentlichkeit zurück, zeigen Täter, Opfer, Polizei und Justiz in einer Zeit, die die Geschichtsschreibung als „kalten Krieg" charakterisiert.

Die Lektüre regt zu einer Fülle von Fragen an: Warum waren die Fälle fast vergessen? Wie stark waren die Denkmuster des „kalten Krieges" noch in den Köpfen der Männer verwurzelt, die fast dreißig Jahre später die Geschichte „ihrer" Polizei schreiben ließen? Was war diese Volkspolizei im Osten Deutschlands, Akteur oder Spielball der Politik, oder beides zugleich?

Sollen zumindest einige dieser Fragen beantwortet werden, muß in die Zeit des Entstehens des ostdeutschen Nachkriegspolizeiapparates geblickt werden; muß untersucht werden, warum die Generalität der DDR-Polizei weniger die historische Wahrheit als ihre eigene Geschichtsinterpretation des von der „Partei geführten bewaffneten Organs der Arbeiter-und-Bauern-Macht" liebte. Dabei geht es um die Feststellung historischer Fakten und objektiver Sachverhalte und nicht um die Rechtfertigung geschichtlicher Entwicklungen oder um eine Geschichtsdarstellung aus subjektiver Sicht.

Die Trümmer, die der vom Gößenwahn deutschen Nationalismus' vom Zaun gebrochene Weltkrieg dem deutschen Volk übrigließ,

5

waren verheerend. Mit dem Verlust der Souveränität Deutschlands nach totaler Niederlage und militärischer Besetzung ging die Auflösung aller bis dahin existierender Strukturen einher, einschließlich die der Autorität der deutschen Polizei.

Jedoch setzte sich zum Glück angesichts des beispiellosen Chaos nicht Lethargie und Resignation durch, obwohl das nur zu verständlich gewesen wäre. Nein, viele Menschen fingen trotz des persönlichen Leids und wirschaftlichen Nichts an, die „Ärmel hochzukrempeln", rissen weitere durch die immer stärker werdende Aufbaustimmung mit. Ein buchstäblicher Frühlingswind durchzog 1945 deutsche Lande, wehte bis in alle Winkel des Zerstörten. Daß dieses befreite, gemeinsame Anpacken der ersten Wochen zu schnell politisch mißbraucht wurde, dazu ist später mehr zu sagen.

Alle Bereiche des normalen Lebens lagen im Mai 1945 in Deutschland zerstört am Boden, und die Wiederherstellung war alles andere als einfach. Es mußten die Sieger des II. Weltkrieges als Regierungsgewalt akzeptiert werden. Es galt in Rechnung zu stellen, daß es in Gesamtdeutschland Millionen sogenannter „Fremdarbeiter" gab, daß der Krieg fast sieben Millionen mehr Frauen als Männer zurückgelassen hatte.

Objektiv notwendig war ein Erinnern an Traditionen und Tugenden, die der Krieg völlig überschattet hatte. Demokratische Wurzeln des Gemeinwesens der Weimarer Republik mußten wieder freigelegt werden, um an sie anzuknüpfen.

Eine solche Aufgabenstellung, die sich heute leicht feststellen läßt, war 1945 eine fast unüberwindbare Hürde. Die Deutschen standen letztendlich auch den Trümmern in ihren Köpfen gegenüber, Trümmern, an denen sie zum erheblichen Teil selbst Schuld trugen. Denn die gleichen Menschen, die sich jetzt demokratischer und humanistischer deutscher Traditionen besinnen mußten, hatten diesen Traditionen durch das Zujubeln, Mitmachen und Wegschauen in den Jahren der Nazimacht selbst den Rücken gekehrt. Welch innere Überwindungskraft war notwendig, eine solche Wahrheit zu erkennen und zu akzeptieren!?

Der Wille zur Wiedergutmachung hatte unzählige Hindernisse zu überwinden, bedurfte dringend der Unterstützung vor allem von außen, denn zu sehr schmerzte und kränkte die Erkenntnis der eigenen Niederlage. Die benötigte Hilfe von außen kam von den

Siegern des II. Weltkrieges. Sie nahmen die Entscheidung über das weitere Schicksal des deutschen Volkes in die Hände, ordneten Schritt für Schritt den Wiederaufbau des Landes an.

Unter den Frauen und Männern, die angetreten waren, in die Zukunft zu arbeiten, um die Vergangenheit verwinden zu können, waren auch viele ehemalige Polizeibeamte. Das Jahr des Machtantritts der Nationalsozialisten hatte ihnen das „Aus" gebracht, in einem Beruf, der für sie Berufung gewesen war. Den Grundüberzeugungen dieser Polizisten von Recht, Ruhe und Ordnung, denen sie in ihrem Inneren auch über die Jahre des Nazireiches treu geblieben waren, schlossen sich weitere an. Menschen, die teilweise aktiv die Naziherrschaft bekämpft hatten, die auf jeden Fall die Notwendigkeit erkannt hatten, daß ein Neuaufbau geordnete und ruhige Verhältnisse braucht. Getragen von dem Gedanken, im Sinne eines wahrhaft demokratischen Staates für Sicherheit und Ordnung im öffentlichen Leben der Gesellschaft zu wirken, traten diese Frauen und Männer in allen Besatzungszonen zum Polizeidienst an, für sie galt der Frühsommer 1945 gleichermaßen als „Stunde Null" einer demokratischen Polizei.

Der Bereich der Polizei, die zweifellos für das Wiedererstehen eines friedlichen Deutschlands dringend notwendig war, stellte ein sehr sensibles Feld dar. Das Entstehen neuer deutscher militärischer Kräfte schlossen die Alliierten für die folgenden Jahre aus. Man war sich aber durchaus darüber im klaren, daß eine deutsche Polizei früher oder später zu bewaffnen war. Deshalb waren die Festlegungen zur Aufstellung ziviler Polizeikräfte in Deutschland absolut eindeutig, jederzeitigen Eingriff der Besatzungsmächte ermöglichend.

In der „Erklärung in Anbetracht der Niederlage Deutschlands und der Übernahme der obersten Regierungsgewalt hinsichtlich Deutschlands durch die Regierungen des Vereinigten Königreichs, der Vereinigten Staaten von Amerika und der Union der Sozialistischen Sowjet-Republiken" vom 5. Juni 1945 heißt es in Artikel 2, Buchstabe e): „Zivile Polizeiabteilungen, die zum Zwecke der Aufrechterhaltung der Ruhe und Ordnung der Leistung des Wachdienstes nur mit Handwaffen auszurüsten sind, werden von den Alliierten Vertretern bestimmt."

Befehle alliierter Ortskommandanten, zwar unterschiedlich in der Art und bis in die Maitage des Jahres 1945 zurückdatierend, berücksichtigten dem Sinn nach diese Festlegungen für die Zulassung ziviler deutscher Polizeikräfte, stellen faktisch juristische Akte der Polizeineugründung in Deutschland dar.

Legt man die Situation im Jahre 1945 zugrunde, dann existierte zweifellos ein gemeinsamer Ausgangspunkt für die Polizeientwicklung in Deutschland, wobei sofort spezifische Momente in allen Zonen wirksam wurden. Im Gegensatz zu den Westzonen sahen sich die Deutschen in der Sowjetischen Besatzungszone der Besatzungsmacht gegenüber, die das größte Mißtrauen der einfachen Menschen hervorrief. Dies bestätigt sich in den sehr schnell deutlich werdenden, gravierenden Unterschieden der weiteren Entwicklung. Bald erinnerte nichts mehr an den ursprünglich gemeinsamen Ausgangspunkt alliierter Politik.

In drei Besatzungszonen und später in der Bundesrepublik Deutschland entwickelte sich eine Polizei im freiheitlich demokratischen Rechtsstaat. Die Polizeihoheit lag bei den Ländern. Polizeiarbeit war Dienst für das Gemeinwohl und den Bürger.

In der sowjetischen Besatzungszone und der späteren DDR entstand eine Polizei als Instrument für den Machtaufbau und -erhalt einer Partei, der SED. Prägend war hier von Anbeginn die Schaffung straffer zentralistischer, militärisch organisierter Befehlsstrukturen. Prägend war auch das völlig überzogene Kriminalisieren des von der wirtschaftlichen Not diktierten Handelns vieler Einwohner der SBZ. Kennzeichnend war ein undifferenziertes Herangehen der neuen Machtorgane gegenüber Schwarzhandel und das überschnelle Aufdrücken des „Sabotagestempels" auf jegliches Tun, das nicht in die Planstrukturen der Politik von KPD/SED und sowjetischer Militäradministration paßte.

Doch zurück zum Beginn des Polizeiaufbaus in der sowjetischen Besatzungszone. Er lehnte sich auch in der SBZ zunächst überwiegend an Formen an, wie sie die Weimarer Republik hervorgebracht hatte. Jedoch wäre es ein Trugschluß anzunehmen, daß die sowjetische Besatzungsmacht wirklich eine Struktur nach historischem demokratischem Vorbild anstrebte. Die Formen des dezentralisierten Aufbaus der Polizei entstanden vielmehr aus objektiven Sachzwängen, die meist materieller Art waren. Vor allem Ausstattung und Besoldung der Polizei ließen sich im kleinen Rahmen leichter realisieren.

8

Die weitere Entwicklung bewies eindeutig, daß dem Aufbau der Polizei in der sowjetischen Besatzungszone von Anbeginn an klare zentrale Konzeptionen zugrunde lagen. Das waren Konzeptionen des Zentralkomitees der KPD und der sowjetischen Militäradministration in Deutschland, die in den letzten Kriegsmonaten in Moskau entstanden waren. Die in den fünf Landesbehörden der SBZ entstehenden Polizeiabteilungen besetzte die Besatzungsmacht ausschließlich mit Mitgliedern der KPD und gewährleistete so den schnellen Vollzug ihrer Zielsetzungen. Mit den kommunistischen Chefs der Landespolizeiabteilungen war garantiert, daß alle Landespolizeien eine annähernd gleiche Entwicklung nahmen, daß überall die Prinzipien kommunistischer Personalpolitik durchgesetzt wurden, daß ein identisches Schulungsprogramm für die Polizisten zur Anwendung kam. Zwar nicht ohne Probleme, aber zunehmend reibungsloser griffen so zentralistische Vorstellungen der Besatzungsmacht und der deutschen kommunistischen Parteiführung.

Der Vollzug der endgültigen Zentralisierung wurde bereits 1946 zur entscheidenden Frage der Ausübung der angestrebten „Diktatur der Arbeiter und Bauern" erklärt. Im stalinistischen Sinn ging es darum, mit der Polizei ein zentrales Zwangsinstrument in der Besatzungszone zu installieren, das die Befehle der Besatzungsmacht uneingeschränkt durchsetzte. Die Beibehaltung der Unterstellung der Polizei unter die örtlichen Behörden hätte verhindert, daß die Polizei zum zentral zu steuernden und einsetzbaren bewaffneten Instrument dieser Diktatur werden konnte. Deshalb installierte die Sowjetische Militäradministration im Juni 1946 in Berlin die „Deutsche Verwaltung des Innern" (DVdI). Die Institution, zunächst als „koordinierendes, beratendes und kontrollierendes Organ" agierend, übernahm im Lauf des ersten Jahres ihrer Existenz die Leitung der gesamten Polizei der SBZ. An ihrer Spitze stand der Kommunist Dr. Kurt Fischer, der während des II. Weltkrieges als Agent des sowjetischen Geheimdienstes gearbeitet hatte.

Dieser Entwicklung im Sinn stalinistischer Strukturen, d.h. straffe zentralistische Führung und Kontrolle, bedingungslose Durchsetzung zentraler Beschlüsse sowie absolute Unterdrückung eigenständiger Züge, standen anfangs in den Ländern der SBZ vor allem sozialdemokratische, liberale und christlich-demokratische Auffassungen über die Rolle des Staates und seiner Polizei entgegen.

Forderungen wie die von dem CDU-Politiker Prof. Hickmann, im Sommer 1948 in Dresden erhoben, blieben ungehört. In klaren Worten hatte er im Hinblick auf die DVdI angeprangert, daß die Polizeibefugnisse „einer Behörde anvertraut werden, die lediglich diktatorische Vollmachten hat, ohne das deutsche Volk zu befragen", und verlangte „eine Polizei-Konstruktion, die den Zustand der diktatorischen Regelung, wie er jetzt in Berlin getroffen worden ist, ablöst und die Berliner zentralen Stellen unter parlamentarische Kontrolle stellt".

Da sich die SED immer mehr zur allein herrschenden Partei entwickelte, empfand sie solche Äußerungen als bedrohlich gegenüber dem Aufbau ihrer Machtstrukturen. Der bequemste Weg war es für die SED, alle Meinungen, die ihrer nicht konform waren, als Hetze abzutun. Deshalb wurden zunehmend solche Stimmen auch in ostdeutschen sogenannnten Blockparteien zur Seltenheit, bis sie ganz verstummten. Man arrangierte sich mit und in der Einparteiendiktatur.

Diese Ruhigstellung einer gesunden Opposition wirkte sich insbesondere auf den Personalaufbau der ostdeutschen Polizei verheerend aus. Mit der Besetzung aller maßgeblichen Funktionen in der Polizei mit Kommunisten bzw. später mit SED-Mitgliedern kam es zum völligen Bruch der deutschen Polizeitradition der Weimarer Jahre, in denen Parteizugehörigkeiten ohne Einfluß auf die Übernahme von Führungsposten gewesen waren. Auslösend für diese Entwicklung war das Handeln der sogenannten Initiativgruppen der KPD, die noch vor Abschluß der Kriegshandlungen im Bereich der 1. Ukrainischen sowie der 1. und 2. Bjelorussischen Front agierten. Diese deutschen Kommunisten zogen mit sowjetischen Fronttruppen nach Deutschland ein und sorgten gemeinsam mit der Besatzungsmacht für einvernehmliche Besetzung aller wichtigen Positionen auch der Polizei mit Führungspersonal aus ihren Reihen. Im Land Sachsen waren 1945 rund 50 % der Polizeiangehörigen Mitglieder der KPD, rund 36 % gehörten der SPD an. Nach dem Zusammenschluß beider Parteien zur SED waren dann über 80 % der Polizisten (einige SPD-Mitglieder ließen sich nicht vereinnahmen) Mitglieder der nach absoluter Macht strebenden Partei. Ähnlich sah es in der Polizei in den anderen Ländern der SBZ aus. Daß sich die anderen Parteien ebenfalls im antifaschistischen Sinn auch in der neuen Polizei engagieren wollten, wurde von der SED ignoriert bzw. als Gefahr des „Eindringens bürgerlicher Ideen" in das „bewaffnete Organ der Arbeiter-und Bauern-Macht" angesehen und deshalb verhindert.

Äußerlich wurde dieser diktatorische Prozeß verbrämt. Der Aufbau der neuen Polizeiorgane stand unter Losungen wie „Durch das Volk – mit dem Volk – für das Volk!", und die Masse der Polizisten verstand ihn auch ehrlich so. Doch zunehmend wurde dieser richtige Ansatz politisch vermarktet; und als Handlungsmaxime der Polizei galten – ab 1948 absolut – die Beschlüsse der SED. Der Partei gelang es faktisch, sich in etwas mehr als zweieinhalb Jahren eine auf ihre Politik und deren Durchsetzung ausgerichtete, bewaffnete Polizeiorganisation zu schaffen.

Über Jahrzehnte die Entwicklung der DDR-Polizei prägende Polizeiführer hatten im Spanienkrieg und in der Sowjetarmee Erfahrungen gewonnen. Militärische Strukturen, unumschränkte Befehlsgewalt und die Heraushebung der Kommandierenden waren ihnen vertraut und befriedigten auch persönliche Eitelkeiten. Sie kannten das militärische Leben und fühlten sich darin bestätigt. Polizeiliche Arbeit in ihrem ursächlichen Sinn war ihnen weitestgehend fremd. Sie hatten die Polizei im kommunistischen Widerstand als Gegner empfunden. Für sie galt, daß die neue Polizei in erster Linie einen politisch-militärischen Auftrag erfüllen sollte, um die Macht, die sie im Zuge der sowjetischen Besetzung gewonnen hatten, zu sichern und auszubauen. Zwangsläufig wurde polizeifachliches Herangehen an die Aufgaben zunehmend überlagert von militärischen Organisationsformen, Kommandostrukturen, Denkmustern, Bewaffnung, Ausrüstung und Einsatzformen.

Sehr anschaulich offenbart sich das militärische Gehabe beim Herangehen der zentralen Polizeiführung in der im vorliegenden Buch geschilderten Aktion um die „Todesschüsse von Uckro". Erschreckend vermischt sich eine Sucht nach Demonstration militärischer Stärke mit Sorglosigkeit im Umgang mit den unerfahrenen und schlecht vorbereiteten Einsatzkräften der Kasernierten Volkspolizei. Symptomatisch auch in diesem Fall – die Politisierung auch gewöhnlicher Kriminalität. Ein Fahndungseinsatz solcher Größenordnung bedurfte dringend einer polizeitaktischen Führung. Doch die ostdeutschen Polizeiführer hatten das Polizeifach nicht gelernt, meinten wohl auch, es nicht nötig zu haben. Selbstherrlich verfügten sie nach ihrem Gutdünken, schließlich ging es ja gegen den „Klassenfeind", und dem war man doch „überlegen"!?

So scheute man nicht einmal vor Lügen zurück, indem Opfer eindeutiger taktischer Unfälle zu „Opfern imperialistischer Mörder" erklärt wurden. Auch paßte es nicht ins Denkschema der Polizeiführer, daß ganz gewöhnliche brutale Kriminelle Polizisten ermorden, es „mußte" sich um faschistische Terroristen handeln. Der „Klassengegner" war die beste Begründung, um Tatsachen zu verschweigen, zu verdrehen oder zu erfinden. Eine üble Methode, die symptomatisch für die Sicherheitspolitik der DDR auch in den kommenden Jahren werden sollte.

Nach der DDR-Staatsgründung zeigte sich jedoch sehr bald, daß die Polizei – mittlerweile seit dem 1. Juni 1949 offiziell mit dem Titel „Volkspolizei" versehen – offensichtlich nicht geeignet war, die Machtansprüche der SED ausreichend zu sichern. Die alltäglichen Anforderungen, die geprägt waren von den Bedürfnissen und Erwartungen der Bevölkerung an die Polizei, überlagerten die von der SED-Führung aufgestellte Forderung nach ständiger politischer „Wachsamkeit" und aktiver politischer Tätigkeit.

Dieser Zustand führte bereits im August 1947 zur Einrichtung des sogenannten Kommissariats 5 innerhalb der Polizei. Damit etablierte die sowjetische Besatzungsmacht praktisch das politische Instrument zur Durchsetzung stalinistischen Machtverständnisses in der ostdeutschen Polizei.

Alle Kriminalfälle, bei denen man einen politischen Hintergrund vermutete, wurden vom K 5 bearbeitet. Das überzogene Sicherheitsdenken führte dazu, daß man allmählich jede Straftat mit dem Prädikat „politisch" belegte. Im Frühjahr 1950 wurde so das K 5 zur Keimzelle für das Ministerium für Staatssicherheit. Dieses Ministerium, das als „Schild und Schwert der Partei der Arbeiterklasse", wie es sich selbst bezeichnete, wirkte, übernahm praktisch, unter Herauslösung von Personal aus der Volkspolizei, die Bearbeitung aller Straftaten, hinter denen Aktivitäten des „Klassenfeindes" gesehen wurden.

Damit war der Grundstein für einen Staat im Staat gelegt, der die Funktion und Befugnisse eines Geheimdienstes für die Auslandsaufklärung mit denen einer politischen Geheimpolizei zur Absicherung der inneren SED-Herrschaft vereinte und dafür auch sämtliche Befugnisse im Rahmen polizeilicher Gefahrenabwehr und Strafverfolgung besaß. Dieses Monster war vier Jahrzehnte auch zuständig für die Überwachung der ostdeutschen Polizei, entschied über sämtliche Personalfragen und etablierte sogenannte Offiziere im besonderen Einsatz (OibE) in der Polizei.

Doch auch nach dem Abspalten der politischen Polizeikräfte von der Volkspolizei vervollkommnete die SED mit ständiger Konsequenz die militärischen Strukturen mit dem Ziel der bedingungslosen Unterordnung eines jeden VP-Angehörigen unter die politische Doktrin. Grundlagen der Dienstvorschriften, Befehle und Weisungen waren die Beschlüsse der SED, die im Selbstverständnis den Gesetzen vorgelagert wurden und ihrer Interpretation dienten. Ideologische Wächter waren hier die Politorgane und die Abteilungen für Sicherheitsfragen des SED-Parteiapparates.

In dieser Entwicklung entstand zunehmend ein ständiges Spannungsfeld innerhalb der Polizei. Ein Spannungsfeld zwischen dem politischen Auftrag, der politischen Indoktrinierung einerseits und den Anforderungen des täglichen Polizeidienstes andererseits. Es entstand auch ein immer stärkeres, überzogenes Sicherheitsdenken bei den Polizeiangehörigen, das die Bereitschaft mit sich brachte, in zugespitzten politischen Situationen gegen Andersdenkende vorzugehen, sie als „Feinde der DDR" zu betrachten. Daß sich diese geistige Deformierung mit der Lösung normaler polizeilicher Aufgaben nicht auf Dauer zusammenfügen konnte, offenbarten die Herbstwochen 1989. Sie führten zur Polizeikrise und gleichzeitig auch zur Befreiung der Polizei.

Das vorliegende Buch entreißt Vorgänge aus den Anfangsjahren der DDR-Polizei dem Vergessen und wirft damit auch ein bedeutsames Licht auf die Art des Umgangs der DDR-Polizeiführer mit der historischen Entwicklung ihres „Organs".

Im Jahre 1966 rückte der Problemkreis, Geschichte aufzuarbeiten, in das Blickfeld des damaligen Ministers des Innern und Chefs der Deutschen Volkspolizei. Eine bezeichnenderweise von ihm selbst geleitete Kommission als leitendes Organ zur Ausarbeitung der VP-Geschichte wurde gegründet. Ihre Funktion bestand darin, von inhaltlichen Konzeptionen bis zu ausgearbeiteten Manuskripten alles zu bestätigen, was an Forschungsergebnissen und -darstellungen verwertet werden sollte. Wer die

Zusammensetzung der berufenen Kommission betrachtet, die für die beiden Bände „Geschichte der VP" als Hauptredaktion fungierte, wird sich unschwer vorstellen können, daß eigenständige oder gar kritische Wertungen zum Entwicklungsweg der Volkspolizei durch die Autoren – wollten sie als solche weiter arbeiten – unmöglich waren. Eine ehrliche und ungeschönte Darstellung polizeilicher Entwicklung und polizeilicher Arbeit, wie in den vorliegenden Kriminaldokumentationen, war weder gewünscht noch vorgesehen. Man wollte sich selbst als heroische, der SED treu ergebene Führungspersönlichkeiten wiederfinden. Man wünschte eine schöne „Hofberichterstattung". Die Geschichte wurde also so verfaßt, wie die Herren der Kommission, die allesamt die Polizeiführung der ehemaligen DDR darstellten, sie auffaßten bzw. sehen wollten.

Ihre politische Herkunft und Heimat sowie ihre eigene polizeifachliche Unzulänglichkeit waren ausschlaggebend für ihren Führungsstil in den 40er und 50er Jahren gewesen. Einen Stil, den sie nie bereit waren zu ändern oder auch nur kritisch zu betrachten. Sie waren in den Anfangsjahren der DDR in Führungsebenen gelangt, die ihnen nach ihren Vorstellungen unangefochten zustanden und deren Machtbefugnisse sie bis hin zur Geschichtsverfälschung mißbrauchten.

Um so dringlicher ist das Darstellen des wirklichen Geschehens, ist das Insgedächtnisrufen scheinbar vergessener Hergänge, ist die Mahnung, vor historischen Wahrheiten die Augen nicht zu verschließen.

Dr. Bärbel Schönefeld

Anmerkungen des Autors zur 2. Auflage

Das Erscheinen des ersten Bandes meiner „Großen Fälle der Volkspolizei" im Herbst 1995 hat recht unterschiedliche Reaktionen ausgelöst. Verlag und Autor erhielten Leserbriefe und Telefonanrufe, ein gutes Dutzend Rezensenten meldeten sich in Presse und Rundfunk zu Wort. Zwei TV-Produzenten drehten Beiträge für ihre Magazinsendungen und der Prager Rundfunk strahlte ein Originalton-Feature, das ich mit meinem Kollegen Jan Eik für den MDR produziert hatte, just zu dem Zeitpunkt aus, als in der Tschechischen Republik die öffentliche Diskussion um eine Rehabilitierung und Restitutionsansprüche der Masin-Brüder entbrannt war.

„Ich kaufte mir dieses Buch aus gutem Grunde", schrieb Herr D. aus Leipzig. „An der geschilderten Großfahndung habe ich teilweise teilgenommen ... Es bestätigten sich zahlreiche meiner Vermutungen, die ich aber nie gründlich erforschen konnte."

„Die Schilderungen verdeutlichen die Tatsachen jener Zeit nach 1945 und ich habe beim Lesen mich in diese Tage auch zurückversetzt gefühlt", urteilte Herr L. aus Burkau.

Und Frau T. aus Bonn fragte an: „Wie mir ihr Verlag mitteilte, ist das Buch leider vergriffen. Ich interessiere mich dafür, weil mein Großvater einer der Verurteilten (im DCGG-Prozeß) war ... Ich möchte mehr wissen über die Geschichte meiner Familie mütterlicherseits, da sich durch die Verhaftung meines Großvaters unser Leben sehr veränderte."

Wie anders dagegen die Stimme eines Ex-Professors der Berliner Humboldt-Universität, der seinen Unmut am 13.10.1995 im „Neuen Deutschland" zum Ausdruck brachte: „Es sind freilich an vielen Stellen Berichte über eine verblichene Polizei, die dem Sieger gefallen sollen. Die Generäle und leitenden Offiziere werden durchweg als unfähig charakterisiert ..." (Dabei hatte ich nur die Akte der „Großfahndung Uckro" gründlich gelesen und mich im

Endergebnis dem Urteil hochrangiger Polizeitaktiklehrer an der Moskauer Milizhochschule angeschlossen.) „Pleiten, Pech und Pannen. Ein verzerrtes Bild von der Volkspolizei", rundete der Herr Professor ab.

Nun, dieser Eindruck mag wohl entstehen, wenn es an der notwendigen Bereitschaft mangelt, mit dem verklärten Bild der Volkspolizei, das man einst selbst getragen und auch befördert hat, kritisch umzugehen.

Keine Fehlerdiskussion, Genossen! – Aber hatten wir das nicht schon mal?

Nein, Herr Professor, mir ist nicht an einer Delegitimierung der DDR und ihrer Volkspolizei gelegen. Die DDR war in meinen Augen kein „Unrechtsstaat", aber ein Staat, in dem auch Unrecht im Großen wie im Kleinen geschah. Kriminalfälle gerieten zu politischen Affären oder wurden zu solchen umgedeutet. Sie aus der Vergessenheit zu holen und die seinerzeit schwer durchschaubaren Zusammenhänge und Hintergründe deutlich zu machen, ist Grund genug, um über diese Fälle zu schreiben.

Und noch ein Phänomen, auf das ich beim Studium der alten Akten stieß. Nicht immer stimmen die Unterschriften in den Ermittlungs- und Vernehmungsprotokollen mit den Namen derjenigen überein, die so manchen spektakulären Aufklärungserfolg in der offiziellen Polizeigeschichtsschreibung der DDR für sich usurpieren konnten.

Mein Buch „FAHNDUNG" wendet sich an Leser, die sich für Polizei- und Justizgeschichte interessieren, an Historiker und ehemalige Volkspolizisten, aber auch an Krimileser, denn die in diesem und in weiteren Bänden gesammelten „Großen Fälle der Volkspolizei" sind so spannend zu erzählen, wie sie sich im Leben zugetragen haben.

Beiersdorf, im September 1998

DAS EISENBAHNATTENTAT VON BURKAU

Entstehung und Demontage einer Legende

Donnerstag, der 29. November 1945.

Kurz vor Tagesanbruch hatte sich Rauhreif über die Dächer der sächsischen Gemeinde Rauschwitz gelegt. Der Aufsichtsbeamte, der um neun Uhr fünf aus dem Dienstgebäude der Bahnstation trat, um den Abfahrauftrag für den Personenzug Nr. 864 in Richtung Burkau zu erteilen, fror in seiner wollenen Uniformjacke.

Alfred Pelocke, der Lokführer des P 864, löste das Führerbremsventil und öffnete den Dampfregler. Ächzend ruckte die Lokomotive der Baureihe 94 an. Hinter ihr rollten der Packwagen und zwei, drei Reisezugwagen, deren Fenster notdürftig mit Pappe und Sperrholz verkleidet waren, am Schluß des Zuges ein klappriger Güterwagen, auch er mit Reisenden besetzt, die sich in der Kälte aneinanderdrängten.

Noch waren die Wunden des Krieges nicht geheilt. Der Lärm der Schlachten aber war verstummt, und Leben regte sich wieder zwischen Trümmern und Ruinen. Hoffnungen beflügelten die Menschen. Und nicht wenige glaubten an ein gutes Omen, als die Deutsche Reichsbahndirektion zu Beginn des Monats November den Zugverkehr auf einem Teilstück der Strecke Kamenz-Bischofswerda wieder in Betrieb nahm. SS und Wehrmachtseinheiten hatten in den letzten Kriegstagen noch zahlreiche Brücken der Eisenbahnstrecke gesprengt. Doch weder General Schörners letztes Aufgebot noch die rasch zusammengewürfelten Volkssturmverbände vermochten die aus Richtung Görlitz und Bautzen vorstoßenden Truppen der sowjetischen 5. Gardearmee und der 2. polnischen Armee aufzuhalten.

Alfred Pelocke, der dreiundfünfzigjährige Lokomotivführer aus dem Bahnbetriebswerk Kamenz, blickte zum Wasserstandsanzeiger an der Kesselwand des Führerstandes. Er kontrollierte das Kesseldruckmanometer. Seine linke Hand umschloß den Hebelarm des Dampfreglers, mit dessen Hilfe er die Dampfzufuhr in beide Zylinderblöcke drosseln oder erhöhen konnte.

Die eingleisige Strecke führte sanft bergan. Jede Schwelle, jeden Telegrafenmast und jeden Kilometerstein kannte Alfred Pelocke an diesem Schienenstrang. Leichtes Hügelland links und rechts der Trasse. Vereinzelt standen Gehöfte. Und weiter drüben, hinter der alten Reichsstraße, ragt der Hochstein 449 Meter über das Land, aus dessen Felsmassiv die Quellwasser der Schwarzen Elster entspringen.

Noch ein knapper Kilometer bis Burkau, dann würde sich der Zug durch den Ort winden, die Hauptstraße und einen Bach mit dem prosaischen Namen Klosterwasser überqueren, bevor die Zugfahrt am Bahnhof Burkau ihr vorläufiges Ende nehmen sollte. Die Brükken in Richtung Bischofswerda waren noch unpassierbar.

Am Streckenkilometer 13,8 ratterte der Zug unter dem grauen Betonband der Autobahn Dresden – Bautzen hindurch. Hinter der Unterführung tauchte die Burkauer Kirchturmspitze auf. Der zerschossene Wetterhahn auf dem Dachfirst war das letzte, was der Lokführer noch wahrnahm. Ein greller Blitz, der unter den Rädern der Lokomotive aufzuckte, leitete das Inferno ein. Die Detonation riß die tonnenschwere Lokomotive zur Seite, warf sie nach links auf die Böschung. Unter ohrenbetäubendem Krachen und hellem Kreischen von Metall wurden Führerstand und Tender zu einem Schrottknäuel zusammengepreßt. Der Packwagen und der erste Reisezugwagen sprangen aus den Schienen. Kupplungsteile und Waggon-puffer flogen gleich tödlichen Stahlgeschossen durch die Umgebung. Als die Wolke aus Dreck, Staub und Wasserdampf zusammensank, kam ein schwärzlicher rauchender Trümmerhaufen aus Stahl, Holz und – Menschenleibern zum Vorschein. Zwischen zusammengeschobenen Waggonwänden, zersplitterten Abteilen und ineinander verkeilten Sitzbänken riefen Verletzte um Hilfe.

In jenem Herbst 1945 lebten in Burkau, einem Dorf, das zur westlichen Oberlausitz zählt, 2306 Einwohner. Eine Einheit der Roten Armee war im Oberdorf einquartiert, die von den Offizieren der Ortskommandantur befehligt wurde. Das Zusammenleben zwischen Siegern und Besiegten gestaltete sich bei weitem nicht so reibungslos, wie die DDR-Geschichtsschreibung es später darzustellen pflegte. Allzu frisch waren die im Krieg gerissenen Wunden. Haß und Rachegefühle schlugen den Burkauern immer wieder entgegen. Hinzu kamen die Übergriffe der vagabundierenden Ostarbeiter, jener Menschen, die von den Nazis zur Zwangsarbeit ins „Tausendjährige Reich" verschleppt worden waren und die nun aufbrachen, um sich in ihre polnische, russische oder tschechoslowakische Heimat durchzuschlagen. Auch sie gehörten zu den Siegern dieses Krieges und nahmen sich, was immer sie zum Leben brauchten.

Um die Ordnung in Burkau aufrechtzuerhalten, hatte die provisorische Landesverwaltung in Dresden der Stationierung eines größeren Polizeipostens zugestimmt. Zum Polizeiwachtmeister war der sechsunddreißigjährige Oskar Golz ernannt worden. Ein Mann, der im Zivilleben den Beruf eines Feinarmaturenschlossers ausgeübt hatte und vor 1933 der SPD nahestand. „Politisch unbedenklich" also, wie es in der Amtssprache des neuen sächsischen Machtapparates hieß. Ein Qualifikationsmerkmal, das vollauf genügte, um dem Schlosser die Polizeigewalt in Burkau anzuvertrauen.

Am Morgen des 29. November saß Oskar Golz beim Barbier des Ortes und ließ sich Kinn und Wangen schaben. Nicht ohne Eigennutz, gelten doch Friseurläden von jeher als hervorragende Nachrichtenbörsen. Neuigkeiten erfuhr man hier aus erster Hand, noch bevor sie als offizielle Anzeige auf dem Tisch des Polizeiwachtmeisters landen konnten.

Die Detonation um neun Uhr zwölf ließ die Männer im Frisiersalon von den Stühlen springen. Erschreckte Gesichter. Einer bekreuzigte sich verstohlen. „Was ... was war denn das?"

Oskar Golz, die linke Wange noch voller Rasierschaum, winkte gelassen ab. „Was soll schon sein", meinte er trocken. „Die haben den Zug in die Luft gesprengt."

Witzig sollten seine Worte klingen, um die Männer zu beruhigen. An ein Unglück glaubte der Polizeiwachtmeister zuallerletzt. Wahrscheinlich haben Pioniere der Roten Armee einen Blindgänger gesprengt, sagte er sich. Unmengen von dem Teufelszeug lagen ja noch in der Gegend umher. Fast täglich konnte Golz Kinder beobachten, die mit weggeworfenem Kriegsgerät spielten. Bei Säuritz lag sogar das Wrack einer abgestürzten Me 109 auf dem Feld. Und vor knapp acht Wochen war eine Panzermine, verborgen in der Ackerfurche, einem Fuhrwerk der Roten Armee zum Verhängnis geworden. Die drei Soldaten auf dem Panjewagen, zur Kartoffelernte abkommandiert, hatten das Unglück nicht überlebt.

Frisch rasiert und nach Kölnisch Wasser duftend, trat Oskar Golz aus dem Friseurladen. Auf der Straße sah er Menschen, die in Richtung Autobahn hasteten.

Urplötzlich durchfuhr ihn die Erkenntnis, daß es mit der Detonation wohl doch eine ernstere Bewandtnis haben müsse, als von ihm vermutet. Tage später sollte der Polizeiwachtmeister auf unliebsame Weise an seine unbedachte Bemerkung im Rasierstuhl erinnert werden.

Oskar Golz schwang sich aufs Dienstfahrrad. Kraftvoll trat er in die Pedale, kurbelte, bis er schweißgebadet die Unglückstelle an der Autobahn vor Augen hatte. Am Bahndamm wimmelte es inzwischen von Menschen. Neugierige starrten von der Autobahnbrücke herab. Soldaten der Roten Armee richteten einen Notverbandsplatz ein. Bauern waren mit ihren Gespannen aus den umliegenden Gehöften herbeigeeilt, um die Toten und Verletzten zu bergen, nach denen die Rettungsmannschaften in den Trümmern suchten.

„Nu, warrum so spätt?" raunzte der russische Ortskommandant den Polizeiwachtmeister an. Der Offizier erwartete keine Antwort. Ungeduldig zerrte er den Deutschen zum Gleiskörper. Er zeigte auf die zerstörte Lokomotive, auf die geborstenen Schienen, deren Stümpfe in die Luft ragten und Spuren einer Sprengung aufwiesen. „Sabotasch!" tobte der Russe. „Du verstänn: Sabotasch! Njemetzkije Faschisti!"

Oskar Golz zuckte ratlos die Schultern. Wie ein hilfloser Bub vor dem Schulexamen fühlte er sich. Dieser Situation war er nicht gewachsen. Bar jeder kriminalistischen Ausbildung, verfügte er noch nicht einmal über die grundlegendsten Kenntnisse eines

Polizeianwärters. Daß eine Sprengstoffexplosion das Eisenbahn-unglück herbeigeführt hatte, sah selbst ein Laie auf den ersten Blick. Die Untersuchung von Sprengstoffdelikten ist Sache der Experten, rettete sich Golz. Der Polizeiwachtmeister nahm die Mütze ab und kratzte sich bekümmert den Schädel. Die Speziali-sten von der Kripo müssen her! Sollen die sich doch den Kopf zerbrechen!

Als Golz seinen Vertreter, den Polizisten Strecker, zwischen den Zugtrümmern herumklettern sah, atmete er schon erleichtert auf.

„Verdammte Sauerei!" gab Strecker seinen Eindruck kund. „Was machen wir jetzt?"

Golz entschied: „Lauf zum Telefon, Richard. Ruf die Kripo in Kamenz an. Sag, daß wir hier überfordert sind."

Für Burkau war die Kriminaldienststelle der Kreisstadt Kamenz zuständig. Ihr Leiter gab die Meldung sofort an das Landeskrimi-nalamt durch und fuhr mit einer Handvoll Männern nach Burkau.

urch ein Attentat faschistischer Banditen am 29. November 1945 zerstörter Personenzug im Kreis Kamenz

Die zerstörte Lokomotive des P 864 am 29. November 1945 in Burkau

Gegen elf Uhr wurde dem Präsidenten des Landeskriminalamtes Dresden die erste Meldung auf den Tisch gelegt.

„Die Kriminaldienststelle Kamenz meldet:
Auf der Eisenbahnstrecke zwischen Burkau und Rauschwitz

ist heute (29.11.1945) eine Eisenbahnbrücke gesprengt worden. Wahrscheinlich Sabotage."

Kriminaldirektor Auerswald runzelte die Stirn. „Reichlich dürftig", kommentierte er den Text. Während er seinen Sichtvermerk auf den Rand des Blattes kritzelte, wies er den Kriminaldauerdienst an: „Versuchen Sie, ein paar Einzelheiten in Erfahrung zu bringen. Ausmaß des Schadens, Ursache und so weiter. Sie wissen schon, was zu einer ordentlichen Meldung gehört."

Eine Stunde später zeichnete sich noch immer kein genaueres Bild über die Vorgänge in Burkau ab. Aber Auerswald durfte die Weitergabe der Meldung an den Chef der sächsischen Polizei nicht länger hinauszögern. So entschied er sich für einen Kompromiß. Die Meldung, die schließlich an Ministerialdirektor Hofmann gerichtet wurde, hatte den folgenden Wortlaut:

„Die Kriminaldienststelle Kamenz meldet:
Heute früh (29.11.1945) auf der Eisenbahnstrecke Rauschwitz – Burkau ein Eisenbahnunglück. Wahrscheinlich Zug auf Mine gefahren. Vermutlich Werwolftätigkeit.
Die Beamten der Kriminaldienststelle Kamenz sind an der Unglückstelle.
Das Landeskriminalamt hat angeordnet, daß sofort vom Kriminalamt Dresden 10 Beamte an die Unglückstelle ausrücken.
Dresden, den 29.11.45"

Wer zu diesem Zeitpunkt den Verdacht der Werwolftätigkeit ins Spiel brachte, hat sich später nicht mehr rekonstruieren lassen.

Der Werwolf, die erst im Herbst 1944 unter dem Kommando des SS-Obergruppenführers Prützmann gebildete Kampforganisation der Nazis, rekrutierte vor allem fanatische Hitlerjungen für den Partisanenkrieg. Erst am 10. März 1945 hatte der Leiter der NSDAP-Reichskanzlei, Martin Bormann, alle Gauführer des zusammengeschrumpften Restreiches angewiesen, „entschlossene Männer und Frauen jeden Alters für den Werwolf anzuwerben". Dieser sollte über einen speziellen Radiosender geführt werden, der noch am 1. April 1945 seinen Betrieb aufnahm.

Obwohl dem Werwolf in der Realität des Kriegszusammenbruchs kaum wirkliche Bedeutung zukam und er letztlich ein von der Nazipropaganda geschaffenes Phantom blieb, war er bei den Alliierten – Russen wie Amerikanern gleichermaßen – gefürchtet.

Und so wurden kurz nach Kriegsschluß für ungeklärte Gewalttaten neben umherstreunenden SS-Männern und versprengten Wehrmachtsangehörigen vor allem Werwolfmitglieder verantwortlich gemacht. Der Verdacht der Werwolftätigkeit, 1945 für Tausende von Hitlerjungen ausreichend, in sowjetische Internierungslager verbracht zu werden, schlich sich auch in diesem Fall beinahe zwangsläufig ein.

Die Rettungsarbeiten an der Unglücksstelle bei Burkau gingen in den frühen Nachmittagsstunden des 29. November zu Ende. Jetzt kamen die Ermittlungsbeamten zum Zuge. Die Schreckensbilanz wies fünf Tote aus:

> Lokomotivführer Alfred Pelocke aus Kamenz,
> Lokomotivheizer Alfred Mütze aus Gersdorf,
> Zugführer Paul Müller aus Kamenz,
> Zugschaffner Kunath aus Gelenau,
> Rangierleiter Böhme aus Kamenz.

Ihre Namen wurden im Sterberegister des Burkauer Pfarramtes eingetragen. Der schwerverletzte Fahrladeschaffner Paul Franke verstarb tags darauf im Krankenhaus zu Bischofswerda. Zwölf weitere Personen wurden verletzt.

Mehr als ein Dutzend Experten der Eisenbahn, der Kriminalpolizei und des NKGB, des sowjetischen Geheimdienstes, untersuchten den Ort des Geschehens. Über die Unglücksursache war man sich rasch einig. Niemand hegte Zweifel, daß die Katastrophe durch eine Sprengstoffexplosion ausgelöst worden war.

„Soweit man das gegenwärtig beurteilen kann, war die Sprengladung auf oder unter dem Schotterbett verlegt", erklärte der Chef der hinzugezogenen Sprengstoffsachverständigen. „Berücksichtigt man den Zerstörungsgrad am Gleiskörper und an der Lokomotive, so dürfte es sich um einen Sprengkörper von etwa fünfzig Kilo gehandelt haben."

„Das entspricht dem Gewicht einer Fliegerbombe", assistierte sein jüngerer Kollege. „Allerdings können wir uns auch eine geballte Ladung aus zwei oder drei Erdminen vorstellen."

Oskar Golz, der bei der Expertenrunde stand, zuckte zusammen. Die beiden Fliegerbomben waren ihm in den Sinn gekommen, die einem Gerücht zufolge auf einer Feldmark unweit von Burkau gelegen haben sollen. Da es zu den Aufgaben der Polizei gehörte,

Waffen und Munition einzusammeln, um sie in einem Schuppen hinter dem Gemeindeamt bis zum Abtransport aufzubewahren, hatte er sich nach seinem Amtsantritt sofort auf die Suche nach den beiden Blindgängern gemacht, war aber trotz intensiver Nachforschungen nie dahintergekommen, wo die Fliegerminen tatsächlich abgeblieben waren.

„Wann ist der letzte Zug auf der Strecke gefahren?" wollte der Leiter der Kamenzer Kripo-Dienststelle von den Reichsbahnern wissen.

„Gestern abend um achtzehn Uhr neun. Von Burkau nach Kamenz."

„Das würde ja bedeuten, daß man den Sprengsatz erst in der letzten Nacht gelegt haben kann. Mögliche Tatzeit von achtzehn Uhr fünfzehn bis heute morgen neun Uhr. – Richtig?"

Die Experten nickten.

„Und die Zündung?"

„Druckzünder vielleicht. Oder eine elektrische Zündeinrichtung. Genaueres läßt sich leider nicht sagen. Die Spurensicherung hat keine Anhaltspunkte ergeben."

Während die Aufräumungsarbeiten ihren Fortgang nahmen, übermittelte die Untersuchungskommission einen vorläufigen Sachstandsbericht nach Dresden.

Auerswald, der Präsident des Landeskriminalamtes, war heilfroh, daß er die 10 Beamten seiner Dienststelle rechtzeitig in Marsch gesetzt hatte. So konnte man ihm keine politische Blindheit nachsagen. Er griff zum Telefon und verlangte eine Blitzverbindung zu Hofmann, dem Chef der sächsischen Polizei in der Verwaltung Inneres und Volksbildung.

Arthur Hofmann war zur Zeit der Burkauer Ereignisse erst seit wenigen Wochen im Amt. Nach dem Willen der sowjetischen Besatzungsmacht hatte er den Polizeipräsidenten Wolf abgelöst. Wolf besaß ein ausgeprägtes demokratisches Polizeiverständnis, und eben dieses ließ ihn in den Augen der Besatzungsbehörde als politisch indifferent erscheinen. Hofmann dagegen war ein gestandener Kommunist. Zu Beginn der dreißiger Jahre in die Sowjetunion emigriert, kehrte er 1945 an der Seite der Roten Armee nach Deutschland zurück. Die sowjetische Militärverwaltung setzte auf Funktionäre, die durch ihre Kaderschmiede gegangen waren. Und sie akzeptierte, daß der sächsische Polizeichef einen Maurer aus Plauen – Hofmanns Heimatstadt – zu seinem wichtigsten Vertrauten machte. Der dreißigjährige Willi Seifert, der später von sich behauptete, schon mit fünfzehn Jahren in die Kommunistische Partei Deutschlands eingetreten zu sein, übernahm alsbald den Part einer grauen Eminenz in der sächsischen Polizeiverwaltung. Offiziell als Referent für Angelegenheiten der Kriminalpolizei zuständig, glich seine Macht doch eher der eines Polizei-Vizechefs.

Zwangsläufig landete der erste Burkauer Sachstandsbericht auf dem Tisch des Ministerialrats Seifert. Der dunkelhaarige schlanke Mann nahm das Schriftstück zur Hand. Seine besondere Befähigung zu logischem Denken war ihm mit dem nüchternen, sachlichen Verstand des Vogtländers in die Wiege gelegt worden. Und eiskalt zu kalkulieren, hatte ihn der Überlebenskampf im Konzentrationslager auf dem Ettersberg bei Weimar gelehrt.

Seifert las: Fünf Tote – Dreizehn Verletzte – Bombenattentat – Vermutlich Werwolftätigkeit! Worte, die den Ministerialrat alarmierten. Das ist offener Widerstand gegen die sowjetischen Besatzungsbehörden! schoß es ihm durch den Sinn. Aufruhr gegen die antifaschistische demokratische Ordnung!

Seifert sprang hinter seinem Schreibtisch auf. Mit schnellen Schritten durchmaß er das Zimmer, um seiner Erregung Herr zu werden. Ganz offensichtlich – der Vorfall war von allen Seiten unterschätzt worden! Eine faschistische Verschwörung, die in Burkau zu vermuten war, konnte man nicht mit einer Handvoll Leute ausheben.

Seifert dachte sofort an die Bildung einer speziellen Untersuchungskommission, die er in mehrere Gruppen aufgliedern würde. Darüber hinaus würde er die Dresdner Ordnungspolizei und die Polizeireserve in Chemnitz mobilisieren. Das Sprengstoffattentat von Burkau war ein politisches Verbrechen, dessen Aufklärung höchste Priorität haben mußte!

Der Ministerialrat stand jetzt am Fenster. Mit den Fingerspitzen trommelte er gegen die Scheibe, durch die er die Trümmerlandschaft der Dresdner Innenstadt sehen konnte. Soweit der Blick reichte, nichts als Ruinen, leere Fensterhöhlen und Schutt.

Seifert wußte, daß die Verlegung stärkerer Polizeikräfte, die ihm im Interesse der Ausweitung der Fahndung unumgänglich erschien, von der Zustimmung der sowjetischen Militärverwaltung abhing. Diese einzuholen, war dem Chef der sächsischen Polizei vorbehalten.

Seifert ließ sich bei Hofmann melden. Der Polizeichef folgte dem Vorschlag seines Referenten. Er führte die notwendigen Telefongespräche und erteilte den Befehl, die uniformierte Chemnitzer Polizeireserve nach Burkau zu beordern. Hofmann ging noch einen Schritt weiter. Er erklärte die Untersuchung des Sprengstoffattentats zur Chefsache und übertrug die Verantwortung auf seinen Ministerialrat.

*Ministerialdirektor
Arthur Hofmann, Chef
der sächsichen Polizei*

„Fahr selber raus, Willi", sagte er. „Übernimm die Leitung vor Ort. Denk an Lenins Worte, daß man dem weißen Terror unseren roten entgegensetzen muß. Laß dir also nicht die Butter vom Brot nehmen. Meine Rückendeckung hast du."

Seifert wollte zur Tür. Hofmann hielt ihn am Ärmel zurück. „Noch eins, Willi – vergiß nicht, dich mit den sowjetischen Freunden in Burkau zu arrangieren. In General Serows* Stab ist man inzwischen auch munter geworden."

Seifert war fest entschlossen, die Fahndung unnachsichtig vor-

---

* Serow – Chef des NKGB in der sowjetischen Zone

anzutreiben. Die Täter sollten in einem öffentlichen Gerichtsprozeß abgeurteilt werden, geeignet, die Macht der antifaschistischen Ordnung zur Schau zu stellen.

Eine knappe Stunde später befand er sich auf dem Weg nach Burkau.

Ministerialrat Willi Seifert, Referent für Angelegenheiten der Kriminalpolizei

Im Bericht des Chefs der sächsischen Polizei vom 1. Dezember 1945, der im Hauptstaatsarchiv in Dresden archiviert wurde, ist nachzulesen:

> „Sofort nach Erkennen der Schwere des Attentats und um von vornherein die Absicht kundzutun, solche Anschläge nicht aufkommen zu lassen, ist ein weit über das Maß hinaus stärkeres Aufgebot an Polizeibeamten an die Stelle geworfen worden. Hierzu war das Einverständnis der SMA zuvor eingeholt worden, da sogar aus Chemnitz stärkere Bereitschaftskräfte herangeholt wurden."

Daß sich Ministerialrat Willi Seifert auch von persönlichen Motiven leiten ließ, dürfte auf der Hand liegen. Eine rasche Aufklärung des Falles in Burkau konnte seiner Karriere nur förderlich sein.

Seifert richtete seinen Befehlsstand in der Burkauer Schule ein. Von hier aus koordinierte er die Einsatzkräfte, die im sogenannten Mittelgasthof Quartier bezogen. Ermittlergruppen schwärmten aus. Seifert stellte Kontakt zum sowjetischen Geheimdienst NKGB her. Dieser hatte gleichfalls eine Operativgruppe gebildet, die im Gebäude der später dort eingerichteten Arztpraxis residierte.

Zur Rolle der Besatzungsmacht bei den Untersuchungen finden sich in dem bereits erwähnten Dokument vom 1.12.1945 folgende Zeilen:

> „Auf der eingerichteten Befehlsstelle befanden sich fast ständig maßgebende Vertreter der Roten Armee, die an den Vernehmungen und Besprechungen teilnahmen. Ihren Wünschen ist in jeder Beziehung entsprochen und nach ihren Weisungen verfahren worden."

In der Befehlsstelle herrschte der bei solchen Anlässen übliche Wirbel. Kuriere und Melder gaben einander die Klinke in die Hand. Polizeitrupps, die aus den umliegenden Städten und Kreisen eintrafen, wurden zur Errichtung von Straßensperren abkommandiert. Seifert wollte so schnell wie möglich den Straßenverkehr und die Personenbewegungen in und um Burkau unter Kontrolle bringen. In den frühen Abendstunden riegelten Soldaten der Roten Armee und Einheiten der Polizeireserve die Gemeinde Burkau vollständig ab. Die Polizei begann, unterstützt von bewaffneten Rotarmisten, jedes Haus und jedes Grundstück zu durchsuchen. Gleiches geschah in den Nachbardörfern.

Erste Erfolge zeichneten sich auch bald ab. Hier und da wurde ein Karabiner entdeckt. Infanteriemunition fand sich im Strohbansen einer Scheune. Aus einer Jauchengrube förderte man eine Panzerfaust zutage, und aus einem verfallenen Backofen wurden mehrere Handgranaten geborgen.

In dem Haus neben der Eisenbahnbrücke stießen die Durchsucher auf ein Tornisterfunkgerät der deutschen Wehrmacht. MG-Patronen fanden sie auf dem Dachboden und unter den Dachsparren zwei, drei Seitengewehre.

In einem Grundstück am oberen Dorfrand beschlagnahmten die

Polizeibeamten zwei leere Flakgeschoßhülsen, ferner etwas Pulver und ein Stück Zündschnur, das sie beim Durchstöbern des Holzschuppens entdeckten. In diesem Haus wohnte ein Angehöriger der ehemaligen Marine-HJ, der sechzehnjährige Reinhard Russeck. Die Beamten nahmen ihn auf der Stelle fest.

Russeck war bei weitem nicht der einzige Burkauer Einwohner, der den Polizeibeamten in die improvisierten Vernehmungsräume folgen mußte. Nach dem Aufräumen an der Unglückstelle begann das Aufräumen unter den Verdächtigen.

Im Stabsquartier begutachtete Seifert die zusammengetragenen Asservate. Das reichlich ramponierte Funkgerät erweckte sein Interesse. Er winkte den Polizeiwachtmeister zum Tisch. „Sie kennen sich doch im Dorf aus, Golz. Wem gehört das Haus an der Eisenbahnbrücke?"

„Einer Familie Lenke."

„Was wissen Sie über die Leute?"

„Vater gestorben. Der älteste Sohn in Gefangenschaft. Nur Erhard, der Jüngste, ist noch im Haus. Der war ..." Golz stockte.

Der abgebrochene Satz entging Seifert nicht. „Ja, was war mit ihm? Reden Sie doch, verdammt."

„Der war Stammführer bei der Hitlerjugend."

Ein vernichtender Blick traf den Wachtmeister. „Ein aktiver Nazi ...? Ja, zum Teufel, welche Beweise brauchen Sie denn noch? Festnehmen den Mann, aber rasch!" Mit erhobener Stimme wiederholte der Ministerialrat seine These, die er zu Beginn der Fahndung vorgegeben hatte: „Als Tatverdächtige gelten Personen, die einerseits über ausreichende Ortskenntnisse verfügen und andererseits unserer antifaschistischen Ordnung feindlich gesinnt gegenüberstehen!"

Zwölf Männer wurden an diesem Abend als Tatverdächtige festgenommen. Unter ihnen befand sich auch ein sechzehnjähriger Handwerksmeistersohn, in dessen Bücherschrank man eine ledergebundene Prachtausgabe der altdeutschen Nibelungensage gefunden hatte. „Faschistische Literatur", lautete die Begründung für die Beschlagnahme.

Widerstand von seiten der Männer gab es nicht. Angesichts der bis an die Zähne bewaffneten Rotarmisten kam der Gedanke daran gar nicht erst auf.

Noch vor Mitternacht wurden die Festgenommenen ihren Vernehmern vorgeführt. Auf Vorschlag des sowjetischen Sicherheitsdienstes hatte Seifert die Kriminalbeamten mit einheitlichen

Befragungsplänen ausstatten lassen. Solche Richtlinien erleichterten es den Vernehmern, sich auf die Reaktionen ihrer Gegenüber zu konzentrieren, Angst und Unsicherheiten aufzuspüren, bei unklaren Antworten sofort nachhaken zu können, den Delinquenten in die Enge zu treiben, um ihn bei einer Lüge zu ertappen.

Die Protokolle dieser Vernehmungen sind uns nicht überliefert. In dem einen oder anderen Fall sind vermutlich überhaupt keine Aussagen zu Papier gebracht worden. Soweit die Verantwortung in den Händen der deutschen Polizeibeamten lag, wurde kein physischer Zwang ausgeübt, wie betroffene Personen dem Chronisten glaubhaft versicherten. Doch die nackte Angst, mit der abscheulichen Bluttat in Verbindung gebracht zu werden, erklärt gewiß die eine oder andere Denunziation, die im Verlaufe der stundenlangen Verhöre zustandekam.

„Weshalb Sie hier sind, Russeck, muß ich ihnen doch nicht erst erklären." Der hagere Kriminalsekretär, der hinter dem Klassenkatheder thronte, trug Breeches, Schaftstiefel und eine glänzende Lederjacke. Gespannt blickte er dem sechzehnjährigen Reinhard Russeck ins Gesicht. Spuren verwischter Tränen sah er um die Augenwinkel des Jungen. Das verängstigte Bürschlein ist fertig, dachte der Beamte. Der wird sich als kooperativ erweisen. „Was ist, Russeck? Antworten Sie!"

Der Ex-Hitlerjunge hockte in einer engen Schulbank. Zaghaft blickte er zu dem Kriminalbeamten auf. „Ich weiß nicht, was ich Ihnen erklären soll ...?"

Der Mann in der Lederjacke schlug mit den Handflächen aufs Pult. „Das kann doch nicht wahr sein!" knurrte er erbost. „Sie wollen mich wohl auf den Arm nehmen?" In bedrohlicher Haltung stieg er hinter dem Katheder hervor.

Der eingeschüchterte Junge rang um Fassung. Mannhaft unterdrückte er einen erneuten Tränenstrom. Nicht die Furcht vor Schlägen peinigte ihn; die würde er überstehen. Sich abzuhärten hatte schließlich zu den vornehmsten Pflichten der „jüngsten Soldaten des Führers" gehört. Aber jeder im Land wußte, daß Munitions- oder Sprengstoffbesitz nach dem Gesetz der Besatzungsmacht mit dem Tod durch Erschießen bestraft werden konnte. Russeck verfluchte seinen Drang, sich mit außergewöhnlichen Experimenten vor den Klassenkameraden zu brüsten.

„Ich warte auf die Erklärung, Russeck! Woher stammen Zündschnur, Pulver und Kartuschen?"

Russeck zwang sich, dem starren Blick des Hageren standzuhalten, spürte aber, daß ihm das nicht so recht gelang. „Ich habe sie gefunden, drüben hinter dem Galgenberg", sagte er hastig. „Als die SS noch in Burkau lag."

„Warum haben Sie das Zeug im Schuppen versteckt? Sie wissen doch, wie gefährlich das ist!"

Erregt erzählte der Junge: „Wir haben in der Schule über Schwarzpulver gesprochen. Herr Klenz, unser Chemielehrer, hat Experimente vorgeführt. Und da kam ich auf die Idee, für Sylvester ein paar Kracher zu basteln. Ich hab die Granaten aufgemacht und das Pulver abgefüllt. Feuchtes Schwarzpulver zwischen ein bißchen Stanniolpapier bringt ein herrliches Feuerwerk."

Der Kriminalsekretär ließ ihn reden. Natürlich müßte er dem Bengel jetzt Vorhaltungen machen, aber irgendwie fühlte sich der ältere Mann an die eigene Schulzeit erinnert. Übermut und kindliche Neugier hatten auch ihn zu manch riskantem Streich animiert. Er musterte das Bürschlein, das in einer umgefärbten Flakhelferkluft in der Schulbank hockte. Der Junge wirkte sympathisch. Eigentlich das Gegenteil von dem, was man sich unter einem fanatischen Werwolf-Anhänger landläufig vorstellte. Ein Halbwüchsiger, dem man alles andere, nur keinen zynisch kalkulierten Mordanschlag auf das Leben zahlloser Eisenbahnpassagiere zutraute. Aber da sind auch die Tatsachen: Sprengstoff, Flakgranaten und eine Zündschnur.

„Sie waren in der Hitlerjugend?"

„Marine-HJ."

Der Tonfall des Kriminalsekretärs klang wieder bissig: „Dann kennen Sie ja auch den Wahlspruch, den der unselige Teppichbeißer Adolf seinem Jungvolk mit auf den Weg gab?"

Der Junge hob kaum den Blick. Er fürchtete die stechenden Augen des Vernehmers. „Hart wie Kruppstahl, zäh wie Leder und flink wie die Windhunde", leierte er herunter.

„Und getreu bis in den Tod!" ergänzte der Kriminalsekretär. Im nächsten Augenblick pflanzte er sich vor der Bank auf, stützte die Arme aufs Schülerpult und redete eindringlich auf den Jungen ein: „Ihre Nibelungentreue hat sie gestern abend zum Bahndamm getrieben!"

Dem Jungen schlug das Herz bis zum Hals. Dicke Schweißtropfen rannen von seiner Stirn. „Nein!" Er sprang auf. „Das ist nicht wahr!"

„Hinsetzen!" dröhnte die Stimme des Polizisten. „Sie haben die

Minen unter den Gleiskörper gelegt! Sie haben die Zündschnur angeschlossen und dann nur noch auf den Zug gewartet. Geben Sie's doch endlich zu!"

Panik beherrschte Russecks Gesichtszüge. „Das ist nicht wahr! Ich hab ein Alibi! Ich war zu Hause. Die ganze Nacht bin ich zu Hause gewesen!"

„Zeugen?"

„Meine Mutter", stammelte der Junge, „und meine Geschwister."

„Befangen!" lehnte der Kriminalsekretär lakonisch ab.

Russeck ließ den Kopf auf die Tischplatte sinken. „Warum glaubt mir denn keiner?" Ein Schluchzen schüttelte seine schmalen Schultern.

Das ist keine Reaktion, die Schuld signalisiert, gestand sich der Beamte ein. Auch in den folgenden Stunden beteuerte Russeck ein ums andere Mal seine Unschuld.

„Wie Sie wollen." Der Kriminalsekretär gab auf. „Heute nacht können wir sowieso nichts mehr klären. Morgen früh setzen wir das Verhör fort. Bis dahin haben Sie Zeit, über Ihre Situation nachzudenken!"

Reinhard Russeck wurde in ein Gelaß des Schulkellers geführt. Auf einer ausrangierten Holzbank sank er zusammen. Trotz der fieberhaften Anspannung, die er durchlebt hatte, fiel er übergangslos in tiefen Schlaf.

Als der Jeep mit den bewaffneten Rotarmisten und den Männern in deutscher Polizeiuniform durchs Tor des Bauernhofes in Säuritz kurvte, ahnte Erhard Lenke, was ihn erwartete. Das Procedere kannte er, und er hatte es auch insgeheim befürchtet, seit bekannt war, daß die Polizeibehörden das Eisenbahnunglück als faschistischen Sprengstoffanschlag betrachteten.

Bis zum späten Nachmittag hatte der junge Bursche bei den Bergungsarbeiten an der Unglücksstelle geholfen. Erst als es für ihn nichts mehr zu tun gab, war er auf den Hof seines Dienstherren, sechs Kilometer von Burkau entfernt, zurückgekehrt.

Erhard Lenke hatte im vorletzten Kriegsjahr eine Ausbildung zum kaufmännischen Angestellten begonnen, aber wer brauchte in der Zeit tiefster Depression für das deutsche Volk noch Finanzfachleute? Die Arbeit in der Landwirtschaft lag dem Achtzehnjährigen nicht sonderlich, doch auf den Höfen wurden Männer gebraucht. Und so war dem Bauern die Entscheidung, den ehemaligen Stammführer der Burkauer Hitlerjugend als Knecht auf den Hof zu nehmen, nicht sonderlich schwergefallen.

Die Ideen des Nationalsozialismus hatten den jungen Erhard Lenke begeistert. Alternative Geistesströmungen kennenzulernen war ihm nicht möglich gewesen. Mit der Machtergreifung Hitlers wurden diese radikal unterdrückt. Lenke gehörte der Generation an, die sich, schwarzbraun gekleidet, ein Fahrtenmesser mit eingebrannten Runen am Koppel, willig dem Dienst im Jungvolk und später in der Hitlerjugend hingab. Lenkes sportlich-zackige Haltung blieb den Burkauer Nazigrößen nicht verborgen. Sie wählten ihn aus, in der Hierarchie der HJ-Führung bis zum Stammführer aufzusteigen. Er hatte an den Endsieg geglaubt, bis der mörderische Krieg auch das sächsische Burkau überrollte.

Wenige Wochen nach Beendigung der Kampfhandlungen waren bewaffnete Männer in den erdbraunen Uniformen der Roten Armee an der Tür des elterlichen Wohnhauses erschienen. „Du Ärrchard Länke ...? Nu, dawai, poschli!"

Er galt nun als „gefährlicher Naziaktivist" und wurde in das Internierungslager Bautzen eingeliefert ...

Lenke erkannte den Polizeiwachtmeister von Burkau. Bitternis stieg in ihm auf. Fürwahr – die Ereignisse wiederholten sich. Golz' Handbewegung war unmißverständlich. Widerspruchslos stieg Lenke in den Jeep. Durchs Fenster blickten die Bauersleute dem davonstuckernden Militärfahrzeug nach, das eine lange Staubfahne hinter sich herzog.

Die Fahrt endete vor der Burkauer Ortskommandantur. Erhard Lenke landete bei der Operativgruppe des NKGB. Zunächst sperrten die Russen ihn in einen leeren Schuppen. Sie ließen sich Zeit mit ihm. Nach Stunden holten sie ihn zum Verhör. Sein Vernehmer gehörte zum Typ des intellektuellen Oberlehrers. Eine kühle Sachlichkeit strömte von ihm aus. Nach den ersten Worten klärte sich, daß er deutscher Kriminalkommissar war.

Am Fensterbrett lehnte ein NKGB-Offizier mit den Rangabzeichen eines Kapitan. Die Beine hatte er lässig gekreuzt. Im Mundwinkel wippte eine Papirossa mit geknifftem Pappmundstück.

Die Uniform erinnerte Lenke an Bautzen. Unter lautstarkem „Dawai! Dawai!" hatte man sie dort nach der Ankunft von den Fahrzeugen herunter und in die überfüllten Zellen getrieben. Die Sieger hatten keinen Anlaß zur Zimperlichkeit. Essen gab es erst am darauffolgenden Tag. Eine Hungerration. Aber wer hungerte nicht im besiegten Deutschland? Dann begannen die Verhöre. Mal am

Tage, mal bei Nacht. Mitgefangene in der Zelle wußten von Schlägen zu berichten. Erhard Lenke wiederfuhr dergleichen nicht. Für Lenke war der psychische Druck am schlimmsten, die stereotypen Drohungen, ihn zu erschießen. Namen sollte er nennen von Personen, die ihm als Nazifunktionäre bekannt waren. Auskünfte über deren Aufenthaltsorte geben. Es fehlte auch nicht an Angeboten, ihn für nachrichtendienstliche Spitzeldienste einzuspannen. Als er, Wochen später, völlig überraschend mit einem rauhen „Nu, pascholl!" vor die Tür des Gelben Elend, wie die Bautzener Haftanstalt im Volksmund hieß, gejagt wurde, glaubte er erst an einen üblen Trick, später an ein Versehen. Sowjetisches Tribunal und jahrelange Lagerhaft blieben ihm zu seinem Glück erspart.

Der Kriminalkommissar fuhr grobe Geschütze auf. „Setzen, dahin!" Er wies auf einen Stuhl in der rechten Zimmerecke, die vom Lichtkegel einer starken Schreibtischlampe ausgeleuchtet wurde. „Reden wir fractura, Lenke. Sie haben die Handelsschule besucht, ergo sind Sie intelligent genug, mir geistig zu folgen."

Lenke stimmte dem Kommissar zu. Eingedenk seiner Bautzener Erfahrungen wollte er sich nicht stur stellen. Er war bereit, den Beamten zu beweisen, daß er nichts zu verbergen hatte.

„In Ihrem Wohnhaus wurden Waffen beschlagnahmt!" konstatierte der Kriminalkommissar. Er nahm ein Protokoll vom Tisch und zählte auf: „Tornisterfunkgerät, MG-Munition, drei Seitengewehre."

Der Achtzehnjährige vernahm es mit Erleichterung. Das war es also, dachte er. Das konnte er aufklären. „Als Burkau zum Kampfgebiet erklärt wurde – Ende April war das –, hat sich ein Wehrmachtstab in unserem Haus eingerichtet. Jeder im Dorf kann das bezeugen."

„Mag ja sein", unterbrach der Kommissar ungeduldig. „Was hat das mit den Waffen zu tun?"

„Beim Rückzug liegengeblieben. Weggeworfen. Auf dem Dachboden, im Keller versteckt."

„Sie haben von dem Kriegsgerät gewußt?"

Lenke zögerte. Nur jetzt keine Aussage machen, aus der sie ihm am Ende einen Strick drehen konnten. „Während ich in Bautzen war, ist das ganze Dorf nach Waffen und Munition durchsucht worden. Meine Mutter erzählte es mir später. Also nahm ich an, der Plunder sei längst aus dem Haus."

„Aber Sie haben sich nicht davon überzeugt?"

„Wann sollte ich? Ich lebe seit meiner Entlassung auf dem Hof in Säuritz."

Der Deutsche wechselte einen Blick mit dem russischen Kapitan. „Uns können Sie nicht für dumm verkaufen", grollte dieser vom Fenster her. „Sie kennen Russeck?"

„Reiner Russeck – natürlich, der wohnt im Oberdorf."

„... und war, wie Sie, Mitglied der Chitlerjugend", sagte der Kapitan in stark akzentuiertem, aber grammatisch richtigem Deutsch. „Ein treuer Gefolgsmann des Führers."

Lenke begriff den Sinn der Anspielung nicht. Die Männer belauerten ihn argwöhnisch, bis der Kommissar voller Ironie erklärte: „Ich sehe schon, Ihnen muß man immer erst auf die Sprünge helfen. – Bei Russeck wurde Sprengstoff gefunden!"

„Sprengstoff ...?"

Der Kommissar brauste auf. „Meinetwegen können sie es auch Schwarzpulver nennen. Läuft auf das gleiche hinaus!"

Lenke dämmerte es. „Russeck wollte in der Schule mit Schwarzpulver experimentieren", gab er Auskunft.

„Wenn Sie glauben, Sie können uns mit Lügen und Ausflüchten abspeisen, haben Sie sich getäuscht. Erklären Sie uns, warum die Hitlerjugend von Burkau ein halbes Jahr nach Kriegsschluß noch immer Waffen und Sprengstoff versteckt hält?"

„Ich weiß nicht ..."

„Cui bono – wem nützt es? wie die Lateiner sagen", donnerte der Kommissar. „Wer, außer euch Nazis, hätte denn Interesse an einem solchen Attentat?"

Erhard Lenke machte eine verzweifelte Geste. „Um Gottes willen, Herr Kommissar, ich habe keine Bombe gezündet!"

„Den Chärrgott lassen Sie besser aus dem Spiel", bemerkte der NKGB-Mann trocken. „Der kann Ihnen nicht chälfen. Saggen sie uns, wer die Komplizen sind? Wer ist der Auftraggäbber? Wer die Chintermänner? Nur ein ärrliches Geständnis kann Sie retten!"

Erhard Lenke hatte nichts zu gestehen. Selbst viele Jahre später, als er dem Autor dieses Berichtes Rede und Antwort stand, versicherte er in Übereinstimmung mit den Aussagen anderer Zeugen, daß es in und um Burkau zu keiner Zeit Aktivitäten des Werwolf gegeben habe.

An jenem 30. November aber blieb er, wie die anderen Männer, unter eben dieser Anschuldigung in Gewahrsam. Einige der Festgenommenen wurden noch in der gleichen Nacht in die Haftanstalt Dresden verlegt. Man hielt sie wohl für die am meisten Belasteten. Auch der Besitzer der Nibelungensage war unter ihnen.

Am 1. Dezember 1945 meldete die „Sächsische Volkszeitung" in ihrer Radeberger Ausgabe:

„Schweres Eisenbahnunglück Kamenz. Auf der Eisenbahnstrecke Kamenz–Burkau, an der Autobahnbrücke bei Säuritz, ereignete sich gestern gegen 9 Uhr ein schweres Eisenbahnunglück. Während der Durchfahrt eines Personenzuges erfolgte auf bisher ungeklärte Weise eine Explosion, wodurch der Zug zum Entgleisen gebracht wurde. Sechs Tote und eine größere Zahl Verletzter sind zu verzeichnen. Die Ermittlungen über die Ursache des Unglücks sind noch im Gange."

Ministerialrat Seifert nahm den kurzen Artikel nur flüchtig zur Kenntnis. Seine Gedanken konzentrierten sich auf den Zwischenbericht, den der Innenminister angefordert hatte. Nun lag der Entwurf, für den der Leiter der Ermittlungskommission verantwortlich zeichnete, auf Seiferts Tisch.

„Bezüglich der Aufklärung des Sprengstoffattentats ist ein wesentlicher Schritt vorwärts getan worden durch die Feststellung, daß:

1. in der Ortschaft Burkau selbst zwei Fliegerminen gelegen haben, die nach dem Urteil der Sachverständigen möglicherweise hierzu Verwendung gefunden haben können; nach dem Verbleib der Minen wird geforscht.

2. Bei dem Bürgermeister in Burkau befand sich ein Sammellager von Waffen, Munition und Sprengstoff, die, wie die Vernehmungen zeigen, nicht sachgemäß aufbewahrt waren, so daß fremde Personen jederzeit dort Zutritt hatten. Auch hier sind besondere Ermittlungen im Gange.

3. Festgestellt werden konnte weiter, daß zur Zeit der letzten Ernte ein gleiches Attentat in der Nähe, etwa 1 km vom jetzigen Tatort entfernt, auf gleiche Art verübt worden ist, wobei drei Angehörige der Roten Armee ums Leben kamen. Damals ist dem Fall von seiten der Roten Armee nicht Beachtung geschenkt worden, weil angenommen wurde, es handele sich um eine alte Mine, auf die unglücklicherweise dieses Fuhrwerk aufgefahren ist.

4. Durch die Festnahme eines ehemaligen Angehörigen der Marine-HJ, des sechzehnjährigen R., in dessen Besitz Flakgeschosse, Hülsen, Pulver und Sprengschnüre gefunden worden sind, ist der Anfang der ersten Täterermittlung zu suchen, denn nach allem Material und der Beurteilung dürfte

der Täterkreis rein örtlich zu suchen sein. Bei der Aktion sind insgesamt 12 Personen festgenommen worden, die noch näher überprüft werden müssen. Darunter befindet sich auch ein Landwirt, in dessen Besitz die Rote Armee gelegentlich einer Durchsuchung schon früher erhebliche Mengen hochwertigen Sprengstoff gefunden hat."

Seifert nahm die Brille ab. Mit dem Bericht war er einverstanden. Er ließ keine Zweifel an der Bedeutung der Ermittlungsergebnisse aufkommen.

Nun schlug Seifert doch noch einmal die Zeitung auf. Die Meldung gefiel ihm plötzlich nicht mehr. Zu wenig Aussagewert, ohne Überzeugungskraft, konstatierte er und beschloß, der Redaktion auf die Sprünge zu helfen.

So konnten denn die Leser der „Sächsischen Volkszeitung" in der Dienstagausgabe vom 4. Dezember 1945 unter der Schlagzeile „EISENBAHNSABOTAGE – MINENLEGER AM WERK!" lesen, daß es sich bei der Eisenbahnkatastrophe von Burkau um ein vorsätzliches Attentat handele, daß die Mine von derzeit noch unbekannten Tätern erst jüngst angebracht worden sei und daß eine Spezialkommission der Kripo Bautzen jetzt nach den Schuldigen fahnde. Der Artikel schloß:

„Aufgabe der antifaschistischen Bevölkerung muß es sein, allerorts aufs schärfste auf Saboteure zu achten. Auch dieser Vorgang zeigt uns wieder den Geist der letzten zwölf Jahre – verbrecherischer Massenmord und sinnlose Zerstörungswut. Helft alle mit, solche Ratten am Wiederaufbau unseres Vaterlandes zu fassen, auch die Mitteilung der kleinsten Wahrnehmung ist wichtig."

Trotz der Zuversicht eines Willi Seifert war die Untersuchungskommission nach vierzehntägiger Arbeit keinen Schritt vorangekommen. Man trat auf der Stelle. Die Vernehmer mühten sich pausenlos, doch aus den Tatverdächtigen war kein Geständnis herauszuholen. Nicht einmal die Ermittlungen am Tatort lieferten brauchbare Hinweise. Die Sprengstoffsachverständigen wollten sich nicht festlegen. Sie beharrten auf ihrer Stellungnahme vom 29. November: Der Sprengsatz muß auf oder unter dem Gleiskörper gelegen haben und wurde wahrscheinlich durch Druckeinwirkung gezündet.

Genaugenommen, war dies sogar die einzige gesicherte Erkenntnis, über die Seiferts Untersuchungskommission zu diesem Zeitpunkt verfügte. Ungeachtet dessen schrieb der Chef der sächsischen Polizei, Ministerialdirektor Hofmann, am 12. Dezember unter Aktenzeichen I 2 Az: I 43/45 an die nachgeordneten Dienststellen im Land Sachsen:

> „An alle Polizeikreisämter
> Am 28.11.45 wurde auf der Eisenbahnstrecke Bischofswerda – Kamenz, zwischen den Stationen Rauschwitz und Burkau auf einen Personenzug ein Sprengstoffanschlag verübt.
> Der Anschlag ereignete sich gegen 09.05 Uhr. Die Meldung von dem Anschlag wurde sofort dem Landeskriminalamt erstattet. Es konnten alle polizeilichen Maßnahmen zur Aufklärung des Attentats getroffen werden.
> Durch den Einsatz entsprechender Polizeikräfte – Kreispolizei mehrerer Landkreise, Kriminalpolizei mehrerer Kriminaldienststellen, Ordnungspolizei Dresden und Polizeireserve Chemnitz – wurden in mehreren Gemeinden sämtliche Ausgänge gesperrt, auf den angrenzenden Verkehrsstraßen eine strenge Personen- und Fahrzeugkontrolle durchgeführt.
> Zur gleichen Zeit wurden in allen Gemeinden eine dem Ereignis entsprechende Vernehmung bestimmter Personen sowie Haussuchungen angeordnet. Die polizeilichen Maßnahmen hatten Erfolg. Die Polizeikräfte erhalten hiermit die Anweisung, alle besonderen Vorkommnisse sofort nach Bekanntwerden nicht nur dem Landeskriminalamt sondern auch dem Chef der sächsischen Polizei zu melden.
> Hofmann, Ministerialdirektor
> Chef der sächs. Polizei"

Es erscheint heute unzweifelhaft, daß der für die Angelegenheiten der Kriminalpolizei zuständige Referent Seifert der Urheber dieser Meldung war. Jahre später rühmte er sich in einem Gespräch mit dem DDR-Schriftsteller Manfred Drews, das Melde- und Berichtswesen der sächsischen Polizei im Jahre 1945 gründlich reformiert zu haben.

Bei der abweichenden Datumsangabe im eben zitierten Dokument dürfte es sich um einen Schreibfehler handeln, den zu korrigieren der Chronist sich nicht anmaßt.

Tags darauf, am 13. Dezember, wurde der Polizeiwachtmeister Oskar Golz völlig unerwartet von Mitarbeitern des NKGB festgenommen und in die Räume der sowjetischen Kommandantur zum Verhör gebracht. So schnell, wie man die Gunst der Russen gewann, konnte man sie auch wieder verlieren.

Der Polizeiwachtmeister wurde einem kahlköpfigen Major gegenübergestellt, dem Schnauzbart und Nasenklemmer frappierende Ähnlichkeit mit Stalins Außenminister Molotow verliehen. In holprigem Deutsch behauptete der Major: „Nu, Golz, du Faschist! Du chast gemacht Attentat!"

Golz breitete die Arme aus.

„Nicht lüggen. Saggen Wahrcheit!"

Das Öfchen im Zimmer der Kommandantur war überheizt. Der Polizeiwachtmeister geriet ins Schwitzen. Eine verrückte Situation.

„Unmöglich, Herr Major. Eine Verleumdung. Ich weiß nicht ..."

„Verleumdung?" Dem Major schwoll die Zornesader. Die Gläser seines Kneifers blitzten gefährlich. „Der Deutsche Otto von Bismarck chat gesaggt: ‚Die Russen spannen ihre Pferde särr langsam an, doch dann sind sie umso schneller.' – Ein gutter Satz!" Die Arme vor der Brust verschränkt, begann er hinter dem Tisch auf und ab zu marschieren. Das Knarren seiner Stiefel lieferte die Begleitmusik. „Unser Kommandant chat gesaggt, daß deutscher Polizeichef serr spätt an Ort, wo Unglück."

Oskar Golz erinnerte sich. „Ich habe beim Friseur gesessen. Rasieren."

Der Major schnaufte zufrieden. Dann hob er die Stimme: „Ein Informant chat berichtet: Als Explosion war, du chast gewußt, was mit Eisenbahn passiert."

Golz nagte an der Unterlippe. Verdammt – seine laxe Bemerkung im Rasierstuhl! Ganz deutlich erstand die Szene vor seinem geistigen Auge. Golz ließ die Gesichter der Rasierkunden Revue passieren. Wem war die Rolle des Zuträgers zuzutrauen? Denunzianten hatte Golz nie gemocht. Er begriff die Gefahr, in die er sich durch seine unbedachte Äußerung gebracht hatte. Fehlte nur noch, daß sie ihn jetzt zum Sündenbock stempelten.

„Das hat nichts zu bedeuten, Herr Major. Dumme Worte."

„Ich bin kein Durak*!" fauchte der Russe. „Ich bin Tschekist**! Und ich sagge", sein rechter Zeigefinger stieß in Golz' Richtung, „wenn du nicht Chellseher, dann chast du Wissen von Täter!"

„Aber warum soll gerade ich den Zug ...?"

---

*   Russisch: Dummkopf
** Mitarbeiter des Sicherheitsdienstes

„Weil du Faschist!"

„Aber ich bin doch kein Faschist", protestierte Golz.

„Njeeet ...?" Der kahlköpfige Offizier schmetterte einen schmalen Aktendeckel auf die von Kratzern und Tintenflecken verunstaltete Tischplatte. Oskar Golz erkannte seine Personalakte.

„Du arbeiten in Peenemünde – Chäresversuchsanstalt! Vau eins. Vau zwei. Chitlers Gecheimwaffe. Du Spezialist!"

Golz suchte nach einem Ausweg. Die Fakten stimmten. Er hatte sie ja selbst auf dem Fragebogen angegeben. Doch er mußte den Russen von seinen Schlußfolgerungen abbringen. „Ich war kein Nazi!" beteuerte er eilfertig. „Nie war ich das. In unserer Familie wurde immer SPD gewählt."

Der NKGB-Major verzog das Gesicht zu einem abschätzigen Lächeln.

„Und wegen Peenemünde", ergänzte der Deutsche seinen armseligen Rechtfertigungsversuch, „das konnte ich mir nicht aussuchen. Ich war Feinarmaturenschlosser. Ich wurde dienstverpflichtet. So war das doch im Krieg."

„Deine Chände gutt für Zündmechanik!"

Golz registrierte den Hintersinn. Erregt zerknüllte er die verblichene Schirmmütze, die er zur alten Wehrmachtsuniform mit der weißen Armbinde „Polizija – Polizei" trug. „Als das Werk in Peenemünde bombardiert wurde, hat man die Produktion in den Harz verlegt. Später nach Bayern, bis in die Alpen. Bevor die Amerikaner ran waren, bin ich abgehauen. Nach Hause. Dann bin ich Polizist geworden. Und jetzt", er schluckte, „sitze ich hier, weil Sie glauben, ich sei ein Faschist."

Der Major hatte seinen Marsch wieder aufgenommen. Das Geräusch der knarrenden Stiefel zerrte an den Nerven. „Kommandant saggt, du chast gutte – nu, wie saggt man? – Kameradschaft zu unsere Soldatten." Das Mißtrauen in seiner Stimme klang jetzt weniger streng.

Golz fühlte sich erleichtert, schwieg aber abwartend. Während er den Major von der Seite beobachtete, dachte er: Ein Polizeichef, der es sich mit den Besatzungsbehörden verscherzt, hält sich nicht lange im Amt.

„Und Adjutant ...?"

Der Russe spielte auf Richard Strecker, Golz' Stellvertreter, an. „Mein Kollege stammt aus Ostpreußen. Deshalb spricht er so gut russisch."

„Faschist?" bohrte der Major.

„Strecker – nee!" Oskar Golz winkte ab. „Der war Feldwebel. Starschina, verstehen Sie." Bei der Armee Schörner, wollte er hinzufügen, verschluckte den Rest aber gerade noch, als ihm einfiel, daß Strecker ja bis zuletzt an der Autobahn gegen die 5. Gardearmee gekämpft hatte, bevor eine Liebschaft aus Burkau ihn bewog, die Uniform mit einer Zivilkluft zu vertauschen und auf Tauchstation zu gehen. Nach der Kapitulation wußte Strecker seine Fahnenflucht geschickt zu nutzen. Unverfroren münzte er sie um in eine politische Empfehlung für seinen Eintritt in die Polizei. Nein, nein, ein Nazi ist der Strecker nicht, entschied Golz, eher ein Großmaul, das für des Polizeiwachtmeisters Geschmack ein bißchen zu tief ins Glas schaute. Letzteres teilte Golz dem Major mit, dem die Antwort ein vergnügtes Augenzwinkern entlockte.

Dann war das Verhör beendet. Eine unwirsche Handbewegung befahl dem Deutschen aufzustehen. Der stämmige Wachsoldat, der mit der MPi vor der Brust neben der Tür wartete, bekam einen Wink. Er führte Golz in den Keller.

Der Polizist gab sich keinen Illusionen hin. Weitere Vernehmungen würden folgen, wahrscheinlich schon in der kommenden Nacht. Die Mühlen des NKGB mahlten langsam, doch wen sie einmal erfaßt hatten, den gaben sie so schnell nicht wieder preis.

In der zweiten Dezemberwoche des Jahres 1945 registrierte die Telefonistin im Kriminalamt Bautzen den Anruf eines Mitarbeiters der Reichsbahndirektion, der den Chef der Kripo-Sonderkommission Burkau um einen Gesprächstermin bat. Was er mitzuteilen habe, sei dringend und von außerordentlicher Bedeutung, versicherte er. Nein, am Telefon wolle er sich nicht äußern. Die Angelegenheit sei zu delikat, man müsse schon unter vier Augen darüber reden.

Als die Unterredung dann zustande kam, waren die Männer zu dritt. Der Chef der Kripo-Sonderkommission gehörte zu den vorsichtigen Beamten und hatte den ranghöchsten Offizier der NKGB-Abteilung hinzugezogen.

Der Eisenbahner, der sich als Fachingenieur für den Betriebszweig Maschinenwirtschaft auswies, war für die Lokomotivfahrzeuge der Deutschen Reichsbahn zuständig. Unter den erstaunten Blicken seiner Gesprächspartner packte er einen ansehnlichen Stapel Fachbücher, technische Zeichnungen und Fahrplanübersichten auf den Tisch.

„Entschuldigen Sie, ich schätze, die werden wir brauchen", sag-

Lokomotive der preußischen Baureihe 94 [5-17]

Leergewicht	*68,1 t*
Lastgewicht	*84,9 t*
Achslast	*17,2 t*

Vgl. sächsische Baureihe 94 [19]

Leergewicht	*58,1 t*
Lastgewicht	*74,0 t*
Achslast	*15,0 t*

te er. „Gehe ich fehl in der Annahme, daß es Ihnen nicht gelungen ist, einen Attentäter namhaft zu machen? Nun, ich denke, Sie werden auch keinen finden."

Der Kriminalbeamte schüttelte verblüfft den Kopf. „Das kommt ein bißchen überraschend", gestand er. „Ich hoffe, Sie können Ihre Behauptung beweisen?"

Der Ingenieur schob seine Bücher zurecht. „Meine Kollegen und ich sind zu der Auffassung gelangt, daß die Sprengladung schon längere Zeit im Gleis lag."

„Sie denken an eine Mine? Noch aus dem Krieg?"

„Ob Mine oder Bombe – so genau bin ich da nicht bewandert. Ich war nie Kriegsmann, müssen Sie wissen. Auf jeden Fall war es ein

Sprengkörper, der mittels Druck zur Entzündung gebracht wurde. Wenn Sie so wollen, ein Relikt aus den letzten Kriegstagen. Sie wissen selbst, wieviel Autobahnbrücken, Straßen und Gleisanlagen noch fünf Minuten vor zwölf in die Luft gejagt wurden."

„Aber uns liegen die Aussagen der Beschäftigten aus der Bahnmeisterei Kamenz war. Die Strecke wurde vor der Aufnahme des Zugverkehrs durch Pioniere der Roten Armee abgesucht."

„Verstehen Sie mich bitte nicht falsch. Doch ich hege Zweifel, ob bei dieser Aktion jeder Blindgänger entdeckt und tatsächlich entschärft werden konnte."

Der Chef der Sonderkommission beugte sich über den Tisch. Er wühlte in den Fahrplänen. „Ihre Theorie läßt außer acht, daß der letzte Zug am achtundzwanzigsten November um achtzehn Uhr neun über die Strecke gerollt ist. Da gab es keine Explosion."

„Es ist wahr, der Zugbetrieb läuft seit dem vierten November."

„Zwei Zugfahrten täglich", resümierte der Fahndungsbeamte. „Und das seit genau drei Wochen. Wieso ist es vorher zu keiner Explosion gekommen?"

Der Eisenbahner lächelte höflich. „Es gibt eine Erklärung", sagte er. „Als der Verkehr wieder aufgenommen wurde, hatten wir im Bahnbetriebswerk Kamenz eine Lokomotive der sächsischen Baureihe 94 zur Verfügung. Sie fuhr ausschließlich zwischen Kamenz und Burkau, weil der Zustand der notdürftig reparierten Brücken nur eine Achslast bis zu fünfzehn Tonnen zuließ." Der Ingenieur blätterte in einem Fotoband, auf dessen Seiten verschiedene Dampflokomotiven abgebildet waren. „Am neunundzwanzigsten November mußte eben diese Lokomotive in den Reparaturschuppen. Der Lokdienstleiter entschied, daß eine 94er Lok aus der preußischen Baureihe vor den Zug gespannt wird. Man hatte sie eigens aus Cottbus herangeholt. Hier, bitte!" Er legte einen zweiten Bildband daneben. „Diese Lok kam am Tattag zum ersten Mal auf der Burkauer Strecke zum Einsatz. – Verstehen Sie jetzt?"

Die beiden Sicherheitsbeamten musterten die Fotoaufnahmen. „Ich kann keinen Unterschied erkennen", brummte der deutsche Fahnder, während sein Pendant vom NKGB sich mit einem Achselzucken beschied.

Um so lebhafter argumentierte der Eisenbahner: „Augenscheinlich stimmen beide Baureihen – von kleineren Details mal abgesehen – völlig überein. Aber nur augenscheinlich! Die technischen Parameter nämlich weisen starke Abweichungen auf. Bitte, überzeugen Sie sich selbst!" Er wies auf die Tabellen, die neben den

Fotos abgedruckt waren. „Die sächsische Bauart verfügt über eine Achslast von fünfzehn Tonnen, die preußische hingegen über siebzehn. Noch deutlicher wird der Unterschied, wenn wir die Gesamtlast beider Lokomotiven vergleichen. Die sächsische Maschine hat vierundsiebzig Tonnen, während die preußische knapp fünfundachtzig Tonnen auf die Waage bringt."

Die Tragweite dieser Feststellung war klar: „Das bedeutet, daß der Druckzünder des Blindgängers ... erst auf die größere Last der preußischen Lokomotive ansprach." Der Eisenbahner nickte. „Wenn Sie also wirklich an den Schuldigen interessiert sind, dann müssen Sie sich schon an das Sprengkommando der SS oder der Wehrmacht halten, das die Strecke im April vermint hat."

„Unglaublich!" Der Chef der Sonderkommission hieb mit der Faust auf den Tisch. „Wochenlang sind wir einem Phantom hinterhergejagt. Warum ist keiner von uns auf die Idee gekommen?"

Der Ingenieur lächelte feinsinnig. „Vielleicht hat man nach einer solchen Erklärung gar nicht erst gesucht."

Bereits am 10. Dezember 1945 richtete der Stellvertretende Chef der Transportabteilung der Sowjetischen Militärverwaltung, Generaldirektor des Verkehrs III. Ranges, Trunow, ein Schreiben unter der Registriernummer 21/398 an den Präsidenten der deutschen Zentralverwaltung für das Verkehrswesen, Dr. Fitzner. Trunow forderte unter Bezugnahme auf das Eisenbahnunglück von „Kammentz – Bischofsfeld, zwischen den Stationen Rauschwitz und Gönitz"*, alle Reichsbahnstrecken auf Blindgänger untersuchen zu lassen.

Diese Auflösung des Falles paßte gewiß nicht ins Konzept der Scharfmacher in Dresden. Seifert, der sich längst wieder hinter seinem Schreibtisch im Innenministerium verschanzt hatte, mäkelte denn auch gehörig an dem Schlußbericht herum, den die Sonderkommission ihm vorzulegen hatte. Doch gegen die Analyse der Bahnverwaltung, die sich auf exakte technische Daten gründete, kam er nicht an. Und gegen das abschließende Urteil der NKGB-Leute hatte er schon gar keine Chance. Zudem war nicht zu übersehen, daß selbst das Negativergebnis der kriminalpolizeilichen Ermittlungen für die Blindgängerversion sprach.

---

* Russischer Übersetzungsfehler; richtig: Rauschwitz – Gödlau

Erst nach den Weihnachtsfeiertagen wurden alle Festgenommenen aus der Haft entlassen. Stillschweigend und ohne ein Wort der Erklärung. Erhard Lenke kehrte in seinen Beruf zurück. Er arbeitete für die Finanzbehörde und stellte im Frühjahr 1946 nach reiflicher Überlegung den Antrag auf Aufnahme in die SPD, die schon wenige Wochen später unter Aufsicht der Besatzungsmacht mit der KPD zur SED vereinigt wurde. Fortan erübrigten sich für Lenke die wöchentlichen Meldetermine in der Kommandantur.

Eine rein pragmatische Entscheidung war sein Beitritt zur SPD wohl dennoch nicht. Lenke war überzeugt, damit die Lehren aus der faschistischen Vergangenheit des deutschen Volkes gezogen zu haben. Und er fühlte sich zunehmend von den Zielen der Arbeiterpartei angesprochen. Es gehört zur Tragik im Leben dieses Mannes, daß er im Herbst des Jahres 1989 zum zweiten Mal seiner gesellschaftlichen Ideale beraubt wurde, diesmal der sozialistischen.

Von Reinhard Russeck ist überliefert, daß er ein Studium der Militärmedizin absolvierte.

Lediglich für Oskar Golz hatte die ungerechtfertigte Haft ein Nachspiel. Der sowjetische Major entschuldigte sich zwar bei ihm und schenkte dem Deutschen zur Erinnerung eine Pistole, doch die Chronik von Burkau verzeichnet unter dem Datum 19. Dezember 1945:

„Erste Gemeinderatsitzung nach dem faschistischen Zusammenbruch: Erich Neumann wird als Polizeiwachtmeister eingesetzt und löst Oskar G. ab, der bis dahin diese Funktion ausübte."

Noch eins ist zu berichten: Richard Strecker, Golz' Stellvertreter, verließ bei Nacht und Nebel Burkau. Über vier Ecken war ihm zu Ohren gekommen, daß die Kommission nach Wehrmachtsangehörigen fahnde, die an der Autobahn Dresden – Bautzen im Kampfeinsatz gelegen hatten. „Bevor sie auf mich kommen, Oskar, verdrücke ich mich lieber", vertraute er sich seinem ehemaligen Vorgesetzten an. „Wer weiß, was die einem noch anhängen."

Weder Ministerialrat Seifert noch ein anderer Vertreter der sächsischen Polizeiführung traten vor die Presse, um eine Erklärung abzugeben. So wurden die Leser der „Sächsischen Volkszeitung" von dem unvorhergesehenen Ende der Fahndung nach den „unbekannten Minenlegern von Burkau" nicht informiert.

Der Fall geriet in Vergessenheit. Der Staub der Geschichte legte sich auch auf das „Eisenbahnattentat vor Burkau".

1979 erschien im VEB Deutscher Verlag der Wissenschaften Berlin der erste Band einer „Geschichte der Deutschen Volkspolizei 1945-1961". Zunächst „nur für den Dienstgebrauch" als eine Art Geheimliteratur für Polizeiangehörige eingestuft, wurde sie erst im Jahre 1987 in einer überarbeiteten Fassung für die Öffentlichkeit zugängig.

Im Kapitel I dieses Buches schilderten die Autoren die Schwierigkeiten beim Neuaufbau der Polizei und den Kampf gegen die Nachkriegskriminalität.

> „Bei einem Attentat, das faschistische Elemente am 29. November 1945 in Burkau, Krs. Kamenz, auf einen von einer antifaschistischen Brigade gefahrenen Personenzug verübten, wurden sechs Reisende getötet und zahlreiche verletzt. Durch hervorragenden Einsatz aller beteiligten Dienstzweige der Polizei konnten die Täter innerhalb kurzer Zeit ermittelt und dem Gericht übergeben werden.
> Im Verlauf der Aktion wurden größere Mengen Kriegsmaterial der faschistischen Wehrmacht, darunter Panzerfäuste, Handfeuerwaffen, Munition, Tornisterfunkgeräte und Handgranaten sichergestellt."

Eine Fotoaufnahme der zerstörten Lokomotive belegte das Ereignis dokumentarisch.

1984 schrieb der Chronist, der über dreißig Jahre im Polizeidienst stand, eine Fortsetzungsserie zur Geschichte der Transportpolizei (jetzt Bahnpolizei) für eine Zeitungsredaktion der Deutschen Reichsbahn und kolportierte die Zeilen über das „Eisenbahnattentat von Burkau", an deren Wahrheitsgehalt er zu diesem Zeitpunkt keine Zweifel hegte. Bestärkt wurde er in seiner Auffassung durch einen Band literarischer Porträts, den die Publikationsabteilung des Ministeriums des Innern der DDR unter dem Titel „Leben und Kampf im Dienst des Volkes" 1984 auf den Markt brachte. Hohe Offiziere der Volkspolizei hatten mit Schriftstellern über ihr Leben geplaudert. Unter ihnen ein Generalleutnant a.D. Willi Seifert, der dem Autor Manfred Drews eine Schilderung der Burkauer Ereignisse lieferte, die der Version in der „Geschichte der Deutschen Volkspolizei" bis in die Einzelheiten glich.

In der Monographie „Kriminologie – Theoretische Grundlagen

und Analysen", von einem Autorenkollektiv unter Leitung des Juristen Dr. John Lekschas im Staatsverlag der DDR 1983 publiziert, wurden bei der Erwähnung der Katastrophe von Burkau merkwürdigerweise die Festnahme und Bestrafung der Attentäter ausgespart.

Warum? Der Chronist sah sich in der Pflicht, diesen Widerspruch aufzuklären. Er bat die Reichsbahndirektion Cottbus um Unterstützung bei den Recherchen. Wenig später erhielt er aus Kamenz eine Festschrift, die dem 100. Jubiläum der Eisenbahnstrecke Kamenz – Radeberg im Jahre 1971 gewidmet war.

Einer der Autoren, Reichsbahnoberamtmann Otto Schydlik, hatte geschrieben:

> „Leider – auch daran sei hier noch einmal erinnert – kam es nach der Aufnahme des Verkehrs in Richtung Bischofswerda zu einem tragischen Unglücksfall, bei dem durch die Explosion einer zuvor nicht entdeckten, noch unter dem Gleiskörper liegenden Fliegerbombe vier Eisenbahner den Tod fanden."

Der Chronist ahnte nun, daß es mit dem „Eisenbahnattentat von Burkau" eine besondere Bewandtnis haben müsse. Von der Neugier des Schriftstellers und des Kriminalisten zugleich getrieben, suchte er weiter. Er entdeckte eine Kopie des ersten Entwurfs zum „Grundriß der Geschichte der Deutschen Volkspolizei 1945-1961". Auf Seite 27 befaßten sich die Autoren Dr. Reinhold Röder, Werner Byszio und Joachim Sommerfeld mit der Burkauer Katastrophe. Die angebliche Festnahme und Bestrafung der Täter war auch dort nicht beschrieben. Dafür nannte das Manuskript eine dem Chronisten bis dahin unbekannte Quelle. Dokumente mit der Archivkennung L II, Nr. 96 im Staatsarchiv Dresden.

Diese Quellen auszuwerten war jedoch erst im Frühjahr 1991 möglich. Gestützt durch Recherchen in Kamenz und Burkau und durch zahlreiche Gespräche mit Betroffenen und Augenzeugen, entstand dem Chronisten ein Bild über die tatsächlichen Vorgänge vom November 1945. Er fand bestätigt, daß das Eisenbahnunglück nahe Burkau kein „vorsätzliches Attentat faschistischer Elemente auf einen von einer antifaschistischen Brigade gefahrenen Personenzug" war, sondern eine unglückselige Verkettung von Nachkriegsfolgen. Niemand wurde vor Gericht gestellt! Die drei Autoren des „Grundriß der Geschichte der Deutschen Volkspolizei 1945-1961" hatten sich in ihrem Manuskriptentwurf an den Informationsgehalt der archivierten Meldungen und Sachstandsberichte gehalten.

Die neue Etappe beginnt · Unser Weg ist richtig!

Heraus aus der Mutlosigkeit und anpacken!
Tatkräftig mithelfen an der Beseitigung der Trümmer und Schäden!

Dieser Gedanke, zuerst von jenen vertreten, die wir heute zu Recht „Aktivisten der ersten Stunde" nennen, bestimmte mehr und mehr das Handeln vieler Eisenbahner. Er war Voraussetzung dafür, daß es stetig, freilich auch unter großen Opfern und Entbehrungen und harten Auseinandersetzungen, vorwärtsging.

Gleise wurden befahrbar gemacht, die Wieseër Brücke wurde behelfsmäßig hergestellt und während der Bauarbeiten in Richtung Arnsdorf zwischen der Roten Mühle und Bischheim Pendelverkehr eingerichtet. Erste Züge brachten Kohle von Straßgräbchen und Wiednitz zur Versorgung der Betriebe und der Bevölkerung. Im Reiseverkehr fuhren die beiden ersten Zugpaare im Juni 1945 wieder in Richtung Senftenberg. Ab August 1945 erfolgte der Reiseverkehr in Richtung Arnsdorf.

Leider — und auch daran sei hier noch einmal erinnert — kam es nach Aufnahme des Verkehrs in Richtung Bischofswerda zu einem tragischen Unglücksfall, bei dem durch die Explosion einer zuvor nicht entdeckten, noch unter dem Bahnkörper liegenden Fliegerbombe vier Eisenbahner den Tod fanden.

Damals, als wir 1945 im 74. Jahr des Bestehens des Bahnhofes Kamenz neu begannen, war es sehr schwer. Doch schon hier war der Einfluß der neugebildeten Betriebsorganisationen der Partei der Arbeiterklasse spürbar.

„Am 11. Juni 1945 wandte sich die KPD als erste Partei mit ihrem Programm an die Arbeiterklasse, an die Männer und Frauen, an die Jugend und an die anderen werktätigen Schichten und wies dem deutschen Volk den sicheren Weg aus der nationalen Katastrophe in eine glückliche Zukunft."

(„Uns gehören die Schienenwege", S. 248)

Es waren die Besten, die diesem Ruf der Partei folgten, die durch ihr beispielhaftes Wirken zum Vorbild wurden. Zu ihnen gehören vor allem die Genossen:

Gnerlich, Erich,	Bahnhof Kamenz
Pietzsch, Gustav,	Bahnhof Kamenz
Richter, Else,	Bahnhof Kamenz
Ptok, Viktor,	Bahnbetriebswerk Kamenz
Meyer, Eduard,	Bahnbetriebswerk Kamenz
Reiffert, Heinrich,	Bahnbetriebswerk Kamenz
Papperitz, Richard,	Bahnmeisterei Kamenz
Kleinstück, Walter,	Bahnmeisterei Kamenz
Guttmann, Erich,	Bahnmeisterei Kamenz
Groß, Paul,	Bahnmeisterei Kamenz

Festschrift zum 100. Jubiläum der Eisenbahnstrecke Kamenz - Radeberg 1871 · 1971. Autor des Kapitels: Reichsbahnoberamtmann Otto Schydlik, Reichsbahndirektion Cottbus

Der Chronist wandte sich an den Oberstleutnant der VP a. D. Dr. Joachim Sommerfeld. Der Akademiker im Ruhestand war höchst betroffen, als er von den Ergebnissen der Recherche erfuhr. Er erinnerte sich: Der erste Entwurf war 1969 bei den Mitgliedern der Kommission zur Erforschung der Polizeigeschichte im DDR-Innenministerium, zu der ein Generalleutnant Willi Seifert, damals

verursachten und dem Ansehen der Polizei und der Besatzungsmacht großen Schaden zufügten.«

Bei einem Attentat, das faschistische Elemente am 29. November 1945 in Burkau, Kreis Kamenz, auf einen von einer antifaschistischen Brigade gefahrenen Personenzug verübten, wurden sechs Reisende getötet und zahlreiche verletzt. Durch hervorragenden Einsatz aller beteiligten Dienstzweige der Polizei konnten die Täter innerhalb kurzer Zeit ermittelt und dem Gericht übergeben werden. Im Verlauf der Aktion wurden große Mengen Kriegsmaterial der faschistischen Wehrmacht, darunter Panzerfäuste, Handfeuerwaffen, Munition, Tornisterfunkgeräte und Handgranaten sichergestellt. In Görlitz wurden von der Polizei Werwolfban-

Stellvertreter des Chefs der Deutschen Volkspolizei, gehörte, auf herbe Kritik gestoßen. Das Manuskript ging mit Textänderungen an die Autoren zurück.

Die beklagenswerte Eisenbahnkatastrophe von Burkau war in dieser zweiten Fassung zum „faschistischen Sprengstoffattentat" stilisiert und glich in allen Details einer Gesprächsaufzeichnung in

Einen erbitterten Kampf führten die Polizeiorgane gegen die Bandentätigkeit, da sie eine besondere Gefahr für die Bevölkerung und eine Form des Klassenkampfes der Reaktion gegen die antifaschistisch-demokratische Ordnung darstellte. So verübten faschistische Elemente am 29. November 1945 in Burkau/Kamenz ein Attentat auf einen fahrenden Zug, wobei zahlreiche Reisende verletzt und fünf Personen getötet wurden. [41]) Bei der Durchsuchung der Gehöfte in der Umgebung des Tatortes stellte die Polizei große Mengen Kriegsmaterial der faschistischen Wehrmacht sicher. In Wittenberge gelang es,

Die gleiche Textstelle aus dem „Entwurf zur Geschichte der Deutschen Volkspolizei" in der Fassung vom April 1969.

Auszug aus: Manfred Drews, „Generalleutnant a.D. Willi Seifert", in: „Leben und Kampf im Dienst des Volkes. Literarische Porträts, Band 1", herausgegeben von der Publikationsabteilung im Ministerium des Innern, Berlin 1984, S. 145.

Am 29. November 1945 kommt es in Burkau im Kreis K..
menz zu einem Sprengstoffanschlag auf einen Eisenbahnzug
Fünf Reisende finden den Tod, zahlreiche werden verletzt. Will
Seiferts Meldesystem bewährt sich erneut. Arthur Hofmann
überträgt seinem Stellvertreter die Untersuchung des Tatherganges und die Ermittlung der Täter. Noch in Dresden leitet
Willi Seifert Sofortmaßnahmen ein. Bald darauf ist er in
Burkau. Die von ihm befohlenen Experten und Volkspolizisten
nehmen die Arbeit auf. Während der umfangreichen Ermittlungen werden „große Mengen Kriegsmaterial der faschistischen
Wehrmacht, darunter Panzerfäuste, Handfeuerwaffen, Munition, Tornisterfunkgeräte und Handgranaten sichergestellt", so
in der „Geschichte der Deutschen Volkspolizei 1945—1961"
nachzulesen. Die Täter konnten bereits Tage später gestellt und
als Faschisten entlarvt werden. Sie hatten es auf die antifaschistische Brigade der Eisenbahner abgesehen, die diesen
Personenzug führte.

Dr. Kurt Fischer und Arthur Hofmann machten gegenüber
Willi Seifert nicht viele Worte. Sie waren mit seiner Auffassung
von volkspolizeilicher Arbeit sehr einverstanden. Vielleicht war
Burkau die entscheidende Bewährungssituation. Jedenfalls
schickten die erfahrenen Kommunisten Fischer und Hofmann

Manfred Drews' erwähntem literarischem Porträt des Generalleutnants a.D. W. Seifert von 1984 :

> „Am 29. November 1945 kommt es in Burkau im Kreis Kamenz zu einem Sprengstoffanschlag auf einen Personenzug. Fünf Reisende finden den Tod, zahlreiche werden verletzt.
> Willi Seiferts Meldesystem bewährt sich erneut. Arthur Hofmann überträgt seinem Stellvertreter die Untersuchung des Tatherganges und die Ermittlung der Täter.
> Noch in Dresden leitet Willi Seifert Sofortmaßnahmen ein. Bald darauf ist er in Burkau. Die von ihm befohlenen Experten und Volkspolizisten nehmen ihre Arbeit auf ... Die Täter konnten bereits Tage später gestellt und als Faschisten entlarvt werden. Sie hatten es auf die antifaschistische Brigade der Eisenbahner abgesehen, die diesen Personenzug führte ...“

In Burkau sind heute kaum noch Spuren der Katastrophe aufzufinden. An der Unfallstelle, gut einen Kilometer außerhalb des Ortes gelegen, erinnern nur vereinzelte Schottersteine daran, daß man sich auf dem ehemaligen Bahndamm befindet. Rechts von der Trasse hat man ein Gewerbezentrum gebaut. Über die Autobahnbrücke, die gerade instandgesetzt wurde, fließt der Autoverkehr.
Der Rückweg ins Dorf führt am 1847 erbauten Mittelgasthof vorbei, wo die festgenommenen „Attentäter von Burkau“ einst vernommen wurden. Er heißt jetzt „SPIELCENTER LAS VEGAS“. Im Fenster verkündet ein handgemaltes Schild: „Einbruch zwecklos! Zahlröhren und Kasse werden jeden Abend vom Wirt entnommen!“

AFFÄRE CONTI

Der Schauprozeß um die DCGG in Dessau

Nachrichten über spektakuläre Raubverbrechen, bei denen die Beute nach Millionen zählte, haben zu allen Zeiten für Aufsehen gesorgt. Wer erinnert sich nicht an den legendären Coup der Brüder Saß, die im Januar 1929 im Tresorraum der Berliner Disconto-Bank-Gesellschaft zwei Millionen Reichsmark erbeuteten? Oder an das Millionending des Knackertrios Mikulla-Kremmin-Pannewitz, die in der Nacht vom 6. zum 7. Oktober 1951 mehr als eine Million Mark aus der Ostberliner Eisenbahn-Verkehrskasse, Unter den Linden, raubten?

Nahezu unvergleichlich in der deutschen Kriminalgeschichte aber dürfte der Fall sein, der sich 1950 in Dessau zutrug. „100 MILLIONEN MARK DER DEUTSCHEN CONTINENTALEN GAS-GESELLSCHAFT GESTOHLEN / EINE BANDE VON VERBRECHERN AM VOLKSEIGENTUM VOR GERICHT", lauteten die Schlagzeilen, die den Prozeß im April 1950 begleiteten. Da er zu den bedeutenden Ereignissen des kalten Krieges in Deutschland gehörte, war die Berichterstattung in Ost und West stark polarisiert. Die später publizierten Kommentare zweier Betroffener zu den Vorgängen konnten zwar zur Erhellung des tatsächlichen Geschehens einiges beitragen, dennoch blieb es dem Chronisten vorbehalten, bei der Bewertung der Archivakten einen dichten Propagandaschleier aufzuheben, ehe der faktische Kern des Falles um die Dessauer Conti sichtbar wurde.

Die Vorgänge reichen zurück bis zum 9. Juli 1945, mit dem unser Bericht beginnt.

„Ihr Frühstück, Herr Direktor."

„Danke." Friedrich Methfessel nickte dem Hausmädchen zu. Wohlgelaunt rieb er sich die Hände, trat auf die sonnenüberflutete Terasse hinaus und nahm in einem der bequemen Korbsessel Platz.

Zwei Eier im Glas, Toast, Butter und goldgelber Honig standen auf dem Tisch. Dazu duftender Bohnenkaffee, den der kaufmännische Direktor der Deutschen Continentalen Gas-Gesellschaft in Dessau als krönenden Abschluß seiner Frühstücksminuten zur Morgenzigarre schätzte. Für diesen 9. Juli 1945 ein wahrhaft fürstliches Gedeck. Noch vor wenigen Wochen hatte zudem der „Völkische Beobachter" für den Hausherren bereitgelegen, aber dieses Blatt gab es nicht mehr. Eingestellt im April 1945; gewissermaßen als Vorbote des unausweichlichen Untergangs des „Dritten Reiches", das eigentlich tausend Jahre währen sollte. Schon vierzehn Tage später waren amerikanische Panzer in Dessau eingerückt. Mit den amerikanischen Offizieren hatte man sich arrangieren können. An tiefgreifenden Umwälzungen im Dessauer Wirtschafts- und Verwaltungsapparat zeigten sie wenig Interesse. Die belasteten Nazigrößen waren ohnehin untergetaucht. Die Zusammenarbeit gestaltete sich für alle Seiten zufriedenstellend. Ende Juni kam der große Schock. Ein Befehl des Oberkommandos der Alliierten Streitkräfte in Deutschland legte fest, daß die Amerikaner die von ihnen besetzten Gebiete westlich der Elbe räumen und bis hinter den Harz zurückgehen würden.

Am 3. Juli 1945 verließ der letzte amerikanische Soldat um sechs Uhr morgens die Stadt Dessau. Vierundzwanzig Stunden später bestimmten russische Uniformen das Straßenbild. Am 5. Juli übernahm Oberst Romanjuk die russische Kommandantur.

Zu Methfessels Leidwesen waren mit den Amerikanern auch Dr. Darge, Dr. Schalfejew und der Prokurist Dr. Glatzel aus der Dessauer Conti-Zentrale westwärts gezogen. Schalfejew, der Aufsichtsratsvorsitzende, war von den Nazis mit dem Titel eines „Wehrwirtschaftsführers" behängt worden. Nun fürchtete er, nicht ganz zu unrecht, daß dieser Titel ihm unter der neuen Besatzungsmacht zum Verhängnis werden könnte.

Methfessel seufzte. Der Korbsessel ächzte unter seinem Gewicht. Der zweiundfünfzigjährige Friedrich Methfessel dachte keineswegs daran, das Flaggschiff der Dessauer Konzernzentrale ohne zwingende Gründe zu verlassen. Sein Herz hing mit allen Fasern an der Conti, in deren Dienste er 1927 eingetreten war. Bis zum kaufmännischen Direktor hatte er es gebracht. Eine Position, die ihm gewisse Machtbefugnis verlieh, die ihn am aufregenden Getriebe eines der ältesten und bedeutendsten Industrieunternehmen Mitteldeutschlands teilhaben ließ.

„Guten Morgen, Friedrich."

Direktor Methfessel sah auf. Seine Frau kam aus dem Haus. Sie warf sich in den zweiten Sessel am Frühstückstisch. Wie gewöhnlich war sie über den neuesten Dessauer Klatsch informiert und wollte ihn bei ihrem Gatten loswerden.

„Hast du gehört, Friedrich, wir bekommen einen neuen Bürgermeister. Stell dir vor", sie stülpte die Lippen auf, „es ist ein Schlosser. Die Russen haben ihn eingesetzt."

„Das wird nicht die letzte Überraschung sein, die wir mit den Russen erleben", murmelte Methfessel.

„In Halle haben die Kommunisten gestern einen Jubelempfang für die Befreier aus dem Osten veranstaltet. Sollen aber nicht viel Leute gekommen sein."

Methfessel trank den letzten Schluck Kaffee. Er sah zur Uhr. „Entschuldige, Liebes, ich muß ins Büro."

Wenige Augenblicke später verließ er die Villa in der Hardenbergstraße. Am Fahrbandrand wartete der Chauffeur im dunklen Firmenwagen.

Dessau, Hardenbergstraße 40

Die Deutsche Continentale Gas-Gesellschaft war 1856 mit Sitz in Dessau gegründet worden. Zunächst für den Bau und Betrieb von Gaswerken geplant, hatte sie 1886 auch die elektrische Stromerzeugung in ihr Unternehmenskonzept aufgenommen.

Inzwischen verfügte die DCGG über 21 Eigenbetriebe und 33 Tochtergesellschaften, wie die Charlottenburger Wasserwerke, verschiedene Straßenbahnbetriebe, Handelsgesellschaften und Bergbauschächte, deren Standorte über ganz Deutschland verteilt waren.

Das Auto fuhr durch die Antoinettenstraße und bog nach rechts zum Georgengarten ab. Die Verwaltung der Conti hatte dort im ehemaligen NSDAP-Gebäude ihr neues Domizil, seitdem am 7. März 1945 ihre Geschäftsräume in der Kavalierstraße in Flammen aufgegangen waren. Achtzig Prozent der historischen Dessauer Altstadt war an diesem Tag den Bomben eines anglo-amerikanischen Luftangriffes zum Opfer gefallen.

Der Pförtner, ein einarmiger Kriegsinvalide, nahm Haltung an. „Guten Morgen, Herr Direktor!" Eilfertig riß er die Flügeltür auf.

Methfessel dankte leutselig. „Dolles Wetter heute, wie? Was sagt denn Ihr Arm dazu?"

„Schmerzt wieder, Herr Direktor. Wird Regen geben."

„Naja", tröstete Methfessel, „wir haben alle unser Päckchen zu tragen."

In der Direktionsetage stieß er auf Hermann Müller. Der Dreiundsechzigjährige war der technische Direktor der DCGG. Müllers längliches Gesicht, mit hoher Stirn und stark gelichtetem Haar, ließ ein fröhliches Grinsen sehen. „Da haben uns doch die Russen einen zweiten Bürgermeister vor die Nase gesetzt. Der Mann heißt Wilhelm Bahn. Ein Kommunist."

Methfessel nickte gleichmütig. „Ich weiß. Er ist Schlosser. An solche Leute werden wir uns gewöhnen müssen."

„Bis sie eines Tages auch uns den Stuhl vor die Tür stellen."

„Du siehst mal wieder zu schwarz, Müller. An uns kann man nicht vorbei. Die Wirtschaft braucht Fachleute, wenn sie wieder in Gang kommen soll."

Methfessel gab sich optimistisch. Nur seine Ehefrau wußte, wie es um den Nachtschlaf ihres Friedrich bestellt war. Er litt seit Wochen unter Alpträumen.

Eine Stunde später setzten sich die Herren zur Direktionsbesprechung zusammen. Rechtsanwalt Dr. Heil, der die Interessen der DCGG seit vielen Jahren vertrat, hatte sich gleichfalls eingestellt.

Daß die Sieger des Krieges sich an der deutschen Wirtschaft schadlos halten würden, stand außer Zweifel. Demontagen und Enteignungen waren seit der Konferenz der Alliierten von Jalta im

Februar 1945 vorprogrammiert. Für die UdSSR stand in Jalta die Zerstörung des deutschen Kriegspotentials an erster Stelle. Reparationsleistungen sollten die Deutschen sowohl durch einmalige Entnahmen aus dem „Nationaleigentum Deutschlands" als auch durch jährliche Warenlieferungen aus der laufenden Produktion erbringen.

Doch wie weit würden die Alliierten in ihren Reparationsforderungen gehen? Die DCGG hatte von Hitlers Raubkrieg profitiert. Ihre Askania Werke in Berlin und das Tochterunternehmen Staßfurter Rundfunk AG waren zu achtzig Prozent in die Kriegswirtschaft eingebunden. Nach dem Einmarsch der Wehrmacht ins Sudetenland waren auch die Nordböhmischen Elektrizitätswerke an die Dessauer Zentrale gefallen. Und im Rußlandfeldzug hatte man sich die Herrschaft über das riesenhafte Dynamowerk in Charkow vermittels einer „Patenschaft" sichern können.

In der Tat – die Zukunftsaussichten der DCGG in Dessau waren nicht rosig.

Müller, der Techniker, versuchte entgegenzuhalten: „Unsere Hauptprodukte sind Gas und Elektrizität", sagte er. „Wir haben zu allen Zeiten für die Bedürfnisse der Bevölkerung produziert. Das wird auch in Zukunft so sein. Keine Besatzungsmacht, ob Russen oder Amerikaner, kann den volkswirtschaftlichen Nutzen unserer Arbeit bestreiten."

Dr. Heil riet: „Warten wir die Entscheidung der Besatzungsbehörde ab, bevor wir unsere Dispositionen treffen. Letztendlich ist alles eine Frage des Standpunktes."

Friedrich Methfessel kehrte an seinen Schreibtisch zurück. Er beschloß, einen Brief an Dr. Schalfejew zu schreiben. Die Geschäftsordnung gebot, daß der Aufsichtsratsvorsitzende auch in seinem selbstgewählten Exil über den Stand der Dinge unterrichtet war.

Methfessel rief die Sekretärin. Wie gewohnt, diktierte er ihr den Text sofort in die Schreibmaschine.

„Lieber Herr Dr. Schalfejew!

Ich danke Ihnen für Ihren Brief vom 29. Juni des Jahres. Nachdem, wie schon erwähnt, in der russischen Zone etwa 75 % des Gesellschaftsvermögens der DCGG festliegen, ist es u. E. nicht zu verantworten, dieses Herzstück unserer Gesellschaft mehr oder weniger sich selbst zu überlassen. Es muß vielmehr der Versuch gemacht werden, diesen wertvollen Besitz selbst unter Inkaufnahme persönlicher

Dessau, den 9. Juli 1945

Lieber Herr Dr. Schalfejew!

Ich danke Ihnen für Ihren Brief vom 29.Juni ... Nachdem, wie schon erwähnt, in der russischen Zone etwa 75 % des Gesellschaftsvermögens der DCGG festliegen, ist es m.E. nicht zu verantworten, dieses Herzstück unserer Gesellschaft mehr oder weniger sich selbst zu überlassen. Es muß vielmehr unbedingt der Versuch gemacht werden, diesen wertvollsten Besitz selbst unter Inkaufnahme persönlicher Gefahren und Unannehmlichkeiten für die Gesellschaft in eine bessere Zukunft hinüberzuretten. Wir sind sogar der Auffassung, daß der Wiederaufbau der im Westen gelegenen Industriewerke nur möglich sein wird, wenn es gelingt, die in der russischen Besatzungszone liegenden großen Vermögenswerte für die Gesellschaft zu erhalten.

... Erschwerend kommt noch hinzu, daß Hand in Hand mit dem Erscheinen der russischen Besatzungsmacht der Einfluß der Kommunisten stark gewachsen ist und überall zur Vorherrschaft drängt. Wir sind uns darüber klar, daß innerhalb der russischen Besatzungszone die innerpolitischen Kämpfe erst jetzt mit aller Schärfe einsetzen werden. Auch mit diesen Schwierigkeiten wird man ein schlagkräftiger und arbeitsfähiger Vorstand fertig werden können. Der Ernst der Situation wird u.a. dadurch gekennzeichnet, daß z.B. in Dessau der von der amerikanischen Besatzungsmacht eingesetzte zweite Bürgermeister über Nacht abgesetzt und durch einen führenden Kommunisten (Beruf Schlosser) ersetzt worden ist...

Mit herzlichen Grüßen an Sie und Ihre Gattin, sowie an die Herren Dr. Dorge und Dr. Glavael bin ich.

Ihr

Gefahren und Unannehmlichkeiten für die Gesellschaft in eine bessere Zukunft hinüberzuretten. Wir sind sogar der Auffassung, daß dieser Wiederaufbau der im Westen gelegenen Industriewerke nur möglich sein wird, wenn es gelingt, die in der russischen Besatzungszone liegenden großen Vermögenswerte für die Gesellschaft zu erhalten ...“

Methfessel sortierte seine Unterlagen. Nicht jeder im Direktorium war mit Schalfejews Weggang aus Dessau vorbehaltlos einverstanden. Sein eiliger Schritt erinnerte wohl auch ein wenig an Fahnenflucht. Der Direktor war sich sicher, daß Schalfejew die versteckte Kritik aus dem Brief herauslesen würde.

Die Sekretärin hatte einen neuen Bogen eingespannt. „Kann weitergehen", signalisierte sie ihrem Chef.

Methfessel nahm den Faden wieder auf.

„Erschwerend kommt noch hinzu, daß Hand in Hand mit dem Erscheinen der russischen Besatzungsmacht der Einfluß der Kommunisten stark gewachsen ist und überall zur Vorherrschaft drängt. Wir sind uns darüber im klaren, daß innerhalb der russischen Besatzungszone die innerpolitischen Kämpfe erst jetzt mit aller Schärfe einsetzen werden. Auch mit den Schwierigkeiten wird nur ein schlagkräftiger und arbeitsfähiger Vorstand fertig werden können."

Methfessel schloß mit einigen persönlichen Nachrichten. „So, das wär's für heute", meinte er. „Mit herzlichen Grüßen an Sie und Ihre Gattin, sowie an die Herren Dr. Darge und Dr. Glatzel bin ich Ihr Friedrich Methfessel. – Haben Sie?"

Der kaufmännische Direktor unterschrieb den Brief. Den Durchschlag nahm er zu seinen persönlichen Akten, die Methfessel mit dem Vermerk „Vertraulich" zu kennzeichnen pflegte.

Vier Jahre später sollte die Briefkopie in einem grauen Leitz-Ordner gefunden werden und als Beweismittel erhebliche Bedeutung erlangen.

Mit der Potsdamer Konferenz vom 17. Juli bis 2. August 1945 wurde die Lösung des Reparationsproblems im Unterschied zu Jalta weitgehend dem Ermessen der einzelnen Besatzungsmächte selbst überlassen. Die Erfüllung ihrer Reparationsforderungen sollte auf das jeweilige Besatzungsgebiet beschränkt werden. Der Trend zur Integration der Teile Deutschlands in die Wirtschaftssysteme der Besatzungsmächte gewann die Oberhand.

Während die Westmächte lediglich kriegsbelastete Konzerne, wie die IG Farben, auflösten, ging man im Osten Deutschlands rigoroser zu Werke. Am 30. Oktober 1945 erließ der Oberste Chef der Sowjetischen Militäradministration in Deutschland (SMAD) den Befehl Nr. 124, der eine Vernichtung der Rechtspersönlichkeit aller Kartelle und Monopolvereinigungen bedeutete. Dieser als Sequesterbefehl in die Nachkriegsgeschichte eingegangene Ukas sah eine Einziehung allen Konzernvermögens vor, bis eine Entscheidung entweder für die Rückgabe an den früheren Eigentümer oder für die Überführung in Volkseigentum gefallen war. Entscheidend hierfür war, ob die von den Länderregierungen berufenen Sequesterkommissionen die Prädikate „Rüstungsbetrieb", „gemischtes Werk" oder „ziviles Unternehmen" vergaben.

In Dessau begannen Demontageaktionen nach dem Einmarsch der Roten Armee im Juli 1945. Auch mehrere Betriebsstätten der Deutschen Continentalen Gas-Gesellschaft waren davon betroffen.

Direktor Friedrich Methfessel legte das Kalenderblatt auf dem Schreibtisch in seinem Arbeitszimmer um. Freitag, der 13. Dezember 1946. Mit grimmiger Kälte war der Winter über das Land hergefallen. Die ohnehin unzureichende Energieversorgung wurde prekär. Stromabschaltungen häuften sich. Die Menschen froren und hungerten.

Methfessel starrte auf die frostbemalten Fensterscheiben. Seit einem dreiviertel Jahr saßen er und Müller nun als treuhänderischer Vorstand am Georgengarten.

Am 11. Dezember 1945 hatte der Präsident der Provinz Sachsen-Anhalt den Aufsichtsrat für aufgelöst erklärt. Dr. Schalfejew, Dr. Darge und der Prokurist Dr. Glatzel wurden in Abwesenheit ihrer Positionen enthoben. An ihrer Stelle wurden die Herren Dr. Leo Herwegen, Minister für Arbeit und Soziales des Landes Sachsen-Anhalt, Dr. Leopold Kaatz, Präsident der Industrie- und Handelskammer, und der Direktor der Landeskreditbank Sachsen-Anhalt, Heinrich Scharf, in den treuhänderischen Aufsichtsrat berufen.

Am 14. Februar 1946 bekundeten Müller und Methfessel ihre Bereitschaft, die Geschäfte des Vorstandes weiterzuführen. Im Haus des Wirtschaftsministers Dieker, seit April 1946 SED, überwog die Einsicht, daß der Wiederaufbau der Wirtschaft Sachsen-Anhalts ohne das Fachwissen der Leitungskräfte nicht zu bewältigen war.

Friedrich Methfessel griff zur Mappe mit dem Posteingang. Er sah die Papiere durch. Am Nachmittag stand die Aufsichtsratssitzung zum Jahresabschluß auf dem Programm. Da wollte er gerüstet sein.

Während er las, flog die Tür zu seinem Büro auf. Zwei Männer traten aktentaschenschwenkend in den Raum.

„Doktor Darge und Doktor Glatzel in Dessau?" Methfessel staunte. „Welcher Wind hat Sie denn hergeweht?"

„Die Sehnsucht nach der alten Heimat", meinte Darge lachend. „Sie verstehen."

Die Herren begrüßten einander überschwenglich. Dann schälten sich die Ankömmlinge aus ihren Mänteln. Darge und Glatzel waren nach Frankfurt am Main gegangen, wo sie ein Verbindungsbüro aufbauten, dessen Aufgabe es war, die Fäden zwischen den Conti-Betrieben West und der Dessauer Zentrale nicht ganz und gar abreißen zu lassen. Um ihnen nach ihrer Amtsenthebung als Aufsichtsrat die Geschäftsfähigkeit zu erhalten, hatten Müller und Methfessel ihnen weitgehende Vollmachten über das Vermögen der Gaswerke Hagen-Eckesey in Westfalen übertragen.

„Macht sich übrigens gut, Ihr neues Firmenschild", meinte Dr. Glatzel. „Allgemeine Gas-Aktiengesellschaft. Erinnert nicht so vordergründig an die gute alte Conti. Ist die Enteignung dadurch passé?"

„Ich fürchte, die ist noch lange nicht vom Tisch", knurrte Methfessel mit säuerlicher Miene.

„Und das wollen Sie widerspruchslos hinnehmen?"

„Ich bitte Sie, lieber Freund! Unsere Existenz hängt natürlich vom Fortbestand der Conti ab. Noch haben wir keinen offiziellen Enteignungsbescheid. Uns sind die Hände gebunden. Aber Müller hat schon mal vorsorglich beim Leiter der Städtischen Wirtschaftsabteilung eine Erklärung besorgt, aus der hervorgeht, daß unser Unternehmen nicht unter Sequester gestellt ist."

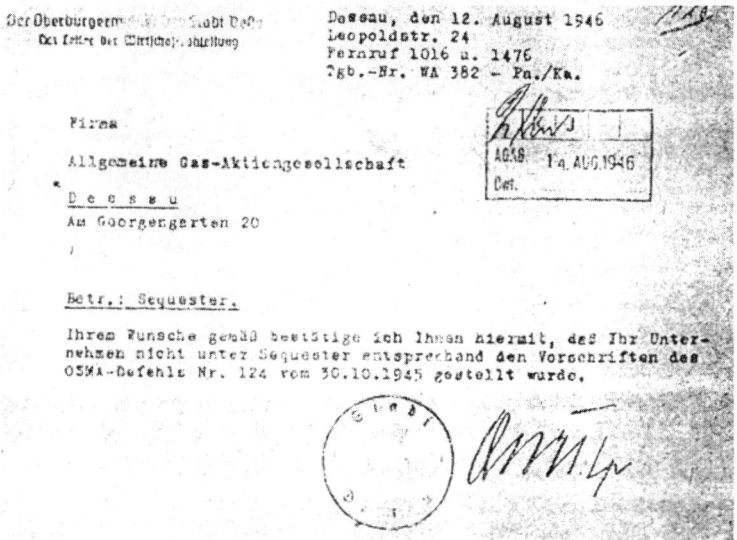

Bescheinigung für die DCGG, von Pauli beschafft

Dr. Darge hegte Zweifel. „Glauben Sie, daß dieses Papier ausreichenden Schutz bietet?"

„Selbstverständlich haben wir uns auch auf der Landesebene bemüht. Vom Minister für Arbeit und Soziales, Dr. Herwegen, er sitzt übrigens in unserem Aufsichtsrat, stammt ein Gutachten, das die Allgemeine Gas-Aktiengesellschaft zur reinen Fachgesellschaft erklärt. Der Charakter einer Monopolvereinigung wird darin ausdrücklich verneint."

„Na bravo! Das eröffnet Ihnen die Chance, als ‚ziviles Unternehmen' eingestuft zu werden", sagte Glatzel. „Wie kommen Sie denn mit den neuen Leuten im Aufsichtsrat zurecht?"

„Doktor Herwegen ist Bergbaufachmann. Erstklassige Schule. Kommt aus den Riebekschen Montanwerken in Halle. Vor dreiunddreißig in der Zentrumspartei aktiv. Nach dem Zusammenbruch Mitbegründer und Landesvorsitzender der CDU."

„Habe schon von ihm gehört," bestätigte Dr. Darge. „Und Kaatz?"

„Der dürfte Ihnen kein Unbekannter sein. Regierungsdirektor a. D., jetzt Treuhänder der Zuckerraffinerie und Präsident der Industrie- und Handelskammer. Von Scharf weiß ich, daß er Filialleiter der Deutschen Bank in Halle war, bevor er Direktor der Landeskreditbank wurde. – Wenn Sie wollen, kann ich Sie noch heute mit den Herren bekanntmachen. Nehmen Sie doch als Gäste an der Aufsichtsratssitzung teil. Einverstanden?"

„Wenn sich die Gelegenheit bietet." Dr. Darge lächelte hintergründig. „Die Sehnsucht allein hat uns natürlich nicht nach Dessau getrieben."

Die Aufsichtsratsmitglieder Dr. Herwegen, Dr. Kaatz und Bankdirektor Scharf sahen keinen Anlaß, gegen die Anwesenheit der Gäste aus Frankfurt am Main zu protestieren. Die Begrüßung fiel steif, aber nicht unfreundlich aus. Der Minister erwies sich als ein Mann um die Sechzig. Tiefliegende Augen beherrschten sein müdes Gesicht. Der grauhaarige Dr. Kaatz hatte die Sechzig längst überschritten, aber seine stämmige Gestalt und straffe Haltung ließen den ehemaligen Offizier jünger aussehen.

Man tagte im kleinen Konferenzzimmer. Wie bei solchen Anlässen üblich, war ein Imbiß vorbereitet. Die Reisenden aus Frankfurt ließen es sich nicht nehmen, eine Kiste Rotwein, die sie im Auto über die Demarkationslinie geschmuggelt hatten, beizusteuern.

Dr. Müller beklagte in seinem Tätigkeitsbericht die noch immer ungeklärte Rechtslage der DCGG. Minister Herwegen merkte an, daß seit dem 21. Mai des Jahres der Befehl Nr. 154 in Kraft getreten sei, der formal alle Vermögenswerte den Länderregierungen unterstelle. In Wahrheit aber werde der Entscheidungsprozeß durch die Sowjetische Militäradministration hinausgezögert, weil niemand so genau wisse, welche Werke die Besatzungsmacht zu übernehmen gedenke. Dieser Zustand blieb tatsächlich bis Mitte 1947 bestehen.

Zu den Aktivposten des Jahresberichtes 1946 zählte Dr. Müller den im März ausgehandelten Konsortialvertrag über den Eintritt der Energieversorgungs-Betriebe der Conti in die Prevag AG. Die „Provinziale Energieversorgungs-Aktiengesellschaft" war ein Zusammenschluß der maßgeblichen Energiewirtschaftsunternehmen im Land Sachsen-Anhalt. In ihrem Bemühen, der Wirtschaft des Landes so rasch wie möglich auf die Beine zu helfen, fand sie die Unterstützung der liberal geführten Landesregierung. Den Wegbereitern einer Planwirtschaft nach sowjetischem Typus war die Prevag ein Dorn im Auge. Sie favorisierten einen Verband der Volkseigenen Industriewerke.

Direktor Methfessel meldete sich zu Wort. „Was halten Sie davon, meine Herren, wenn wir alle Conti-Betriebe in die Prevag überführen? Unter gewissen Umständen – ich habe das mal durchgerechnet – kämen wir auf eine Aktienmajorität von zweiundsechzig Prozent."

Minister Herwegen nickte lebhaft. „Ich kann Sie an einen guten Mann im Aufsichtsrat empfehlen. Ministerialdirektor Brundert gehört zwar der SED an, doch er vertritt in Enteignungsfragen durchaus gemäßigte Ansichten. Mit ihm läßt sich reden."

Beim letzten Tagesordnungspunkt erhielt der Gast aus Frankfurt, Dr. Glatzel, das Wort. „Ich beginne ohne Umschweife, meine Herren. Die Lage, in der sich unsere gute alte Conti befindet, ist zweifellos kompliziert, aber dank Ihrer umsichtigen Arbeit im Vorstand und im Aufsichtsrat nicht ohne Hoffnungen. Was aber wird aus den Werken in den westlichen Besatzungszonen? Von einer Aussöhnung der Westalliierten mit den Russen sind wir mehr denn je entfernt. In Aussicht steht, daß sich die Fronten eher noch verhärten. Einen direkten Zugriff der Russen auf die Westniederlassungen der Conti wird es nicht geben. Damit erheben sich Fragen: Werden wir im Westen zu herrenlosen Gesellschaftern? Und vor allem, wie bleiben wir unter diesen Umständen geschäftsfähig? Mein Kollege, Herr Doktor Darge, und ich möchten mit Ihnen die notwendigen Schritte koordinieren. Wir schlagen vor, die westlichen Betriebe in einer GmbH zusammenzuführen, deren Sitz in Hagen zu errichten wäre."

Dr. Herwegen schien nicht abgeneigt. „Auf jeden Fall erreicht man eine Bereinigung der Interessenlage", begründete er seinen Standpunkt.

Auch Dr. Kaatz bekundete Bereitschaft, das Vorhaben zu unterstützen. Lediglich der Bankfachmann Scharf äußerte Bedenken. „Das muß vorher juristisch sehr sorgfältig insistiert werden", warnte er die Runde.

„Wenn die Herren gestatten." Dr. Glatzel ergriff abermals das Wort. „Ich muß Sie auf ein zweites Problem aufmerksam machen. Rechtsanwalt Doktor Koenemann teilte aus Berlin mit, daß der Magistrat eine Enteignung aller Betriebe mit einem Grundvermögen von über zehn Millionen Reichsmark ins Auge gefaßt hat. Das betrifft auch unser Askania Werk. Das Ganze ist wohl eine Initiative der SED-Abgeordneten. Wenn Sie sich mit Koenemanns Büro ins Benehmen setzen wollen, er steht Ihnen zur Verfügung."

Glatzel reichte die Geschäftskarte über den Tisch. Methfessel notierte einen Vermerk für das Sitzungsprotokoll.

Der Frankfurter Prokurist steuerte ein neues Thema an. Sachlich und anscheinend unbeteiligt verkündete er: „Seit geraumer Zeit

Entwertete Voigt & Hoeffner-Aktie

registrieren wir erhebliche Abwanderungen ehemaliger Conti-Fachkräfte in die Westzonen. Die Leute klopfen bei uns in der Verbindungsstelle an und fragen nach den Versorgungsansprüchen, die sie bei der DCGG erworben haben."

„Die Leute sind im Recht. Wir werden ihre Forderungen erfüllen müssen", erklärte Dr. Darge, verwies aber gleichzeitig darauf, daß man die Pensionsansprüche nicht allein aus dem Gewinn des Gaswerkes Hagen-Eckesey bestreiten könne. „Das übersteigt unsere Finanzkraft", beteuerte er.

„Um Himmelswillen, Sie überschütten uns ja geradezu mit Problemen", stöhnte Müller. „Sehen Sie wenigstens eine Lösung?"

„Der einfachste Weg wäre die Errichtung eines Sonderfonds, der in angemessener Höhe aus dem Gesamtvermögen der DCGG auszustatten ist."

„Tja, verehrte Herren vom Aufsichtsrat, jetzt sind Sie am Zug." Dr. Glatzels Blick ging fordernd in die Runde. „Die Entscheidung liegt bei Ihnen."

Ministerialdirektor Willi Brundert war ein Mann in den besten Jahren. Kurz vor seinem fünfunddreißigsten Geburtstag stand er am Beginn einer erfolgversprechenden Karriere. Durch sein energisches, sachliches Auftreten und seine blendenden Kenntnisse auf dem Gebiet des Wirtschaftsrechts hatte er sich den Ruf eines führenden Wirtschaftspolitikers im Land Sachsen-Anhalt erworben. Seit Beginn des letzten Studiensemesters lehrte er auch an der Hallenser Universität. Man munkelte schon hinter vorgehaltener Hand, daß mit seiner Ernennung zum Professor zu rechnen sei.

Als Brundert an diesem 7. März 1947 von der Besprechung beim Wirtschaftsminister Dieker kam, erwarteten ihn drei Herren im Vorzimmer.

„Direktor Müller und Direktor Methfessel aus Dessau", erinnerte ihn die Sekretärin. Der dritte Gast deutete eine knappe Verbeugung an. „Doktor Koenemann. Rechtsanwalt aus Berlin."

Der Ministerialdirektor griff sich an die Stirn. „Ahja – wir hatten einen Termin vereinbart. Entschuldigen Sie, aber der Herr Minister ..." Er öffnete die ledergepolsterte Tür zu seinem Büro und bat die Herren einzutreten. „Glauben Sie mir, noch so einen Winter wie in diesem Jahr kann unsere Wirtschaft nicht verkraften. Der Dauerfrost hat katastrophale Schäden verursacht." Während Brundert zum Schreibtisch lief, setzte er seinen Monolog fort: „Um vierzig Prozent ist die Industrieproduktion zurückgefallen. Und wenn ich an die Reparationen denke, wird mir angst und bange. Die Offiziere der Besatzungsmacht sind nicht gewillt, ihre Forderungen auch nur um einen Deut zurückzunehmen." Brunderts schwarze Arbeitsmappe flog auf den Tisch. Der Ministerialdirektor plumpste in seinen Sessel. „Wozu erzähle ich Ihnen das", seufzte er. „Sie haben gewiß andere Sorgen. Bitte, nehmen Sie Platz."

„Unser Besuch dient gewissermaßen einem sozialen Zweck", klärte Methfessel den Ministerialdrektor auf, der zugleich stellvertretender Wirtschaftsminister war.

Brundert lachte. „Pardon, meine Herren, da sind Sie im Wirtschaftsministerium vor der falschen Schmiede! Der Minister für Arbeit und Soziales heißt Leo Herwegen."

„Doktor Herwegen weiß von unserem Besuch. Er ist der Ansicht, daß Sie allein helfen könnten."

„Danke für das Kompliment. Sie machen mich neugierig."

Im anschließenden Gespräch wurde der Ministerialdirektor in die Pläne des DCGG-Vorstandes, einen Sonderfonds zur Auszahlung von Pensionsansprüchen zu errichten, eingeweiht. Brundert hörte schweigend zu. Er hielt den Blick auf die Tischplatte gerichtet. Seine Finger berührten spielerisch den halbmondförmigen Tintenlöscher, zwangen ihn zu kreiselnden Bewegungen.

Nach Methfessel sprach Dr. Koenemann. „Der Fall liegt aus juristischer Sicht ..., nun sagen wir mal – ungewöhnlich. Ich kenne in der Fachliteratur keinen vergleichbaren Fall." Er versuchte ein gewinnendes Lächeln. „Deutschland war auch noch nie in vier Besatzungszonen aufgeteilt."

Brundert ließ keine Gefühlsregung erkennen. Sachlich fragte er: „Wie stellen Sie sich denn die Finanzierung Ihres Sonderfonds vor?"

„Eben da liegt, wie man so sagt, der Hase im Pfeffer. Wir müßten das Gaswerk in Lemgo verkaufen."

„Lemgo – nie gehört."

„Liegt in Westfalen. Gehört aber zur Agag in Dessau."

„Eine Tochtergesellschaft der Conti, wie ich vermute. Wo steckt das Problem?"

„Die Agag steht unter Verfügungsgewalt der Landesregierung. Wenn wir das Gaswerk von der Agag übernehmen, sagen wir zu einem Nennbetrag von siebenhunderttausend Mark, müßte zuerst der Sperrvermerk im Handelsregister – wenigstens zeitweilig – aufgehoben werden. Wir übertragen die Verfügungsgewalt für Lemgo auf die Gesellschafter in Hagen, die wiederum die Zahlungsverpflichtungen gegenüber allen DCGG-Pensionären in den Westzonen übernehmen."

Willi Brundert schloß die Augen. Daumen und Mittelfinger seiner rechten Hand massierten die Nasenwurzel. Der Ministerialdirektor überdachte die Rechtslage. Eine Vermögensverfügung, die in Wirklichkeit nur auf dem Papier stattfand. Das Gesamtvermögen der Deutschen Continentalen Gas-Gesellschaft nahm keinen Schaden, wenn das Gaswerk Lemgo in die Hagener Regie überging.

Dr. Willi Brundert, der als Sozialdemokrat in die SED geraten war, verstand sich nicht als Gegner der Enteignungspolitik seiner Landesregierung, doch er warnte stets vor übereilten Schritten. Während in der Privatindustrie die seit Jahren eingeschliffenen Betriebsregime trotz aller Widrigkeiten für eine kontinuierliche Produktionssteigerung sorgten, geriet in den neuen volkseigenen Betrieben noch so manches drunter und drüber. Brundert lag der Erhalt der Prevag, zu deren Mitbegründern und Aufsichtsrat er gehörte, am Herzen.

Der Ministerialdirektor raffte sich zu einer Entscheidung auf. „Also gut, meine Herren, ich veranlasse die Aufhebung des Sperrvermerkes. Einzige Bedingung, auf die ich nachdrücklich verweise: Der von Ihnen benannte nominale Aktienwert darf im Gegenzug nur in den Pensionsfond einfließen."

Wohlgemut verließen die drei Besucher das Hallenser Wirtschaftsministerium. Nach einem ausgedehnten Bummel durchs Stadtzentrum der Landeshauptstadt fuhren sie nach Dessau zurück. In der Vorstandszentrale, Am Georgengarten Nr. 20, erlebten sie eine böse Überraschung. Der formale Enteignungsbescheid der Landesregierung über das Gesamtvermögen der DCGG war mit Ausstellungsdatum vom 25. Februar 1947 eingetroffen.

„Keine Panik, Herrschaften!" beruhigte Dr. Koenemann die aufgeschreckten Direktoren. „Wir werden alle Rechtsmittel ausschöpfen, die uns zur Verfügung stehen. Die DCGG legt Einspruch ein."

Schon am 6. März hatten Aufsichtsrat und Vorstand einen solchen Schritt in Erwägung gezogen und für alle Fälle Dr. Koenemann, der über Erfahrungen im Einspruchsrecht verfügte, um juristischen Beistand gebeten.

Gleich am nächsten Tag, am 8. März 1947, brachten Dr. Koenemann, Methfessel, Müller und der Dessauer Rechtsanwalt, Dr. Paul Heil, das Einspruchsbegehren der DCGG zu Papier.

Nach getaner Arbeit wählte Koenemann den Nachtzug nach Berlin. Müller und Methfessel begleiteten ihn zum Bahnhof. Bevor Koenemann in den Waggon stieg, empfahl er den Direktoren: „Ich will die Qualifikation Ihres Herrn Heil beileibe nicht in Zweifel ziehen, kann mich aber des Eindruckes nicht erwehren, daß der Mann überfordert ist. Schauen Sie sich nach einem versierten Juristen um."

„Doktor Heil vertritt die Conti seit mehr als zehn Jahren."

„Mag sein, lieber Herr Müller, mag sein. In schwierigen Zeiten darf die DCGG keine Kosten scheuen. Sie sollten sich einen juristischen Mitarbeiter leisten. Mein Tip: Wenden Sie sich an Doktor Simon."

„Ernst Simon, der ehemalige Landgerichtsrat? Der Mann ist NS-belastet!"

„Stimmt. Dafür wurde er aus dem Justizdienst entlassen. Ich bin kein Freund von Beckmesserei. Räumen Sie ihm eine Chance ein. Beauftragen Sie ihn mit dem Lemgo-Vertrag." Der Zug ruckte an. Dr. Koenemann stand am Abteilfenster und winkte den Zurückbleibenden. „Vielleicht sehen wir uns demnächst in Berlin. Ich lade Sie ein!"

Zu Koenemanns Handgepäck zählte ein Brief an die Adresse der Firmenleitung Voigt & Haeffner AG in Frankfurt am Main. Am 6. März hatte der DCGG-Vorstand beschlossen, die in Dessau eingelagerten Voigt-&-Haeffner-Aktien, die einem Schwarm von Kleinaktionären im Rheinland und der DCGG gehörten, durch einen Scherenschnitt ungültig zu machen. Die Frankfurter Firmenleitung sollte neue Aktien drucken lassen, um sie an die rechtmäßigen Besitzer neu zu verteilen.

Ministerialdirektor Brundert hielt Wort. Am 27. April hob er den Sperrvermerk für die Agag im Dessauer Handelsregister auf.

Zwei Tage später lehnte die Landesregierung den Einspruch der DCGG gegen die entschädigungslose Enteignung endgültig ab. Allgemeine Verwunderung in Dessau; den Ablehnungsbescheid hatte Professor Dr. Brundert im Auftrag des Wirtschaftsministers unterzeichnet.

Als der Aufsichtsrat am 17. Juni 1947 zur routinemäßigen Sitzung zusammentrat, gab er der Forderung des Vorstandes nach, die Geschicke aller in Westdeutschland gelegenen Conti-Betriebe in die Obhut der DCGG m.b.H. Hagen/Westfalen zu legen. Im Gegenzug avancierten Müller und Methfessel zu „delegierten Vorstandsmitgliedern" in Hagen. Die Legitimierung dieser Maßnahme bot ein juristisches Gutachten, aus dem hervorging, daß die Betriebe der DCGG weder nach britischem noch nach amerikanischem Rechtsverständnis unter Sequester nach dem Gesetz Nr. 52 der westalliierten Militärregierungen fallen. Das Protokoll der Sitzung schloß mit der Unterschrift des Aufsichtsratsvorsitzenden Dr. Leopold Kaatz.

Kaatz, der Sohn eines Likörfabrikanten, hatte Jura studiert. Zu Beginn der zwanziger Jahre als Rechtsanwalt tätig, war er später in der anhaltinischen Finanzverwaltung bis zum Regierungsrat aufgestiegen. Danach bewarb er sich um den Posten eines Direktors bei der Dessauer Zuckerraffinerie, den er seit mehr als zwanzig Jahren innehatte, seit 1946 in der Funktion eines Treuhänders. Während der NS-Diktatur hatte Kaatz sich als unauffälliges Mitglied des „Stahlhelm-Bundes" aus allen politischen Intrigen heraushalten können. Er ließ sich nicht zum Eintritt in die NSDAP überreden. 1945 trat er der neuerstandenen SPD bei. Auch die SED nahm ihn bei der Vereinigung willig in ihre Reihen auf, obwohl Kaatz, jetzt Präsident der Industrie- und Handelskammer und Besitzer eines Rittergutes, eher ins Lager des Todfeindes Bourgeoisie gehörte.

Einem harten Winter folgte 1947 ein langer, heißer Sommer. Infolge von Dürreschäden, infolge der vehement wachsenden Rohstoffknappheit und der drückenden Lasten sowjetischer Reparationsforderungen stand Ostdeutschland vor einem Wirtschaftskollaps. Die Produktion stagnierte, und die Versorgung der Bevölkerung konnte kaum noch gesichert werden. In Kreisen der CDU und der LDP sprach man immer offener über die Notwendigkeit, enteignete Betriebe zu reprivatisieren, um neue Wirtschaftsmotivationen zu setzen. Selbst eingeschworene Kommunisten, wie der sächsische Industrieminister Fritz Selbmann, meldeten Bedenken hinsichtlich der sowjetischen Reparationspolitik an.

Die SED-Führung reagierte mit Administration, Repression und Kontrolle. Die Volkskontrollausschüsse für die Sicherung der Ernährung und die Verteilung von Brennstoffen überwachten vor allem Betriebe und Handelsunternehmungen, die sich in Privatbesitz befanden. Mit der Deutschen Wirtschaftskommission (DWK), im Juni 1947 in Berlin gegründet, die den parteienpluralistisch besetzten Länderregierungen weisungsberechtigt war, schuf sich die SED darüber hinaus ein zentrales Machtorgan, das ihren Führungsanspruch in Staat und Wirtschaft sichern sollte.

Die Gelegenheit für einen Besuch bei Dr. Koenemann in Berlin-Wilmersdorf ergab sich für Methfessel im Oktober 1947. Der Vorstand der Charlottenburger Wasserwerke A. G. hatte zur Generalversammlung geladen, und da die DCGG Aktien im Nominalwert von einer Million Reichsmark hielt, nahm Direktor Methfessel die Interessen der Conti wahr.

Die Nachricht, die ihm während der Versammlung zugetragen wurde, war nicht mehr taufrisch, doch für die DCGG im höchsten Grad alarmierend. Der Berliner Magistrat trug sich mit der Absicht, das Wasserwerk zu kommunalisieren.

Am Abend saßen Methfessel und Dr. Koeneman bei einer Flasche Rotwein in der Wohnung des Anwaltes beieinander. Koenemann, mit den Berliner Verhältnissen bestens vertraut, erwies sich als charmanter Plauderer. „Wenn der linkslastige Magistrat die Mehrheit im Abgeordnetenhaus wider Erwarten zusammenbekommen sollte, sehe ich schwarz für die Anteile der Conti."

Methfessels Freude an der gedämpften Musik, am Schimmer der Kerzen und am Funkeln des rubinroten Weines schwand dahin. „Ich mag gar nicht dran denken. Ein böser Verlust für uns."

Dr. Koenemann beugte sich zu seinem Gast. „Wenn es Sie beruhigt, teurer Freund, ich glaube nicht, daß dieser Coup zustande kommt. Und wenn – das letzte Wort haben immer noch die Sektorenkommandanten. Können sie sich vorstellen, daß ausgerechnet die Briten über Nacht ihre Liebe für den Bolschewismus entdecken."

„Ihr Wort in Gottes Ohr."

Der Hausherr winkte lässig ab. Er lehnte sich behaglich zurück, hob sein Glas, einen stilvollen Römer, gegen das Kerzenlicht und ließ den Wein sanft kreisen. „Ein achtunddreißiger Beaujolais, lieber Methfessel. Schauen Sie nur, welch herrliche Farben." Der Anwalt schnalzte genießerisch mit der Zunge. „Vielleicht ziehen Sie und die Herren vom Aufsichtsrat aber doch einen Verkauf der Charlotte-Aktien ins Kalkül? Ich hätte da einen Draht zu Stadtrat Ernst Reuter. Passabler Mann in der SPD. Ich weiß nicht, ob Sie seine Geschichte schon gehört haben? Reuter wurde am 26. Juni von der Stadtverordnetenversammlung zum Oberbürgermeister gewählt. Er kann dieses Amt aber nicht antreten, weil sich die Sowjets in der Alliierten Stadtkommandantur weigern, die Wahl zu bestätigen. Reuter ist kein Mann ihres Vertrauens. Woran Sie erkennen mögen, wie weit das Demokratieverständnis der Russen tatsächlich reicht."

Friedrich Methfessel kam auf Koenemanns Angebot zurück:

„Ihr Vorschlag gefällt mir, Doktor. Vorbehaltlich der Entscheidung des Aufsichtsrates plädiere ich für einen Verkauf."

Koenemann verzog keine Miene. „Geht in Ordnung, lieber Freund", sagte er knapp. Anglizismen wie das immer mehr in Mode kommende „Okay" lehnte der Doktor aus Prinzip ab. „Ich gehe bei den Herrn im Magistrat auf Tuchfühlung. – N. d. P.!" Er hob sein Glas und fügte, als er Methfessels verdutztes Gesicht bemerkte, vergnügt hinzu: „Na denn Prost!"

Am 12. November informierte Methfessel Vorstand und Aufsichtsrat über das Gespräch mit Dr. Koenemann. Wieder war es Bankdirektor Scharf, der Bedenken anmeldete.

„Aber was wollen Sie denn, Scharf", redete Minister Herwegen seinem Parteifreund zu. „Wenn wir die Aktien für das Wasserwerk im englischen Sektor verkaufen, entsteht doch dem Volksvermögen kein Schaden. Das Geld bleibt ja auf der Berliner Bank."

Der Beschluß, der nach dieser Belehrung gefaßt wurde, fiel einstimmig aus. Sollte Koenemanns Erkundungsvorstoß von Erfolg gekrönt sein, so war man bereit, die Charlotte-Aktien an den Magistrat von Groß-Berlin zu verkaufen.

11. Februar 1948. Mittwoch, gegen 15.30 Uhr.

Ein eiskalter Wind fegte mit Schnee- und Graupelschauern über die Dächer Berlins. Die Joachimsthaler Straße am Bahnhof Zoo stand seit jeher in dem Ruf, eine Brücke zwischen Luxus und Elend, zwischen Amüsement und Verbrechen, zwischen oben und unten zu sein. Der Krieg hatte auch hier deutliche Spuren hinterlassen. Die Menschen waren bald daran gegangen, die traurigen Überreste der Bobennächte, so gut es eben ging, zu beseitigen. Unternehmergeist und Geschäftssinn regten sich wieder. Es störte wenig, daß dabei architektonisch seltsame Gebilde aus der Not geboren wurden. Wer zum Beispiel den mit einer Samtportiere verhängten Notausgang an der Rückfront des eleganten Tanzlokals verlassen wollte, stand unvermittelt in einer Trümmerlandschaft. Die gediegene Fensterfront des Juwelierladens, die luxuriöse Blumenfiliale in der Nachbarschaft, aber auch das Delikatessengeschäft gegenüber bildeten nur die ausgeputzten Fassaden der Hausruinen. Wo Lücken zwischen den Trümmern gähnten, wurden sie zum Teil durch Holzwände verstellt, von denen farbenfrohe Bildreklamen grüßten. Und wenn es dunkelte, verwandelte eine Lichterflut die bei Tage öde und grau erscheinenden Häuserfronten in ein verwirrendes buntes Kaleidoskop.

Donnernd fuhr ein S-Bahnzug über die Brücke in den Bahnhof Zoologischer Garten ein. Friedrich Methfessel, Direktor Müller und Dr. Leopold Kaatz verließen den Bahnsteig. Sie waren mit dem Auto bis Potsdam gereist und dort auf die Stadtbahn umgestiegen. Methfessel, der sich in Westberlin schon auskannte, übernahm die Führung durch das brodelnde und quirlende Gewühl in der Joachimsthaler. Am U-Bahneingang verscheuchte er einige aufdringliche Burschen, die ihnen Schmuck, Penicillin oder Ia-Pariser andrehen wollten. Zeitungsverkäufer mühten sich mit monotonen Ausrufen, ihre Blätter unter die Käufer zu bringen. Sie tauchten ein in den Strom von Menschen, Autos, Bussen und Straßenbahnen. Die Männer aus Dessau erreichten den Kurfürstendamm, Berlins Prachtstraße im britischen Sektor.

Holla, ist das ein Trubel, dachte Kaatz beeindruckt. Das flirrt und rollt und braust nur so. An der Ecke Fasanenstraße blickte er einer mondänen Mittvierzigerin nach, wobei ihm die „Grünen Wochen" vergangener Jahre in Erinnerung kamen. Die massenhaften Ausflüge der Junker und Rittergutsbesitzer aus den Brandenburgischen und Mecklenburgischen Landen zu den Ausstellungshallen am Funkturm endeten für gewöhnlich mit einem Abstecher zum Kudamm, zu den Damen des ältesten Gewerbes der Welt. Lächelnd schüttelte er seine Erinnerungen ab.

Die Männer gelangten zur Uhlandstraße. Die Gegend war bedeutend ruhiger. Die Häuser, vier Stockwerke hoch, strahlten Solidität und Wohlstand aus. Rechtsanwälte, Zahnärzte, Ex- und Importbüros hatten sich in dem Viertel zwischen Zoo und Savignyplatz angesiedelt.

Zigarrenrauch, Gläserklingen und eine heiter gestimmte Gesellschaft beherrschten das Berliner Büro. Die Wände des kleinen Geschäftszimmers und der daran anschließende Sitzungssaal waren in Nußbaum getäfelt.

Die Sekretärin bemühte sich, den Herren aus den Mänteln zu helfen. Aber ja, meinte sie, Herr Minister Herwegen und Bankdirektor Scharf seien schon eingetroffen.

Dr. Darge eilte den Neuankömmlingen mit ausgestreckten Armen entgegen. Er war, wie immer, nobel gekleidet. „Stabsbesprechung!" röhrte er militärisch forsch und grinste die Dessauer Vorstandsmitglieder spitzbübisch an. „Dank der Findigkeit unseres Herrn Doktor Koenemann erleben wir heute einen historischen

Augenblick. Die Conti-Vorstände Ost und West an einem Tisch! Da sage mir noch einer, wir nähmen die Forderungen der SED-Führung nach gesamtdeutscher Zusammenarbeit nicht ernst!"

In Darges Begleitung waren Dr. Glatzel und ein Dr. Keßler aus Hagen angereist. Man begrüßte sich mit Handschlag.

„Bevor ich es vergesse", sagte Glatzel, „unser Freund Eduard Schalfejew läßt Ihnen herzliche Grüße bestellen."

„Danke. Wie geht's ihm denn?"

„Der Mann hat's geschafft, sage ich Ihnen. Momentan sitzt er im Zweizonenwirtschaftsrat in Frankfurt. Soll eine wichtige Aufgabe im Stab von Professor Ludwig Erhard übernommen haben. Wer weiß, vielleicht winkt ihm eines Tages der Sessel eines Staatssekretärs."

Dr. Koenemann, der Hausherr, schlug in die Hände. „Wie ich sehe, sind alle Herrschaften eingetroffen. Unsere Zeit ist bemessen, lassen Sie uns daher beginnen."

Die Männer setzten sich um den Konferenztisch. Was danach in dem kleinen Saal besprochen wurde, ist zwei Jahre später vom Generalstaatsanwalt der DDR mit solchen Sätzen beschrieben worden:

> „In einer am 11. Februar 1948 im Westsektor Berlins stattgefundenen konspirativen Zusammenkunft zwischen den West-Conti-Vertretern Dr. Darge, Dr. Glatzel, Dr. Keßler und Koenemann einerseits und den Angeschuldigten Herwegen, Kaatz, Scharf, Müller und Methfessel andererseits wurde der Herausgabeanspruch über die bei Heil hinterlegten ELG-Aktien und über die Kuxe der Gewerkschaft Westfalen auf die West-Conti-Vertreter übertragen."

Halten wir fest: Es ging in dieser Beratung um Wertpapiere der DCGG, die zu den in Westdeutschland gelegenen Vermögenswerten gehörten. Die Aktien der ELG, das heißt das Geschäftskapital der Hamburger Elektro-Großhandels GmbH, war aus einer Fusion der DCGG-Büros in Hamburg und München hervorgegangen. Und die „Kuxe" waren Anteile der DCGG an einer bergrechtlichen Gewerkschaft in Westfalen.

Dr. Herwegen, der Minister für Arbeit und Soziales in der Landesregierung Sachsen-Anhalt, kommentierte später aus seiner Sicht:

> „Ich hatte tatsächlich den Eindruck und die Überzeugung, man will wohl jetzt klare Bahnen schaffen; was in unserem

73

Lande liegt, soll unser sein, was an Betrieben dort liegt, soll denen sein. Diese Auffassung hatte ich."

Die Konferenz dauerte lange. In der Pause sagte Koenemann den Dessauer Direktoren: „Meine Verhandlungen mit Stadtrat Reuter sind zufriedenstellend verlaufen. Die Adressaten haben verbindlich zugesagt, bei Vorlage der Charlotte-Wasser-Aktien eine Kaufsumme von einer Million Reichsmark zuzüglich vierzigtausend Mark Zinsen zu überweisen. Ich schlage vor, daß Sie zwei Herren als Bevollmächtigte für die Abwicklung des Verkaufs benennen."

Wenige Tage vor der Währungsreform war der Verkauf perfekt.

Fast zur gleichen Stunde strichen die westlichen Sektorenkommandanten gegen den Protest des sowjetischen Vertreters, Oberst Jelisarow, die Erörterung eines Gesetzes über die Enteignung von Berliner Großunternehmen aus der Tagesordnung der Stadtkommandanten-Konferenz. Die Probleme zwischen den einstigen Verbündeten der Antihitlerkoalition bündelten sich in Berlin wie in einem Brennspiegel. Die Wirksamkeit des ohnehin schwerfälligen Kontrollrats, den sich die Siegermächte 1945 in Potsdam zur Vermittlung der unterschiedlichen Interessen geschaffen hatten, wurde immer stärker ausgehöhlt. Als im Herbst 1947 Gerüchte über eine Währungsreform in den Westzonen auftauchten, wurde die diesbezügliche offizielle Anfrage der sowjetischen Seite mit einem Dementi des amerikanischen Militärgouverneurs Clay in der „Frankfurter Allgemeinen Zeitung" beantwortet. Mit der Währungreform im Frühjahr 1948 schließlich wurden historische Tatsachen geschaffen.

Die Befürchtungen des DCGG-Vorstandes, daß von seiten der westlichen Besatzungsbehörden ebenfalls Enteignungen drohen könnten, erwiesen sich immer mehr als grundlos.

Seit dem frühen Morgen saß Professor Willi Brundert hinter seinem Schreibtisch im Wirtschaftsministerium und erledigte Büroarbeit. Er diktierte Briefe, verfaßte Berichte und empfing zwischendurch den einen oder anderen Mitarbeiter seines Fachbereiches zur Berichterstattung. Auf Grund der Vielfalt in Brunderts Arbeitsgebiet war es ihm kaum möglich, mit jedem Aktenvorgang bis ins letzte Detail vertraut zu sein.

Der Professor galt als Arbeitstier. Er liebte die geistige Herausforderung, den intellektuellen Streit um Ideologien, und er spielte, wann immer es ging, theoretisch die Folgen ihrer praktischen

Umsetzung durch. Am wohlsten aber fühlte er sich, wenn er im Hörsaal der ehrwürdigen Alma mater hallensis vor die Studenten trat. Dann war Brundert in seinem Element. Gern dachte er an jene Zeit zurück, in der er selbst als junger Student hier die Schulbank drückte. Zu den schönsten Erlebnissen seiner Sturm- und Drang-Zeit zählten die Diskussionsabende im Leuchtenberg-Kreis, den Dr. Borinski, ein Politiker auf dem rechten Flügel der SPD, um sich versammelt hatte. Unter Borinskis Einfluß war Brundert 1930 in die SPD eingetreten. 1931 wählte man ihn schon zum Vorsitzenden der sozialistischen Studentenschaft in Halle. Mit Borinski, der während des Krieges nach England emigriert war, unterhielt Brundert noch brieflichen Kontakt. Andere Mitglieder des Leuchtenberg-Kreises hatte er bei gelegentlichen Dienstreisen in das benachbarte Bundesland Hessen getroffen.

Der Professor wurde aus seinen Gedanken gerissen. Ein Mitarbeiter aus dem Hauptreferat Energie wünschte ein Gespräch. Der Ministerialdirektor ließ bitten.

„Es handelt sich um die Conti", sagte der schreckensbleiche Verwaltungsangestellte. Er legte einen Aktenordner auf den Tisch. „Am neunundzwanzigsten April des vergangenen Jahres ist der Einspruch der Conti gegen die Enteignung rechtswirksam abgelehnt worden. Ich erlaube mir den Hinweis, Herr Ministerialdirektor, daß die Löschung der Conti im Handelsregister versäumt wurde."

„Zeigen Sie mal her!" Brundert blätterte in dem Ordner. Tatsächlich, der Vorgang lag seit zehn Monaten auf Eis. Der Tatmensch Brundert hatte geschlampt. Wortreich bedankte er sich bei dem Mitarbeiter, rief die Sekretärin herein und diktierte ihr sofort die Benachrichtigung an das Amtsgericht in Dessau. Dabei fiel ihm ein, daß die verspätete Löschung der Conti Anlaß zu Mißdeutungen im Vorstand und im Aufsichtsrat geben könnte. Um solchen vorzubeugen, entschloß er sich, einen zweiten Brief an die Adresse der Direktoren Müller und Methfessel zu richten.

„Die Firma Deutsche-Continentale-Gas-Gesellschaft besteht damit im Land Sachsen-Anhalt nicht mehr. Jegliche Tätigkeit der Gesellschaftsorgane (Vorstand, Aufsichtsrat, Hauptversammlung) im Land Sachsen-Anhalt ist ausgeschlossen. Ich habe unter Hinweis auf § 2 Absatz 3 der Verordnung betreffend die Industriewerke der Provinz Sachsen vom 23. September 1946 (Gesetzblatt Sachsen-Anhalt I 1947 Seite 51) die Löschung der Firma im Handelsregister veranlaßt."

Brundert unterschrieb schwungvoll und glaubte, den Aktenvorgang um die DCGG ein für allemal erledigt zu haben.

Noch bevor die beiden Briefe auf dem schwergängigen Verwaltungsweg in Dessau eintrafen, waren Methfessel, Müller, der Notar Heil sowie der neue juristische Beistand Simon, ehemaliger Landgerichtsdirektor, aktiv geworden. Während der Berliner Konferenz hatten Darge und Glatzel um Handelsregisterauszüge gebeten, die sie für einen Eintrag der DCGG mbH Hagen/Westfalen beim Registergericht in Düsseldorf benötigten. Simon nahm sich der Sache an.

Ein Telefonat mit einem Justizangestellten, den Simon noch aus seiner früheren Tätigkeit als Richter am Dessauer Landgericht kannte, brachte schnellen Erfolg. Innerhalb von zwei Stunden hielt Simon die Papiere in den Händen.

Methfessel und Heil waren unterdessen zum Gebäude der Landesbank in Dessau gefahren. Als sie sich beim zweiten Direktor legitimieren wollten, winkte der Mann lässig ab. So groß und so anonym sei die Dessauer Geschäftswelt nun auch wieder nicht, meinte er. Gewiß möchten die Herren ans Safedepot der Conti?

Der Bankdirektor führte sie eine Treppe hinab. Er schloß die Tür zum vorderen Keller auf. Eine verkleidete Stahlplatte schwang geräuschlos zurück. Heil und Methfessel durften eintreten. Drunten im Kellergeschoß knipste der Direktor das Licht an. Sie starrten auf graue Betonwände und auf das Metall der Tresorraumtür. Die Tür mußte mehrere Tonnen wiegen, aber der Direktor schob sie leicht mit einer Hand auf. Wieder klickte ein Schalter, und die enge Stahlkammer, an deren Wänden sich Dutzende von flachen Schubladen hinzogen, jede mit Zahlen gekennzeichnet, war hell erleuchtet.

„Läuten Sie, wenn Sie fertig sind." Diskret zog sich der Direktor zurück.

In der Mitte der Kammer standen ein schmaler Tisch und vier Stühle. Methfessel öffnete mit seinem Schlüssel das Depot. Er zog die Lade heraus und stellte den stählernen Kasten auf den Tisch. Während Dr. Heil den Inhalt anhand einer Inventarliste verglich, sortierte Methfessel die westfälischen Kuxe, die ELG- und die Voigt-&-Haeffner-Aktien heraus.

„Nehmen Sie die Wertpapiere lieber mit", sagte er zu Heil. „Es ist nicht nötig, daß die Aktien Unbefugten unter die Augen kommen."

„Rechnen Sie mit Kontrollen?"

„Ich schließe es nicht aus. Sie haben doch einen Safe in Ihrer Kanzlei?"

Der Notar pfiff durch die Zähne. „Dort liegen die Interimsscheine, die Simon für die Agag-Betriebe beschafft hat."

„Keine Angst, Doktor. Sie wird niemand belästigen."

„Also gut, machen wir es so. Ich stelle Ihnen für die Aktien Hinterlegungsscheine aus. Und den Safeschlüssel verwahren wir bei Ihnen oder in Müllers Büro."

„Sie sind ein vorsichtiger Mann", schmunzelte Methfessel. „Es ist ja nicht für lange." Er hob die Lade auf und schob sie in das Stahlfach zurück. Nachdem sie das Depot verschlossen hatten, trat Dr. Heil zur Wand und betätigte den Klingelknopf.

Ein paar Wochen später, während der Frühjahrsmesse, erhielt Friedrich Methfessel einen Anruf aus Leipzig.

„Hallo ...? Hier spricht Direktor Birkmann aus Vohwinkel. Von den Kabel- und Drahtwerken. Sie erinnern sich ...? Ich habe Ihnen Grüße von Doktor Glatzel auszurichten. Er bat mich, gewisse Hinterlegungsscheine – Sie wüßten schon Bescheid – mit nach Frankfurt zu bringen."

Noch am gleichen Abend fuhr Methfessel zur Übergabe der Papiere nach Leipzig. Er traf sich mit Glatzels Gewährsmann in einer Bar in der Nähe des Hauptbahnhofes.

Die notariell beglaubigten Hinterlegungsscheine gelangten nach Frankfurt, wo sie ihren Zweck erfüllten. Die Rechtsfähigkeit der westfälischen DCGG konnte beim zuständigen Registergericht hergestellt werden.

Am 26. Mai 1948 richteten Darge und Glatzel ein Schreiben an den Dessauer Notar Dr. Heil. Sie baten ihn, die eingelagerten Kuxe und Aktien zu vernichten, über den Sachverhalt ein notarielles Protokoll aufzunehmen und dieses dem Berliner Anwalt Koenemann zuzustellen.

Mit diesem Akt fand ein Vorgang seinen Abschluß, der zweifelsohne mit juristischen Winkelzügen belastet war, an manchen Stellen – geben wir es ruhig zu – sogar nach Konspiration roch. Es kann daher kaum verwundern, daß die Ereignisse in der DDR-Propaganda eine höchst dramatische Ausschmückung fanden:

„Die Deutsche Continentale Gas-Gesellschaft mbh Hagen, Westfalen, ... eignete sich widerrechtlich einen großen Teil des Besitzes des Dessauer Unternehmens an. Aus dem

Firmentresor verschwanden zunächst Aktien im Wert von 12 926 300 RM und danach weitere Anteile (Kuxe) in einem Bilanzwert von 13 132 000 RM ... Wenig später entwendeten die Verbrecher abermals ein Aktienpaket, das sie in Westberlin verkauften. Nominalwert der Aktien: 1 Million RM. Erlös in Westberlin nach der inzwischen erfolgten Währungsspaltung 1 040 000 Westmark. Sie stahlen in Dessau außerdem Patente und Produktionsunterlagen, die sie an eine Schweizer Firma verschacherten."

Am 31. Mai 1948 wurden Methfessel und Müller von der Deutschen Wirtschaftskommission in Berlin aufgefordert, eine Bilanz der DCGG zwecks Übernahme der Betriebe in das Volkseigentum zu erstellen. Mit dem Hinweis, daß das Unternehmen bereits gelöscht sei und ein Schreiben des Wirtschaftsministeriums Sachsen-Anhalt ihnen jegliche Tätigkeit als Vorstand, Aufsichtsrat etc. verbiete, lehnten sie das Ansinnen ab.

Eine Absage, die die Funktionäre der DWK wie eine Ohrfeige traf. Eine Reaktion konnte nicht ausbleiben.

Die Konfrontation der Siegermächte spitzte sich zu dieser Zeit dramatisch zu. Am 18. Juni 1948 veröffentlichten die Militärgouverneure der drei Westmächte die Proklamation über die Durchführung der Währungsreform in den Westzonen.

Marschall Sokolowski, der Oberste Chef der SMAD, ordnete daraufhin die Sperrung des Güter- und Kraftfahrzeugverkehrs aus den Westzonen auf Straßen, Schienen- und Wasserwegen einschließlich des Verkehrs auf der Autobahn von Helmstedt nach Berlin an.

Sokolowskis Maßnahmen ergaben sich zwangsläufig. Selbst der antikommunistisch eingestellte „Telegraf" räumte in diesen Tagen ein:

> „Die Ostzone wird, und das darf niemand den sowjetischen und den deutschen Verwaltungsstellen verdenken, sich erst einmal gegenüber der vom Westen zu erwartenden Flut der Markbeträge abschirmen."

Am 23. Juni trat der Befehl Nr. 111 der SMAD über die Durchführung einer Währungsreform in der Sowjetischen Besatzungszone einschließlich Groß-Berlin in Kraft. Die westlichen Sektorenkommandanten Berlins antworteten mit der Einführung der „B-

Mark", die erst 1949 von den D-Mark-Noten abgelöst wurde.

Als Sokolowski am 24. Juni zudem die Lebensmittel- und Energielieferungen aus der SBZ in die Westsektoren Berlins demonstrativ stoppte, starteten die Amerikaner die „Operation Vittles". Versorgungsgüter für die alliierten Garnisonen und die Bevölkerung Westberlins wurden auf dem Luftweg von den „Rosinenbombern" in die Stadt eingeflogen.

Der Ost-West-Konflikt der Siegermächte beschleunigte die Integration der fünf Länder der SBZ in das Herrschaftssystem der Sowjetunion. Er lieferte der Führungsclique der SED die Argumente, um systemimmanente Maßnahmen zu begründen. Der kalte Krieg trug nicht unwesentlich dazu bei, daß die Kritiker und Opponenten der SED-Politik stets als „Agenten des Westens" diffamiert werden konnten. Anfangs waren es solche, die einstmals irgendeiner „abweichenden Gruppe" angehört hatten, dann schon bald „Abweichler" aus den eigenen Reihen, und später mußten Sündenböcke für die Schwächen des Staatsgefüges oder die Mängel in der Wirtschaft gefunden werden.

Die Deutsche Wirtschaftskommission, die ihren Sitz in der Leipziger Straße in Berlin hatte, übte in wachsendem Maße die Funktion eines zentralen staatlichen Führungsgremiums aus, das die angeblichen Interessen der „Arbeiterklasse und ihrer Verbündeten" vertrat, in Wahrheit aber die Linie der auf den Stalinismus eingeschwenkten SED durchsetzte. Der Apparat der DWK wuchs in kurzer Zeit auf 10 000 Mitarbeiter an. Unter der Regie des Kommunisten Heinrich Rau entstanden die Zentrale Kontrollkommission bei der DWK in Berlin und die Länderkontrollkommissionen bei den Ministerpräsidenten der fünf Länder.

Chef der Zentralen Kontrollkommission wurde Fritz Lange. Ein Mann, der von der Statur her biedere Gemütlichkeit ausstrahlte, dem man aber auch Feldwebelmanieren und zuweilen basedowiden Jähzorn nachsagte. Seine Biografie hatte ihn zu einem der Bescheidwisser gemacht, die, aus Lagerhaft oder Exil kommend, ein besseres Deutschland aufbauen wollten, nach dem Vorbild des stalinistischen Sowjetstaates, versteht sich.

Langes Vertreter hieß Toni Ruh. Zu den weiteren Mitgliedern der aus acht Personen bestehenden ZKK zählten der Justitiar Dr. Masius und Roebsteck.

Die Landeskontrollkommission in Halle war mit den Genossen Kaestner und Max Krinne besetzt. Sie logierten in der Willi-Lohmann-Straße.

R i c h t l i n i e n

über die Aufgaben der Zentralen Kontrollkommission
bei der Deutschen Wirtschaftskommission, der
Landes-Kontrollkommissionen bei den Landesregierungen
und der Kontrollbeauftragten in den kreisen und
kreisfreien Städten der sowjetischen Besatzungszone
Deutschlands.

I. O r g a n i s a t i o n.

a) Die Zentrale Kontrollkommission ist ein selbständiges
Organ bei der D W K

III. V o l l m a c h t e n

a) Die Zentrale Kontrollkommission und die Landes-Kontrollkommissionen haben das Recht, zwecks Aufdeckung ungesetzlicher Handlungen Untersuchungen durchzuführen und
Verwaltungsangestellte, bei denen ein begründeter Verdacht ungesetzlicher Handlungen vorliegt, bis zur endgültigen Klärung durch die zuständigen Verwaltungs- oder
Gerichtsbehörden zur Disposition zu stellen.

- 3 -

b) Alle in Verwaltung, Justiz und Wirtschaft verantwortlich tätigen Organe und Personen sind verpflichtet, der Zentralen Kontrollkommission, der zuständigen Landes-Kontrollkommission, der wirtschafts-
schädigende Vorgänge mitzuteilen, auf Anforderung die zur Untersuchung notwendigen Unterlagen zugänglich zu machen
und über getroffene Maßnahmen zu berichten. Die
Zentrale Kontrollkommission sowie die Landes-Kontrollkommissionen können Angestellte von ihrer Amtsver-
schwiegenheit entbinden, wenn es zur Aufklärung des
Sachverhaltes erforderlich ist.

c) Die Zentrale Kontrollkommission sowie die Landes-
Kontrollkommissionen sind verpflichtet, den Verwaltungen, der Polizei und Gerichten Material und Hinweise über die von ihnen festgestellten wirtschafts-
schädigenden Vorgänge zur Verfügung zu stellen.

d) Die Zentrale Kontrollkommission sowie die Landes-
Kontrollkommissionen haben das Recht, falls begründeter
Verdacht strafbarer Handlungen vorliegt, die Polizei
bzw. die Justiz verpflichtend zu beauftragen, Personen
festnehmen und Sachen sicherstellen zu lassen.

e) Die Zentrale Kontrollkommission sowie die Landes-
Kontrollkommissionen sind berechtigt, die Strafverfolgung zu veranlassen, sowie Bericht über die jeweils
getroffenen Maßnahmen sowohl von den Organen der Verwaltung als auch von denen der Justiz zu verlangen.

Die Allmacht, die den Kontrollkommissionen verliehen war, leitete sich aus einer Richtlinie her, die als juristisches Alibi für die Tätigkeit der „Sonderpolizei" zusammengezimmert worden war. Zur „Aufdeckung wirtschaftsschädigender, ungesetzlicher Handlungen, insbesondere wirtschaftlicher Sabotage, Spekulation und unzulässiger Kompensationsgeschäfte" hatte die ZKK alle Vollmachten:

> „Die Zentrale Kontrollkommission sowie die Landeskontrollkommissionen haben das Recht, falls begründeter Verdacht strafbarer Handlungen vorliegt, die Polizei bzw. die Justiz verpflichtend zu beauftragen, Personen festzunehmen und Sachen sicherstellen zu lassen." Sie ist „berechtigt, die Strafverfolgung zu veranlassen, sowie Bericht über die jeweils getroffenen Maßnahmen sowohl von den Organen der Verwaltung als auch von denen der Justiz zu verlangen".

Die wichtigsten Industriezentren der sowjetischen Besatzungszone befanden sich in Sachsen und Sachsen-Anhalt. Sachsen war das Pionierland der industriellen Revolution in Deutschland schlechthin. Und Sachsen-Anhalt bildete den mitteldeutschen Schwerpunkt der um die Jahrhundertwende entstandenen chemischen Großindustrie, der Energie- und der Elektrowirtschaft. Unternehmen wie die Leuna-Werke, die Mansfelder Kupfer AG, der Solvay-Konzern, Junkers, Krupp-Gruson, die IG Farben, aber auch Kali und Maizena waren hier zu Hause.

Die Aktivitäten der ZKK orientierten sich zwangsläufig auf diese Region. Bei der Überprüfung von dreizehn privaten Textilbetrieben im Raum Glauchau-Meerane zum Beispiel stieß man auf „ungesetzliche Barverkäufe" von Textilien „im Wert von 8,5 Millionen Mark und 1,2 Millionen Meter Stoffe", die dem Schwarzen Markt zugeführt worden waren. Die Verantwortlichen dieser „Wirtschaftssabotageakte" wurden in einem Musterprozeß in Zwickau zur Rechenschaft gezogen, der mit fünf Todesurteilen und Zuchthausstrafen zwischen zehn und fünfzehn Jahren endete.

Engpässe bei der Versorgung der Bevölkerung wurden nun nach bewährtem Muster ausschließlich gezielter „Wirtschaftssabotage" angelastet. Fritz Lange und die Männer seiner ZKK ließen, bestärkt durch ihren Erfolg in Zwickau, weitere Recherchen folgen.

Im Zuge dieser Kampagnen geriet auch das Ministerium für Wirtschaft und Verkehr in Sachsen-Anhalt ins Schußfeld, das im Oktober 1948 eine Liste über Materialanforderungen von 113 landesgelenkten Betrieben für Reparationsaufträge bei der zuständigen Abteilung in der DWK eingereicht hatte. Die Liste, mit einem von Ministerialdirektor Brundert unterzeichneten Begleitschreiben übersandt, wurde argwöhnisch geprüft, hatten doch nach Einschätzung der ZKK einige Positionen der Materialanforderung nichts mit Reparationsaufträgen zu tun. Nachforschungen in der Industrieabteilung des Wirtschaftsministeriums ergaben, daß nur von 103 der aufgeführten 113 Firmen entsprechende Unterlagen aufzufinden waren.

Am 12. Dezember 1948 veröffentlichte Lange in der Tageszeitung „Neues Deutschland" einen Artikel unter der Überschrift „Gibt es bei uns eine Bedarfskontrolle?" Der Verfasser attackierte Ministerialdirektor Professor Dr. Brundert und erklärte:

> „Bei der DWK erkannte man auf den ersten Blick, daß hier ein großangelegter Betrug einer großen Anzahl spekulativer Elemente, vornehmlich aus der Privatindustrie, vorlag, weil Rohstoffe und Materialien angefordert wurden, die unmöglich dem echten Bedarf entsprechen konnten."

Schon wenige Tage darauf flatterten der Redaktion Protestbriefe ins Haus. Unter anderem verwahrte sich der Volkseigene Betrieb Kühltechnik G.m.b.H. Halle gegen Langes Behauptungen:

> „Zu unserer Überraschung haben wir aus der Veröffentlichung des Vorsitzenden der ZKK in Ihrer Ausgabe vom 12. 12. erfahren, daß wir uns schwerwiegender Wirtschaftsvergehen schuldig gemacht haben sollen. Wir haben heute mit der Betriebsgewerkschaftsleitung und der SED-Betriebsgruppe unseres Stammhauses ... die Angelegenheit nach allen Seiten geprüft und dabei festgestellt, daß die dem Vorsitzenden der ZKK, Herrn Fritz Lange, vorgelegten Unterlagen über die in Halle durchgeführten Revisionen Irrtümer enthalten müssen, die allein der Grund dafür sein können, daß unsere Firma eines Vergehens bei der Anmeldung von Materialbedarf beschuldigt wurde ..."

Professor Willi Brundert machte seinem Ärger über das Vorgehen der DWK und ihrer Organe öffentlich Luft. In seinen Vorlesungen an der Universität streute er deutliche Bemerkungen ein. Er sah keinen Anlaß, mit seiner Meinung besonders über die von der DWK verfügte Auflösung der Prevag hinter dem Berg zu halten. Seine Aufmüpfigkeit rief den Parteivorstand auf den Plan. Wirtschaftsminister Dieker und Brundert als sein Stellvertreter wurden aus der SED ausgeschlossen.

Immer häufiger griffen die Veröffentlichungen der Lange-Kommission Minister und Ministerien an, die liberaldemokratisch geführt oder mit Funktionären der CDU besetzt waren. Fachministerien in Thüringen, Sachsen und Mecklenburg wurden in Berichten der LKK öffentlich diffamiert, ohne daß die zuständigen Minister über die angeblich festgestellten Unregelmäßigkeiten informiert waren. Gegen dieses Vorgehen protestierte am 15.2.1949 der Vorsitzender der CDU in der SBZ, Dr. Otto Nuschke, allerdings mit wenig Erfolg. Der Leiter des Amtes Volkseigene Betriebe in Sachsen-Anhalts Landeshauptstadt wurde am 21.3.1949 auf Veranlassung der LKK in Untersuchungshaft genommen, wiederum ohne Kenntnis der zuständigen Ministerien. Fritz Langes Machtanspruch ging sogar soweit, daß er am 2. März 1949 vom Präsidenten der Deutschen Verwaltung des Innern ein Verbot der Veröffentlichung von Zeitungsannoncen verlangte, in denen für den Geschenkdienstversand zwischen den Besatzungszonen geworben wurde. Dr. Fischer lehnte das Ansinnen mit dem Hinweis auf fehlende rechtliche Handhabe ab. Ein Argument, das nicht in jedem Fall erfolgreich ins Feld geführt wurde.

Der Januar des Jahres 1949 neigte sich dem Ende zu. Mit Schippen und Besen rückten die Einwohner Dessaus dem Schnee zu Leibe, der in der Nacht gefallen war.

Kurz nach neun Uhr eilte Direktor Methfessel die Stufen zum Portal der Landesbank hinauf. Methfessel wollte rasch einen Scheck einlösen. Meistens erledigte seine Frau diese privaten Dinge, aber da er im Stadtzentrum dienstlich zu tun hatte, wollte er ihr den Gang zur Bank abnehmen. Beim Anblick der vielen Menschen, die hinter dem Tresen des Bankschalters beschäftigt waren, stutzte Methfessel. Ein halbes Dutzend Männer und Frauen blätterten in Akten und endlosen Listen. Ihre Gesichter waren Methfessel noch nie in der Bank begegnet.

„Wer sind denn diese Leute da?" fragte er den zweiten Bankdirektor, der geschäftig herbeieilte, um Methfessels Wünsche entgegenzunehmen. „Neues Personal?"

Der Dicke lehnte sich vertraulich über den Tresen. „Eine Revisionsgruppe der Wirtschaftskommission. Aus Halle, glaube ich. Oder noch höher." Sein Daumen wies unauffällig zur Decke. „Aus Berlin."

„Und was suchen die?" entfuhr es Methfessel. „Die Währungsreform ist doch abgeschlossen."

Der Bankdirektor setzte eine Verschwörermiene oder das, was er
dafür hielt, auf. Er neigte sich zu Methfessels Ohr. „Das hängt,
soviel ich gehört habe, mit der Prevag zusammen. Da soll sich
herausgestellt haben, daß irgendwelche Aktien unauffindbar sind."
Der Dicke vergewisserte sich mit einem verstohlenen Blick über
die Schulter, daß er unbeobachtet war. „Die Herrschaften haben
auch das Depot der Conti kontrolliert", raunte er. „Die haben alle
Vollmachten."

Methfessel nickte wie betäubt. Er ließ sich sein Geld auszahlen
und strebte dem Ausgang zu. Am Bordstein der winterlichen Straße
wartete der Dienstwagen. Methfessel stieg ein. In seinem Kopf
schwirrten die Gedanken wie ein aufgescheuchter Vogelschwarm
um das Erlebnis in der Bank. Er durchschaute nicht, was da vorging,
ahnte aber die Gefahr, die für die Conti heraufzog.

„Zum Büro!" wies er endlich den Chauffeur an, der seinen Chef
auf dem Rücksitz verwundert musterte. So verstört hatte er den
Direktor noch nie erlebt.

Hermann Müller, die Frohnatur, ließ sich von Methfessels Bericht nicht ins Bockshorn jagen. „Ah geh, die suchen nach Steuer-
hinterziehern", wiegelte er sorglos ab. „Mach dich nicht verrückt,
Friedrich!"

Methfessel ging in sein Zimmer. Er nahm den Telefonhörer ab
und wählte die Nummer von Notar Heils Anschluß. In der Kanzlei
meldete sich die Sekretärin. Nein, der Herr Doktor sei im Moment
nicht zu erreichen, erklärte sie. Wann? Sie wisse es auch nicht
genau. Vielleicht am Nachmittag.

Methfessel bat um einen Rückruf. Nichts geschah.

Am darauffolgenden Tag versuchte der Direktor erneut, den
Rechtsberater der Conti am Telefon zu konsultieren. Die Sekretärin
bedauerte außerordentlich, aber der Herr Anwalt sei schon wieder
zu einem dringenden Termin außer Haus. Selbstverständlich habe
sie ihren Chef über Direktor Methfessels Anruf in Kenntnis gesetzt.

Ein weiterer Versuch, den neuerdings sehr beschäftigten Dr. Heil
an die Strippe zu bekommen, scheiterte am Nachmittag. Methfessel
wäre bereit gewesen, jeden Eid zu schwören, daß er während des
kurzen Gespräches Dr. Heils Stimme aus dem Hintergrund der
Kanzlei vernommen hatte.

Auf einmal waren die Zweifel wieder da. Mißtrauen quälte
Methfessel. Von Unruhe getrieben, begab er sich am Abend zu Dr.

Heils Wohnung. Der Notar war peinlich überrascht, als der Conti-Direktor vor der Tür stand. Sein Gesicht verzog sich zu eisiger Abwehr. Friedrich Methfessel begriff: Der Anwalt ließ sich bewußt verleugnen!

„Was wollen Sie denn hier?" entfuhr es Dr. Heil. Seine Stimme klang seltsam gepreßt. Er machte keine Anstalten, den späten Gast hereinzubitten.

Methfessel riß der Geduldsfaden. „Warum gehen Sie nicht ans Telefon, wenn ich mit Ihnen reden will?" entrüstete er sich. „Was soll das Versteckspiel?"

„Wissen Sie nicht, daß bei der Prevag eine Untersuchung in Gang gekommen ist?"

„Deshalb sollten wir uns bemühen, so schnell wie möglich klar zu sehen. Wenn sich der erste Sturm gelegt hat, dann können wir ..."

„Den Teufel werde ich tun!" konterte Heil erbost. „Warum haben Sie mir nicht gesagt, daß die Agag schon gelöscht war, als ich Ihnen die Handelsregisterauszüge für Lemgo besorgen mußte?" Er schnaufte empört. „Jetzt soll ich die Suppe auslöffeln, wie? Ich denke, es wird für uns beide von Nutzen sein, wenn wir uns eine Weile nicht über den Weg laufen. Guten Abend, Herr Direktor Methfessel!"

Paul Heil schlug seinem Besucher die Tür vor der Nase zu.

Auf die Spur der Conti in Dessau waren Langes Rechercheure wohl zuerst durch die Charlottenburger Wasserwerke AG und durch die Prevag geraten. Es war ihrer Aufmerksamkeit nicht entgangen, daß die Wasserwerke inzwischen in den alleinigen Besitz des Westberliner Magistrats übergegangen war und daß die DCGG mit zweiundsechzig Prozent die Aktienmehrheit in der Prevag gehalten hatte. Seit Berlin im Dezember 1948 durch die Bildung zweier Magistratsverwaltungen gespalten worden war, beobachtete die DWK argwöhnisch jede Veränderung in der Westberliner Wirtschaft. Welche ostdeutschen Firmen hatten Niederlassungen in Westberlin?

Anhand von Handelsregisterauszügen ermittelte die ZKK, daß fünfundzwanzig Prozent des Gesamtvermögens der Conti auf westdeutschem Boden lagen. Die Jagd nach den Wertpapieren, die ostdeutsche Besitzansprüche rechtswirksam begründen sollten, wurde eingeläutet.

Am Mittwoch, dem 2. Februar 1949, erschien ein Polizeikommando unter Führung der Landeskontrollkommission in den Büroräumen der Dessauer Conti-Verwaltung. Die Weisungen gaben die LKK-Mitarbeiter.

Hermann Müller und Dr. Simon wurden festgenommen. Von Friedrich Methfessel fehlte jede Spur. Er war seit zwei Tagen nicht mehr im Büro erschienen.

Als das Polizeikommando an der Villa in der Hardenbergstraße klingelte, fanden die Beamten eine leere Wohnung vor. Der kaufmännische Direktor hatte sich mit seiner Familie nach Westberlin abgesetzt.

Die Durchsuchung der Wohn- und Geschäftsräume nahm die Dessauer Polizei vor. Sie beschlagnahmte Wertpapiere und schriftliche Aufzeichnungen, die als Beweismittel von Bedeutung sein konnten.

Müller und Simon wurden von den Männern der Landeskontrollkommission verhört. Ernst Simon, der kregle Jurist mit der Berufserfahrung eines Landgerichtsrates, berief sich auf die Bestimmungen der Strafprozeßordnung. Diese sichere ihm ein Recht auf Verteidigung gesetzlich zu. Simon verlangte von den Kriminalbeamten, denen er sich gegenüber wähnte, Auskünfte über die Straftaten, die man ihm zur Last lege.

„Für uns gelten andere Gesetze!" wurde er belehrt. „Die Landeskontrollkommission Sachsen-Anhalt verlangt von Ihnen Rechenschaft über Ihre Tätigkeit für die Deutsche Continentale Gas-Gesellschaft."

Ernst Simon blieb stur. Er habe seine juristische Tätigkeit im Auftrag des Aufsichtsrates ausgeführt, nur diesem sei er rechenschaftspflichtig. Es sei denn, der Vorsitzende entbinde ihn von seiner Schweigepflicht. Irgendwelche ominösen Richtlinien, auf die man ihn aufmerksam mache, hätten keine Gesetzeskraft.

Auch Hermann Müller erklärte, als treuhänderischer Direktor an die Weisungen des Aufsichtsrates gebunden gewesen zu sein. Im übrigen habe Direktor Methfessel die Geschäfte geführt.

„Schluß mit dem Theater!" schimpfte Max Krinne verärgert. Er ließ den Leiter des Polizeieinsatzkommandos rufen. „Morgen in aller Frühe nehmen Sie diesen Kaatz fest!"

„Wenn der nach einer Begründung fragt?"

„Verdacht auf Wirtschaftssabotage!"

Die Untersuchung schleppte sich dahin. Am 29. März teilte das Registergericht in Düsseldorf dem Dessauer Amtsgericht den Eintrag der DCGG mbH mit Sitz in Hagen in Westfalen mit.

Aus Berlin eilte Fritz Lange herbei, um die Männer der LKK auf Trab zu bringen. Körbe voller Akten und Unmengen archivierter Geschäftspost wurden durchforstet. Ein Protokoll aus dem Jahre 1947, an das Müller sich schon gar nicht mehr erinnerte, wurde dem Diplom-Ingenieur zum Verhängnis.

Frohlockend legten ihm die Vernehmer das Papier vor. „Nun erklären Sie uns doch mal, Müller, um welche außerordentliche Hauptversammlung es sich bei diesem Protokoll handelte?"

Hermann Müller hatte ein trockenes Gefühl im Hals. „Das war eine Zusammenkunft der Hauptaktionäre der Askania Werke AG Berlin ..."

„... deren nominales Grundkapital zu Beginn der Sitzung noch zwölf Millionen Reichsmark betrug. Als das Protokoll vom anwesenden Notar unterzeichnet wurde, war das Kapital auf zwei Millionen Mark geschrumpft. Und das in fünfzehn Minuten!" höhnte der Beamte.

Mit zitternden Händen wollte Müller nach dem Papier greifen. Der Vernehmer zog es zurück, hielt es aber immer noch so, daß der Ingenieur die Schriftzüge deutlich vor Augen hatte.

„Von uns wurde – wie es da steht – eine beschleunigte Bilanzberichtigung gefordert."

„Und welches Geheimnis steckt hinter der ungewöhnlichen Formulierung ‚Anpassung an die derzeitigen Vermögensverhältnisse'?"

„Bedenken Sie doch, meine Herren, das Askania Werk ist zu zwei Dritteln durch Luftangriffe zerstört worden. Eine Abwertung des Grundkapitals kann daher nur rechtens sein. Diese Praxis ist – wenn ich mir die Bemerkung erlauben darf – auch von den russischen Behörden bei der Übernahme deutscher Betriebe in sowjetische Aktiengesellschaften ausgeübt worden."

„Für wie dämlich halten Sie uns eigentlich?" polterte Max Krinne. „Da setzen sich die Herren Methfessel, Müller und ein gewisser Quilitzsch mal ganz kurz an den Tisch, um einander das Einverständnis mit einer Herabsetzung des Askania-Vermögens zu bekunden. – Eindeutig ein Betrugsmanöver!"

„Ich bestreite entschieden ..."

„Die Absicht ist doch offenkundig. Sie wollten einer Enteignung der Askania vorbeugen. Für das Volksvermögen ein Verlust von zehn Millionen Mark."

Müller konnte sich einen kleinen Triumph nicht verkneifen. „Vielleicht darf ich Sie daran erinnern, daß das Askania Werk nicht zum sowjetischen Sektor gehört", sagte er. „In Westberlin wird nicht enteignet."

Das Kommando „Abführen!" beendete das mitternächtliche Verhör. Die Geständnisbereitschaft ihrer Delinquenten durch Schlafentzug zu befördern gehörte zum Handwerk der Vernehmer in der Lange-Kommission.

Auch gegen Kaatz wurden die Ermittlungen vorangetrieben. Der Morgenrapport der Hauptabteilung Kriminalpolizei in der Deutschen Verwaltung des Innern, Berlin, meldete am 14. Juli 1949 die Flucht des Abteilungsleiters Handel und Versorgung der Stadtverwaltung Dessau. Der Flüchtige „werde als Mittäter bei Wirtschaftsverbrechen" gesucht. Die Kriminalpolizei fand eine Verbindung zur Zuckerraffinerie. Sie nahm den Prokuristen Hasenzogel fest, setzte ihn aber wieder auf freien Fuß, als sich herausstellte, daß fehlerhafte Eintragungen in den Abrechnungsbüchern über Spirituosenkäufe und die Schwarzlagerung von vier Zentnern Zucker durch die Direktoren Kaatz und Gronzig angewiesen waren. Viel schwerer wog die Erkenntnis, daß in der Zuckerraffinerie bis zum Jahre 1945 Giftgas hergestellt worden war.

Nun saß Dr. Kaatz seinen Vernehmern gegenüber. Der Präsident der Industrie- und Handelskammer starrte auf die Tischplatte, hin und wieder lehnte er sich nervös zurück und ließ den Blick über die Zimmerdecke wandern.

„Seit wann sind Sie als Direktor in der Zuckerfabrik tätig?"

„Seit 1922. Habe aber anfangs als Prokurist gearbeitet."

„Was wurde in der Raffinerie produziert?"

„Ammonsulfat, Zyan, Pottasche."

„Wozu diente die Zyanstation?"

„Hier wurde in einer kleineren Abteilung Zyklon B hergestellt."

„Wofür benötigte man Zyklon B?"

Kaatz zuckte die Schultern. „Wir verkauften es, soviel ich weiß, zur Durchgasung von Mühlen, Schiffen oder Massenquartieren."

„Daß während der Nazizeit auch Konzentrationslager unter den Begriff Massenquartiere fielen, ist Ihnen bekannt?"

„Ich habe es 1945 – also nach dem Zusammenbruch – gehört."

„Und dennoch haben Sie sich seit 1945 dafür eingesetzt, daß die Dessauer Zuckerraffinerie nicht als Kriegsverbrecherbetrieb behandelt wurde."

„Ja, ich war der Ansicht, daß eine entschädigungslose Enteignung nur dann in Frage kommt, wenn der Unternehmer den Verwendungszweck seiner Produkte definitiv kannte."

„Während des Krieges gehörte ein Zwangsarbeiterlager zur Zuckerfabrik?"

Kaatz nickte. „Die meisten Arbeiter stammten aus Polen."

„Der Dessauer Kriminalpolizei liegen Aussagen vor, daß im vorletzten Kriegsjahr zwei polnische Arbeiter im Lager öffentlich gehängt wurden. Äußern Sie sich dazu, Herr Kaatz!"

„Ich habe von dem traurigen Vorfall nichts gewußt. Erst später habe ich es erfahren. Die Betriebsleitung hatte mit der Angelegenheit nichts zu schaffen. Die Initiative ging von der SS aus, die verwaltete das Lager."

„Ich wiederhole meine Frage: Trotzdem haben Sie dafür plädiert, daß die Raffinerie nicht als kriegsverbrecherisches Unternehmen behandelt wurde?"

Kaatz verlor seine kontrollierte Zurückhaltung: „Man kann doch nicht verlangen, daß ich meiner eigenen Enteignung zustimme!"

„Das ist der springende Punkt, Herr Kaatz. Hier liegen auch die Gründe für Ihre Mitwirkung bei der Verschiebung von Aktien aus dem DCGG-Gesamtvermögen, das Ihnen als Mitglied des treuhänderischen Aufsichtsrates anvertraut war."

Leopold Kaatz schnappte nach Luft. „Ich war doch nicht allein im Aufsichtsrat", entrüstete er sich. „Herr Minister Herwegen gehörte ebenso dazu wie Herr Direktor Scharf von der Landeskreditbank in Halle."

Heinrich Scharf wurde zur Vernehmung in die Hallenser Willi-Lohmann-Straße gebracht. Geschockt und reichlich verunsichert, setzte er den Vernehmern der Landeskontrollkommission kaum Widerstand entgegen. Er gab bereitwillig Auskunft. So erklärt sich wohl, daß der neunundfünfzigjährige Bankdirektor nach seinem ersten Verhör zunächst wieder frei kam.

Scharf entstammte einer gutsituierten Kaufmannsfamilie. Im ersten Weltkrieg diente er als Offizier und stieg danach ins Bankfach ein, wo er seit 1918 ununterbrochen tätig war. Seine Berufung in den Aufsichtsrat der DCGG hatte Friedrich Methfessel vermittelt, der in Scharf einen berechenbaren Helfer witterte.

Heinrich Scharf räumte in seiner ersten Vernehmung ein, daß ihn schon bei der Berufung ein „ungutes Gefühl" überkommen sei.

„Sie wußten doch, Herr Scharf, daß ein Treuhänder nicht gegen die Enteignungspolitik der Regierung kämpfen darf!" hielt ihm der Vernehmer vor.

„Ich habe die Bedenken, die ich hegte, beiseitegeschoben, weil mich die Ausführungen des Herrn Minister Herwegen eines anderen belehrten."

„Sie hätten aber mit dem Minister, der zugleich Ihr Parteifreund war, über diese Bedenken sprechen können."

Scharf seufzte schuldbewußt. „Vielleicht können Sie das nicht verstehen, aber die Argumente haben mich überzeugt. So ein Minister hat doch eine gewisse Autorität."

„Eine Autorität, der Sie unbedingt folgen mußten?"

Scharf war zu arglos, um den Fallstrick zu erkennen, der jetzt gelegt war. „Unbedingt", nickte er brav. „Minister Herwegen kam ja aus dem Kabinett, das die Enteignungsgesetze beschlossen hatte. Da mußte er doch besser Bescheid wissen, als ich."

„Hören Sie zu, Herr Scharf. Sie erleichtern Ihre Lage, wenn Sie uns alles erzählen. Die Sache sieht dann mit einem Schlag günstiger für Sie aus."

Der Bankdirektor erzählte von dem Ausflug nach Westberlin, von der großen Aufsichtsratssitzung in Charlottenburg, an der sogar Minister Herwegen teilgenommen hatte.

Der Vernehmer fixierte sein Gegenüber. Lange, schweigend. Um die Mundwinkel ein kaum wahrnehmbares zufriedenes Lächeln.

Minister Herwegen, ein Spitzenmann der CDU, war ins Schußfeld geraten. Kaestner und Krinne mußten sich eingestehen, daß die Affäre Conti für die Landeskontrollkommission eine Nummer zu groß war. Kaestner fuhr mit den Akten nach Berlin.

Fritz Lange, Toni Ruh, Dr. Masius und Roebsteck machten sich über das Material her. Die Chefdetektive der ZKK benötigten immerhin zwei Tage, bis sie alle Berichte und Vernehmungsprotokolle gesichtet hatten. Nach einem vertraulichen Gespräch im Zentralvorstand der SED, deren Beauftragter Lauffen gleichfalls zur Untersuchungskommission stieß, wurde die „zonale Bedeutung der Angelegenheit Deutsche Continentale Gas-Gesellschaft erkannt und da sie in ihrem Umfang den Bereich eines Landes überschritt, die Zuständigkeit der Zentralen Kontrollkommission erklärt". Die Karten wurden neu gemischt.

„Wenn dieser Scharf zu seiner Aussage steht, ist Herwegen geliefert", belehrte Lange die ZKK-Emissäre. „Unsere Aufgabe hat einen politischen Charakter. Indem wir Herwegen die Konzern-verbrechen nachweisen, ihn öffentlich des Verrates an den Interessen des Volkes überführen, schalten wir gleichzeitig den Landesvorsitzenden der CDU in Sachsen-Anhalt aus. Und dann soll es uns nicht schwerfallen, die Querulanten in den anderen Parteien auch zur Räson zu bringen."

Von Walter Ulbricht ist der Satz überliefert: „Herwegen ist der typische Vertreter der reaktionären Gruppierung innerhalb der CDU, die versucht, im Auftrage der westlichen Konzernherren das Rad der Geschichte zurückzudrehen."

Während der Beratung in Langes Zimmer ließ Kaestner die Bemerkung fallen: „Herwegen saß im Aufsichtsrat der Prevag. Wissen Sie, wer dort noch einen Sitz hatte? – Ministerialdirektor Brundert!"

„Sieh an, der saubere Herr Professor!" Lange triumphierte. „Dem treibe ich die Wühltätigkeit auch noch aus!"

Lauffen vom Parteivorstand der SED meinte: „Ich kann dir einen Tip geben. Seht euch Brunderts Personalakte gründlich an. Die Protokolle aus dem Parteiausschlußverfahren belegen, daß Brundert in englischer Gefangenschaft war."

„Das ist ja die reinste Verschwörung", brummte Roebsteck. „Fehlt nur noch das Motiv."

Auch dieses fand sich im Wust der beschlagnahmten Conti-Papiere. Es war der Brief, den Friedrich Methfessel am 9. Juli 1945 an Dr. Schalfejew geschrieben hatte.

Dr. Masius, der Rechtskundige in der ZKK, gab zu bedenken: „Ich weiß nicht, ob dieser Brief geeignet ist, eine gemeinsame Sabotageabsicht zu unterstellen. Er wurde lange Zeit vor der Bestellung der Treuhänder verfaßt. Ich lese hier nur, daß der Vorstand in Dessau gewillt war, auf seinem Posten zu verbleiben."

„Haben Sie vergessen, wer Schalfejew ist? – Staatssekretär im Bonner Wirtschaftsministerium!"

Fritz Lange setzte seinen Willen durch. Der Brief wurde zu den Untersuchungsakten genommen und spielte im Dessauer Prozeß die Rolle eines Beweismittels für die subjektive Tatmotivation der Angeklagten.

Das Netz zog sich zusammen. Bevor es in Halle und Dessau zur Sache ging, waren organisatorische Probleme zu lösen. Der Sicherheitsstandard in den Untersuchungshaftanstalten und in den Polizeigefängnissen Sachsen-Anhalts war in den Nachkriegsjahren bedenklich gesunken. Wiederholt war es Gefangenen gelungen, auszubrechen und in den Westen zu flüchten. Um den Erfolg seiner Mission nicht zu gefährden, sah Lange sich nach einer Isolationsmöglichkeit für die Delinquenten um.

Seine Wahl fiel auf das Polizeigefängnis in Gommern. Ein muffiger Altbau, der gegen den Verfall ankämpfte. An die Landespolizeibehörde erging die Weisung, einen Flügel des dreistöckigen Gebäudes herzurichten und ein Sonderbewachungskommando aus zuverlässigen Bediensteten abzukommandieren.

Müller, Simon und Dr. Kaatz, die seit Anfang Februar in Haft saßen, wurden nach Gommern verlegt.

Während in der großen Politik mit der Gründung der Bundesrepublik und der späteren Proklamation der DDR Fakten geschaffen wurden, die Europa für viele Jahre prägen sollten, ruhten die Ermittlungen der Lange-Kommission, die sich nun bald „Zentrale Kommission für Staatliche Kontrolle" (ZKSK) nennen durfte. Ende Oktober lebte das Verfahren wieder auf.

Am 28. Oktober 1949 wurde Bankdirektor Heinrich Scharf verhaftet. Die Polizei nahm ihn an seinem Arbeitsplatz fest. Bevor er die Fahrt nach Gommern ins Sondergefängnis der Lange-Kommission antrat, durchsuchten ihn die Beamten vorschriftsgemäß. Dabei nahmen sie ihm Gürtel und Schnürsenkel ab und entdeckten in Scharfs Strumpf eine tödliche Dosis Zyankali.

In den Amtsstuben der Landeshauptstadt kursierten Gerüchte. Sie blieben Professor Willi Brundert nicht verborgen. Durch einen Zufall erfuhr er, daß man mehrere Angestellte des Wirtschaftsministeriums ausgefragt hatte. Über ihm braute sich etwas zusammen. Als er am Nachmittag das Ministerium verließ und zur Universität fuhr, glaubte er sich von einer Limousine verfolgt, in der drei Männer saßen. Aufs höchste beunruhigt, beschloß Brundert, den Stier bei den Hörnern zu packen. Am Abend wählte er in seiner Wohnung, August-Bebel-Straße 70, den Privatanschluß des Generalstaatsanwalts für Sachsen-Anhalt an. Er hörte, wie am anderen Ende der Leitung abgenommen wurde.

„Hallo?" Eine männliche Stimme, die kratzig lang. Ihr Besitzer rauchte wohl zuviel.

Brundert fragte: „Ist dort Fischl?"

„Was wollen Sie? Wer sind Sie?"

„Hier spricht Brundert. Professor Willi Brundert. Entschuldigen Sie die Störung, Herr Generalstaatsanwalt."

„Ja, ich verstehe. Von wo aus rufen Sie an?"

„Ich bin in meiner Wohnung."

„Was ist passiert?"

„Ich hörte, Sie führen die Untersuchung in der sogenannten Conti-Affäre?"

„Ich nicht", tönte es sofort aus dem Hörer. „Sie überschätzen meine Möglichkeiten. Das ist Sache der ZKSK in Berlin. Aber das nur nebenbei. Was haben Sie auf dem Herzen?"

„Ich bin etwas in Sorge", gestand Brundert. „In letzter Zeit geschehen in meiner Umgebung seltsame Dinge. Ihnen steht doch der Machtapparat rechtmäßig zur Verfügung, und da dachte ich ..."

„Ja?"

„Es ist mir natürlich unangenehm, so direkt zu fragen, aber vielleicht wissen Sie, ob ich ... ich meine, ob ich auf meine Sicherheit achten muß?"

„Lieber Herr Professor Brundert, wie kommen Sie denn darauf?"

„Eine dunkle Ahnung, verstehen Sie."

„Neenee, mein Lieber, ich bitte Sie. Nichts wird geschehen." Fischl lachte kurz auf.

„Ich wünsche Ihnen eine angenehme Nacht."

In aller Herrgottsfrühe stürmten nach heftigem Klingeln mehrere Polizeibeamte in Brunderts Wohnung.

„Ziehen Sie sich an!" befahl ein Zivilist.

Das Blut schoß Brundert ins Gesicht, das Herz hämmerte, es rumorte in den Schläfen. „Ich protestiere! Haben Sie einen Ausweis?"

„Zentrale Kommission für Staatliche Kontrolle, Berlin!"

Zur gleichen Zeit ein ähnliches Bild in der nur wenige Straßenzüge entfernten Wohnung des Ministers Dr. Leo Herwegen. Herwegen hatte tags zuvor einen Anruf aus der Bundesrepublik erhalten. Ein Freund, der kürzlich aus Halle geflüchtet war, hatte vor möglichen Eskalationen in der Conti-Affäre gewarnt.

Familie Herwegen wurde beim Kofferpacken überrascht.

„Eine Erholungsreise", sagte der Minister verdattert.

Der ZKSK-Mann bückte sich rasch. Er kramte eine wertvolle alte Bibel aus dem aufgeklappten Koffer. „Ein kostspieliges Reisegepäck, nicht wahr?"

Am 3. November, einem Donnerstag, nahm die ZKSK Dr. Heil und Ernst Pauli, zuletzt Abteilungsleiter Industrie bei der Industrie- und Handelskammer in Dessau, fest. Pauli hatte der DCGG im August 1946, als er Wirtschaftsbeauftragter beim Oberbürgermei-

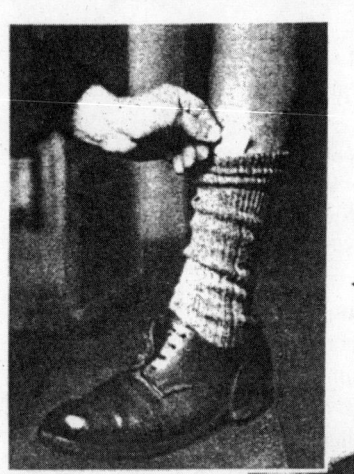

Wie der Diebstahl vor sich ging.
In diesem Dokument beauftragt ein Dr.
Darge aus Hagen den Rechtsanwalt Dr.
Heil, einen Posten unterschlagener Aktien
an den berliner Mittelsmann Dr. Köne-
mann weiterzuleiten. Durch Diebstahl der
Wertpapiere aus dem Tresor, Buchungs-
manipulationen, Bilanzverschleierungen
und durch Auslieferung von Patenten sollte
der Wiederaufbau des DCGG - Konzerns
im Westen auf Kosten des in Dessau befindlichen volkseigenen Betriebs erfolgen

◀ **Symptom der Schuld.** Die Volkspolizei fand bei Scharf Cyankali, das er
im Strumpf versteckt mit sich führte, um
bei Verhaftung Selbstmord zu verüben

„Du sollst nicht steh- ▶
len!" steht in der Heiligen
Schrift. Dr. Herwegen, dar in
seinem Fluchtgepäck 6 Bi-
beln und religiöse Schriften
trug, fühlte sich den Auftraggebern in Hagen mehr ver-
pflichtet, als den elementar-
sten Geboten seines Glaubens

ster war, die amtliche Bescheinigung ausgestellt, die der Conti
Sequesterfreiheit bestätigte.

Willi Brundert schilderte später die Vorgänge dieser Tage in seinem
1958 in Hannover erschienenen Buch „Es begann im Theater" auf
Seite 36 folgendermaßen:

„Die Verhaftung der acht Angeklagten des Dessauer Schauprozesses erfolgte schlagartig am 28.10.1949 morgens
zwischen sechs und sieben Uhr, also in der für NKWD-Bräu-
che typischen Verhaftungsstunde. Daß die Aktion schlagartig
durchgeführt wurde und unter dramatischen Begleitumständen – wie die polizeiliche Absperrung aller Ausfallstraßen der
Stadt Halle –, veranschaulicht die Nachahmungssucht der
Kommunisten gegenüber den Gestapo-Methoden der braunen Diktatur. Nach kurzer Unterbringung in der Haftanstalt
des Polizeipräsidiums Halle erfolgte die getrennte Überführung der Verhafteten nach dem kleinen Gefängnis in Gommern
bei Magdeburg."

Diese dramatische Darstellung des Geschehens vom 28. Oktober 1949 entspricht allerdings nicht den Tatsachen. Die Verhaftungen sind nicht schlagartig erfolgt, sondern im Zeitraum von
Februar bis November 1949 nach dem Domino-Prinzip. So war es
aus dem Eröffnungsbeschluß des Obersten Gerichtes zu entnehmen, der zu Prozeßbeginn in Dessau verlesen wurde. Der Aufruf
jedes Angeklagten endete mit der Formulierung „In Untersuchungshaft seit ...“

Unterlage über eine großangelegte Polizeiaktion in den Hallen-
ser Ausfallstraßen sind nicht aufzufinden. Die Morgenrapporte der
Hauptabteilung Kriminalpolizei in der Deutschen Verwaltung des
Innern Berlin, die 1949 jede polizeiliche Festnahme in Sachen
Wirtschaftsverbrechen penibel registrierte, enthalten die Namen
der in Dessau und Halle Verhafteten nicht. Ein sicheres Indiz für die
Tatsache, daß die Verhaftungen nicht in der Verantwortung der
Polizeibehörden lagen.

Erst am 12. Dezember 1949 meldete die Landespolizeibehörde
Sachsen-Anhalt vier Zentner verdorbenen Zucker und die unsach-
gemäße Lagerung von Chemikalien in der VVB Dessauer Zuckerraffinerie als Wirtschaftsverbrechen des ehemaligen Direktors
Kaatz, der zu dieser Zeit bereits in Haft saß.

Am 23. November 1949 boten fast alle Tageszeitungen in der DDR
ihren Lesern den mehrspaltigen Aufmacher „EINE BANDE VON
VERBRECHERN AM VOLKSEIGENTUM GEFASST / WERTE
VON HUNDERT MILLIONEN NACH WESTDEUTSCHLAND
VERSCHOBEN / VERBINDUNG MIT AUSLÄNDISCHER
SPIONAGE".

Die SED-Zeitung „Neues Deutschland" druckte auf der Titelsei-

Amtlicher Bericht der Zentralen Kommission für Staatliche Kontrolle über Verbrechen am Volkseigentum

Infolge ungenügender demokratischer Wachsamkeit ist es einer Anzahl monopolkapitalistischer Agenten im Lande Sachsen-Anhalt gelungen, in den Regierungsapparat und in etliche wirtschaftliche Institutionen einzudringen und mangelndes demokratisches Bewußtsein bei einigen verantwortlichen, leitenden Personen des öffentlichen Lebens auszunutzen für verbrecherische Manipulationen zum Schaden des Volkseigentums.

Etliche dieser Agenten verbündeten sich in Durchführung ihrer volksfeindlichen und nationalverräterischen Verbrechen mit kosmopolitisch versippten monopolkapitalistischen Elementen in Westdeutschland und in Westberlin und konspirierten mit Spionen in ausländischen Diensten.

Folgender Tatbestand wurde von der Zentralen Kommission für Staatliche Kontrolle ermittelt:

In Durchführung des Befehls 124 war der monopolkapitalistische Konzern, die Deutsche Continentale Gas-Gesellschaft (DCGG), unter Sequester gestellt worden.

Am 14. Januar 1946 wurde die DCGG in die unmittelbare Aufsicht und ausschließliche und tatsächliche Verfügungsgewalt der damaligen Provinz Sachsen übernommen.

Die kraft Gesetz erfolgte Enteignung der DCGG wurde von dem Präsidenten und dem 1. Vizepräsidenten der damaligen Provinz Sachsen in einem Schreiben vom 30. September 1946 bestätigt.

Obwohl also eindeutig feststand, daß nur noch die Provinzialverwaltung und spätere Landesregierung Sachsen-Anhalt über das Vermögen der DCGG zu verfügen hatte, wurden die mit der Sequestrierung und Enteignung verbundenen Maßnahmen zum Schaden des Volkes systematisch sabotiert, und zwar:

1. Der widerrechtlich tätige Vorstand und Aufsichtsrat der DCGG beschloß im Sommer 1947 eigens die Gründung einer Parallelfirma, nämlich der DCGG m. b. H. in Hagen in Westfalen.

Der Zweck dieses Unternehmens war die Schaffung einer neuen finanziellen Basis für den Wiederaufbau des DCGG-Konzerns in Westdeutschland auf Kosten der in der Ostzone im Volkseigentum befindlichen Vermögenswerte.

a) So wurden u. a. diesem neugegründeten Konzernunternehmen, vermittels raffinierter, verbrecherischer Finanztransaktionen, das Gaswerk Lemgo, Westfalen, Grundstücke in Westberlin und andere Betriebe, deren Besitztitel Volkseigentum geworden waren und sich in Dessau befanden, in die Hände gespielt.

b) Aus dem Tresor der DCGG-Dessau wurden Aktien im Nominalwert von RM 12 926 300,— sowie 9956 Kuxe der Gewerkschaft Westfalen mit einer Bilanzwert von RM 13 132 000,— entwendet, dem Rechtsanwalt und Notar Dr. Heil, Dessau, zur Verwahrung übergeben und die entsprechenden Hinterlegungsscheine nach dem Westen verbracht.

c) Noch im Frühjahr 1948 wurden, auf Veranlassung des Vorstandes der DCGG-Dessau, durch eine Buchungsmanipulation RM 230 456,51 an ein Sonderbüro der DCGG in Berlin-Nikolassee (amerikanischer Sektor) verschoben.

d) Im Sommer 1946 wurde aus den Vermögensbeständen der enteigneten DCGG ein Aktienpaket der Charlottenburger Wasserwerke AG im Nominal- und Zeitwert von 1 Million Reichsmark nach Westberlin verschoben und in Zusammenarbeit mit dem Oberbürgermeister des Westberliner Spandautermagistrats, Reuter, und dessen Stadtkämmerer, Dr. Haas, in Westberlin für 1 040 000,— Westmark verkauft. Der Erlös wurde ebenfalls nach der britisch-amerikanisch besetzten Zone verbracht.

e) Durch die Agenten des DCGG-Konzerns wurde in Hamburg, im Jahre 1947 eigens eine Elektro-Großhandels GmbH als Nachfolgerin der Büros Hamburg und München der der DCGG gehörenden Elektro-Großhandels AG Walderseee bei Dessau gegründet. Das Geschäftskapital dieser Hamburger GmbH, in Höhe von RM 800 000,—, wurde in Form eines gleichwertigen Interimsscheines aus dem Vermögensbestand der enteigneten DCGG Dessau entwendet.

2. In den Jahren 1945 bis 1948 wurden aus den vorhandenen Barbeständen

te den Amtlichen Bericht der Zentralen Kommission für Staatliche Kontrolle.

„Infolge ungenügender demokratischer Wachsamkeit ist es einer Anzahl monopolkapitalistischer Agenten im Lande Sachsen-Anhalt gelungen, in den Regierungsapparat und in etliche wirtschaftliche Institutionen einzudringen und mangelndes demokratisches Bewußtsein bei einigen verantwortlichen, leitenden Personen des öffentlichen Lebens auszunutzen für verbrecherische Manipulationen zum Schaden des Volkseigentums.

Etliche dieser Agenten verbündeten sich in Durchführung ihrer volksfeindlichen und nationalverräterischen Verbrechen mit kosmopolitisch versippten monopolkapitalistischen Elementen in Westdeutschland und in Westberlin und konspirierten mit Spionen in ausländischen Diensten."

Der weitere Text beschrieb die Aktivitäten der Vorstands- und Aufsichtsratsmitglieder. Der Bericht schloß:

„Der Amtliche Bericht der zentralen Kommission für Staatliche Kontrolle stützt sich auf unwiderlegbare beweiskräftige Dokumente und enthält nur einen Teil der Verbrechen, die von den monopolkapitalistischen Kreaturen im Lande Sachsen-Anhalt begangen worden sind. Die Ermittlungen werden fortgesetzt. Die Zentrale Kommission für Staatliche Kontrolle fordert alle demokratisch bewußten Kräfte in den früheren Konzernbetrieben auf, der Provisorischen Regierung der Deutschen Demokratischen Republik behilflich zu sein bei der Ausschaltung schädlicher monopolkapitalistischer Einflüsse auf die volkseigenen Betriebe.
Berlin, den 21. November 1949
Fritz Lange
Der Vorsitzende der Zentralen Kommission für Staatliche Kontrolle"

Nach der Ankunft in Gommern mußten die Festgenommenen die Zivilkleidung ablegen. Sie erhielten Anstaltskleidung aus reißfestem Drillich. Obwohl in den Polizeigefängnissen Sachsen-Anhalts gemeinhin Platzmangel herrschte, hatte die Verwaltung in Gommern einen kompletten Gebäudeflügel für die Gefangenen der Lange-Kommission geräumt. Vier Häftlinge lagen in der ersten Etage, vier im Erdgeschoß, jeweils zwei links und rechts vom Treppenhaus. Dazwischen Leerzellen, so daß keine Klopfverbindung möglich war. Die Isolierung war total. Nicht einmal das Stammpersonal von Gommern durfte an die Gefangenen heran. Den Wachdienst übernahm ein Sonderkommando in einer Stärke von 1 : 12. Diese verschärften Haftbedingungen verfehlten ihre Wirkung nicht. Heinrich Scharf unternahm in seiner Zelle einen Selbstmordversuch.

Die Vernehmer der ZKSK fühlten sich dem Berufsethos eines Andrej Wyschinski verpflichtet. Der gnadenlose Chefankläger der UdSSR hatte sich in den stalinistischen Schauprozessen der dreißiger und vierziger Jahre einen Namen gemacht. Von ihm stammt der Satz: „Ein Geständnis ist Beweis der Schuld." Ein Freibrief für alle, die vorgaben, das „Schwert der proletarischen Revolution" im Namen und zum Nutzen des Volkes zu handhaben.

Häufig beteiligte sich Fritz Lange selbst an den Vernehmungen. Er leitete auch die Dauervernehmung vom 25. November, die in den Abendstunden begann und fast vierundzwanzig Stunden dauerte.

Brundert ließ sich von der rüden Behandlung, die ihm und seinen Schicksalsgefährten widerfuhr, nicht einschüchtern.

„Das ganze Verfahren ist ungesetzlich!" erklärte er entschlossen. „Ich verlange, von Kriminalbeamten oder einem Untersuchungsrichter angehört zu werden."

Der ZKSK-Vorsitzende verfärbte sich. „Das Untersuchungsorgan sind wir!" trumpfte er auf. „Daß Sie sich Ihrer Lage noch immer nicht bewußt sind, beweist nur Ihre Infantilität!"

„Das ist kein ordentliches Verfahren!" beharrte der Professor.

„Wir kennen Ihre parteifeindliche Tätigkeit sehr genau, Herr Brundert! Ihre Zusammenarbeit mit dem englischen Geheimdienst. Ihre Sabotagetätigkeit zugunsten der Konzernherren im Westen. Sie sind entlarvt!"

„Ich protestiere gegen diese Unterstellungen!"

Lange winkte ab. „Protestieren Sie, soviel Sie wollen. An der Sachlage ändert das überhaupt nichts." Seine Worte waren voller Hohn. „Schon bei der Durchsicht Ihrer Personalakte ist mir klar geworden, welches feindliche Element sich im Wirtschaftsministerium in Halle eingenistet hat."

Willi Brundert war kein Amokläufer. Er lenkte ein. „Stellen Sie mir präzise Fragen. Ich bin sicher, die Dinge lassen sich aufklären."

„Na schön!" Lange blätterte die Akte auf. „Sie haben sich 1930 dem Leuchtenberg-Kreis in Halle angeschlossen. Und 1931 wurden Sie Vorsitzender der sozialistischen Studentenschaft. Alles säuberlich im Lebenslauf aufgeführt, mein Lieber. Aber daß Sie drei Jahre später Ihre Gesinnung verrieten, hat Ihr Gedächtnis verdrängt!"

„Wovon reden Sie?"

Brüning, Rudolf: Gegen Flugzeuge und Kampfwagen. — Berlin: Steiniger 1942.
Brüninghaus, Erhard: Heime der Hitler-Jugend. — Stuttgart: Krämer 1940.
Brütting, Georg: Das Echo von der Rhön. — Berlin: Scherl 1943.
Brütting, Georg s. Segelflug erobert die Welt. 1944.
Brütting, Georg: Segelflug und Segelflieger. — München: Knorr & Hirth 1935.
Brütting, Georg: Wagnis am Himmel. — Berlin: Scherl 1943.
Brugg, Vendelin: Die „Erlangen" in der Südsee. — Berlin: Steiniger 1940.
Bruhn, J. Wilhelm: Boden. — Berlin: Dt. Rechtsverl. 1939.
Brundert, Willi: Junge Nation und Kampfbund. — Eisenach: Röth 1934.
Brunowsky, Wladimir: In Sowjetkerkern. — Stuttgart: Union 1930.
Bruns, Dietrich: Deutschtum auf Vorposten im Grenzland und Ausland. — Paderborn: Schöningh 1934.

Roebsteck, der zweite Vernehmer, kam hinter dem Tisch hervor. Er legte Brundert eine dickleibige Broschüre im grauweißen Pappeinband in die Hand. „Liste der auszusondernden Literatur" stand auf dem Umschlag. „Herausgegeben von der Deutschen Verwaltung für Volksbildung in der sowjetischen Besatzungszone."

„Blättern Sie ruhig", schlug Roebsteck vor. „Die Seite sechsundfünfzig ist interessant."

Willi Brundert entdeckte seinen Namen im Verfasserregister. Daneben den Titel der Schrift „Junge Nation und Kampfbund". Er hatte sie 1934 im Eisenacher Röth-Verlag veröffentlicht.

„Ich verstehe nicht, was Sie damit beweisen wollen. Ich habe diese Broschüre vor fünfzehn Jahren geschrieben. Meine berufliche Existenz stand damals auf dem Spiel. Ich schrieb auch einen Aufsatz zum Thema ‚Aus deutscher Rechtsgeschichte'. Das gebe ich ja alles zu. Aber was haben die Schriften mit den Anschuldigungen zu tun, die Sie gegen mich erheben?"

Fritz Lange, die Überlegenheit in Person, brummte fast zärtlich: „Aber Professor, ich denke, Sie sind promovierter Jurist. Die Schriften beweisen natürlich, daß die volksfeindlichen Ideen des Sozialdemokratismus nicht von einem Tag auf den anderen in Ihrem Kopf entstanden sind!"

Brundert schüttelte nachdenklich den Kopf. „Die Fakten stimmen, das ist richtig. Aber die Bedeutung, die Sie ihnen beimessen, und die Schlußfolgerungen, die Sie daraus ableiten, sind absurd."

„Sie werden sich noch wundern, Brundert. Auch ohne Ihr Geständnis reicht die Summe unserer Beweise für eine Verurteilung aus. – Wann und wo sind Sie mit dem britischen Geheimdienst in Verbindung getreten? Von wem wurden Sie angeworben?"

„Ich bin niemals vom englischen Geheimdienst ..." Bei diesem Stichwort klinkte sich Toni Ruh, der für Geheimdienste zuständige Spezialist, ein:

„In Ihrem Lebenslauf haben Sie, Herr Brundert, erklärt, daß Sie 1944 als Leutnant in englische Gefangenschaft gegangen sind."

„An der Scheldemündung. Das ist richtig."

„In welches Lager?"

„Camp achtzehn, bei Haltwhistle."

„Sie haben dort juristische Vorlesungen gehalten?"

„Ja, im Rahmen der POW-University*. Ich habe es nicht verschwiegen."

---

* Prisoner of War-University: Kriegsgefangenen-Universität.

„Was wissen Sie über das Lager Wilton-Park?"

„Ich lernte es erst im März 1946 kennen, als meine Entlassung aus der Gefangenschaft bevorstand. Das Lager war kein Geheimnis."

„Wer unterrichtete in Wilton-Park?

„Engländer und Deutsche. Es gab zwei Gruppen unter den Dozenten. Als Gastdozenten traten deutsche Emigranten auf."

„Wer war der Leiter?"

„Ein Rektor mit Namen Kepler."

„Da muß ich Sie korrigieren. Es war der deutsche Emigrant Dr. Kepler, der unter dem englischen Decknamen Professor King auftrat."

„Ja, ich erinnere mich." Toni Ruh verfügte über Detailkenntnisse, die Brundert verblüfften. „Dr. Kepler war der erste Redner, der im Auftrag der PID** die Vorlesungsreihe eröffnete. Damals unter dem Namen Professor King."

„Gab es weitere Dozenten mit Decknamen?"

„Warum fragen Sie? Sie wissen es doch."

Fritz Lange schnarrte: „Wollen Sie behaupten, daß die Umschulungslager keine Spionageschulen waren? Niemand schützt seine Leute konspirativ, wenn es die Sache nicht zwingend verlangt."

„Ich habe es nicht als Spionage gedeutet."

„Sondern?"

„So, wie ich es auffaßte, ging es vornehmlich um eine anglophile Beeinflussung der deutschen Kriegsheimkehrer."

„Unsinn!" behauptete Lange. „Um Spione des englischen Geheimdienstes ging es, wie Sie einer sind!"

Brundert schüttelte energisch den Kopf. „Glauben Sie, meine Auftraggeber hätten mir dann gestattet, kurz vor meiner Rückkehr nach Deutschland einen Artikel über Wilton-Park in den deutschen Zeitungen zu veröffentlichen? Welcher Agent kündigt seine Ankunft an?"

Das Verhör steckte in einer Sackgasse. Langes Konzept, den Gefangenen mit Hilfe seiner eigenen Aussagen in die Enge zu treiben, ging nicht auf. Er versuchte es mit Drohungen: „Lassen Sie sich Zeit, Brundert. Halten Sie uns ruhig hin. Wenn ich müde werde, übernimmt einer meiner Leute das Verhör, und wenn er müde wird,

---

*   Political Intelligence Department – Abteilung des Auswärtigen Amtes, der die Umerziehung der deutschen Kriegsgefangenen oblag.

löst ihn ein anderer ab. Wir wollen den Prozeß. Wenigstens das sollten Sie begriffen haben. Wenn Sie verstockt bleiben, wird der Staatsanwalt die Höchststrafe beantragen. Glauben Sie ja nicht, daß wir mit ungeladenen Pistolen in der Gegend herumfuchteln!"

Die Lager, die das PID in England unterhielt, unterschieden sich in ihrer Struktur und Organisation nicht von den Antifa-Umschulungslagern für deutsche Kriegsgefangene in der UdSSR. Stand hier die marxistische Ideologie auf dem Lehrplan, waren es dort die westlichen Leitbilder für eine Demokratie im Nachkriegsdeutschland. Tausende von Kriegsgefangenen sind durch diese Lager gegangen. Einen Teil seiner V-Leute gewann der britische Geheimdienst wohl auch unter Gefangenen, die in die sowjetisch besetzte Zone entlassen wurden. Professor Willi Brundert freilich konnte auch vor Gericht ein Spionageauftrag nicht nachgewiesen werden.

Wie der Autor Werner Kahl in seinem Report „Spionage in Deutschland heute" beschreibt, hatte der Secret Service unmittelbar nach Kriegsende ein leistungsfähiges Nachrichtennetz in der SBZ aufgebaut, das Hunderte von Agenten und Gewährsleuten beschäftigte.

Der sowjetische militärische Geheimdienst GRU sah im englischen Secret Service seinen Hauptgegner. Die Briten waren für ihre lange Geschichte erfolgreicher Geheimdienstoperationen bekannt. In den zwanziger Jahren unterhielten sie in Sowjetrußland mehrere Agentennetze, die von der Tscheka* nur in mühevoller Kleinarbeit zerschlagen wurden.

Weiträumig versuchte die GRU ab 1947, gestützt auf das deutsche Kripo-Kommissariat 5, ihre Besatzungszone gegen westliche Einflüsse abzuschirmen und die gegnerischen Nachrichtendienste auszuschalten. Der Geheimdienst warnte vor Heimkehrern, die Aufträge westlicher Geheimdienste in den Taschen hatten. Die Agenten-Hysterie mündete 1949 in den Sicherheitsbefehl Nr. 2 der SMAD, der sich gegen alle Personen richtete, die aus westlicher Emigration oder Kriegsgefangenschaft heimgekehrt waren und nun in sicherheitssensiblen Bereichen, wie Polizei, Justiz oder in den zentralen staatlichen Verwaltungsbehörden, arbeiteten.

Eine Welle von Kündigungen setzte ein. Allein in der Volkspolizei wurden mehr als 2 000 Mitarbeiter Opfer dieses Berufsverbotes.

---

* sowjetrussischer Staatssicherheitsdienst, im Dezember 1917 gegründet

In einer weiteren Vernehmung, die zwei Tage später, wieder zur Nachtzeit, arrangiert war, konfrontierten Lange und Roebsteck den gestürzten Ministerialdirektor mit seinen Verwicklungen in die vermeintlichen Konzernverbrechen.

Roebsteck repetierte: „Im Frühjahr 1947 faßten Müller, Methfessel und die sauberen Herren aus Frankfurt am Main den frechen Plan, die West-Conti zu gründen. In diese sollten die aus der Ostzone verschobenen Vermögenswerte einfließen."

Lange: „An dieser Stelle kommen Sie ins Spiel, Professor Brundert! Sie haben natürlich von der Transaktion gewußt. Ach, was sag ich – Sie haben sie bewußt unterstützt! Die Aufhebung des Sperrvermerkes für die Agag war Ihr Werk!"

Wieder Roebsteck: „Obwohl Ihnen bekannt war, daß die Conti enteignet wurde, haben Sie die Löschung im Handelsregister verschleppt!"

„Beim Minister lag ein Einspruch gegen die Enteignung vor."

„Schon der Gedanke an einen solchen Einspruch ist Sabotage!" wetterte Lange.

Brundert setzte sich zur Wehr. „Ich kannte den Umfang des Wertpapierbesitzes nicht. Es gab kein Bestandsverzeichnis."

„Wer war für die Bearbeitung zuständig?"

„In unserem Ministerium? Das Hauptreferat Energie."

„Wem unterstand das Hauptreferat?"

„Doktor Almoss."

„Und Almoss?" Roebsteck blieb hartnäckig.

„Dem zuständigen Ministerialdirigenten."

„Und dessen Vorgesetzter ...?"

„... war der Minister. In seiner Vertretung allerdings ich."

Genugtuung stahl sich in Langes Gesicht. „Das ist doch schon ein halbes Geständnis, Herr Brundert. Begreifen Sie doch endlich: Die große Chance, die Sie haben, ist, früher zu gestehen als die anderen."

„Ich habe nichts zu gestehen!"

Der Tatverdächtige Brundert machte es den Männern der ZKSK schwer. Die gestandene Methode, Fakten mit ihren Deutungen so unkenntlich zu machen, daß am Schluß mancher Verdächtige selbst an seine Schuld glaubte, griff hier nicht.

Fritz Lange hatte das längst erkannt. Gemächlich schlenderte er zum Fenster und sah hinaus. Die Hände hatte er auf dem Rücken verschränkt. „Tut gut, einmal durchzuatmen", meinte er friedlich.

„Nicht in dieser Museumsgruft", murrte Brundert.

„Ach ja?" Pause. „Der Himmel bezieht sich wieder. Sieht aus, als sollten wir den ersten Schnee bekommen." Der ZKSK-Emissär drehte sich heftig vom Fenster weg. „Sie sind doch politisch geschult, Professor Brundert. Sie werden sich doch denken können, daß wir diesen Prozeß in Sachsen-Anhalt nicht ohne Grund anstreben. Ich glaube nicht, daß Sie so tief gesunken sind, uns Ihre Mithilfe zu verweigern. Wir wissen zum Beispiel von unseren Wachtmeistern, daß Herwegen von morgens bis abends in seiner Zelle hin und her rennt und den Rosenkranz betet. Das kann er. Das ist uns völlig egal. Uns interessiert seine Partei, die CDU, verstehen Sie. In Calbe haben die frommen Brüder ein Plakat aufgehängt, da steht drauf: ‚Werde Mitglied der CDU – der stärksten Partei Deutschlands.' Dazu wird es nicht kommen." Langes Stimme bekam einen werbenden Klang. „Der Name Brundert spielt in der Wirtschaftspolitik des Landes Sachsen-Anhalt eine große Rolle. Wenn Sie uns im Prozeß helfen, sind Sie gerettet."

Erwartungsvoll musterte er seinen Gefangenen.

Dessen Antwort ließ auf sich warten. Der Ministerialdirektor starrte zu Boden, bis er nach mehreren Minuten sagte: „Der einzige Fehler, den ich mir vorzuwerfen habe, ist die Vernachlässigung meiner Aufsichtspflicht gegenüber der DCGG."

Die Vernehmer der Kontrollkommission verstärkten den Druck auf die Verdächtigen. Sie zogen alle Register, um den Festgenommenen Schuldgefühle zu suggerieren. Am 21. Dezember 1949 nötigten Lange, Ruh und Roebsteck Leo Herwegen zu dieser Erklärung:

„Ich muß auf Vorhalt zugeben, daß ich, trotzdem ich als Regierungsvertreter im Aufsichtsrat dieser Gesellschaft nach 1945 war, nichts getan habe, um

1. die Manipulationen des Methfessel und Müller, als die Konzernvertreter, zum Schaden des Volkes und zum Schaden der Volkswirtschaft von Sachsen-Anhalt zu verhindern.

2. Ich habe nichts dagegen getan, um die Verschiebung des Aktienkapitals und der verschiedenen Aktien an die ehem. Konzernherren nach dem Westen zu verhindern.

Im Gegenteil, ich muß zugeben, daß ich bei verschiedenen Anlässen der Aufsichtsratssitzungen diesen verschleierten Transaktionen, die von Müller und Methfessel vorgetragen wurden, zugestimmt habe. Ich fühle mich schuldig, dadurch entscheidend an der Verschleppung des Aktienkapitals zum Schaden des Volkes mitgewirkt zu haben."

Der Minister hatte aufgegeben. Mit zitternden Fingern unterschrieb er den Revers, den die Vernehmer ihm diktierten. Dann wurde er, völlig erschöpft, in seine Einzelzelle zurückgeführt.

Von ihrem Erfolg überzeugt, eröffnete die Lange-Kommission ihren propagandistischen Feldzug in der Conti-Affäre. Noch während die Untersuchung lief, erhielt ein Reporterteam der „Neuen Berliner Illustrierten" die Erlaubnis zu einem Fototermin in der Haftanstalt. Die Gefangenen wurden einer nach dem anderen aus ihren Zellen geholt und vor der Kamera plaziert. Geschickte Regie erweckte den Eindruck, als habe der Fotograf Schnappschüsse von den Vernehmungen des „Inspirators Herwegen", des „Rechtsfälschers Dr. Heil", des „Spionage-Agenten Brundert", des „Vermögensschiebers Scharf", des „Hauptschuldigen Kaatz", des „Mithelfers Simon", des „Handlangers Pauli" und des „Organisators Müller" eingefangen. Eine weitere Aufnahme zeigte den Ex-Minister Herwegen beim gemütlichen Plausch mit einem Wärter an der Zellentür. Das Kameraobjektiv durfte sogar, mit Blick durch die Gitterstäbe, den täglichen Rundgang der prominenten Häftlinge auf dem Gefängnishof beobachten.

Der mit „Donath" gezeichnete Report erschien im 2. Dezemberheft der auflagenstärksten Illustrierten in der DDR unter dem reißerischen Titel „RATTEN IN DER FALLE". Die Unterzeile: „Erste Aufnahmen vom Untersuchungsverfahren gegen die in der Strafanstalt Gommern inhaftierten Schuldigen am 100-Millionen-Diebstahl des volkseigenen DCGG-Vermögens". Die Verdächtigen wurden zu Schuldigen gestempelt, bevor sie den Gerichtssaal überhaupt betreten hatten. Flankiert wurde diese Kampagne im Dezember 1948 u.a. von einem Auftritt Walter Ulbrichts auf der Landesdelegiertenkonferenz der SED Sachsen-Anhalt:

> „Wir wissen, daß die Feinde Agenten in unser Gebiet geschickt haben, die auf lange Sicht arbeiten. Zu diesen Leuten gehört auch Brundert, der von der englischen Wilton-Park-Schule kommt. Er wurde dort geschult in der Richtung der Rettung der alten kapitalistischen Herrschaft in Deutschland. Ich habe die Arbeiten Brunderts studiert. Brundert hat kapitalistische Theorien bei uns in der Praxis umsetzen wollen."

Die innenpolitische Entwicklung verhieß nichts Gutes für den Ausgang des Strafverfahrens gegen die Häftlinge von Gommern. Am 26. Januar 1950 veröffentlichte der Ministerrat der DDR den

*„**Inspirator:** Den ehemaligen
Minister Dr. L. Herwegen, der sich
für seine Mithilfe bezahlen ließ,
nahm die Volkspolizei während
seiner Flucht nach dem Westen im
letzten Augenblick fest. "*

*„**Rechtsfälscher:** Notar Dr. Heil,
dessen Unschuldsbeteuerungen u.a.
das unten wiedergegebene
Dokument widerlegt, gab den
meisten Transaktionen einen Schein
der ‚Gesetzlichkeit'. "*

*„**Spionage-Agent:** Dr. Brundert,
einst Dozent an einer britischen
Agentenschule, ein Mann ‚mit
Beziehungen', sabotierte durch
geflissentliche Verwirrung der
Vermögenslage. "*

*„**Vermögens-Schieber:** Bankdirektor Heinrich Scharf, dessen Hand-
verletzung auf Selbstmordversuch
hindeutet, nahm an den gesetz-
widrigen Aufsichtsratssitzungen der
DCGG teil. "*

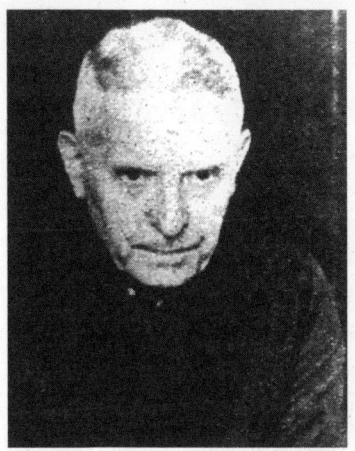

*„**Hauptschuldiger:** ,Treuhänder' der DCGG, vormals Generaldirektor und Rittergutsbesitzer Dr. Leopold Kaatz, organisierte den 100-Millionen-Diebstahl, spielt aber den Ahnungslosen."*

*„**Mithelfer:** Der sich vor dem Untersuchungsrichter verschlagen verteidigende Syndikus Ernst Simon, leitete Geschäftsunterlagen an einen westberliner Konzern-Vertrauensmann."*

*„**Handlanger:** Der Wirtschaftsbeauftragte Pauli unterstützte die Vermögens-Unterschlagung durch Ausstellung einer falschen Bescheinigung."*

*„**Organisator:** Dipl.-Ing. Müller, Treuhänder des DCGG-Vermögens, brach das in ihn gesetzte Vertrauen und ermöglichte die Betrügereien."*

*„**In der Zelle:**
Herwegen, der seine
hohe Stellung zu
Gunsten der
Aktionäre des
ehemaligen DCGG-
Konzerns
mißbrauchte,
muß – wie alle
Angeklagten – aus
Sicherheitsgründen
Gefangenenkleidung
tragen. Auf Wunsch
erhielt er eine
Anstaltsbibel.“*

*„**Im Gefängnishof:** Durch die Gitter fotografierte unser Reporter die
Angeklagten Heil, Scharf, Pauli und Kaatz während ihres täglichen
Freistunden-Spazierganges. Damit sie sich nicht untereinander verständigen können, müssen sie schweigend im 12-m-Abstand gehen. Um zu
verhindern, daß sie sich auch in der Untersuchungshaft unerlaubter Mittel
bedienen, befinden sich zwischen ihren Einzelunterkünften stets Leerzellen,
die Klopfsignale verhindern sollen.“*

ZEITSCHRIFT FUR DAS GESAMTE POLIZEIWESEN

Die Volkspolizei

3. JAHRGANG   BERLIN, 10. FEBRUAR 1950   NUMMER **3**

ABWEHR GEGEN SABOTAGE

Die Regierung der Deutschen Demokratischen Republik faßte in ihrer Sitzung vom 28. Januar 1950 folgenden Beschluß:

Die Regierung nimmt von dem Bericht des Vorsitzenden der Zentralen Kommission für staatliche Kontrolle, des Chefs der Deutschen Volkspolizei und des Chefs der Hauptverwaltung zum Schutze der Volkswirtschaft Kenntnis und stellt fest, daß mit dem Aufstieg unserer Wirtschaft, der Festigung der demokratischen Ordnung und dem Wachsen der Friedensfront sich die Tätigkeit der Agenten, Spione und Saboteure verschärft hat.

Die Durchführung des Regierungsprogramms, insbesondere des Wirtschaftsplanes 1950, welcher eine weitere Verbesserung der Lage des deutschen Volkes bringen wird, verlangt große Anstrengungen, verlangt den Kampf zur Überwindung der Schwierigkeiten. In dem Maße, wie der Feind feststellt, daß er die demokratischen Errungenschaften nicht mehr rückgängig machen kann, konzentriert er seine ganze Kraft, um durch Sabotage, Brandstiftung usw. die Durchführung des Wirtschaftsplanes und der sonstigen demokratischen Maßnahmen zu stören. Dabei haben auch die Organe des Staates nicht immer diese bewußt organisierten Sabotagemaßnahmen erkannt.

Organisierte Brandstiftungen, die in erschreckendem Maße im ganzen Bereich der Republik festgestellt sind, sind nicht genügend untersucht. Zum Teil hat man Fahrlässigkeit als Brandursache angegeben.

Dabei ist erwiesen, daß die Sabotagefälle die ideologische Vorbereitung gefunden haben durch die verstärkte feindliche Propaganda, durch Hetznachrichten des RIAS und der anderen feindlichen Sender, durch die Verbreitung von illegalen Flugblättern, durch offene und geheime Feinde unserer demokratischen Ordnung, die im Bereich unserer Republik wohnen und zum Teil sogar in Staatsstellungen tätig sind.

Auf Grund dieser Tatsachen beschließt die Regierung.

1. Durch Verbesserung der Ausbildung und durch Schulung müssen die Organe der Sicherheit unseres Staates und der Volkswirtschaft in die Lage versetzt werden, der verstärkten Tätigkeit der Feinde unserer Ordnung in jeder Weise gewappnet zu sein. Durch die ständige Instruktion und Schulung für alle Volkspolizisten müssen diese zu den ersten Mahnern zur Wachsamkeit werden. Keine Maßnahme des Feindes, keine Propagandamaßnahme darf unbeachtet bleiben. Der Chef der Hauptverwaltung Deutsche Volkspolizei hat gemeinsam mit dem Chef der Hauptverwaltung zum Schutze der Volkswirtschaft das Berichtssystem über vorkommende Fälle von Sabotage, Spionage usw. derart zu organisieren, daß in Verbindung mit der Feindpropaganda von außen und der Tätigkeit der Agenten im Lande ständig ein Gesamtüberblick über den Stand der Feindtätigkeit zu ersehen ist. Hieraus müssen dann die operativen Maßnahmen getroffen werden.

Der Chef der Hauptverwaltung Deutsche Volkspolizei hat Maßnahmen zu treffen, um eine bessere Zusammenarbeit zwischen den Brandschutzämtern und der Kriminalpolizei zu garantieren. Durch Verbesserung des Nachrichtenwesens müssen alle vorkommenden Fälle von Brandstiftung und Sabotage schnellstens an die leitenden Sicherheitsorgane geleitet werden, um von hier aus operative Maßnahmen einzuleiten.

2. Der Minister für Industrie und der Minister des Innern haben eine eingehende Instruktion zum Schutze der volkseigenen Betriebe zu erstellen. In dieser Instruktion müssen besondere Maßnahmen zum Schutze der Betriebe erstellt werden, an deren Zerstörung der Feind ein besonderes Interesse hat. Für die Betriebe, für die eine stärkere Feuer- und Explosionsgefahr gegeben ist, müssen die bestehenden Vorschriften überarbeitet und auf strenge Innehaltung geachtet werden. Wo eine Verstärkung des Betriebsschutzes notwendig ist, muß sie zwischen dem Ministerium für Industrie und der Hauptverwaltung Deutsche Volkspolizei vereinbart werden. Die Leiter dieser wichtigen volkseigenen Betriebe sind anzuweisen, daß sie für die Sicherheit in ihrem Betrieb verantwortlich sind. Engste Zusammenarbeit der Betriebsleitung mit den Betriebsschutzeinheiten sowie mit den übrigen Organen der deutschen Volkspolizei muß gewährleistet sein. Der Chef der Deutschen Volkspolizei hat Maßnahmen zu treffen, daß durch besondere Schulung und durch ständige Instruktion sowie durch Kontrolle gewährleistet wird, daß die Volkspolizeieinheiten für den Betriebsschutz ihre Aufgaben verantwortungsbewußt erfüllen.

3. In allen Ministerien der Republik und der Länder sowie in allen nachgeordneten Dienststellen und volkseigenen Betrieben ist mit der Stellungnahme zum Bericht über den Wirtschaftsplan 1949 und den Plan 1950 auf die Feindtätigkeit hinzuweisen. Alle Angestellten des Staatsapparates sowie alle wahren Patrioten sind zur verstärkten Wachsamkeit gegen die Feinde unserer Ordnung aufzurufen.

Regierungsbeschluß „ABWEHR GEGEN SABOTAGE", der eine härtere Gangart der Justizorgane legitimierte. Und am 8. Februar 1950 entstand aus der bisherigen Hauptverwaltung zum Schutz der Volkswirtschaft im DDR-Innenministerium per Gesetz ein Ministerium für Staatssicherheit.

Mitte März reiste Dr. Ernst Melzheimer, der Generalstaatsanwalt der DDR, in das unbedeutende Provinzstädtchen vor den Toren Magdeburgs. Der hochrangige Jurist, der es in der Nazizeit bis zum Kammergerichtsrat gebracht hatte, verhörte nun höchstpersönlich die Häftlinge der ZKSK. Das Untersuchungsmaterial entsprach seinen Erwartungen. Melzheimer entwarf die 59 Seiten umfassende Anklageschrift. Der Text, der zu einem Konglomerat aus juristischen Behauptungen und politischem Traktat geriet, wurde unter dem Aktenzeichen „Az 1 Gen Sta 1/50" registriert und in einer unverhältnismäßig hohen Zahl von Exemplaren gedruckt.

Brundert beharrte weiterhin auf seinem Recht, einen Anwalt zu konsultieren. Melzheimer erlaubte Brundert drei Konsultationen mit seinem Verteidiger Dr. Bühling. Die Gespräche zwischen Anwalt und Klient fanden unter den wachsamen Augen eines Magdeburger Richters statt.

Auf höchster Ebene in Berlin fiel die Entscheidung, den Prozeß gegen die „Conti-Verschwörer" nach Dessau zu legen. Das Dessauer Theater, im März 1945 bis auf die Grundmauern niedergebrannt und auf besonderen Wunsch der sowjetischen Besatzungsmacht wieder aufgebaut, bot 1200 Zuschauern Platz. Der passende Rahmen für das Schauspiel, das vom 24. bis 29. April hier zur Aufführung gelangen sollte.

Der SED-Propagadaapparat rekrutierte aus Mitarbeitern der ZKSK, des Amtes für Informationen beim Ministerrat, aus Polizeioffizieren, Justizangestellten und Bevollmächtigten des Ministeriums für Staatssicherheit ein „Organisationsbüro Herwegen-Brundert-Prozeß". Das Büro ließ Ausweiskarten drucken. Grauweiß für alle Besucher, in Rot für die Mitarbeiter der Generalstaatsanwaltschaft und des Obersten Gerichts.

Als die Sachbearbeiter S 2 der Kreispolizeiämter Sachsen-Anhalts am 6. April zur Dienstberatung in der Landespolizeibehörde anreisten, forderte ein Inspekteur Paulsen die Anwesenden auf, „sich Gedanken zu machen, wer von ihrem Haftanstalts- und Gefangenentransportpersonal für die Bewachung der Verbrecherbande Herwegen und Brundert infrage käme". Nur die zuverlässigsten VP-Angehörigen seien „mit genauen Personalien und kurzer Persönlichkeitscharakteristik dem Referat S 2 der Landespolizeibehörde vorzuschlagen".

Am 19. April wies der Innenminister des Landes Sachsen-Anhalt die Verwaltungen der Landkreise und kreisfreien Städte an, den zu erwartenden Dessauer Prozeß in täglichen Belegschaftsversammlungen auszuwerten.

Während noch die Bühne des Dessauer Theaters für einen der größten Schauprozesse der Nachkriegszeit vorbereitet wurde, forderten die IG Banken und Versicherungen, 4000 Belegschaftsmitglieder der Stickstoffwerke Piesteritz und „Leserbriefe" in der Presse bereits die strengste Bestrafung der Konzernagenten.

In einer öffentlichen Ladung, am 21. April 1950 auf Ersuchen des Obersten Gerichts in allen Tageszeitungen der DDR veröffentlicht, wurde Friedrich Methfessel aufgefordert, zur Verhandlung zu erscheinen:

> „Berlin (ADN). Der 1. Strafsenat des Obersten Gerichts der Deutschen Demokratischen Republik teilt mit:
>
> Gegen den am 11. August 1893 in Freiburg im Breisgau geborenen Friedrich Methfessel, zuletzt wohnhaft in Dessau, Hardenbergstraße 40, ehemaliger Direktor der Deutschen Continentalen Gas-Gesellschaft in Dessau, zur Zeit flüchtig, steht Termin zur Hauptverhandlung vor dem Obersten Gericht der Republik am 24. April 1950 an.
>
> Er wird beschuldigt, in Dessau seit Dezember 1945 als von der Regierung der damaligen Provinz Sachsen in der DCGG in Dessau eingesetzter treuhänderischer Geschäftsführer in Sabotageabsicht die Durchführung der gemäß Befehl Nr. 124/45 der SMAD und der Verordnung der damaligen Provinzialverwaltung Sachsen vom 30. Juli 1946 erfolgten Beschlagnahme und Enteignung dieser Gesellschaft durchkreuzt und weitgehend vereitelt zu haben. (Verbrechen nach Befehl 160/45 SMAD).
>
> Er wird zur Verhandlung dieser Sache zu dem oben genannten Termin, vormittags 9 Uhr im Gebäude des Landgerichts Dessau, großer Sitzungssaal, geladen. Er wird darauf hingewiesen, daß die Hauptverhandlung auch bei seinem Ausbleiben stattfinden wird und daß das Urteil vollstreckbar ist."

Auf Seite 7 veröffentlichte das „Neue Deutschland" an diesem Tag außerdem einen Kommentar zum „Justizskandal" um das Schwarzmateriallager im Seifhennersdorfer Textilbetrieb Moritz. Die Richter in Bautzen hatten den inhaftierten Eigentümer wieder auf freien Fuß gesetzt, den Betrieb aber immer noch nicht als VEB ins Handelsregister eintragen lassen. „Solche Verhältnisse darf es bei uns nicht geben", wetterte der Kolumnist. „Wenn irgendwo in dem Justizapparat noch jemand sitzt, der den kleinen ‚Herwegen' noch Türen offen hält, während der Prozeß gegen ihre großen Komplizen schon vorbereitet wird, so müssen diese Menschen durch gute Arbeit der Verwaltungen gestellt und aus unseren Behörden entfernt werden – und es darf ihnen nicht erlaubt sein, Unsicherheit und Verwirrung zu stiften."

In der Nacht vom 21. zum 22. April wurden die Zellen in Gommern geöffnet. Die acht Gefangenen wurden in ihrer Zivilkleidung und in Handschellen nach 22.00 Uhr in dunklen Limousinen unter schärfster Bewachung zum Dessauer Justizgefängnis transportiert. Die Straßenkreuzungen waren abgesperrt, jede Ortsdurchfahrt von Polizeiposten gesichert. Weit nach Mitternacht bezogen die Häftlinge ihr neues Domizil im Dessauer Justizgefängnis, achtundvierzig Stunden vor Prozeßbeginn im Theater am Platz des Friedens.

Einen Tag darauf, am 23. April, wartete das ND nochmals mit einem Artikel zum Thema auf: „DESSAU – DER PROZESS GEGEN DIE HANDLANGER DER KRIEGSTREIBER VON HEUTE", Autor war Fritz Lange. Keinen Zweifel über die politischen Ziele des Prozesses ließ die mitteldeutsche Tageszeitung „Freiheit" am 24. April, die auf ihrer Titelseite textete:

> „... Der Prozeß reicht in seiner Bedeutung weit über die Grenzen des Landes Sachsen-Anhalt und der Deutschen Demokratischen Republik hinaus. Es ist der erste Prozeß auf deutschem Boden, der die hinterhältige und verbrecherische Tätigkeit der Agenten des amerikanischen Monopolkapitals in der Deutschen Demokratischen Republik ebenso vor der breitesten Öffentlichkeit entlarven wird, wie es zuvor schon durch Prozesse in den volksdemokratischen Ländern vor der Welt geschehen ist ...
>
> Die Prozesse gegen Rajk in Ungarn, gegen Kostoff in Bulgarien und weitere, gegen Spione des anglo-amerikanischen Imperialismus geführte Prozesse in den übrigen Volksdemokratien haben der Welt klar gezeigt, welcher Methoden sich die feindlichen Agenten bedienen, um den Staatsapparat der fortschrittlichen Länder zu zersetzen und den Kräften der Reaktion zum Siege zu verhelfen ..."

Blaßblauer Himmel spannte sich über der Stadt. Die Bäume am Theaterplatz hatten frisches Grün getrieben. Überall in den Grünanlagen und Gärten hatte der Frühling Einzug gehalten.

Stunden vor Prozeßbeginn war ein Polizeikordon um den Theaterbau gelegt worden. In den Seitenstraßen sammelten sich Menschengruppen. Arbeiterdelegationen wurden in Bussen und auf Lkw herangekarrt. An jedem Morgen waren es neue Gesichter. Das „handverlesene" Publikum wechselte täglich. Die Gültigkeit der Eintrittskarten war auf einen Tag begrenzt.

Auf der Freitreppe vor dem Theatereingang marschierte eine Abordnung der Freien Deutschen Jugend in Blauhemden auf und skandierte Sprechchöre. Sie forderte die strengste Bestrafung der Konzernverbrecher.

Richterwahl in der Volkskammer

Generalstaatsanwalt Dr. Ernst Melzheimer, Oberster Ankläger der DDR.

Berlin. – Die Abgeordneten der Provisorischen Volkskammer der Deutschen Demokratischen Republik verabschiedeten einstimmig das Gesetz über die Errichtung des Obersten Gerichts und der Obersten Staatsanwaltschaft. Zum Präsidenten des Obersten Gerichts wurde der bisherige Landgerichtsdirektor Kurt Schumann gewählt, zum Vizepräsidenten Frau Dr. Hilde Benjamin. Ebenfalls einstimmig wählten die Abgeordneten der Volkskammer Dr. Ernst Melzheimer zum Generalstaatsanwalt der DDR.

Vizepräsidentin des Obersten Gerichts, Frau Dr. Hilde Benjamin.

DER GENERALSTAATSANWALT
DER DEUTSCHEN DEMOKRATISCHEN REPUBLIK

Az.: 1 Gen Sta 1:50

Anklage

1. Dr.-Ing. Leo H e r w e g e n , ehem. Minister für Arbeit und
Sozialwesen des Landes Sachsen-Anhalt,

2. Prof. Dr. jur. Willi B r u n d e r t , ehem. Ministerialdirektor im Ministerium für Wirtschaft und Verkehr des
Landes Sachsen-Anhalt,

3. Friedrich M a t h f e s s e l , ehem. Direktor der Deutschen
Continental-Gas-Gesellschaft in Dessau, zur Zeit flüchtig,

4. Dipl.-Ing. Hermann M ü l l e r , ehem. Direktor der Deutschen
Continental-Gas-Gesellschaft in Dessau,

5. Dr. jur. Leopold K a a t z , ehem. Direktor der Dessauer
Zuckerraffinerie in Dessau und Präsident der Industrie- und
Handelskammer in Dessau,

6. Ernst S i m o n , ehem. Landgerichtsdirektor in Dessau und
später juristischer Hilfsarbeiter der Deutschen Continental-
Gas-Gesellschaft in Dessau,

7. Paul H e i l , ehem. Rechtsanwalt und Notar,

8. Ernst P a u l i , ehem. Wirtschaftsbeauftragter beim Oberbürgermeister der Stadt Dessau und gleichzeitig Leiter der
Abteilung Industrie bei der Industrie- und Handelskammer
in Dessau,

9. Heinrich S c h a r f , wohnhaft in Halle (Saale), Universitäts-
ring 6, ehem. Mitglied des Direktoriums der Landeskreditbank Sachsen-Anhalt

w e r d e n a n g e k l a g t ,

in der Zeit seit Dezember 1945, fortgesetzt als Täter handelnd,
in Sabotageabsicht die wirtschaftlichen Maßnahmen der deutschen
Selbstverwaltungsorgane durchkreuzt zu haben, wodurch dem
wirtschaftlichen Wiederaufbau Deutschlands und dem Vermögen
des deutschen Volkes schwerster Schaden entstanden ist.

(Befehl Nr. 160 des Chefs der Sowjetischen Militäradministration
und Obersten Befehlshaber in der sowjetischen Besatzungszone
Deutschlands vom 3. Dezember 1945.)

Der Theatersaal war hellerleuchtet. Über der Bühne prangte ein
Transparent. „DIE STAATSGEWALT IN DER DEUTSCHEN
DEMOKRATISCHEN REPUBLIK DIENT DEM VOLKE." Für
den Gerichtshof war ein mit rotem Samt bedecktes, hufeisenförmi-
ges Podium vorbereitet. Auf die Bühnenmitte warfen zusätzliche
Scheinwerfer ihre Lichtkegel. Ein Kameramann des DEFA-Au-
genzeugen postierte sein Stativ auf einem hölzernen Seitenpodest,
das für die Wochenschaufilmer zurechtgezimmert worden war. Es

versteht sich, daß die vordersten Reihen im Zuschauerraum für die Politprominenz aus Stadt und Land reserviert waren. Dazwischen die unvermeidlichen Sicherheitsbeamten im unauffälligen Zivil. Fritz Lange hatte sich mit seinem Vertreter Toni Ruh in die Intendantenloge zurückgezogen. Hinter der Bühne, gewissermaßen in Reichweite der Anklagebehörde, hockte Roebsteck. Er nahm deren Regieanweisungen entgegen und organisierte die Weitergabe per Zettelpost.

Organisationsbüro
Herwegen - Brundert -
Prozeß

Dessau, _____ April 1950

AUSWEIS   N⁰   0240

für _____

Nr. des Personal-Ausweises _____

zur Teilnahme am Prozeß Herwegen-Brundert

am _____ April 1950.

Nur für den Tag der
Ausstellung gültig.
Nicht übertragbar.

Organisations-Büro

DV., Dessau. — Pr. 4690 25 4 50 2000

An den Pressetischen drängten sich die Vertreter der inländischen Zeitungen neben den Korrespondenten der Nachrichtenagenturen Reuter, AP, UP, DPA und des „Nye Dag". Der Berliner Rundfunk, der allabendlich in Sondersendungen vom Prozeßverlauf berichtete, hatte einen damals noch unbekannten Reporter entsandt. Sein Name wurde seinerzeit nicht genannt, doch die archivierten Tonkonserven weisen ihn als den Mann aus, der später zum Chef der Anti-BRD-Propaganda im Fernsehen der DDR aufstieg.

Zehn Minuten vor neun Uhr. Der Saal war bis auf den letzten Platz gefüllt. Als die acht Angeklagten, von je einem Wachmann begleitet, hereingeführt wurden, tauchten sie ein in das Blitzlichtgewitter der Fotografen. Die Kamera der Wochenschau begann mit einem Totalschwenk, erfaßte die Bühnenaufbauten und blickte in die

Gesichter der Angeklagten. Der Mann am Mikro des Berliner Rundfunks eröffnete die Originalreportage mit einer Milieuschilderung.

Zwei Minuten vor neun nahm die Anklagevertretung, Generalstaatsanwalt Dr. Ernst Melzheimer, sekundiert von Staatsanwalt Dr. Cohn, der sich schon im Glauchau-Meerane-Prozeß bewährt hatte, Platz.

Das hohe Gericht erschien pünktlich. Es war mit Hilde Benjamin, der Vizepräsidentin am Obersten Gericht der DDR, und den Beisitzern Dr. Rothschild und Richter Trapp besetzt.

Hilde Benjamin erklärte die Verhandlung vor dem 1. Strafsenat des Obersten Gerichtes der Deutschen Demokratischen Republik für eröffnet. Die neun Angeklagten (also auch der abwesende Friedrich Methfessel) wurden der Form nach durch die Rechtsanwälte Jäckel, Dr. Bühling, Kästner, Dr. Miehe, Dr. Pein, Kretschmar, Jaeger, Dr. Bundschuh und Frau Genz vertreten.

Nach dem Aufruf der Angeklagten erhielt der Generalstaatsanwalt das Wort. Dr. Melzheimer erhob sich. Im Saal herrschte vollkommene Stille, als er den Männern auf der Anklagebank vorwarf, „in der Zeit seit Dezember 1945, fortgesetzt als Täter handelnd, in Sabotageabsicht die wirtschaftlichen Maßnahmen der deutschen Selbstverwaltungsorgane durchkreuzt zu haben, wodurch dem wirtschaftlichen Wiederaufbau Deutschlands und dem Vermögen des deutschen Volkes schwerster Schaden entstanden ist".

Er fuhr fort: „Strafbar nach Befehl 160 des Chefs der Sowjetischen Militäradministration und Obersten Befehlshabers in der sowjetischen Besatzungszone Deutschlands vom 3. Dezember 1945."

Die dreistündige Anklagerede endete mit den Worten:

„Die Angeschuldigten haben ungeheure Verbrechen gegen unsere Demokratie, gegen unseren wirtschaftlichen Aufbau und dadurch gegen den Frieden des deutschen Volkes und der Welt begangen und schwerste Schuld auf sich geladen. ... Während seit Jahren die Massen unseres werktätigen Volkes Tag für Tag in zäher und erfolgreicher Arbeit am Wiederaufbau unseres Vaterlandes und an der Wiedergeburt unseres Staates auf friedlicher und demokratischer Grundlage unermüdlich schaffen, sind ihnen diese Angeschuldigten in verräterischer und heimtückischer Weise in den Rücken gefallen ... Die Angeschuldigten ..., die im Solde einer zwar kleinen, doch einflußreichen Clique von deutschen imperialistischen Kriegshetzern und ihrer angloamerikanischen Hintermänner stehen, müssen für ihre schändlichen Verbrechen die ganze Härte unserer demokratischen Gesetzlichkeit spüren. Sie müssen schwerstens bestraft werden."

Am Nachmittag trat das Gericht in die Beweisaufnahme ein. Dr. Herwegen wurde als erster vernommen. Die Anklage warf dem Mitbegründer und Landesvorsitzenden der CDU in Sachsen-Anhalt seine konzernfreundliche Haltung vor.

Diese Einstellung wäre unter dem Druck einer gewissen Rechtsströmung in seiner Partei entstanden, verteidigte sich Herwegen. Einige dieser Mitglieder seien inzwischen in den Westen geflüchtet.

Hilde Benjamin fragte scharf: „Wollen Sie damit vielleicht sagen, daß Ihre Partei gegen die fortschrittlichen Maßnahmen eingestellt war?"

„Nein, die Partei nicht! Aber sehr viele führende Funktionäre."

„Worin bestand Ihre Parteidisziplin? Indem Sie diesen führenden Männern oder dem Programm Ihrer Partei treu blieben?"

„Man versucht zu lavieren. Ich konnte doch nicht gegen den Strom schwimmen."

Der Generalstaatsanwalt erkannte seine Chance. „Wohin ging der große Strom?" rief er.

Herwegen antwortete ausweichend.

Melzheimer wiederholte seine Frage: „Ich möchte wissen, wohin der Zug Ihrer Partei ging?"

Herwegen: „Er ging dahin, wohin sie alle wollten."

Nun wieder die Benjamin, schon ungeduldig: „Wo wollten Sie hin?"

„Nach dem Osten."

„Gegen den Marshall-Plan? Gegen die Konzerne?"

„Jawohl."

Die Vorsitzende blätterte in ihrem Aktenberg. „Ich möchte Ihnen in diesem Zusammenhang vorhalten, was Sie am 17. Dezember 1949 in der Voruntersuchung ausgesagt haben." Sie zitierte: „Obwohl ich Zeit meines Lebens bemüht war, dem Fortschritt zu dienen, und obwohl mir das Wesen der Conti bekannt war, habe ich all diese Dinge nicht verhindert, da ich sie auf Grund meines persönlichen Werdeganges nicht als strafbare Handlungen erkannt habe. Durch meine fast dreißigjährige Tätigkeit bei den Konzernen war es mir klar, daß ich in erster Linie die Interessen wahrzunehmen hatte." Hilde Benjamin sah auf, bevor sie mit schriller Stimme, so als hätte sie einen überaus wichtigen Beweis entdeckt, ausrief: „Also doch für den Marshall-Plan, für die Konzerne!"

Erwartungsgemäß wurden in der Vernehmung Professor Dr. Brunderts zwei Akzente gesetzt: seine Agententätigkeit, die aus der Gefangenschaft in Wilton-Park abgeleitet wurde, und die verzögerte Löschung der DCGG im Handelsregister.

Zunächst vergewisserte sich Frau Benjamin: „Es gab außer Kepler noch andere Lehrer in Wilton-Park, die mit Doppelnamen lebten. Kannten Sie einen Mister Holt?"

„Jawohl", antwortete Brundert. „Aber nur flüchtig."

„Als was trat er auf?"

„Mister Holt war, als ich nach Wilton-Park kam, wie Borinski Lehrgangsleiter und ist dann im April nach Deutschland zurückgegangen."

„Auch als Mister Holt?"

„Nein. Unter seinem früheren Namen ‚von Knörrigen'."

„Waldemar von Knoeringen, jetzt Vorsitzender der SPD in Bayern", trompetete die Benjamin ins Tischmikrofon. „Kannten Sie Herrn Schöttle?"

„Herr Schöttle hat in Wilton-Park einen Vortrag gehalten. Ich habe ihn persönlich nicht kennengelernt."

Wenngleich Schöttle nicht das Geringste mit dem Dessauer Prozeß zu tun hatte, bohrte die Vizepräsidentin des Obersten Gerichtes unbeirrt weiter: „Er hat also auch als Beauftragter dieser Spionagearbeit Vorträge gehalten. Was ist Herr Schöttle heute?"

„Das weiß ich nicht."

„Führender Sozialdemokrat in Stuttgart!" Lebhafte Bewegung im Saal. „Angeklagter Brundert", setzte die Vorsitzende die Vernehmung fort, „war Ihnen bekannt, daß die für die Schulungslager verantwortliche PID eine Spionageabteilung war?"

„Nein."

„Ist Ihnen das wenigstens heute bewußt?"

Brundert zuckte die Achseln. „Jetzt wäre es billig, auch in Hinsicht auf meine Verteidigung, das einfach zuzugeben."

Der Prozeßberichterstatter des ND drahtete am Abend an seine Redaktion: „BRUNDERT – EIN IN ENGLAND AUSGEBILDETER AGENT".

Die „Freiheit" wartete am 26. April mit der Schlagzeile auf: „WILTON-PARK-SCHÜLER BRUNDERT ALS AGENT ENT-LARVT!"

Als die verzögerte Löschung der Conti am Mittwoch zur Debatte stand, wurde Brundert gefragt: „Sie hielten es also nicht für nötig, die Tatsache, daß die Conti endlich enteignet war, dem Handelsregister mitzuteilen und die Löschung der Conti herbeizuführen. Wollen Sie uns erklären, warum Sie das unterlassen haben?"

Brundert: „Ich habe schon im Vorverfahren gesagt, daß ich in der Folgezeit die Aufsichtspflicht nicht in dem Maße ausgeübt habe, wie sie ausgeübt werden mußte."

Hilde Benjamin daraufhin spitz: „Zehn Monate tun Sie nichts, und dann tun Sie merkwürdigerweise gleich zweierlei. Dann schreiben Sie statt eines Briefes gleich zwei. Dann schreiben Sie nicht nur an das Amtsgericht Dessau, daß man im Handelsregister die DCGG löschen soll, sondern dann schreiben Sie am gleichen Tag – vielleicht auch noch etwas eher – an den Vorstand der früheren Deutschen Continental-Gesellschaft. Das, was seit zehn Monaten fällig war, das kündigen Sie denen, die diese zehn Monate zu den unsaubersten Geschäften ausgenutzt haben, auch noch an. Wissen Sie, woran mich das erinnert, Angeklagter Brundert?" Pause. „Das erinnert mich an den Mann, der Schmiere steht und pfeift!"

Hermann Müller wurde aufgerufen. Anstelle des geflüchteten Methfessel lastete man dem Diplom-Ingenieur nun die Hauptverantwortung an. Müller verteidigte sich unbeholfen. Sie hatten ihm den Schneid abgekauft.

Als die Vorsitzende ihn mit der Frage „Also haben Sie die Einsprüche zugunsten der Aktionäre eingelegt?" in die Falle lockte,

gab Müller treuherzig zur Antwort: „Ich glaubte eben, daß man solche entschädigungslosen Enteignungen nicht machen sollte."

„Warum nicht?"

„Weil bei uns doch auch viele Kleinaktionäre waren. Kleine Privatsparer, die ihre Ersparnisse in Aktien angelegt hatten."

Ein Wink von Fritz Lange an die Techniker hinter der Bühne. Augenblicklich leuchteten an der Schautafel die Namen „Deutsche Bank" und „Dresdner Bank" als Hauptaktionäre auf. Die Show-Einlage verfehlte ihre Wirkung beim Publikum nicht.

Zu den makabren Regieeinfällen des allmächtigen ZKSK-Vorsitzenden zählte auch der tägliche An- und Abtransport der Angeklagten. Obwohl diese – bis auf Brundert – schon im sechsten Lebensjahrzehnt standen, wurden die Herren demonstrativ gefesselt. Den kurzen Weg von der Dessauer Justizhaftanstalt bis zum Verhandlungsort legten sie, zwischen zwei Wachtmeister geklemmt, auf dem Rücksitz dunkler Polizeilimousinen zurück, deren Heckscheiben mit weißer Farbe zugepinselt waren.

Am dritten Verhandlungstag wurde Dr. Leopold Kaatz vom Gericht gehört. Zwei Drittel seiner Vernehmungszeit waren den Vorgängen um den Tod der zwangsverpflichteten Ostarbeiter in der Zuckerraffinerie gewidmet. Auffallend gründlich walzten Ankläger und Vorsitzende die Geschehnisse des Jahres 1944 aus.

Kaatz' mehrfacher Hinweis, daß der tragische Tod nichts mit der Werkleitung zu tun hatte, sondern in der Verantwortung der SS und der Gestapo gelegen habe, interessierte Frau Benjamin wenig. Herr Kaatz, so verkündete sie düster, werde sich für dieses Verbrechen noch in einem anderen Prozeß zu verantworten haben. Dann kehrte sie zum Gegenstand des Conti-Verfahrens zurück.

Auf den Vorhalt, die Zustimmung zur Bildung des Konzernablegers in Hagen/Westfalen erteilt zu haben, erklärte Kaatz: „Das ist richtig. Aber ich bestreite ganz entschieden, daß die Gründung in Hagen zur Vermögensverschiebung geschah!"

„Hätten die Anteile der West-Conti nicht durch notariellen Vertrag auf die Regierung des Landes Sachsen-Anhalt übertragen werden müssen?"

„Das ist möglich. Es einzuleiten war aber nicht meine Aufgabe, sondern Methfessels."

Kaatz durfte seinen Platz auf der Anklagebank wieder einnehmen.

Ernst Simon wurde aufgerufen. Fünfundzwanzig Jahre hindurch sei dieser Mann als Richter und Landgerichtsdirektor tätig gewesen, erläuterte die Vorsitzende für Presse und Publikum. Er habe auch Urteile über „Rassenschande" gesprochen, wobei er sich auf die „Nürnberger Gesetze" berief. Simon war ein Richter, der wußte, was sich im Dritten Reich gehörte.

Die Handelsregisterauszüge kamen zur Sprache.

„Woher kannten Sie den Justizangestellten Schmidt? Noch von früher, aus Ihrer Tätigkeit als Richter am Amtsgericht? – Aha. Und da wandten Sie sich privatim an Herrn Schmidt. Was sagten Sie ihm?"

Simon: „Ich habe gesagt, ich will noch heute Handelsregisterauszüge. Sonst dauert das natürlich sehr lange."

Benjamin: „Wie lange dauert das beim Amtsgericht Dessau?"

Simon: „Ein paar Wochen."

Benjamin: „Und jetzt haben Sie Ihre alten Beziehungen zum Justizangestellten Schmidt ausgenutzt, und er hat innerhalb von zwei Stunden ...? Wieviel Handelsregisterauszüge brachte er?"

Simon: „Es waren eine ganze Menge."

Benjamin: „Die hat er aus purer Freundschaft zu Ihnen gebracht?"

Simon: „Weil er mich kannte."

Benjamin: „Diese Handelsregisterauszüge sind nach dem Westen gegangen! Damit nämlich Herr Darge in Frankfurt für seine

Geschäfte sagen konnte: Die Conti ist noch im Handelsregister eingetragen, und ich bin Vorstandsmitglied. Das war Ihnen klar?"

Simon: „Jawohl."

Frau Benjamin hob zürnend die Stimme: „Das war Ihnen doch klar, wozu sie benutzt werden sollten?"

Simon nickte gehorsam. „Jawohl."

Zu einem Glanzstück der „Beweisaufnahme" gestaltete das Gericht die Vernehmung des Angeklagten Pauli. Seine tatsächliche Verstrickung in die DCGG-Affäre bestand darin, daß er am 12. August 1946 eine Bescheinigung für den Conti-Vorstand ausgestellt hatte, die besagte, daß die DCGG nicht unter Sequester gestellt sei. Obwohl der formale Enteignungsbescheid der Landesregierung tatsächlich erst am 25. Februar 1947 zugestellt worden war, folgerte das hohe Gericht: „In voller Erkenntnis der Rechtswidrigkeit seiner Handlung und in böswilliger Absicht stellte Pauli diese falsche Bescheinigung aus, durch die die Saboteure der DCGG die Grundlage für ihre Verbrechen erhielten."

Der ehemalige Fliegeroffizier Pauli war 1947 in die LDP eingetreten. Ein „besonderes Zeugnis seiner Verkommenheit" stellte nach Ansicht des Gerichtes seine Tätigkeit während des Krieges als Einkäufer für Edelmetalle dar, welche die Rüstungswirtschaft dringend benötigte.

„Ich bitte, ihm auch seine privaten Räubereien in den besetzten Gebieten vorzuhalten", rief der Generalstaatsanwalt aus. „Sie haben doch nicht nur für das Luftfahrtministerium eingekauft, Angeklagter! Sie haben doch auch für sich einiges besorgt."

Pauli daraufhin: „Jawohl, das habe ich getan, wie es in der Anklageschrift heißt. Aber ich habe doch nicht so viel gekauft, wie es dort angegeben wird. Im Januar 1941 habe ich für meine Frau einen ganz einfachen Pelzmantel gekauft für zweitausend Francs, gegenwärtig sind das einhundert Mark."

Frau Benjamin erkundigte sich: „Die haben Sie dafür bezahlt?"

„Nun, ich habe ihn ja im Laden gekauft. Ich habe weiter ein Rundfunkgerät gekauft, ein deutsches Gerät, welches lediglich in Frankreich mit einem Holzgehäuse versehen war. Ich habe – wie üblich ..."

Die Vorsitzende mit Blick zur Pressebank: „Wie üblich ...!"

Pauli fuhr fort: „... Lebensmittel gekauft und sie nach Hause geschickt. Als es mir finanziell etwas besser ging, kaufte ich meistenteils in Spanien ein, denn in Frankreich war nichts mehr zu holen. Die Qualität war nicht gut, und die Preise waren sehr hoch."

In den Reihen des Publikums kam Unwillen auf. Im Bericht über diesen Verhandlungstag, den das „Organisationsbüro Herwegen-Brundert-Prozeß" täglich den Mitarbeitern des Amtes für Informationen zustellte, nahmen sich Paulis Aussagen folgendermaßen aus:

Information Nr. 4

Vierter Tag
des Prozesses gegen Herwegen und seine Komplicen

27. April 1950

Die Verhandlung am Donnerstag wurde durch die Abgabe einer Erklärung durch das Oberste Gericht eröffnet, die folgenden Inhalt hat:

„Der Angeklagte P a u l i hat vor dem Obersten Gericht der Deutschen Demokratischen Republik in einer schamlos-zynischen Art zum Ausdruck gebracht, daß er seine Einkäufe, die nur seiner persönlichen Bereicherung dienen konnten, in Franco-Spanien getätigt hat, „weil in Frankreich nichts mehr zu holen war"

Das Oberste Gericht der Deutschen Demokratischen Republik bedauert, daß dieser Angeklagte, nachdem er bereits zugegeben hat, an der Ausraubung Frankreichs aktiv teilgenommen zu haben, einer derartigen nachträglichen Verhöhnung des damals vom deutschen Faschismus gequälten französischen Volkes Ausdruck verliehen hat.

Das Oberste Gericht bittet den anwesenden Vertreter der französischen Presseagentur, dieses Bedauern dem französischen Volke vermitteln zu wollen."

Der Generalstaatsanwalt schloß sich dieser Erklärung an, und als Senior der Verteidiger nahm Dr. Dr. Bund-

aber trotzdem geglaubt habe, daß Methfessel volle Verfügungsgewalt über das Vermögen der Conti hatte.

Heil hat dann wesentlich zur Verschiebung der DCGG-Aktien nach dem Westen beigetragen, indem er sie, teils in einem Safe, zu dem er selbst keinen Schlüssel hatte, teils in seinem Kleiderschrank in „Verwahrung" nahm und den rechtsgültigen Hinterlegungsschein ausstellte. Diese Hinterlegungsscheine sollten, wie ihm bekannt war, nach dem Westen gebracht werden und stellten überhaupt das ausschlaggebende Mittel zur Verschiebung der Aktien dar, deren vollen Wert sie repräsentieren. Heil hat diese Hinterlegungsscheine, deren einer über Aktien im Gesamtwerte von ca. 9 Millionen Mark lautete, auf die DCGG ausgeschrieben, statt auf das Land Sachsen-Anhalt, obgleich er genau wußte, daß die Aktien dem Lande gehörten. Für das weitere Schicksal der Aktien und der Hinterlegungsscheine hat Heil sich nicht interessiert und von den Schiebungen nichts gewußt haben.

Seine Versuche, den Ahnungslosen zu spielen, waren so plump, seine Antworten so töricht widerspruchsvoll, daß sie bei den Zuhörern wiederholt Unruhe hervorriefen. Die Präsidentin bemerkte daher: „Die westlichen Zeitungen haben gestern behauptet, der Prozeß sei ein

„Der Angeklagte Pauli hat vor dem Obersten Gericht der Deutschen Demokratischen Republik in einer schamlos-zynischen Art zum Ausdruck gebracht, daß er seine Einkäufe, die nur seiner persönlichen Bereicherung dienen konnten, in Franco-Spanien getätigt hat, weil ‚in Frankreich nichts mehr zu holen war'.
Das Oberste Gericht der Deutschen Demokratischen Republik bedauert, daß dieser Angeklagte, nachdem er bereits zugegeben hat, an der Ausraubung Frankreichs aktiv teilge-

nommen zu haben, einer derartigen nachträglichen Verhöhnung des damals vom deutschen Faschismus gequälten französischen Volkes Ausdruck verliehen wurde.

Das Oberste Gericht bittet den anwesenden Vertreter der französischen Presseagentur, dieses Bedauern dem französischen Volk vermitteln zu wollen."

Am vierten Verhandlungstag gerieten Heil und Scharf ins Kreuzverhör. Heil verstrickte sich mit seinen Aussagen zum Aufbewahrungsort der Aktien und Hinterlegungsscheine in Widersprüche. Frau Benjamin brillierte mit beißendem Sarkasmus: „Die westlichen Zeitungen haben gestern behauptet, der Prozeß sei ein Mittel der SED, die deutsche Intelligenz zu vernichten. Ich weiß nicht, ob man Sie damit gemeint hat."

Scharf, der, wie die Zeitungen schrieben, „ohne Schärfe vernommen wurde", war in allen Anklagepunkten geständig. Von der Vorsitzenden wurde er gefragt: „Sie hatten bei Ihrer Verhaftung Gift eingesteckt?"

„Ja, es war Zyankali."

„Sind bei Ihnen später nochmal Tabletten oder Drogen oder dergleichen gefunden worden?"

Scharfs Gesicht wirkte leer. „Nicht in Gommern, aber hier in Dessau, ohne meine Schuld."

Mit deutlichem Seitenhieb auf diverse Pressekommentare sagte Frau Benjamin: „Es ist hier wiederholt behauptet worden, daß den Angeklagten von irgendwelchen deutschen Stellen oder von der Besatzungsmacht Drogen eingeführt würden. Ich möchte nun gerade von Ihnen hören, daß bei Ihnen Drogen aus Ihrem Privatbesitz gefunden wurden und daß man sie Ihnen abnahm."

„Jawohl."

„Hatten Sie die Möglichkeit, sich zusätzlich Lebensmittel zu kaufen?"

„Alle Angeklagten konnten bei der HO einkaufen, und dabei war das Essen gleichmäßig gut gekocht." In vorauseilendem Gehorsam erklärte Scharf: „Ich freue mich direkt, wenn ich hier die Gelegenheit habe, zu bestätigen, in wie vorbildlicher und humaner Form wir behandelt wurden."

Frau Bejamin nickte zufrieden. „Ihre körperliche Betreuung haben wir jetzt klargestellt. Konnten Sie Bücher oder so etwas haben?"

Bravourös sagte der Angeklagte sein Sprüchlein auf: „Jawohl, ich habe Bücher haben können. Ich durfte sogar – und das war eine ganz entscheidende Entlastung – eine Ausarbeitung über kreditgeschäftliche Erfahrungen machen. Das war für mich seelisch eine so enorme Entspannung, daß ich Herrn Generalstaatsanwalt meinen Dank abzustatten bei der ersten Gelegenheit wahrnehmen werde."

Der Kredit, den die Vernehmer der Lange-Kommission dem Bankdirektor bei der Festnahme eingeräumt hatten, wurde gewissenhaft eingelöst.

Den Abschluß der Beweisaufnahme bildete der mehrstündige Vortrag des Industrie-Ministers Fritz Selbmann, der vom 1. Strafsenat als Gutachter bestellt war.

Selbmann vertrat den Standpunkt, die Regierung des Landes Sachsen-Anhalt habe durch den Aufbewahrungsort der Wertpapiere in Dessau einen Rechtsanspruch auf das gesamtdeutsche Vermögen der DCGG erworben.

Der Befehl Nr. 124, auf den sich die Sequestrierung in der sowjetischen Besatzungszone stützte, legte in der dazu erlassenen Instruktion fest, was unter dem Begriff des Vermögens zu verstehen sei, nämlich alle Immobilien, beliebige Dokumente, die ein Eigentumsrecht oder Forderungen auf Vermögen beweisen, und Papiere (Aktien, Obligationen, Kupons, Zertifikate). Daraus leite sich ab, daß im Falle der DCGG das gesamte Vermögen unter die Beschlagnahme nach Befehl 124 fiel, weil sich sämtliche Vermögenswerte in natura oder dokumentiert durch Wertpapiere p.p. in Dessau befanden.

Der Befehl Nr. 154 bestimmte in der Folge, daß das sequestrierte und konfiszierte Vermögen entschädigungslos in den Besitz und in die Verfügung der deutschen Provinzen und Bundesländer nach dem Aufenthaltsort dieses Eigentums zu übergeben war.

Der Sachverständige führte aus: „Ich habe bereits dargelegt, daß alle Besatzungsmächte verpflichtet waren, Gesetzesvorschriften eines Zonenbefehlshabers in einer Angelegenheit, die Deutschland als Ganzes betraf, zu respektieren. Kein deutscher Bürger und vor allem kein deutscher Staatsangestellter oder Verwaltungsangestellter durfte darauf spekulieren, daß die westlichen Besatzungsmächte das Potsdamer Abkommen verletzten."

Selbmann schätzte das Gesamtvermögen der DCGG mit Stichtag 1. Juli 1945 auf 151 Millionen Reichsmark. Von diesen Vermögenswerten seien nachweislich nur 53 Millionen Reichsmark in das Volkseigentum überführt worden. Die Differenz ergäbe den Schaden, den die Angeklagten zu vertreten hätten.

Das Gericht dankte dem Sachverständigen. Selbmann verließ den Zeugenstand.

Unvermittelt sprang Dr. Melzheimer auf. Er erklärte, daß die Anklagevertretung auf die Einvernahme weiterer Zeugen und eines weiteren Sachverständigen verzichte und beantragte den Abschluß der Beweisaufnahme. „Die Anklage beruht auf reichhaltigem Urkundenmaterial, so daß jede Feststellung der Anklagebehörde hinreichend untermauert ist."

Die Gründe dafür, daß auf die Aussagen weiterer sechs bereitgehaltener Zeugen aus Dessau, Halle und Berlin sowie eines hohen Funktionärs der Finanzverwaltung verzichtet wurde, sind nicht bekannt. Vielleicht wollte Melzheimer die eindeutigen Ergebnisse nicht durch eventuelle Unzuverlässigkeit dieser Zeugen gefährden? Die Beweisaufnahme wurde antragsgemäß abgeschlossen.

Der Vormittag des fünften Verhandlungstages im Herwegen-Brundert-Prozeß stand im Zeichen der Anklagevertretung. Dr. Ernst Melzheimer trat ans Mikrofon, um sein Plädoyer zu halten. Der „braune Bomber", wie ihn die Kollegen in der NS-Zeit scherzhaft nannten, sprach mit kraftvollem Pathos. Seine Stimme bebte, wenn er vom friedlichen Aufbauwerk in der DDR sprach, von der großherzigen Freundestat der UdSSR, die zahlreiche beschlagnahmte Konzernbetriebe an das deutsche Volk übergeben hatte, von der mangelhaften Wachsamkeit der Werktätigen, die die Verbrechen der Angeklagten überhaupt erst ermöglicht hätte. In höchsten Tönen lobte er: „Der Ministerrat der Deutschen Demokratischen Republik hat Folgerungen aus dem Gebot der Wachsamkeit gezogen. Sie hat das Ministerium für Staatssicherheit errichtet, das von allen guten Deutschen herzlich begrüßt wird."

Melzheimers Entrüstung steigerte sich, als er die Angeklagten charakterisierte: „Herwegen erlebt den Untergang seiner Klasse mit. Er geht seiner Privilegien verlustig. Er ist der typische Verbrecher!" Brundert deklassierte er als „arroganten Karrierist, als typischen Agent".

Melzheimer hob den Arm und deutete theatralisch auf Pauli. „Und da ist der Angeklagte Pauli, das übelste Subjekt, das mir unter die Hände gekommen ist!" Ruckartig drehte Melzheimer sich um. „Müller!" rief er aus. „Welche Schande für Sie, auf einer Anklagebank zu sitzen mit einem Pauli! – Scharf, sehen Sie die Schande, mit einem Brundert auf der Anklagebank zu sitzen!"

Verbalinjurien auch für Dr. Leopold Kaatz, für Ernst Simon und für den Notar Dr. Paul Heil.

Derartige Beschimpfungen waren schon von Wyschinskis Auftritten in Moskau bekannt und glichen sich auffallend in allen Anklagereden vergleichbarer Prozesse: „Bei lebendigem Leibe verfaulte Nichtswürdige, die den letzten Rest nicht nur der Ehre, sondern auch des Verstands verloren haben, niederträchtige, verkommene Leute, die gegen den Sowjetstaat zu ziehen versuchten, abscheuliche Politiker, kleine politische Falschspieler und Banditen!"*

Und ein anderer, ebenso eifernder Ankläger:

„Der gemeinsame Charakterzug der Angeklagten ist der, daß es sich um einen Auswurf, um Elemente der Gesellschaft handelt, die ... infolge ihres feigen und rückgratlosen Charakters, ihres wurzellosen Wesens zu Verrätern wurden."**

Zurück in den Dessauer Gerichtssaal.

Ernst Melzheimer resümierte: „Es geht nicht nur um die Millionen, die nach dem Westen verschoben sind, es geht darum, daß die Kriegsverbrecher in Westdeutschland und in der ganzen Welt Morgenluft wittern. Es geht um den Wiederaufbau der alten Konzerne in dem von uns losgerissenen Teil unseres Vaterlandes unter dem Protektorat des anglo-amerikanischen Finanzkapitals!"

Dann beantragte er Zuchthausstrafen zwischen zwei und fünfzehn Jahren.

Die Plädoyers der Verteidiger hingegen fielen eher dürftig aus. Obwohl die ostdeutsche Presse lobte: „VERTEIDIGUNG AUF ÜBERDURCHSCHNITTLICHEM NIVEAU", stand jedem der neun Verteidiger nur eine Redezeit von maximal fünfundvierzig Minuten zu. Was die Verteidigung vorzutragen hatte, war ohne Höhepunkte. Der Verteidiger des Hauptangeklagten Herwegen brauchte nicht einmal zwanzig Minuten, um für seinen Mandanten Nachsicht zu erbitten.

Das Gericht zog sich zur Beratung zurück. Das Urteil wurde für Sonnabend, den 29. April, erwartet.

---

* Plädoyer Wyschinskis in der Strafsache des trotzkistischen Zentrums vor dem Obersten Gerichtshof der UdSSR im Januar 1937.
** Ankläger Dr. Alapi 1947 im Budapester Prozeß gegen Laszlo Rajk.

Noch einmal war der Saal bis zum Bersten gefüllt. Unruhe verbreitete sich in den Reihen des Publikums, übertrug sich auf die Angeklagten. Auf dem Platz vor dem Theater hatte das Organisationsbüro Tonsäulen aufstellen lassen. Die Urteilsverkündung konnte von den Passanten auf der Straße live verfolgt werden.

Das hohe Gericht erschien. Die Anwesenden erhoben sich von den Plätzen. Nachdem die Anwesenheit der Angeklagten und ihrer Verteidiger festgestellt war, verkündete die Vorsitzende, Frau Hilde Benjamin:

> „Im Namen des Volkes:
> Die Angeklagten werden wegen Verbrechen gegen den Befehl Nr. 160 der SMAD vom 3. Dezember 1945 verurteilt und zwar
> der Angeklagte Herwegen zu fünfzehn Jahren Zuchthaus,
> der Angeklagte Brundert zu fünfzehn Jahren Zuchthaus,
> der Angeklagte Methfessel zu fünfzehn Jahren Zuchthaus,
> der Angeklagte Müller zu zwölf Jahren Zuchthaus,
> der Angeklagte Kaatz zu zwölf Jahren Zuchthaus,
> der Angeklagte Simon zu vier Jahren Zuchthaus,
> der Angeklagte Heil zu acht Jahren Zuchthaus,
> der Angeklagte Pauli zu sieben Jahren Zuchthaus,
> der Angeklagte Scharf zu zwei Jahren Zuchthaus; ihm wird die seit dem 28. Oktober 1949 erlittene Untersuchungshaft in vollem Umfang auf die erkannte Strafe angerechnet.
> Die Angeklagten haben die Kosten des Verfahrens zu tragen.
> Berufung gegen dieses Urteil ist ausgeschlossen."

In der abschließenden Urteilsbegründung führte die Benjamin aus: „Es war ein Rütteln an den Grundpfeilern, die zum Aufbau unserer demokratischen Republik geführt haben, und damit war es ein Rütteln an den Grundlagen eines einheitlichen demokratischen Deutschland überhaupt."

Über die Reaktionen der Angeklagten wird Unterschiedliches berichtet. Herwegen nahm das Urteil mit verschränkten Armen entgegen. Müller und Pauli mit gesenkten Köpfen. Über Brunderts Gesicht stahl sich sogar ein ironisches Lächeln. Das Schmettern von Fanfaren und Landsknechtstrommeln war gedämpft an sein Ohr gedrungen. Irgendwo draußen, vor dem Theater, marschierte ein Musikkorps auf, das für den Aufzug zum 1. Mai probte.

Hilde Benjamin erklärte die Verhandlung für geschlossen.

Die Verurteilten wurden zu ihren Transportfahrzeugen gebracht. Der Weg führte nun zurück in die Abgeschiedenheit der dunklen Zellen. Ein Tag, zwei Tage, zehn Monate, Jahre um Jahre würden vergehen. Aufstehen, Zelle reinigen, Rapport, Essenausgabe, Schlafengehen und die langen endlosen Nächte. Später vielleicht, gewissermaßen als Vergünstigung, die Verlegung in ein Arbeitskommando.

Die Menschenansammlung auf dem Platz vor dem Theater verlief sich. Zimmerleute werkelten bereits an der Ehrentribüne für den Maifeiertag.

Seit Freitag lief in den Dessauer Kinos der René-Deltgen-Film „Tromba". Grellbunte Plakate an den Litfaßsäulen versprachen ein Gastspiel des Zirkus Barlay.

Die Phraseologie des kalten Krieges beherrschte die Presse in Ost und West.

Während der Westberliner „Telegraf" am 26. April zweispaltig titelte: „FREISLER-METHODEN IM DESSAUER PROZESS"*, schrieb der Prozeßbeobachter der SED-Zeitung „Freiheit" in der Ausgabe vom 27. April im Stil eines PK-Frontberichterstatters**: „GANOVENSKIZZEN AUS DESSAU ... Hier in Dessau sehen wir das Weiße im Auge des Todfeindes unseres Volkes."

Die propagandistische Vermarktung des Dessauer Schauprozesses wurde mit demselben Aufwand betrieben wie seine Vorbereitung. Im Amt für Informationen entstand in kürzester Zeit die Broschüre „ENTLARVT – die Geschichte eines aufgedeckten Riesenbetrugs", die als Groschenheft in hoher Auflage in die Kioske geworfen wurde. Fritz Lange hatte ein Nachwort unter dem Titel „Wie war so etwas möglich?" beigesteuert.

Am 4. Juli zitierte „Neues Deutschland" Walter Ulbricht:

„Was heißt denn heute Sozialdemokrat sein? Was heißt Sozialdemokratismus?
Wenn mich danach jemand fragt, so erwidere ich ihm: Sehen Sie sich an, was der Agent Brundert hier in Sachsen-Anhalt gemacht hat. Das ist Sozialdemokratismus.

---

* Roland Freisler war seit 1942 Vorsitzender des Volksgerichtshofes; in den Prozessen nach dem 20. Juli 1944 Personifizierung des nationalsozialistischen Justizterrors („Blutrichter").
** Propaganda-Kompanie der deutschen Wehrmacht.

Sehen sie sich an, was Herr Schumacher im Westen macht. Das ist Sozialdemokratismus.

... Wir haben in Zusammenhang mit dem Fall Herwegen-Brundert den Sozialdemokratismus in Sachsen-Anhalt zer-schlagen."

Als der staatliche Filmverleih Progreß im Jahre 1953 den DEFA-Spielfilm „Geheimakten Solvay" auf die Kinoleinwände brachte, schmückte sich die Programmillustrierte mit dem Nachdruck eines Lange-Artikels über den Prozeß gegen die „Mittelsmänner der Deutschen Solvay-Werke A.G. Bernburg" aus der „Täglichen Rundschau" vom Dezember 1950. Er war mit zahlreichen Repliken auf den Fall Herwegen-Brundert gespickt.

Professor Willi Brundert, in Dessau zu fünfzehn Jahren Zuchthaus verurteilt, wurde am 19. März 1957 aus dem Strafvollzug der DDR entlassen. Er war der letzte aus der Reihe der Dessauer Angeklag-ten, der seine Freiheit zurückerhielt. Brundert reiste in die Bun-desrepublik aus. 1964 wurde er zum Oberbürgermeister der Stadt Frankfurt am Main gewählt. 1970 ist er verstorben. Über seine Er-fahrungen mit der politischen Strafjustiz der DDR hat er ein schmales Büchlein mit dem bezeichnenden Titel „Es begann im Theater. Volksjustiz hinter dem eisernen Vorhang" verfaßt. Es er-schien 1958 im Verlag J. H.W. Dietz GmbH Berlin und Hannover.

Um die Fragwürdigkeit des Verfahrens bloßzustellen, analysier-te Brundert sowohl die Hintergründe als auch den Verlauf des spek-takulären Prozesses.

„Nach dem Zusammenbruch 1945 wurde das in der Sowjet-zone gelegene DCGG-Vermögen sequestriert und in der weiteren Entwicklung auf Grund des Befehls Nr. 124 SMAD enteignet. Dagegen erhob die Gesellschaft Einspruch, der jedoch im April 1947 endgültig abgewiesen wurde. – Unab-hängig von dem hier angedeuteten Sachverhalt prüften die Vertreter der Gesellschaft die Frage, was mit dem in West-deutschland gelegenen DCGG-Vermögen werden sollte ... Das Ergebnis war die Gründung einer neuen Gesellschaft mit dem Namen ‚Deutsche Continentale Gas-Gesellschaft mbH' mit Sitz in Hagen/Westfalen. Damit diese neue Ge-sellschaft handlungsfähig werden konnte, wurde von den ehemaligen DCGG-Organen – Vorstand und Aufsichtsrat – beschlossen, die in Dessau befindlichen Papiere, soweit

sie sich auf die in Westdeutschland gelegenen Vermögenswerte bezogen, nach Hagen zu bringen. Das ist geschehen."

Der Autor Brundert knüpfte drei Fragen an: Konnten die in den
damaligen Westzonen gelegenen Vermögenswerte überhaupt Gegenstand einer Enteignung nach russischem Befehl sein? War die
Verbringung der Papiere von Dessau nach Westdeutschland im
Sinne damals geltenden Rechts eine strafbare Handlung? Hatten
die Angeklagten in der Absicht gehandelt, Volksvermögen zu min-
dern?

In einem Urteil des Oberlandgerichtes Nürnberg vom September 1949 wurden diese Fragen auf der Grundlage des bundesdeut-
schen Rechts beantwortet. Der Gerichtshof stellte fest, daß „eine in
der ehemaligen sowjetischen Besatzungszone ausgesprochene
Enteignung gegen den ordre public* verstoße".

Ein Urteil, das Hilde Benjamin in der DDR-Zeitschrift „Neue
Justiz", Nr. 5/1950, mit dem Kommentar versah:

„Dieser Fehler der territorialen Betrachtungsweise findet sich bei
allen westdeutschen Gerichten bis zum Obersten Gerichtshof für die
Britische Zone und hat seine groteske Steigerung in einer Entscheidung des Landgerichtes Nürnberg aus diesem Jahr erlebt ..."

Der Bericht über die „Affäre Conti" wäre damit zu Ende. Dr. Leo
Herwegen ist 1972 in der Bundesrepublik Deutschland verstorben. Über das Schicksal der übrigen Angeklagten war nichts zu
erfahren. Es ist anzunehmen, daß keiner mehr am Leben ist.

Das Zeitliche gesegnet haben inzwischen auch der unnachsich-
tige Ankläger Dr. Ernst Melzheimer und die spätere Justizmini-
sterin Dr. Hilde Benjamin, hinter vorgehaltener Hand die „rote
Freislerin" genannt.

Fritz Lange stieg 1950 ins Zentralkomitee der SED auf. 1953
denunzierte er den ehemaligen Staatssicherheitsminister Zaiser und
den Chefredakteur des »Neuen Deutschland«, Rudolf Herrnstadt,
als »Mitglieder der Berija-Bande, die den Sturz Walter Ulbrichts
betrieben« hätten.

Als Belohnung kletterte „Feldwebel" Lange die Leiter der
Führungshierarchie weiter hinauf. Von 1954 bis 1958 war er Minister für Volksbildung in der DDR, bevor er 1960 in Ungnade fiel
und als bedeutungsloser Funktionär in einem Archiv für Militär-
geschichte verschwand.

---

*   allgemeines Recht

tivitäten gegen die staatliche und wirtschaftliche Ordnung der DDR zu verstärken.
Im November 1949 gelang es der Zentralen Kommission für staatliche Kontrolle mit maßgeblicher Unterstützung der Volkspolizei und der Werktätigen, eine von BRD-Konzernen gelenkte großangelegte Wirtschaftssabotage in Sachsen-Anhalt aufzudecken. Acht leitende Staats- und Wirtschaftsfunktionäre, die ihre Positionen für den Kampf gegen den Arbeiter-und-Bauern-Staat mißbraucht hatten, wurden verhaftet. Diese Agenten des Monopolkapitals hatten fast 100 Millionen Mark Volksvermögen an Konzerne der BRD verschoben. Sie sabotierten planmäßig die Überführung des Dessauer Konzerns Deutsche Continental Gas AG in Volkseigentum.
Weitere Enthüllungen in den Jahren 1949/50 über Beauftragte des IG-Farben- und des Solvay-Konzerns, die in ehemals diesen Konzernen gehörenden Betrieben arbeiteten und den Werktätigen erhebliche Werte entzogen, um sie ihren Auftraggebern in der BRD illegal zu übereignen, sowie die

Der Millionenraub

23.
Am November 1949, wenige Wochen nach der Gründung unseres Staates, wird in Berlin ein Dokument veröffentlicht, das belegt, wie hinterhältig der Feind uns um die unvorstellbare Summe von 97 278 899,75 Reichsmark (RM) bestohlen hat.
Der Text des Schriftstücks lautet: „Der Ministerpräsident der Deutschen Demokratischen Republik hat dem Amt für Information den folgenden amtlichen Bericht der Zentralen Kommission für Staatliche Kontrolle übergeben: Infolge ungenügender demokratischer Wachsamkeit ist es einer Anzahl monopolkapitalistischer Agenten im Lande Sachsen-Anhalt gelungen, in den Regierungsapparat und in etliche wirtschaftliche Institutionen einzudringen und mangelndes demokratisches Bewußtsein bei einigen verantwortlichen leitenden Personen des öffentlichen Lebens

DIE VOLKSPOLIZEI 9/1989

Publizistische Vermarktung bis ins Jahr 1989

Toni Ruhs Spuren führen in die Leitungsebene des Amtes für Zoll und Kontrolle des Warenverkehrs (AZKW) der DDR, als dessen Chef er von 1950 bis 1962 fungierte.

Wohin es Roebsteck verschlug, ist nicht bekannt.

Von Zeit zu Zeit tauchte die „Affäre Conti" in den verschiedenen Publikationen zur Justiz- und Polizeigeschichte der DDR als „Millionenraub von Dessau" auf. Stets diente sie als Beweis für die „Wühltätigkeit klassenfeindlicher Spione und Agenten im Wirtschafts- und Staatsapparat des jungen Arbeiter- und Bauern-Staates".

DIE TODESSCHÜSSE VON UCKRO

Die Blutspur der „Großfahndung Uckro"

Die Todesschüsse von Uckro fielen am Morgen des 10. Oktober 1953, genau um 4.16 Uhr. Sie lösten die größte Fahndungsaktion in der fünfundvierzigjährigen Geschichte der Volkspolizei aus. Fast fünftausend Polizisten, Hunderte von Lastkraftwagen, Motorräder und gepanzerte Fahrzeuge waren an der aufsehenerregenden Operation beteiligt. Sie kostete sieben Menschenleben, mindestens elf Personen wurden verletzt.

Aber in der 1979 publizierten „Geschichte der Deutschen Volkspolizei", für die ein vierundzwanzigköpfiger Redaktionsstab, der bezeichnenderweise vom DDR-Innenminister Dickel geleitet wurde, als Herausgeber verantwortlich zeichnet, findet sich keine einzige Zeile über die aufwendige Fahndungsaktion.

Der Chronist unternahm bereits vor Jahren den Versuch, die Ereignisse jenes Oktober 1953 zu rekonstruieren. In dem Report „Befehdet seit dem ersten Tag" von Heinrich/Ullrich, 1981 im Dietz Verlag Berlin veröffentlicht, stieß er auf den Hinweis:

> „Am 16. Oktober 1949 fiel der Volkspolizei-Kommissar Hermann Grummini im Feuergefecht gegen eine Bande von Saboteuren, an seiner Seite starb der Volkspolizei-Oberrat Herbert Hoffmann. Am 20. Oktober gaben Zehntausende Cottbuser dem Volkspolizei-Hauptwachtmeister Heinz Sunkel und dem Volkspolizei-Kommissar Martin Lehmann – Vater von sechs Kindern – das letzte Geleit. Sie waren Opfer eines Anschlags geworden."

Auf Hermann Grumminis Grabstein in Luckau aber war der 10. Oktober 1953 als Todestag verzeichnet. Und die „Lausitzer Rundschau" berichtete in ihrer Ausgabe vom 20. Oktober 1953 über die Cottbuser Trauerzeremonie.

Schluderhafte Recherche oder geschickt inszeniertes Verwirrspiel?

Der Chronist begann in Archiven zu suchen, recherchierte an den Tatorten, sprach mit Augenzeugen und machte immer wieder die Erfahrung, daß man von Amts wegen nicht sonderlich daran interessiert war, die Wahrheit um den „Uckro-" oder „Tschechenkrieg", wie die Polizeiveteranen später die Fahndungsaktion getauft hatten, aufzudecken.

Warum paßte die Großfahndung nicht in das hehre Bild einer unfehlbaren Polizei des Volkes?

Die Chronik der „Großfahndung Uckro" – so die offizielle Archivkennung im Ministerium des Innern der DDR – spricht für sich.

Der Wagen schleuderte auf der regennassen Chaussee. Für einen Augenblick hatte es den Anschein, als würde er zur Seite ausbrechen. Aber der Mann am Steuer, ein Arzt aus dem nahegelegenen Brand-Erbisdorf, galt als geübter Fahrer. Nervige Hände umspannten das Lenkrad. Geschickt fing der Arzt den graugrünen VW-Kübel ab, ein amphibienmäßig ausgerüstetes Gefährt, das seine Feuerprobe schon in der deutschen Wehrmacht bestanden hatte.

Der Chauffeur – nennen wir ihn Dr. Hollberg – war reichlich stolz auf sein Auto mit dem militärischen Outfit. Ein befreundeter Schlossermeister hatte ihm das aus dem Krieg gerettete Wrack wieder zurechtgeflickt.

Die letzten Häuser von Großhartmannsdorf blieben zurück. Der Herbststurm, der orgelnd über die Gipfel und bewaldeten Hänge des Osterzgebirges fuhr, rüttelte am Wagenverdeck. Hoffentlich widerstand das wasserfeste Segeltuch. Seit Stunden regnete es. Ununterbrochen. Langsam und zögerlich hatte es in der vergangenen Nacht zu schneien begonnen. Im Laufe des Tages war der Flockenfall dann in Regen übergegangen. Die Wischer zogen dicke Schlieren über die Windschutzscheibe, behinderten die Sicht. Für Dr. Hollberg kein allzu großes Problem. Auf der Fernverkehrsstraße 101 kannte er sich aus.

Morgen, am 7. Oktober, werden die Großkopfeten des Kreises den vierten Jahrestag ihrer Arbeiter- und Bauernrepublik feiern. In diesem Jahr wohl etwas verhaltener als üblich. Die heißen Stunden des 17. Juni 1953 dürften ihnen noch in den Knochen sitzen. Hätten die russischen Panzer nicht in letzter Minute eingegriffen, wäre der Sozialismus Stalin-Ulbrichtscher Prägung auf deutschem Boden zu Ende gewesen.

Die F 101 führte schnurgerade nach Norden. Hollberg passierte die beiden Hügelkuppen. Um 18.25 Uhr nahm der Wald ihn auf. Riesige Buchen und dichter Fichtenbestand säumten die Straßenränder. Hollberg beschleunigte das Tempo. Es ging bergan. Leichte Linkskurve, suggerierte ihm sein Ortsgedächtnis. Dann kam rechts der Abzweig nach Müdisdorf, wo eine Bretterbude der Straßenmeisterei Schutz vor Unwettern bot.

Das Licht der Autoscheinwerfer streifte das Wärterhäuschen. Plötzlich stand eine Gestalt auf der Fahrbahn. Hollberg nahm das Gas zurück. Er beugte den Kopf zur Windschutzscheibe. Der Mann, den die Scheinwerferstrahlen aus der Finsternis schälten, winkte heftig. Vielleicht ein Kumpel, der zur Schicht in den Erbisdorfer Wismut-Schacht will, sagte sich der Arzt. Oder ein Unfall?

Abzweig Müdisdorf an der heutigen B 101

Er trat aufs Kupplungspedal, betätigte die Bremse. Kaum war der Wagen zum Halten gekommen, tauchte der Fremde neben der Fahrertür auf. „Motor aus!" befahl er in gebrochenem Deutsch. „Aussteigen!"

Ein Russe! schoß es dem Arzt durch den Sinn. Was will der von mir? Warum aussteigen? Dann entdeckte Hollberg die Pistole in der Hand des Unbekannten. Der Doktor saß starr auf dem Fahrersitz. Mühsam suchte er russische Sprachbrocken zusammen, um zu verdeutlichen, daß er Arzt sei.

Der Fremde verstand ihn nicht. „Aussteigen!" wiederholte er stur. „Schnäll!"

„Hören Sie", rief Hollberg. „Ich bin Arzt. Ich muß zu einem Kranken. Ein dringender Fall. Lebensgefahr!"

„Nix! Nix! Du aussteigen!"

Hollberg stellte den Motor ab. Er fuhr sich mit dem Handrücken über die Stirn. Wachte oder träumte er? Lautstark war das Trommeln des Regens auf dem Wagenverdeck zu hören.

Vom Waldrand tönte eine Stimme herüber, die auf tschechisch fragte: „Co se to vlastne deje?"*

---

* Was ist da eigentlich los?

Hollberg entdeckte zwei weitere Männer, die aus dem Fichtendickicht hervorbrachen und zum Auto kamen.

„Wenn Sie wollen, kann ich Sie nach Dresden fahren", bot der Arzt hastig an. „Aber es haben nur zwei Männer Platz."

Einer der Hinzugekommenen, vermutlich der Anführer, stieß den Mann neben dem Kübelfahrzeug zur Seite. „Heraus!" schrie er, packte Hollberg an der Kleidung und zerrte ihn hinter dem Lenkrad hervor.

Sie trieben den Arzt in den Wald hinein. Fünfzig, sechzig Meter, bis es „Stop!" hieß. Trotz der Dunkelheit erkannte Hollberg, daß er es mit fünf Gegnern zu tun hatte. Einer der Burschen hielt ein Seil in den Händen. In Hollberg schoß die Angst hoch. Sie drängten ihn mit dem Rücken gegen einen Baumstamm. Hollberg begriff. „Bitte fesseln Sie mich nicht!" bat er. „Es ist naß und sehr kalt. Ich hole mir den Tod. Ich werde Sie bestimmt nicht anzeigen."

Im nächsten Augenblick preßte man ihm einen Lappen ins Gesicht. Chloroformgeruch. Dr. Hollberg schwanden die Sinne. Als die Männer ihn an den Baum banden, spürte er schon nichts mehr.

Dann hasteten sie zum Auto zurück. Einer wollte den Motor starten. „K certu!"* Der Doktor hatte sie reingelegt und unbemerkt den Zündschlüssel abgezogen. Zurück in den Wald!

Auf der nächtlichen Chaussee quälte sich unterdessen ein Radfahrer den Anstieg herauf. Verdutzt blickte er auf das „verrückte Auto" des Doktors. Einsam und verlassen stand es im Regen am Straßenrand. Der Radfahrer stieg ab, um in den Fond des Wagens zu schauen, und sah sich einem Fremden gegenüber, der ihm eine Pistole entgegenstreckte. Der Radfahrer dachte an Flucht, aber der Bewaffnete hielt das Rad am Gepäckträger fest.

„Hilfe!" brüllte der Überfallene. „Hilfe!"

Zu seinem Glück schwenkten die Scheinwerfer eines Lastkraftwagens um die nächste Straßenkurve.

„Hilfe!" Der Mann flüchtete gestikulierend zur Fahrbahnmitte.

Da verlor der Bewaffnete die Nerven. Ein Schuß löste sich aus seiner Pistole P 38. Der Tscheche machte auf dem Absatz kehrt und sprang in den Wald. Seine Gefährten, die in Dr. Hollbergs Kleidung nach dem Zündschlüssel suchten, hielten erschrocken inne.

Auf der Fernverkehrsstraße stauten sich mittlerweile die Autos. Scheinwerfer blendeten zum Waldrand auf. Eine Handvoll Leute drang schrittweise ins Dickicht vor. Da gab es für die fünf bewaff-

---

* Zum Teufel!

Auto des Dr. Hollberg

neten Männer kein Halten mehr. Sie stürzten panikartig davon, stolperten über Baumwurzeln und fielen in wassergefüllte Erdlöcher. Herabhängende Zweige peitschten die Gesichter. Das Blut hämmerte in ihren Schläfen. Stechen in den Lungenflügeln.

Und unaufhörlich trommelte der Regen vom Himmel herab.

Um 20.10 Uhr schloß der Kriminaldauerdienst des VP-Kreisamtes Brand-Erbisdorf, der mit einem Schnellkommando uniformierter Polizisten zum Tatort ausgerückt war, die ersten Ermittlungen ab.

Dr. Hollberg war zur Sache gehört worden. Der Radfahrer hatte seine Wahrnehmungen zu Protokoll gegeben. Hinter der Bretterbude der Straßenmeisterei hatten die Polizisten eine abgeschabte Aktentasche entdeckt, die verschiedene Wäschestücke, einen Kompaß und eine Touristenkarte der südlichen DDR enthielt.

Als Tatbefund faßte der Kriminalist zusammen: Versuchter Raubüberfall durch fünf bewaffnete, unbekannte Männer, die sich in den Besitz von Dr. Hollbergs Auto bringen wollten. Bei den Tatverdächtigen handelte es sich vermutlich um Ausländer.

Personenbeschreibungen ließen sich aus den dürftigen Zeugenaussagen nur mühsam ableiten. Lediglich der Radfahrer konnte sich an einen Mann in brauner Lederjacke erinnern.

Im Kreisgebiet wurde Großfahndung ausgelöst. Die operativen Fahndungsmaßnahmen der Brand-Erbisdorfer Polizisten blieben jedoch ohne Erfolg, weil die Flüchtigen zu diesem Zeitpunkt bereits die 15 Kilometer nördlich gelegene Nachbarkreisstadt Freiberg erreicht hatten, deren Polizeizentrale erst um 21.30 Uhr durch eine allgemeine Fahndungsmeldung von den Ereignissen an der Fernverkehrsstraße 101 unterrichtet wurde.

Die Angst vor ihren Verfolgern trieb die fünf Männer unaufhaltsam nach Norden. Sie marschierten die ganze Nacht hindurch, wobei sie sich am Verlauf der Fernverkehrsstraße orientierten, von der sie wußten, daß sie irgendwann Berlin, die Stadt mit den vier Sektoren, erreichen würde. Bei der Begegnung mit Fahrzeugen wichen die Männer ins schützende Dunkel aus. Bäume, Sträucher, mitunter aber auch nur der Straßengraben boten ihnen Deckung.

Sie ließen die bewaldeten Hänge des Erzgebirgsvorlandes zurück. Als der Morgen graute, zogen sie über hügeliges Gelände, das weithin offen und daher leicht zu überschauen war. Die Gefahr, entdeckt zu werden, wuchs, und so beschlossen sie, in einer Feldscheune unterzukriechen. Auch wenn der Wind durch die Ritzen der Bretterwände pfiff, waren sie doch vor dem eisigen Regen geschützt. Die Männer wühlten sich ins Stroh und fielen sofort in unruhigen Halbschlaf. Hunger und Durst ließen einen wirklich erholsamen Tiefschlaf nicht zu.

Bei Einbruch der Dunkelheit nahmen sie den Marsch wieder auf. Irgendwo hinter Nossen verloren sie das graue Band der F 101. Der Verlust der Landkarte machte sich jetzt empfindlich bemerkbar. Es blieb ihnen als einziger Anhaltspunkt, unentwegt nach Norden zu gehen.

Am 8. Oktober erreichten sie die Elbestadt Riesa. Erst bei Einbruch der Dämmerung wagten sie sich durch die Straßen. Einem der Männer gelang es, die Armbanduhr und einen Pullover zu verkaufen. Nun hatten sie wenigstens ein paar Mark in den Taschen. Das Glück blieb den Flüchtigen auch weiterhin hold. In einer Kneipe des Bahnhofsviertels knüpften sie Bekanntschaft mit einer Kellnerin. Einer der Burschen, in dem sie bald einen Tschechen erkannte, gefiel ihr offensichtlich.

Riesa besaß seit jeher einen Binnenhafen. So mancher Elbeschiffer aus dem Nachbarland Tschechoslowakei war in der Kneipe schon vor Anker gegangen. Als der Wirt die Polizeistunde verkündete und Anstalten machte, das Lokal zu schließen, durften der

Bursche und ein Begleiter im Zimmer der Kellnerin übernachten. Und sie brachten, als die Männer sich verabredungsgemäß um fünf Uhr morgens am Bahnhof trafen, noch einen Fünfzig-Mark-Schein mit. Nun kam ihnen die Flucht nach Berlin wie ein Kinderspiel vor, das sie in wenigen Stunden vergessen haben würden.

In einem Personenzug, der Schichtarbeiter der Stahlwerke Riesa und Gröditz beförderte, fuhren sie bis Elsterwerda, überhörten bei der Ankunft aber die quarrende Lautsprecherdurchsage „Zug endet hier und fährt in wenigen Minuten zurück nach Riesa!", so daß sie gegen acht Uhr, völlig überrascht, zum zweiten Mal auf dem Bahnhof der sächsischen Industriestadt landeten.

Eine halbe Stunde später überquerten sie zu Fuß die Elbebrücke. Lärmender Straßenverkehr floß in beide Richtungen. Für einen Moment verharrten die fünf Männer am Brückengeländer. Einer spie ins Wasser des Stromes hinab, der hunderte Kilometer stromaufwärts als unscheinbarer Bach in ihrer Heimat entsprang.

Dort, hinter der grünen Grenze, galten sie jetzt als Todeskandidaten. Die Männer wurden landesweit von den tschechoslowakischen Behörden wegen mehrfachen Mordes und Brandstiftung gesucht.

Kälte und Regen forderten ihren Tribut. In den Nachmittagsstunden erreichten sie den Stadtrand von Elsterwerda. An einer Straßengabelung stand ein Wegweiser. Erfreut stellten die Männer fest, daß sie sich wieder auf der Fernverkehrsstraße 101 befanden. „Berlin 160 km" entzifferten sie gemeinsam. Ihr Stimmungsbarometer stieg.

Bis zum Abend fanden sie in den Umkleidekabinen eines Freibades Unterschlupf, das wie ausgestorben im trüben Herbstlicht vor sich hindämmerte. Nicht allzu weit entfernt hörten sie Züge rollen. Bei Einbruch der Dunkelheit erkannten sie auch die Lichterketten der dahinratternden Personenzüge. Als sie sich gegen Mitternacht zum Aufbruch entschlossen, folgten sie dem Schienenstrang und standen alsbald vor dem Elsterwerdaer Bahnhof.

Der Mann in der Lederjacke trat zum Fahrkartenschalter. Fünf Fahrkarten, verlangte er, für den nächsten Zug in Richtung Berlin.

„Das ist der Personenzug kurz nach drei Uhr", klärte ihn die Fahrkartenverkäuferin auf. „Der fährt aber nur bis Uckro."

„Jaja", sagte der Mann vor dem Schalterfenster. „Jaja." Er nahm Fahrkarten und Wechselgeld in Empfang und war im nächsten Augenblick verschwunden.

Obwohl die Eisenbahnerin überzeugt war, daß der Mann kaum

eine Silbe verstanden hatte, dachte sie nicht weiter über die Begegnung nach. Erst als der Mann in der Lederjacke gegen 3.00 Uhr in Begleitung von vier Männern im abgerissenen Habitus durch die Bahnhofshalle rannte, um auf den Uckroer Personenzug aufzuspringen, schöpfte sie Verdacht.

So erfuhr der Hauptwachtmeister der Transportpolizei Fritz Ohnrich am 10. Oktober 1953 gegen 3.10 Uhr von den auffälligen Fahrgästen. „Ein Mann in dunkler Lederjacke?" vergewisserte er sich. „Und die fünf Männer haben Fahrkarten bis Uckro gelöst?" Er dachte sofort an die Fahndungsmeldung aus dem Bezirk Karl-Marx-Stadt.

Fünf Ausländer wurden gesucht, die einen Raubüberfall auf einen Arzt versucht hatten. Einer der Täter sollte eine Lederjacke tragen.

Fritz Ohnrich sah auf die Uhr. Ihm waren die Hände gebunden. Der Zug befand sich bereits auf der Strecke und würde in einer knappen Stunde in Uckro eintreffen. Der Hauptwachtmeister griff zum Telefon, das zum Fernsprechbetriebsnetz der Reichsbahn gehörte, und ließ sich von der Vermittlungsstelle mit dem Bahnhof Uckro verbinden.

„Fahrdienstleiter Jahrmann", meldete sich eine männliche Stimme. Ohnrich kannte den Eisenbahner. Das vereinfachte die Angelegenheit. Der Fahrdienstleiter versprach, die ankommenden Fahrgäste im Auge zu behalten. „Soll ich nicht den Abschnittsbevollmächtigten rufen?" schlug er vor. „Hermann Grummini wohnt doch am Bahnhof. Ist bestimmt besser, wenn sich jemand von der Polizei um die Leute kümmert."

Wenn das Telefon in der Nacht anschlug, handelte es sich um einen dienstlichen Anruf. Kommissar Grummini ahnte sofort, daß der Anruf Ärger bedeutete. Leise, um die Frau nicht zu wecken, wälzte er sich aus dem Bett, tappte barfüßig in den Korridor, schloß sorgsam die Tür und schaltete das Licht an. Halb vier. Um diese Zeit waren die Kneipen in den Dörfern, für die er als ABV zuständig war, geschlossen. Also keine Wirtshausschlägerei!

Grummini hob ab. Er meldete sich mit der Nummer seines Anschlusses, am anderen Ende war Fahrdienstleiter Jahrmann. „Gut, gut", bestätigte Grummini dessen hastige Mitteilung. „Ich komme."

Hermann Grummini, in seiner Wesensart eher etwas unbeholfen und phlegmatisch, griff nach der dunkelblauen Uniform. Der siebenundvierzigjährige Polizeikommissar, der früher als Landarbeiter sein Brot verdiente, gehörte keineswegs zu den ängstlichen Naturen. In seiner Dienstzeit hatte er schon so manches Gesindel, einmal sogar im Alleingang eine bewaffnete Diebesbande unschädlich gemacht.

Fünf verdächtige Personen. Grummini überlegte, während er sein Koppel mit der Dienstpistole Nullacht umschnallte und den Schulterriemen straff zog. Ist wohl doch besser, wenn ich das Kreisamt verständige.

Der Lageoffizier im VPKA Luckau sicherte Grummini Unterstützung zu. „Ich schicke das Schnellkommando raus!" versprach er.

Kurz vor vier Uhr verließ Hermann Grummini die Wohnung, die er nie mehr betreten sollte. Er lenkte seine Schritte zum dreihundert Meter entfernten Empfangsgebäude des Bahnhofes Uckro, auf

dessen Areal sich die Gleise einer Haupt- und zweier Nebenbahnstrecken kreuzten. Noch bevor der Polizeikommissar die schwere Eingangstür des 1875 eingeweihten Bahnhofsgebäudes, ein roter Backsteinbau mit typischem Walmdach, aufstieß, ratterte der graugrüne LKW aus Luckau auf den Bahnhofsvorplatz.

Grummini musterte das achtköpfige Schnellkommando, das Unterkommissar Strempel kommandierte. Nicht alle Gesichter waren Grummini bekannt. Ein paar blutjunge Burschen waren darunter, erst drei oder vier Wochen im Polizeidienst und deshalb nur mit Gummiknüppeln ausgerüstet. Die drei altgedienten Hasen und der Kommandoführer trugen Pistolen und zusätzlich das deutsche Sturmgewehr 44.

Grummini und Strempel stimmten sich rasch ab. Um eine Personenüberprüfung ging es. Fünf Personen – vielleicht Ausländer –, die im Zug sind. Mehr wußten beide Offiziere nicht. Für lange Erklärungen und die Erteilung von Verhaltensmaßregeln an die Neulinge blieb keine Zeit.

Fahrdienstleiter Jahrmann erwartete das Polizeikommando auf dem Bahnsteig. „Der Zug hat Einfahrt!" meldete er.

Dünne Nebelschwaden hingen über den Gleisen. Die spärliche Bahnhofsbeleuchtung vermochte die Station nur unzureichend zu erhellen. Die Männer fröstelten in der Morgenkühle. In der Ferne tauchten zwei Lichtpünktchen auf, undeutlich noch und verschwommen, wurden von Sekunde zu Sekunde größer und wuchsen, untermalt vom rhythmischen Klappern der Räder, zu Spitzenlichtern der Lokomotive heran. Der Zug aus Elsterwerda fuhr in den Bahnhof ein, kam mit kreischenden Bremsen zum Stehen.

„Uckro! Alles aussteigen, Zug endet hier!"

Die Männer des Schnellkommandos hatten sich rasch verteilt. Kommissar Grummini und Unterkommissar Strempel begannen die Abteile zu kontrollieren. Während die unerfahrenen Dienstanfänger vor den Waggontüren standen, hatten die MPi-Schützen am Nachbargleis Posten bezogen. Dort hielt ein Güterzug.

Genau acht Reisende entstiegen an diesem Samstagmorgen dem Zug. Zwei verschwanden sofort im Dienstgebäude der Eisenbahner. Dann kam eine ältere Frau, die sich mit einem Koffer plagte. Sie wollte zum Anschlußzug nach Beeskow.

Und schließlich fünf Männer, die in zwei Gruppen zur Sperre strebten.

Oberwachtmeister Wittkewitz, der hier postiert war, ließ den Mann in der Lederjacke und seine Begleiter zunächst passieren. Dann folgte er ihnen in die kleine Bahnhofsvorhalle, stellte sich vor die Ausgangstür und sprach die Männer an.

„Guten Morgen! Bahnhofskontrolle! Ich möchte Ihre Papiere sehen!"

„Nix Papiere", erwiderte der Mann in der Lederjacke. „Haben wir nicht!"

Wittkewitz registrierte den fremdländischen Akzent. Er sah die anderen Burschen herankommen. Im nächsten Augenblick stand der Oberwachtmeister einer Übermacht von fünf Personen gegenüber. Ein Verhältnis, das ihn faktisch zur Untätigkeit verurteilte. Ich muß die Leute hinhalten, befahl er sich. Wittkewitz verlieh seiner Stimme Festigkeit: „Das klären wir gleich. Setzen Sie sich!" Er deutete auf die Bänke in einem schmalen Seitengang.

Seine Weisung wurde befolgt. Zögerlich. Die Männer wirkten ratlos. Einer meinte: „Keine Zigarett' ..."

Wittkewitz ging sofort auf das Gespräch ein. Für ihn die einzige Möglichkeit, die Zeit zu überbrücken. Die Kameraden auf dem Bahnsteig mußten doch endlich merken, was los war.

Helmut Strempel 1953

„Mit Zigaretten kann ich aushelfen", sagte er begütigend. Daß einem der Männer die rechte Hand wie zufällig in den Jackenausschnitt kroch, gefiel dem Oberwachtmeister ganz und gar nicht.

Wittkewitz warf die Zigarettenschachtel auf die Bank. Er behielt die Männer im Auge und achtete auf den nötigen Abstand. Als der Mann mit der Lederjacke sich nach den Zigaretten bückte, klaffte das Revers seiner Jacke auf. Für den Bruchteil einer Sekunde war der Griff einer Pistole zu erkennen. Dem Oberwachtmeister stockte der Atem.

Doch da stürmten Strempel und Grummini bereits in die Halle. Wittkewitz' warnender Zuruf ging im Getrappel der Stiefel unter.

„Hände hoch!" kommandierte Grummini. Er zog die Dienstwaffe. „Hände hoch!"

Unterkommissar Strempel stieß den vor ihm stehenden untersetzten Burschen gegen den Brustkorb. Er wollte ihm die Hände aus den Taschen reißen. In Bruchteilen von Sekunden hatte der Unbekannte eine Pistole P 38 gezogen und auf Grummini abgefeuert. Hermann Grummini war auf der Stelle tot. Sein Körper fiel dem Oberwachtmeister in die Arme. Wittkewitz konnte noch die Pistole aus dem Futteral reißen. Doch eine Ladehemmung seiner Waffe vereitelte sein Eingreifen.

Unterkommissar Strempel packte die Handgelenke des Todesschützen. Die Männer rangen kurz, stürzten zu Boden. Und wieder donnerten Schüsse durch die Halle. Noch zwei Männer hatten Waffen gezogen und feuerten wild um sich. Strempel wurde von mehreren Kugeln getroffen. Wittkewitz erlitt einen Streifschuß.

Die fünf Männer hatten sich den Weg zur Tür freigeschossen und waren im nächsten Augenblick wie ein böser Spuk in der Nacht verschwunden.

Oberwachtmeister Wittkewitz hockte, von Entsetzen gepackt, auf dem Boden. Nicht einmal zwei Minuten hatte die schreckliche Szene gedauert. Ein Toter und zwei Verletzte.

Eine knappe Stunde später beherrschten Kriminalbeamte das Bild im Bahnhof Uckro, der zur Spurensicherung gesperrt war. Trassologen konnten vier Patronenhülsen vom Kaliber 7,65 mm, drei Patronenhülsen vom Kaliber 9 mm und drei deformierte Projektile, die zunächst nicht zuzuordnen waren, sicherstellen.

Während Fahrdienstleiter Jahrmann das Vernehmungsprotokoll unterschrieb und die Männer des Schnellkommandos in „Dienstlichen Stellungnahmen" ihren Vorgesetzten Rede und Antwort stehen mußten, wurde Helmut Strempel im Luckauer Krankenhaus bereits operiert. Nur der Kunst der Ärzte, die mehrere Stunden operieren, verdankt der Unterkommissar sein Leben.

Die Rekonstruktion des Tatherganges bereitete der Mordkommission keine Schwierigkeiten. Komplizierter war es schon, festzustellen, in welche Richtung die Täter geflohen waren. Dem Luckauer Kreispolizeiamt fehlten jedoch die personellen wie materiellen Voraussetzungen für eine großangelegte Fahndung. Der

BDVP Cottbus - Abteilung K Fahndung
- - - - - - - - - - - - - - - - -   lo.lo.1953

An die BDVP Frankfurt, Abteilung K-Fahndung

Betr.: Personenfahndung -Festnahme

 Stufe I und III

zu 1a) lo.lo.1953, gegen 4,lo Uhr,
zu 1b) lo.lo.1953, gegen 4,2o Uhr
Zu 2) 5 Angehörige der CSR , die wahrscheinlich alle im
       Besitz von Waffen sind,
zu 2a) alle sind im Alter von 2o - 25 Jahren,
zu 2b) drei Personen ca. 1,75 m gross, die beiden anderen
       etwas kleiner,
zu 2c) 1 Person bekleidet mit einer Lederjacke, dunkles,
       lockiges Haar, schmales Gesicht, vorstehende Backen-
       knochen, eine zweite Person mit einem grau-grünen
       Anzug bekleidet, diese Person hat ein schmales Gesicht.
       eine 3.Person bekleidet mit einer dunkelbraunen Jacke,
       die anderen Personen sollen vermutlich mit dunklen
       Sachen bekleidet sein. Eine Person spricht gebrochen
       deutsch, während die anderen die deutsche Sprache
       nicht beherrschen.
zu 3) Bahnhof Uckro, Krs.Luckau,
zu 4) Beschiessen von VP-Angehörigen des VPKA Luckau bei der
       Kontrolle des Zuges,
zu 5) Als die Gesuchten die Bahnhofshalle in Uckro betraten,
       wurden sie von den dort befindlichen VP-Angehörigen
       aufgefordert, die Hände zu erheben, worauf die Flüchtigen
       sofort von der Schusswaffe Gebrauch machten.Die
       Flüchtigen setzten sich zu Fuss entlang der Bahnlinie
       nach Berlin ihren Weg fort.
zu 6) zu Fuss,
zu 7) vermutlich Westberlin
zu 8) VPKA Luckau
zu 9) Im Kreisgebiet Luckau wurde Fahndungsstufe IIIa ausgelöst
       Ebenfalls ist in den Kreisen Herzberg,Luckenwalde,
       Zossen, Königswusterhausen, Lübben,Finsterwalde,
       und Calau Fahndungsstufe III ausgelöst.
       Einsatzbereitschaft der BDVP.Cottbus wurde im Kreis-
       gebiet Luckau eingesetzt.
       Alle anderen Kreise des Bezirkes haben Fahndungsstufe I
       mit besonderen Massnahmen.

  Fahndungseinsatzleitung   Operativstab Cottbus

   (Malig)VP.Komm .

148

Chef der Bezirkspolizeibehörde in Cottbus, VP-Inspekteur Schwerke, und Oberrat Rebentisch, seit wenigen Tagen als Leiter der Kripo des Bezirkes im Amt, übernahmen jetzt die Leitung der Großfahndung.

Alle am Samstagvormittag in der Bezirksbehörde verfügbaren Mitarbeiter wurden mobilisiert. Mit Pistolen und Karabinern ausgerüstet, wurden sie mit LKW's nach Luckau gebracht.

In eine über Fernschreiber und Telefon an alle Polizeidienststellen und -posten, selbst in den entferntesten Winkel des Landes, durchgegebene Fahndungsmeldung flossen die bis zu diesem Zeitpunkt verfügbaren kriminalpolizeilichen Ermittlungsergebnisse ein:

„Betr.: Personenfahndung – Festnahme Stufe I und III

Zu 1a) 10.10.1953, gegen 4.10 Uhr

Zu 1b) 10.10.1953, gegen 4.20 Uhr

Zu 2) 5 Angehörige der CSR, die wahrscheinlich alle im Besitz von Waffen sind;

Zu 2a) alle sind im Alter von 20 – 25 Jahren;

Zu 2b) drei Personen ca 1,75 m groß, die beiden anderen etwas kleiner;

Zu 2c) 1 Person bekleidet mit einer Lederjacke, dunkles, lockiges Haar, schmales Gesicht, vorstehende Backenknochen, eine zweite Person mit einem grau-grünen Anzug bekleidet, diese Person hat ein schmales Gesicht. Eine 3. Person bekleidet mit einer dunkelbraunen Jacke, die anderen Personen sollen vermutlich mit dunklen Sachen bekleidet sein. Eine Person spricht gebrochen deutsch, während die anderen die deutsche Sprache nicht beherrschen;

Zu 3) Bahnhof Uckro, Krs. Luckau;

Zu 4) Beschiessen von VP-Angehörigen des VPKA Luckau bei der Kontrolle des Zuges;

Zu 5) als die Gesuchten die Bahnhofshalle in Uckro betraten, wurden sie von den dort befindlichen VP-Angehörigen aufgefordert, die Hände zu erheben, worauf die Flüchtigen sofort von der Schusswaffe Gebrauch machten. Die Flüchtigen setzten zu Fuss entlang der Bahnlinie nach Berlin ihren Weg fort;

Zu 6) zu Fuss;

Zu 7) vermutlich Westberlin;

Zu 8) VPKA Luckau;

Zu 9) im Kreisgebiet Luckau wurde Fahndungsstufe III ausgelöst. Ebenfalls ist in den Kreisen Herzberg, Luckenwalde,

Zossen, Königswusterhausen, Lübben, Calau und Finsterwalde Fahndungsstufe III ausgelöst. Einsatzbereitschaft der BDVP Cottbus wurde im Kreisgebiet Luckau eingesetzt. Alle anderen Kreise des Bezirkes haben Fahndungsstufe I mit besonderen Massnahmen.

Fahndungseinsatzleitung   Operativstab Cottbus
(Malig) VP-Komm."

Der Operativstab wurde im Kreispolizeiamt Luckau eingerichtet. Auf der an der Wand hängenden Stabskarte waren die Standorte der Einsatzzüge mit farbigen Fähnchen abgesteckt. Sie zogen allmählich einen Ring um die Ortschaften Uckro, Luckau, Treppendorf, Freiwalde, Golßen, Schenkendorf, Görsdorf und Kemlitz. Ein Gebiet von nahezu 400 Quadratkilometern Fläche wurde umstellt, das von breiten Wiesentälern, ausgedehnten Waldungen, Flachmooren und Ackerflächen geprägt war. Dazwischen lagen Dörfer, Bauernhöfe, Feldscheunen, Mühlengrundstücke und einsame Siedlungshäuser.

In den Ortschaften gingen Festnahmegruppen in Stellung. Kriminalisten standen bereit, um jeder Spur und jedem Hinweis nachzugehen. Doch auch nach Stunden bot sich noch immer kein Anhaltspunkt, keine Spur der Flüchtigen.

Die Vorgänge in Uckro zogen ihre Kreise bis in die Berliner Polizeizentrale des DDR-Innenministeriums. Die Verantwortung wurde von oben nach unten weiterdelegiert, von Innenminister Stoph über den Polizeichef, Generalinspekteur Karl Maron, und dessen Stellvertreter Willi Seifert schließlich zum Kripochef Dombrowsky.

Dombrowsky sah Handlungsbedarf und setzte den Inspekteur Karl Mellmann sowie den Fahndungsspezialisten Kurt Rothe nach Uckro in Marsch. Als ranghöchstem Offizier fiel Mellmann nun die Einsatzleitung zu. Einem Mann, von dem man sich erzählte, daß er es in der deutschen Wehrmacht bis zum Kompanieführer gebracht hatte. Doch auch er wußte die Karten in Uckro nicht neu zu verteilen. Er vertraute den Fahndungsprofis und bestätigte die eingeleiteten Maßnahmen, die aus kriminaltaktischer Sicht auch heute noch jeglicher Kritik standhalten.

Der 10. Oktober, ein freundlicher Herbsttag, neigte sich dem Ende zu. Abendliche Dämmerung sank über das Land. Tagsüber hatte der Kommissar Joachim Dunst, der mit einem vierköpfigen Polizeitrupp am nordwestlichen Ortsausgang von Pelkwitz aufgezogen war, die Bauern bei der Erntearbeit auf den Feldern beobachtet. In hohem Bogen warfen die Schleuderroder die Kartoffeln auf den Acker, wo sie von fleißigen Erntehelfern aufgelesen wurden. Der Rauch der verglimmenden Kartoffelkrautfeuer, in denen man wunderbar schmeckende Erdäpfel buk, verlor sich in dünnen Fäden über der Landschaft.

Die meisten Dörfler registrierten das Polizeiaufgebot mit gemischten Gefühlen. Landauf, landab waren die Ereignisse des 17. Juni noch in unguter Erinnerung. Nicht einmal der Bürgermeister des 120 Einwohner zählenden Fleckens glaubte an die Erklärung, man mache Jagd auf einen Trupp Ausländer, die den ABV in Uckro erschossen hätten. Wahrscheinlich eine der zahllosen Bürgerkriegsübungen, die bei der Polizei neuerdings in Mode gekommen waren, argwöhnte der Ortsvorsteher.

Ortsausgang Pelkwitz

Die Nacht brach langsam herein. Im Freien wurde es feucht und ungemütlich. Die Bodenkühle kroch unter die Uniformen, machte den Männern bald zu schaffen.

Kommissar Dunst lehnte am borkigen Stamm eines längst geplünderten Apfelbaumes. Büsche und einzelne Baumgruppen säumten den sandigen Fahrweg, der ein Stück weiter den Friedhof der Gemeinde tangierte und sich dann in nordwestlicher Richtung zwischen Wiesen und Feldern verlor.

Dunst schaute zum nachtdunklen Himmel auf. Unzählige Sterne flimmerten am Firmament. Müdigkeit hüllte den Kommissar ein, wie ein sanfter Taumel. Schlaf wäre jetzt das beste.

„Suchst wohl den Mond?" Einer von Dunsts Leuten war herangetreten.

„Quatsch. Ich bete zum Schutzpatron aller Ganoven, daß er die Burschen endlich hierher führt."

„Komisches Gebet für einen aufgeklärten Volkspolizisten."

„Hast ja recht", lenkte Dunst friedfertig ein. „Beten hilft nicht. Luchsen müssen wir."

„Und wie lange noch?"

„Länger als vierzehn Tage werden wir kaum in dem Nest kampieren. Und jetzt hau ab auf deinen Posten!"

Dunst hielt das Nachtfernglas an die Augen. Bäume. Nichts als Bäume und die Schatten einiger Sträucher waren im Gelände zu erkennen. Grauschwarz zeichnete sich im Hintergrund ein Waldstreifen ab. Wandernde Schatten, die sich gespenstisch wandelten. Schärfstes Hinsehen war geboten, um Schein von Wirklichkeit zu unterscheiden.

Zwei Lampen waren in Pelkwitz als Dorfbeleuchtung aufgeflammt. Nur selten sah man einen Dörfler die Straße überqueren. Um 20.28 Uhr registrierte der Kommissar eine Gestalt, die ungewöhnlich langsam auf den Ortsausgang zustrebte. Wie ein Stück Wild, das nach allen Seiten hin wittert. Dunsts Pulsschlag beschleunigte sich. Dann war der Schatten verschwunden. Hirngespinste, dachte der Kommissar. Ein Streich der überreizten Nerven. Bis der Schatten wieder da war, deutlicher als zuvor.

Ein Mensch bewegte sich überaus vorsichtig am Rande der Dorfstraße. Höchstens sechzig Meter trennten den Unbekannten noch vom Kontrollposten. Dunst glaubte, eine Lederjacke zu erkennen. Er spähte zu seinen Kameraden hinüber. Nur als flüchtige Schatten waren ihre Umrisse auszumachen. Gut so. Hoffentlich bewegte sich jetzt keiner.

Die Schritte des Mannes, der auf dem Sandboden des Fahrweges unerträglich langsam herantappte, drangen durch die Stille. Dunst drückte sich enger ins Strauchwerk. Die rechte Hand griff automatisch zur Pistolentasche, zog an der Schlappe, dann lag die Waffe zwischen den Fingern. Dunst spürte das Herz bis zum Hals schlagen. Er konnte sich kaum noch rühren. Zeitweilig sah es aus, als käme der Fremde direkt auf ihn zu. Der Kommissar tastete nach der Taschenlampe. Jetzt! Ein leichter Druck, und die Lampe flammte auf.

„Halt! Polizei! Hände hoch!"

Geblendet riß der Mann in der Lederjacke die Arme vor das Gesicht. „Waaas ...? Waas ...?" ächzte er entgeistert. Der Lauf einer Pistole streckte sich ihm entgegen. Aber noch wollte er sich nicht geschlagen geben, wollte seinen Körper mit heftigem Ruck herumwerfen, erstarrte aber im Ansatz der Bewegung, als vier Karabinermündungen seinen Rücken berührten.

„Vorwärts!" befahl der Kommissar.

Sie brachten den Mann zum Haus des Bürgermeisters. In dessen Amtsstube befand sich der einzige Telefonanschluß des Dorfes. Der Fremde, der auf alle Fragen beharrlich schwieg, wurde einer Leibesvisitation unterzogen, die ein Bündel tschechoslowakischer Kronen, eine Handvoll Dollar und eine Schachtel Streichhölzer aus tschechischer Produktion zutage förderte. In ihr entdeckten die Polizisten eine metallene Kapsel. Wie Dunst später zu Protokoll gab, nahm er zunächst an, es handele sich um eine Giftampulle. Anderen Aussagen zufolge, enthielt die Kapsel chiffriertes Nachrichtenmaterial.

Der Mann in der Lederjacke wurde nach Luckau transportiert. Die erste Nacht verbrachte er in einer Zelle des dortigen Zuchthauses. Er gab sich als Tourist aus, der auf einer Reise zu Bekannten in Berlin unterwegs sei. Von einem Mordanschlag auf dem Bahnhof Uckro wisse er nichts.

Sein Auftreten wurde als sicher und überlegen charakterisiert. In den Vernehmungspausen beobachteten seine Bewacher, daß er in der Zelle gymnastische Übungen absolvierte.

Am späten Vormittag des 11. Oktober wurde er ins Krankenhaus gebracht und den verletzten Polizisten Wittkewitz und Strempel gegenübergestellt. Das Ergebnis der Konfrontation war eindeutig: Der Festgenommene konnte als einer der flüchtigen Ausländer identifiziert werden.

„Geschossen habe ich aber nicht!" betonte der Tscheche, nachdem er die Aussichtslosigkeit seiner Lage begriffen hatte. „Ich heiße Zbynek Janata."

„Und die Namen Ihrer Kameraden?"

„Ctirad Masin, Josef Masin, Vaclav Sveda und Milan Paumer."

Der Tscheche gab beflissen auf alle Fragen umfassend Auskunft. Nach und nach erschloß sich den Männern der Mordkommission, welchem gefährlichen Wild sie eigentlich nachstellten.

Ctirad und Josef Masin waren in einer begüterten tschechischen Offiziersfamilie aufgewachsen. Während der faschistischen Besetzung der Tschechoslowakei schloß sich der Vater, Oberstleutnant Josef Masin, mit anderen Offizieren zur Widerstandsgruppe „Drei Könige" zusammen. Sie kämpften im Prager Untergrund. 1941 fiel er während eines Feuergefechtes in die Hände der Gestapo und wurde ein Jahr später, nach dem Attentat auf den deutschen Reichsprotektor Reinhard Heydrich, im Rahmen der „Vergeltungsmaßnahmen" gehenkt.

1945 ehrte die Benes-Regierung die Verdienste des Oberstleutnant Masin. Der Gemordete wurde postum zum General ernannt, eine Gedenktafel aus Bronze enthüllt, und eine Straße erhielt seinen Namen. Bücher und Zeitungsartikel wurden verfaßt und die beiden Söhne – damals 15 und 13 Jahre alt – mit „Medaillen für persönliche Tapferkeit während des Krieges" bedacht. Voller Stolz zeigten die Halbwüchsigen ihre Auszeichnungen herum und gürteten sich wie richtige Partisanen mit Pistolen, die nach Kriegsende leicht zu finden waren.

Aber die politische Lage veränderte sich. Am 25. Februar 1948 trat Klement Gottwald auf den Balkon des Prager Kinsky-Palais' und verkündete den „Sieg des werktätigen Volkes über die Reaktion". Die tschechoslowakische Gesellschaft durchlebte große politische und soziale Spannungen. Der von der Kommunistischen Partei geführte volksdemokratische Staat nahm Kurs auf eine „Diktatur des Proletariats" nach sowjetischem Vorbild. Der Staatsapparat verstärkte seine Repression und übertrug sie schließlich auf das gesamte öffentliche politische Leben.

Die Familie des Helden-Generals Masin geriet ins gesellschaftliche Abseits. Ctirad, der sich als Achtzehnjähriger für ein Studium an der Militärakademie in Hranice bewarb, erhielt auf Grund seiner bourgeoisen Herkunft einen abschlägigen Bescheid. Mit dem Ungestüm seiner Jugend begann er, zutiefst gekränkt, die neuen Machthaber zu hassen.

Hinzu kam, daß ihm überliefert worden war, daß der deutsche Agent Paul Thümmel, der angeblich die Widerstandsgruppe „Drei Könige", der auch sein Vater angehört hatte, verraten haben sollte, in Wahrheit Kommunist gewesen sei. Paul Thümmel hatte unter dem Decknamen A 54 Nachrichtenmaterial an einen Stabskapitän Moravek vom tschechoslowakischen Geheimdienst geliefert und war von der Gestapo enttarnt worden, weil die Wehrmacht per

Funküberwachung Moraveks Prager Funknetz zuverlässig ange-
peilt hatte.

Obgleich mit ziemlicher Sicherheit auszuschließen ist, daß Paul
Thümmel, Doppelagent und 1927 Mitbegründer der NSDAP im
thüringischen Neuhaus, Kommunist gewesen ist*, vertrat Masin
noch im Jahre 1987 in einem Rundfunkinterview die Theorie vom
Verrat durch einen Kommunisten.

Kehren wir ins Jahr 1948 zurück. Mit Ctibor Novak, einem
Geheimdienstoffizier mit schillernder Vergangenheit, beschloß
Ctirad Masin in den oppositionellen Untergrund zu gehen. Alle
Versuche, den Jungen für den legalen politischen Kampf zu moti-
vieren, blieben erfolglos. Der Heißsporn Ctirad scharte eine Hand-
voll gleichaltriger Burschen um sich, die aus ähnlichen sozialen
Verhältnissen kamen, und erklärte dem neuen Staat seinen privaten
Krieg. In einem Waldstück nahe dem heimatlichen Podebrady hat-
ten sie Waffen versteckt, mit denen sie insgeheim Schießübungen
veranstalteten.

Von dort sollte sich die Blutspur der Brüder Masin bis nach
Deutschland erstrecken. Am 12. September 1951, gegen 21.00 Uhr,
mieteten Ctirad Masin, sein Bruder Josef und Milan Paumer auf
dem Prager Wenzelsplatz ein Taxi nach Hradec Kralove. In der
Nähe von Kersk zwangen sie den Fahrer Eduard Sulc zum Halten,
dirigierten ihn mit vorgehaltenen Pistolen in den Wald und fesselten
ihn mit einer Fallschirmschnur an einen Baum. Den Platz hinter
dem Lenkrad nahm jetzt Milan Paumer ein. Das Taxi raste nach
Chlumec nad Cidlinou. Während Paumer im Taxi wartete, klingelten die Masins an der Tür der kleinen Polizeistation. Arglos öffnete
ihnen der Unterwachtmeister Oldrich Kasik. Ctirad gab vor, den
Diebstahl eines Motorrades anzeigen zu wollen. Der Unterwachtmeister ließ die Besucher eintreten.

Was dann geschah, hat Ctirad Masin im Jahre 1987 dem Redakteur Ota Rambousek vom tschechischen Sprachprogramm des
Senders „Radio Free Europe" in einem Interview geschildert.

---

* Janusz Piekalkiewicz, ein vorzüglicher Kenner militärischer Geheimdienstoperationen und des 2. Weltkrieges, produzierte 1969 eine wegen ihrer
objektiven und tendenzfreien Gestaltung von der Jury des IX. Internationalen Fernsehfestivals in Monte Carlo ausgezeichnete mehrteilige Fernseh-
dokumentation „Spione – Agenten – Soldaten" (1969 ebenfalls als Buch
erschienen), in der Paul Thümmel als Doppelagent, jedoch mit keiner Andeu-
tung als Kommunist charakterisiert wurde.

Rambousek veröffentlichte 1991 das Buch „Jenom ne strach"*.

„Ich holte aus meinem Ärmel ein Stück Metallrohr und versetzte ihm einen herben Schlag ins Genick. Zu meinem Schrecken sah ich, daß der Polizist sich umdrehte und seine Pistole ziehen wollte. Da hat Josef zweimal geschossen."

Daß Masins Darstellung bewußt geschönt ist, beweist die Prager Ermittlungsakte, die zum Bestand des Polizeimuseums in Prag gehört. Der Obduktionsbefund erwähnt ausdrücklich eine „schwere Schädelverletzung". Ebenso erklärt Masin nicht, woher die Blutspritzer an den Wänden und die riesige Blutlache auf dem Schreibtisch stammten, die im Tatortuntersuchungsprotokoll und auf den Tatortfotos fixiert sind.

Am 28. September 1951 erhielt der Sanitätsrettungsdienst in Prag den telefonischen Hinweis, daß an der Ausfallstraße nach Hloubetina eine verletzte Person liege. Die Fahrer Turina und Kalvin übernahmen den Einsatz. Am vermeintlichen Unfallort wurden sie von Ctirad Masin, Milan Paumer und Zbynek Janata in Empfang genommen, zur Fahrt in den Kersker Wald gezwungen, an einen Baum gebunden und chloroformiert. Dann steuerte der Krankenwagen Celakovice an. Ctirad Masin machte sich allein auf den Weg zur Polizeistation. Er klingelte und erzählte dem Stabswachtmeister Honzatko, in der Nähe sei ein Autounfall passiert, der Wachtmeister möge sofort kommen. Als Honzatko am Krankenwagen eintraf, wurde er von den Männern überwältigt. Sie fesselten ihm die Hände auf dem Rücken, verstauten ihn im Krankenwagen und fuhren an der Polizeiwache vor. Da der Wachtmeister sich weigerte, das Versteck des Schlüssels zum Waffenschrank preiszugeben, brachen Masin und Janata den Schrank wütend auf. Fünf Maschinenpistolen, drei Pistolen und mehrere gefüllte Magazine fielen ihnen in die Hände.

Wieder Originalton Ctirad Masin:

„,Genosse, jetzt müssen wir dich einschläfern, damit du uns keine Unannehmlichkeiten bereitest, bevor wir verschwunden sind.' Der Mann war nicht dumm, machte aber einen unfreundlichen Eindruck und er hatte sich nicht kooperativ verhalten.

Uns war eigentlich klar, daß er, wenn wir ihn am Leben ließen, unsere Personen beschreiben konnte. Wir legten ihn aufs

---

* Nur keine Furcht

Sofa und schläferten ihn mit Chloroform ein. Die Fehler von Chlumec durften sich nicht wiederholen. Schüsse wollten wir aber vermeiden, wegen dem Lärm. Ich erinnerte mich an unsere Ausbildungsübungen im Wald, zog mein Fahrtenmesser, das in meinem Gürtel steckte, und erledigte ihn mit einem sauberen Stich."

Der Obduktionsbefund lautet: Tödliche Schußverletzung und Durchtrennung des Kehlkopfes mit einem Messer!

Einige Wochen nach den Ereignissen in Celakovice wurde Ctirad Masin bei einem Streifzug im nordwestlichen Grenzgebiet aufgegriffen. Er führte eine Pistole bei sich und wurde wegen illegalen Waffenbesitzes zu einer zweieinhalbjährigen Haftstrafe verurteilt. Masin verbüßte sie in einem Arbeitslager der Uranerzgrube Jachymow. Eigenen Schilderungen zufolge will er den Produktionsablauf im Schacht mehrfach sabotiert haben.

Bruder Josef, Zbynek Janata und Vaclav Sveda hielten derweil still. Milan Paumer hatte den Einberufungsbefehl zum Militärdienst in der Slovakei erhalten.

Erst am 2. September 1952 – Ctirad Masin befand sich noch in Haft – wurde die Gruppe wieder aktiv. Nahe Horky, einem unbedeutenden ländlichen Flecken, stoppten Josef Masin, Janata und Sveda ein Fahrzeug, das die Lohngelder des volkseigenen Werkes KOVOLIS nach Hedvikov beförderte. Masin trieb die Transportbegleiter mit vorgehaltener Waffe in den Wald und erschoß dort den Buchhalter Josef Resicky. Die Beute aus dem Lohngeldraub betrug 846 000 Kronen.

Im Frühjahr 1953 kam Ctirad Masin im Zuge einer Amnestie anläßlich des 5. Jahrestages des „Februarsieges der Werktätigen" auf freien Fuß. In seinem Kopf hatte sich der Plan festgesetzt, einen Transportzug mit Uranerz für die Sowjetunion in die Luft zu sprengen. Als Vaclav Sveda ihm von einem Sprengstoffdepot in der Grube Kanik erzählte, rückte die Verwirklichung der Attentatspläne in greifbare Nähe.

In einer Nacht- und Nebelaktion kletterten Ctirad Masin, Vaclav Sveda, Zbynek Janata und ein gewisser Hradec durch den Wetterschacht in die Grube hinunter und stahlen vier Kisten Donarit.

Am 7. September 1953 jagte nächtlicher Feuerschein die Einwohner der mährischen Dörfer Nezamyslice, Morice und Visomerice aus den Betten. Riesige Flammen loderten zum Himmel empor. Feueralarm! Die Löschmannschaften wußten nicht, wo sie mit der Brandbekämpfung beginnen sollten. Siebzehn Strohschober waren fast zur gleichen Stunde mittels mechanischer Zündung in Brand gesetzt worden. Auf der Fahrt zum Brandort bemerkten der Feuerwehrkommandant Lecian und der Freiwillige Polizeihelfer Stanislav Blazek zwei unbekannte Männer, die an einem Motorrad bastelten. Als sie die Personalien der beiden Kradfahrer feststellen wollten, eröffnete Ctirad Masin das Feuer. Die erste Pistolenkugel durchschlug Lecians Brustkorb, die zweite zerfetzte sein Auge. Blazek, der im letzten Augenblick in Deckung gehen konnte, mußte in ohnmächtigem Zorn ansehen, wie Masin und Vaclav Sveda im Gelände entkamen.

Der Donarit-Diebstahl in Kanik und der Brandanschlag in Mähren verstärkten die Aktivitäten der Polizei und des Staatssicherheitsdienstes. Das Netz um die Masins begann sich zusammenzuziehen.

Ctirad Masin im Interview mit Ota Rambousek:

„Das war ein großer Schlag gegen die Kollektivierung der Landwirtschaft. Zu wenig Zeit hatten wir, weil mein Bruder und ich die Einberufung zum Militärdienst bekamen. Dort wollten wir aber nicht hin, weil das auch das Ende unserer Aktionen bedeutet hätte. Also entschlossen wir uns, nach dem Westen zu gehen."

In der Nacht vom 3. zum 4. Oktober 1953 überschritten die Masins, Vaclav Sveda, Milan Paumer und Zbynek Janata bei Hora Sv. Katarina – Deutschkatharinenberg – die Grenze zur DDR. Bis auf die Tatsache, daß einer der Männer unterwegs die Pistole verlor, verlief der Grenzübertritt ohne Zwischenfälle. Aber dann machten Regen, Schnee und Kälte – am Grenzstreifen noch ihre Verbündeten – den Flüchtlingen arg zu schaffen. Auch Hunger stellte sich ein. An der Fernverkehrsstraße 101 legten sie sich mit ihren Pistolen auf die Lauer ...

Janatas Festnahme blieb der einzige Erfolg. Da man mit einem weiteren Vordringen der Gesuchten in Richtung Berlin rechnen konnte, wurde ein zweiter Blockadering um die Ortschaften Merzdorf – Baruth – Märkisch-Buchholz – Köthen und Neu Lübbenau erforderlich, um im unübersichtlichen Gelände eine zielgerichtete Suche zu ermöglichen. Dazu benötigte man jedoch Verstärkung, nachdem die Cottbuser Polizeikräfte bereits sechsunddreißig Stunden im Einsatz waren.

Inspekteur Mellmann informierte Berlin. Der Chef der Volkspolizei, Karl Maron, entschied, die Kursanten der Polizeischulen in Aschersleben und Arnsdorf und die Polizeibereitschaft aus dem Bezirk Karl-Marx-Stadt in den Einsatzraum zu verlegen. Weitere Mannschaften sollten aus den Bezirken Dresden, Leipzig, Potsdam und Frankfurt/Oder herangeführt werden. Damit war der Bedarf an zusätzlichen Einsatzkräften zunächst gedeckt.

Als sich herausstellte, daß weitere Kräfte benötigt wurden, drängten die Verfechter militärischer Aktionen in der Polizeiführung, zumeist im spanischen Bürgerkrieg geschult, auf den Einsatz der Kasernierten Volkspolizei. Besonnene Offiziere hielten dagegen: „Die Leute sind kaum ausgebildet. Manche mit Bahnfahrt und Koffertragen nicht länger als vier Wochen dabei." Doch Chefinspekteur Willi Seifert, Stellvertreter des DDR-Polizeichefs, setzte sich durch: „Man bewährt sich im Kampf!" Zwei Stunden später gab Generalleutnant Hoffmann in der Berliner Schnellerstraße, dem Sitz des KVP-Stabes, die Einsatzbefehle.

Diese Entscheidung verlieh den weiteren Geschehnissen eine gewisse Eigendynamik, die eng mit dem besonderen Charakter der Kasernierten Volkspolizei zusammenhing. Die KVP – Vorläufer der Nationalen Volksarmee – war erst 1952 in einer Gesamtstärke von 50 000 Mann aus den Einheiten der Hauptverwaltung Ausbildung im Innenministerium hervorgegangen und befand sich seit den Ereignissen im Juni 1953 in einer grundlegenden Umstrukturierung.

Im Juni 1953 hatten sich - ausgelöst durch die administrative Erhöhung der Arbeitsnormen in den DDR-Betrieben - die seit Ende der vierziger, Anfang der fünfziger Jahre angestauten politischen Spannungen entladen. Angesichts einer nur unwesentlich verbesserten wirtschaftlichen Lage im Osten, die mit den raschen Fortschritten der Lebensbedingungen und dem schnelle Steigen der Löhne in der Bundesrepublik nicht Schritt halten konnte, war die politische und soziale Unzufriedenheit der Menschen im Osten Deutschlands gewachsen. Gleichzeitig hatte sich ein gewisses Oppositionspotential herausgebildet, das die SED-Vormundschaft in allen Bereichen der Politik und Wirtschaft nicht mehr hinnehmen wollte.

Gegen die in diesen Junitagen des Jahres 1953 ausgebrochenen Unruhen kam die KVP zum Einsatz. Es erwies sich dabei, daß sie nicht über ausreichend mobile Reserven für ein Eingreifen in Ausnahmesituationen verfügte. In vielen Einheiten war es zu Befehlsverweigerungen und Desertionen gekommen.

Am 19. und 20. Juni fanden Sitzungen des Politbüros der SED statt, in denen Ulbricht, Grotewohl und Staatssicherheitschef Zaisser die Bewaffnung der Volkspolizei für nicht ausreichend erklärten und einschätzten, daß diese nicht in der Lage sei, die innere Sicherheit der DDR eigenverantwortlich zu gewährleisten.

So trat am 7. Juli 1953 mit ausdrücklicher Zustimmung der sowjetischen Administration in Berlin-Karlshorst der Befehl Nr. 123/53 des Innenministers Stoph in Kraft, der Strukturveränderungen hinsichtlich Personalstärke, Bewaffnung und Ausbildung für die Kasernierte Volkspolizei vorsah.

Ab 1. August unterstanden dem Innenministerium: die Volkspolizei mit allen ihren Hauptabteilungen, die Deutsche Grenzpolizei, die KVP und auch das Staatssekretariat für Staatssicherheit, dem man mit dem Vorwurf des Versagens während der Arbeiterunruhen den Rang eines eigenständigen Ministeriums aberkannt hatte.

In der Volkspolizei selbst wurden schlagkräftige Einheiten der Schutzpolizei gebildet, die als Schnellkommandos oder Bereitschaften in Erscheinung traten. Bei den Polizeiangehörigen stieß diese Entwicklung zu einer stärkeren Militarisierung der DDR-Polizei durchaus nicht auf ungeteilte Zustimmung. Politische Säuberungsaktionen setzten ein. Der damit verbundenen Personalfluktuation suchte man durch die Anwerbung von Arbeiterjungen und Söhnen landarmer Bauern zu begegnen, wofür in den Monaten September und Oktober 1953 landesweite Werbekampagnen gestartet wurden. Die neuen Kader sollten das „Unterpfand für die klassenmäßige Stärkung der Volkspolizei" bilden.

Mit dem Einsatz der KVP-Einheiten in der „Großfahndung Uckro" sollte das stark angekratzte öffentliche Ansehen der Ordnungshüter aufpoliert werden.

Hoffmanns KVP-Truppen in Berlin wurden dem Chefinspekteur Seifert unterstellt, der damit zum Oberkommandierenden aller Einsatzkräfte in der Großfahndung avancierte. Am Morgen des 12. Oktober bezog er Quartier im Kreispolizeiamt Lübben.

Während die südlich der Fernverkehrsstraße 115 agierenden Polizeikräfte durch Inspekteur Mellmann und durch Funktionsträger der Bezirkspolizeibehörde Cottbus geführt wurden, hatte sich die Einsatzleitung Nord, abkommandiert aus Potsdam, mit VP-Inspekteur Odpadlik an der Spitze in Zossen niedergelassen. Gegen Mittag waren die Blockierungsräume, die nun aus einem südlichen und einem nördlichen Kessel bestanden, abgeriegelt.

Dann nahmen die Mannschaften in Linie Aufstellung, rückten auf ein Kommando im unübersichtlichen Gelände vor. Neben uniformierten Gruppen stiefelten Kriminalisten in Zivil durch den Wald. Mitunter wußte einer vom anderen nicht, zu welcher Einheit er gehörte. Und die Männer wußten auch nichts von der tödlichen Entschlossenheit der Flüchtlinge, auf die sie Jagd machen sollten. Dafür versuchte man ihre Einsatzmoral mit schnell gefertigten Flugschriften wie dieser hochzuhalten:

„... Genossen FDJ-ler!
Ihr habt in dem Genossen Grummini das leuchtende Vorbild der konsequenten Pflichterfüllung im Interesse des Staates der Arbeiter und Bauern und damit für eine freie und glückliche Jugend.
Stellt die Mörder und Banditen und führt sie der gerechten Strafe zu!
Genossen Volkspolizisten!
Es darf keine Müdigkeit und kein Nachlassen in der Dienstdurchführung geben, die geringste Verletzung der Disziplin bedeutet Gefährdung des Einsatzes und eine Unterstützung der Mörder."

Als die Brüder Masin, Paumer und Sveda den Bahnhof Uckro in wilder Flucht verlassen hatten, waren sie nach Osten gewandert. Zbynek Janata, der als letzter aus der Bahnhofshalle entkam, verlor den Anschluß. Er irrte allein durch den winzigen Ort, passierte den Friedhof und marschierte dann nordwärts über die Felder, bis man ihn bei Pelkwitz aufgriff.

Seine Kumpane folgten der Fernverkehrsstraße 102. Bevor sie die Kreisstadt Luckau erreichten, kamen ihnen auf der Straße die ersten Polizeifahrzeuge entgegen. Die Tschechen wichen auf die Zölmersdorfer Flur aus, umgingen Luckau im Süden und setzten ihre Flucht in die Zackoer Heide fort. Wieder wurden sie von Angst gehetzt. Sie gönnten sich nur wenige Minuten Rast. Dann stießen sie auf die Autobahn Dresden – Berlin. Noch war es ruhig dort, aber bald würden auch hier Polizeifahrzeuge rollen.

Die Flüchtigen stillten ihren Durst an einem Wassertümpel. Als es tagte, krochen sie in einer Feldscheune unter. Unruhiger Halbschlaf. Jedes Motorengeräusch in der Ferne schreckte die Männer auf. Sie waren froh, als die Abenddämmerung einsetzte, in deren Schutz sie ihre Flucht fortsetzen konnten.

Die Autobahn wurde gerade abgesperrt. Sie beobachteten das Anrollen der Fahrzeugkonvois. Bewaffnete Polizisten sprangen von den Autos und bezogen am Fahrbahnrand Posten.

„Zurück!" kommandierte Ctirad Masin.

Am Ufer eines breiten Wassergrabens, der Berste, beratschlagten die Tschechen.

„Das beste wird sein, wir kriechen ein paar Tage unter. Wenn sie nichts von uns mitbekommen, wird die Polizei wieder ruhiger."

Noch in der Nacht marschierten sie bis Reichwalde. Sie umkreisten vorsichtig die Ortschaft, nahmen jedes Gehöft in Augenschein. In der Mitte des Straßendorfes lag der Hof der Bäuerin Lommel. Die Scheune, nicht mehr als einhundert Meter vom nächsten Waldzipfel entfernt, hatte die günstigste Lage für die Männer. Sie drangen in das Gebäude ein und vergruben sich im Stroh über der Tenne.

Die Masins verhielten sich still. Tote gab es dennoch. Am 12. Oktober, gegen 21.30 Uhr, geriet der Soldat Alexander Streich in einen Streit mit seinem Unteroffizier. In einer dunklen Ecke stürzte sich der Angetrunkene auf seinen Vorgesetzten. Sie fielen zu Boden, schlugen aufeinander ein. Ein Leutnant M., der zufällig auftauchte, glaubte an einen Angriff der Banditen. Er zog die Pistole und erschoß Streich.

In der selben Nacht feuerte der knapp achtzehnjährige Anwärter Rolf Schmidt bei dem Dorf Hohenseefeld ins Gebüsch. Ein Rascheln hatte ihn aufgeschreckt. Sofort knatterten in der Schützenkette links und rechts Maschinenpistolen los. Eine verirrte Kugel streckte den blutjungen Polizeianwärter nieder.

Am 14. Oktober wurde im Raum Karl-Marx-Stadt Alarm ausgelöst. Angeblich waren die Banditen gesichtet worden. Bei der Durchsuchung des Geländeabschnittes löste sich aus der Waffe des Polizeiangehörigen K. versehentlich ein Schuß und tötete den Oberwachtmeister Siegfried Hoffmann.

Andernorts wurde der Polizeiangehörige Manfred Klemm durch einen Beckenschuß verletzt, den ein vermeintlicher Bandit abgefeuert haben soll.

Unsicherheit und Angst verbreiteten sich in den Reihen der Polizei. Gerüchte über die Todesumstände hielten sich hartnäckig, weil die Polizeiführung nicht bereit war, die Wahrheit zu sagen. Die Unfallopfer wurden, wie belegt werden kann, kurzerhand zu „Opfern der imperialistischen Mordbuben" erklärt.

Die Masins hockten in ihrem Versteck relativ warm und sicher. Nachts krochen sie abwechselnd aus dem Stroh, um die Nachbargärten zu plündern. Sie lebten von Obst, Möhren, grünen Tomaten und Futterkartoffeln. Zuweilen pirschten sie sich an die Milchkannen heran, die allmorgendlich von den Bauern als Pflichtablieferung auf der Dorfstraße zur Abholung bereitgestellt wurden. Die Hofbewohner unterschieden sie nach ihren Stimmen. Da war die Eigentümerin, eine resolute Bäuerin, mit ihren zwei Kindern im Alter von 10 und 12 Jahren. Dann eine etwa vierzigjährige Frau, die offensichtlich die Rolle der Magd spielte und mit ihren drei Kindern ein kleines Seitengebäude bewohnte. Sie kannten auch bald den Tagesablauf ihrer Hausgenossen, der von der Viehhaltung und Bodenbewirtschaftung auf einem Kleinbauernhof bestimmt war. Jeden Tag betrat jemand die Scheune, um Heu oder Stroh zu holen. Von den ungebetenen Gästen ahnte offenbar keiner etwas.

Eines Morgens wurde das Dorf durch ein Polizeiauto geweckt, das zweimal in Schrittempo durchs Dorf fuhr und durch einen Lautsprecher verkündete:

„Achtung! Achtung! Hier spricht die Volkspolizei!
Am 10. 10. 1953 wurde in Uckro, Kreis Luckau, ein VP-Angehöriger von einer Banditengruppe ermordet, nachdem sie vorher einen Raubüberfall auf einen Arzt durchgeführt hat.
Personenbeschreibung:
1. 22 Jahre, untersetzt, ca 1,85 m groß, blond, blaue Augen, Gesichtsform oval, gerade Nase, grauer Anzug, schwarze Schuhe, graues Hemd.
2. 20 Jahre, 1,75 m groß, hellblond, ovales Gesicht, untersetzt, grauer Anzug, braune Halbschuhe, graues Hemd.
3. ca 30 Jahre, 1,76 m groß, braunes Haar, graue Augen, normale Figur, grauer Anzug, grünes Hemd, braune Schuhe.
4. 21 Jahre, 1,76 m groß, schwarze Haare, brauner Anzug, braune Schuhe, hellgrünes Hemd, grau-grüne Augen, normale Nase, längliches Gesicht.
Wir rufen die Bevölkerung zur intensiven Mitfahndung auf! Es liegen konkrete Hinweise vor, daß sich die Banditen noch in diesem Gebiet befinden. Wir bitten, alle Beobachtungen und Feststellungen, die zur Festnahme dieser Banditengruppe führen können, sofort der nächsten Volkspolizei-Dienststelle zu melden."

Wenige Stunden später durchkämmten Polizisten in Schützenkette die Umgebung des Dorfes. Daß sie die Häuser, Ställe und Scheunen der Bauern nicht durchsuchten, stellt eine unerklärliche Unterlassung dar, die folgenschwer war.

Am Freitag, dem 16. Oktober, ging Vera Kwiatkowski, die vierzigjährige Landarbeiterin, zur Scheune, um Stroh zu holen. Mittagsstille lag über dem Lommel-Hof, nur dann und wann unterbrochen vom Klirren einer Kuhkette im Stall, dem Grunzen eines Schweines oder dem kurzen Aufwiehern eines Pferdes. Das Scheunentor knarrte leise, der rechte Flügel klemmte. Der herbe Geruch von Heu und frischem Stroh schlug der Frau entgegen. Auf der Tenne lagerten Kartoffelsäcke und links, in einem Verschlag hinter Brettern, frisch eingebrachte Rüben.

Vera Kwiatkowski musterte das Stroh in der Banse zu ebener Erde. Nicht für ihre Zwecke geeignet. Sie suchte nach frischen Bunden, um die Bettstatt zu polstern. Die Bäuerin hatte ihr das Stroh versprochen. Frau Lommel wußte sehr wohl, wie wichtig die Arbeitskraft der Umsiedlerin für den Erhalt des Kleinbauernhofes war. Der Bauer lebte nicht mehr, er war in der russischen Steppe gefallen. Die Kwiatkowski hatte mehr Glück gehabt. Obwohl in den Kriegswirren von ihrem Mann getrennt, hatte sie ihn nach fünfjähriger Suche über das Rote Kreuz in Deutschland gefunden. Marian Kwiatkowski lebte in der DDR und arbeitete auf einer Großbaustelle bei Buna. 1950 war die Frau aus dem polnischen Oberschlesien mit den Kindern nach Reichwalde gezogen, wohin der Mann an den Wochenenden zu Besuch kam.

Zur Rechten lehnte eine Leiter. Sie führte zum Heuboden. Die Frau erklomm die Sprossen, stieg ins Stroh. Ziemlich duster war es in den Ecken, das Tageslicht drang nur gedämpft herein. Veras Augen mußten sich erst an die Dunkelheit gewöhnen. Als sie verharrte, fiel ihr ein merkwürdiger Geruch auf. Wie modriges Leder, feuchte Kleidung und menschlicher Schweiß. Während des Krieges hatte sie ihn in den Fluchtquartieren oft gerochen. Unsinn! Diese Zeiten waren längst vorbei und kehrten hoffentlich nie wieder! Sie wühlte im Stroh, hob abwägend das eine oder andere Bund auf, legte es unentschlossen zur Seite. Da vernahm sie deutlich ein Rascheln. Die Kwiatkowski fuhr herum.

Vor ihr lagen zwei Männer im Stroh, nur die Köpfe ragten heraus. Für einen Moment starrte die Frau in die unrasierten Gesichter. Als sich einer der Männer aufzurichten begann, löste sich ihre

Erstarrung. Wie ein Blitz jagte die Kwiatkowski die Leiter hinunter, warf den Torflügel hinter sich zu und rannte ins Auszugshaus, das sie mit ihren drei Kindern bewohnte. Vera verriegelte sofort die Tür, dann, noch auf der Schwelle, sanken ihre Schultern nach vorn, als hätten sie ihre Kräfte verlassen. Gottlob, die Kinder waren noch in der Schule. Die Fremden mußten die Mörder sein, nach denen die Polizei suchte!

Vaclav Sveda war der Frau mit gezückter Pistole gefolgt. Er vermutete, sie sei ins Wohnhaus geflüchtet. Wütend stieß er die Küchentür auf und stand der verdatterten Helene Lommel gegenüber. „Ruhig!" bedeutete ihr der Tscheche. „Nix schreien!"

Die Hofbesitzerin fiel vor Schreck auf einen Küchenstuhl. Furcht zeichnete ihr Gesicht.

„Gib Brot!" forderte Sveda. „Hunger!"

Mit zitternden Knien raffte sie sich auf und nahm einen Laib Brot aus dem Kasten.

Der Tscheche nickte. „Speck!" verlangte er.

Die Bäuerin erfüllte auch diesen Befehl. „Um Gotteswillen, tun Sie mir nichts", flehte sie. „Ich habe doch Kinder."

„Nix sagen – nix Polizei!" Sveda schwenkte die Pistole. „Wenn Abend, dann Wald und weg!"

Er kehrte in die Scheune zurück, wo die Gefährten ihn voller Spannung erwarteten.

Ihre Lage war kritisch geworden. Sie beratschlagten. Ctirad meinte, es käme einem Selbstmord gleich, wollten sie bei Tageslicht ihren Unterschlupf verlassen. So beschlossen sie, bis zur Dämmerung auszuharren, belauerten aber jede Bewegung auf dem Bauernhof.

Vera Kwiatkowski gelang es, die Kinder am Hoftor abzupassen. „Lauft schnell zu Herrn Schwella!" flüsterte sie ihnen zu. „Sagt dem Gemeindediener, daß die Banditen in Lommels Scheune sitzen!"

Im Stab der Luckauer Einsatzleitung herrschte Ratlosigkeit. Seit Tagen fehlte jede Spur von den flüchtigen Tschechen. Die wenigen Hinweise, denen man nachgegangen war, hatten nicht weitergeführt.

„Die können sich doch nicht in Luft aufgelöst haben", knurrte Mellmann, der mit Besorgnis registrierte, wie die Moral seiner Truppe zu bröckeln begann. Gegen 11.00 Uhr machte er sich auf den Weg nach Lübben. Chefinspektor Seifert erwartete einen Lagebericht.

In Luckau blieben die Offiziere der Bezirksbehörde Cottbus zurück: Oberrat Gaberecht, Kripochef Rebentisch und Polizeirat Grund, der das Kreisamt in Luckau leitete. Einige Mitarbeiter der Staatssicherheit hatten sich zu den Offizieren im Stab gesellt. Sie alle waren mit den Ergebnissen der Fahndung unzufrieden. Keiner machte einen Hehl daraus. Obgleich Janatas Festnahme die Zweckmäßigkeit der Cottbuser Taktik bewiesen hatte, waren von Mellmann und Seifert die Einsatzgruppen aus den Dörfern abgezogen worden. Sobald man nun Hinweise über den Aufenthalt der Banditen hatte, verursachte das aufwendige Truppenbewegungen, mit denen man viel Zeit verlor. Bei den Offizieren hatte sich Frust angesammelt, der nicht unwesentlich zu einer verhängnisvollen Fehlentscheidung beitragen sollte.

Gegen 14.00 Uhr ging im Luckauer Stab die Meldung ein, die diesmal vielversprechend klang:

„Die Banditen wurden in Reichwalde gesichtet! Gehöft Lommel. Die Bäuerin hat die Burschen im Stroh entdeckt!"

Der ranghöchste Stasi-Offizier stand schon vor der Stabskarte. „Fünfzehn Kilometer bis Reichwalde. Los, die schnappen wir uns!"

Kripochef Rebentisch zögerte. Er schaute zu Gaberecht. Der Oberrat nickte. „Kämmt notfalls jedes Gehöft durch!" befahl er.

Die Männer eilten davon. Rebentisch griff sich ein paar Leute, die auf dem Hof des Kreisamtes standen, und fuhr mit dem Fahrzeug der Mordkommission vom Hof. Das Jagdfieber hatte die Beamten gepackt. Vor allem aber beflügelte sie die verlockende Aussicht, den Einsatz mit einem Überraschungsschlag krönen zu können. Siegesgewiß mißachteten sie alle bewährten Grundsätze für das Vorgehen in einem solchen Fall. Mit Getöse erreichten die Fahrzeuge das Straßendorf Reichwalde.

Sveda, Paumer und die Masins sprangen aus ihrem Versteck, überwanden den rückwärtigen Zaun und hetzten auf den Waldzipfel zu. Ein Motorrad jagte von rechts über die Wiesen heran. Der uniformierte Fahrer sprang ab und eröffnete mit seiner Pistole das Feuer. Auf dem Feldweg bremste ein PKW, aus dem bewaffnete Zivilisten sprangen. Schüsse peitschten hinter den Flüchtigen her, die im letzten Moment das Dickicht des Waldes erreichten.

Der Trupp, der in Lommels Scheune einbrach, stöberte nur noch eine vergessene Baskenmütze auf, einige angebissene Möhren und ein Päckchen Traubenzucker.

Die Chance war vertan. Es blieb wieder nur die Verfolgung, die Kripochef Rebentisch sofort organisierte. Der Kontakt zu den Flüchtigen durfte nicht abreißen. Die Spur war noch frisch. Seine Männer schwärmten in Suchkette aus, durchkämmten zügig den Mischwald. Sie wollten so schnell wie möglich mit einem Erfolg den vorangegangenen Fehler wiedergutmachen.

Die Flüchtlinge hetzten pausenlos nach Norden, nur wenig Vorsprung vor ihren Verfolgern. Geschoßgarben fetzten ins Unterholz. Die Tschechen sparten Munition. Sie erwiderten das Feuer nur, wenn ihnen die Jäger gefährlich nahe kamen.

Dann lag die Fernverkehrsstraße 115 vor ihnen, die die Städte Golßen und Lübben verband. Die Chaussee war von der Polizei aber nur mit Doppelposten gesichert, die größere Abstände eingenommen hatten. Die Polizisten hatten das Feuergefecht herankommen hören und waren in Deckung gegangen. Fast unbehelligt konnten die Flüchtigen dadurch über die Straße setzen. Das Gezweig der Büsche schlug hinter ihnen zusammen. Und immer wieder fielen Schüsse.

Forsthaus Waldow

Südlich von Waldow, etwa achthundert Meter vor dem Dorf, liegt das Forsthaus Reichwalde-Waldow. Revierförster Rudolf Kunze brütete in seinem Büro über dienstlichem Papierkram: Holzeinschlag in Festmeterzahlen, Kennziffern für Aufforstungsflächen, Schädlingsbefall im Baumbestand.

Im Forst herrschte Abendstille. Die Kiebitze schwiegen, das Rucksen der Wildtauben war verstummt. Dafür flötete im Garten eine Amsel. Kunze blickte aus dem Fenster, er konnte den gefiederten Sänger aber nicht entdecken.

Als die ersten Schüsse in der Ferne knatterten, verfinsterte sich das Gesicht des Revierförsters. Russische Offiziere, die ihre Jagdleidenschaft im Wald austoben, war sein erster Gedanke. Ziemlich wahllos ballerten die auf alles, was sich im Unterholz bewegte. Proteste und Anzeigen hatte Kunze zur Genüge an die höhere Forstbehörde eingereicht. Mit Schulterzucken waren sie von seinen Vorgesetzten beantwortet worden und hatten ihm obendrein den Ruf eines politischen Nörglers eingebracht.

Die Schießerei hielt an. Der Lärm kam näher. Bald konnte Kunze zwischen dem Krachen der Karabiner und den kurzen Garben aus Maschinenpistolen das trockene Bellen von Pistolenschüssen heraushören. Er warf die Abrechnung zur Seite und ging in den Garten.

Im Hochwald jenseits der Straße kreischte ein Eichelhäherpärchen. Die bunten Vögel flatterten aufgeschreckt davon. Und schon sah Kunze einige Gestalten in verwildertem Habitus aus dem Unterholz brechen. Mehrere Männer hatten Pistolen in den Fäusten. Sie schauten sich rasch um und rannten auf das Siedlungshaus der Familie Grützner zu.

Dort trat Helmut Grützner zum Hoftor. Der Lärm der Schüsse hatte seine Neugier geweckt.

„Hallo!"

Grützner entdeckte einen wildfremden Mann, der wie aus dem Boden gewachsen hinter dem Zaun auftauchte.

„Berlin – wo?"

Grützner deutete zur Rückseite seines Grundstückes. Dort begann Mischwald, der zweihundet Meter weiter an einem Wiesenrain endete. Als der Hofbesitzer sich umdrehte, war der Fremde schon wieder verschwunden. Dann wimmelte es plötzlich von blauen Uniformen in der Umgebung. Auf der Straße nach Waldow dröhnten Autos heran. Motorräder kurvten über die zerfahrenen Feldwege.

Paumer, Sveda und die beiden Masins waren bis zum Wiesenrain vorgedrungen. Vierhundert Meter freies Gelände tat sich vor ihnen auf. Dann begann ein anderes Waldstück, hinter dem die Dächer der Waldower Häuser hervorsahen.

Auf der Straße zur Rechten wurden die Flüchtlinge von Polizeifahrzeugen überholt. Weiter links, auf dem Sturzacker, knatterten Kräder. Die Tschechen saßen fest.

„Abwarten, bis es dunkel wird", befahl Ctirad Masin. „Verteilt euch im Gelände!"

Sie verkrochen sich in der Wildnis. Der unebene, von zahllosen Rinnen durchzogene Humusboden war mit Herbstgräsern, Farnkraut und Preiselbeergestrüpp bewachsen. Abgebrochene Äste lagen unter den Eichen und Buchen. Sie boten den Flüchtigen eine ausgezeichnete Tarnung. Die Vorgänge am Waldrand bedeuteten nichts Gutes. Ctirad Masin ahnte, daß sich um den Waldzipfel ein fester Polizeikordon schloß. Auf der Wiese fuhren Lastkraftwagen auf, die das Licht ihrer Scheinwerfer über den Waldsaum streuten. Die ersten Polizisten wagten sich ins Unterholz vor.

Ctirad Masin in Rambouseks Buch:

„Ich lag hinter einem Baum im hohen Gras, den Kopf eng an den Boden gepreßt, um nicht entdeckt zu werden. Die Pistole hielt ich schußbereit. Ich lauerte auf einen günstigen Augenblick ... Dann habe ich mir einen Mann ausgesucht, der ungefähr 120 Meter links von mir an einem Graben stand. Er hatte eine dunkle Polizeiuniform an und stützte sich mit seinem Ellenbogen auf ein Gewehr.

Da nahm ich die Pistole in Anschlag und zielte sorgfältig, damit der Schuß nicht daneben ging. Die Kugel fuhr aus dem Lauf. Ich hörte den Knall. Der Polizist kippte um, ohne einen Laut von sich zu geben ... Wie ich dann aus der Zeitung erfahren habe, war es der 31jährige Oberrat der Volkspolizei, Herbert Hoffmann."

Hier irrte Masin. Nicht Oberrat Hoffmann, der als Leiter der Mordkommission Zivilkleidung trug und lediglich mit einer Pistole bewaffnet war, wurde sein erstes Opfer am Forsthaus Waldow, sondern der dreiundzwanzigjährige Hauptwachtmeister Heinz Sunkel – Vater von zwei Kindern. Ein Gedenkstein erinnert noch heute an dieser Stelle an die Untat.

Doch damit nicht genug:

„Vom Waldrand näherte sich geduckt ein junger Vopo. Die Pistole hielt er schußbereit. Er spähte aufmerksam ins Gras und in die Sträucher. Er kam bis zu mir, blieb stehen und rief zu seinem Leutnant, daß im Wald niemand sei. Dann drehte er sich um und ging langsam zurück. Als er ungefähr 30 Meter entfernt war, zielte ich zwischen seine Schulterblätter

und schoß. Er fiel lautlos um und blieb mit dem Gesicht zur Erde reglos liegen. Es war der Hauptwachtmeister der Volkspolizei Heinz Sunkel ... Neben dem Kommissar Grummini in Uckro habe ich dann noch den Genossen Kommissar Martin Lehmann ‚abgeschrieben'."

Der Mann mit der Pistole, den Ctirad Masin hinterrücks erschoß, war Martin Lehmann, ein Fahndungsoffizier der Cottbuser Kriminalpolizei.

Augenzeugenberichte und die Recherchen des Chronisten belegen, daß am Forsthaus Waldow nur die Polizisten Sunkel und Lehmann ums Leben gekommen sind. Der Tod des Oberrat Hoffmann ereignete sich Stunden später.

Gegen 21.00 Uhr war die Lage für die vier Flüchtlinge schier aussichtslos geworden. Mit jeder Minute trafen weitere Polizeikräfte ein. Der Ring wurde dichter.

„Wir müssen raus aus dem Kessel, sonst sind wir geliefert", sagte Masin. Er deutete auf die hellerleuchtete Wiese. „Wir pusten den Vopos die Lampen aus und halten uns dann in der Deckung des Grabens zur Linken. Einen anderen Weg gibt es nicht. Los!"

Sie sprangen auf. Die Waffen spuckten Feuer. Sveda und Josef Masin nahmen die Autos unter Beschuß. Glas klirrte. Zwei, drei Scheinwerfer fielen aus. Ctirad Masins Schüsse zwangen die Posten, hinter den Fahrzeugen Deckung zu suchen. Dann erst reagierten sie und schossen mit Polizeikarabinern und Maschinenpistolen zurück.

Unterdessen erreichten die Tschechen den Waldrand. Vaclav Sveda hatte es am Arm erwischt, und er verlor viel Blut. Das Waldstück, in dem sie sich jetzt befanden, glich urwaldartigem Dschungel. Unter größter Vorsicht erkundeten sie das Dickicht, das im Nordwesten an den Waldower Friedhof angrenzte. Wilder Efeu umrankte die Stämme der betagten Bäume, bildete einen Schirm, unter dem die Männer sich eingruben. Die Nacht verstrich langsam. An Schlaf war nicht zu denken. Svedas Wunde schmerzte. Gegen Morgen begann er zu fiebern.

Im Stab Mellmann herrschte unterdessen große Aufregung und wenig Besonnenheit. Rebentisch forderte eine Hundestaffel an. „Noch stecken sie im Kessel", beschwor er seine Vorgesetzten. „Wir müssen nur die Hunde reinschicken!"

„Auf gar keinen Fall nachts", wehrte der Kommandeur der Pretzscher Hundeführerschule ab. „Wir müssen bis zum Tagesanbruch warten."

Aus Lübben griff Feldherr Seifert in das Geschehen ein. Er befahl: „Die Banditen sind unter allen Umständen im Kessel niederzuhalten! In zwei Stunden kommt Verstärkung."

Die Karl-Marx-Städter Polizeibereitschaft unter ihrem Kommandeur Horst Ende und die Einheiten der KVP wurden in ihren Quartieren hochgejagt und nach Waldow in Marsch gesetzt.

Ende ließ die Straße am Dorfrand von seinen Truppen besetzen. Schotterhaufen, die zur Ausbesserung der Fahrbahndecke dienen sollten, boten seinen Männern Schutz.

Bevor die Morgennebel stiegen, verließen Milan Paumer und die beiden Masins den Forst. Sveda hatten sie zurückgelassen. Unter einem Reisighaufen verborgen, hoffte er, von den Suchketten der Polizei übersehen zu werden. Seine drei Gefährten pirschten sich an die Straße. Es schien zu klappen. Schon wähnten sie sich in Sicherheit, als ihnen das Kommando „Halt! Wer da?" entgegenschallte.

Wieder Schüsse. Sie flüchteten zum Wald zurück. Leuchtkugeln stiegen in den Himmel. Neben ihnen im Stoppelfeld schlugen Schüsse ein.

Noch einmal Ctirad Masin:

> „Josef hat mehrere Schüsse abgegeben, aber in diesem Augenblick war Lärm auf der gesamten Länge der Straße. Leuchtkugeln gingen hoch, soweit wir sehen konnten. Blitzschnell machten wir kehrt und rannten in den Wald zurück. Leuchtspurmunition flog von überallher heran. Wir sind bis zum Waldrand geflüchtet und verschwanden im letzten Augenblick unter kleinen Fichten. Später haben wir von einem Leutnant der Vopo, der auch abgehauen war, erfahren, daß sie in den eigenen Reihen einen Major erschossen haben."

Der Name dieses Toten lautet Herbert Hoffmann. Sein Dienstgrad Oberrat entsprach dem militärischen Majorsrang. Ctirad Masin blieb uns die Umstände um Hoffmanns Tod in seinem Bericht schuldig. Er glaubte, am Forsthaus Waldow drei Polizisten getötet zu haben, womit er der offiziellen Darstellung der DDR-Polizeiführung aufsaß. Die hohen Herren hatten Hoffmann aus propagandistischen Gründen in der Öffentlichkeit zum Mordopfer erklärt.

In den Archivunterlagen wird Hoffmanns Tod jedoch erst am 17. Oktober erwähnt. Mit einem Vermerk, der besagt: Nördlich der Einkreisung Waldow. Bei der Verfolgung der ausgebrochenen Banditen.

Nachdem die Schießerei vor Waldow aufgeflackert war, hatte Hoffmann sich in den EMW der Mordkommission geworfen. Er, der Kraftfahrer und ein Offizier der Staatssicherheit jagten dem Dorf zu. Auf der Straße geriet ihr Wagen unter Beschuß. Hoffmann sprang aus dem Auto. Er trug Zivilkleidung und schrie: „Nicht schießen! Polizei!" Als er dabei in den Lichtkegel eines Scheinwerfers geriet, trafen ihn die tödlichen Kugeln. Seine Begleiter wurden durch Streifschüsse verletzt. So der Hergang, wie er aus der erwähnten Aktennotiz und den Schilderungen der Zeugen rekonstruiert werden konnte. Für Oberrat Hoffmanns Tod ist Ctirad Masin demnach nicht direkt verantwortlich. Die Schuld der Masins jedoch wird dadurch kaum geringer.

Als die Hundemeute bei anbrechendem Tageslicht ins Wäldchen am Waldower Friedhof einfiel, stöberte sie den hilflosen Sveda auf. Der Tscheche wurde festgenommen und noch am gleichen Tag in sicheres Gewahrsam ins Zuchthaus Brandenburg überstellt. Seine Kumpane indessen waren wieder einmal untergetaucht. Man kann vermuten, daß sie das Durcheinander bei Herbert Hoffmanns Tod nutzten, um aus dem Kessel zu entkommen.

Chefinspekteur Seifert verlor die Fassung, als der Stab Mellmann ihm die Bilanz des 16. und 17. Oktober vorlegte: Zwei Männer durch bewaffnete Banditen erschossen; ein Toter und zwei Verletzte durch Verschulden in den eigenen Reihen! Die Festnahme des verletzten Tschechen konnte dagegen kaum als Erfolg gelten.

„Unglaublich, was Sie sich da geleistet haben!" herrschte er Mellmann an. „Ihre Unfähigkeit schreit zum Himmel!"

„Dann kann ich ja von meinem Kommando zurücktreten!" erklärte dieser indigniert.

„Aufgeben...?" Seifert verlor endgültig die Fassung. „Das könnte Ihnen so passen, sich aus der Verantwortung zu stehlen! Nehmen Sie gefälligst zur Kenntnis, ich löse den Stab in Luckau auf! Alle Offiziere unterstehen meinem Befehl in Lübben!" Pause. Und dann: „Ich habe im übrigen eine Verstärkung unserer Einheiten durch leichte motorisierte Truppen der Roten Armee veranlaßt!"

Oberrat Rebentisch schloß entsetzt die Augen. Diese Entscheidung dürfte das Kriegsgetümmel noch um ein Vielfaches vergrößern, befürchtete er.

Vaclav Sveda war mittlerweile in Brandenburg eingetroffen. Nach der medizinischen Betreuung nahmen sich der VP-Inspekteur Weidlich, seines Zeichens Chef der Untersuchung in der Hauptabteilung K, und ein Oberleutnant Behrend vom Staatssicherheitsdienst des Häftlings an. Herbert Weidlich, der längere Zeit in der Prager Emigration gelebt hatte, beherrschte die tschechische Sprache.

Svedas erstes Verhör begann am 17. Oktober um 19.30 Uhr. Es endete am darauffolgenden Tag um 07.15 Uhr. Nach einer fünfstündigen Pause, die man ihm immerhin zugestand, begann bereits die zweite Vernehmung, deren Dauer mit dem Vermerk „Beginn 12.20 Uhr; Ende 18.45 Uhr" angegeben ist.

Nach anfänglichem Leugnen packte der geschwächte Sveda gründlich aus. Als am 19. Oktober Vertreter des Prager Innenministeriums anreisten, um Janata und Sveda in die tschechoslowakische Republik zurückzuführen, erhielten sie obendrein von der Berliner Polizeiführung komplette Geständnisse, die den tschechischen Staatssicherheitsdienst in die Lage versetzten, den Personenkreis um Ctibor Novak, Zdenka Masinova, Zbynek Bouse und Vladimir Mrasec festzunehmen.

Vor einigen Wochen wurden zwei Mitglieder einer fünfköpfigen aus der CSR stammenden Terroristenbande von unseren Sicherheitsorganen verhaftet. Der festgenommene Vaclav Š v e ḍ a , geb. am 26. April 1921 in Pivin/CSR, sagte aus, daß er vor dem Beginn seines Terroreinsatzes im Gebiet der Deutschen Demokratischen Republik einen Dollarbetrag erhielt. Dieses Geld sollte es ihm ermöglichen, falls die Gruppe auseinandergerissen

Das ist der verhaftete Mörder Vaclav Šveda. Er wird sich für den Mord an Volkspolizisten zu verantworten haben.

würde sich nach Westdeutschland durchzuschlagen. Dort sollte er im Lager Walka Aufnahme finden. Das Lager Walka steht unter amerikanischer Leitung. Der Terroristengruppe gehörte auch Strida M a š i n an, Sohn des früheren Benesch-Generals Mašin. Strida M a š i n war bereits vor einigen Jahren von den tschechoslowakischen Sicherheitsbehörden wegen seiner Zusammenarbeit mit amerikanischen Dienststellen in der CSR zu zwei Jahren Freiheitsentzug verurteilt worden. Er verdankte es der Großzügigkeit der tschechoslowakischen Organe, daß er die Haftzeit nicht zu verbüßen brauchte, man beließ ihn weiterhin in Freiheit. Dieses Entgegenkommen „belohnte" Mašin mit dem Mord an vier Volkspolizisten im Gebiet der Deutschen Demokratischen Republik.

Textpassage aus: „X 3265 ... schweigt ...", Propagandaschrift über Spionage gegen die DDR, herausgegeben vom Büro des Präsidiums des Nationalrats der Nationalen Front, Berlin 1953.

Vernehmer
Herbert Weidlich

Die Offiziere des SBN revanchierten sich mit Fotos der Flüchtigen, die zur Herausgabe eines Steckbriefes verwendet wurden. 1000 DM Belohnung setzte Generalinspekteur Maron für zweckdienliche Hinweise aus, die „zur Ergreifung der drei wegen mehrfachen Mordes gesuchten Banditen" führen.

Am 20. Oktober 1953 widmete sich die in Cottbus erschienene „Lausitzer Rundschau" den Ereignissen von Uckro und Waldow. Auf ihrer Titelseite veröffentlichte sie die Fotos der vier getöteten Polizisten sowie ihre Lebensläufe. In einer Mitteilung der Bezirksbehörde der Volkspolizei verlautete dazu:

> „Im Auftrage ausländischer und Westberliner Agentenzentralen wurden am 10. Oktober 1953 in das Gebiet der Deutschen Demokratischen Republik bewaffnete faschistische Terroristen eingeschleust. Sie verfolgen das Ziel, im Gebiet unserer Republik Sabotageakte und Morde zu organisieren. Dank der Wachsamkeit der Staatsorgane und der Mithilfe der Bevölkerung gelang es, bereits zwei dieser Verbrecher festzunehmen: darunter befindet sich auch der Anführer der Bande.

175

1000 DM Belohnung

für zweckdienliche Angaben, die zur Ergreifung der drei wegen mehrfachen Mordes und Raubüberfalls gesuchten Banditenführen!

Maczin, Czirard
etwa 22 Jahre alt
Gestalt: untersetzt; etwa 1,85 groß;
Haar: blond; Augen: blau; Nase: normal;
Gesichtsform: oval; Bekleidung: grauer
Anzug, schwarze Schuhe, graues Hemd

Maczin, Joseph
20 Jahre alt
Gestalt: untersetzt; 1,75 groß;
Haar: dunkel; Gesicht: oval; Nase: normal; Bekleidung: grauer Anzug, graue
Halbschuhe, graues Hemd

Baeumer, Milian
etwa 21 Jahre alt; etwa 1,76 groß;
Haar: schwarz; Gesicht: länglich;
Augen: grau-grün; Nase: normal;
Bekleidung:
brauner Anzug, braune Halbschuhe,
hellgrünes Hemd

Die drei Mörder sprechen nicht deutsch, nächtigten mehrere Tage im Freien und sind verwahrlost. Bekleidung kann gewechselt sein.

Die Bevölkerung wird aufgefordert, bei der Festnahme der drei gemeingefährlichen Verbrecher mitzuhelfen. Zweckdienliche Angaben sind bei der nächsten VP-Dienststelle oder VP-Angehörigen zu machen.

Achtung! Die Mörder sind im Besitze von Schußwaffen!

Chef der Deutschen Volkspolizei
Maron

(87/11) 10. 53   Ag 67/53

176

Die Brutalität dieser Verbrecher geht daraus hervor, wie der Bevölkerung bereits mitgeteilt wurde, daß vier Volkspolizisten im Kampf gegen die Terroristen den Tod fanden. Die Volkspolizei hat im Interesse der friedliebenden Bevölkerung alle erforderlichen Maßnahmen eingeleitet zur Liquidierung der Überreste der Terrorgruppe.

Die Bevölkerung des Bezirkes Cottbus und des Bezirkes Potsdam wird aufgerufen, die Maßnahmen der Staatsorgane aktiv zu unterstützen. Alle Anweisungen und Richtlinien sind im eigenen Interesse strikt einzuhalten. Jede Unterstützung der Terroristen wird nach dem Gesetz bestraft."

Nicht nur, daß Hoffmanns Tod für die Öffentlichkeit dem Konto der „Terrorbande" hinzugerechnet wurde, auch propagandistisch wurden die Ereignisse vermarktet. In einem weiteren Bericht auf der gleichen Zeitungsseite hieß es unter anderem:

„Als Antwort auf die Ermordung der drei Kameraden von der Volkspolizei bat der Kollege Werner Jahn vom VEB Feintuchfabrik Finsterwalde um Aufnahme in die Partei der Arbeiterklasse ..."

Aufschlußreich ist auch die deutliche Drohung, jede Unterstützung der flüchtigen Tschechen unnachsichtig bestrafen zu wollen. Das unverbrüchliche Bündnis zwischen Polizei und Volk, wie die tägliche Propaganda es beschwor, war offenbar doch nicht so fest geschmiedet.

So erklärt sich auch, warum man im Stab Seifert fieberhaft rätselte, ob und bei wem die Tschechen in Waldow Unterstützung gefunden haben könnten. Nach altbewährter Methode suchte man nach Verdächtigen, die hierfür geeignet erschienen. Aus einer Analyse der Stasi-Ermittler stammt dieser Extrakt:

„1. Etwa 90 % der Bevölkerung von Waldow hat sich an der Bettelpaketaktion* beteiligt;
2. Der Bruder der M., der in Verbindung mit der Juni-Provokation republikflüchtig wurde;
3. Der Pfarrer und der Förster des Ortes gelten als politisch unzuverlässig."

Die Veröffentlichungen in der Presse verfehlten ihre Wirkung nicht,

---

* Propagandajargon für die Care-Paket-Aktion vom Herbst 1952

LAUSITZER RUNDSCHAU

ORGAN DER BEZIRKSLEITUNG COTTBUS DER SOZIALISTISCHEN EINHEITSPARTEI DEUTSCHLANDS

3. JAHRGANG / Nr. 263   COTTBUS , DIENSTAG, 26. OKTOBER 1953   PREIS 15 PFENNIG

Den unvergeßlichen Helden

VP-Hauptwachtmeister
Heinz Sunkel

VP-Oberrat
Herbert Hoffmann

VP-Kommissar
Hermann Grummini

VP-Kommissar
Martin Lehmann

Brigade Mielke liefert 96,5 Prozent Qualität

Mehr und bessere Textilien für die Bevölkerung – Wettbewerbserfolge der Tuchfabrik Am Haag in Forst

Vorwärts zu neuen Erfolgen im neuen Kurs durch die aktive Mitarbeit der Frauen!

Die Bezirksbehörde der Deutschen Volkspolizei teilt mit

Die Arbeiterklasse wird ihr Vermächtnis erfüllen

Cottbus nimmt Abschied von den toten Helden

Noch vier Tage für die Rübenrodung

Alle Fahnen auf halbmast

---

anders allerdings, als es die Urheber des Aufrufes erwartet hatten. Meldungen aus der Bevölkerung häuften sich, in denen von Überfällen eines oder mehrerer Ausländer die Rede war. Brot und Lebensmittel hätten die Täter verlangt. Nicht selten erwiesen sich solche Vorkommnisse schlicht als unwahr, wie im Fall eines Arbeiters aus Beeskow, der zur vermeintlichen Tatzeit stockbetrunken war.

Am 25. Oktober wurde bei Hartmannsdorf im Kreis Lübben ein Strohdiemen entdeckt, den drei Personen als Nachtlager benutzt hatten. Der Fährtenhund nahm eine Spur auf, konnte sie aber nur bis zum Ufer der Hauptspree verfolgen.

Am 28. Oktober teilten Kinder mit, daß sie im Raum Bückchen-Wittmannsdorf drei Männer gesichtet hätten, die Ähnlichkeiten mit den Tschechen hatten. Im angegebenen Waldstück fand man auch eine Lagerstätte, doch der eingesetzte Hund konnte keine Spur aufnehmen. Ein anderes Mal – am 30. Oktober entdeckte man zwischen Leibsch und Wasserburg auf einem Möhrenfeld die Schuhspuren mehrerer Männer – mußte die Verfolgung wegen starken Nebels abgebrochen werden.

Obwohl der Wahrheitsgehalt vieler solcher Meldungen im Stab bezweifelt wurde, ließ sich doch nachvollziehen, daß Paumer und die Masins die Autobahn überquert haben mußten und nun wahrscheinlich im nordwestlichen Unterspreewald umherirrten.

Die Kette der polizeilichen Mißerfolge riß nicht ab. Eine Feldscheune, die bis zum First mit Stroh vollgestopft war, geriet in Brand, als sie Suchtrupps unter Beschuß nahmen. Die Polizisten wollten verdächtige Gestalten bemerkt haben.

Im Bereich der Autobahnabfahrt Halbe eröffneten Polizeieinheiten irrtümlich untereinander das Feuer. Verletzte waren zu beklagen.

Es traf aber auch unbeteiligte Zivilisten. Mindestens drei Personen sind in den Archivunterlagen wegen Schußverletzungen registriert worden.

Inspekteur Mellmann, der häufig in den vordersten Reihen im Einsatz war, leitete den Vormarsch der Suchketten schließlich aus einem Deckung bietenden Schützenpanzerwagen heraus. Ein Umstand, der freilich wenig zur Motivation der Soldaten und Polizisten beitrug. Mellmanns affektiertes Auftreten mit Lederjacke und einer langläufigen Mauser im Holzfutteral, das an einen russischen Partisanenkommandeur erinnern sollte, vermochte seinen Untergebenen ohnehin nie den notwendigen Respekt zu verschaffen.

In der Polizeiführung überwog das Bestreben, keine Nachrichten an die Öffentlichkeit dringen zu lassen, mit der Begründung, der Klassengegner könne aus solchen Informationen Nutzen ziehen. Über die wahren Ursachen der hohen Verluste wurden die Mannschaften nicht unterrichtet, so daß sich die Gerüchte über die unglaublichen Nahkampffähigkeiten und außerordentliche Treffsi-

cherheit der Tschechen unwidersprochen verbreiten konnten und Angst entstand. Bei jedem Polizisten sank die Hemmschwelle, von der Schußwaffe Gebrauch zu machen.

„Nachts knallte es an allen Ecken", schilderte einer der Polizeiveteranen die damalige Situation. „Frühmorgens fuhr die Intendantur Munition breit, am Nachmittag besuchten die Kommandeure ihre Verletzten in den Krankenhäusern."

Die Zahl der Toten und Verletzten, die Schüssen aus den eigenen Reihen zum Opfer fielen, wurden nie exakt angegeben. In den Archivunterlagen finden sich noch die Namen der KVP-Angehörigen Greulich, Opitz und Hildebrandt, aber keine Meldungen über Ausfälle in den Diensteinheiten der Staatssicherheit und der Roten Armee, obwohl auch sie Verletzte zu beklagen hatten. Wachsamkeit und Geheimhaltung machten selbst vor den verbündeten Waffenbrüdern nicht Halt.

Der oben zitierte Polizeiveteran war als Melder dem Stab Seifert zugeteilt und erlebte den „Feldherrn" Seifert in diesen Tagen aus nächster Nähe: „Zuweilen gab es Streit zwischen Seifert, Mellmann, Ende oder den anderen Offizieren im Lagezentrum, weil ihnen die Führung aus den Händen geglitten war. Sie suchten die Standorte der Einheiten, die abgelöst werden sollten, oder stritten sich über taktische Maßnahmen. Manchmal kam es vor, daß Seifert mich und den Fahrer nachts von den Pritschen scheuchte, um uns nach Lübbenau zu schicken, wo wir saure Gurken für den Stab organisieren mußten."

Verwahrlost, vom Hunger geplagt und fast am Ende ihrer Kräfte krochen die Tschechen im Gehöft eines Bauern unter. Diesmal hatten sie Glück, der Hofbesitzer zählte zu den politischen Gegnern des DDR-Regimes. Als er die Männer in der Wagenremise entdeckte, war er bereit, ihnen zu helfen. Nicht zuletzt aber auch wegen Masins unverhüllter Drohung, die Frau und die Kinder des Bauern als Geiseln zu nehmen. Für ein, zwei Tage gewährte er den Tschechen Unterschlupf, verpflegte sie und zeigte ihnen schließlich den Weg zum Bahnhof Schönwalde, wo die Güterzüge in Richtung Berlin aus betriebstechnischen Gründen oft halten mußten.

Die Flüchtlinge begriffen, das war ihre Chance!

In einer klaren kalten Mondnacht, die Reif in den Morgenstunden versprach, verabschiedeten sie sich von ihrem Gastgeber. Nach einem halbstündigen Fußmarsch erreichten sie den Bahndamm der Strecke Cottbus – Berlin.

„Da, seht mal!" Ctirad Masin wies auf das Einfahrtsignal, von dem der Bauer ihnen berichtet hatte. Es stand auf Rot. Etwas weiter entfernt ragten die dunklen Umrisse des Stationsgebäudes auf.

Paumer legte ein Ohr auf den Schienenkopf. Er meinte, ein dumpfes Vibrieren zu vernehmen. Aufgeregt winkte er die Gefährten heran. Sie schmiegten sich an die Böschung. Dann tauchte der Zug auf. Bange Blicke zum Signalflügel. Der rührte sich nicht, blieb unverändert auf Halt. Der Güterzug verlangsamte die Fahrt. Die Lokomotive schnaufte vorbei, kam vor dem Hauptsignal zum Stehen.

Die Tschechen erhoben sich. Sie stolperten über Schwellen und Schotter am Zug entlang. Mehrere gedeckte Güterwagen, dann, fast am Ende des Zuges, die offenen Waggons, in denen die Reichsbahn Kartoffeln transportierte.

Ein Ruck ging durch die Zugschlange. Das Signal war von Rot auf Grün gewechselt. Höchste Zeit, einen Platz zu finden. Im Laufen packten die Männer die Rangiergriffe. Sie sprangen auf, hangelten sich über die Puffer an den Stirnwänden hoch. Die Lok machte Dampf auf. Funken sprühten aus ihrem gedrungenen Schornstein. Kohlenrauch zog über die Waggondächer hin. Paumer und die Masins wühlten sich in die Kartoffelladung. So waren sie vor unerwünschten Blicken sicher. Vor dem eisigen Fahrtwind konnten sie die Kartoffeln jedoch kaum schützen.

Der Bahnhof Brand flog vorbei. Rechts neben der Strecke lag ein Flugplatz der Roten Armee. Außer den deutschen Polizeieinheiten beteiligten sich jetzt auch die Russen an der Jagd. Sogar leichte Panzer hätte man mobilisiert, hatte der Bauer den Tschechen berichtet.

Der Zug erreichte Oderin. Er wurde auf ein Nebengleis gelenkt, um den Gegenzug vorbeizulassen. Die blinden Passagiere zitterten vor Kälte. Zwischen den Gleisen patrouillierte ein Transportpolizist. Sie hörten seine Stiefelschritte und konnten sich nicht rühren, ohne Gefahr zu laufen, von dem Uniformierten entdeckt zu werden. Die Kälte kroch erbarmungslos unter die Kleidung. Ctirad Masin erwog bereits, abzuspringen und den Polizisten zu erdrosseln. Dann hätten sie sich im dunklen Gelände davonstehlen können. Aber da pfiff die Lokomotive, der Zug rollte wieder an. Erneut sang der Fahrtwind sein eisiges Lied, untermalt vom Stakkato der Räder, die über die Schienenstöße jagten.

Der Zug passierte den Bahnhof Halbe. Aus einem Stellwerksfenster sahen zwei Eisenbahner auf den Güterzug herab.

Teupitz-Groß Köris. Der Zug hielt auf einem Bahnhofsgleis. Nebenan stand ein Militärtransport. Überall bewaffnete Polizisten. Offenbar wurden sie umformiert. Oder hatte das Stellwerkspersonal die Flüchtlinge entdeckt und eine Meldung beim Fahndungsstab gemacht?

„Abspringen!" entschied Ctirad Masin. Als sie die Gleise überquerten, legte er seinen Arm um Paumers Schultern, lachte laut und sagte auf Deutsch: „Nein. Nein." Paumer antwortete ebenso fröhlich: „Ja. Ja." Wer nach ihnen sah, mußte die drei Männer für Bahnarbeiter halten.

Unbehelligt verließen sie den Bahnhof. Sie passierten eine Reihe kleiner Gärten und mehrere Siedlungshäuser. Der Schatten rauschender Bäume nahm die nächtlichen Wanderer auf. Sie wandten sich nach Nordwesten, unterquerten die Autobahn am Rande eines Wasserlaufes, umgingen einen See und zogen dann in Richtung Töpchin – Kallinchen weiter in die Heide hinein. Bei Tagesanbruch schlüpften sie ins Stroh einer einsamen Feldscheune. Sie hatten es wieder geschafft!

Freitag, der 30. Oktober. Seit einundzwanzig Tagen lief die „Großfahndung Uckro". Im Bezirk Cottbus war die flächenmäßige Suche eingestellt worden. Der Aktionsradius der Polizeieinheiten erstreckte sich auf den südlichen Teil des Bezirkes Potsdam, wo man die Flüchtigen unter allen Umständen stellen wollte. Der Berliner Autobahnring bot sich als natürliche Blockierungslinie an. Im Bereich Rangsdorf marschierten die Kursanten der Zentralen Polizeischule Aschersleben auf. Die jungen Männer, die zu Offizieren ausgebildet wurden, gingen am Fahrbahnrand in Stellung. Einige buddelten sich auf der Böschung Schützenlöcher, wie man es Ihnen nach einer alten deutschen Infanterievorschrift an der Polizeischule beigebracht hatte. Die Autobahn, die zur Nachtzeit kaum befahren war, bot im hellen Mondlicht ausgezeichnete Sicht.

Zwei Kilometer westlich der Raststätte Rangsdorf überquert die Autobahn die Eisenbahnstrecke Dresden – Berlin. Unter der Brücke war ein Posten am Gleiskörper aufgezogen. Hauptwachtmeister Kittner hatte sich in seine Regenpelerine gehüllt und beobachtete die Signallichter des vierhundert Meter entfernten Bahnhofes Rangsdorf.

22.40 Uhr. Noch war der Verkehr auf den Gleisen nicht zum Erliegen gekommen.

Die gelbbraunen S-Bahnzüge ratterten im Dreißig-Minuten-Takt vorbei. Sie fuhren auf der Strecke Rangsdorf – Mahlow – Lichtenrade durch Westberlin, tangierten die Nord-Süd-Bahn und fuhren über den Bahnhof Friedrichstraße in den Berliner Norden hinaus.

Kittners Nachbarposten bewegte sich auf der Brücke. Im Notfall sollten sie sich durch Blinkzeichen mit ihren Taschenlampen verständigen. Ein Knacken im Wald zerbrach die Stille. Kittner lauschte angespannt. Leises Klirren der Schottersteine. Dann tappte eine dunkle Gestalt in Gleismitte heran, behutsam die Füße von Schwelle zu Schwelle setzend. Kittner unterdrückte ein Grinsen. So billig ließ er sich doch von keinem Kontrolloffizier überlisten. Wie die Wachvorschrift es befahl, rief er den nächtlichen Wanderer an: „Halt, stehenbleiben! Deutsche Volkspolizei! – Wer da?" Gleichzeitig drückte er auf den Knopf der Taschenlampe. Der Lichtstrahl fiel in ein fremdes Gesicht.

Autobahnbrücke Rangsdorf

Ctirad Masin im Interview mit Rambousek:

„Plötzlich blitzte Licht auf und eine Stimme rief deutsch: ‚Wer ist da?' Jemand leuchtete mir genau in die Augen. Ich ging weiter in Richtung auf diese Gestalt. Dabei zog ich die Pistole und zielte auf den Polizisten, der er vermutlich war. Mein Finger lag am Abzug. Die Stimme rief: ‚Hände hoch!' Ich ging weiter, die Pistole auf ihn gerichtet. Ich entschloß mich, zu schießen, aber der Schuß ging nicht los. Da antwortete ich ihm: ‚Was sagt Ihr? Hände hoch? – Sie geben die Hände hoch!' Ich war direkt bei ihm, da fiel ihm die Taschenlampe aus der Hand."

Dem Versagen einer Waffe verdankt der damals dreiundzwanzigjährige Heinz Kittner sein Leben. Sonst stünde sein Name als sechstes deutsches Opfer auf der Todesliste der schießwütigen Tschechen.

„Nicht schreien! Nicht schießen!" forderte Masin unter der Brücke. Josef und Milan Paumer tauchten an seiner Seite auf. Sie nahmen Kittner in die Mitte und drängten ihn über die Schienen. Der Hauptwachtmeister tastete unter der Pellerine nach der Pistole. Von der Brücke ertönte ein Ruf: „He, was ist da unten los?" Gegen den Nachthimmel zeichneten sich die Umrisse von zwei Polizisten ab.

S-Bahnhof Mahlow, 1961 stillgelegt

Kittner hatte seine Waffe herausgenestelt. „Hier sind sie!" schrie er. Donnernd entlud sich der Schuß.

Die Tschechen wandten sich zur Flucht. Leuchtkugeln stiegen über der Autobahn auf. Eine Maschinenpistole ratterte. Paumer stöhnte auf, er preßte im Laufen die Hände gegen den Leib.

„Was ist los?" keuchte Masin besorgt.

„Mich hat's erwischt."

„Wo?"

„In den Bauch." Paumer taumelte.

Sie begutachteten die Wunde. „Kannst du weiter?"

Das Schicksal Svedas vor Augen, nickte Paumer mit schmerzverzerrtem Gesicht. „Wird schon gehen."

Sie hetzten weiter durch den Wald. Der Weg war beschwerlich. Aber sie blieben in Sichtweite zur S-Bahnstrecke. Zwei Kilometer hatten sie zurückgelegt, als sie die Station Dahlewitz erreichten.

Ein Bahnsteig diente dem S-Bahnverkehr. Geduckt warteten die Männer auf den nächsten Zug, der stadteinwärts fuhr. Der letzte Waggon war leer. Sie wagten sich nicht hinein, krochen stattdessen auf die Puffer, während Ctirad Masin einen Platz im Bremsgestänge unter dem Waggon fand.

Die Männer mußten alle ihre Kräfte aufbieten, um nicht vom dahinrasenden Zug geschleudert zu werden. Das hätte den sicheren Tod bedeutet.

Blankenfelde. Nichts rührte sich. Noch immer keine Polizei.

Der nächste Bahnhof hieß Mahlow. Als der Zug um 23.25 Uhr in die Station einfuhr, war der S-Bahnsteig taghell beleuchtet. Mahlow war Grenzstation, der letzte Bahnhof vor dem amerikanischen Sektor. An das Ausschwärmen der Grenzpolizisten, an die lästige Neugier der Zollkontrolleure und an die Anwesenheit russischer Soldaten auf dem Kontrollpunkt hatte sich die einheimische Bevölkerung wohl oder über gewöhnen müssen.

Josef Masin und Milan Paumer versetzte der Anblick der geballten Staatsmacht einen Schock. Sie verloren die Nerven und sprangen vom Zug. Rechts neben dem Gleis, etwas tiefer gelegen, zog sich eine Ladestraße hin. Schuppen und Lagerhallen standen in einiger Entfernung. Die Männer flüchteten zu den Gebäuden. Sie wußten nicht, daß der Bahnhof wie eine Festung bewacht war.

„Stoij! Stoij! – Halt!" tönte es hinter ihnen her. Ein sowjetischer Soldat schwenkte seine MPi 41 vor die Brust und ballerte die Magazintrommel leer.

Ctirad Masin kalkulierte eiskalt. Er rührte sich nicht vom Fleck. Ein Posten schaute lustlos unter den Waggon. Der blinde Passagier blieb unentdeckt. Als die Schüsse auf der Ladestraße krachten, wußte Masin, daß sein Vabanquespiel aufging. Die Polizeiposten richteten ihre Aufmerksamkeit sofort ausschließlich auf die Verfolgungsjagd am anderen Ende des Bahnhofes. Das war seine Chance.

„Zuuurückbleiben!" plärrten die Lautsprecher. Die Druckluft zischte in die Türschließautomaten der S-Bahn. Mit eigentümlichem Singen starteten die Elektromotoren, wurden hochgeschaltet. Der Zug rollte immer schneller.

Für mehrere Stationen blieb Masin noch in seinem unbequemen Versteck. Bei jedem Halt beobachtete er mißtrauisch die Bahnsteige. Er war sich nicht sicher, ob er schon in Westberlin war. Keine Polizei. Erst als er bunte Kioske und grellfarbige Reklamewände, auf denen er Werbung für „Coca Cola" oder die Zigarettenmarke

„Camel" entdeckte, war er überzeugt, am Ziel seiner Wünsche angekommen zu sein.

In Mariendorf ließ er sich aufs Schotterbett hinab. Die letzte Achse rollte über ihm hinweg. Masin stand auf, klopfte den Schmutz von seiner Kleidung und kletterte vor den Augen des entsetzten Aufsichtsbeamten auf den Bahnsteig.

Am frühen Morgen des 31. Oktober meldete er sich im nächstgelegenen Polizeirevier. Stunden später, schon in einer amerikanischen Kaserne, erhielt er die Auskunft, daß Paumer und Josef Masin es gleichfalls geschafft hatten. Nach einer wilden Verfolgungsjagd war es ihnen gelungen, die Sektorengrenze bei Lichtenrade zu überschreiten. Milan Paumer befand sich in einem Militärhospital.

Am 1. November stiegen die beiden Masins in eine amerikanische Militärmaschine und wurden nach Frankfurt am Main ausgeflogen. Für sie begann der Weg durch die Befragungen der Geheimdienste. Vor der Öffentlichkeit wurden sie sorgsam abgeschirmt. Erst nach mehreren Tagen durften sie sich den Reportern der Presse und des Rundfunks präsentieren. In welchem Stil das geschah, belegt ein Blick in die „Nachtdepesche" vom 4. November 1953:

> „Von 20 000 Vopos gehetzt
> Zwischen S-Bahn-Puffern in die Freiheit
> Berlin (UP). Drei jungen Tschechen ist nach 28 Tagen ständiger Verfolgung und fortwährender Todesangst die Flucht nach Westberlin gelungen. 20 000 Volkspolizisten hatte das sowjetdeutsche Regime eingesetzt, um die Flüchtlinge einzufangen. Gejagt von Polizeihunden und peitschenden Schüssen aus Karabinern und Maschinenpistolen schlugen sich

Von 20 000 Vopos gehetzt Zwischen S-Bahn-Puffern in die Freiheit

Berlin (UP). Drei jungen Tschechen ist nach 28 Tagen ständiger Verfolgung und fortwährender Todesangst die Flucht nach Westberlin gelungen. 20 000 Volkspolizisten hatte das sowjetdeutsche Regime eingesetzt, um die Flüchtlinge einzufangen. Gejagt von Polizeihunden und peitschenden Schüssen aus Karabinern und Maschinenpistolen schlugen sich die Tschechen Miloslaw Paumer, 22 Jahre alt, Otirad Masin, 23 Jahre alt und sein 21jähriger Bruder Josef Masin durch die Sowjetzone. Miloslaw Paumer konnte Westberlin nur schwer verletzt mit einem Bauchschuß erreichen. Zwei ihrer Fluchtkameraden wurden von der Vopo gestellt. Einen von ihnen, den 30jährigen Waclaw Swedja, mußten sie schwer verletzt zurücklassen. *(Fortsetzung weiter unten)* die Tschechen Miloslaw Paumer, 22 Jahre alt, Ctirad Masin, 23 Jahre alt und sein 21jähriger Bruder Josef Masin durch die Sowjetzone. Miloslaw Paumer konnte Westberlin nur schwerverletzt mit einem Bauchschuß erreichen. Zwei ihrer Fluchtkameraden wurden von der Vopo gestellt.

Einen von ihnen, den 30jährigen Wacklaw Swedja, mußten sie schwer verletzt zurücklassen.

Dies ist die Geschichte der Tschechen, die um ihr Leben den Weg in die Freiheit gesucht haben: Am 3. Oktober verließen sie Prag, nachdem sie als Studenten von der Universität ausgeschlossen worden waren. Bei Hora svate überquerten

20000 Vopos jagten umsonst
Tschechische Widerstandskämpfer schlugen sich nach Berlin durch

Berlin (UP). Drei Flüchtlinge aus der Tschechoslowakei haben sich jetzt mit Waffengewalt den Weg in die Freiheit nach Westberlin gebahnt. Wie die amerikanischen Behörden amtlich mitteilten, sind zwei der geflohenen Tschechen, die von 20 000 Mann der kasernierten Volkspolizei innerhalb der Sowjetzone gejagt wurden, nach geglückter Flucht nach Westdeutschland geflogen worden. Der dritte Tschechen liegt mit einem Bauchschuß in einem Westberliner Krankenhaus. Vermutlich handelt es sich um die von der Vopo steckbrieflich gesuchten Tschechen Josef und Cairard Maczin und Milian Bäumer.

Die Flüchtlinge sind am 1. November in Westberlin eingetroffen, nachdem sie mehrere Feuergefechte mit den sie verfolgenden Volkspolizisten durchstehen mußten, wobei sie nach ihren Angaben „mindestens" vier Vopoangehörige erschossen. Zwei weitere Tschechen, die mit ihren Landsleuten geflohen waren, fielen in die Hände der Volkspolizei. Einer wurde bei einem Feuergefecht in Uckro schwer verletzt, der andere verhaftet.

Damit ist zum ersten Male eine Gruppe jener tschechischen Flüchtlinge im Westen eingetroffen, die seit Anfang Oktober zusammen mit deutschen und polnischen antikommunistischen Widerstandskämpfern den Weg in die Freiheit gesucht haben.

Sie waren 28 Tage nach dem Westen unterwegs, nachdem sie die Grenze zwischen der Tschechoslowakei und der Sowjetzone am 3. Oktober überschritten hatten. Die Prager Behörden

hatten sie als Studenten vor ihrer Flucht von der Prager Universität ausgeschlossen. Zwei der Flüchtlinge sind Brüder und Söhne eines von den Nationalsozialisten 1942 hingerichteten tschechischen Generals.

Das letzte mehrerer Feuergefechte mit der „Volkspolizei" hat nach Angaben der Flüchtlinge in der Nacht zum 1. November im Berliner Sowjetsektor stattgefunden, bevor ihnen die Flucht in die Freiheit endgültig gelang.

sie die Grenze zur Sowjetzone mit Westberlin als Ziel. Umgeben von acht ‚Vopos' zückten die Flüchtlinge bei Kottbus ihre drei Pistolen. ‚Als die Vopos Hände hoch! brüllten, schossen mein Bruder und ich', schilderte Josef Masin die Situation lakonisch, ‚drei der Uniformierten fielen um, die anderen liefen davon. Wir machten uns auf die Socken, um aus dem Nest herauszukommen, bevor es für uns brenzlich werden konnte. Als wir dann draußen waren, war Sbynek Janata, unser fünfter Kamerad, weg. Wir haben ihn nie wieder gesehen, und ich glaube, die Vopos haben ihn geschnappt', sagte Josef weiter.

Am Tage in Wäldern schlafend, verfolgt, gehetzt von 20 000 Sowjetsoldaten und Volkspolizisten, setzten die vier Tschechen ihre Flucht nach Westberlin fort. Die Nacht wurde ihnen zum Tag, die Richtung gab ihnen der Nordstern. Rohe Kartoffeln aus den Ackerfurchen waren ihre einzige Nahrung.

‚Als wir auf der Straße entlanggingen', erzählte Josef Masin, ‚sahen wir ein Auto, vor dem zwei Personen in Zivil standen. Auf einmal schossen sie auf uns, ohne ein Wort zu sagen. Hinter dem Wagen standen zwei Vopos in Uniform, die auch heftig auf uns knallten. Plötzlich sahen wir uns von Leuten in Uniformen umringt, während wir uns in den Straßengraben geworfen hatten. Die Burschen hatten Polizeihunde bei sich, aber die Tiere müssen schlecht trainiert sein – sie haben uns nicht erwischt.

Im Walde warteten wir den Abend ab, das Gebell der Hunde in den Ohren. In der Dämmerung knallten die Suchenden mit Maschinenpistolen in den Wald. Unseren guten Kameraden Swedja erwischte es. Er biß sich auf die Zähne, um uns nicht mit seinem Schreien zu verraten und blutete furchtbar. Aber als wir ihm sagten: Wir nehmen dich mit! schüttelte er müde seinen Kopf: Geht allein, ich kann nicht, lauft was ihr könnt!' "

Die Mär von den Studenten, die an der Prager Universität durch die Behörden ausgeschlossen und schuldlos verfolgt wurden, hielten auch andere Blätter aufrecht. So der „Telegraf" vom 4. 11. 1953. Die Waffen, erklärte der Berichterstatter, hätten die Jungen schon 1945 gefunden. Kein Wort über die getöteten Polizisten in der Tschechoslowakei, keine Zeile über den blutigen Lohngeldraub in Hedvikov und keine einzige Silbe über die Brandstiftungen und den toten Feuerwehrmann in Mähren.

Angesichts der erfolgreichen Flucht der drei Tschechen sowie der hohen Verluste an Toten und Verletzten war das Ergebnis der „Großfahndung Uckro" eine blamable Niederlage für die Deutsche Volkspolizei. Schuldzuweisungen konnten nicht ausbleiben.

Den Anfang machte Polizeichef Maron am 30. Oktober 1953 auf der II. Zentralen Arbeitskonferenz der Polizei, als die Fahndung noch auf Hochtouren lief, indem er, der „breitschultrige, saloppe Mann mit den genierten Bewegungen und einer weltoffenen Berliner Schnauze", wie Rudolf Herrnstadt ihn in seinen Erinnerungen beschrieben hat, analysierte:

> „Nach einer Stadt im Bezirk Cottbus war die Meldung gekommen, daß mit dem Zug fünf sehr verdächtige Gestalten eintreffen würden, die man sich genau ansehen solle. Der ABV und ein Schnellkommando waren aufgeboten, um diese Aufgabe zu erledigen. Das Kommando war gut bewaffnet. Die fünf Banditen verfügten – wie sich später herausstellte – über drei Pistolen. Trotzdem gelang es den Banditen, drei VP-Angehörige niederzuschießen und zu flüchten. Der ABV verstarb. Weil der Leiter des Schnellkommandos – ein Unterkommissar – leichtfertig handelte, mußte er sieben Bauchschüsse hinnehmen. Keiner der Genossen hatte die Waffe im Anschlag."

Bittere Worte für den Unterkommissar Strempel.

1992 erzählte dieser dem Chronisten: „Wochenlang haben mir meine Kollegen diese Passage, die in einer Beilage der Fachzeitschrift ‚Die Volkspolizei' abgedruckt war, vorenthalten. Als ich sie zu Gesicht bekam, war ich bereit, meinen Dienst zu quittieren. Wir hatten keine andere Information, als daß ein paar Personen zu überprüfen sind. Nichts von Waffen. Die Hälfte meines Kommandos bestand aus Dienstanfängern, die noch gar keine Waffen tragen durften, nur Gummiknüppel. Wie konnte man da von ‚gut bewaffnet' reden. Es kränkte mich maßlos, daß mein höchster Dienstvorgesetzter solche Lügen in die Welt streute."

Am 18. November – die Medien Westberlins und der Bundesrepublik hatten ausführlich über die Flucht der Masins berichtet – lud Maron im Kollegium der obersten Polizeiführung zu einer Auswertung der „Großfahndung Uckro".

Es blieb dem VP-Inspekteur Mellmann vorbehalten, den von der Hauptabteilung Kriminalpolizei erstellten Bericht vorzutragen. Tatsächlich waren 5 000 Polizisten an der Fahndung beteiligt gewesen. Rechnet man die gleiche Stärke für die im Bericht ausgesparten

Einheiten der Staatssicherheit und der Roten Armee hinzu, ergibt das eine Streitmacht von etwa 10 000 Mann. Eine Truppenkonzentration, die beachtlich ist, aber weit weniger als die Hälfte dessen darstellt, was Ctirad Masin der Öffentlichkeit weiszumachen versuchte.

Als Hauptursachen für das polizeiliche Versagen nennt der Bericht
– die vorschnelle Aufgabe der kriminalpolizeilichen Fahndungstaktik zugunsten militärischer Operationen,
– Hinweise über das Auftauchen der Banditen durften kriminalpolizeilich nicht vorüberprüft werden,
– langatmige Umgruppierungen der Einsatzkräfte per LKW waren mit erheblichem Lärm verbunden, der die Banditen warnte;
– massierter Einsatz unausgebildeter VP-Einheiten,
– die Angst, die durch den Einsatz gepanzerter Fahrzeuge geschürt wurde, führte zu unbegründeten Schießereien und hohen Verlusten.

Mellmanns Bericht endete mit den Worten: „Es gab keine Notwendigkeit, gegen fünf Personen, die mit drei Pistolen bewaffnet waren, cirka fünftausend Polizisten – teilweise schwerbewaffnet – zum Einsatz zu bringen."

Chefinspekteur Seifert sprang erregt auf. „Schuld waren die Leute auf dem Bahnhof Uckro", rief er beleidigt. „Es stand fest, daß die Verbrecher in dem Zug waren. Daß sie nicht gefaßt wurden, ist darauf zurückzuführen, daß die Ausbildung und Schulung sowie die Bewußtheit unserer Volkspolizisten mangelhaft waren. Leider fehlt den Angehörigen der VP noch sehr viel militärisches Wissen."

Maron pflichtete dem Stellvertreter bei: „Bedauerlicherweise muß man in der Tat feststellen, daß ein großer Teil der Leiter und Offiziere die Fragen der Ausbildung in den Bereitschaften als militärische Spielerei betrachten. Ich möchte sagen, daß es falsch war, den VP-Inspekteur Mellmann mit der Einsatzleitung zu betrauen."

Lag diese aber letzten Endes nicht in den Händen eines Willi Seifert?

Das Beratungsprotokoll hat außerdem die Äußerung eines VP-Kommandeurs Schneider festgehalten. Der Mann glaubte sich zu der Bemerkung verpflichtet: „Die Ursachen, Genossen, liegen darin, daß wir es noch nicht verstanden haben, unsere Volkspolizisten mit einem gesunden Haß gegen alle Feinde des Volkes zu erziehen!"

Die „Großfahndung Uckro" hat internationales Aufsehen erregt, nicht nur im westlichen Blätterwald. 1959 wurde sie an der Miliz-hochschule in Moskau, an der Polizeikursanten für die RGW-Län-der und die sogenannten sozialistischen Bruderländer ausgebildet wurden, als das Paradebeispiel für verfehlte Fahndungstaktik, für falsche Führungsentscheidungen und mangelhafte Organisation dargestellt.

So wird denn auch verständlich, warum die hochrangigen Haupt-redakteure der „Geschichte der Deutschen Volkspolizei" den Man-tel des Schweigens über die Ereignisse vom Oktober 1953 deckten. Auch dem Gedenken an die Opfer fühlte man sich nicht verpflich-tet.

Ctirad Masin in Fort Bragg

Zu Beginn des Jahres 1954 flogen Ctirad Masin, sein Bruder Josef und Milan Paumer über den Antlantik nach New Jersey. In Fort Bragg verpflichteten sie sich für eine fünfjährige Dienstzeit bei den „Green Berets", einer Rangertruppe der amerikanischen Special Operation Forces.

192

Ihre einstigen Gefährten Vaclav Sveda und Zbynek Janata hatten weniger Glück. Sie zahlten die Zeche. Gemeinsam mit Ctibor Novak, Bouse, Mrazec und anderen hatten sie sich am 1. Februar 1955 vor dem Obersten Gericht der CSR in Prag zu verantworten. Die Richter fällten Todesurteile für Novak, Sveda und Janata. Alle übrigen Angeklagten wurden zu hohen Freiheitsstrafen verurteilt. In diesem Fall war das durchgängig hohe Strafmaß einmal nicht ausschließlich ideologisch motiviert. Der Prozeß „Gegen Novak und andere ...“ steht nicht in der Reihe politischer Schauprozesse, die zu Beginn der fünfziger Jahre die Tschechoslowakei über- schwemmten, deren Angeklagte später ausnahmslos rehabilitiert wurden.

Masins Gegenspieler, Chefinspekteur Willi Seifert

1985 veröffentlichte der tschechische Autor Frantisek Vrbecky in Prag einen Band Erzählungen, die authentische Kriminal- und Spionagefälle aufgriffen. In dem Kapitel „Mrtvi nemluvi“* wurden die Aktionen der Masins und ihrer Gefährten auf tschechoslowaki- schem Boden schonungslos dokumentiert. Das Material konnte er

---

* Tote reden nicht

193

in Prager Gerichtsakten recherchieren. Daß Ctirad Masin den Autor Vrbecky anläßlich des 1987 Ota Rambousek gegebenen Interviews im tschechischen Sprachprogramm von Radio Free Europe einer tendenziösen Darstellung bezichtigte, kann nicht verwundern.

Der RFE-Redakteur Ota Rambousek wiederum zeichnete in seinem 1991 veröffentlichten Buch „Jenom ne strach" ein Bild der „furchtlosen tschechischen Helden" und glorifizierte die Masins zu unerschrockenen Kämpfern gegen den Kommunismus, in deren Taten er keine Gewaltverbrechen, sondern politisch motivierte und gerechtfertigte Aktionen sah.

Dem Vernehmen nach soll einer der Masin-Brüder im Herbst 1991 in Begleitung eines unbekannt gebliebenen Mannes durch das südliche Brandenburg gereist sein. Völlig unbehelligt und ohne Gefahr zu laufen, verhaftet zu werden. Sein Name stand in keinem Fahndungsbuch. Einen Haftbefehl gibt es in der vereinigten Bundesrepublik Deutschland nicht.

Der Zweck der Reise? Die amerikanischen Geschäftsmänner wollten die Stätten einstiger „Heldentaten" wiedersehen.

Ob sie auch an den Gräbern der Ermordeten von Chlumenec, Celakovice, Hedvikov, Morice, Uckro und Waldow gestanden haben?

FEUERTEUFEL
Psychopath oder Staatsfeind?

Gelbrot durchstießen die Flammen das Dach der Scheune. Morsche Ziegel aus rotem Ton, vor Jahrzehnten gebrannt, zerbarsten mit lautem Knacken. Das betagte Gebälk brannte wie Zunder. Der Himmel erglühte, während die Scheune sich in eine riesige Fackel verwandelte. In den Bansen links und rechts der Tenne lagerte Roggenstroh.

„Feuer ...! Feuer ...! Feuer ...!"

Die alte Luftschutzsirene jaulte auf.

Die Menschen in Döbbrick erwachten. In den Ställen wurde das Vieh unruhig, brüllte und zerrte an den Ketten. Die Tiere spürten die Gefahr.

Von allen Seiten liefen beherzte Nachbarn herbei. Schaufeln, Stangen oder Eimer in den Händen. Niemand brauchte zu fragen, wo es brennt. Die lodernde Feuerzunge, die neben der Kirche über dem Gehöft der Gastwirtschaft stand, wies allen den Weg.

In Windeseile bildeten die Bauern eine Kette. Sie reichten einander die Wassereimer zu.

Höher schlugen die Flammen, breiter dehnte sich das Feuer aus. Bis die Männer der Freiwilligen Feuerwehr unter dem Kommando von Albert Lehmann die störanfällige Motorspritze in Gang gebracht hatten, vergingen wertvolle Minuten. Als die Pumpe endlich Wasser zog, gingen sie mit einem Strahlrohr gegen die fauchenden Flammen vor. Weißgrauer Rauch wirbelte auf. Das Wasser verzischte wirkungslos. Das brennende Gebälk krachte. Balken stürzten herab. Die Scheune war nicht mehr zu retten.

Zwei Feuerlöschzüge aus Cottbus rasten mit Getöse ins Dorf. Rasselglocken, Blaulicht und Martinshorn sorgten für freie Fahrt. Als die Feuerwehrleute aus ihren schweren Tanklöschfahrzeugen sprangen, brach gerade der Dachstuhl zusammen. Funkenregen stob in die Nacht.

„Wasserschutz für die umliegenden Gebäude!" befahl der

Dorfstraße in Döbbrick

Löschmeister. Mehr konnte auch er in dieser Augustnacht des Jahres 1961 für den Hof der Döbbricker Gastwirtschaft nicht tun.

Noch in der Nacht war die Kriminalpolizei in der acht Kilometer entfernten Bezirkshauptstadt Cottbus verständigt worden. Der Kriminaldauerdienst und ein Kriminaltechniker des Kreispolizeiamtes rückten an den Brandort aus.

Wer hat den Brand zuerst entdeckt?

An welcher Stelle schlugen die Flammen am höchsten?

Gibt es im Brandschutt bedeutsame Spuren?

Als die beiden Kriminalisten im trüben Morgenlicht im schwelenden Brandschutt stocherten, hatten sie einen erfahrenen Brandursachenermittler der Abteilung Feuerwehr an ihrer Seite.

Löschwasser tropfte von den Giebelwänden, sammelte sich in schmutzigen Lachen, in denen Asche und angesengte Strohhalme schwammen. Herabgestürzte und halbverkohlte Balken engten den Bewegungsraum der Männer ein. Rauchwölkchen stoben unter ihren Stiefelschritten auf, und der stechende Brandgeruch reizte die Nasenschleimhäute.

War das Feuer durch Selbstentzündung, Fahrlässigkeit oder durch Brandstiftung entstanden? Diese Frage stand immer am

Anfang einer Ermittlung wie dieser. Selbst abgefeimte Brandstifter unterliegen mitunter dem Irrtum, daß Flammen die Spuren vernichten. Wenn ein Kriminalist am Brandort nur gründlich genug sucht, wird er in fast allen Fällen auf Beweismaterial stoßen. Manche Spuren liegen im Brandschutt verborgen und müssen in mühevoller Handarbeit ausgebuddelt werden, bevor man sie kriminaltechnisch sichern kann. Auffällig gefärbte Asche, ungewöhnliche Schlackenbildung an elektrischen Anlagen, unverbrannte Reste von Brandlegungsmitteln in Fußbodenritzen, zusammengeschmolzene Massen öliger und fettiger Stoffe oder auffällige Formen des Ankohlens, Ränder und Flecke, mitunter sogar ein bestimmter Geruch, erlauben fast immer Rückschlüsse auf die Brandursache.

Die Scheune auf dem Gehöft der Döbbricker Gastwirtschaft hatte keinen elektrischen Anschluß. Die Leitungen waren auf dem Hof verlegt. Kurzschluß als technische Brandursache schied folglich aus.

Und Selbstentzündung?

„Das Stroh liegt ja erst ein paar Tage in der Scheune", erklärte der Gastwirt. „Wir haben es bei trockenem Wetter eingefahren."

„Wann waren Sie denn zum letzten Mal in der Scheune?"

Der Wirt schabte mit seinem Daumennagel über das unrasierte Kinn. „Gestern bestimmt nicht. Die Schüttung in den Ställen war doch noch frisch."

„Wer hat die Scheune verschlossen?"

„Keiner." Fast vorwurfsvoll musterte der Wirt die Polizisten. „Außer Heu und Stroh gab's dort nischt zu holen. Diebe interessieren sich nicht dafür."

Die Kriminalisten beendeten die ersten Untersuchungen am Brandort. Im Brandortbefundsbericht, den sie abschließend formulierten, gelangten sie zu dem Schluß: „Nachdem alle technischen und chemisch-biologischen Ursachen einer Selbstentzündung ausgeräumt sind, bleibt als Brandursache vorsätzliche oder fahrlässige Brandstiftung zu prüfen."

Dieses Ermittlungsergebnis ließ die Vorgesetzten im Kreisamt aufatmen. Die Verantwortung war von ihren Schultern genommen. Qualifizierte Untersuchungen von Branddelikten lagen in der Kompetenz der Branduntersuchungskommission. Die BUK gehörte zur Abteilung Kriminalpolizei in der VP-Bezirksbehörde Cottbus.

Chef der Branduntersuchungskommission war der fünfunddreißigjährige Kurt Brase.

Der Oberleutnant stammte aus Dissenchen, einem Dorf, vor den Toren von Cottbus gelegen. Er war ein Kind der Lausitz, kam aus einfachen Verhältnissen und hatte damit die besten Voraussetzungen für eine Karriere in der Volkspolizei, die bevorzugt „Arbeitersöhne" in ihre Reihen aufnahm. Nach seiner Heimkehr aus der Kriegsgefangenschaft hatte Brase im Januar 1946 seinen Dienst im 3. Polizeirevier in Cottbus-Sandow angetreten und war ein knappes Jahr später zur Kriminalpolizei übergewechselt. Das geliebte Fußballspiel, dem er als aktiver Mittelfeldspieler zunächst noch treu blieb, hatte er im Laufe seiner Dienstzeit freilich aufgeben müssen.

Brase klappte die dünne Akte zu. Er hatte die Protokolle studiert, sich dann und wann einen Satz notiert. Nun skizzierte er einen flüchtigen Untersuchungsplan. Später, wenn auch die Mitarbeiter die Akte gelesen und eigene Ideen eingebracht hatten, würde er den Plan endgültig fixieren, den er mit dem Fortgang der Untersuchungen jeweils auf den aktuellen Stand bringen konnte.

Brase war ein ausgeglichener Charakter. Seine Kollegen hatten nie erlebt, daß er die Beherrschung verlor. Und so mancher Mitarbeiter beneidete ihn um sein starkes Nervenkostüm.

Der Schlüssel zur Aufklärung einer Brandstiftung war häufig das Motiv. Dieser, so dachten die Kriminalisten, müßte freilich in Döbbrick zu finden sein. Als Brase und sein jüngster Mitarbeiter am nächsten Morgen dem Bürgermeister gegenübersaßen, lautete Brases erste Frage: „Was reden denn die Leute so über den Brand?"

Fritz Noack, ein kleiner schmächtiger Mann, lehnte sich in seinem Amtsstuhl zurück. „Gemunkelt wird ja viel, aber in Döbbrick, müßt Ihr wissen, hat es schon immer gebrannt. Und selten wurde einer gefaßt. Schon zu Kaisers Zeiten bediente man sich per heißem Abriß in den Kassen der Feuersozietät. Der Ortsgendarm gab sich nicht viel Mühe. Wollte sich's vielleicht auch nicht mit den Leuten verderben. Und die Versicherungsgesellschaften schickten Detektive. Rausgekommen ist nix. 1936 trieb ein gewisser Krüger sein Unwesen. War 'n armes Schwein. Hat mehrere Brände gelegt. Die Nazis sind ihm auf die Schliche gekommen. Sicherheitsverwahrung. Ihr versteht, was ich meine. Tja, und dann – 1957 war das – ein gewisser Schwantko. War so 'ne Art Nachbarschaftsfehde. Kein großer Schaden. Der Hans Loreck, was unser Abschnittsbevollmächtigter ist, hat ihm den Brand nachgewiesen. Seitdem blieb's ruhig im Dorf."

„Schwantko wurde vor Gericht gestellt?"

„Er kam paar Monate hinter Gitter. Der Rest wurde zur Bewährung ausgesetzt, obwohl die Justiz schon damals keinen Spaß verstand."

„Das heißt, Schwantko läuft wieder frei herum?"

„Das mit Schwantko geht schon in Ordnung", behauptete Noack. „Der war's bestimmt nicht."

Das Leben im Dorf wurde von der LPG* „Spreetal" bestimmt. Sie hatte ihre Gründungsschwierigkeiten. Die meisten Bauern waren erst 1960 eingetreten, als die SED die Kollektivierung auf dem Lande einläutete und Agitationsbrigaden Sonntag für Sonntag die Dörfer überschwemmten, um die Bauern in die Genossenschaften zu drängen. Inzwischen hatten sich die Leute an die veränderte Situation gewöhnt. Rückschläge und Erfolge gäbe es natürlich, meinte der Bürgermeister unter Achselzucken. „Es läuft halt so."

Brase und sein junger Kollege trugen nicht viel Neues zusammen. Im Dienstzimmer des ABV trafen sie den Hauptwachtmeister Kurt Scheppan an. „Nanu?" Brase stutzte. „Wo steckt denn der Loreck?"

„Der Genosse Loreck ist auf der Polizeischule in Nardt", meldete der Hauptwachtmeister stramm. „Ich bin seine Vertretung."

Ganz und gar fremd war Scheppan in dem Dorf nicht, wie sie bei der Zusammenstellung einer Liste mit den zu überprüfenden Personen heraushörten. Trotz der Beteuerung des Bürgermeisters rangierte der vorbestrafte Brandstifter Harry Schwantko als Verdächtiger Nummer Eins auf Brases Liste. Die Namen weiterer Dorfbewohner gesellten sich dazu, vor allem solche, die irgendwann mit den Gesetzen in Konflikt geraten waren.

Sie rekonstruierten, wer am Abend vor dem Brand in der Gaststätte gesessen hatte, wer wann und auf welchem Wege nach Hause gegangen war, welche Wegezeiten sich daraus ergaben, und ob diese Aussagen durch Alibis bestätigt werden konnten.

Mitten in der Diskussion sagte Scheppan beiläufig: „Ich war an dem Abend auch in der Schenke. Nur ganz kurz, weil ich Zigaretten brauchte. Ich war mit dem Rad unterwegs. Nachtstreife."

Brase blickte von seinen Papieren auf. „Und? Etwas aufgefallen?"

„Nicht, daß ich wüßte."

„Dann schreib einen Vermerk für die Akte."

Sie mußten mehr über die Verhältnisse im Dorf wissen. Hatte der Wirt Feinde im Dorf? Wollte jemand eine alte Rechnung beglei-

---

* Landwirtschaftliche Produktionsgenossenschaft

*Kurt Brase
im Ruhestand*

chen? War da nicht einmal ein Gerücht von einer Denunziation in den ersten Nachkriegsmonaten im Gespräch gewesen? Hatte der Betroffene sich jetzt gerächt? Der amtierende ABV zuckte mit den Schultern. Das Gerücht war ihm unbekannt.

Sie legten ihre Aufgaben für die nächsten Tage fest. Viel Zeit und viel Geduld würden die Kriminalisten aufbringen müssen, um die Alibis aller in Frage kommenden Personen abzuklopfen. Überstunden gehörten zu ihrem Beruf.

Ein sommerpraller Erntetag ging zu Ende. Als die Kriminalisten sich von Hauptwachtmeister Scheppan verabschiedeten, läutete im Dorf die Kirchenglocke.

Brase stutzte zuerst, aber dann fiel ihm ein, daß heute Samstag war. Samstag, der 12. August 1961. Aus der acht Kilometer entfernten Drachhausener Heide klang das Dröhnen von Panzermotoren herüber. Niemand ahnte zu dieser Stunde, daß die Kolonnen bereits den Marsch auf den Berliner Außenring angetreten hatten.

Kurt Brase wurde gegen zwei Uhr nachts durch einen telefonischen Alarmbefehl zur Dienststelle beordert. Er fuhr zum Polizeigebäude am Bonnaskenplatz. Nichts glich in dieser Nacht den ungezählten Übungsalarmen, mit denen die Polizeiangehörigen von Zeit zu Zeit aufgescheucht wurden. Ein Dienstvorgesetzter verlas den „Beschluß des Ministerrates der Deutschen Demokratischen Republik" über die Sicherung der offenen Staatsgrenze der DDR zu Westberlin. Nachdem vom Vorsitzenden des Nationalen Verteidigungsrates der DDR der Befehl zur Herstellung der Einsatzbereitschaft für alle Dienststellen und Einheiten der Volkspolizei ergangen war, wurden weitere Befehle, etwa zur Herstellung der „Rufbereitschaft", durch den Innenminister (für die VP-Kräfte Ost-Berlins sowie für die Grenzpolizei und Teile der VP des Bezirks Potsdam) bzw. durch die jeweiligen Bezirkschefs der VP erteilt. Im Klartext: Die Kriminalisten der Cottbuser Brandkommission hatten sich in ihrer Barackenunterkunft auf dem Hof der Bezirksbehörde zur Verfügung zu halten. Niemand durfte die Dienststelle verlassen. Die Vernehmungstermine, die Brase gestern noch vorbereitet hatte, platzten.

Der Berliner Mauerbau, in der DDR-Propaganda die „Errichtung des antifaschistischen Schutzwalls", war in den Augen vieler Polizisten kein tragisches Ereignis. Die durch die Aufteilung Berlins in verschiedene Sektoren verursachte oder beförderte Kriminalität und die daraus resultierenden Schwierigkeiten bei ihrer Bekämpfung würden mit einem Handstreich ein für alle Mal beendet. Das betraf vor allem den organisierten Schmuggel von optischen Geräten, von Briefmarken, Goldbarren oder Antiquitäten, das unbehelligte Überschreiten der Sektorengrenzen auch durch steckbrieflich gesuchte Gewalttäter, die Abwanderung gutausgebildeter Fachkräfte – im Propagandajargon „Republikflucht" genannt –, und die Tätigkeit verschiedener Nachrichtendienste, deren Agenturen von Westberlin aus selbstredend auch in das „Operationsgebiet Zone" hineinwirkten. Die Grenzschließung konnte für die Arbeit der Polizei nur von Vorteil sein. Über humanistische Aspekte des Mauerbaus nachzudenken verbot die politische Erziehung, in der die Polizisten befangen waren.

Der durch den Mauerbau vom 13. August 1961 bedingte Ausnahmezustand legte die Einheiten der Polizei für eine geraume Zeit lahm. Erst nach zehn Tagen nahmen die Männer der Brandkommission unter Brases Leitung die inzwischen ruhenden Ermittlungen wieder auf.

Brase und sein Famulus widmeten sich erneut dem Döbbricker Scheunenbrand. Die Unterbrechung der Ermittlungen zeitigte fatale Folgen. Die Kriminalisten bekamen es zu spüren. Der Alltagsstreß, aber auch der Frust über die Schließung der Berliner Grenzen trübten das Erinnerungsvermögen mancher Zeugen. Auf die heimlichen, durchaus beliebten Ausflüge ins „Schaufenster des sterbenden und verfaulenden Kapitalismus" mußten die DDR-Bürger hinfort verzichten.

Neben Brase und seinen Mitarbeitern war auch eine Untersuchungsgruppe der Bezirksverwaltung des Ministeriums für Staatssicherheit in Döbbrick unterwegs. Kurt Brase kannte die Gepflogenheiten. Er wußte aber auch, wie schwierig es war, Informationen von den MfS-Ermittlern zu erhalten. Deshalb überraschte es ihn umso mehr, als er Anfang Oktober zum Leiter der Kriminalpolizei gerufen wurde, in dessen Zimmer zwei Offiziere der Bezirksverwaltung auf ihn warteten. Sein Erstaunen wuchs, als sie ihm mitteilten, daß just im gleichen Augenblick, nur zwei Türen weiter, der ABV Hauptwachtmeister Scheppan unter dem dringenden Verdacht der Brandstiftung festgenommen werde.

Brase, an so mancherlei gewöhnt, schüttelte ungläubig den Kopf. „Einer von uns? Das glaube ich nicht."

Der K-Leiter sagte: „Nach zuverlässigen Auskünften, über die die Genossen verfügen, soll Scheppan am Brandabend die Gaststätte aufgesucht haben."

„Ist bekannt", meinte Brase. „In der Ermittlungsakte befindet sich ein entsprechender Vermerk."

„Richtig. Aber er hat Ihnen nicht erzählt, daß er nach dem Verlassen der Schankstube in der Scheune war."

„Davon ist mir allerdings nichts bekannt", gab Brase zu.

„Scheppan wurde gesehen, als er die Scheune betrat", erklärte der ältere MfS-Offizier.

„Es gibt einen Zeugen?"

Die Männer nickten.

Obwohl Brase kein heuriger Hase war und sich die Antwort eigentlich ausrechnen konnte, stellte er die Frage: „Kann man erfahren, wer der Zeuge ist?"

„Wir müssen unsere Quelle schützen."

Ein IM, ging es Brase durch den Kopf. „Nehmen wir mal an, daß Scheppan tatsächlich der Brandstifter ist, wo – zum Teufel – sehen Sie sein Motiv?"

„Die Genossen haben einen wunden Punkt in Scheppans Personalakte entdeckt."

Der K-Leiter schob einen roten Schnellhefter über den Tisch. „Schau mal in den Leumundsbericht."

Kurt Brase klappte die Akte auf. Ein Fragebogen mit aufgeklebtem Paßfoto. Ein handgeschriebener Lebenslauf. Ein Bewerbungsschreiben, in welchem Scheppan, wie seinerzeit üblich, erklärte, daß er „die Notwendigkeit des bewaffneten Schutzes der Arbeiter- und Bauernmacht" erkannt habe, und sich deshalb um die Einstellung in die Reihen der Deutschen Volkspolizei bewerbe. Ein Strafregisterauszug; selbstverständlich lupenrein. Und dann mehrere Protokolle, die den Leumund des jungen Bewerbers dokumentierten.

Kurt Scheppan war in der Lehrzeit beileibe kein Musterknabe gewesen, wohl eher so etwas wie schäumendes Brausepulver. Von häufigen Fahrten nach Berlin war die Rede, die Scheppan mit Gleichaltrigen aus seinem Heimatdorf unternommen hatte, um sich in den Ostsondervorstellungen der Westberliner Kinos Cowboyfilme anzusehen oder Jazzveranstaltungen im Sportpalast und in der Waldbühne zu besuchen. Scheppan galt bei diesen Ausflügen als der führende Kopf.

Brase registrierte das dicke Ausrufezeichen, das jemand mit Kugelschreiber neben diese Textpassage gesetzt hatte. Er konnte sich ausmalen, worauf das hinauslief. Die MfS-Genossen vermuteten Agenten-Kontakte bei dem verdächtigen ABV.

Skeptisch schob der Chef der BUK den Hefter zurück.

Der K-Leiter sagte: „Mach die Ermittlungsakte zur Übergabe fertig. Die Genossen nehmen die Unterlagen mit."

Brase erhob sich, um der Weisung seines Vorgesetzten nachzukommen. Er hätte mit dieser Entwicklung zufrieden sein können. Ein Verfahren weniger auf seinem Tisch. Aber mit der Vorstellung, daß ausgerechnet einer aus ihren Reihen der Brandstifter sein sollte, mochte er sich nicht so recht anfreunden.

Der arretierte Hauptwachtmeister wehrte sich gegen die Beschuldigungen. Nach hartnäckigem Leugnen räumte er ein, die Scheune im Hof der Gastwirtschaft entgegen seiner früheren Aussage doch betreten zu haben.

„Ich wollte mein Fahrrad vom Hof holen. Da sah ich, wie eine Gestalt in der Scheune verschwand. Einen Moment habe ich gewartet, dann dachte ich: Sieh mal nach, was da vorgeht. Ich bin rein, habe aber niemand entdeckt."

Warum er das verschwiegen habe?

„Sie kennen unseren Revierleiter nicht. Wenn die Gestalt in der Scheune der Brandstifter war, dann habe ich die Tat nicht verhindert. Glauben Sie, man hängt mir dafür einen Orden an die Brust?"

Brase, der von dieser Aussage hörte, schüttelte nachsichtig den

Kopf. Warum hatte der Junge zu mir kein Vertrauen? Den Kopf hätte es nicht gleich gekostet.

An einem der nächsten Tage war der Oberleutnant zu einer Dienstberatung im Kreisamt. Der Zufall wollte es, daß ihm hier Scheppans Kollegen über den Weg liefen. Auch sie schlossen eine Täterschaft des Hauptwachtmeisters aus. Für den Gang in die Scheune hatten sie eine ganz andere Erklärung. Sie erzählten dem Chef der BUK im Vertrauen, daß Scheppan, obwohl verheiratet, ein rechter Schürzenjäger sei. Der läßt nichts anbrennen, meinten sie. So wie sie die Sache sähen, hätte Scheppan wohl eher ein Stelldichein mit einer Dame im Heu gehabt.

„Habt Ihr eine Ahnung, wer die Frau sein könnte? Ihre Aussage würde ihn entlasten." Sie wußten es nicht. „Wenn Scheppan den Namen nicht nennen will, dann wird er seine Gründe haben."

Der Hauptwachtmeister blieb im Arrest, bis ... ja, bis der Brandstifter von Döbbrick ihn auslöste.

Der 7. Oktober 1961 fiel auf einen Sonnabend. Jahr für Jahr wurde der Gründungstag der DDR mit volksfestlichem Gepränge begangen. Einem Kinderfest für die Kleinsten folgten die obligatorischen Fußballwettkämpfe auf dem Döbbricker Sportplatz. Und am Abend zog man zum Tanz in den Dorfkrug.

Der Saal war überfüllt. Auf der kleinen Bühne spielte eine Acht-Mann-Kapelle.

Auf der Tanzfläche schoben und drängten sich die Pärchen. Die Theke war dicht umlagert. Die Wirtsleute hatten alle Hände voll zu tun, um den Nachschub an alkoholischen Getränken sicherzustellen. „Nikolaschka", „Koks" und „Blutgeschwür" lauteten die blumigen Namen der zeitgenössischen Getränke. Die Stimmung stieg von Stunde zu Stunde. Es gab den üblichen Zank unter eifersüchtigen Eheleuten und eine handfeste Rauferei der jungen Burschen. Weit nach Mitternacht spielte die Kapelle den letzten Tusch. Die Abschlußtour wurde angesagt, die üblichen da capi angehängt, dann packten die Musiker endgültig die Instrumente ein. Selbst die Trinkfestesten traten den Heimweg an. Ein Licht nach dem anderen verlösche im Dorf. Der Himmel bezog sich. Kein Stern war zu sehen.

Eine Stunde später schreckte das grelle Heulen der Feuersirene die Menschen aus dem Schlaf. Die Scheune des Genossenschaftsbauern Drabow stand in Flammen. Aus Luken und Fenstern schossen die Feuerzungen. So rasch die Männer der Freiwilligen Feuerwehr auch zur Stelle waren, die sengende Glut verwehrte ihnen den Zugang ins Scheuneninnere. Der Brand war nicht mehr zu löschen, er konnte nur noch eingedämmt werden. Auch der verzweifelte Versuch, wenigstens Getreidevorräte und Futtermittel vor der Vernichtung zu retten, scheiterte.

Bedrückte Stimmung am Morgen nach dem Brand auf dem Drabow-Hof. Das Gehöft lag an der Hauptstraße mitten im Dorf. Der Schaden, den die LPG „Spreetal" zu verbuchen hatte, betrug fünfzehntausend Mark

Kurz nach sechs Uhr rollten zwei Autos der Brandkommission ins Dorf. Oberleutnant Brase hatte seine gesamte Mannschaft mitgebracht. Er ließ sich gar nicht erst auf unnütze Vermutungen ein, sondern ging mit der ihm eigenen Gründlichkeit zur Sache. Die Besichtigung der Brandstätte ergab, daß das Feuer auf der Tenne entstanden sein mußte, bevor es sich auf die mit Erntegut gefüllten Lagerräume ausdehnen konnte.

Während ein Kriminaltechniker und der Brandursachenermittler der Abteilung Feuerwehr im Brandschutt wühlten, betraten Brase und Unterleutnant Bramburger das Wohnhaus des Bauern. Wuchtige, etwas aus der Mode gekommene Eichenholzmöbel füllten die geräumige Stube.

Die beiden Polizisten verhörten die Brandzeugen. Die Flammen, so nahmen sie zu Protokoll, schlugen zu Beginn des Feuers aus der Dachhaut, die über dem Tennenbereich lag. Scheunentor und Heuluken wurden nie verschlossen.

Alle Personen, die auf dem Grundstück wohnten, äußerten so ihre Wahrnehmungen.

Andere Mitarbeiter der BUK klapperten die Gehöfte in der Nachbarschaft ab. Mühsame Kleinarbeit, die von den Kriminalisten als „Klinkenputzen" bezeichnet wird.

Vor allem die männlichen Teilnehmer des Tanzvergnügens litten noch unter Kopfschmerzen. Der Alkohol war reichlich geflossen, die Erinnerungen stark getrübt. Der eine oder andere Festbesucher klagte über „Filmriß". Die Methodik zur Feststellung der Personenbewegungen im Dorf geriet ins Wanken. Ungenauigkeiten schlichen sich ein. Für den Auswerter der Brandkommission kein reines Vergnügen. Von ihm erwartete man, sämtliche Aussagen auf einem Weg-Zeit-Diagramm unterzubringen, so daß elementare Widersprüche herausgefiltert werden konnten. Akribie und ein wenig Glück gehörten immer dazu, doch die Methode war schon so manchem Täter zum Verhängnis geworden. Beide Komponenten blieben der BUK an diesem Sonntag in Döbbrick versagt.

Der einzige, der einen Nutzen aus der jüngsten Entwicklung des Brandgeschehens zog, war der Hauptwachtmeister Kurt Scheppan. Sein Arrest wurde aufgehoben.

Eine Woche später. Sonntag, der 15. Oktober 1961. Kurt Brase warf sich unruhig im Schlaf herum. Noch im Traum verfolgten ihn die Bilder der unzähligen Befragungen, die er und seine Leute in den letzten Tagen in Döbbrick geführt hatten. Brases Unterbewußtsein grub rastlos nach Verdachtsmomenten, die sie vielleicht übersehen hatten.

Das Telefon!

Brase fuhr hoch. Mit der Hand ertastete er den Hörer. „Ja?"

„Brand in Döbbrick!" Er erkannte die Stimme des Lageoffiziers im Operativstab der VP-Bezirksbehörde.

„Wo?"

„Grundstück Laschke. Die Scheune."

„Schick den Wagen! Ich komme!"

Dann stand er wieder vor einem Haufen verkohlter Balken. Die Glutnester schwelten noch. Die nasse Asche stank. Hinter ihm warteten seine Kollegen aus der Brandkommission, die sich angesichts der verbitterten Mienen der Bauern wohl ebenso unwohl fühlten wie ihr Chef.

„Getreide und Kartoffeln", sagte der LPG-Vorsitzende mit unverhohlenem Vorwurf. „Ein Schaden von zwölftausend Mark!"

Die BUK errichtete ihr Hauptquartier im leeren Klassenzimmer der Dorfschule. Brase resümierte vor versammelter Mannschaft: Drei Brandfälle, die landwirtschaftlichen Objekten galten. Die Gebäude waren unverschlossen und somit für jedermann zugänglich. Sämtliche Brände wurden in den Innenräumen gelegt. Brases Fazit: „Wir müssen davon ausgehen, daß der Täter mit den Örtlichkeiten bestens vertraut ist. Mit anderen Worten, er wohnt in Döbbrick, oder er kommt von außerhalb und ist Beschäftigter der LPG."

Im Untersuchungsplan, den die Kriminalisten lehrbuchmäßig zu Papier brachten, fallen diese Schwerpunkte auf:

„1. Feststellung der Personen, die sich am Abend vor dem Brand in der Gaststätte aufgehalten haben;

2. Überprüfung der Personenbewegung in Döbbrick von Mitternacht bis zum Brandausbruch;

3. Die ersten Brandzeugen ermitteln und ihre Aussagen be-

züglich Wahrnehmungen, Aufenthalt usw. überprüfen;

4. Alle Mitglieder der LPG bezüglich ihrer Tätigkeit und ihres Aufenthaltes in der Brandnacht befragen und ihre Aussagen auswerten;

5. Überprüfung des in den bekannten Arbeitsrichtlinien und Weisungen aufgeführten Personenkreises (Vorbestrafte, Alkoholiker, psychisch auffällige Personen) ..."

Der Einwand, daß es sich bei den Bränden um handfeste Anschläge auf das Eigentum der LPG „Spreetal" handeln könnte, war nicht von der Hand zu weisen. Deshalb nahmen sie als Punkt 6 in den Untersuchungsplan auf:

„Alle Fälle des offenen provokatorischen Auftretens als auch persönliche Feindschaften gegenüber LPG-Mitgliedern sind im Rahmen der Ermittlungen zu beachten."

Als Brase gegen zehn Uhr das Gemeindeamt betrat, fühlte er sich in den Stab einer NVA-Heeresgruppe verschlagen. Flurpläne und Listen lagen auf den Tischen. Männer in Arbeitskleidung standen davor und redeten lebhaft aufeinander ein.

„Satansbrut, verdammte!" schimpfte ein älterer Bauer. „Wenn mir so ein Lump zwischen die Finger gerät, zerquetsche ich ihn!"

„Wie sprichst denn du auf einmal?" tönte Bürgermeister Noack von seinem Amtsstuhl. „Bis jetzt hast du über die LPG nur gelästert und geschimpft, bist eingetreten, weil du der Letzte im Dorf warst und das Gerede nicht mehr ertragen wolltest."

Einige Männer lachten, während der Bauer hochrot im Gesicht antwortete: „Lieber heute als morgen wäre ich wieder ausgetreten. Aber jetzt, wo keiner mehr sicher ist, ob morgen die eigenen vier Wände noch stehen, muß man was unternehmen."

„Das Übel an der Wurzel packen. Recht hast du", stimmte ihm der Bürgermeister friedfertig zu. „Wir müssen den Brandstifter hindern. Ich denke, daß die Kripo nichts dagegen hat, wenn wir im Dorf Brandwachen aufstellen."

Nicht alle schlossen sich der Meinung des Bürgermeisters an. Ein Jungbauer rief: „Soll doch jeder auf seinem Hof aufpassen. Ich habe keine Lust, in der Nacht auch noch durchs Dorf zu schleichen. Wozu haben wir denn die Polizei?" Sein Blick ging zu Kurt Brase.

Der Oberleutnant hob die Hand. „Streiten wir uns nicht, Leute. Ich denke, der Brandschutz im Dorf geht jeden etwas an. Es sind eure Scheunen, die brennen. Wir von der Polizei unternehmen selbstverständlich alles, um den Täter dingfest zu machen, aber wir sind auf die Unterstützung des Dorfes angewiesen. Für zweckdienliche Hinweise ist eine Belohnung von tausend Mark ausgesetzt!"

Als der Jungbauer sah, daß er mit seiner Meinung allein stand, lenkte er rasch ein. „Naja, wenn alle mitmachen ..."

Bürgermeister Noack begann mit der Wacheinteilung. Er schrieb die Namen aller männlichen Erwachsenen paarweise auf einen Bogen Papier. Von zweiundzwanzig Uhr abends bis vier Uhr in der Frühe sollte die Einwohnerpatrouille durchs Dorf streifen. Daß der Name des unbekannten Brandstifters möglicherweise mit auf den Wachplan geriet, war nicht zu verhindern. Ein Umstand, der den Oberleutnant beunruhigte, doch er behielt die Bedenken für sich.

Nacht für Nacht waren nun in Döbbrick sechs Männer unterwegs, die jeweils für zwei Stunden die Wache übernahmen. Hinzu kam eine größere Anzahl von Polizisten in Zivil, die sich bei Einbruch der Dämmerung an vorher festgelegten Positionen im Dorf auf die Lauer legten.

„Das war eine hartes Brot für uns", erinnert sich der Kriminalist Hans Jakobitz nach drei Jahrzehnten an diesen Einsatz. „Die Nächte im Oktober waren kalt. Wir observierten Grundstücke, in denen Leute wohnten, die nach Lage der Dinge als Täter in Frage kommen konnten. Wenn jemand zur Nachtzeit den Hof verließ, folgten wir ihm unauffällig. Das war lausig kompliziert, denn die Zielpersonen durften ja keinen Verdacht schöpfen."

Wie zum Hohn brannte vierzehn Nächte später, am 31. Oktober 1961, die Scheune des Bauern Kaiser. Auch diesmal konnte die Feuerwehr die Scheune nicht retten. Vier Schuppen wurden zudem ein Raub der Flammen.

In dieser Nacht dachte in Döbbrick kaum noch jemand an Schlaf. Jeder Bauer war von der Furcht beherrscht, der eigene Hof könnte schon im Visier des Brandstifters sein. Ohnmächtige Wut lag in abweisenden Blicken, die den Kriminalisten auf Schritt und Tritt begegneten. Kurt Brase geriet unter Druck. Er wurde zu seinen Vorgesetzten nach Cottbus befohlen.

Der Oberleutnant erreichte das Polizeigebäude am Bonnaskenplatz. Nachdenklich durchwanderte er den Flur mit der gewölbten Decke. Die Normaluhr in der Eingangshalle zeigte die zehnte Stunde an. Brase fühlte sich nicht wohl in seiner Haut.

In der Gemeinde Döbbrick lebten im Herbst 1961 rund 280 Einwohner. Ungefähr ein Drittel der Berufstätigen arbeitete in

Cottbus, in Guben oder Peitz. Sie fuhren in die Textil-, in die Bau- und in die Energiebetriebe der Region. Neuerdings sogar in das nahegelegene Jänschwalde, wo die Vorbereitungen für den Aufbau eines Braunkohlenkraftwerkes begonnen hatten.

Die Umsetzung der Maßnahmen des Untersuchungsplanes war zeitaufwendig und personalintensiv. Es lag auf der Hand, daß die Kommission nur mühsam vorankam. Hunderte von Befragungen und Gesprächen hatten die Kriminalisten seit Beginn der Brandserie in Döbbrick geführt. Die intensiven Ermittlungen waren ebenso erfolglos geblieben wie die gezielte Überwachung einzelner Verdachtspersonen. Im Gegenteil, ihrem Hauptverdächtigen Nummer Eins, den Brase insgeheim favorisierte, hatten sie ein perfektes Alibi geliefert. Harry Schwantko war in den Brandnächten nicht aus dem Haus gegangen. Wer freilich die Eliminationsmethode befürwortete, der mochte auch dies als Erfolg bewerten.

Brase stieß die Tür zum Zimmer des K-Leiters auf. Eine illustre Runde hochrangiger Chefs in grünen Uniformen wartete auf ihn. Vom Oberst bis zum Parteisekretär war alles versammelt, was in der Chefetage der Bezirksbehörde Sitz und Stimme hatte. Brase durfte Platz nehmen. Kurz und bündig erstattete er seinen Bericht. Die Offiziere nahmen ihn mit undurchdringlichen Mienen zur Kenntnis.

Ob der Genosse Oberleutnant den offenen Brief des Ministers schon vergessen habe, wollte man dann von ihm wissen.

Der Prozeß der Kollektivierung der Landwirtschaft war in den Dörfern nicht ohne einen gewissen Widerstand der Bauernschaft durchgedrückt worden. Die Medien der Bundesrepublik schwiegen an diesem Frontabschnitt des kalten Krieges keineswegs. Neben ernstzunehmender Kritik kamen Gehässigkeit und Häme nicht zu kurz. Der eine oder andere Bauer, der sich zur Flucht nach Westberlin entschloß, setzte – gewissermaßen als Abschiedsgruß – den roten Hahn auf seinen Hof.

Im Jahre 1959 brannte es in jeder siebenten Genossenschaft, in jeder sechsten MTS* und in jedem zweiten Volksgut.**

Allein im ersten Halbjahr 1960 richteten 140 Brandstiftungen einen Schaden von sechs Millionen Mark an.

Im Frühjahr 1960 sah sich der Minister des Innern zu einem

---

* Maschinen- und Traktorenstation; staatliche Einrichtung auf dem Land, deren Maschinenpark den Bauern zur Verfügung stand.
** Volkseigenes Gut, auch VEG.

offenen Brief an alle Polizeiangehörigen verpflichtet, in dem es hieß:

> „Unter Berücksichtigung der veränderten Formen des Klassenkampfes gilt es, die verbrecherische Tätigkeit des Gegners auf dem Lande aufzudecken und zu verhindern.
> Ich appelliere an alle Genossen der Deutschen Volkspolizei, alle Maßnahmen zu treffen, um in engster Verbindung mit der werktätigen Bauernschaft unsere vollgenossenschaftlichen Dörfer, die Einrichtungen der LPG, der VEG u. a. sowie das Eigentum unserer Bauern gegen jegliche Schäden zu schützen, die durch feindliche Tätigkeit oder durch Sorglosigkeit und Schlamperei entstehen können."

Brase kannte selbstredend diesen Brief. Sie hatten ihn in zahlreichen Schulungen und Parteiversammlungen diskutieren müssen. Der Oberleutnant wußte aber auch, daß man Verbrechen nicht mit politischen Phrasen aufklären kann, nicht einmal den simpelsten Diebstahl, geschweige denn eine Serie von Brandstiftungen, mit der sie es hier zu tun hatten. Serientäter waren fast immer Psychopathen.

Brase ließ den Hagel der Vorwürfe über sich ergehen. Er übte die erwartete Selbstkritik, gelobte Besserung und durfte wieder an seine Arbeit gehen. Der freundschaftliche Klaps, den der Oberstleutnant ihm heimlich bei der Verabschiedung im Vorzimmer versetzte, motivierte den Chef der Brandkommission weit mehr als das besserwisserische Geschwätz der uniformierten Funktionsträger. Der Oberstleutnant wußte genau, wie Brase zumute war; auch er hatte seinen Beruf in der Kripo von der Pieke auf gelernt.

Eine Genugtuung empfand Brase dennoch: Die Untersuchungsgruppe des Ministeriums für Staatssicherheit, die im Döbbricker Untergrund unauffällig wirkte, war keineswegs erfolgreicher gewesen als die BUK. Eine gewisse Rivalität beherrschte seit jeher die Beziehungen zwischen Kripo und Staatssicherheitsdienst. Die Männer von „Memfis", wie die Verballhornung des Buchstabenkürzels MfS in Kriminalistenkreisen lautete, wurden vor allem um ihr unerschöpfliches Reservoir an kriminalistischer Sondertechnik und erst in zweiter Linie um ihr ungleich höheres Gehalt beneidet. Geheimniskrämerei und ein unerklärlicher Abstand, den die MfS-Leute selbst Polizisten gegenüber bewahrten, taten ein übriges. Um der Gerechtigkeit willen räumte Brase aber ein, daß eine Reihe von Aufklärungserfolgen nur mit Unterstützung der zuständigen MfS-Dienststellen zustande gekommen waren.

Die Erfolge unserer Landwirtschaft sind den Gegnern ein Dorn im Auge!

Durch Brandstiftungen, Viehvergiftungen, Sabotage und andere Verbrechen versuchen sie die weitere Entwicklung unserer sozialistischen Landwirtschaft zu stören.

Dies beweisen einige Brände in unserem Bezirk.

So wurden in Kaltennordheim (Kreis Bad Salzungen) eine Scheune und zwei Erntewagen und in Geismar eine Scheune durch gedungene Verbrecher in Brand gesteckt.
In Herpf (Kreis Meiningen) wurde in einer Gärtnerei ein vorsätzlicher Brand gelegt, und der Täter beabsichtigte auch noch nach Einbringung der Ernte eine Scheune der LPG in Brand zu stecken.

Das sind offene Provokationen gegen unseren Staat und bestärken unsere Forderung zur Beseitigung aller Agentenzentralen und Wühlorganisationen, besonders in Westberlin.

Fahrlässigkeit, Schlamperei und mangelnde Wachsamkeit begünstigen solche Verbrechen und bieten diesen einen Deckmantel, sei es durch nicht verschlossene Objekte, mangelnde Ordnung und Sauberkeit, Nichteinhaltung bekannter Brandschutzbestimmungen usw.

Der Kampf gegen Fahrlässigkeit, Unordnung und Schlendrian ist ein Ringen gegen alte Gewohnheiten und rückständige Auffassungen.

Wie häufig findet man noch die Unsitte vor, daß in Scheunen, Ställen, auf Höfen usw. gedankenlos geraucht wird. „Es wird schon nichts passieren", „Es ging bisher immer gut". Das sind die Vorstellungen, die immer noch verbreitet sind. Annähernd 20 Prozent aller Brände sind auf fahrlässigen Umgang mit offenem Feuer und Licht zurückzuführen.
Weitere Schwerpunkte sind fahrlässige Aschelagerung, unvorschriftsmäßig aufgestellte elektrische Geräte und Kinderbrandstiftungen.

Diese Ursachen beweisen eindeutig.

Der November fiel ins Land. Die rauhen Nächte kamen. Es wurde kälter. Unentwegt zogen die Brandwachen durch Döbbrick. Die Polizisten, die für die flächendeckende Oberservation eingeteilt waren, froren jämmerlich.

Kurt Brase saß an seinem Schreibtisch in Cottbus, den Kopf in beide Hände gestützt, und starrte reglos auf das Deckblatt der angeschwollenen Ermittlungsakte. Brase dachte an Hans Loreck, der als Abschnittsbevollmächtigter für Döbbrick zuständig war. Der Lehrgang an der Polizeischule dauerte an. Wir hätten längst ein Gespräch mit dem Polizeimeister führen sollen, ging es Brase durch Sinn. Er beriet sich mit Oberleutnant Wittich, seinem Stellvertreter in der Branduntersuchungskommission. Tags darauf gingen beide auf Fahrt.

Die Polizeischule lag in einem ausgedehnten Waldgebiet etwa sechs Kilometer nordwestlich von Hoyerswerda. Der VP-Meister Loreck bekam keinen kleinen Schreck, als er mitten im Unterricht zum Schulleiter befohlen wurde und dort Kurt Brase sowie einen zweiten Cottbuser Kriminalisten vorfand. Er glaubte zuerst, ein Unglück habe die Familie ereilt. Die Kriminalisten konnten ihn beruhigen.

Hans Loreck, ein untersetzter Mann mit dunklem Lockenhaar, war über das Brandgeschehen grob unterrichtet. Seine Frau hatte ihm einiges erzählt, wenn sie ihn an den Wochenden in der kasernenmäßig betriebenen Schule besuchen durfte. Brase packte nun das Wissen der Brandkommission dazu, und Wittich rollte zum besseren Verständnis eine Lageskizze aus, auf der die Brandobjekte in Döbbrick eingezeichnet waren.

Der ABV, der seine Pappenheimer kannte, schüttelte bei den meisten Namen auf Brases Liste den Kopf. „Schwantko?" sagte er. „Naja, ich weiß nicht. Man kann für keinen die Hand ins Feuer legen, noch dazu bei einem, der schon mal gezündelt hat, aber den Harry würde ich ausschließen."

„Sie tippen auf einen anderen Verdächtigen?"

Loreck beugte sich über die Skizze. „Wenn man sich die Hauptstraße als Nord-Süd-Linie vorstellt, dann liegen die Brandobjekte doch alle auf der Westseite des Dorfes."

„Die Dorfstraße ist zur Nachtzeit gut beleuchtet", sagte Brase. „Davon haben wir uns selbst überzeugt."

Wittich fügte hinzu: „Wir vermuten, daß der Täter aus reiner Vorsicht nicht über die Straße wechselt."

„Dann kann er nur auf der linken Seite sitzen." Loreck deutete auf ein Grundstück am Westrand des Dorfes. „Hier wohnt Wustrack. Habt Ihr den schon überprüft?"

Brase nickte.

„Wustrack ist ein windiger Bursche", fuhr der ABV fort. „Nicht besonders intelligent, vielmehr ein Querulant. So eine Art Zugvogel, würde ich sagen. Er hat den Maurerberuf erlernt. Bevor die Grenze dichtgemacht wurde, verschwand er im Sommer jedesmal nach Westdeutschland. Er hat, wie ich hörte, im Ruhrgebiet auf dem Bau gearbeitet. Brachte klotziges Geld mit. Im Winterhalbjahr, wenn er arbeitslos wurde, kam er nach Döbbrick zurück und baute sein Haus um."

„Sie hatten Probleme mit ihm?"

„Naja, Wustrack war 1958 in einer Entladekolonne beim Betonwerk Merzdorf beschäftigt. Er brachte es fertig, einen Kiestransporter nach Döbbrick umzuleiten. Ich kam gerade dazu, wie die Ladung abgekippt werden sollte. Versuchter Diebstahl nach Paragraph neunundzwanzig StEG*. Das Gericht verhängte einen öffentlichen Tadel." Loreck griff nach der Zigarette, die Wittich ihm hinhielt. „Was mir am meisten auffiel," nahm er seinen Bericht wieder auf, „war Wustracks Verhalten während der Vernehmung. Einerseits ein uneinsichtiger Schreihals, in der nächsten Minute wieder lammfromm, als könne er kein Wässerchen trüben. Manchmal hatte ich den Eindruck, der läuft nicht ganz rund. Merkwürdig, nicht wahr?"

Günter Wustrack wurde von der Brandkommission nochmals eingehend überprüft, seine Alibis für die jeweiligen Tatzeiten erneut abgeklopft. Einmal hatte der Mann zur Brandwache gehört, an zwei anderen Abenden saß er, der sonst kaum Alkohol trank, in der Gaststätte. Sein Heimweg konnte von Zeugen, aber auch von der Ehefrau bestätigt werden.

Die Wochen gingen ins Land. Die heiße Spur, auf die jeder hoffte, fand sich nicht. In Döbbrick blieb es ruhig. Es schien, als habe der Brandstifter es aufgegeben, weiterhin Unheil anzurichten. Die Bauern konnten aufatmen Die Untersuchungen der Brandkommission versandeten. Die für zweckdienliche Hinweise ausgelobte Belohnung wurde auf 3000 Mark aufgestockt. Ein Echo blieb aus. Die Bearbeitungsfrist, die der Staatsanwalt für jedes Ermittlungsverfahren der Kriminalpolizei setzte, lief ab. Dem Chef der

---

* Strafrechtergänzungsgesetz der DDR, das 1956 eingeführt wurde. § 29 schützte die besondere Form des Volkseigentums.

BUK blieb keine Wahl, er mußte die vorläufige Einstellung des unaufgeklärten Verfahrens ins Auge fassen. Brase empfand es als eine persönliche Niederlage.

Der Oberleutnant traute dem Frieden jedoch nicht. Seine Berufserfahrung sagte ihm, daß Serientäter nur höchst selten aus eigenem Antrieb dem Teufelskreis entrinnen, der sie zum Zündeln treibt. Als Chef der BUK zeichnete er für sämtliche Verfahren verantwortlich, die unter der Federführung der Brandkommission im Bezirk Cottbus bearbeitet wurden. So gab es Arbeit über Arbeit, und Döbbrick geriet nach der Einstellung des Ermittlungsverfahrens in Vergessenheit.

Am Sonnabend, dem 18. November 1961, geriet im Weichbild der Ortschaft Drebkau, etwa fünfzehn Kilometer südwestlich von der Bezirksstadt gelegen, eine Laube in Brand. Das Schrebergartenareal lag an der Fernverkehrsstraße 169, über die der Verkehr zwischen Cottbus und Senftenberg, der heimlichen Hauptstadt des Lausitzer Braunkohlenreviers, rollte.

Ein paar junge Leute, die von einer Tanzveranstaltung kamen, hatten den Brand entdeckt und die Freiwillige Feuerwehr alarmiert. Ein dutzend Männer kümmerte sich nun um die Löscharbeiten. Die Laube blieb bis auf einige angekohlte Bretter unversehrt.

Der Abschnittsbevollmächtigte aus Drebkau und die Mitglieder der Freiwilligen Feuerwehr rätselten noch über die Brandursache, als in der vier Kilometer entfernten Gemeinde Leuthen die Sirene ertönte.

Der ABV registrierte gewohnheitsmäßig die Uhrzeit. Ein Uhr dreißig. „Scheiß Sonntag!" fluchte er ingrimmig, während er den Kickstarter des Motorrades durchtrat. „Na und Ihr?" rief er den Feuerwehrmännern zu. „Worauf wartet Ihr noch?"

Sie jagten in Richtung Cottbus. In der Ferne bildete sich ein heller Lichtschein heraus. Der Himmel nahm über den Baumwipfeln eine tiefrote Farbe an. Als sie die Kreuzung Leuthen-Schorbus erreichten, wo die F 169 in eine leichte Steigung übergeht, entdeckten sie das Ausmaß des nächtlichen Feuers. Die größte Feldscheune der LPG „Morgenröte" Leuthen brannte lichterloh.

Die Leuthener versuchten zu retten, was möglich war. Gemeinsam zerrten sie die abgestellten Landmaschinen aus Rauch und Flammen, und sie schleppten, solange das Feuer es zuließ, die schweren Getreidesäcke aus der Scheune. Erst als das Dachgestühl herabzustürzen drohte, hielten die erschöpften Helfer inne. 540

Zentner Weizen, über 1600 Zentner Stroh und mehrere Maschinen verzehrten die Flammen. Die Versicherung bezifferte den Schaden auf 78 000 Mark.

Mit den Feuerlöschzügen aus Cottbus war der Brandursachenermittler Reinhard Marx nach Leuthen gekommen. Der achtundzwanzigjährige Feuerwehrmann galt als Spezialist in seinem Fach. Für die Untersuchung der Brandstätte benötigte er nicht mehr als eine halbe Stunde, dann stand sein Urteil fest: „Zündquelle offenes Feuer. Hier hat jemand gekokelt!"

Die Bereitschaftsgruppe der Branduntersuchungskommission rückte nach Leuthen und Drebkau aus. Für die Kriminalisten lag nahe, daß zwischen beiden Bränden ein Zusammenhang bestehen mußte. Vermutlich von ein und demselben Täter gelegt, kombinierten sie. Ging man vom Zeitunterschied aus, mußte der Brandstifter sich wohl aus Drebkau kommend in Richtung Schorbus/Leuthen fortbewegt haben.

In der Gaststätte „Bergschenke" stießen sie auf eine Spur, deren wahre Bedeutung niemand erriet. Die Wirtsleute sagten aus, daß nach zweiundzwanzig Uhr ein Mann bei ihnen aufgetaucht sei, der mit dem Fahrrad weiter nach Cottbus wollte. Woher er kam und was mit ihm los war, wußte keiner. Ein Gespräch, wie mit den Gästen sonst üblich, war gar nicht erst richtig zustande gekommen.

Ob sie den Mann beschreiben könnten?

Etwa dreißig, klein, aber ziemlich breit in der Gestalt. Haar dunkel. Und abgearbeitete, rissige Hände. Vielleicht beim Bau beschäftigt.

Mit dieser Personenbeschreibung gingen die Polizisten am nächsten Tag in Drebkau, Leuthen, Loeschen, Schorbus, in Klein-Oßnig und Gaglow auf Jagd. Ihre Ausdauer und ihr Fleiß wurden nicht belohnt.

In der Morgenfrühe des 19. November brach die Döbbricker Brandwache zur letzten Runde durchs Dorf auf. Die beiden Männer waren mit Taschenlampen und handlichen Knütteln ausgerüstet. Feuchte Kälte kroch vom Flußbett der Spree über die Wiesen heran.

Auf dem sandigen Fahrweg, der von Saspow nach Dissen durch die Felder führte und der die Gemeinde Döbbrick ganz knapp am Westrand tangierte, schwankte ein Licht heran. Ein einsamer Radfahrer, der seiner Behausung zustrebte. Die Wächter beobachteten, wie der Radler an der Gabelung den Abzweig nach Döbbrick wählte. Seltsam, daß seine Lampe in diesem Augenblick erlosch. Wie ein Schatten huschte der Radfahrer an den Posten vorbei.

„He, du Trottel, mach wenigstens das Licht an!" schimpfte einer der Wächter. „Hast du ihn erkannt?" fragte er seinen Kollegen.

„Beschwören könnte ich's nicht. Sah aber aus wie der Wustrack."

Kurt Brase sollte recht behalten. Der Döbbricker Brandstifter erlag dem Drang zum Zündeln ein weiteres Mal. Im Dezember entdeckten die Bewohner des Gehöftes Nummer 5 einen Entstehungsbrand auf der Scheunentenne. Das feuchte Stroh, das nur mäßig glimmte,

Scheune im Gehöft Nr. 5.
Der Entstehungsbrand wurde entdeckt.

konnte mit einem Eimer Wasser gelöscht werden. Ein Schaden entstand nicht, weshalb der Vorfall nicht zur Anzeige gelangte. Das Vertrauen in die Polizei war angeschlagen.

Das Weihnachtsfest 1961 verlief ruhig. Über Silvester und Neujahr übte sich die Polizei in Prävention. Das verstärkte Polizeiaufgebot hinterließ Eindruck. Der Brandstifter meldete sich nicht.

Erst am 24. Januar 1962, einem Mittwoch, kam Bewegung in die Fahndung. Im Betonwerk Merzdorf, das Platten für den Cottbuser Wohnungsbau herstellte, war die Spätschicht angelaufen. In der dritten Nachmittagsstunde stockte die Produktion, die Rüttelmaschine an der Taktstraße fiel aus. Während ein Teil der Arbeiter durchs Betriebsgelände streunte, nutzte ein Kollege die Zwangspause, um sich in der Merzdorfer „Alpenschenke" mit Getränken zu versorgen. Als der Wirt ihn wegen eines Streites mit anderen Gästen unsanft vor die Tür beförderte, hatte der Mann bereits mehrere Gläser Bier getrunken. Seine Wut verrauchte nur langsam. Am Ende der Bahnhofstraße, dort, wo sich der Wald als schützender Wall zwischen Dorf und Betonwerk schob, stand ein einzelnes Wohnhaus, flankiert von einer rohrgedeckten Scheune. Der Torflügel, der nur angelehnt war, stach dem alkoholisierten Mann ins Auge. Die Bilder von Heu und Stroh drängten sich in seine Gedankenwelt, vermischten sich mit bizarren Phantasien. Der Mann tastete nach dem Feuerzeug.

Die Dramaturgie des Zufalls wollte es, daß wenige Augenblicke danach ein Mieter des Hauses den Hof betrat. Er roch den Rauch, der in dünnen Schwaden durch die Ritzen zwischen den Brettern der Scheunenwand sickerte.

„Feuer!" brüllte der Mann. „Zu Hilfe, es brennt!"

Seine Frau lief herbei. Nach dem Löschen stand das beherzte Ehepaar beieinander. Sie begutachteten den Brandschaden. „Das muß gerade passiert sein", berichtete der Mann. „Hast du die hintere Tür aufgemacht?"

Die Frau, noch immer schreckensbleich, schüttelte den Kopf.

„Dann war es Brandstiftung", kombinierte er. „Der Kerl ist hinten raus, sonst wäre er mir in die Arme gelaufen."

Weder die „Lausitzer Rundschau" noch ein anderes Regionalblatt haben über die Brände in Leuthen, Drebkau und Döbbrick berichtet. Schreckensmeldungen von diesen Ausmaßen gehörten nach Ansicht der für die Medien zuständigen SED-Bezirksfunktionäre nicht in die Presse. Optimistische Berichte aus der Arbeitswelt, Erfolgsmeldungen aus der Landwirtschaft oder über das kulturelle Leben der Werktätigen zeichneten in den Augen der Partei den „guten Stil einer volksverbundenen Zeitung" aus.

Wo die sachliche Information fehlt, schießen Gerüchte ins Kraut. Auf die Döbbricker Brandserie traf das ebenso zu wie auf manches andere Verbrechen. Fast jeder Erwachsene in Merzdorf hatte irgendwann von dem „Döbbricker Feuerteufel" gehört, doch keiner wußte so richtig Bescheid. Von der Brandstiftung auf dem eigenen Grundstück aufgeschreckt, faßte der Mann den Entschluß, der die Fahndung der Kripo letzten Endes zum Erfolg führte.

„Die Sache kommt mir nicht geheuer vor. Ich rufe die Polizei an!"

Die Sachbearbeiter in der Branduntersuchungskommission waren schon auf den Feierabend eingestimmt, als im Operativstab der Bezirksbehörde drei Brandmeldungen aufliefen. Der erste Anruf kam aus Herzberg, der zweite betraf einen Brand in Lübben, und der dritte erfolgte aus Merzdorf. Der Lageoffizier gab die Meldungen an die Kriminalpolizei weiter. Da Brase nicht in der Dienststelle weilte, fiel Wittich die Aufgabe zu, die Arbeit unter den Mitarbeitern des BUK-Bereitschaftsdienstes aufzuteilen. Den Auftrag Merzdorf übertrug er Hans Jakobitz, dem Benjamin in der Kommission. Der junge Mann war in Merzdorf zu Hause – ein Umstand, der ihn für den Einsatz dort prädestinierte.

„Ruf' sofort zurück, wenn der Einsatz eines Fährtenhundes möglich ist", schärfte Wittich ihm rasch noch ein.

In einer Gemeinde wie Merzdorf kennt man sich. Das erleichterte Jakobitz das Gespräch mit den Zeugen. Bereitwillig schilderten sie ihm, wie sie vor einer halben Stunde den Fluchtweg des Brandstifters entdeckt hatten. Sie zeigten ihm die Schuhspuren, die sich im Erdreich hinter der Scheune deutlich abzeichneten. Der Täter war durch das Wäldchen entkommen.

Ideales Gelände für eine vierbeinige Schnüffelnase, überlegte Jakobitz. Selbst das Wetter paßte ins Konzept. Kalt und ein wenig feucht. Er erkundigte sich bei dem Ehepaar nach dem nächsten Telefon.

Diensthundestaffeln mit speziell abgerichteten Fährtenhunden gehören zum Bestand jeder modernen Polizeiorganisation. Fanny, eine an der Diensthundeführerschule in Pretzsch ausgebildete Schäferhündin, war das leistungsfähigste Tier im Bezirk Cottbus. Viele erfolgreiche Einsätze hatten sie und ihr Führer, Hauptwachtmeister Helmut Fischer, zu Buche stehen.

Eine Fährte ist ein odorologisches Gemisch aus dem speziellen Geruch des Schuhwerkes und dem individuellen Geruch des Menschen. Ihre besondere Veranlagung befähigte Fanny, Fährten, die sich bei günstigen Bedingungen bis zu achtundvierzig Stunden hielten, über mehrere Kilometer erfolgreich auszuarbeiten. Auf diese, Fannys Kunst setzten nun die Kriminalisten.

Aufmerksam verfolgte die Hündin, wie ihr Herrchen die Suchleine aufrollte. Willig ließ sie sich ins Suchgeschirr schnallen. Sie wußte, daß es Arbeit gab und freute sich sichtlich darauf.

Fischer führte Fanny zur Rückwand der Scheune. Die Hündin tändelte. Herrchens Kommando „Such, Fanny! Suuuch!" disziplinierte das Tier. Gehorsam senkte Fanny die Nase zum Boden. Nach wenigen Augenblicken straffte sich die Leine. Zielstrebig, einer unsichtbaren Linie folgend, zog die Hündin davon. Fanny hatte eine Fährte aufgenommen. Ob diese tatsächlich zum Brandstifter führte, würde sich bald herausstellen.

Hans Jakobitz und ein Schutzpolizist folgten dem Gespann in gebührendem Abstand. Sie drangen in den Waldstreifen ein. Kiefernbestand auf kargem Sandboden. Zweige und dornige Ranken hemmten den schnellen Schritt der Männer.

„Such, Fanny! Suuuch!"

Im Laufschritt folgte der Hauptwachtmeister seiner Vierbeinerin. Hoffentlich läßt sie sich nicht durch Wildspuren ablenken, bangte er. Aber Fanny folgte unbeirrt der Fährte, die ans Betonwerk heranführte. Dann standen sie vor dem Maschendrahtzaun des Betriebsgeländes.

Fischer verzögerte das Tempo. Er ließ die Kollegen herankommen. „Der Kerl muß sich im Gelände auskennen", rief er ihnen zu.

Fanny zerrte an der Leine. Sie wollte weiter. Als Jakobitz das Handzeichen gab, ließ Fischer die Suchleine wieder gleiten. Fanny schoß durch ein Loch im Zaun, überquerte die Betriebsgleisanlagen und schnürte, die Nase dicht auf den Boden gesenkt, über die schlammbedeckte Ladestraße.

Beim Anblick Fannys verstummten die Gespräche der Arbeiter vor den Gebäuden. Wohl hundert Augenpaare beobachteten den Auftritt des Polizeiquartetts.

Fanny bog zu einer langgestreckten Halle ab, steuerte auf ein Tor zu und wartete geduldig, bis Fischer öffnete. Das Tier zog blitzschnell weiter, nach links in einen Raum, in dem sich Stühle, Tische und mehrere Reihen Umkleideschränke befanden.

Fannys gesträubtes Nackenhaar und die aufgerichtete Rute zeigten ihre Erregung.

Die Hündin stieg vor einer Spindtür hoch. Sie kratzte mit den Pfoten. Alles klar, die Jagd war zu Ende.

Hans Jakobitz musterte die Schrankreihen. Kleine Namensschilder an den Blechtüren gaben Auskunft, wer die Schränke benutzte. Ausgerechnet an dem Spind, den Fanny ausgewählt hatte, fehlte die Visitenkarte.

Ein Betriebsingenieur kam in den Raum. Auch er war, wie die Arbeiter, Zeuge des Polizeiaufmarsches geworden. „Kann ich helfen?"

„Ja. Wem gehört dieser Spind?"

Nach wenigen Minuten war der Mann gefunden. Er hieß Günter

Wustrack, war achtundzwanzig Jahre alt, von Beruf Maurer und wohnte in Döbbrick.

„Was will der Hund von mir?" rief Wustrack erbost. „Ich habe doch nichts getan!"

Fanny nimmt die Fährte auf.

Teilnahmslos und ohne sichtbare Erregung saß Wustrack eine knappe Stunde später im kahlen Vernehmungszimmer der Brandkommission. Irgendwie wirkte er ein wenig schläfrig, bäuerisch-schwerfällig.

Wittich fragte: „Sie sehen nicht gut aus. Haben Sie Alkohol getrunken?"

„Nur 'n paar Bier."

„Fühlen Sie sich in der Lage, meine Fragen zu beantworten?"

„Nur zu, damit ich ins Bett komm'."

„Trinken Sie immer während der Arbeitszeit?"

Wustrack lachte. „Neenee, war 'ne Ausnahme. Trinke sonst kein Bier."

Wittich deutete auf die Batterie dunkelgrüner Flaschen, die neben Wustracks Tasche auf dem Tisch standen. „Die haben wir in Ihrem Spind gefunden. Woher stammen die?"

„Von zu Hause mitgebracht."

„Aus Döbbrick?"

„Klar doch."

Wittich setzte seinen melancholischen Blick auf, den er so gut beherrschte. „Sehen Sie das Etikett auf den Flaschen, Herr Wustrack? Brauerei Felsenkeller Dresden. In Döbbrick gibt's aber nur Cottbuser Merkur-Bier."

Keine Antwort.

„Nun sagen Sie schon, daß Sie sich das Bier während der Schicht in der ‚Alpenschenke' organisiert haben!"

Wustrack senkte den Blick.

„Der Wirt hat uns bestätigt, daß Sie in der Kneipe Zoff hatten."

„Ich ..."

Wittich ließ ihn nicht ausreden. „Und auf dem Rückweg sind Sie durch den Wald gelaufen!" stieß er nach.

„Ja. ich bin durch das Loch im Zaun. Sollte mich ja keiner sehen."

„An der Scheune sind Sie stehengeblieben. Woher ich das weiß? Der Hund hat Sie verraten."

„Naja, eigentlich wollte ich das ja alles nicht."

Wiitich hielt den Atem an. Auf diesen Moment hatte er hingearbeitet, alles andere war jetzt eine Frage der Zeit. Es kam vor, daß man sich in einer Vernehmung stundenlang im Kreis drehte. Heute schien er Glück zu haben. „Ich kann mir ausmalen, wie Ihnen zumute war. Sie waren wütend, voller Zorn ..."

„Am liebsten hätte ich alles kurz und klein geschlagen."

„Und warum ...?"

„Streit mit der Frau. Dann gab's Ärger im Betrieb. Die behaupteten, ich hätte die Havarie verschuldet. Und in der Kneipe wurde ich blöde angequatscht."

„Da sind Sie eben ausgerastet. Kann ich mir vorstellen."

„Das kam so über mich. Es hat mich gepackt."

„Sie sind in die Scheune gegangen?"

„Ja."

„Das Tor war verschlossen?"

„Nur angelehnt."

„Was geschah in der Scheune?"

„Da war Stroh, lauter Stroh. Ich hab's angebrannt."

„Womit?"

Wustrack wies auf das mechanische Feuerzeug, das bei den Asservaten lag. Hans Jakobitz hatte es ihm bei der Festnahme abgenommen. „Mit dem da!"

„Weiter. Was war noch?"

„Auf dem Hof kam jemand. Ich konnte nicht mehr raus, wollte mich verstecken, bis ich die Hintertür entdeckte."

„Wie fühlten Sie sich danach?"

„Ziemlich gut, glaube ich. Wie erleichtert. Meine Wut war weg."

Während der letzten Stunde, die Wittich immerhin benötigte, um Wustrack zu einem Geständnis zu bewegen, war der Chef der BUK über die jüngste Entwicklung im Merzdorfer Brandfall unterrichtet worden.

„Aus Döbbrick?" fragte Brase überrascht durchs Telefon. „Ich komme sofort!"

Eine halbe Stunde später erschien er in der Dienststelle. Er räumte die Akten aus dem Schrank und blätterte rasch. Günter Wustrack – da stand es! Der ABV Loreck hatte ihre Aufmerksamkeit auf den Mann gelenkt. Am 15. Oktober hatte Wustracks Name auf der Liste der Brandwachen gestanden. Am 7. Oktober feierte er mit den anderen im Dorfkrug. Sein Alibi für die Nacht zum 31. Oktober war nicht restlos geklärt. Und in der Augustnacht, in der es beim Gastwirt brannte, hatte er laut Zeugenaussagen getrunken.

Getrunken – vielleicht auch aus Ärger oder aus einem Wutstau heraus? Gründe wie diese können einen Psychopathen durchaus zum Brandstifter machen. Brase hatte sich selbst anhand medizinischer Fachliteratur geschult.

Wittich unterbrach das Verhör. Bevor er den Raum verließ, reichte er Wustrack Papier und Kugelschreiber. „Schreiben Sie alles auf!" forderte er. „Wie Sie in die Scheune gelangt sind, wo das Stroh lag, womit und wie Sie es in Brand gesetzt haben …"

„Und?" fragte Brase im Nachbarzimmer gespannt. „Kommst du klar mit ihm?"

„Er ist geständig."

„Meinst du, wir haben den Feuerteufel?"

„Müßte schon mit dem Satan zugehen, wenn in Döbbrick noch einer sitzt und kokelt", brummte Wittich. „Verlaß dich auf meine Nase, Kurt. Es ist Wustrack!"

Das Verhör ging in die zweite Runde. Wittich und Brase betraten gemeinsam den Raum.

Wustrack hob den Blick von seiner Schreibarbeit. Den Mann mit dem eisgrauen Haar hatte er häufig in Döbbrick gesehen. Er wußte, das war der Chef der Brandermittler. Die Angst vor dem, was kommen mußte, stieg ins Unermeßliche. Wustrack nahm sich vor, auf jeden seiner Sätze genau zu achten.

Wittich nahm das Blatt und las. Wustracks Erklärung, die von orthografischen Fehlern nur so strotzte, trug die Überschrift „Gestetnis". Seltsam anmutende Wortverbindungen fielen auf. Viele Substantive waren klein geschrieben, nicht selten fehlten mitten im Wort Buchstaben oder ganze Silben, als wären sie dem Schreibenden verlorengegangen.

Kurt Brase setzte sich an den Tisch. „Bevor wir weitermachen," sagte er, „möchte ich Sie der Form halber darauf aufmerksam machen, daß ein rechtzeitiges Geständnis Ihr Strafmaß mildern kann. Das ist so üblich bei uns, verstehen Sie. Machen Sie davon Gebrauch, solange Zeit dafür ist."

Wustrack achtete auf den Klang der Stimme. Es lag keine Herausforderung darin. Der durchaus charismatischen Autorität des Oberleutnants würde er nicht viel entgegenzusetzen haben. Wittich fühlte es deutlich.

„Zigarette?"

„Wie bitte ...? Äh, ja."

Brase, der überzeugte Nichtraucher, reichte ihm eine der für solche Zwecke zurechtgelegten Vernehmerzigaretten. Wittichs Feuerzeug schnappte.

Günter Wustrack paffte nervös und hastig. Mit zusammengekniffenen Augen sah er hinter dem Vorhang aus aufsteigendem Zigarettenqualm auf die Vernehmer. Er spürte, daß seine Kräfte schwanden. Sein eiserner Vorsatz, über alles zu schweigen, löste sich in Nichts auf. „Sie wollen ..." Er räusperte sich. „Sie wollen, daß ich reinen Tisch mache?"

„Ich denke, es wäre an der Zeit", nickte Brase.

Wustrack zauderte, er kämpfte mit sich.

„Sie wollen doch auch, daß die Brände endlich aufhören", setzte Brase nach. Er sagte es im Tonfall eines Seelsorgers, dem keine menschlichen Verfehlungen fremd sind.

„Ja."

„Dann müssen Sie uns jetzt alles sagen."

Wustrack schöpfte noch einmal Atem. In seinem Kopf öffneten sich die Schleusen. „Nach allem ist es wohl das beste", stimmte er ernsthaft zu und begann zu erzählen.

Das Protokoll, das sie weit nach Mitternacht tippten, enthielt Wustracks Aussagen zum Feuer in Merzdorf. Die Seite 2, die seine

Einlassungen zum Döbbricker Brandgeschehen wiedergab, begann mit den Worten: „Nachdem mir nochmals eindringliche Vorhaltungen gemacht wurden und ich darauf hingewiesen wurde, die Wahrheit zu sagen, gebe ich zu, daß ich weitere Brände in Döbbrick gelegt habe."

Im folgenden gestand Wustrack drei Brandstiftungen. Auf dem Drabow-Hof, im Gehöft Laschke und beim Bauern Kaiser. Als er nach dem Feuer in der Gaststätte gefragt wurde, setzte er sich wider Erwarten zur Wehr. „Das war ich nicht!" behauptete er trotzig. „Sie haben doch den Polizisten festgenommen. Da kann ich's doch gar nicht gewesen sein."

Brase redete mit Engelszungen auf ihn ein. Wustrack blieb hart. Er rückte auch in allen späteren Vernehmungen von seiner Aussage zum Brand im Gasthof um keinen Zentimeter ab.

Die Meldung über den Aufklärungserfolg machte schnell die Runde. Brase war in den Augen der grünuniformierten Funktionäre mit einem Schlag rehabilitiert. Der Erfolg hat bekanntlich viele Väter, der Mißerfolg immer nur einen. Eine Pressemeldung, die der Polizei durchaus gut zu Gesicht gestanden hätte, wurde aus den bekannten Gründen zurückgehalten.

Nach Tagen kam aus dem MfS-Apparat neben der üblichen Gratulation für Brases Team eine Information, die in zweierlei Hinsicht aufhorchen ließ. Eine „operative Quelle" in Döbbrick hatte ihren Führungsoffizier über Wustracks seltsame Heimkehr in der Nacht zum 19. November informiert. Als die Ermittler des MfS daraufhin Wustracks Familienverhältnisse unter die Lupe nahmen, stolperten sie über eine verwandtschaftliche Beziehung, die Günter Wustrack mit dem Ort Drebkau verband. In Drebkau hatte am 18. November eine Familienfeier stattgefunden. Ob der Verdächtige auch unter den Gästen war, konnte bislang nicht eruiert werden.

Ein Mitarbeiter der Brandkommission und ein Offizier aus der Untersuchungsabteilung der Bezirksverwaltung des MfS fuhren nach Leuthen. Sie legten dem „Bergschenken"-Wirt einen Stapel Lichtbilder vor, in den sie ein Foto Günter Wustracks gemischt hatten. Ohne zu zögern deutete der Wirt auf das Konterfei des Brandstifters. „Dieser Mann war in meiner Gaststätte. Ja, ich bin absolut sicher. Wann? Kurz vor dem Brand der LPG-Scheune."

Über einen Mittelsmann fanden die Rechercheure in Drebkau heraus, daß das Ehepaar Wustrack tatsächlich an der Familienfeier teilgenommen hatte. Nach einem Streit mit seiner Frau war Wustrack jedoch vorzeitig von dem Fest verschwunden.

Ein letztes Mal – sie wußten es noch nicht – trafen Brase und Wittich den Brandstifter in einer Vernehmungszelle der Untersuchungshaftanstalt. Wustrack hatte sich an die beiden Kriminalisten gewöhnt, so daß eine Art des vertraulichen Umgangs zwischen ihnen entstanden war. Eine Beziehung, auf die fast jeder U-Häftling baut, verschafft sie ihm doch nicht nur Ablenkung im öden Alltag der Anstalt, sondern auch einen gehörigen Nachschub an geschnorrten Zigaretten.

„Was gibt's denn jetzt schon wieder?" fragte Wustrack, als er die ernsten Gesichter seiner Vernehmer erblickte.

„Sie haben mich schwer enttäuscht", sagte Brase.

„Enttäuscht? Wieso?"

„Wie oft haben Sie uns eigentlich in den letzten Vernehmungen versichert, die reine Wahrheit gesagt zu haben?"

„Ich habe nicht gelogen, Herr Oberleutnant."

„Bloß um Drebkau und Leuthen haben Sie einen Haken geschlagen. Sie wissen schon – der neunzehnte November!"

Wustracks Blick floh zur Seite. Seine Augen erhaschten einen imaginären Fleck an der Zellenwand. „Ich weiß nicht, was Sie meinen", murrte er undeutlich.

„Hören Sie auf, Spielchen zu spielen!" Wittichs Stimme dröhnte aggressiv.

Wustrack fuhr zusammen.

Brase stand auf, er trat neben den Häftling und legte ihm die Hand auf die Schulter. „Leugnen hat doch keinen Zweck. Der Wirt in der ‚Bergschenke' in Leuthen hat sie identifiziert. Wir wissen, daß Sie getrunken hatten. Auch über den Streit mit Ihrer Frau wissen wir Bescheid. Sie sind mit dem Rad nach Hause gefahren, Herr Wustrack. Sie waren wütend. Der Rest läßt sich doch denken ..."

Wustrack zerrte an seinen Fingergelenken. Das unangenehme knackende Geräusch, das dabei entstand, malträtierte Wittichs Nerven. Der Oberleutnant war nahe daran, in die Luft zu gehen. Brases warnende Geste hielt ihn zurück.

„Vertrauen gegen Vertrauen", warb der Chef der BUK. „So hatten wir es doch vereinbart."

Ein paar Augenblicke Schweigen, dann, wie eine Sturzflut: „Also gut, ich war's. Ich gebe alles zu."

Die Zahl der aufgeklärten Brandstiftungen erhöhte sich auf sechs. Als Brase und Wittig, die Stimmungslage nutzend, erneut auf die Brandnacht vom August 1961 anspielten, bekam Wustrack einen Tobsuchtsanfall. Sein Gesichtsausdruck verzerrte sich plötzlich. Dicke Schweißtropfen bedeckten die fliehende Stirn. „Ich habe die Scheune nicht angebrannt!" keuchte er. Seine Augen, klein und tückisch, erinnerten an einen wütenden Gorilla. Genau wie Loreck es den Kriminalisten beschrieben hatte.

Kurt Brase reagierte gemessen. Er trat einen Schritt zurück. „In Ordnung, Wustrack. Jetzt glaube ich Ihnen." Der gleichbleibend sachliche Ton, den Brase bevorzugte, entspannte die Situation.

Was das Tatmotiv des Brandstifters anbelangte, hatte Brase seine eigene Theorie. Vieles deutete darauf hin, daß Wustrack ein Psychopath war.

Ein Verrückter? Ein Pyromane?

Nein, nein. Brase wehrte ab. So einfach sei es nun auch wieder nicht. Pyromanie ist ein wissenschaftlich nicht ganz exakter Begriff für den Drang zur Brandstiftung. Ein solcher Drang könne im Bereich der Sexopathie angesiedelt, das Feuerlegen also sexuelle Ersatzhandlung sein. In Frage kämen aber auch Schwachsinnige, Epileptiker und Hirngeschädigte, wofür es bei Wustrack zumindest keine äußerlichen Anzeichen gäbe. Eine andere Erklärung böte das Gebiet der Psychopathie.

Psychopathen sind Menschen mit einer außergewöhnlichen, zum Teil sehr widersprüchlichen Persönlichkeitsstruktur. Diese ist angeboren, aber selten mit einem Krankseitsbild gleichzusetzen. Psychopathen fallen durch unmotivierte Wutausbrüche, unbewältigten Frust und durch eskalierende Aggressivität auf, bei der ungewohnter Alkoholgenuß häufig der auslösende Faktor ist. Sie haben mit Problemen zu kämpfen, die sie nicht aussprechen, sondern im Innern verschließen. Folglich bleiben sie ungelöst und schlagen mitunter in scheinbar unlogische Handlungen um. Im Extremfall können dies unmotivierte Straftaten sein. Es bildet sich ein unheilvoller Zwang heraus, dem Psychopathen nicht ohne ärztliche Hilfe entrinnen können.

Brases Kenntnisse auf dem Gebiet der Psychopathologie reichten freilich nicht aus, das als richtig Erkannte wissenschaftlich zu untermauern. Und erst recht waren sie nicht geeignet, jene Leute zu überzeugen, die hinter der Brandserie in Döbbrick politische Motive vermuteten.

Am heftigsten widersprachen ihm die Mitarbeiter des MfS. Ihren Argumenten „Die Handlungen haben sich in einer Zeit des verschärften Klassenkampfes zugetragen!" oder „Brandstiftungen sind gegenwärtig die Hauptmethode des Klassengegners!" hatte Brase nichts Gleichwertiges entgegenzusetzen.

Natürlich stand das MfS mit dieser Argumentation nicht allein. Wer sich der Mühe unterzieht, einschlägige Fachpublikationen zur Brandkriminalität der frühen sechziger Jahre in der DDR auszuwerten, stößt immer wieder auf den ideologischen Grundtenor, der da lautete, Brände sind in erster Linie unter dem Aspekt politischer Straftaten zu untersuchen. Die vornehmste Pflicht jedes Polizisten, der zu einem Brandort gerufen wurde, war es folglich, nach Saboteuren und Agenten Ausschau zu halten. Viele Schlußberichte jener Jahre gipfelten in der Aussage: „Mit der Brandstiftung wollte sich der Beschuldigte am Arbeiter- und Bauernstaat rächen. Die Motive lagen in seinem Haß gegen unsere Republik." Oder: „Das Verbrechen des A. ist objektiv und subjektiv auf die Veränderung der politischen, ideologischen und ökonomischen Machtverhältnisse zugunsten der Feinde unseres Arbeiter- und Bauernstaates gerichtet."

Kurt Brase kam mit den anderen auf keinen gemeinsamen Nenner. Ernstzunehmende Studien zur Brandkriminalität, die Jahre später vorgelegt wurden, gaben ihm allerdings recht. Nur dreizehn Prozent aller Brandstiftungen waren tatsächlich mehr oder minder politisch motiviert.

Als Brase am nächsten Tag die Weisung der Staatsanwaltschaft auf seinem Tisch vorfand, die Ermittlungsakten unverzüglich an die Untersuchungsabteilung der MfS-Bezirksverwaltung zu übergeben, wußte er, wer im Hintergrund die Fäden zog.

Die Offiziere der Untersuchungsabteilung IX des Ministeriums für Staatssicherheit entsprachen höchst selten dem Klischee des stupiden Folterers, das heutzutage in den Medien so oft bemüht wird. Die meisten Offiziere verfügten über einen soliden Hochschulabschluß. Man hatte ihnen eingeredet, zur Elite der Sicherheitsorgane in der DDR zu gehören, und viele fühlten sich auch als „Soldaten der Partei" bestätigt.

Zunächst erweiterten sie die Ermittlungsakte Wustrack um eine schriftliche Verfügung. Der Beschuldigte war nunmehr dringend verdächtig, „staatsgefährdende Gewaltakte gemäß § 17 StEG in Tateinheit und Tatmehrheit mit Schweren Brandstiftungen gemäß § 308 StGB" begangen zu haben.

Der Gesetzestext des § 17 im Strafrechtsergänzungsgesetz lautete:

„Wer es unternimmt, durch Gewalt oder durch Drohung mit Gewaltakten die Bevölkerung in Furcht und Schrecken zu versetzen, um Unsicherheit zu verbreiten und das Vertrauen zur Arbeiter-und-Bauern-Macht zu erschüttern, wird mit Zuchthaus, in minderschweren Fällen mit Gefängnis nicht unter sechs Monaten bestraft."

Für die MfS-Ermittler kam es darauf an, dem Beschuldigten nachzuweisen, daß er die Brände gelegt hatte, um das Vertrauen der Bevölkerung zur DDR-Staatsmacht zu untergraben. Nach bewährtem Rezept nahm man den Lebenslauf des Günter Wustrack ein weiteres Mal unter die Lupe. Was dabei herauskam, hat der Gelegenheitsautor Norbert Heideklang 1958 in seinem Tatsachenbericht „Der Feuerteufel" beschrieben:

„W. war aus der 7. Klasse entlassen worden und hatte den Beruf eines Maurers erlernt. Nachdem er in verschiedenen Betrieben gearbeitet hatte, mußte er eine Gefängnisstrafe wegen Diebstahls verbüßen. Im Mai 1959 verließ er illegal die DDR, weil ein erneutes Ermittlungsverfahren wegen Diebstahl drohte. In Westdeutschland hielt er sich in verschiedenen Orten auf, konnte anscheinend aber nirgendwo richtigen Fuß fassen. So kehrte er im März 1961 in die DDR zurück, wo er Arbeit im Betonwerk Merzdorf erhielt.
Die bösen Erfahrungen, die er in der kapitalistischen Gesellschaft, in der eine Wolfsmoral dominiert, sammeln konnte, vermochten aber nichts an seiner negativen Grundeinstellung zur Arbeiter- und Bauern-Macht in der DDR zu ändern.
Mehrmals fiel er durch Alkoholgenuß während der Arbeitszeit und äußerst mangelhafte Arbeitsleistungen auf, so daß er disziplinarisch zur Verantwortung gezogen werden mußte.
Von der gesellschaftlichen Arbeit hielt er sich peinlichst fern, hörte statt dessen Abend für Abend westliche Hetzsender ab. Tröpfchenweise drang das über den Äther gelangte antikommunistische Gift an sein Ohr und in sein Hirn.
Die im Jahre 1961 verstärkten Hetztiraden des Klassenfeindes im RIAS oder im sogenannten Sender Freies Berlin forderten die Bevölkerung der DDR offen zu Sabotageakten und Arbeitsniederlegungen auf. W. lieh dem Gegner willig sein Ohr und wurde motiviert, Terrorakte in Form von Brandlegungen zu begehen. Der ‚Feuerteufel' empfand Befriedigung, wenn es brannte und die Menschen in Aufruhr und Schrecken

versetzt wurden. Seine Absicht war es, die sozialistische Landwirtschaft zu schädigen und die Autorität der Staatsorgane zu untergraben."

Unter welchen Umständen die Aussagen zum Persönlichkeitsbild Wustracks zusammengetragen wurden, in welchen Teilen sie der Wahrheit entsprachen, wo üble Nachrede im Spiel war oder bloße Vermutungen zu Behauptungen mutierten, läßt sich heute nicht mehr nachvollziehen. Der zitierte Autor stützte sich bei der Gestaltung seines Berichtes auf einen Abschlußbericht, den die Untersuchungsbehörde 1962 an die Staatsanwaltschaft übergeben hatte. Die Originalprozeßakten sind in den unergründlichen Archiven der Gauck-Behörde verschwunden.

Und die Rekonstruktion der Ereignisse anhand des Tatsachenberichtes, der von der üblichen DDR-Informationspolitik geprägt war, verbietet sich aus naheliegenden Gründen.

Im Sommer 1962 wurde Günter Wustrack, der unruhige Wanderer zwischen den beiden deutschen Staaten, – laut MfS-Version ein „williges Werkzeug des Klassenfeindes –, vor dem 1. Strafsenat des Bezirksgerichts in Cottbus angeklagt. Das Gericht befand ihn der Durchführung „Staatsgefährdender Gewaltakte und der Schweren Brandstiftung in mindestens sechs Fällen" für schuldig. Weder Staatsanwalt noch Richter nahmen an den Einlassungen des Angeklagten, die zwischen Einfalt und politischer Dummheit schwankten, den geringsten Anstoß. Auf die Frage, ob er bereit sei, für den immens hohen Schaden an der Leuthener Scheune aufzukommen, stimmte er fast eifrig zu, während er einen Schadenersatz für die Laube in Drebkau mit den Worten „dort hat's ja nicht mal richtig gebrannt" vehement ablehnte.

Das Urteil, das unter dem Aktenzeichen BS 125/62 registriert wurde, lautete fünfzehn Jahre Zuchthaus.

Zehn Jahre verbrachte der „Feuerteufel von Döbbrick" hinter Zuchthausmauern. Am 22. Januar 1973 öffnete sich für ihn das Tor zur Freiheit. Der Amnestie-Erlaß des Staatsrates der DDR vom 6. Oktober 1972 bestimmte, daß die noch ausstehende Reststrafe zur Bewährung auszusetzen ist.

Günter Wustrack kehrte nach Döbbrick zurück. Vieles war ihm im Dorf fremd geworden. Die Ehefrau, die ihn zu Beginn der Haftzeit noch manchmal besucht hatte, sich aber später scheiden ließ, war mit einem anderen Mann verheiratet.

Wustrack erhielt, wie das Wiedereingliederungsgesetz es vorschrieb, ein Zimmer zugewiesen. Es war kein Luxusappartement. Eine armselige Behausung in einem Auszugshaus, das von der Gemeinde verwaltet wurde. Niemand riß sich um einen Untermieter, der aus dem Knast kam. Schrank, Tisch, Bett und eine Kochstelle bildeten das Mobiliar. Wustrack bekam Arbeit in einem Cottbuser Baubetrieb. Er war jetzt in Freiheit, aber heimisch fühlte er sich nicht. Wohin er auch kam, überall spürte er, daß man den Zuchthäusler lieber mied. Neue Freunde fanden sich selten. Der Mann blieb einsam. An manchen trüben Tagen sehnte er sich geradezu nach der vertrauten Ordnung im „VEB Knast" zurück.

In diese Zeit fiel ein Gespräch, das der Bürgermeister Fritz Noack „aus erzieherischen Gründen" mit Wustrack zu führen hatte. Als Noack Zweifel an der Klassenfeind-Theorie äußerte, vertraute Wustrack ihm an: „Wenn ich besoffen war und wenn ich Stroh und Heu sah, dann konnte ich nicht anders. Ich mußte kokeln."

Allein Dietmar, der zum Zeitpunkt der Festnahme Günter Wustracks gerade zwei Jahre alt geworden war und naturgemäß von den Vorgängen nichts begriff, suchte Kontakt zu seinem Vater. Der Dreizehnjährige war zu einem kräftigen Burschen herangewachsen, mit fahrigen Bewegungen, laut und anmaßend. Die Ähnlichkeit mit seinem Vater war nicht zu leugnen. Dietmar mochte die Schule nur mäßig. Ein Jahr später verließ er sie mit dem Abschluß der 8. Klasse und begann eine Lehre als Hilfsmaurer.

Im Frühjahr 1974 arbeitete Wustrack auf einer Baustelle in der Cottbuser Peter-Rosegger-Straße. An diesem Tage kam es zu einem Trinkgelage unter den Kollegen. Wustrack schloß sich nicht aus. Als die Runde der trinkfesten Bauarbeiter gegen einundzwanzig Uhr aufflog, stieg Wustrack aufs Fahrrad und radelte schwankend davon. Unterwegs begann ihn der Durst zu plagen. Wustrack kehrte in Saspow, einem kleinen Dorf an der Straße zwischen Cottbus und Döbbrick ein.

Niemand weiß, welche Gedanken den einsamen Trinker beim Bier überkamen. Waren es die Probleme, die sich aus seiner Wiedereingliederung in die DDR-Gesellschaft ergaben? Die Sehnsucht nach Geborgenheit, nach etwas menschlicher Wärme? Bedrückte ihn die Misere seines verpfuschten Lebens? Irgendwann müssen sich die Visionen von alles verzehrenden Flammen dazwischengeschoben haben, denn eine halbe Stunde nach Wustracks Aufbruch brannten in Saspow zwei Scheunen.

Der Alarm riß die Anwohner aus dem Schlaf. Während die

Löscharbeiten einsetzten, schwärmten Funkstreifenwagen der Cottbuser Kreispolizei aus. Sie nahmen die Straßen und Wege rund um Saspow unter Kontrolle. Auch die Bezirksverwaltung des MfS beorderte Mitarbeiter an den Brandort. Einer der Männer kam aus Richtung Dissen gefahren. An der Kreuzung, wo der Weg nach Döbbrick abzweigt, begegnete er einem betrunkenen Radfahrer. Der Offizier erkannte Günter Wustrack. Das MfS hatte ihn seit seiner Haftentlassung nicht mehr aus den Augen verloren. Wustrack war viel zu überrascht, um sich aufs Leugnen zu versteifen. Noch bevor die letzten Glutnester in Saspow erkalteten, saß der Brandstifter schon hinter Gittern.

Döbbricker Scheunen am Nordwestrand des Dorfes

Am 29. Juni 1974 klagte ihn der Staatsanwalt vor dem Kreisgericht wegen Brandstiftung an, begangen im Zustand der verminderten Zurechnungsfähigkeit, womit Wustracks hoher Trunkenheitsgrad berücksichtigt wurde. Das Urteil lautete auf zwei Jahre und sechs Monate Freiheitsentzug. Der liberale Richter, dem bei der Durchsicht der Akten wohl einiges schwante, ordnete für die Zeit nach der Strafverbüßung die Unterbringung in einer psychiatrischen Klinik an. Ein Urteil, das dem Straftatbestand gerecht wurde, doch da war auch noch die zur Bewährung ausgesetzte Reststrafe aus dem Urteil des Bezirksgerichts von 1962. Die Staatsräson verlangte, den Buchstaben des Gesetzes Genüge zu tun. Günter

Wustrack mußte die restlichen fünf Jahre bis auf den letzten Tag absitzen.

Juli 1975. Drückende Hitze lag über dem Dorf. Hochgepackte Erntewagen rollten von den Feldern zu den Scheunen der LPG in Döbbrick. Tennen und Futterkammern füllten sich mit prallen Getreidesäcken. In den Bansen stapelte sich das Stroh bis unter die Dachsparren. In den Stallungen duftete es nach frischem Heu.

Fast jeden Abend sahen die Bauern kritisch zum Himmel. Wie lange würde das Erntewetter noch vorhalten? In diesem Zipfel der Spreeniederung waren die Alten seit Jahrhunderten die zuverlässigsten Wetterpropheten. Selbst in den Nächten blieb es unerträglich schwül. Temperaturmessungen am eingelagerten Erntegut wurden zur wichtigsten Aufgabe für den agronomischen Leiter der LPG „Spreetal".

Am 25. Juli, einem Freitag, klang das Zirpen der Grillen besonders laut aus den Wiesen am Dorfrand. Das abendliche Froschkonzert hob an. Bald legte sich die Dämmerung wie ein schmeichelnder Flor über die Landschaft. Gegen 21.35 Uhr, das Logo für die Spätausgabe der Aktuellen Kamera flimmerte soeben über die Fernsehschirme, gellten Alarmrufe durchs Dorf.

„Feuer! Feuer! Es brennt!"

Die Sirene jaulte auf.

Auf dem Gehöft Dorfstraße Nr. 10, das im Vorderhaus die Konsumverkaufsstelle beherbergte, stand die Bergescheune in Flammen. Das knochentrockene Holz der Scheunenwände, Heu und Stroh brannten wie Zunder. Die Freiwillige Feuerwehr, seit geraumer Zeit mit einer modernen Motorspritze ausgerüstet, nahm den Kampf gegen die Feuersbrunst auf. Zwei Strahlrohre peitschten Wasser ins flammende Inferno. Wasserdampf vermischte sich mit dem Brandgeruch. Das Feuer griff auf zwei Schuppen über.

„Die Ställe! Rettet das Vieh aus den Ställen!"

Kühe und Schafe wurden in Sicherheit gebracht. Nach einer halben Stunde bekam man den Brandherd endlich unter Kontrolle.

„Leutnant Lochau und Kriminalobermeister Nolte", stellten sich die zwei Kriminalisten vom Kreispolizeiamt vor, die gegen Mitternacht nach dem Vorsitzenden der LPG fragten.

„Weiß man schon, wie hoch der Schaden ist?"

„Heu und Stroh sind verbrannt. Alles in allem wohl fünfundzwanzigtausend Mark!"

„Seit wann lagerte das Erntegut in der Scheune?"

„Das Stroh wurde am fünfzehnten Juli eingefahren."

„Und die Temperaturmessungen?"

„Seit achtzehntem Juli täglich. Hat der Agronom selbst erledigt. Hier ist sein Kontrollbuch."

Kriminalobermeister Nolte nahm es an sich. „Die Scheune war ohne Elektroanschluß", meinte er. „Weiß jemand, wie das Feuer zu erklären ist?"

„Forschen Sie mal im Schuppen neben der Scheune nach. Die Konsumverkäuferin hat dort ihr Kohlenlager."

Angekohlte Überreste der Bergescheune auf dem Grundstück Nr. 10.

Die Kriminalisten nahmen die Hausbrandkohle in Augenschein. Der Brikettberg wies an der Oberfläche keine Brandspuren auf, während die Trägerbalken daneben angekohlt waren. Sicherheitshalber gruben die Polizisten in der Tiefe des Kohlenberges nach. Sie stießen auf unversehrtes Holz. Eine Selbstentzündung der Hausbrandkohle als Brandursache schied damit aus.

Die Brandkommission der Bezirksbehörde wurde noch immer von Kurt Brase geleitet. Der bedächtige Mann, dessen grauer Haarschopf schlohweiß zu werden begann, war zum Hauptmann befördert worden. Wittich hatte den Ruhestand erreicht, und Hans Jakobitz, der einstige Benjamin der BUK, war zum Leiter der

233

Morduntersuchungskommission aufgestiegen, die er achtzehn Jahre lang erfolgreich führen sollte. Seinen Platz in der BUK nahm ein Leutnant Kummer ein. Neu im Team der BUK war auch der Brandursachenermittler, Oberleutnant Rainer Marx. Er kam aus dem Spezialdienst der Feuerwehr und hatte seinerzeit den Leuthener Brand untersucht. Hauptmann Bramburger fungierte als Brases Stellvertreter.

Als Brase von dem Brand in Döbbrick hörte, fühlte er sich in die sechziger Jahre zurückversetzt. Der Name Günter Wustrack kam ihm sofort in den Sinn. So kam es, daß eine der ersten operativen Maßnahmen, die er veranlaßte, die Aufenthaltsfeststellung Wustracks zum Gegenstand hatte. Der „Feuerteufel von Döbbrick" saß noch im Strafvollzug. Die Leitung der Haftanstalt bestätigte in einem Fernschreiben, daß für Wustrack kein Hafturlaub in Frage kam.

Brases Männer zogen in Döbbrick die üblichen Auskünfte ein. An den einen oder den anderen Namen konnte er sich noch erinnern. Auch an Fritz Noack, der nach wie vor auf dem Stuhl des Bürgermeisters saß. Gemeinsam frischten die beiden ein paar Gedächtnislücken auf. Einige der Verdächtigen aus den sechziger Jahren waren inzwischen verstorben oder aus Döbbrick weggezogen. Zur Zeit gäbe es niemanden im Dorf, dem Noack eine Brandstiftung zutraute.

„Unterhaltet euch mit dem Jürgen Zech", empfahl Noack. „Ist doch einer von euch."

Jürgen Zech war ein junger Schlosser, der als Zivilangestellter in der Fahrzeugwerkstatt der Polizeibezirksbehörde arbeitete. Er wohnte auf dem elterlichen Grundstück in der Döbbricker Hauptstraße.

Das Tor des Gehöftes war weit geöffnet. In der Scheunendurchfahrt stand ein hochbeladener Erntewagen. Darauf breitbeinig und mit nacktem Oberkörper Jürgen Zech. Die Forke in den Fäusten fischte er nach einem Strohbund, hob es geschickt an und beförderte es in den Bansen, wo die Frauen, wie seit Jahrhunderten in der bäuerlichen Wirtschaft üblich, die Strohbunde schichteten.

Jürgen Zech unterbrach die Arbeit. Er sprang vom Wagen herab und wischte sich den Schweiß von der Stirn. Das Gespräch, das sie dann führten, währte eine knappe Stunde. Zechs Frau bot den Männern einen Krug Saft zur Erfrischung an. Einen Hinweis, der die Ermittlungen voranbringen konnte, hatten die jungen Leute leider nicht.

Als die Kriminalisten sich verabschiedeten, sagte Rainer Marx im Scherz: „Paßt nur gut auf, daß sie bei euch nicht auch noch Feuer legen!" Er deutete mit einer Kopfbewegung auf den Strohwagen. „Wenn das erst fackelt, ist nix mehr zu retten!"

Zech lachte jungenhaft. „Malt uns nicht den Teufel an die Wand!"

Nächtliche Stille war auf dem Zech-Hof eingekehrt. Die Bewohner des Hauses schliefen. Nur Renate Zech fand keine Ruhe. Sie lag in ihrem Bett und starrte durch das Hoffenster. Sicher ist der Mond daran schuld, redete sie sich ein, dessen große runde Scheibe gleich hinter dem Scheunendach hervorkommen würde. Sein eigenartiger Lichtschein kündigte ihn an. Der Mond gebar kleine Flämmchen. An der linken Dachseite tanzten sie im wilden Rhythmus. Gelblich, rot, dunkelrot und violett. Sie leckten in die Höhe, fielen zusammen und wurden erneut emporgewirbelt, begleitet von einem Funkenregen ohne Ende. Gebannt blickte die junge Frau auf das gespenstische Feuerspiel. Träumte sie bereits?

Renate Zech erstarrte. Natürlich war das kein Traum! Und das war auch nicht der Mond. Er konnte es gar nicht sein, weil der Himmel sich mit Regenwolken bezogen hatte. „Jürgen!" Sie schüttelte ihren Mann. „Jürgen, wach auf! Die Scheune brennt!"

Zech sprang aus dem Bett. Er warf die Kleidung über und stürzte auf den Hof hinaus. Immer höher stiegen die Flammen aus dem Dach der Scheune.

Zech rannte zum Hoftor. Die Feuerwehr! hämmerte es in seinem Kopf. Er stolperte über einen Körper in der Toreinfahrt. Zeck bückte sich. Ein Mann lag vor ihm auf dem Boden. Penetranter Alkoholgeruch strömte von ihm aus. Zech rümpfte die Nase. „He!" Er stieß den Betrunkenen an. „Was machen Sie hier?"

An der Hauswand lehnte ein Fahrrad. War der Mann aus dem Dorf? War es ein Fremder? Was hatte er überhaupt auf dem Hof zu suchen?

Jürgen Zech zog den Körper aus dem dunklen Bereich der Toreinfahrt. Im Schein der Hofbeleuchtung erkannte er den ungebetenen Gast. Ein dorfbekannter Trunkenbold. Noch vor wenigen Tagen war es zwischen ihnen zu einem unfreundlichen Wortwechsel gekommen.

Die Frauen liefen mit aufgelösten Haaren über den Hof. Sie halfen dem alten Zech, der das Vieh aus den Ställen führte.

Dann fiel der Feueralarm ins Dorf.

Der betrunkene Landarbeiter verschlief die Löscharbeiten. Als er aus seinem Rausch erwachte, umgaben ihn die kahlen Wände der Ausnüchterungszelle im Polizeirevier. Brennender Durst peinigte den Saufaus, der verständlicherweise als Tatverdächtiger festgesetzt worden war.

Kurt Brase ließ ihm ein großes Glas Wasser reichen. Der Mann leerte es in einem Zug. „Was ist denn los?" krächzte er verkatert. „Hab ich Mist gebaut?"

Brase stellte Fragen. Wohlüberlegt trieb er den anderen in die Enge, brachte ihn zum Schwitzen, bis der Mann in hysterisches Schluchzen ausbrach. Hatte er sich etwas erholt, begann das Spiel von neuem. Das Ergebnis blieb stets das gleiche. Ob Brase nun die Vernehmung führte, ob Bramburger, Marx oder Kummer die Fragen stellten. Der Verdächtige räumte den Streit mit Jürgen Zech ein. Er gab zu, dem jungen Schlosser nicht eben grün zu sein, aber was ihn in der Nacht auf den Zech-Hof getrieben hatte, konnte er nicht erklären. Nicht einmal von dem Feuer hätte er etwas bemerkt.

Sie zeigten ihm die Fotos von der Brandstätte, von dem Rad, das vor der Hauswand fotografiert worden war, und die Aufnahme seiner „Schlummerstätte", die ein Kriminaltechniker mit Kreidestrichen markiert hatte.

Der Mann erinnerte sich an nichts. Der Alkohol hatte in ihm einen Black out bewirkt.

Die Brandkommission gab auf. Brase und Bramburger konsultierten den Staatsanwalt. Der zuckte nur mit den Schultern. „Wenn das alles ist, was Sie an Beweisen haben, dann müssen Sie den Kerl wieder laufen lassen. Für einen Haftbefehl reicht das nicht aus."

Die im Dezember 1974 erlassene Änderung der Strafprozeßordnung schrieb eine sorgfältigere Prüfung aller Haftgründe vor.

Sonntag, der 13. September 1975. Gegen vier Uhr in der Frühe wurde Rainer Marx aus dem Bett geholt. In Skadow brannte ein Strohdiemen. Eine halbe Stunde nach dem Anruf stolperte er verdrossen über den Mietenplatz der LPG. Marx zog die Schultern hoch. Er war unausgeschlafen und fröstelte in der Morgenkühle. Bestialischer Gestank ging von der wasserdurchtränkten, aber immer noch schwelenden Strohfeime aus, verpestete die Luft.

Der Oberleutnant erreichte das rote Tanklöschfahrzeug der Cottbuser Feuerwehrbereitschaft. Seine ehemaligen Kollegen hatten ihre Arbeit getan. Unter Aufsicht des Löschmeisters wickelten sie die Hochdruckschläuche auf die stationären Haspeln. Der Maschinist hantierte am ölverschmierten Antriebsmotor der Heckpumpe.

Marx grüßte. Die Kollegen, die ihn noch kannten, ließen die üblichen Frozzeleien vom Stapel. Das gehörte zum Ritual. Marx' Übertritt in die Kriminalpolizei hielten sie für den Aufstieg in einen besserbezahlten und bequemeren Job.

Der Löschmeister begleitete Marx bei einem Gang über die Brandstätte. Der Schober aus Roggen- und Haferstroh maß fünfzehn mal zwanzig Meter. Seine Höhe betrug fast acht Meter, erklärte der Kollege im Schutzanzug.

Als sie den Strohhaufen gründlicher in Augenschein nahmen, entdeckten sie die Spuren der Brandkanäle. Den geübten Augen der beiden Fachleute erschloß sich sofort, daß das Feuer von außen nach innen die Feime erfaßt hatte.

Der Brand eines Strohschobers könnte eine Bagatelle sein. Es sah wie ein Jungenstreich aus, wie eine Sinnlosigkeit, überlegte Marx. Vielleicht war jemand am Strohhaufen untergekrochen, hatte ihn als Schutzdach genutzt und später geraucht. Den Rest besorgte die weggeworfene Kippe. Aber Marx wurde das verteufelte Gefühl nicht los, daß der Anschein trog. Nur zwei Kilometer bis Döbbrick! Ein Zusammenhang der Brände drängte sich ja förmlich auf. Nein, auf die leichte Schulter nehmen wollte er diesen Brand nicht.

Der Oberleutnant musterte die Umgebung. Er entdeckte einen schmalen Feldweg, der, aus Skadow kommend, den Mietenplatz überquerte und dann, etwas weiter entfernt, hinter einer Baumgruppe verschwand.

„Hast du einen Schimmer, wohin der Weg führt?" fragte Marx den Löschmeister.

„Das ist 'ne Abkürzung zur Willmersdorfer Spreebrücke!"

Reifenabdrücke von Fahrzeugen und Schuhspuren gab es zur Genüge auf dem Mietenplatz. Marx begann sie zu zählen, er resignierte alsbald. Welche der Spuren sollte er dem vermeintlichen Brandstifter zuordnen?

Der Skadower Strohdiemenbrand ließ die Männer der BUK nicht ruhen. Gegen acht Uhr trafen Brase und Kummer als Verstärkung ein. Unterstützung fanden sie beim ABV, Leutnant Fenger. Ein rühriger junger Mann, der von Tatendrang und Intelligenz gleichermaßen beseelt war. Fenger wußte, daß am Samstag ein Tanzabend in Willmersdorf stattgefunden hatte. Der Willmersdorfer Saal war eine Art Geheimtip unter den jungen Leuten.

Sie fuhren nach Willmersdorf und befragten den Wirt.

„Nein," meinte der, „aus Skadow habe ich keinen beim Tanz gesehen. Aber aus Döbbrick war ein ganzer Trupp auf dem Saal. Müssen mindestens fünf Leute gewesen sein."

Die Namen? Er hob die Schultern

Es fiel der Brandkommission nicht schwer, die fünf jungen Leute noch am Sonntagabend in Döbbrick zu ermitteln. Wenn man den ersten Namen gefunden hat, ergibt sich zwangsläufig der zweite, dieser führt dann zum dritten und so weiter.

Die jungen Männer hießen: Zachow, Kasper, Hobracht, Szonn und Wustrack.

Brase und Bramburger blickten sich überrascht an. Den Namen Wustrack hatten beide seit den turbulenten Tagen der Jahre 1961 und 1962 nicht mehr vergessen.

Hobracht, den sie zuerst vernahmen, sagte aus: „Ja, wir waren zum Tanz in Willmersdorf. Es muß gegen halb zwölf gewesen sein, als wir nach Hause fuhren. Außer uns Jungens waren noch ein paar Mädchen dabei. Wir fuhren mit den Rädern. Am Willmersdorfer Bahnhof war die Schranke geschlossen. Wir mußten warten. Nach der Zugfahrt setzten wir den Heimweg fort. Aber wir blieben nicht mehr alle zusammen. Der Pulk löste sich vor der Spreebrücke auf. Ich weiß, daß Szonn und Wustrack zurückgeblieben sind. Vom Brand in Skadow habe ich erst am Sonntagvormittag gehört. In Döbbrick auf dem Sportplatz."

Zachow und Kasper bestätigten die Zeugenaussage.

Szonn: „Nach dem Bahnübergang in Willmersdorf blieben Wustrack und ich ein bißchen zurück. Ich hatte viel getrunken und deshalb Schwierigkeiten, das Tempo der anderen mitzuhalten. Wustrack, dem es ähnlich erging, radelte neben mir. Hinter der Spreebrücke, da wo der Feldweg nach Skadow von der Straße in Richtung Döbbrick abzweigt, war er verschwunden. Ich nahm an, daß er abgestiegen war, um auszutreten. Ich fuhr langsam weiter, hab aber unterwegs auf ihn gewartet. Ich rauchte eine Zigarette. Eigentlich hätte ich das Licht von seiner Fahrradlampe sehen müssen, aber er kam nicht. Als ich die ersten Häuser von Döbbrick erreichte, fuhr vor mir ein Radfahrer. Ich glaube, er war von links gekommen, also auf der Hauptstraße von Skadow her. Erkannt habe ich ihn nicht."

Kurt Brase machte ein nachdenkliches Gesicht. Ein Verdacht keimte auf. Sie beschlossen, Dietmar Wustracks Version besonders gründlich zu Papier zu bringen. Unkommentiert, damit kein Mißtrauen bei ihm aufkommen konnte. Brase instruierte Leutnant Kummer, den jüngsten Kriminalisten.

Schüchtern war Dietmar Wustrack nicht, eher einen Ton zu großspurig. Der kräftige Bursche mit den Bewegungen eines Ringers strich das zottelige Langhaar zurück. Dreiste Augen musterten den Leutnant.

Kummer spannte das Formular für eine Zeugenvernehmung in die Reiseschreibmaschine und erfragte die Personalien.

„Geboren am 29. Mai 1959", nuschelte Wustrack maulfaul.

„Beruf?"

„Zur Zeit bin ich bei der LPG. Ich hab die Lehre beim Tiefbau geschmissen."

„Warum?"

„Keinen Bock mehr. Zuviel Fehlstunden in der Berufsschule."

Kummer tippte im Zwei-Finger-Suchsystem. „Was sagen denn Ihre Eltern dazu?"

„Ich laß mir nischt mehr vorschreiben. Bin alt genug!" erklärte der Sechzehnjährige pampig.

Kummer fragte nach dem Tanzabend. Wustrack bestätigte die Aussagen der Zeugen, nur seine Alleinfahrt nach dem Aufenthalt an der Spreebrücke wollte er anfangs nicht zugeben. Erst als der Leutnant nachhakte, bequemte er sich zu der Ergänzung: „Ach ja, hab ich total vergessen. Ich bin vom Rad gestiegen, weil ich mal schiffen mußte. Danach hab ich mich unter einen Baum gesetzt und bin doch wirklich eingepennt. Die Feuersirene von Skadow hat mich geweckt."

„Sind Sie zur Brandstelle gefahren?"

„Wozu denn? War eh alles zu spät."

Kummer tippte den letzten Satz. „Das wäre soweit alles. Lesen Sie bitte das Protokoll durch. Wenn Sie mit dem Wortlaut einverstanden sind, unterschreiben Sie auf der vorgedruckten Zeile."

Der junge Mann griff hastig zum Stift und verließ in seltsamer Eile das Büro.

Sie ließen sich nun bei ihren Ermittlungen Zeit. Nichts überstürzen, lautete Brases Devise. Behutsam forschten die Kriminalisten nach Verbindungslinien, die von den verschiedenen Brandorten zu Dietmar Wustrack führen mußten; falls er tatsächlich der Brandstifter war.

Im Brandfall Zech fiel ihnen das nicht sonderlich schwer. Jürgen Zech dachte einen Augenblick nach. „Vater!" Er zog den Alten zu

Rate: „Kannst du dich noch erinnern, wann Wustracks Dietmar bei uns die Rohrzange ausgeliehen hat?"

Vater Zech nahm die Mütze ab und kratzte sich hinter dem Ohr. „Das war an dem Tag, als es bei uns gebrannt hat", behauptete er. „Am Vormittag, so gegen neun. Wir hatten die erste Fuhre mit Haferdrusch in der Scheune."

Jürgen sah zu seinen Kollegen auf. Er nickte bestätigend. Auf Vaters Gedächtnis konnte man sich verlassen.

Im Büro der LPG war die Sache schon komplizierter. Der Brand der Bergescheune am Konsum lag acht Wochen zurück. Ungefähr zehn Tage vor dem Brandausbruch waren die Stauräume mit Erntegut belegt worden. Wer an der Arbeit beteiligt war? Die Buchhalterin zuckte die Achseln. In mühsamer Kleinarbeit mußten sie die Arbeitszettel der LPG-Mitglieder und sämtlicher Lohnarbeitskräfte überprüfen. Der Feldbaubrigadier wurde ins Vertrauen gezogen. Endgültigen Aufschluß lieferte sein abgegriffenes Stundenbuch, in dem der Brigadier die tägliche Arbeitseinteilung vor Ort notierte.

„Da steht's ja", meinte er zufrieden. „Wustrack hat am fünfzehnten Juli in der Bergescheune Stroh gegabelt."

Der 7. Oktober 1975. Wieder ein Jahrestag der Gründung der DDR, der mit staatlich verordnetem Pomp gefeiert wurde. Schon am Vorabend führte ein Lampionumzug die jüngeren Kinder durchs Dorf. Die größeren Schüler hatten ein Festprogramm eingeübt, das sie unter Aufsicht des Lehrers zur Aufführung brachten. Phrasenreich begründete der Festredner vom Kreis den üppigen Medaillensegen, der dem Dorf weitere Aktivisten und vorbildliche Genossenschaftsbauern bescherte. Musik und Tanz sorgten für den nötigen Frohsinn. Ein Teil der Jugend bevorzugte allerdings den Bierausschank im „Sportlerheim".

Für die Polizisten des Landes war es einer der vielen Feiertage, der ihnen zusätzliche Dienststunden aufbürdete. Die Innenpolitik der DDR-Regierung war von einem Paradoxon geprägt. Mit anhaltender Lebensdauer des Staates stieg das Sicherheitsbedürfnis der SED-Oberen ins Unermeßliche.

In den Einsatzbefehlen der VP-Bezirksbehörde, die bei solchen Anlässen obligatorisch waren – zuweilen wurde nur das Datum ausgewechselt –, war auch ein Alarmkonzept für mögliche Brandfälle in Döbbrick vorgesehen. Nicht zu unrecht, wie sich erweisen sollte.

Der Geburtstag der Republik war zwei Stunden alt, als die

Feuersirene die Döbbricker aus der Festtagslaune schreckte. An der Peripherie des Dorfes, im Nordwesten, stand die Scheune am Erlensteg in Flammen und war sofort vollständig in Rauch gehüllt.

Vom Kreispolizeiamt Cottbus rückte eine Diensthabende Gruppe der K unter Führung des sechsunddreißigjährigen Oberleutnant Roland Mette an den Brandort aus. Mette hatte das kriminalistische Handwerk bei der Transportpolizei erlernt und war erst unlängst zum Kreisamt versetzt worden. Der Brand in Döbbrick war sein erster Einsatz in einem ungewohnten Metier, so daß Mette von dem flammenden Inferno fast etwas eingeschüchtert wurde. Seine Unsicherheit geschickt überspielend, wies er die ihm unterstellten Polizisten an, Brandzeugen festzustellen. Es war zu klären, wer den Feueralarm ausgelöst hatte, wer zuerst am Spritzenhaus der Freiwilligen Feuerwehr eintraf und welche Personen als erste die Brandstätte erreichten.

Der sengende Gluthauch trieb die Feuerwehrleute, die mit vier Strahlrohren gegen das brausende Flammenmeer vorrückten, wieder und wieder zurück. Mette spürte die Hitze durch seine Kleidung bis auf die Haut. Von seinem Vorhaben, das Erdreich im Eingangsbereich der Scheune auf Schuhspuren zu untersuchen, rückte er schleunigst ab.

„Hoffentlich sind Sie versichert?" fragte er die Hofbesitzerin, eine hagere Frau im Rentenalter.

Sie barmte sofort. „Versichert bin ich, aber die Scheune wurde von der LPG benutzt."

Als Brase an der Spitze seiner Brandkommission am Tatort eintraf, brach das Dach der Scheune mit Getöse zusammen. Nun schwelte und brannte der riesige Gluthaufen vor sich hin. Die verbitterten Bauern standen dabei und konnten nichts tun.

Das Dorf erlebte einen Tag der Republik, der voller Unruhe war. Kurt Brase saß im Klassenzimmer der alten Schule und schnitt mit andächtiger Miene Karteikarten zurecht. Mette bewunderte ihn um seinen Gleichmut. Der Hauptmann hatte eine Brandserie am Hals. Seine Ermittlungen kamen nicht voran, was ihn aber kaum zu bekümmern schien.

In Wahrheit hatte Brase größte Mühe, seine Unruhe zu verbergen. Gerade der jüngste Brand bewies, daß sie es mit einem unverfrorenen Täter zu tun hatten, der sich in Döbbrick genau auskannte. Steckte wirklich dieser Wustrack junior hinter den Brandstiftungen? Wenn ja, hatten sie womöglich zu lange mit seiner Festnahme gewartet?

Auf Stühlen und Bänken hockten die Kriminalisten der Einsatzgruppe. Brase verteilte die Karten. „Jeder bekommt von mir fünf Namen. Diese Personen sind aufzusuchen und nach dem Alibi der letzten Nacht zu befragen. Ich bitte mir äußerste Sorgfalt aus. Der Genosse Bramburger braucht die Angaben für das Weg-Zeit-Diagramm."

Für Mette hatte Brase einen Spezialauftrag. Er hieß ihn, die Hofeignerin zeugenschaftlich zu vernehmen. So kam zu Protokoll, daß die um 1907 erbaute Scheune ein Fachwerkbau ohne Elektroanschluß war, daß die LPG seit dem 19. August Stroh in die Scheune eingefahren hatte, daß die Arbeiter Rieger und Wustrack am 11. September Reparaturarbeiten im Scheunenbereich ausführten und daß die Schwiegertochter der Frau Schulze am Vormittag des 6. Oktober in der Scheune war, um die jungen Katzen zu füttern.

Brase las das ausführliche Protokoll. Als er auf den Namen Wustrack stieß, unterbrach er für einen Moment die Lektüre und blinzelte über den Rand seiner Brille hinweg den ehemaligen Trapo-Mann an. Daß die Kriminalisten dieses Dienstzweiges saubere Arbeit leisteten, hatte er schon von manchem Staatsanwalt gehört. Dieser dunkelblonde Oberleutnant Mette mit dem sorgsam gescheitelten Haar schien der Beweis zu sein. Der Junge wußte, worauf es ankam. Brase knurrte zufrieden.

Mehr als hundert Personen – Männer wie Frauen – wurden in Döbbrick aufgesucht. Erst am späten Abend zeichneten sich die Konturen des Zeitablaufes ab.

Dietmar Wustrack hatte zu den Gästen gehört, die das „Sportlerheim" bevorzugten. Nach der Polizeistunde waren er und einige andere Jugendliche zu einer privaten Geburtstagsfete gezogen, die am anderen Ende des Dorfes stattfand. Daß Wustrack die Freunde unterwegs verloren hatte und sich mit seinem Rad bei der Ankunft in der Wohnung verspätete, erfuhren die Kriminalisten nebenbei von einem Zeugen. Wustrack selbst vergaß diesen Fakt in seiner Befragung. Die Situation glich der Heimfahrt in der Skadower Brandnacht. Dafür hatte Wustrack als einer der eifrigsten Feuerwehrleute bei der Brandbekämpfung geholfen. Der Verdacht gegen den jungen Burschen erhärtete sich.

In der Lagebesprechung der BUK am 9. Oktober diskutierten sie über sein mögliches Tatmotiv. Er wäre nicht der erste Feuerwehrmann, der aus Geltungssucht Brände legt, meinten einige. Die am häufigsten geäußerte Vermutung lautete: Wustrack will seinen Vater rächen.

Brase fand die Erklärung zu vordergründig. Er glaubte noch immer an eine psychopathische Veranlagung des Vaters. Wenn sich diese nun auf den Sohn vererbt hat? Er stellte diese These in den Raum.

Am Nachmittag des gleichen Tages startete Brase ein Experiment. Der ABV Leutnant Fenger nahm mit seinem Fahrrad am „Sportlerheim" Aufstellung. Auf ein Zeichen von Brase trat er zügig in die Pedalen und jagte zum Brandort. Genau zwei Minuten hielt er sich dort auf – diese Zeit hatte Brase für das Legen des Brandes einkalkuliert – und radelte dann ebenso zügig zum Ort der nächtlichen Geburtstagsfeier, wo der Hauptmann ihn mit einer Stoppuhr in der Hand erwartete. Nicht mehr als zehn Minuten, registrierten sie das Ergebnis für die Akte.

Was trugen sie noch über den sechzehnjährigen Dietmar Wustrack zusammen? Daß er in der Schulzeit ein lebhaftes und ungebärdiges Kind war, daß er sich dem Einfluß der Mutter und des Stiefvaters permanent entzog, daß er gern die Schule schwänzte, häufig log und sich mit Gleichaltrigen herumprügelte. Für kurze Zeit trat er eine sportliche Laufbahn als Ringer bei der BSG „Turbine" an, wurde aber auf Grund seiner mangelhaften Leistungen in der Schule relegiert. Er sei ein Taugenichts, beklagte sich die Mutter bei den Lehrern. Woher seine liederliche Einstellung zum Leben käme, wüßte sie nicht zu erklären.

Am 10. Oktober, es war ein Freitag, wurde Dietmar Wustrack auf Brases Geheiß gegen sechs Uhr der Brandkommission zugeführt. Die Diensträume der BUK, zum Kripo-Dezernat II gehörig, befanden sich seit geraumer Zeit in einem Polizeigebäude in der Bautzener Straße, in unmittelbarer Nachbarschaft zur Cottbuser Strafvollzugsanstalt.

Beim Studium der Akte fällt auf, daß unter dem Vernehmerprotokoll Wustracks neben Brase eine zweite Unterschrift ohne das übliche Kripo-Dienstzweigkürzel „... der K" steht. Diese Unterschrift war nur mit dem im MfS üblichen rein militärischen Dienstgrad versehen. Die „Firma" hatte offenbar ihre „Unterstützung" angeboten, der Brase sich nicht entziehen konnte.

Die Vernehmung, die sich über den ganzen Tag bis 18.30 Uhr erstreckte, wurde um 10.15 Uhr und um 14.30 Uhr für jeweils eine halbe Stunde unterbrochen. Die Protokollantin vermerkte, daß der Beschuldigte in den Pausen Speisen und Getränke – vermutlich aus der Polizeikantine – erhielt.

Über das Rollenspiel, in das sich die Vernehmer gewohnterma-
ßen teilten, gibt das Protokoll keine Auskunft. Anzunehmen ist, daß
Brase auch diesmal bei seiner ruhigen und verständnisheischenden
Taktik blieb.

Wustrack hatte, um seine Angst zu verbergen, eine störrische
Miene aufgesetzt. Im Verlaufe des Vormittages verstrickte er sich in
zahllose Widersprüche. Er bekam gar nicht mit, daß die andächti-
gen Gesichter seiner Zuhörer bereits Teil ihres Planes waren. In
dem Bemühen, seiner Aussage Glaubhaftigkeit zu verleihen, führte
er immer neue Argumente ins Feld, die durch Zeugen bereits widerlegt waren. In unbedachten Momenten gab er detailliertes Wissen
preis, über das nach Lage der Dinge nur der Täter verfügen konnte.
Damit nagelten sie ihn am Nachmittag fest. Wustrack geriet ins
Stottern, als sie ihm die Zeitlücken für seine Fahrt vom „Sportlerheim" zur Geburtstagsfete vorrechneten. Dann zerpflückten sie
sein Skadower Alibi. Brase entfaltete ein Meßtischblatt. „Das ist
die Spreebrücke", erläuterte er rasch. „Links der Mietenplatz von
Skadow. Und hier, weiter oben, liegt Döbbrick. An der Brücke
haben Sie sich von Szonn getrennt. Richtig? – Während Ihr Kumpel
in Richtung Döbbrick fuhr, sind Sie nach links auf diesen Feldweg
abgebogen. Ein reichlicher Kilometer bis zum Mietenplatz, wo sie
das Feuer legten!" Brase stützte sich auf die Arme und fixierte den
Jungen mit kühlem Blick. „Von Skadow bis Döbbrick sind es auf
der Hauptstraße noch einmal zwei Kilometer. Sie hatten es so eilig,
daß Sie noch vor Szonn in Döbbrick ankamen. Daß Ihr Kumpel auf
dem Willmersdorfer Weg auf Sie wartete, konnten Sie ja nicht
wissen!"

Der Junge flüchtete sich in Schweigen. Nicht einmal dies gelang
ihm richtig. Die Zeit, die nun so unerträglich langsam verrann,
zerrte an den angekratzten Nerven. Als Brase ihm unvermittelt ein
Blatt Papier über den Tisch schob und ihm ebenso stillschweigend
einen Kopierstift in die Hand drückte, fielen die Würfel. Dietmar
Wustrack war mit seinem Latein am Ende. Er schrieb sein ganz und
gar unspektakuläres Geständnis. Noch am gleichen Abend erging
der Haftbefehl.

Am 13. Oktober vernahmen Hauptmann Brase und Leutnant Kummer den jugendlichen Brandstifter in aller Ausführlichkeit zu den
einzelnen Brandhandlungen. Der MfS-Vernehmer hatte sich aus
dem Verfahren zurückgezogen. Zu jedem der vier Brandkomplexe
wurde nun ein Protokoll aufgenommen. Wustrack schilderte seine

Taten in allen Einzelheiten. Auf vorgefertigten Skizzen trug er die Tatortlage ein und bezeichnete seine An- und Abmarschwege zu den Brandobjekten. Er schilderte, wie in Zechs Hofeinfahrt ein Betrunkener gelegen hatte, über den er hinwegstieg. Und das Brandobjekt am Erlensteg hatte er ausgewählt, weil vor der Scheune, die er mitten im Dorf in Brand setzen wollte, zwei angetrunkene Nachbarn stritten.

Fragen nach den Beweggründen für seine Taten schlossen sich an. Wustrack zuckte wiederholt mit den Schultern. Kurt Brase hätte schwören mögen, daß diese Ratlosigkeit nicht gespielt war.

Ob man die Brände als Rachakte für seinen Vater verstehen müsse?

Nein. So eng seien ihre Beziehungen nie gewesen.

Warum dann? Um den Leuten im Dorf einen Streich zu spielen?

Ja. Vielleicht.

Ob er Mitglied der Freiwilligen Feuerwehr in Döbbrick sei?

Ja.

Die Aufgabe eines Feuerwehrmannes sei es doch aber, das Feuer zu bekämpfen!

Wustrack nickte mit abwesender Miene, als wälze er in seinem Kopf ein schwieriges Problem. Naja, eigentlich wollte er das ja auch. Dem ganzen Dorf zeigen, was für ein guter Feuerwehrmann er sei.

So widersprüchlich manches in seiner Aussage klang, sie schrieben es gewissenhaft ins Protokoll und legten die Akte dem Staatsanwalt vor. Dietmar Wustrack wurde in eine psychiatrische Abteilung der Haftvollzugsanstalt Waldheim überstellt. Dort nahmen sich die Neurologen Petermann und Staben sowie der Diplompsychologe Gerlach des jugendlichen Brandstifters an. Das Ergebnis ihrer mehrwöchigen Exploration faßten sie in einem Gutachten zusammen, dessen interessanteste Sätze lauten:

„Der Vater des W. ist als eine intelligenz- und kritikgeminderte psychopathische Persönlichkeit einzuschätzen. W. widerrief seine Aussagen zum Tatmotiv, die er in der Voruntersuchung gegenüber der VP gemacht hatte. Er wußte nicht, wie er sich richtig ausdrücken sollte. Die Brände habe er vielmehr aus Ärger und aus Wut gelegt. Über irgendwen habe er sich immer geärgert. Wenn ihm das spontan einfiel, stieg eine unbestimmbare Wut in ihm auf. Nach den Bränden fühlte er sich wohler.

Dietmar W. steht auf einer niedrigen Intelligenzstufe, im allgemeinen unter dem Durchschnitt seiner Altersgruppe. Eine schwerwiegende abnorme Entwicklung seiner Persönlichkeit mit Krankheitswert ist jedoch auszuschließen."

Hauptmann Brase las die bezeichnenden Zeilen im Büro des Staatsanwaltes. „Stimmt", murmelte er halblaut. „Nicht sein Gehirn ist zerstört, sondern sein Charakter."

„Wie bitte ...?" fragte der Staatsanwalt konsterniert.

„Ach, nichts", winkte Brase ab. Und doch war es kein Zufall, daß seine Gedanken bei Günter Wustrack, dem vermeintlichen Staatsgefährder, weilten.

Die Luft war warm, man spürte bereits den Frühling, als die Jugendstrafkammer des Kreisgerichtes Cottbus Dietmar Wustrack zu vier Jahren und sechs Monaten Jugendhaft verurteilte. Er verbrachte die Zeit in Ichtershausen und wurde am 16. 2. 1979 entlassen. Sechs Monate später verstarb er bei einem Verkehrsunfall in der Nähe von Cottbus. Den Vater, dem er sein Leben und sein Stigma verdankte, hatte er nicht mehr gesehen.

Günter Wustrack verließ die Strafvollzugsanstalt erst im Februar 1980. Für ein weiteres halbes Jahr erwartete ihn das Psychiatrische Fachkrankenhaus in Lübben.

Am 1. Januar 1981 erhielt er Arbeit im Tiefbaukombinat Cottbus, hatte sich aber im Abstand von acht Wochen regelmäßig bei einem Facharzt für Neurologie vorzustellen. Nach den Gründen der anhaltenden medizinischen Betreuung, so erklärte er später, habe er nie gefragt.

Wustrack wurde noch zweimal straffällig. Sexueller Mißbrauch eines Kindes und Verkehrsgefährdung durch Trunkenheit lauteten die Anschuldigungen. Sein letztes Geständnis sei dem Leser nicht vorenthalten:

„Am 14 hatte der Kollege Neubert geburtstag wo 2 Flaschen getrugen worden und am diesen Tag war ich mit den Fahrd zur Arbeit. Und am 15. hatte der Kollege Jäger den vorschlag gemach geld zusammen zulegen, und wir holen uns 2 Flaschen was wir auch gemacht haben und sie auch ausgetrungen bis 11 Uhr mit Jäger und Neubert, um 11 Uhr bin ich Essen gegangen. Und um 11.20 Uhr habe ich meine Fahrt mit den Mopet auf den nachhauseweg angetreten. Bin über

den Berlinerplatz nach richtung Straße des Friedens Bahnhof-
str. rechts abgebogen ..."

Wustrack kam in beiden Fällen mit Bewährung davon. Die psychopathologischen Auffälligkeiten in seinem Persönlichkeitsbild hatten die Richter nachsichtig gestimmt.

Im Januar 1992 ist der „Feuerteufel von Döbbrick", achtundfünfzigjährig, einem unheilbaren Krebsleiden erlegen.

MORDFALL LEMKE
Die Spur führt nach Berlin

Berlin im Herbst 1948. Eine traurige und lebenshungrige Stadt zugleich, die aus tausend Wunden blutete. Lücken unvorstellbaren Ausmaßes hatte der Krieg in das Häusermeer der Millionenstadt gefräst. Straßenbahnen, U- und S-Bahn fuhren inzwischen wieder. Man konnte, wie früher, für zwanzig Pfennig im Kreis fahren, aber man kam dabei durch vier Sektoren und las Plakate und Tafeln in vier Sprachen. Die Kinos spielten ohne Pause. Während im Westteil der Stadt amerikanische Krimis und Western über die Leinwände flimmerten, warben im sowjetischen Sektor weniger bunte Plakate für verstaubte UFA-Filme oder Streifen aus der neuesten russischen Produktion. Tanzpaläste und zwielichtige Varietés schossen wie Pilze aus dem Boden. Es schien, als versuchten die Menschen alles, was sie in den Nachkriegsjahren bedrückte, in einer überdrehten Amüsierwut auszuleben. Zugleich wuchs die Angst vor einem neuerlichen Krieg. Seit der Einführung der D-Mark in den Westsektoren und der Verhängung der Berlin-Blockade hatten die Spannungen zwischen den alliierten Siegermächten zugenommen. Wie eine Drohung hing das Dröhnen der Rosinenbomber über der Stadt. Westberlin wurde in der „Operation Vittles" über eine alliierte Luftbrücke Frankfurt/Main – Berlin-Gatow versorgt.

Am Sonntag, dem 8. Oktober, kurz vor siebzehn Uhr, stieg der dreiundsechzigjährige Süßwarenkaufmann Heinrich Lemke am Arm seiner weitaus jüngeren Ehefrau Elisabeth am Stettiner Bahnhof aus der Straßenbahn. Die im Alter so unterschiedlichen Eheleute – Frau Lemke zählte fünfunddreißig – überquerten die Invalidenstraße. Heinrich Lemkes Blick glitt über die Ruinen und Schuttberge. Hier hatte eine riesige Mietskaserne gestanden, erinnerte er sich, und dort an der Ecke das Kaufhaus von Hertie. Der Stettiner Bahnhof glich einer geschleiften Festung. Zwischen zwei unversehrten Portaltürmen spannte sich das nackte Gerippe des Hallendaches. Rechts neben dem Eingang hing ein überdimensionales Schild, das für die Produkte von „Bärensiegel – Berlins größte Likörfabrik" warb.

Menschengewühl in der Vorhalle, in dem mit Lebensmitteln, Wertsachen und Lustgefühlen gehandelt wurde. Eine Ami-Ziga-

Stettiner Bahnhof 1946/47. Quelle: Landesbildstelle Berlin

rette kostete zwölf Mark, eine Tafel Schokolade hundertzwanzig, ein Brot achtzig und eine „schnelle Nummer" in einer Ecke vor der Bahnhofsruine war schon für dreißig Mark zu haben.

Heinrich Lemke ließ die im Vorverkauf erworbene Fahrkarte nach Angermünde an der Sperre lochen. Seine Frau erstand eine Bahnsteigkarte. Der Geschäftsmann belegte ein Abteil im Erste-Klasse-Wagen; so mußte er sich nicht zwischen die übrigen Reisenden zwängen, die mit Rucksäcken, prallen Taschen und abgewetzten Koffern zur wöchentlichen Hamstertour ins entfernte Berliner Umland aufbrachen. Ein paar Minuten saß das Ehepaar noch im Abteil beisammen.

„Ich hoffe, du hast in Angermünde Erfolg", sagte sie mit belegter Stimme. Ihr Blick streifte die im Gepäcknetz deponierte Diplomatenaktentasche.

„Ich bitte dich, was soll schon sein", beruhigte er sie lachend.

„Der Kaufvertrag ist in Ordnung. Formaljuristisch sind wir im Recht. Du wirst sehen, Liesbeth, spätestens morgen mittag bin ich zurück."

Elisabeth Lemke verabschiedete sich mit einem flüchtigen Kuß. Der Süßwarenkaufmann öffnete das Abteilfenster und blickte seiner Frau nach, die über den Bahnsteig davonging.

„Einsteigen und die Türen schließen!"

Ein langgezogener Pfiff. Die Lokomotive spie Rauch, sie dampfte und zischte. Puffer klirrten aufeinander. Die Räder begannen ihr monotones Klopfen über den Schienenstößen. Das Ruinenmeer der Stadt blieb zurück. Draußen flogen die Telegrafenleitungen vorbei. Friedliche Abendstimmung lag über Feldern und Wiesen.

Heinrich Lemke lehnte sich zuversichtlich in die Polster zurück. Nach und nach hatte sich das Abteil mit Passagieren gefüllt. Er musterte die verschlossenen Mienen seiner Nachbarn. Diese Reise würde Klarheit bringen in eine Angelegenheit, die ihn seit Jahren bedrückte. Lemkes Gedanken schweiften zurück bis in die dreißiger Jahre, die sich wohl als die glücklichsten im Leben des Kaufmannes Heinrich Lemke erwiesen hatten. Mit dem Gespür des erfolgreichen Geschäftsmannes war es ihm gelungen, eine Kette von sieben Süßwarenfilialen in allen Teilen der Stadt zu etablieren. Binnen weniger Jahre wurde der Firmenname „Schokoladen-Lemke" zu einem Begriff für Berlin. Das Unternehmen warf beträchtlichen Gewinn ab. Lemke investierte ihn im Jahre 1938 in den Erwerb zweier Wohnhäuser, die der jüdische Besitzer Siegfried Mendelsohn ihm für die Kaufsumme von 90 000 Reichsmark übereignen mußte. Erst der Krieg hatte Lemkes Geschäftsaufstieg ein Ende gesetzt. Von seinem kleinen Imperium waren ihm 1945 nur das Stammhaus in der Schönhauser Allee 115 und ein kleineres Geschäft in Neukölln erhalten geblieben. Nun verkaufte er Kekse, Lakritze oder Vitalade, für bevorzugte Kunden aber auch Schokolade und Kaugummi amerikanischer Produktion, deren Herkunft sich im undurchdringlichen Dschungel des Schwarzen Marktes verlor. Langsam und stetig ging es wieder bergauf. Lemke trug sich bereits mit dem Gedanken, erneut zu expandieren. Ein drittes Geschäft wollte er in der Charlottenburger Kantstraße eröffnen, als die amtliche Mitteilung, daß der in England lebende Siegfried Mendelsohn Rückübertragunganspräche beim Magistrat von Groß-Berlin angemeldet habe, alle Pläne über den Haufen warf.

Heinrich zog den Brief hervor, der ihm vor zwei Tagen mit der Geschäftspost ins Haus geflattert war. Er las ihn trotz der neugierigen Blicke der Mitreisenden im Schein der trüben Abteilbeleuchtung.

Rechtsanwalt und Notar   Angermünde, den 7. Oktober 1948
Dr. W. Goldstein

Sehr geehrter Herr Lemke!
Durch meinen Mandanten, Herrn Mendelsohn, in England wurde ich gebeten, mich mit Ihnen betreffend das Grundstück Bornstedter Straße 9 in Verbindung zu setzen. Mein Mandant hat die Absicht, sich auf gütlichem Wege mit Ihnen zu einigen und, sollte eine Einigung zustande kommen, würde er den Wiedergutmachungsanspruch bei der Treuhänderschaft zurückziehen.
Da ich durch meinen Mandanten weiß, daß Sie Geschäftsmann sind und wochentags sicher nur schwer abkommen, bitte ich Sie, mich am Sonntag, den 10. Oktober 48 in Angermünde zwecks Verhandlung aufzusuchen. Ich schlage Ihnen vor, den D-Zug 17.30 Uhr ab Stettiner Bahnhof zu nehmen. Sie würden gegen 19.00 Uhr in Angermünde eintreffen. Ich habe mir erlaubt, vorsorglich für Sie ein Zimmer im Hotel „Drei Kronen" zu reservieren und bitte Sie, sich dort beim Portier zu melden. Es besteht die Möglichkeit, daß Sie evtl. ab Angermünde um 20.41 Uhr zurückfahren können, anderenfalls müßten Sie montags mit dem Frühzug 8.46 Uhr Angermünde verlassen und würden gegen elf Uhr am Stettiner Bahnhof eintreffen.
Mit vorzüglicher Hochachtung!
Dr. W. Goldstein

Der verbindliche Ton des Briefes klang beruhigend. Lemke nahm sich vor, alles Nötige zu tun, damit die leidige Angelegenheit endlich aus der Welt kam. Sich am jüdischen Eigentum während der Nazizeit bereichert zu haben, galt heutzutage als politische Untat und schadete, wenn solche bekannt wurde, der kaufmännischen Reputation. Gestern haben die einen die anderen denunziert, dachte er, und heute denunzieren die anderen die einen.

Eine knappe Stunde später fuhr der D-Zug in den Bahnhof von Angermünde ein. Heinrich Lemke stieg als letzter aus dem Waggon. Gelassen ließ er den Schwarm der Reisenden auf dem Bahnsteig passieren; Gedränge war ihm zuwider. Während er dem

Schaffner an der Sperre die abgefahrene Fahrkarte reichte, erkundigte er sich nach der Lage des Hotels „Drei Kronen".

„Da müssen Sie sich rechts halten", meinte der Reichsbahner. „Der Weg ist nicht zu verfehlen."

Angermünde war seit rund 140 Jahren Kreisstadt. Die Stadtväter hatten sie 1945 kampflos den sowjetischen Truppen überlassen, so daß die historische Altstadt dem Schicksal einer völligen Zerstörung entgangen war. Fast achttausend Menschen lebten jetzt in Angermünde, unter ihnen viele Flüchtlinge aus Schlesien, Pommern und Ostpreußen.

Das Hotel „Drei Kronen", keine zehn Minuten vom Bahnhof entfernt, machte einen soliden Eindruck. Lemke stieß die Hoteltür auf und trat an die Rezeption.

„Guten Abend. Mein Name ist Heinrich Lemke. Ich bin mit Herrn Doktor Goldstein verabredet."

Der Empfangschef sah ihn verständnislos an. „Tut mir leid, ich kenne keinen Doktor Goldstein."

„Rechtsanwalt Doktor W. Goldstein", wiederholte Lemke. „Er hat doch ein Zimmer für mich bestellt."

Der Mann hinter dem Empfangstresen schlug das Gästebuch auf. Er suchte vergebens.

Weder für Dr. Goldstein noch auf den Namen Heinrich Lemke war eine Zimmerreservierung notiert.

„Das verstehe ich nicht", murmelte Lemke. Er kramte seine Brieftasche hervor. „Ich habe doch hier diesen Brief. Doktor Goldstein hat mich ausdrücklich für 19.30 Uhr in Ihr Hotel bestellt."

„Mir scheint, da hat sich jemand einen Scherz mit Ihnen erlaubt."

Der Berliner Kaufmann lüftete den Hut. Wie betäubt verließ er das Hotel. Unschlüssig, wohin er sich nun wenden sollte, stand er auf der Straße. Zu allem Verdruß begann es auch noch zu regnen.

„Verzeihung – Herr Lemke aus Berlin?" Eine Dame löste sich aus dem Dunkel. „Ich bin die Sekretärin von Doktor Goldstein. Ich sollte Sie hier erwarten."

Überrascht musterte Lemke die Frau im Licht der Straßenlaterne. Sie mochte Ende Dreißig sein, trug ein elegantes und überaus knapp sitzendes Kostüm. Rötlich schimmerndes Haar lugte unter einer modischen Kappe hervor. Das Gesicht war hinter einem Schleier verborgen. Ungezwungen reichte sie ihm die Hand.

„Leider haben wir umdisponieren müssen", plapperte die Dame munter drauflos. „Ihr Zimmer ist im Hotel ‚Reichshalle' reserviert. Mein Chef wird sich leider ein wenig verspäten. Der Herr Doktor mußte noch einmal fort. Er bat mich, Sie ins Hotel zu führen, wo wir auf ihn warten sollen."

„Na schön", meinte Lemke vergnügt. „Gehen wir." Ganz Kavalier der alten Schule reichte er ihr den Arm. O ja, Heinrich Lemke verstand etwas von Frauen; nicht von ungefähr war er bereits zum dritten Mal verheiratet.

Das Pärchen spazierte durch den dünnen Regen. Nach einer viertel Stunde Fußmarsch erreichten sie den Marktplatz. An der

Hotel „Reichshalle" in Angermünde. Quelle: Gisela Warsow

Nordseite des Platzes gewahrte Lemke das ehrwürdige Rathaus, auf dessen Dach eine Turmuhr schlug. Die Ostseite begrenzte die Wasserstraße mit dem Postamt, und auf der Westseite, dem Hohen Steinweg, entdeckte Lemke das „Hotel Reichshalle".

„Sie werden mit Ihrem Zimmer zufrieden sein", versprach Dr. Goldsteins Sekretärin. „Aber vielleicht schreiben Sie sich erst in das Gästebuch ein. Die Meldevorschriften, Sie wissen ja."

Das Paar betrat die Gaststube. Ein gutbürgerliches Etablissement, war Lemkes erster Eindruck. Höflich wurde er von einem mittelgroßen, kräftigen Mann begrüßt, der sich als Herr Kroll vorstellte. Lemke trug seine Personalien in das Gästebuch ein. Kroll überprüfte sie rasch anhand der Kennkarte, die Lemke ihm zu diesem Zweck reichte. „Den Schlüssel für Zimmer vier hat die Dame bereits. „Fritz Berger, der Kellner, der in diesem Augenblick an den Tresen trat, fügte höflich hinzu: „Falls die Herrschaften noch einen Wunsch haben, unsere Küche ist bis zweiundzwanzig Uhr geöffnet."

Er hatte den großen Brillantring an Lemkes Ringfinger entdeckt und vermutete, daß der späte Gast entsprechend betucht sein müsse.

An der Seite der charmanten Sekretärin durchquerte der Berliner Gast den langgestreckten Hausflur. Filmplakate hingen an den Wänden und warben für das aktuelle Kinoprogramm. Der rückwärtige Teil des Gebäudes beherbergte ein Filmtheater. Neben der Kasse führte eine gewundene Treppe ins Obergeschoß. Am Ende der siebzehn Stufen tat sich linkerhand ein Gang auf. Die zweite Tür führte in das Zimmer mit der Nummer 4. Dr. Goldsteins Sekretärin schloß auf, sie bat den Berliner Gast einzutreten. Ein Sofa, Tisch, Stühle, ein Schrank und in der rechten Zimmerecke ein Bett.

„Vielleicht legen Sie Ihren Mantel ab, Herr Lemke."

Als sie das schwere Kleidungsstück an einem Haken neben der Tür unterbrachte, mußte sie ihren Körper strecken. Heinrich Lemke erhielt ein weiteres Mal Gelegenheit, ihre üppige Figur zu bewundern.

„Wann kommt Herr Dr. Goldstein?" fragte er.

„Er müßte jeden Moment hier sein. Ich lade Sie inzwischen zu einem Drink ein. Sie mögen doch Kognak – oder?" Sie deutete auf den Tisch, wo eine Flasche und drei Gläser standen.

„Donnerwetter", staunte Lemke. „Sogar mein Lieblingskognak. Wie haben Sie das erraten?"

Sie lächelte schelmisch, nötigte ihn auf der schräg neben dem Fenster stehenden Couch Platz zu nehmen und griff nach der Flasche, um einzuschenken.

„Auf gutes Gelingen, Herr Lemke", rief sie sodann. „Ich verstehe eigentlich selbst nicht, wo der Chef so lange bleibt."

Der Berliner Kaufmann zündete sich eine Zigarre an, dann hob er sein Glas, prostete ihr zu und lehnte sich behaglich auf dem Sofa zurück. Den Schatten, der in der Zimmerecke hinter seinem Rücken emporwuchs, sah Heinrich Lemke nicht.

Das „Hotel Reichshalle" wurde im Jahre 1948 von der resoluten Wirtin Anni Westphal geführt. Ihr Mann war in Rußland gefallen. Nun lebte die Witwe mit dem vierzigjährigen Karl Kroll zusammen, den die Nachkriegswirren als Flüchtling nach Angermünde gespült hatten.

Die zwölfjährige Tochter Gisela war an diesem Montagmorgen bereits zur Schule. In der Gaststube wirtschafteten Fritz Berger und eine junge Frau, die als Haushaltshilfe im Hotel tätig war. Gegen 10.30 Uhr fragte sie: „Was wird denn nun mit dem Gast von Nummer vier, Herr Berger? Ich muß doch das Zimmer saubermachen."

Tatsächlich, der Berliner Gast war noch nicht zum Frühstück erschienen. Hatte er nicht bestellen lassen, daß er gegen 10.00 Uhr zum Bahnhof wolle? Berger, der hinter dem Tresen Gläser putzte, warf das Geschirrtuch hin und begab sich in den hofseitig gelegenen Flügel des Hotelgebäudes.

Zimmer 4. Der Kellner klopfte. Hinter der Tür rührte sich nichts. Berger klopfte stärker, er hämmerte schließlich mit der Faust gegen die Tür und rief: „Herr Lemke! Aufstehen!" Dann beugte er sich zum Türschloß. Der Schlüssel fehlte.

Berger verständigte Karl Kroll. Nach kurzer Konsultation mit der Wirtin holten sie einen Schlosser herbei. Der Mann kam. Nach wenigen Handgriffen schwang die Tür nach innen auf. Entsetzt prallten die Männer im gleichen Augenblick zurück.

Quer über dem Sofa lag die Leiche Heinrich Lemkes, dessen Schädel durch zwei klaffende Wunden gespalten war. Blutspritzer an der Tapete und eine riesige Lache auf dem Boden ergänzten das Bild einer grausigen Bluttat.

Vor Schreck zerrte der Schlossermeister ein buntgewürfeltes Tuch aus der Kleidung und wischte sich ächzend die Stirn.

Zehn Minuten später erschienen zwei Beamte der Kriminaldienststelle Angermünde am Tatort. Das Zimmer war nicht größer als zwei Meter fünfzig mal vier Meter achtzig. Gegenüber der Tür befand sich ein Fen-

Zeuge Karl Kroll.
Quelle: Gisela Warsow

ster, das mit einer Tischdecke aus Plüsch zugehängt war. Als der Kriminalanwärter Rudlof die Decke lüftete, blickte er auf den Nachbarhof.

„Die Decke hat vorher auf dem Tisch gelegen", behauptete Karl Kroll, der vom Flur aus die beiden Beamten beobachtete. „Und das Sofa stand rechts."

„Dafür hatte der Schrank seinen Platz in der Fensterecke", ergänzte Berger. „Der Handtuchhalter, links neben dem Waschbecken, fehlt ja auch."

Das Ganze sah wie eine Falle aus. Den Handtuchhalter hatten die Täter wohl abgebaut, um ungehindert hinter das Sofa zu gelangen. Mindestens zwei Personen mußten an dem Verbrechen beteiligt sein. Allein das Umstellen der Möbel setzte einen Mittäter voraus.

Der Leichenschauarzt bestätigte die Vermutung der Kriminalisten. „Doppelter Schädelbruch", faßte er seine Feststellungen zu-

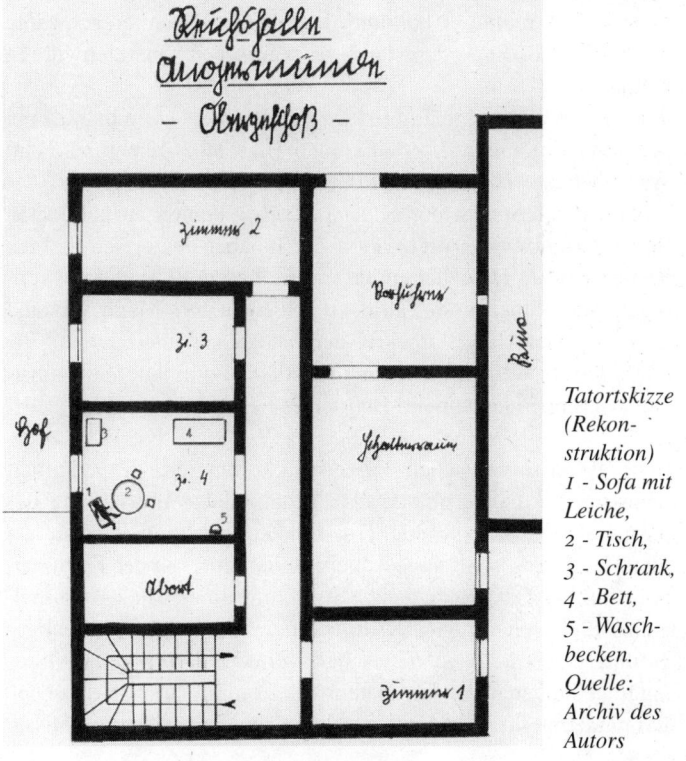

Tatortskizze (Rekonstruktion)
1 - Sofa mit Leiche,
2 - Tisch,
3 - Schrank,
4 - Bett,
5 - Waschbecken.
Quelle: Archiv des Autors

257

sammmen. „Die Schläge wurden mit erheblicher Wucht geführt. Wenn Sie mich fragen, ich tippe auf ein Beil als Tatwerkzeug. Ziemlich ungewöhnlich für eine Frau. Ich denke, da war noch ein Mann im Spiel."

„Und die Tatzeit?"

„Noch vor Mitternacht. Aber nageln Sie mich nicht auf die Minute fest."

Der Arzt zog die Brieftasche aus der Kleidung des Toten und reichte sie dem Kriminalanwärter. Etwas Bargeld und Lemkes Ausweis waren vorhanden.

„Hatte Herr Lemke denn kein Gepäck?" wandte sich der ältere Polizist an das Hotelpersonal.

„Aber natürlich. Eine gelbbraune Aktentasche."

„Ich kann sie nicht finden."

Rudlof hatte unterdessen die Personaldaten in der Kennkarte gelesen: Heinrich Paul Richard Lemke, geboren am 13.2.1885 in Rostock, Wohnort Berlin-Halensee, Kronprinzendamm 9. Wie elektrisiert stieß er seinen Kollegen an. „Du, der Mann stammt aus Westberlin", raunte er halblaut. Den beiden Beamten schwante plötzlich, daß dieser Umstand zu politischen Querelen führen konnte.

Rudlof brachte eine Tatortskizze zu Papier, so wie man es ihn auf dem Kriminalanwärterlehrgang in Biesenthal gelehrt hatte. Im Waschbecken entdeckte er zwei rötliche Frauenhaare.

Weil die Kripo in der Kreisstadt über keinen ausgebildeten Polizeifotografen verfügte, kam der Inhaber des ortsansässigen Fotogeschäftes Dröschel zu der zweifelhaften Ehre, die notwendigen Aufnahmen vom Tatort zu schießen. Der Mann verstand sein Handwerk. Das Objektiv der betagten Kamera bannte die blutbefleckte Wand hinter dem Sofa auf die Fotoplatte. Ein Kunstwerk, das noch heute beim Betrachter Schaudern erregt.

In der Brandenburgischen Polizeistruktur rangierte die Kriminaldienststelle in Angermünde als nachgeordnete Einrichtung des Kriminalamtes Eberswalde. Die vom Zonenkriminalamt zu Beginn des Jahres 1948 angeordnete Reorganisation der Kriminalpolizei in der Ostzone hatte zur Errichtung eines Landeskriminalamtes und weiterer vier Kriminalämter im Land Brandenburg geführt. Nach dem neuen Geschäftsverteilungsplan fielen Morduntersuchungen in die Kompetenz der Kommissariate K 1 bei den Kriminalämtern. Der Eberswalder Kripochef, Oberkommissar

Reimann, befahl seine beiden K 1-Mitarbeiter Wende und Walk als Mordkommission nach Angermünde. Wende, vor wenigen Wochen zum Obersekretär befördert, übernahm die Leitung der Kommission. Er erhielt die Vollmacht, seine Mannschaft bei Bedarf aus den Reihen der Angermünder Kollegen zu verstärken.

Kriminalanwärter Rudlof begleitete die Beamten in das „Hotel Reichshalle". Seine Augen glänzten vor unverhohlenem Stolz. Vielleicht vierzig oder fünfzig Leute drückten sich auf der Straße herum, genüßlich über das grausige Ereignis debattierend, über man überall in der Stadt sprach.

Wende und Walk ließen sich in das Mordzimmer führen. Bei der Besichtigung der Leiche fiel ihnen am rechten Ringfinger der rundum verlaufende helle Hautstreifen auf. „Scheint, als habe hier ein Ring gesteckt", bemerkte Obersekretär Wende. Nach einer eingehenden Durchsuchung des Raumes, die aber auch keine neuen Erkenntnisse zutage förderte, machten sie sich an die Vernehmung der Zeugen.

Karl Kroll sagte aus: „Das muß gestern abend so gegen halb sieben gewesen sein, da kam eine flott aufgemachte Dame ins Hotel und wollte ein Zimmer mieten. Sie sagte, sie sei die Sekretärin eines Rechtsanwaltes … Doktor Goldstein …, und sie suche im Auftrage ihres Chefs ein Zimmer für eine Geschäftskonferenz mit einem Berliner Gast, der anschließend hier übernachten würde. Ich hab gesagt: Dann nehmen Sie doch das Zimmer 4 im Hinterhaus. Bevor sie zusagte, wollte sie das Zimmer sehen. Ich bin mit ihr raufgegangen. Gründlich umgesehen hat sie sich ja, das muß ich schon sagen. Als ich ihr eine stärkere Glühbirne für die Deckenlampe anbot – die Beleuchtung im Zimmer ist ziemlich schwach, müssen Sie wissen –, winkte die Frau lachend ab. Womöglich käme ihr Chef noch auf die Idee, ihr einen ellenlangen Geschäftsabschluß zu diktieren. Sie behielt den Schlüssel gleich. Ich hab sie nur noch gebeten, den Herrn, der bei uns übernachten sollte, ordnungsgemäß anzumelden."

„Hat die Frau ihren Namen genannt?"

„Sie hat sich nur als Sekretärin dieses Rechtsanwaltes vorgestellt."

„Dieser Rechtsanwalt, wann kam denn der?"

„Den habe ich nie zu Gesicht bekommen. Ich weiß nicht mal, ob der überhaupt existiert."

Der körperlich kleinere, dafür aber um so agilere Kellner Fritz Berger bestätigte Krolls Angaben. „Die Frau ist nochmal am Ausschank gewesen", berichtete er. „Ungefähr eine halbe Stunde nach der Ankunft des Lemke. Sie fragte nach der Uhrzeit, ließ sich dann Feuer geben und meinte, daß der Herr auf Zimmer vier nicht vor zehn Uhr gestört werden soll."

„Hatten Sie den Eindruck, daß die Frau zurück ins Zimmer ging?"

„Nee, die ist raus auf die Straße."

Übereinstimmend beschrieben die Zeugen die unbekannte Frau als mittelgroß und von üppiger Figur. Ihr Alter wurde auf Mitte Dreißig geschätzt. Besonders auffällig waren das tizianrote Haar und die blutrot lackierten Fingernägel.

„Sehr elegant, direkt mondän", schwärmte Berger. „Und dieser Herr Lemke hatte bestimmt genügend Zaster. Wenn ich bloß an den Ring denke, meine Herren ..."

„Sie erinnern sich an den Ring?" Walk und Wende wechselten einen raschen Blick.

„'n ziemlich dicker Brillant. Hab ich 'n Auge für."

Die Aussagen des Zeugen wurden zu Protokoll genommen. In einem ergänzenden Bericht vermerkten die Kriminalbeamten, daß man weder das Reisegepäck des Toten noch den vermeintlichen Brillantring oder ein Tatwerkzeug im Hotel gefunden habe. Der Umstand, daß die Täter die Möbel vor dem Mordanschlag im Zimmer 4 umgestellt hatten, machte den Einsatz eines Spezialisten für Fingerabdrücke am Tatort erforderlich. Wahre Engelsgeduld zeichnete den Mann vom Erkennungsdienst aus, der am 12. Oktober die in Frage kommenden Möbelstücken mit Roßhaarpinsel und Argentorat bearbeitete. Doch die Täter hatten Handschuhe getragen, einige Möbelflächen waren mit großer Sorgfalt abgewischt.

Für die Beamten wurde dennoch sichtbar: Der Mord an dem Berliner Kaufmann Heinrich Lemke beruhte kaum auf einer Zufallsbegegnung. Der Mann war mit Vorbedacht in eine Falle gelockt worden.

Zusätzliche Nahrung erhielt ihre These durch die Aussage einer Angermünder Bürgerin, die am 12. Oktober bei der Kriminalpolizei vorstellig wurde. Frau Hoffmann vermietete gelegentlich Zimmer an Privatpersonen. Auch bei ihr hatte am Sonntag gegen siebzehn Uhr eine äußerst elegante Dame vorgesprochen, die ein Zimmer für eine geschäftliche Besprechung mieten wollte. Frau Hoffmann hatte ihr das Zimmer gezeigt, die Frau zahlte sogar 6 DM an, war dann aber im Hause der Vermieterin nicht mehr aufgetaucht. Die Personenbeschreibung der Unbekannten traf auf Dr. Goldsteins Sekretärin zu.

„Schaffen Sie mir, um Himmelswillen, diesen Doktor Goldmann oder Goldstein herbei!" forderte Obersekretär Wende von seinen Kollegen. „Dieser Mann ist die Schlüsselfigur zu unserem Fall. Nur er weiß, was es mit der ominösen Sekretärin auf sich hat."

Walk und Rudlof setzten Himmel und Hölle in Bewegung, um die Adresse der Anwaltskanzlei in Erfahrung zu bringen. Sie telefonierten mit allen Amtsgerichten im Land Brandenburg, Walk ließ sogar bei den Geschäftsstellen der Anwältekammern recherchieren, doch ein Rechtsanwalt Dr. Goldstein war und blieb unbekannt.

Die Fahndung nach der geheimnisvollen Frau führte die Kriminalbeamten Walk und Rudlof am Dienstagnachmittag zum Bahnhof der Kreisstadt. Der Zeitpunkt konnte nicht besser gewählt sein. Die Eisenbahner, die am Sonntagabend den Dienst im Fahrkartenschalter und an der Bahnsteigsperre verrichtet hatten, kamen gerade zur Schichtablösung. Die Gerüchte, die in der Stadt kreisten, erleichterte den Beamten die Ermittlungsarbeit.

Anhand der Fahrkartenabrechnungen stellten sie fest, daß am Sonntag, gegen 18 Uhr, zwei Fahrkarten für den Berliner D-Zug verkauft worden waren. Die Schalterangestellte, eine kesse junge Frau mit weißblondem Haar, erinnerte sich: „Eigentlich war unser Fahrkartenkontingent für den Berliner D-Zug an diesem Tage schon ausgeschöpft", erzählte sie im forschen Tonfall. „Aber die Frau bettelte so inständig, daß sie und ihr Mann noch in dieser Nacht nach Berlin müßten, weil die Schwiegermutter schwer erkrankt sei. Akute Lebensgefahr. Nach Rücksprache mit unserem Chef durfte ich eine Ausnahme machen." Den Lohn für diese Gefälligkeit – eine Handvoll Ami-Zigaretten – verschwieg sie wohlweislich.

„Wie sah denn der Ehemann aus?"

„Keine Ahnung. Ich hab nämlich keinen gesehen."

„Und die Frau?"

„Schick. Total schick", lautete die naive und für polizeiliche Fahndungszwecke höchst ungeeignete Antwort. Oberassistent Walk verstand sein Geschäft. Durch kluge Fragetechnik schöpfte er das Wissen der Zeugin hinreichend ab, so daß die Beamten am Ende sicher sein konnten: Doktor Goldsteins Sekretärin hatte die

Fahrkarten nach Berlin gekauft! Aber war sie auch in den Zug gestiegen? Ein Ablenkungsmanöver wäre möglich.

Walk setzte seine Hoffnungen auf den Mann in der „Wanne", wie die ab Hüfthöhe verglasten Käfterchen in der Eisenbahnersprache hießen. Wer an der Bahnsteigsperre saß, um die Fahrkarten der Reisenden zu lochen und die abgefahrenen Karten einzusammeln, hat in der Wanne nur einen geringen Bewegungsraum. Das schärft naturgemäß die menschliche Beobachtungsgabe.

Sie trafen auf einen sechzigjährigen Mann in sorgfältig gebügelter Eisenbahneruniform. Gewissenhaft hob er jede Fahrkarte zur Kontrolle in Augenhöhe, bevor er sie mit einer Lochzange knipste. Die Dienstausweise der beiden Kriminalbeamten wurden ebenso sorgfältig geprüft. Der Mann verglich die Gesichter mit den Fotos in den Klappkarten. Das Resultat fiel zu seiner Zufriedenheit aus. „Muß alles seine Ordnung haben. War schon beim Kaiser so", verkündete er und heftete den Blick aus seinen wäßrigblauen Augen auf Walk, den er als dienstranghöheren Beamten identifizierte.

Walk spürte den kalten Luftzug von der Bahnsteigtür her. „Ziemlich windige Ecke", begann er leutselig.

„Tja, wer das nicht gewöhnt ist, holt sich bald 'ne Erkältung weg."

„Wie lange machen Sie schon den Dienst?"

„Seit zwanzig Jahren." Das klang nicht ohne Stolz.

„Da kennen Sie bestimmt die Leute, die in Angermünde verreisen?"

„Viele fahren täglich, weil sie zur Arbeit müssen."

„Und am Sonntagabend? Erinnern Sie sich, wer den D-Zug in Richtung Berlin bestieg?"

Der Eisenbahner schmunzelte breit. „Kann's mir schon denken, daß Sie sich für das seltsame Pärchen interessieren."

„Seltsam – wieso?"

„Naja, der Mann war ziemlich aufgeregt, hatte wohl Hummeln unterm Hintern. Dauernd trieb er die Frau zur Eile an, obwohl der Zug mehr als dreißig Minuten Verspätung hatte."

„Beschreiben Sie mal die Frau!"

„Elegantes Kostüm. Vielleicht Mitte Dreißig. Nicht sehr groß, aber kräftig. Hut mit einem Schleier vorm Gesicht."

Vom Jagdfieber gepackt, forderte Rudlof: „Und der Mann, der dazu gehörte?"

Der Eisenbahner wedelte mit der Fahrkartenzange. „Der war

mindestens einsachtzig groß. Ein sportlicher Typ. Dunkles buschiges Haar. Auf jeden Fall aber um einiges jünger als die Frau. Mitte Zwanzig, würde ich denken. Er trug so einen modernen Staubmantel, mit 'nem Gürtel und Achselklappen, wenn Sie wissen, was ich meine."

„Einen Trenchcoat …?" half Rudlof aus.

Der Eisenbahner nickte. Walk wäre ihm am liebsten um den Hals gefallen. „Eine letzte Frage", setzte er rasch nach. „Führte das Paar Gepäck mit?"

„Wenn ich mich recht erinnere: einen älteren braunen Koffer."

„Keine Aktentasche?"

„Nur den Koffer."

„Danke!" Auf dem Rückweg erklärte Walk aufgeräumt: „Glauben Sie mir, Rudlof, der Schlüssel zu diesem Mordfall liegt in Berlin. Keine Spuren, keine Tatwaffe. Ich behaupte: die Täter sind nach einem genauen Plan vorgegangen. Und die Gründe für Lemkes Hotelaufenthalt werden wir vermutlich nur von seinen Angehörigen erfahren. Jemand von uns muß nach Berlin."

Oberkommissar Reimann, der nach Angermünde kam, um sich über den Stand der Ermittlungen unterrichten zu lassen, teilte die Auffassung der Mordkommission. Er informierte den Chef der Brandenburgischen Kriminalpolizei bei der Landespolizeibehörde in Potsdam. Ministerialrat Krauthause gab grünes Licht für eine Zusam-menarbeit mit der Berliner Mordkommission. Eine halbe Stunde später klapperte der Fernschreiber einen kurzen Sachstandsbericht und die Bitte um Informationen über die Verhältnisse der Familie Lemke nach Berlin.

Elisabeth Lemke erfuhr am Abend des 12. Oktober durch das Polizeipräsidium Dircksenstraße vom Tod ihres Gatten. Gleichzeitig avisierte man die Ankunft eines Kriminalbeamten aus Angermünde, der am 13. Oktober die notwendigen Formalitäten mit ihr klären sollte.

Am Vormittag des 13. Oktober 1948 lag eine dichte graue Wolkendecke über der Reichshauptstadt. Ein feiner Sprühregen fiel auf die Straßen und Plätze. Mit reichlicher Verspätung war der Zug aus Angermünde in Berlin angekommen. Unterwegs kroch er in einem Schneckentempo dahin, daß man meinen konnte, jeder einigermaßen trainierte Marathonläufer würde mühelos Schritt halten können. Störungen im Reiseverkehr waren in der Ostzone an der Tagesordnung. Hilflos erklärte die Reichsbahnverwaltung, daß der Abtransport von Reparationsgütern in die Sowjetunion in Verzug geraten sei. Eine große Anzahl von Lokomotiven müßten aus dem Reiseverkehr herausgezogen werden, um die Reparationszüge abzufertigen. In Wahrheit wurden an zahlreichen Strecken Fernschreibleitungen abgebaut, Abzweigungen von Hauptschienensträngen und nicht übermäßig beanspruchte eingleisige Strecken für das Reparationsprogramm demontiert.

Es ging bereits auf Mittag, als der Kriminalanwärter Rudlof auf dem Stettiner Bahnhof aus dem Zug kletterte. Die Stadt mit ihrem hektischen Treiben, den bimmelnden Straßenbahnen und den rastlos umherhetzenden Menschen beeindruckten den jungen Beamten. Die Dienstreise war ihm zunächst als Abwechslung im tristen Alltag eines Provinzstadtpolizisten erschienen, aber jetzt fühlte er sich in der fremden Stadt ziemlich allein. Zwei oder drei frühere Reisen fielen ihm ein, die ihn vor Jahren mit den Eltern zu Verwandten in Neukölln geführt hatten, und der Fackelzug auf dem Reichssportfeld, zu dem er 1939 als fünfzehnjähriger Hitlerjunge befohlen worden war. Rudlof hatte Mühe, sich in den Straßenzügen der zerbombten Millionenstadt zurechtzufinden.

Vor dem Bahnhof entschied er sich, nach links zu gehen. Während auf der einen Seite der Verkehrsader die Häuser scheinbar unbeschädigt waren, erstreckte sich auf der anderen ein weites Trümmerfeld, aus dem die Reste der stehengebliebenen Brandmauern wie schauerliche Mahnmale in den Himmel ragten. Rudlof erkundigte sich bei einem Schutzpolizisten nach der Schönhauser Allee. Die Wegbeschreibung des Uniformierten hörte sich so konfus an, daß der Dienstreisende aus Angermünde erst in der dritten Nachmittagsstunde das „Süßwarengeschäft Heinrich Lemke" in der Schönhauser Allee 115 betrat, wo er mit Frau Lemke verabredet war.

Jeder Mensch hat Glücks- und Pechsträhnen, Tage, an denen alles gelingt, und Tage, an denen nichts glücken will. Rudlof hatte solch eine Pechsträhne erwischt. Die beiden Verkäuferinnen, die in dem Geschäft Kekse, Vitalade, Pfefferminzbonbons und saure Dropsrollen feilboten, blickten den jungen Mann überrascht an.

„Ja, die Chefin ist hier gewesen. Hat bis Mittag auf Sie gewartet. Dann ist sie gefahren. Frau Lemke dachte, sie hätte mit dem Treffpunkt etwas mißverstanden, Sie wollten sie vielleicht in der Wohnung aufsuchen."

Rudlof zupfte verlegen an der Hutkrempe. „Tja, das ist natürlich Pech", sagte er. „Frau Lemke wohnt in Halensee, nicht wahr?"

„Kronprinzendamm 9", meldete sich die jüngere Verkäuferin. Blanke Neugier stand ihr im Gesicht geschrieben. „Is ja 'ne schlimme Sache, was da mit unserem Chef in Angermüde passiert ist. Ham se wenigstens schon 'ne Spur von sein' Mörder?"

Der Kriminalassistent schüttelte abwesend den Kopf. Er mußte mit der Witwe sprechen. Eine Rückreise nach Angermünde, ohne den dienstlichen Auftrag ausgeführt zu haben, kam für ihn nicht in Frage; die Kollegen hielten ihn womöglich für einen Versager.

„Wie komme ich nach Halensee?" fragte er entschlossen.

„Da gehen Se bloß über'n Damm, Herr Kommissar. Fahr'n Se mit die S-Bahn über'n Westring. Da komm' Se direkt nach Halensee."

Als der Angermünder Kriminalbeamte auf dem Bahnhof Schönhauser Allee einen S-Bahnzug in Richtung Westberlin bestieg, ahnte er nicht, daß dieser Entschluß böse Folgen für ihn haben sollte. Fahrten in die Westsektoren verstießen gegen interne Dienstvorschriften des Ostberliner Polizeiapparates.

Der Kronprinzendamm galt als respektable Adresse. Die um die Jahrhundertwende errichteten vierstöckigen Häuserreihen kamen den Wohnansprüchen des gehobenen Bürgertums entgegen. Beamtenfamilien und aufstrebende Unternehmer hatten sich in den Wohnungen niedergelassen. Eiserne Gitterzäune begrenzten die schmalen Ziergärten vor den Häuserfronten. Viele Gebäude waren vom Krieg gezeichnet. Rudlof sah zerschossene Dächer. Maschinengewehrgarben und Granatsplitter hatten die im Jugendstil gehaltenen Fassaden genarbt.

Elisabeth Lemke empfing den Beamten an der Wohnungstür im Hochparterre. „Gotteslob, da sind Sie ja", entfuhr es ihr. „Ich fürchtete schon, hier liegt ein Mißverständnis vor."

Rudlof entschuldigte sich für die Verspätung. Nicht ohne einen Schuß Befangenheit sprach er der Witwe sein Beileid aus. Während Sie ihn in den Salon führte, hatte er Gelegenheit, die attraktive Mittdreißigerin von der Seite zu mustern. Frau Lemke trug ein dunkles Kostüm im sportlich eleganten Schnitt, sie war sorgfältig frisiert und legte Wert auf ein dezentes Make up. Die Frau erschien ihm sehr gefaßt.

„Darf ich Ihnen eine Erfrischung anbieten? Einen Kaffee vielleicht?"

Rudlof nickte. Während sie in der Küche verschwand, bewunderte der Kriminalanwärter die gediegene Einrichtung. Schwere Ledersessel, ein großer Bücherschrank, kostbare Gobelins und eine wohlbestückte Hausbar. Die Farbtöne perfekt aufeinander abgestimmt. Sehr geschmackvoll das alles. Die Frau kennt bestimmt keine materiellen Sorgen.

Beim Kaffee erzählte er ihr dann, wie man Lemke gefunden hatte.

„Schrecklich", seufzte sie ein ums andere Mal, „daß er so ein Ende nehmen mußte. Bitte, verstehen Sie mich nicht falsch, Herr Rudlof. Mein Mann und ich, wir haben uns sehr gemocht, aber er war dreißig Jahre älter. Unsere Beziehung beruhte …, ja, wie soll ich sagen, mehr auf gegenseitigem Vertrauen. Sie verstehen, was ich damit sagen will?"

Der Kriminalanwärter nickte mitfühlend, er besann sich auf seinen Auftrag: „Leider ist da noch eine Formalität, Frau Lemke. Bevor der Leichnam Ihres Mannes nach Berlin überführt werden darf, muß er durch einen Angehörigen identifiziert werden."

Die Witwe bewies praktischen Verstand. „Sie wollen, daß ich zu Ihnen nach Angermünde komme? Entschuldigen Sie, dann muß ich für morgen einen Bestattungswagen bestellen." Sie stand auf und erledigte das Telefonat nebenan im Arbeitszimmer. „Puh", seufzte sie, als sie wieder in den Salon kam, „jetzt brauche ich aber einen Kognak. Sie auch, Herr Kriminalassistent?"

Rudlof war nicht abgeneigt. „Haben Sie eigentlich einen Verdacht, wer Ihren Gatten ermordet haben könnte?"

„Ich wüßte nicht, wer. Heinrich hatte keine Feinde." Sie trat mit den gefüllten Gläsern zur Sesselgruppe.

„Und was wollte Ihr Mann in Angermünde?"

Die Witwe musterte ihn entgeistert. „Aber das steht doch alles in dem Brief von Herrn Doktor Goldstein. Heinrich hatte ihn bei sich."

„Wir haben keinen Brief gefunden. Glauben Sie mir, ich war einer der ersten Beamten am Tatort."

„In der gelbbraunen Diplomatentasche …"

„Auch keine Tasche. Ihr Mann hatte überhaupt kein Gepäck."

Ihre Augen weiteten sich. „Und die fünfhundert Mark?" hauchte sie. „Sein kostbarer Brillantring?"

„Ja, ich vermute, Ihr Mann ist einem Raubmord zum Opfer gefallen. War der Brief vielleicht der Grund für die Reise Ihres Mannes?"

Elisabeth Lemke erzählte, was Sie über den Inhalt des Schreibens wußte, und sie klärte Rudlof auch über die unselige Affäre um das Grundstück in der Bornstedter Straße auf.

„Sehr mysteriös", kommentierte der Kriminalanwärter. „Der Absender kennt sich in der Grundstücksangelegenheit aus, aber ein Rechtsanwalt Doktor Goldstein ist nirgendwo registriert."

„Der Brief kam am Freitag mit der Geschäftspost. Ich weiß das so genau, weil mir die Briefmarke aus der Ostzone aufgefallen ist. Die war in Angermünde abgestempelt."

„Sieht aus, als hätte man den Brief benutzt, um Ihren Mann in eine Falle zu locken. Haben Sie den Umschlag noch?"

Elisabeth Lemke versprach, im Schreibtisch ihres Mannes nachzusehen. Aber wie sie ihn kenne, habe er den Umschlag bestimmt eingesteckt, fügte sie einschränkend hinzu.

Der Kriminalanwärter erhob sich. „Tja, das war's dann wohl. Das Protokoll setzen wir in der Dienststelle auf, wenn Sie nach Angermünde kommen." Rudlof sah zur Uhr und erblaßte. Zehn nach sechs. „Wie lange braucht man mit der S-Bahn bis zum Stettiner Bahnhof?" rief er in einem Anflug von Panik.

„Jetzt im Berufsverkehr? Mindestens eine Stunde."

Seine Pechsträhne hielt an. Das schaffe ich nicht mehr, dachte Rudlof verzweifelt. Der letzte Zug nach Angermünde fährt um neunzehn Uhr drei! Die Suche nach einem Hotelzimmer würde zwecklos sein; Berlin war ein übervölkerter Trümmerberg. Bei dem Gedanken, die Nacht in einem verräucherten Bahnhofswartesaal, inmitten allerlei zwielichtigen Gesindels verbringen zu müssen, schauderte es den jungen Kriminalbeamten.

„Fehlt Ihnen etwas?" fragte Frau Lemke besorgt.

Der Kriminalanwärter schilderte seine mißliche Lage.

„Ich bitte Sie, Herr Rudlof, das ist doch kein Beinbruch", kam ihm die Lemke entgegen. „Übernachten Sie doch hier im Haus."

„Entschuldigen Sie, aber ich kann doch nicht ...", stotterte Rudlof verlegen.

„Kein Wort mehr, junger Mann, Sie bleiben hier! Wir sind zwar ein bißchen beengt. Im Haus wohnen mehrere Untermieter, aber ein Bett wird sich schon noch finden."

Am Abend lernte Rudlof die übrigen Mieter des Hauses kennen, darunter den fünfzehnjährigen Sohn der Hausfrau. Weiter einen stellungslosen Artisten, der ein Mansardenzimmer im Dachgeschoß bewohnte, eine Englischlehrerin, die des besseren Verdienstes wegen als Telefonistin bei einer amerikanischen Dienststelle arbeitete, und einen ehemaligen Wehrmachtsoffizier, der sich als Handelsvertreter so recht und schlecht durchs Leben schlug. Sie alle fanden sich im Salon zum abendlichen Schlummertrunk ein. Eine liebe Gewohnheit der in Notgemeinschaft lebenden Hausgenossen, wie Frau Lemke dem Kriminalanwärter erläuterte.

Die Anwesenheit des Kripo-Beamten aus der Ostzone war eine kleine Sensation. Sie sorgte für ausreichenden Gesprächsstoff. Und als Rudlofs Mißgeschick sich herumgesprochen hatte, brach das Eis. Er wurde zur Zielscheibe manchen freundlichen Spottes.

Wieviel Morde er schon aufgeklärt habe, wollte man schließlich von ihm wissen.

Ein halbes Dutzend, schnitt der vom Alkohol angetörnte Kriminalanwärter auf.

Und wie es um die Aufklärungschancen im Mordfall Lemke stünde?

Rudlof gab sich überlegen. Der Fall sei so gut wie gelöst, behauptete er mit geheimnisvoller Miene.

„Nanana!" brachte Karl-Heinz Petgen seine Zweifel vor. Der junge Mann war erst später zu der Runde gestoßen. „Die Herren von der Polizei hängen doch meistens in der Luft, wenn sie der Öffentlichkeit vorzugaukeln versuchen, sie wüßten schon alles." Frau Lemke hatte ihn als einen guten Freund der Familie vorgestellt, der nicht im Hause wohne.

Die Telefonistin behauptete: „In den Zeitungen steht, daß die Verbrechen in der Ostzone überhand nehmen."

„Ist ja auch kein Wunder", stimmte der Handelsvertreter eifrig zu. „Die erfahrenen Fachleute fehlen in der Polizei."

Rudlof stemmte sich, ein wenig schwankend, aus dem Sessel hoch. „Ich habe sichere Spuren, die die Mörder überführen werden", tönte er vollmundig. „Es handelt sich um einen Mann und um eine Frau. Wir wissen, daß sie noch in der Mordnacht mit dem Zug nach Berlin abgereist sind. Dafür gibt es Zeugen. Zuverlässige Zeugen", trumpfte der junge Beamte mit Nachdruck auf. „Und jetzt sage ich nichts mehr. Dienstgeheimnis. Psst!"

Die Gäste schmunzelten. Ein letztes Mal griff man zu den Gläsern, um sie im Gedenken an den teuren Toten zu leeren. Es war schon eine seltsame Atmosphäre, die das Trauerhaus Lemke an diesem Abend bot.

Kriminalanwärter Rudlofs Rückehr nach Angermünde erregte Heiterkeit bei den Kollegen. Elisabeth Lemke hatte den jungen Beamten überredet, die Heimreise auf dem Beifahrersitz des tiefschwarz ausgeschlagenen Beerdigungswagens zurückzulegen.

Dem Bestattungsunternehmer kam die amtliche Begleitung selbstverständlich gelegen, Rudlofs Dienstausweis half, die Polizeikontrollen auf der Autobahn leichter zu passieren.

Die verschleierte Witwe erschien erst am Nachmittag in Angermünde, in einem Taxi, das sie eigens für diese Fahrt gemietet hatte. Rudlofs Protokoll war bereits getippt. Frau Lemke schlug den Schleier zurück, sie überlas die Zeilen, nickte und unterschrieb kommentarlos.

Nach der Identifizierung des Toten in der Leichenhalle des Kreiskrankenhauses wurde Elisabeth Lemke einem weiteren Verhör unterzogen. Das Landeskriminalamt hatte einen in Mordsachen erfahrenen Sondersachbearbeiter nach Angermünde entsandt. Der Oberkommissar vom LKA und Obersekretär Wende waren überein gekommen, alle Personen, die über die Berliner Grundstücksangelegenheit Bescheid wußten, als Hauptverdächtige anzusehen. Diesen Kreis namentlich zu erfassen, war das Ziel der Vernehmung. Frau Lemke wußte nicht allzuviel über die Geschäftsangelegenheiten ihres Gatten, den sie erst 1942 kennengelernt und am 6. September 1945 geheiratet hatte. „Die Geschichte mit dem Grundstück muß schon 1937 passiert sein", entschuldigte sie sich.

Am späten Abend reiste die Witwe nach Berlin zurück. Der Leichnam ihres Gatten wurde von der Staatsanwaltschaft freigegeben und nach Halensee überführt. Wegen der Kontrollen an den Sektorengrenzen war ein dickes Bündel amtlicher Papiere vonnöten.

Am Freitag, dem 14. Oktober, stopfte Kriminalobersekretär Wende die „Mordakte Lemke" in die Aktentasche und fuhr in Begleitung des Potsdamer Oberkommissars nach Berlin. Ihr Ziel war das ehemalige Polizeipräsidium am Alexanderplatz. Weite Teile des um 1890 in Betrieb genommenen Gebäudes lagen jetzt in Trümmern. Lediglich die Front zur Stadtbahnseite hin, die Dircksenstraße 13-14, hatte den Feuersturm einigermaßen überstanden. Aus den Zellen des ehemaligen Polizeigefängnisses waren Büros der Berliner Kriminalpolizei geworden.

Die brandenburgischen Beamten meldeten sich beim Leiter der Mordinspektion.

Kriminalrat Schläwicke war auf ihren Besuch vorbereitet. Er bat die Männer Platz zu nehmen und ließ einen seiner fähigsten Mitarbeiter, den dreiundvierzigjährigen Kriminalinspektor Max

Ruine des Polizeipräsidiums nach 1945. Quelle: Polizeihistorische Sammlung Berlin

Schüttau, kommen, der die notwendigen Ermittlungen in Berlin übernehmen sollte.

Die Situation in der Berliner Polizei war im Oktober 1948 überaus kompliziert. Politische Spannungen hatten den Polizeiapparat vergiftet und schließlich zur völligen Spaltung geführt. Bereits im Mai 1945 hatte die sowjetische Kommandantur Berlins einen Magistrat nach eigenem Gusto ernannt und sich um den Aufbau eines neuen Polizeiapparates gekümmert. Auf den Posten des Polizeipräsidenten setzten sie Paul Markgraf, der als Kommandeur einer Panzerjägerbrigade in der faschistischen Wehrmacht das Ritterkreuz für die Vernichtung einer russischen Kavalleriebrigade bei Stalingrad erhalten hatte. Weil er sich nach der Gefangennahme dem „Nationalkomitee Freies Deutschland" und dem antifaschistischen „Bund deutscher Offiziere" anschloß, war der Oberst zu einem Mann ihres Vertrauens geworden. Unter seiner Präsidentschaft gedieh eine mit der sowjetischen Kommandantur abgestimmte Kaderpolitik, die zahlreichen Kommunisten zu Schlüsselpositionen in der neuen Polizei verhalf. Am 23. Juni 1945 wurden die Reviervorsteher angewiesen, „eine Überprüfung aller Polizeianwärter vorzunehmen, um die Durchsetzung der Hegemonie der Arbeiterklasse mit der Gewinnung von bewußten Antifaschisten für die Polizei zu verwirklichen".

Ab Juli 1945 trafen Truppenkontingente der Briten, Amerikaner und Franzosen in Berlin ein. Die bisher alleinige sowjetische Befehlsgewalt wurde ab 10. Juli durch eine Alliierte Kommandantur ersetzt. Formal blieben alle bisherigen Anordnungen des ersten Stadtkommandanten, Oberst Bersarin, in Kraft, aber das politische Klima in der Vier-Sektoren-Stadt nahm ruppige Züge an. Auf engem Territorium gab es nun differierende bis konträre Vorstellungen über den Umgang mit den Besiegten, über Demokratie und Parteienverständnis. Am heftigsten entbrannte der Machtkampf um den Einfluß auf die Berliner Polizei. Im Public-Safety-Komitee der Alliierten Kommandantur ließen die Briten keinen Zweifel aufkommen, daß sie eine Polizeistruktur nach dem Modell der deutschen Polizei von 1932 favorisierten. Auch die Amerikaner ließen erkennen, wer im Haus das Sagen hatte. Am 22. Juli 1945 verhinderte eine amerikanische Militärstreife durch ihr Dazwischentreten eine Razzia auf Falschmünzer und Glücksspieler. Die eingesetzten Kripobeamten wurden festgenommen. Innerhalb weniger Wochen wurden die sechs kommunistischen Inspektionsleiter des amerikanischen Sektors unter dem Vorwand fachlicher Inkompetenz abgelöst und durch Sozialdemokraten oder parteilose Beamte ersetzt.

Am 4. Oktober 1946 setzten die Westmächte die Ernennung von vier Sektoren-Assistenten durch, die, dem Polizeipräsidenten an die Seite gestellt, für die Koordinierung polizeilicher Belange in den jeweiligen Sektoren Verantwortung tragen sollten. In Wahrheit spielten sie schon bald ihr eigenes Spiel, und das ihrer Auftraggeber, so daß sich Markgrafs Machtposition mehr und mehr auf den Ostsektor beschränkte. Im Februar 1947 ordnete die britische Militärregierung die Eröffnung eines Musterreviers für die Ausbildung der Polizeiangehörigen des britischen Sektors in Berlin-Spandau an. Markgraf tobte. Der zuständige Sektor-Assistent Paul Wurm hatte es nicht einmal für nötig gehalten, den Präsidenten von dieser Entwicklung zu unterrichten.

Der endgültige Kurs auf ein Auseinanderbrechen des Polizeiapparates wurde im März 1948 vom amerikanischen Kommandanten Oberst Howley eingeleitet. Er wies seinen Sektor-Assistenten Bruno Bliemeister an, keine Anordnungen des Polizeipräsidenten mehr entgegenzunehmen. Die deutsche Polizei im amerikanischen Sektor habe sich grundsätzlich nach den Befehlen der amerikanischen Administratur zu richten.

In verschiedenen Nacht- und Nebelaktionen versuchten sowohl die Sowjets als auch die westlichen Alliierten polizeiliche Dienststellen, Werkstätten und Versorgungslager in die jeweils eigenen Sektoren umzusiedeln. Das Gerangel um die Währungsreformen in West und Ost, die in diesem Zusammenhang erfolgte Schließung der Grenzen auf östlicher Seite und die von Oberst Howley in Szene gesetzte Luftbrücken-Versorgung lösten den entscheidenden Schub für die Spaltung der Berliner Polizei aus.

Am 6. Juli 1948 wurden größere Polizeiabteilungen aus der sowjetischen Besatzungszone mit Zustimmung Oberst Markgrafs nach Berlin verlegt, um die Kontrollen an den Sektorengrenzen zu verstärken.

Am 15. Juli verkündete Polizeipräsident Markgraf die Entlassung des Kommandeurs der Schutzpolizei Hans Kanig, dessen politische Unzuverlässigkeit er aus Kanigs Sympathiebekundungen für die Westalliierten herleitete. Flugs wurde Markgraf durch Oberbürgermeister Dr. Ferdinand Friedensburg wegen „unsozialer, undemokratischer und undeutscher Haltung" sowie wegen der „fortgesetzten verfassungswidrigen und ungesetzlichen Maßnahmen" vom Polizeidienst suspendiert. Niemand zweifelte, daß die westlichen Besatzungsmächte hinter dieser Weisung standen. Als offizielle Begründung hielt die Behauptung her, während Markgrafs Amtszeit seien mehr als 5000 Menschen aus den Westsektoren verschwunden; zudem habe er mehr als 300 Kommunisten als Polizeibeamte eingesetzt. Dr. Johannes Stumm, der bisherige Leiter der Präsidialabteilung beim Polizeipräsidenten, wurde zu Markgrafs Nachfolger berufen. Nun war Generalmajor Kotikow, der sowjetische Stadtkommandant, am Zug. Noch am gleichen Tage befahl er der amtierenden Oberbürgermeisterin Louise Schröder, Dr. Stumm „wegen spalterischer Tätigkeit" aus dem Polizeidienst zu entlassen.

Am 28. Juli wurde der neue Polizeipräsident von den Westmächten anerkannt. Dr. Stumm hatte seinen Amtssitz bereits vorsorglich aus der Elsässer in die Friesenstraße verlegt. Von hier aus setzte er das Fernschreiben ab: „... ich habe am 28. Juli 1948 die Amtsgeschäfte und Befugnisse des Polizeipräsidenten in Berlin übernommen."

Augenblicklich verfügte der neue Chef der Präsidialabteilung in der Elsässer Straße, Hans Seidel, „Angehörige der unrechtmäßigen westberliner Polizei sofort festzunehmen, falls diese Amtshandlungen im sowjetischen Sektor auszuüben versuchten".

Polizeibeamte, deren politische Auffassungen nicht ins Profil der jeweiligen Seite paßten, wurden in Ost und West entlassen. Das Ostberliner Gewerkschaftsblatt „Tribüne" unterstrich am 3.8.48: „SPALTUNG LEISTET VERBRECHERN VORSCHUB – Genehmigungen und Anordnungen der Friesenstraße ungültig". Als Beamte aus der Friesenstraße wenige Tage später in der Dirck-

Gespaltenes Berlin – günstig für Verbrecher
Dirckſenſtraße gibt wichtige Aufſchlüſſe — Frieſenſtraße ſchweigt

Wenn sich früher ein schwerer Junge dem strafenden Arm der Gerechtigkeit entziehen wollte, mußte er schon über den Ozean fliehen, und selbst dann war er nicht völlig in 'Sicherheit. Heute begibt er sich in den anderen Sektor, um das behagliche Gefühl des Geborgenseins auszukosten. Sind wir aber in Berlin wirklich schon so weit, daß bei der Verfolgung der Verbrecher die rechte Hand der Polizei nicht weiß, was die linke tut, und der Rechtsbrecher bei einem einfachen Sektorenwechsel Asylrecht genießt?

Der Leiter des Fahndungsdienstes in der Dirckſenſtraße führte auf diese Frage etwa folgendes aus:

„Für uns gibt es nur einen rechtmäßigen Polizeipräsidenten, das ist Polizeipräsident Markgraf. Wir arbeiten nicht mit dem illegalen Polizeipräsidium Dr. Stumms in der Friesenstraße zusammen, wohl aber mit den einzelnen Polizeiinspektionen und Kriminalkommissariaten der westlichen Sektoren, soweit diese Zusammenarbeit nicht durch Anordnungen Dr. Stumms gestört oder unmöglich gemacht wird. Seit jeher wurden in Berlin nur die leichteren Fälle örtlich von den Kriminalkommissariaten, die schweren und gewerbsmäßigen Verbrechen und Vergehen zentral von den acht Kriminalinspektionen bearbeitet. Es ist ein Unding, diese Zentralarbeit auf zwei Polizeipräsidien zu verteilen. Dabei weiß man ja dann nie, was ein festgenommener Verbrecher alles auf dem Kerbholz hat. Uns fehlt beispielsweise augenblicklich eine Uebersicht darüber, wieviel Einbrüche es im letzten Monat in den Westsektoren gegeben hat. Von der Zweiteilung profitiert somit das Verbrechertum, den Nachteil haben die Geschädigten und die Allgemeinheit.

Der gesamte Erkennungsdienst, der Fahndungsapparat und andere wichtige Hilfsmittel und Einrichtungen der Kriminalpolizei sind unversehrt in unserer Hand. Die Friesenstraße hat nichts von alledem. Nicht weniger als 88 Anfragen an die Fahndungskartei kamen in einer Woche aus den Westsektoren. Jede Anfrage wird grundsätzlich beantwortet. Wir werden auch den Kriminalkommissariaten im Westen Berlins unsere in dieser Woche herauskommenden Fahndungsbücher, worin alle gesuchten Personen eingetragen sind, übersenden, nicht aber dem Polizeipräsidium in der Friesenstraße. Nur Steglitz und Kreuzberg lehnen bisher die Zusammenarbeit mit uns rundweg ab.

Erschwert wird die Verfolgung der Verbrecher auch dadurch, daß einige westliche Kriminalkommissariate sich grundsätzlich weigern, Festgenommene der Dirckſenſtraße vorzuführen. Ein Schwerverbrecher, auf dessen Konto mehrere Raubüberfälle kommen, ist beispielsweise für uns unerreichbar, weil das Kommissariat Wedding seine Ueber-

führung nach der Dirckſenſtraße ablehnt, obwohl die französische Militärregierung sie offenbar genehmigt hat. Die Auslieferung Verhafteter von Sektor zu Sektor war und ist an die Zustimmung der betreffenden Besatzungsmacht gebunden. Wir unsererseits sind bereit, danach zu handeln.

Nach der Polizeispaltung haben sich vor allem die Schwarzhändler nach dem Westen abgesetzt, wo gegen sie bisher keine ernstlichen Maßnahmen ergriffen wurden. Auch dadurch wird die Kriminalität in Berlin ansteigen. Wir wären durchaus dafür, Schwarzhändler zur nützlichen Arbeit heranzuziehen und auf ihre Kosten etwa den Trümmerfrauen einen bezahlten Urlaub zu geben, aber leider sind uns die Hände in dieser Angelegenheit gebunden, weil der Magistrat geglaubt hat, einer entsprechenden Vorlage seine Zustimmung versagen zu müssen."

Soweit die Dirckſenſtraße. Und was sagt die Friesenstraße? Wir baten die Pressestelle in der Friesenstraß, uns eine Unterredung mit einem der zuständigen Herren zu vermitteln. Wohl ein dutzendmal waren wir an der Telefonstrippe. Nach 48 Stunden mußte uns die Pressestelle mitteilen, daß sie bisher nichts habe erreichen können. Ob und was die Friesenstraße über diese den Berlinern auf den Nägeln brennende Frage zu sagen hat, wissen wir also nicht, uns gegenüber hat man sich jedenfalls nach allen Regeln der Kunst ausgeschwiegen. He

„Der Morgen" vom 19.8.1948. Quelle: Archiv des Autors

senstraße erschienen, um Verwaltungsmaterial abzuholen, wurden sie tatsächlich unter der Beschuldigung des „versuchten Diebstahls" festgesetzt. Der Westberliner „Sozialdemokrat" titelte:

"MARKGRAF LÄSST VERHAFTEN".

Am 1. August wiederholte Dr. Stumm seine nachdrückliche Weisung, daß für alle Berliner Polizeibelange nur das Präsidium in der Friesenstraße zuständig sei. Ein verbissener Kleinkrieg nach dem Motto „Hie Markgraf! — Hie Stumm!" setzte zwischen den verfeindeten Lagern ein. Der Leiter des Fahndungsdienstes in der Dircksenstraße triumphierte am 19.8.48:

Der gesamte Erkennungsdienst, der Fahndungsapparat und andere wichtige Hilfsmittel und Einrichtungen der Kriminalpolizei sind unversehrt in unserer Hand. Die Friesenstraße hat nichts von alledem. Nicht weniger als 88 Anfragen an die Fahndungskartei kamen in einer Woche aus den Westsektoren. Jede Anfrage wird grundsätzlich beantwortet. Wir werden auch den Kriminalkommissariaten im Westen Berlins unsere in dieser Woche herauskommenden Fahndungsbücher, worin alle gesuchten Personen eingetragen sind, übersenden, nicht aber dem Polizeipräsidium in der Friesenstraße. Nur Steglitz und Kreuzberg lehnen bisher die Zusammenarbeit mit uns rundweg ab.

Erschwert wird die Verfolgung der Verbrecher auch dadurch, daß einige westliche Kriminalkommissariate sich grundsätzlich weigern, Festgenommene der Dircksenstraße vorzuführen. Ein Schwerverbrecher, auf dessen Konto mehrere Raubüberfälle kommen, ist beispielsweise für uns unerreichbar, weil das Kommissariat Wedding seine Überführung nach der Dircksenstraße ablehnt, obwohl die französische Militärregierung sie offenbar genehmigt hat. Die Auslieferung Verhafteter von Sektor zu Sektor war und ist an die Zustimmung der betreffenden Besatzungsmacht gebunden.

Eine Anspielung auf Horst Haase, den aus dem Ostsektor stammenden Gangsterchef, der mit einer Bande von 25 Verbrechern in Polizei- und russischen Militäruniformen zahlreiche bewaffnete Raubüberfälle verübt hatte.

Selbst billige Betrüger, wie der sechsundvierzigjährige Günther Brosinsky, wußten die Spaltung zu nutzen. Nachdem es dem Schwindler rechtzeitig gelungen war, sich der drohenden Festnahme im Ostsektor zu entziehen, meldete er sich beim Sozialamt in Spandau und kassierte als „politisch Verfolgter" Bargeld und Lebensmittel.

Als die Ostberliner Polizei am 19. August 1948 gegen 19.00 Uhr zu einer Razzia auf Schwarzhändler am Potsdamer Platz ansetzte, ging ein Hagel von Steinwürfen auf das zahlenmäßig nur

kleine Polizeiaufgebot nieder. Der Polizeioberinspektor Kling-
bein erlitt schwere Kopfverletzungen. Die Steinwürfe verletzten
aber auch Schwarzhändler, die sich bereits in Polizeigewahrsam
befanden. In dieser Notsituation machten die Polizeibeamten von
ihren Schußwaffen Gebrauch. 27 Schüsse fielen, drei Personen
wurden verletzt. Die Meute der Schwarzhändler flutete über die
Sektorengrenze in den Westsektor zurück, wo eine Reihe britischer und amerikanischer Militärjeeps an der Grenzlinie aufgefahren war.

Der „Sozialdemokrat" verstieg sich zu der Schlagzeile
„SCHIESSBEFEHL AN MARKGRAF-POLIZEI / SPONTANE
AUFLEHNUNG DER BERLINER GEGEN OST-POLIZEI AM
POTSDAMER PLATZ!" Oberst Howley, der amerikanische
Stadtkommandant, entdeckte in den Schwarzmarkthyänen vom
Potsdamer Platz sogar „politische Widerstandskämpfer gegen die
SED-Polizei, an deren Spitze nur Kriminelle stünden".

Warnende Töne schlug hingegen das britisch lizenzierte Blatt
„Die Welt" in einem Leitartikel am 24. August an. Es riet dringend, „auf solche Elemente wie Schwarzmarktschieber als Bun-
desbrüder zu verzichten, denn auch in den Westsektoren sei es
früher niemandem eingefallen, in den Razzien gegen Schieber Aktionen mit politischen Hindergründen zu sehen". CDU-Oberbür-
germeister Ferdinand Friedensburg, dem man gewiß keine freund-
schaftlichen Gefühle zur Ostberliner Polizeiführung unterstellen
konnte, mahnte in der Öffentlichkeit „gegen das Schiebertum am
Potsdamer Platz dürfe es nur eine einheitliche Front aller anständigen Bürger geben".

Als der Ostberliner Kripochef, Kriminaldirektor Franz Erdmann, am 22. August eine Boxveranstaltung in der Westberliner
Waldbühne besuchte, wurde er auf Anordnung Dr. Stumms festgenommen. Am 24.8.1948 berichtete die „Berliner Zeitung":

Der Leiter der Berliner Kriminalpolizei, Kriminaldirektor Franz Erdmann, der am Sonntag während einer Boxveranstaltung in der
Waldbühne von Angehörigen der Stumm-Polizei verhaftet worden
war, wurde am Montagmittag wieder freigelassen, da die Vernehmung die Grundlosigkeit seiner Inhaftierung ergab. Wie Erdmann selbst erklärte, habe er bei seiner Vernehmung geltend
gemacht, daß die Festnahme der Stumm-Polizisten, die im sowjetischen Sektor bei unerlaubten Handlungen angetroffen wurden, im Auftrage der zuständigen Besatzungsmacht erfolgt sei.
Es könne ihm daher kein Vorwurf wegen Amtsmißbrauch und

Erdmann wieder entlassen

Leiter der Berliner Kriminalpolizei grundlos inhaftiert

Der Leiter der Berliner Kriminalpolizei, Kriminaldirektor Franz Erdmann, der am Sonntag während einer Boxveranstaltung in der Waldbühne von Angehörigen der Stumm-Polizei verhaftet worden war, wurde am Montagmittag wieder freigelassen, da die Vernehmung die Grundlosigkeit seiner Inhaftierung ergab. Wie Erdmann selbst erklärte, habe er bei seinem Verhör geltend gemacht, daß die Festnahme der Stumm-Polizisten, die im sowjetischen Sektor bei unerlaubten Handlungen angetroffen wurden, im Auftrage der zuständigen Besatzungsmacht erfolgt sei. Es könne ihm daher kein Vorwurf wegen Amtsmißbrauch und Freiheitsberaubung gemacht werden. Daraufhin mußte Dr. Urban, der die Vernehmung im Kriminalgericht Moabit durchführte, die Freilassung Erdmanns anordnen. Der rechtmäßige Polizeipräsident von Berlin, Markgraf, hatte schon am Sonntagabend in einem Fernschreiben der Polizeiinspektion Charlottenburg den Befehl erteilt, Erdmann aus der Haft zu erlassen.

Schwarzhändler ungestört

Die zum britischen und amerikanischen Sektor gehörenden Teile des Potsdamer Platzes boten in den Montagnachmittagstunden das vertraute Bild ungestörten Schwarzhandels. Die Stumm-Polizisten forderten zwar die sich überall bildenden Gruppen ständig zum Weitergehen auf, schritten aber in keinem Fall gegen die mit Fett, Obst und Schokolade handelnden Schieber ein.

Während die sowjetische Militärpolizei ständig die ihr unterstehenden Teile des Platzes kontrolliert und mit Hilfe deutscher Polizisten von Schwarzhändlern freihält, geht die britische oder amerikanische MP gegen das Treiben der Schieber nicht vor. Sie beschränkt sich darauf, mit ihren Funk- und Streifenwagen auf den Nebenstraßen des Potsdamer Platzes herumzustehen. Ein weißgestrichener Zaun an der Ecke zwischen Potsdamer und Bellevuestraße, der rechten Seite der Potsdamer Straße und der Linkstraße zeigt jetzt die Grenze des britischen Sektors an.

„Berliner Zeitung" vom 24.8.1948. Quelle: Archiv des Autors

Freiheitsberaubung gemacht werden. Daraufhin mußte Dr. Urban, der die Vernehmung im Amtsgericht Moabit durchführte, die Freilassung Erdmanns anordnen. Der rechtmäßige Polizeipräsident von Berlin, Markgraf, hatte schon am Sonntagabend in einem Fernschreiben der Polizeiinspektion Charlottenburg den Befehl erteilt, Erdmann aus der Haft zu entlassen.

Der Alleinvertretungsanspruch, den beide Polizeipräsidien mit ungeminderter Heftigkeit pflegten, anhaltender Kompetenzstreit und die Verweigerungspraktiken beider Seiten nahmen groteske Züge an. Ein Zustand, den die „Tribüne" mit dem Satz „GUTE ZEITEN FÜR VERBRECHER" beschrieb. Selbst die Kinder auf den Straßen vergaßen das Spiel vom „Räuber und Schandarm", um als „Stumm- und Markgraf-Polizisten" übereinander herzufallen.

Unter dem Druck der Öffentlichkeit keimte endlich so etwas wie Vernunft auf. Briten und Amerikaner sicherten ihre Sektorengrenzen am Potsdamer Platz mit einem Drahtzaun ab. Am 25. August erklärten die Polizeikommandos in Ost und West ihre

Bereitschaft, einen gemeinsamen kriminalpolizeilichen Dienst aufrechtzuerhalten. Doch an Versuchen, den Status quo zu unterhöhlen, mangelte es auch in Zukunft nicht.

Die Beratung beim Chef der Mordinspektion in der Dircksenstraße ging zu Ende. Die Berliner Kriminalisten akzeptierten die These von dem Mörderpärchen, dessen Spuren nach Berlin führten. Man kam überein, daß die Mordsache zunächst in der Federführung des für den Tatort zuständigen Kriminalamtes Eberswalde verbleiben sollte. Kriminalinspektor Schüttau würde das Umfeld der Familie Lemke in Berlin unter die Lupe nehmen und bei den Kriminalkommissariaten Wilmersdorf und Charlottenburg um Amtshilfe ersuchen.

Ohne allzu große Eile kletterte Kriminalinspektor Max Schüttau am Samstagvormittag die Stufen zur Unterwelt des Berliner Alexanderplatzes hinab. Fahrgäste drängten auf allen Treppen des in mehreren Ebenen übereinanderliegenden U-Bahnhofes. Schüt-

Hans Kanig (links) und Kripochef Franz Erdmann.
Quelle: Archiv des Autors

277

tau ließ sich von der Hektik nicht anstecken. Das Labyrinth der Bahnsteige, der Zwischenpodeste und Ladenzeilen, der Auf- und Abgänge zur S-Bahn und zu den Straßenbahnen, die über das Rondell des Alexanderplatzes kurvten, konnte ihn nicht irritieren. Max Schüttau war in dieser Stadt aufgewachsen. Dreiundvierzig Jahre war er jetzt alt. Er hatte den Krieg und die Gefangenschaft überlebt. Lange hatte er am Tag seiner Heimkehr vor den Trümmern des Hauses verharrt, unter dem seine Familie verschüttet lag. Am 2. Januar 1946 trat er dem Berliner Polizeiapparat bei. Schüttau wurde Kriminalanwärter in der Inspektion M, die für die Bearbeitung aller Kapitalverbrechen verantwortlich zeichnete. Bis über die Ohren vergrub er sich in seiner Arbeit, sog sie gleichsam wie eine Droge auf. Und Arbeit gab es im Nachkriegsberlin in Hülle und Fülle. Ein Jahr später wurde er, mehrere Dienstgrade auf Anhieb überspringend, zum Obersekretär befördert. Seit dem 1. Juli 1947 war er Kriminalinspektor.

Die U-Bahn nach Pankow rauschte in die graublau geflieste Halle des Bahnsteiges A. Schüttau stieg in den letzten Waggon und blieb in der Nähe der Tür stehen. Nach der Station Senefelder Platz schoß der Zug ins Tageslicht empor. Vier Minuten später verließ Schüttau, in seinen dunkelgrünen Lodenmantel gehüllt, den U-Bahnhof an der Schönhauser Allee. Ein unangenehmer Wind trieb ihm den Straßenstaub ins Gesicht.

Die backsteinrote Mietskaserne mit der Hausnummer 115 lag nahe am Bahnhof. Schüttau brauchte nur den Damm zu überqueren, und er stand vor „Schokoladen-Lemkes" Schaufensterauslage, die mit Keksrollen und farbigen Bonbontüten bestückt war. Der Kriminalinspektor betrat das Geschäft. Hinter dem Verkaufstisch bediente eine ältere Verkäuferin freundlich die Kunden. Ihre jüngere Kollegin ging im Hintergrund einer dunkelhaarigen Mittdreißigerin bei der Kontrolle des Wareneingangs zur Hand. Die schwarze Kleidung der Frau erweckte in Schüttau die Gewißheit, daß er Elisabeth Lemke vor sich hatte. Ohne Zweifel wirkte sie elegant, vielleicht sogar schon mit einem Stich ins Mondäne. Der arrogante Tonfall, in dem sie mit ihren Angestellten umsprang, sprach für Schüttau Bände. Blitzschnell änderte der Inspektor seinen Plan. Er ließ die Dienstmarke stecken, verlangte mit der harmlosesten Miene der Welt eine Tafel Vitalade, bezahlte und ging.

Gute zwei Stunden mußte Schüttau sich noch gedulden, bis die Rollos der Filiale heruntersausten. Frau Lemke und ihre beiden

Angestellten erschienen auf der Straße. Während die Witwe das Geschäft abschloß und danach zum S-Bahnhof stöckelte, trennten sich die beiden Verkäuferinnen an der Straßenbahnhaltestelle. Der Inspektor blieb der älteren Frau auf den Fersen, die zur Gleimstraße lief. Sie mochte in seinem Alter sein und schleppte eine schwere Einkaufstasche. An der Ecke Sonnenburger Straße holte er die Verkäuferin ein. Schüttau tippte mit der Hand an den Hutrand. Die Frau reagierte erwartungsgemäß. „Sie sind doch der Kunde, der vorhin im Geschäft war und Vitalade gekauft hat? Stimmt etwas nicht?"

„Nehmen Sie's mir nicht übel, daß ich Sie so einfach auf der Straße überfalle", entschuldigte sich der Inspektor. „Mein Name ist Schüttau. Genauer gesagt, Kriminalinspektor Schüttau von der Kripo in der Dircksenstraße." Er zückte seine Blechmarke. „Mir scheint, mit Ihrer Chefin haben Sie's nicht immer leicht. Ist ein bißchen schwierig die Dame, wie?"

„Wer hat's denn heutzutage schon leicht?" erwiderte die Verkäuferin zurückhaltend.

„Eben." stimmte Schüttau zu. „Deshalb habe ich mir ja auch gedacht, ich rede lieber auf der Straße mit Ihnen. Wenn Sie gestatten, ich begleite Sie ein Stück." Er griff nach ihrer Tasche. „Oder wartet daheim ein eifersüchtiger Ehemann?"

„Mein Mann is an der Ostfront jefallen. Zweiundvierzich schon", antwortete sie kühl. „Auf mich warten bloß noch die drei Kinder. Ick wohne inne Schwedter. Was woll'n Sie'n eigentlich fragen, Herr Inspektor. Ick weeß ja sowieso nischt."

„Mich würde interessieren, wie die Lemkes so miteinander ausgekommen sind? Es ist doch kein Geheimnis, daß Heinrich Lemke ein paar Jährchen älter war als seine Frau."

„Ach wissen Sie, Herr Lemke ließ sich nur selten inne Schönhauser blicken. Det Jeschäft wird von ihr jeführt. Dafür kümmerte er sich um die Filialen im Westsektor. Und was det Verhältnis von die Eheleute betrifft ..." Sie druckste herum. „Wer will da schon richten?"

„Sie sind doch eine lebenserfahrene Frau. Das eine oder andere haben Sie im Geschäft bestimmt mitgehört. Ich vermute, es gab Streit zwischen den Eheleuten, richtig?"

Die Verkäuferin nickte. „Jekracht hat's bei denen öfter. Das liebe Geld, Sie wissen ja."

„Soviel ich weiß, war Herr Lemke ein erfolgreicher Geschäftsmann."

„Das schon. Aber knickerich ooch."

„Verstehe. Die Klage ist der Gruß des Geschäftsmannes."

„Das könn' Se laut sagen, Herr Inspektor. Aber auch sonst hat's manchmal bei die beeden jerappelt. Der Chef soll ja, als die Frau Lemke vor'n halbet Jahr in't Spital lag, 'n Techtelmechtel mit 'ner Tänzerin aus'n Palast-Theater anjefangen haben. Die Chefin hat janz schön jetobt, als sie dahinter kam."

„Sie hat sich nicht revanchiert?"

„Nischt jenauet weiß man nich." Die Verkäuferin, inzwischen voller Mitteilungsdrang, lächelte spöttisch. „Unjefähr acht Wochen is' das her, da kam ein junger Mann ins Jeschäft und kaufte, wie Sie Herr Inspektor, 'ne Tafel Vitalade. Die Chefin hat ihn höchstpersönlich bedient. Und plötzlich, mir blieb da fast die Spucke weg, war'n doch die beeden dicke Tinte. Zuletzt verjing keen Tach mehr, wo dieser Kerl nich ins Jeschäft kam."

„Sie glauben, die beiden haben ein Verhältnis?"

„Kann man doch verstehn. Is 'n stattlicher Mann, der Herr Petgen. Groß und schlank. Breite Schultern, dunkles Haar und graublaue Augen. 'ne Frau kann da schon mal schwach werden, Herr Inspektor." Schüttau hörte einen unterdrückten Seufzer heraus. „Offiziell sagt man ,Herr Petgen' und ,Frau Lemke' zueinander, aber wenn die glauben alleine zu sein, heißt er ,Karli' und sie ,Lieschen'."

Karl Petgen also, dachte Schüttau zufrieden, während er Namen und Personenbeschreibung in seinem Gedächtnis speicherte. Der Inspektor kniff ironisch die Augen zusammen. „Herr Lemke hat die Bekanntschaft stillschweigend hingenommen?"

„Das weiß ick nu wirklich nich, Herr Inspektor. Schön' Dank auch für Ihre Begleitung. In dem Haus da drüben wohne ick." Sie griff nach der Einkaufstasche. „Übrigens, wenn Sie wieder mal Zeit haben, könn' Se mir ruhig von't Jeschäft abholen. Sie sind doch auch Witwer, wie ick sehe."

„Wie kommen Sie denn darauf?" stotterte Max Schüttau verblüfft. Auf die unverhüllten Avancen des weiblichen Geschlechts, die in den Nachkriegsjahren durchaus keine Seltenheit waren, reagierte der Kriminalinspektor stets hilflos.

„Ihr Hemd hat 'n Brandfleck am Kragen. So ungeschickt stellt sich doch nur 'n Junggeselle beim Bügeln an."

Am 19. Oktober 1948 geriet der Mordfall Lemke in die Schlagzeilen der Berliner Presse. Der „Telegraf" berichtete auf Seite 5:

Ein geheimnisvoller Mord

Die Kriminalpolizei in der Ostzone beschäftigt sich mit einem geheimnisvollen Fall, dessen Begleitumstände Aufsehen erregen dürften. Der Berliner Grundstücks- und Hausbesitzer Lemke vom Kronprinzendamm 9 erhielt vor etwa acht Tagen von einem Rechtsanwalt aus Angermünde einen Brief mit der Aufforderung, dorthin zu kommen. Er habe im Auftrage eines in England weilenden Mandanten mit ihm Verhandlungen zu führen. Da der Grundstücksbesitzer Lemke jüdischen Besitz im Jahre 1934 käuflich erworben hatte, schien ihm diese Aufforderung nicht verwunderlich, zumal ja die Möglichkeit bestand, daß der Rechtsanwalt in Angermünde noch andere Aufträge auszuführen hatte. Herr Lemke fuhr nach Angermünde und traf dort am 10. Oktober fahrplanmäßig um 19.15 Uhr ein. Er ging in das in der Nähe gelegene Hotel und fragte nach dem Rechtsanwalt. Dieser war noch nicht zugegen, und so verließ er das Hotel wieder.

Was in der kommenden dreiviertel Stunde geschah, hüllt sich in Dunkel. Um 20 Uhr betrat Lemke in Begleitung einer elegant gekleideten Frau das Hotel. Beide übernachteten hier. Am nächsten Morgen verließ die Frau in aller Ruhe das Hotel, nicht ohne sich vorher von dem Portier Feuer für eine Zigarette geben zu lassen. Einige Minuten später fand das Zimmermädchen in dem von den beiden Gästen gemieteten Zimmer den Mann tot in einer Blutlache liegend auf. Die herbeigerufene Mordkommission stellte fest, daß Lemke mit einem Beil erschlagen worden war. Ein Brillantring, die Brieftasche sowie eine Aktentasche mit wichtigen Papieren, unter denen sich auch die Kaufverträge befanden, waren entwendet worden.

Von der Frau, in der man die Täterin vermutet, ist außer einer eingehenden Personalbeschreibung nichts bekannt. Ebenso konnte nicht festgestellt werden, wohin sie sich gewandt hat. Die Ermittlungen der Angermünder Kriminalpolizei verlaufen seit einer Woche ergebnislos.

„Telegraf" vom 19.10.1948. Quelle: Archiv des Autors

EIN GEHEIMNISVOLLER MORD

Die Kriminalpolizei in der Ostzone beschäftigt sich mit einem geheimnisvollen Fall, dessen Begleitumstände Aufsehen erregen dürften. Der Berliner Grundstücks- und Hausbesitzer Lemke vom Kronprinzendamm 9 erhielt vor etwa acht Tagen von einem Rechtsanwalt aus Angermünde einen Brief mit der Aufforderung, dorthin zu kommen. Er habe im Auftrag eines in England weilenden Mandanten Verhandlungen mit ihm zu führen. Da der Grundstückbesitzer Lemke jüdischen Besitz im Jahre 1934 käuflich erworben hatte, schien ihm diese Aufforderung nicht verwunderlich, zumal ja die Möglichkeit bestand, daß der Rechtsanwalt in Angermünde noch andere Aufträge auszuführen hatte. Herr Lemke fuhr nach Angermünde und traf dort am 10. Oktober fahrplanmäßig um 19.15 Uhr ein. Er ging in das in der Nähe gelegene Hotel und fragte nach dem Rechtsanwalt. Dieser war noch nicht zugegen, und so verließ er das Hotel wieder.

Was in der kommenden dreiviertel Stunde geschah, hüllt sich in Dunkel. Um 20 Uhr betrat Lemke in Begleitung einer elegant gekleideten Frau das Hotel. Beide übernachteten hier. Am nächsten Morgen verließ die Frau in aller Ruhe das Hotel, nicht ohne sich vorher von dem Portier Feuer für eine Zigarette geben zu lassen. Einige Minuten später fand das Zimmermädchen in dem von den beiden Gästen gemieteten Zimmer den Mann tot in einer Blutlache liegend auf. Die herbeigerufene Mordkommission stellte fest, daß Lemke mit einem Beil erschlagen worden war. Ein Brillantring, die Brieftasche sowie eine Aktentasche mit wichtigen Papieren, unter denen sich auch die Kaufverträge befanden, waren entwendet worden.

Von der Frau, in der man die Täterin vermutet, ist außer einer eingehenden Personalbeschreibung nichts bekannt. Ebenso konnte nicht festgestellt werden, wohin sie sich gewandt hat. Die Ermittlungen der Angermünder Kriminalpolizei verlaufen seit einer Woche ergebnislos.

Max Schüttau hielt, wie die meisten Kriminalisten, herzlich wenig von solchen Pressemeldungen. Zwar bejahte er das Recht der Öffentlichkeit auf eine unzensierte Informationspolitik, doch nichts fürchtete er mehr, als die Wichtigtuerei emsiger Amateurdetektive, die mit ihren zahllosen „Hinweisen" der Kripo das Leben schwer machten. Mit grimmiger Miene quittierte er daher am 20. Oktober in der Pressestelle des Ostberliner Polizeipräsidiums weitere Zeitungsausschnitte, die der zuständige Referent Johannes Malik für ihn bereithielt.

Unter dem Titel „IN ANGERMÜNDE ERMORDET" meldete nun auch „Der Tagesspiegel" die wichtigsten Tatumstände des Verbrechens und fügte hinzu, daß in der Pressestelle des Polizeipräsidiums Friesenstraße zu erfahren gewesen sei, daß die Charlottenburger Kriminalpolizei eine Untersuchung des Falles aufgenommen habe.

Wenigstens etwas, knurrte Schüttau, der erst über die Presse erfuhr, welche Reaktionen sein Amtshilfeersuchen bei der Westberliner Kripo ausgelöst hatte.

Auch die „Märkische Volksstimme", die führende Tageszeitung im Land Brandenburg, meldete sich zu Wort. Neun Tage nach dem blutigen Geschehen erschien dieser Bericht:

GEHEIMNISVOLLER MORD IN ANGERMÜNDE

Wie erst jetzt bekannt wird, wurde der Berliner Grundstücks- und Hausbesitzer Lemke in der Nacht zum 11. Oktober im Hotel „Zu den Reichshallen" in Angermünde mit zertrümmerter Schädeldecke ermordet aufgefunden.

Von zuständiger Stelle wird mitgeteilt, daß Lemke am Sonntag, dem 10. Oktober, im Laufe des Abends in Angermünde eintraf. Vorher hatte eine bisher unbekannte, elegant gekleidete Dame im Hotel „Zu den Reichshallen" ein Zimmer bestellt, das sie gegen 20 Uhr in Begleitung vom Lemke betrat. Beide übernachteten im Hotel. Als eine Angestellte des Hotels das Zimmer von Lemke am nächsten Morgen reinigen wollte, fand sie die Tür verschlossen. Auf wiederholtes Klopfen wurde ihr nicht geöffnet.

Nachher wurde Lemke mit zertrümmerter Schädeldecke, in einer großen Blutlache auf einem Sofa liegend, aufgefunden. Von der herbeigerufenen Mordkommission wurde festgestellt, daß dem Ermordeten eine Brieftasche und ein Brillantring geraubt worden waren.

Nach den Aussagen der Besitzerin des Hotels sind die massiven Möbel im Mordzimmer umgestellt worden. Es besteht der Verdacht, daß außer der unbekannten Dame sich noch weitere Personen zur Zeit der Mordtat im Zimmer aufhielten. Die unbekannte Dame hatte das Hotel in den frühen Morgenstunden des 11. Oktober verlassen. Die Ermittlungen sind noch im Gange.

Der Inspektor heftete die Presseausschnitte in einen dünnen Aktendeckel, den er für die „Mordsache Lemke" angelegt hatte. Nicht im entferntesten kam es ihm in den Sinn, daß ausgerechnet die ungeliebten Presseheinis zu seinen Verbündeten werden sollten.

Kurz nach dreizehn Uhr. Max Schüttau hatte sich gerade mit einer Tasse heißen Huflattichtee und einer hauchdünnen Scheibe Schwarzbrot gestärkt, als der Hausposten einen Mann ins Zimmer führte, der eine wichtige Aussage machen wollte. Der Zeuge mochte zwischen dreißig und vierzig Jahre alt sein, klein und vor allem sehr mager. Er trug Breeches, Ledergamaschen und eine zerknitterte Lederoljacke.

„Ick heiße Harry Heisig und bin Taxifahrer am Alex", sagte der Besucher zögernd. „Ick denke, ick kann Ihnen mit ein' Hinweis zu dem Mord an den Jeschäftsmann, Herrn Lemke, behilflich sein. Ick habe dette hier jelesen." Er zog die gestrige Ausgabe des „Telegraf" aus der Tasche und wies auf die Schlagzeile „EIN GEHEIMNISVOLLER MORD".

Schüttau nickte lustlos, innerlich gewappnet auf die Mär, die er wohl gleich hören würde, warf er einen Blick in Heisigs Kennkarte.

„Damit keen Mißverständnis uffkommt, Herr Inspektor, will ick Ihnen jleich sagen, det ick vorbestraft bin. Ich hab 'n paar Monate wejen Schwarzhandel in Moabit abgerissen. Ick saß dort mit een jewissen Karl-Heinz Petgen inne Zelle. Und der hat mir ja nu seit un-sre Entlassung öfta ma besucht."

Als der Namen Petgen fiel, horchte Schüttau auf. „Bitte, erzählen Sie nur weiter", ermunterte er den Taxifahrer.

„Icke bin keen Typ, der andere so mir nischt, dir nischt verzinken tut. Det is nich mein Stil, vastehn Se. Aber bei Mord hört die Freundschaft auf. Also kurz und jut – vor vierzehn Tagen kam der Karl-Heinz zu mir und sagte, ick solle mit ihm nach Angermünde fahren. Er hätte 'n jutes Jeschäft abzuschließen. Es gehe um einen Hauskauf. Wenn ick ihn fahre, würde es mein Schade nich sein. In Angermünde is Petgen aber bloß uff't Postamt jewesen und hat een Brief abstempeln lassen. Denn jings wieder retour nach Berlin."

„Und für wen war der Brief bestimmt?"

„Ick war ja nicht dabei, als der abgestempelt wurde. Petgen hatte mir in't Hotel ,Drei Kronen' geschickt, wo ick 'n Zimmer für ein' Rechtsanwalt bestellen sollte, der am Sonntach dort übernachten wollte. Vorbestellung wäre aber nich nötich, hatte der Portje jemeint."

Schüttau zweifelte nun nicht mehr, daß die Spur Petgen heiß war. „Kannte Petgen sich in Angermünde aus?" fragte er.

„Nee, jar nich. Der stammt doch aus Braunschweig. Wejen Angermünde hat er meine Braut jefragt, die manchmal Verwandte am Parsteiner See besucht. Und noch was, Herr Inspektor. Als wir wieda in Berlin war'n und durch die Schönhausa jefahrn sind – ick wohn da jleich um die Ecke – sagt doch der Petgen an den Schokoladenladen von Lemke: ‚Det is bald meiner!' – Na, wie finden Sie'n dette?"

„Sie vermuten, Karl-Heinz Petgen hat mit dem Verbrechen zu tun?"

„Wo der doch so intim mit die Frau Lemke is."

„An welchem Tag fand denn die Fahrt nach Angermünde statt?"

„Jenau am Donnastag, den siehmten Oktoba!"

„Und eine zweite Fahrt?"

„Keene Ahnung. Jedenfalls nich mit mir, Herr Inspektor. Ick weeß aber, det Petgen zu meine Mutta jesagt hat, daß er am Wochenende in die Zone fahren wollte, um Vieh aufzukaufen."

Heisigs Aussage wurde zu Protokoll genommen. Nachdem Schüttau den Kraftfahrer verabschiedet hatte, trabte er zum Erkennungsdienst. Der Sachbearbeiter, der die Beschuldigtenkartei in der Aktenhaltung betreute, wurde fündig. Unter dem Namen Karl-Heinz Petgen, geboren am 22.4.1925 in Hamburg, fand sich eine Karteikarte, die ein Kollege der Inspektion B im Frühjahr 1947 angelegt hatte. Petgen war durch Urteile des Landgerichtes Berlin wegen Untreue und des Schöffengerichtes Berlin-Zehlendorf wegen Urkundenfälschung und mittelbarer Falschbeurkundung in mehreren Fällen zu einer Gesamtstrafe von siebzehneinhalb Monaten Gefängnis verurteilt worden. Termin der Haftentlassung: 13.8.1948. Vom Urkundenfälscher zum Mörder, sinnierte Schüttau. Eine steile, aber völlig untypische Karriere. Kunden der Betrugsinspektion scheuen in der Regel vor Gewalttaten zurück. Zweifel stellten sich bei dem Inspektor ein, ob er auch das richtige Ende des Fadens in den Händen hielt. Aus Erfahrung wußte er: der Krieg hatte viele Menschen verroht, er hatte junge Männer zu Soldaten, mitunter aber auch zu Mördern und Totschlägern werden lassen. In Zeiten der Not und des Hungers verkümmert die bürgerliche Moral. Ein Menschenleben galt, wie die Mordstatistik bewies, noch immer verdammt wenig.

Entschlossen steckte Schüttau die Karteikarte ein. In sein Zimmer zurückgekehrt, bat er um einen Vortragstermin bei Kriminalrat Schläwicke. Der Chef billigte ihm eine viertel Stunde zu. „Konnten Sie feststellen, wo Petgen wohnhaft ist?" wollte er wissen.

„Dahlem. Schützallee 98 b."

„Amerikanischen Sektor also. Da haben wir nichts zu melden, Kollege Schüttau. Uns bleibt keine Wahl, setzen Sie ein Fernschreiben an die Friesenstraße ab!"

Friesenstraße 16, die Adresse des neuen Polizeipräsidiums in Berlin-Kreuzberg, gehörte zu einem grauen Kasernenbau, der vor einem dreiviertel Jahrhundert von den preußischen Garde-Kürassieren mit wehenden Fahnen und klingendem Spiel eingeweiht worden war. Seit dem 28. Juli 1948 diente er allen Beamten als Hauptquartier, die Dr. Stumms Aufruf im Rundfunksender RIAS gefolgt waren, sich „als verfassungstreue Polizeibeamte" in der Friesenstraße registrieren zu lassen. Neben dem Gerangel um Posten und Gehälter galt es technische und arbeitsorganisatorische Probleme im neuen Präsidium zu bewältigen. Schreibmaschinen und Telefonanlagen hatten Seltenheitswert in dem spärlich möblierten Militärgebäude. Gartenstühle und Tische ersetzten in den ersten Wochen die fehlenden Büromöbel. Im Zimmer der Mordkommission begnügten sich die Beamten Menzel und Dahlke mit einem umgekippten Wehrmachtsschrank, den sie als Tisch und Sitzgelegenheit zugleich nutzten. Erst Ende August flogen britische Militärmaschinen Büromöbel für die Westberliner Polizei aus Westdeutschland und England ein. Der neue Polizeiapparat in der Friesenstraße stabilisierte sich. Schon nach wenigen Wochen konnte die Kripo auf einen leistungsfähigen Erkennungsdienst verweisen. Die mit Arbeit überhäufte Mordkommission unter Kommissar Menzel hatte erste Erfolge.

Der Chef der Mordkommission nahm das Fernschreiben aus der Dircksenstraße mit gemischten Gefühlen zur Kenntnis. Schläwicke und Schüttau waren noch vor wenigen Wochen seine Kollegen gewesen, jetzt standen sie auf verschiedenen Seiten einer Barrikade. Mit der Bemerkung „Sehen Sie mal zu, ob an der Sache was dran ist", übergab er das Fernschreiben einem jungen Kriminalsekretär. „Vielleicht können Sie sich dabei den ‚Obersekretär' verdienen."

Der junge Beamte ging mit Feuereifer ans Werk. Am Freitag, dem 22. Oktober, ließ er Karl-Heinz Petgen in der Friesenstraße vorführen. Selbstsicher nahm der sportlich wirkende Mann, der als Berufsbezeichnung Spediteur zu Protokoll gab, auf dem wackligen Gartenstuhl Platz. Mit gelangweilter Miene beantwortete er alle Fragen, die man ihm stellte. Selbstverständlich, die Familie Lemke kenne er; immerhin darf er sich als einen guten Freund des Hauses bezeichnen. Und gerade jetzt, nachdem Heinrich Lemke auf so heimtückische Weise in die russische Zone gelockt und getötet worden sei, betrachte er es gewissermaßen als seine Pflicht, der Witwe moralisch beizustehen. Ob er intime Beziehung zu Frau Lemke pflege? Um Gottes willen, was denke man von ihm, Frau Lemke sei zwölf Jahre älter als er. Und was andere Leute hinter ihrem Rücken tuscheln, interessiere ihn nicht.

Wo er am Abend des 10. Oktober gewesen sei? Er wisse schon, am Mordtag?

Nervös fuhr Petgen mit der Hand durch seinen welligen dunklen Haarschopf. Wieso ausgerechnet er ein Alibi erbringen müsse? empörte er sich. Warum man ihn verdächtige, wollte er von dem Kriminalsekretär wissen.

„Routinebefragung", erklärte der Beamte stur.

Petgen gab schließlich nach. „Am Sonntag war ich mit meiner Wirtin im Kino." Er nannte das Lichtspielhaus und den Titel des Films, den sie gesehen hatten. „Die Eintrittskarten habe ich weggeworfen."

Frau Kurtz, eine ansehnliche Frau um die Vierzig, wurde geholt. Ohne lange zu überlegen bestätigte sie Petgens Alibi. Von einer Beziehung ihres Untermieters, der seit dem 19. August in ihrem Hause wohne, zu einer Frau Lemke sei ihr nichts bekannt. Herr Petgen stamme doch – soweit sie es wisse – aus Braunschweig. Er ist erst kürzlich nach Berlin gekommen, um sich eine neue Existenz aufzubauen.

Zuletzt wurde Frau Lemke ins Präsidium gebracht. Entrüstet wies sie die Möglichkeit einer Liaison mit Herrn Petgen weit von sich. Sie finde es beschämend, daß man die Ehre einer verwitweten Geschäftsfrau auf so billige Weise in den Schmutz zu treten versuche. Den Verdacht, daß Herr Petgen den Mord an ihrem Mann begangen haben könnte, bezeichnete sie als völlig absurd.

„Da haben wir, scheint's, mit Zitronen gehandelt", kommentierte Kommissar Menzel den Bericht des Kriminalsekretärs. „Auf die Beförderung müssen Sie halt noch ein bißchen warten." Dann unterschrieb er das Fernschreiben, das noch am gleichen Abend das Morddezernat in der Dircksenstraße erreichte:

+++petgen machte bei seiner vernehmung einen offenen eindruck + seine angaben machte er klar und bestimmt + ein widerspruch zwischen seinen angaben und dem bisherigen ermittlungsergebnis konnte nicht festgestellt werden + für den tattag und auch für die tage zuvor konnte d. ein einwandfreies alibi nachweisen + der anfängliche verdacht, dass d. evtl. in die mordsache verwickelt sein könnte, lässt sich nach seiner überprüfung nicht mehr aufrecht erhalten und demzufolge scheidet er aus dem kreis der verdächtigen aus.+++

Ungläubig starrte Inspektor Schüttau auf den Text. Das kann doch nicht wahr sein, dachte er frustriert. Sind die denn völlig mit Blindheit geschlagen? Da hatte er der Friesenstraße den Schlüssel zur Aufklärung eines Mordfalles geliefert, aber die Herren Kollegen ließen den Hauptverdächtigen von der Leine. Weil Petgen ihnen ein Alibi anbot – ein überaus windiges –, ließen sie sich die Butter vom Brot nehmen. Der Inspektor trat zum Fenster, er bezwang seine Erregung. Wenn die Friesenstraße den Mörder nicht überführen konnte, dann mußte er es selbst versuchen. Dazu brauchte er natürlich Karl-Heinz Petgen. Die Chancen, den Verdächtigen doch noch in die Hände zu bekommen, standen gar nicht so schlecht. Petgen würde Heisig zur Rede stellen wollen. Das bedeutete, daß er in der Wohnung des Kraftfahrers auftauchen würde. Auch hatte Heisig in der Vernehmung zwei, drei weitere Adressen im Ostsektor genannt, die Karl-Heinz Petgen aufsuchte.

Der Leiter des Fahndungsdienstes, ein mittelgroßer untersetzter Mann, der Knickerbocker und ein sportliches Sacko trug, reagierte auf Schüttaus Ansinnen mit dem üblichen Gebarme um die allerorts fehlenden Leute. Letzten Endes rückte er doch eine Handvoll Beamte für die Wohnungsüberwachungen heraus. Schüttau händigte ihnen die Fahndungsfotos aus, die er beim Erkennungsdienst besorgt hatte, und er wies die Leute vor Ort in ihre Aufgaben ein.

Der Taxifahrer wurde blaß, als der Inspektor ihn über die jüngste Entwicklung des Falles ins Bild setzte. Im stillen verfluchte er, daß er sich von seiner Braut hatte beeinflussen lassen und als Zeuge zur Dircksenstraße gegangen war. Petgen war ein rabiates Aas, dem war es zuzutrauen, daß er sich rächen wollte. Heisig sah schließlich ein, daß zwei Polizeibeamte in seiner Wohnung den sichersten Schutz bieten konnten.

Weitere Fahndungsfotos ließ Schüttau an die Polizeiposten an den Sektorengrenzen verteilen. Dann setzte er sich mit der Mordkommission Eberswalde in Verbindung. Er kündigte einen Motorradkurier an, der Täterlichtbilder überbringen würde. Sie sollten auf dem Postamt in Angermünde und bei den Eisenbahnern vorgelegt werden.

Die rastlosen Aktivitäten gaben Max Schüttau die gute Laune zurück. An die Grenze der Euphorie geriet er vollends, als er am Sonntagmorgen von einem Boten des Polizeipräsidiums geweckt wurde, der ihm die Festnahme Karl-Heinz Petgens mitteilte.

Am Samstag hatte Petgen gegen 21 Uhr an Heisigs Wohnungstür geschellt. Die beiden Kriminalbeamten und der Taxifahrer, die sich die Zeit beim Skat in der Küche vertrieben, ließen die Kartenblätter fallen. Während die Beamten ihre Waffen zückten und auf leisen Sohlen zur Korridortür schlichen, wo sie links und rechts Aufstellung nahmen, fragte Heisig, wer draußen sei.

„Ich, Karl-Heinz. Mach endlich auf, du Idiot!"

Kreidebleich nickte der Taxifahrer den Beamten zu. Dann öffnete er, wie abgesprochen, die Tür und trat rasch einen Schritt zurück.

Petgen stürmte über die Schwelle. „Du elendes Schwein!" zischte er durch die Zähne und blieb abrupt vor zwei Pistolenmündungen stehen, die unverrückbar auf seinen Bauch zielten.

Am Sonntagnachmittag saßen sie sich zum ersten Mal gegenüber – der dreiundvierzigjährige Kriminalinspektor Max Schüttau und der schlanke, dunkelhaarige Bursche, den Schüttau für Lemkes Mörder hielt. Die Figur des jungen Mannes wirkte straff und elastisch. Eine hohe Stirn, die Nase ein wenig gebogen und die Augen klar. Beim ersten Hinsehen nicht einmal unsympathisch, dachte der Inspektor. Petgen gab sich herrisch. Den Kriminalinspektor von oben bis unten musternd, fragte er grantig: „Ich kenne Sie nicht. Wer sind Sie und was wollen Sie von mir?"

Schüttau grinste spöttisch. „Der Mann, der Ihre Festnahme veranlaßt hat. Mein Name ist Inspektor Schüttau."

„Menschenraub!" schrie Petgen wütend. „Ich werde mich über die Presse an die Öffentlichkeit wenden. Die Sache wird ein Nachspiel für Sie haben!"

„Das einzige, was ich Ihnen garantieren kann, ist ein Haftantrag beim Untersuchungsrichter." Ganz ruhig sagte Schüttau das zu seinem Gegenüber.

„Ich habe keine Zeit für solchen Irrsinn. Ich habe Geschäftstermine wahrzunehmen. Sollten sie platzen, mache ich Sie für den Schaden haftbar!"

„Sie werden sich die Zeit nehmen müssen!" konterte der Inspektor. „Weil Sie im Verdacht stehen, den Kaufmann Heinrich Lemke in Angermünde getötet zu haben!"

„Herrgottnochmal, ich bin doch schon in der Friesenstraße zu dieser Sache gehört worden. Für die Mordzeit habe ich ein Alibi! Ich war mit meiner Wirtin im Kino. Lassen Sie sich das von der Westkripo bestätigen!"

Das Gesicht eines Biedermannes, hinter dem sich eine Spur von Raubtiermentalität verbirgt, ging es Schüttau durch den Sinn. „Und was hatten Sie am siebenten Oktober, also drei Tage vor der Mordtat, in Angermünde zu tun?"

„Ich war noch nie in Angermünde!"

„Mir liegt die exakte Aussage des Zeugen Harry Heisig vor …"

„Der Kerl ist ein Spinner! Geht das in Ihren vernagelten Schädel nicht rein, Inspektor?"

Max Schüttau zwang sich zur Ruhe, obwohl er am liebsten aufgesprungen wäre, um den unverschämten Kerl über den Tisch zu zerren. Ein Bursche von diesem Kaliber war ihm lange nicht über den Weg gelaufen. Petgen leugnete dreist und anmaßend.

„Mir ist nicht ganz klar, warum Sie sich wie ein rotznäsiger Rüpel aufführen, Herr Petgen." Der sachliche Tonfall verdeckte den Unmut des Inspektors. „Vielleicht sollten Sie über Ihre Situation gründlich nachdenken. Wir unterbrechen die Vernehmung."

Petgen richtete den Blick vorwurfsvoll zur Decke. „Aber ich war nicht in Angermünde!" beschwor er den Inspektor. „Und mit dem Mord an Lemke habe ich auch nichts zu tun. Sie suchen doch nach einer Frau."

„Nach einer Frau?" Schüttau nahm wieder Platz. „Wer hat Sie denn auf die Idee gebracht?"

„Der Kriminalbeamte aus Angermünde."

„Welcher Beamte?"

„Vor zwei Wochen war ein Beamter aus Angermünde bei Frau Lemke und hat ihr den Tod ihres Mannes mitgeteilt." Mit unverhohlener Genugtuung schilderte Petgen, wie sie sich am Kronprinzendamm 9 über den Provinzpolizisten amüsiert hatten und welche Würmer er sich aus der Nase ziehen ließ. „Der war ganz schön blau, kann ich Ihnen sagen, bevor er ins Bett fiel."

„Er hat in der Wohnung in Halensee übernachtet?"

„Wo sonst?"

Schüttau konnte über die Naivität des Kollegen nur den Kopf schütteln, er hütete sich aber, dies dem Festgenommenen gegenüber zu zeigen. Im entspannten Vernehmungston kam er nochmal auf den 7. Oktober zurück. Petgen wollte sogleich erneut aufbrausen, aber Schüttau bedeutete ihm mit einer Handbewegung Mäßigung. „Es gibt keinen Grund, die Aussage Ihres Bekannten Heisig in Zweifel zu ziehen, Herr Petgen. Sie sind am siebenten Oktober nach Angermünde gefahren und Sie haben das Postamt aufgesucht!" Schüttau hielt das Fahndungsfoto in die Höhe. „Können Sie sich nicht vorstellen, daß man sich am Postschalter anhand des Fotos an Sie erinnern wird?"

Die Runde ging an den Inspektor. Petgen hatte den Kopf gesenkt. „Na schön", rang er sich ein Zugeständnis ab. „Also ich gebe zu, am siebenten Oktober mit Heisig in Angermünde gewesen zu sein."

„Warum haben Sie das bisher bestritten?"

„Weil ich das Andenken des Toten nicht beschmutzen wollte."

„Bitte, was ...?" – „Ja, ich bin im Auftrag von Herrn Lemke nach Angermünde gefahren."

„Und wozu?"

„Sie werden das bestimmt merkwürdig finden, Herr Inspektor. Aber ich sollte am Schalter eine 24 Pfennigbriefmarke kaufen, sie auf einen leeren Umschlag kleben und die Marke abstempeln lassen. Dem Schalterbeamten erzählte ich, daß ich Briefmarkensammler sei. In Berlin übergab ich den leeren Umschlag an Heinrich Lemke, mußte aber noch dessen Anschrift mit Schreibma-

Postamt Angermünde. Quelle: Dietrich Kukla

schine auf den Umschlag schreiben. Bei der Gelegenheit diktierte er mir noch einen Brief, in welchem er von einem Rechtsanwalt zu einer Geschäftsbesprechung nach Angermünde bestellt wurde. Den Brief steckte Lemke dann in den Umschlag und nahm ihn mit nach Hause."

„Was bezweckte er mit diesem Manöver?"

„Naja, seine Frau sollte glauben, daß der Brief tatsächlich mit der Post zugestellt wurde. Der Geschäftsbrief war sozusagen die Tarnung für einen Sonntagsausflug, weil Lemke dringend nach Angermünde wollte."

„Wissen Sie etwas über diesen Ausflug?"

„Er sagte etwas von einer peinlichen Angelegenheit mit einer Frau, die er in Ordnung bringen müsse. Ich vermute, es war eine Geliebte."

„Kennen Sie die Frau?"

„Soweit hat Lemke mich nicht ins Vertrauen gezogen."

Schüttau ließ eine Sekretärin kommen. Nach seinem Diktat wurde das umfangreiche Vernehmungsprotokoll zu Papier gebracht. Petgen unterschrieb mit pfiffiger Miene. Erst als der Inspektor ihn nicht wie erwartet zum Ausgang begleitete, sondern ihn erneut an der Gittertür der Polizeihaftanstalt ablieferte, geriet er in Zorn.

„Euer Inspektor ist ein Idiot!" brüllte er den Wachtmeister an, der die Türen schloß.

„Ich weiß. Ich weiß", rief Schüttau ihm durch das Gitter nach. „Aber ich hatte Ihnen ja versprochen, daß Sie dem Haftrichter vorgeführt werden! Ich pflege mein Wort zu halten."

Am Montag geriet der Kriminalanwärter Rudlof in Erklärungszwang. Noch am Vormittag war er mit dem Fahndungsfoto in Angermünde unterwegs gewesen. Der Schaffner an der Bahnsteigsperre wollte sich nicht festlegen. Ähnlichkeiten zwischen der Person auf dem Foto und dem Begleiter der rothaarigen Frau bestünden ohne Zweifel, aber für eine eindeutige Identifizierung reiche eben das Foto nicht aus. Mehr Glück war dem Polizisten auf dem Postamt beschieden. Der Schalterangestellte erinnerte sich an den Sammler, den er zuvor noch nie in Angermünde gesehen hatte. Die Philatelistengemeinde der Stadt und der weiteren Umgebung sei ihm gut bekannt, weil er nämlich selbst zu den Jüngern der Postwertzeichen gehöre. Unbestreitbar, der Mann auf dem Foto habe den Brief abstempeln lassen.

Stolz wie ein Spanier wollte Rudlof dem Leiter der Kriminaldienststelle von seinen Ermittlungen berichten. Mit einer gewissen Enttäuschung nahm er zur Kenntnis, daß der sich nicht so recht
für das Ergebnis der Lichtbildvorlage zu begeistern schien. Statt
dessen forderte er Rudlof auf, eine „Dienstliche Stellungnahme"
zum Verlauf der Berliner Dienstreise vorzulegen. Eine Forderung,
die seit geraumer Zeit in der Luft lag, denn der vertrauliche Um-
gangston, den Rudlof und die Witwe Lemke während ihres Angermünder Aufenthaltes pflegten, hatte das Mißtrauen einiger
Kollegen geweckt. Inspektor Schüttaus Telefonanruf und seine
vorsichtigen Andeutungen waren nur der letzte Anstoß gewesen,
die längst überfällige Stellungnahme abzufordern.

Rudlof war naiv genug, sein Berlin-Abenteuer in allen Einzelheiten niederzuschreiben. Als der Oberkommissar vom Landeskriminalamt, der die Fäden des Lemke-Falles in Angermünde und
Eberswalde kontrollierte, das Papier zu Gesicht bekam, war Rudlofs Polizeikarriere beendet.

Zu Inspektor Schüttaus großer Erleichterung zog der Untersuchungsrichter beim Amtsgericht in Eberswalde mit. Am 25. Oktober ordnete er die Untersuchungshaft für Karl-Heinz Petgen an.
„Die Begründung fällt reichlich dünn aus", monierte der Jurist.
„Beim nächsten Haftprüfungstermin werden Sie mit dem Verfahren vermutlich auf die Schnauze fallen. Sputen Sie sich, das Alibi dieses Burschen zu zerpflücken, der lügt wie gedruckt."

Schüttau teilte Petgens Festnahme der Mordkommission in der
Friesenstraße mit. Gleichzeitig bat er, Frau Eveline Kurtz erneut
zu vernehmen; es bestünde die zwingende Vermutung, daß das Ki-
no-Alibi vom 10. Oktober getürkt sei.

Kommissar Menzel fühlte sich bei seiner Ehre gepackt. Nachdem er die Vernehmungsprotokolle vom 22. Oktober noch einmal
durchgesehen hatte, wobei der Kriminalsekretär zu seinem ver-
dienten Donnerwetter kam, erteilte er die Weisung, Frau Kurtz erneut vorzuführen.

Die vierzigjährige Eveline Kurtz war ein solider Frauentyp, modern gekleidet, aber keineswegs mondän. Mit den Gesetzen war
sie noch nie in Konflikt gekommen. Ihren Lebensunterhalt verdiente die Kunstgewerblerin mit Heimarbeit. Das Einkommen sei
seit der Währungsreform schmaler geworden, erklärte sie, so daß
sie im Grunde recht froh gewesen sei, als das Wohnungsamt ihr
Herrn Petgen als Untermieter zuwies. Die Miete könne sie ganz

gut gebrauchen. Herr Petgen stamme aus Braunschweig und soll eine Stellung als Regisseur am Berliner Metropol-Theater antreten. Im Moment gäbe es noch Schwierigkeiten wegen der Zustimmung der Russen.

Der Kommissar mimte Verständnis.

Die Frau plauderte weiter. Ohne Scheu gab sie auch zu, daß inzwischen zarte Bande zwischen ihr und Karl-Heinz Petgen entstanden seien, ja, daß sie sich eines Tages vielleicht sogar seine Ehefrau nennen dürfe.

Erneut zum Kinobesuch befragt, wiederholte sie ihre Aussage vom 22. Oktober.

Menzel schüttelte energisch den Kopf. „Ich glaube, Sie setzen sich der Gefahr aus, wegen einer Falschaussage vor Gericht zu landen!" belehrte er die Frau.

„Aber ... das ist doch die Wahrheit!"

„Karl-Heinz Petgen ist nicht der Mann, für den Sie ihn halten, Frau Kurtz. Er hat Sie belogen, als er ihnen erzählte, er käme aus Braunschweig, um als Regisseur zu arbeiten. In Wahrheit wurde er gerade aus dem Tegeler Knast entlassen."

„Das glaube ich nicht!"

Menzel schob ihr den Strafregisterauszug über den Tisch. „Bitte, überzeugen Sie sich selbst. Ihr Untermieter ist wegen Betruges und Urkundenfälschung vorbestraft."

Frau Kurtz starrte entsetzt auf das amtliche Papier. Ihre Blicke liefen ängstlich über die Zeilen, die von den Missetaten ihres Geliebten berichteten. Nervös zerrte sie an einem Taschentuch.

Kühl beobachtete der Kommissar ihre Gefühlsregungen. Den Groll, der sich naturgemäß in der betrogenen Frau aufstaute, wollte er nutzen. „Sie können mir glauben, dieser Mann ist es nicht wert, daß Sie eine Gefängnisstrafe riskieren. Petgen ist in eine üble Affäre verwickelt. Er hofft, daß Sie ihn decken!" Menzel sagte das im freundlichen Ton, beschwörend milde, als ginge es ihm nur darum, der Frau aus einer vertrackten Situation herauszuhelfen.

Eveline Kurtz schlug die Hände vor das Gesicht. „Das habe ich ja alles nicht gewußt", jammerte sie. „Er hat zu mir gesagt, daß ihm jemand etwas anhängen will, wegen der Sache in Angermünde. Wenn die Polizei käme, sollte ich aussagen, daß wir im Kino waren."

Das Fernschreiben der Westkripo kam für den Ostberliner Kriminalinspektor zur rechten Zeit. Schüttau konnte den Haftrichter in

Eberswalde beruhigen, und er setzte durch, daß die Mordakte Lemke in seine Verantwortung gegeben wurde. In Angermünde, Eberswalde und Potsdam war man froh, das leidige Verfahren vom Hals zu haben.

Karl-Heinz Petgen, der in der Untersuchungshaft eine Beschwerde nach der anderen verfaßte, mußte erneut verhört werden. Schüttau ahnte, wie sauer ihm dieses Stück Arbeit werden sollte. Um so gründlicher bereitete er sich auf die Einvernahme vor. Er klaubte die Vorstrafenakten aus den verschiedenen Archiven zusammen und begann den Lebenslauf seines Delinquenten zu rekonstruieren:

Petgen wurde als Sohn wohlhabender Eltern in Hamburg geboren. Er besuchte die Volksschule und kürzere Zeit auch eine Oberrealschule ... Ende 1940 kam P. als kaufmännischer Lehrling zu einer Hamburger Textilfirma. Dort blieb er, bis er sich im April 1942 zur Wehrmacht freiwillig meldete. Er kam zur Luftwaffe und wurde etwa ein Jahr lang in Norwegen als Bordfunker ausgebildet ...

Im Oktober 1944 heiratete P., der damals erst 19 Jahre alt war. Wegen der erforderlichen elterlichen Genehmigung hatte er sich an seinen Vater gewandt, aber dessen Einwilligung nicht sogleich erhalten. Dem Vater war bekannt, daß er gleichzeitig ein Verhältnis zu einer anderen Frau unterhielt. Um der Genehmigung des Vaters überhoben zu sein, änderte P. das Geburtsdatum in seinen Personalpapieren in „1921" um. Wegen Urkundenfälschung in drei Fällen, unerlaubter Entfernung usw. wurde er von einem Militärgericht im Dezember 1944 zu 6 Monaten Gefängnis verurteilt. P. erlebte die letzten Tage des Krieges in einem Wehrmachtsgefängnis.

Nach der Entlassung wandte er sich nach Braunschweig. Er gab sich als Angehöriger des Konzentrationslagers Oranienburg aus und erhielt bereits am 17. Mai 1945 die Wohnung eines Naziaktivisten zugewiesen. Er machte ein Fuhrunternehmen auf, nachdem er von einer Wehrmachtabwicklungsstelle einen Lkw-Zug erhalten hatte ... Unter dem Deckmantel seines Fuhrunternehmens befaßte P. sich dann mit Schwarzhandel größten Stils. Im August 1946 wurde ihm der Boden zu heiß, so daß er Braunschweig endgültig verließ. Ein Strafbefehl des Amtsgerichts Braunschweig wegen Preisvergehens war im gleichen Monat ergangen und weitere Ermittlungen waren anhängig. Der Beschuldigte ging nach Berlin, wo er am 3. Februar 1947 auf Grund des vom Amtsgericht Braunschweig am 22.8.46 erlassenen Haftbefehls wegen Wirtschaftsverbrechen von der Berliner Kriminalpolizei festgenommen wurde. Eine Stunde später konnte er entweichen. Am 10. Februar glückte dann seine erneute Verhaftung. Seitdem befand er sich bis zum 13.8.48 – also über eineinhalb Jahre – in Untersuchungs- bzw. in Strafhaft. Zwischendurch lief noch ein Strafverfahren wegen eines Vergehens in Berlin im Oktober 1946. Im Juni 1947 erhob die Staatsanwaltschaft Berlin Anklage wegen der Unterschlagung eines Pelzmantels, den P. sich zum Verkauf hatte geben lassen, dann aber für ein Darlehen verpfändete. Am 25. August 1947 wurde der Beschuldigte vom Schöffengericht Zehlendorf wegen Betruges mit 9 Monaten Gefängnis bestraft. Das Landgericht Berlin hob auf Berufung des Angeklagten das erstinstanzliche Urteil auf und erkannte auf drei Monate Gefängnis wegen Untreue. Am 29. April 1948 wurde dann über die Wirtschaftsverbrechen des P. in Braunschweig, eine Urkundenfälschung – der Beschuldigte hatte einen fälschlich angefertigten Presseausweis gebraucht – und die weiterbegangene Falschbeurkundung – der Beschuldigte hatte auch bei den Berliner Behörden fälschliche Angaben zu seinem Familienstand gemacht – verhandelt. P. kam mit 16 Monaten Gefängnis und 1.000,- RM Geldstrafe – einer mit Rücksicht auf den Umfang der Schiebungen milde Strafe – davon. Die Untersuchungshaft wurde ihm auch noch voll angerechnet. Am 13. August 48 wurde er aus dem Strafgefängnis Berlin-Tegel entlassen.

Schüttau wußte, die meisten seiner Kollegen betrieben Vernehmungen als eine Art „edlen" sportlichen Wettstreites, bei dem es darauf ankam, den Verdächtigen durch die Demonstration geistiger Überlegenheit Geständnisse abzuringen. Er indessen glaubte, daß es in der Seele jedes Menschen verborgene Seiten gäbe, die man ertasten und anrühren könne. Ein geschickter Vernehmer halte sich an diese Erkenntnis, aber er mußte zugleich einräumen, daß eben nicht immer die Zeit dafür gegeben war, weil ständig neue Fälle auf die Beamten einstürmten.

Fleiß und der gute Wille des Inspektors, darauf gerichtet, das Vertrauen Karl-Heinz Petgens zu erringen, zahlten sich nicht aus. Auch nach mehrstündigem Kreuzverhör zeigte Petgen dem Inspektor trotzig die Zähne. „Hören Sie mit der albernen Moralpredigt auf! Sie wissen, daß ich ein Alibi habe!"

„Ihr Alibi ist keineswegs so wasserfest, wie Sie glauben", meinte Schüttau trocken.

„He, Moment mal. Sie wollen mir da was einreden, Inspektor."

„Ihre Wirtin hat die Aussage zurückgenommen. Der Kinobesuch war eine Lüge!"

Petgen warf dem Inspektor einen schnellen Blick zu. „Sie bluffen!" argwöhnte er.

„Keineswegs. Frau Kurtz hat in der Friesenstraße erklärt, daß sie von Ihnen gebeten wurde, das Alibi zu bestätigen! Warum wohl, Herr Petgen?"

„Das hat die Kurtz behauptet?"

„Ja, glauben Sie denn, Ihre Wirtin hält den Kopf hin für einen Mord, mit dem sie nichts zu schaffen hat?"

Petgen sprang auf. Er beugte sich vor. Seine Fäuste hämmerten auf die Tischplatte. „Aber Sie war es doch! Sie hat ihn umgebracht!"

„Sie behaupten, daß Frau Kurtz …?"

„Sie kennen diese Frau nicht, Herr Inspektor!"

„Nehmen wir mal an, es war so. Welche Rolle haben Sie dann eigentlich in dem Drama gespielt?"

„Ich war am 10. Oktober in Berlin. Um ihr aus der Klemme zu helfen, habe ich das Alibi erfunden. Ich sage Ihnen auch, wo Sie die Mordwaffe finden, Herr Inspektor. Im Keller der Frau Kurtz."

„Frau Kurtz hat Ihnen den Mord gestanden?"

Petgen nickte zur Schreibmaschine hin. „Rufen Sie Ihre Tippse, Inspektor! Sie sollen erfahren, was ich von der Sache weiß!"

„Jetzt bin ich aber gespannt", brummte Schüttau, dessen Mißtrauen partout nicht weichen wollte. Vielleicht lag es auch nur an Petgens Augen, die den Inspektor an ein Raubtier erinnerten. Ein gerüttelt Maß Skepsis blieb.

Am 1. November 1948 erließ das Amtsgericht Berlin-Mitte unter Aktenzeichen 95 Gs 3710-48 einen Haftbefehl gegen die vierzigjährige Westberlinerin Eveline Kurtz. Der dringende Tatverdacht begründete sich auf den Aussagen des zum Kronzeugen avancierten Untermieters Karl-Heinz Petgen.

Zwar zeichneten sich auch in der Berliner Justiz deutliche Polarisierungstendenzen ab, aber noch saßen der Präsident des Kammergerichtes und der Generalstaatsanwalt in der Neuen Friedrichstraße im Ostsektor. Erst im Februar 1949 verließen sie über Nacht ihren Amtssitz. Die scheinbare „Einheitlichkeit" der Berliner Justiz ging verloren. Im Herbst 1948 waren die Polizeipräsidien in Ost und West aber noch angehalten, Haftbefehle der Justizbehörden zu vollstrecken, sofern die Zustimmung der für den Wohnsitz zuständigen Militärregierungen vorlag.

Am 2. und 3. November befaßten sich die Sicherheitsoffiziere der sowjetischen und der amerikanischen Kommandantur— Frau Kurtz wohnte im US-Sektor – mit der Mordakte Lemke. Niemand entdeckte ein Haar in der Suppe. Am 4. November durfte der Ostberliner Kriminalinspektor Schüttau wie ein Parlamentär in Kriegszeiten, ausgerüstet mit Beglaubigungsschreiben und zahlreichen Kopien des Haftbefehls sowie einer Staatsanwaltschaftlichen Durchsuchungsanordnung in die Friesenstraße reisen. Frau Kurtz wurde in ihrer Wohnung verhaftet. „Die notwendigen Haussuchungen in den Westsektoren sind zwar von Beamten der Westpolizei durchgeführt worden", heißt es in einem Bericht der Staatsanwaltschaft, „aber unter massgeblicher Beteiligung von Kriminalbeamten der ordentlichen Berliner Polizei. Soweit erforderlich, konnten auch die Genehmigungen der Militärregierungen der Westsektoren beschafft werden."

Im Keller des Wohnhauses in der Schützallee beschlagnahmten die Beamten eine Beilklinge. Schwärzliche Flecke auf dem Stahl wurden von den Fachleuten im Erkennungsdienst als verkohltes Blut identifiziert. Als Schüttau und der Westberliner Mordkommissar die Klinge auf den Tisch des Verhörzimmers legten, brach Frau Kurtz zusammen. „Vielleicht ist das Böse stärker in mir als das Gute", leitete sie ihr Geständnis ein. Nicht sie, sondern Petgen hatte Heinrich Lemke in dem Angermünder Hotel erschlagen. Eveline Kurtz hatte ihm bei der Tatausführung geholfen. Den beiden Beamten standen die Haare zu Berge, als sie den Aktenvermerk über die Erstvernehmung formulierten:

Petgen, der seit Anfang September ein intimes Verhältnis zu Frau Kurtz unterhielt, hatte ihr in vorsichtiger Form von einer früheren Bekannten erzählt, die mit einem älteren Mann inzwischen verheiratet sei, ihm aber wieder nachliefe. Er habe mit dieser Frau nichts Ernstes im Sinne und wolle die Beziehungen lösen. Zunächst sei er aber auf das Werben der Frau eingegangen und ihr Ehemann sei hinter das Verhältnis gekommen. Er hatte dann der unwahrscheinlich leichtgläubigen Frau erzählt, daß der Ehemann seiner abgelegten Freundin ihn zum Pistolenduell gefordert hätte. Frau Kurtz nahm diese phantastisch klingenden Erzählungen Petgens als bare Münze. Die von ihrer Mutter geäußerten Zweifel, der sie sich anvertraut hatte, schlug sie ebenso in den Wind, wie die Bedenken ihrer Schwester, die ihr zu Recht erklärte, daß die Erzählungen von Petgen wie ein schlechter Roman klängen. Im Gegenteil fühlte sie sich Petgen jetzt geradezu bedingungslos verpflichtet. Als Petgen ihre Angst und Sorge noch dadurch zu steigern wußte, daß er ihr mitteilte, daß der andere der überlegene Schütze sei, waren alle ihre Gedanken seitdem darauf konzentriert, einen Ausweg zu finden und den Geliebten aus der vermeintlichen Todesgefahr zu erretten. Sie war fest entschlossen, ihm bei der Ausführung des Duells jede nur mögliche Hilfe zu leisten, wenn es in ihrer Macht läge, das Duell durch ihr Dazwischentreten zu verhindern.

Erst am 9. Oktober, vierundzwanzig Stunden vor der Mordtat also, war Frau Kurtz in Petgens Mordplan eingeweiht worden. Angeblich im letzten Augenblick hatte er sich entschieden, dem tödlichen Duell auszuweichen. Mit Frau Kurtz' Hilfe sollte dem Kontrahenten vergifteter Kognak angeboten werden. Bereitwillig übernahm die Frau die ihr zugewiesene Teilnehmerrolle. Am Sonntagvormittag probierte Petgen Veronaltabletten in Kognak aufzulösen. Die trübe Färbung, die dabei entstand, der bittere Geschmack und ein Restsatz auf dem Glasboden veranlaßten ihn, den Giftmordplan fallenzulassen. Er entschloß sich, Heinrich Lemke zu erschlagen. Gegen vierzehn Uhr waren Petgen und Eveline Kurtz nach Angermünde gereist. In einem Koffer führten sie eine Flasche Kognak, drei Gläser und das Beil mit, das die Beamten im Keller des Kurtz-Hauses gefunden hatten.

„Und der Brief, durch den Heinrich Lemke nach Angermünde gelockt wurde?" fragte Schüttau.

„Ich weiß von keinem Brief."

„Wer hat ihn geschrieben?" drängte der Inspektor. „Sie oder Petgen?"

„Keine Ahnung", entgegnete sie fest. „Alles, was ich weiß, habe ich Ihnen gesagt!"

„Glauben Sie ihr?" fragte Kommissar Menzel den Ostberliner Kollegen zum Abschied.

„Jedes Wort", meinte Schüttau überzeugt. „Die Frau war ihm hörig. Aber die Wucht der Schläge, mit denen Lemke getötet wurde, spricht hundertprozentig für einen Mann. Petgen muß sich auf einiges gefaßt machen, wenn wir ihm die Kurtz gegenüberstellen."

Dircksenstraße, am Tag darauf. Schon um sechs Uhr hatte Schüttau die beiden Tatverdächtigen vorführen lassen. Zwei Wachtmeister waren an der Tür postiert. Während Eveline Kurtz' Augen nach einer freundlichen Geste ihres Geliebten bettelten, umgab Petgen sich mit schroffer Ablehnung. Kalt blickte er über die Frau hinweg.

Schüttau studierte eine Weile das stumme Duell. „Stimmt es, Herr Petgen, daß Sie und Frau Kurtz in einer intimen Beziehung leben?"

„Sagt sie das? Sie hat schon viel gesagt, und meistens war es Schwindel."

Der blanke Zynismus trieb Eveline Kurtz Tränen der Scham und der Wut ins Gesicht. Mühsam rang sie nach Luft. Der Inspektor, der ihre Erregung verstand, besänftigte sie mit einem Kopfschütteln.

„Na schön, ich hab ein paarmal mit ihr geschlafen", lenkte daraufhin Petgen ein, „aber sie wußte, daß ich sie niemals heiraten würde …"

Die Unverfrorenheit des Mannes war ohnegleichen. „Wie tief muß man eigentlich sinken, um dieses miese Schauspiel abzuliefern?" blaffte Schüttau den skrupellosen Schönling an.

„Ich habe Ihnen doch gesagt, die Frau ist eine Mörderin! Sie hat den alten Lemke umgebracht!"

„Hören Sie auf!" forderte Schüttau ungewohnt scharf. Er kehrte Petgen den Rücken zu. „Frau Kurtz, bleiben Sie dabei, Heinrich Lemke am 10. Oktober in Angermünde in das Hotelzimmer begleitet zu haben?"

Sie nickte schwach.

„Welche Aufgabe hatten Sie zu erfüllen?"

„Ich stellte mich als Sekretärin von Rechtsanwalt Goldstein vor. Dieser Mann da …", sie schluchzte unter Tränen auf, „hat Heinrich Lemke erschlagen!"

Mit geballten Fäusten wollte Petgen sich auf die Frau werfen. Die beiden Wachtmeister rissen ihn zurück.

Schüttau legte die Beilklinge auf den Tisch. „Ist das die Tatwaffe?"

„Ja, mit diesem Beil hat er zugeschlagen. Zweimal."

„Lüge!" keuchte Petgen. „Ich habe Ihnen doch gesagt, wo Sie das Beil finden werden, Herr Inspektor!"

„Stimmt!" meinte Schüttau. „Vor Gericht nennt man das Täterwissen. Im übrigen werden Sie zugeben müssen, Herr Petgen, daß Frau Kurtz die Tat gar nicht allein begangen haben kann. Die Beilhiebe wurden mit großer Wucht geführt …"

Petgen rang sich ein boshaftes Lächeln ab. „Die Frau hat Kraft, Inspektor."

„Um mit einem Beil umzugehen – mag sein. Aber keinesfalls reichte ihre Kraft aus, um die Möbel am Tatort umzustellen!"

„Warum soll ausgerechnet ich dabei gewesen sein?"

„Sie vergessen den Brief, mit dessen Hilfe Lemke nach Angermünde gelockt wurde. Ein Fremder dürfte kaum gewußt haben, was der angebliche Doktor Goldstein an Lemke schrieb! Sie haben ja bereits eingeräumt, daß der Brief Ihnen bekannt war. So schließt sich ein Kreis!"

Karl-Heinz Petgen hatte für den Inspektor keine Antwort. Zusammengesunken, den Blick starr auf den Fußboden gerichtet, brütete er stumpf vor sich hin.

Karl-Heinz Petgen brauchte Tage, um mit der veränderten Situation fertigzuwerden. In dieser Zeit wurde er dem Inspektor einige Male vorgeführt. Petgen setzte auf die uralte Knastologenweisheit, nur das zuzugeben, was sie ihm unwiderlegbar beweisen konnten. Er schwieg verbissen. Und der Inspektor ließ die Zeit für sich arbeiten.

Nachts wurde Petgen von wilden Alpträumen heimgesucht. Schweißgebadet erwachte er dann auf der Holzpritsche in seiner Zelle und starrte grübelnd zum fahlen Rechteck des winzigen Fensters empor. Immer wieder durchlebte er in den Träumen die Schreckensbilder, die sich in dem Angermünder Hotel zugetragen hatten. Er sah die Rückenpartie des dreiundsechzigjährigen Heinrich Lemke, der arglos auf dem Sofa saß und Kognak trank. Und er sah sich selbst – den Mörder – mit einem Handbeil bewaffnet hinter dem Sofa lauern, bis er allen Mut zusammenraffend, aufsprang und das Handbeil auf den silberfarbenen Haarkranz des alten Mannes schmetterte. Einmal, zweimal. Wieder hörte er das Brechen der Schädeldecke, Heinrich Lemkes ersterbenden Seufzer, und er sah das Blut gegen die Wände spritzen. Wie im Fieber waren die nächsten Minuten vergangen. Während Eveline Kurtz die Gläser und das Beil abwusch, zog er den Brillantring von der Hand des Opfers. Dann das Umsortieren der Papiere in Lemkes Brieftasche, die er gegen eine mitgebrachte, völlig gleichartige Brieftasche umtauschte, um sie dem Toten wieder ins Jackett zu schieben. Liesbeth hatte sie ihm gegeben.

Das Bild der Frau schob sich in Petgens Wachträume. Mit ihr hatte alles begonnen, an jenem Tag, an dem er durch Zufall in das

Geschäft in der Schönhauser Allee geraten war. Elisabeth Lemke war ihm auf den ersten Blick verfallen. Schon in den ersten Tagen ihrer Bekanntschaft deutete sie ihm an, wie unglücklich ihre Ehe mit dem um so viele Jahre älteren Heinrich Lemke sei. Je intimer ihre Beziehungen wurden, um so deutlicher offenbarte sie sich ihm. Die lax dahingeworfenen Worte, „Manchmal könnte ich meinen Mann direkt umbringen", fielen bei Petgen auf fruchtbaren Boden. Sein Hirn gebar den Plan, Lemke gewaltsam zu beseitigen. Später, wenn der Alte unter der Erde lag, wollte er die Witwe heiraten.

Mit Elisabeths Hilfe hatte er den Brief entworfen, der Lemke am 10. Oktober nach Angermünde lockte. Elisabeth schmuggelte ihn in die Post ihres Mannes. Die Tat sollte in der sowjetischen Zone geschehen, wo man weder ihn noch Eveline Kurtz kannte. Zum Schieflachen, wie die Kurtz auf die idiotische Duell-Story abgefahren war. Das widerrufene Alibi war ihre Revanche.

Und Elisabeth? Petgen erschauerte bei dem Gedanken, daß er den Weg zum Schafott allein antreten sollte, während Elisabeth Lemke ungeschoren davonkam. Die „trauernde" Witwe als Nutznießerin einer Tat, die sie selbst angeregt und bei deren Vorbereitung sie mitgeholfen hatte?

Petgen grübelte bis zum frühen Morgen. Als der Wachtmeister beim Zählappell die Zellentür aufschloß, bat der übernächtigte Häftling dem Kriminalinspektor Schüttau vorgeführt zu werden.

Am 12. November 1948 verhaftete die Ostberliner Mordkommission Elisabeth Lemke in der Schönhauser Allee 115. Die Witwe hörte mit ausdrucksloser Miene zu, als der Inspektor ihr den Haftbefehl des Amtsgerichtes Berlin-Mitte präsentierte. Sie schien verwirrt und beunruhigt. Für einen kurzen Moment hatte Schüttau das Gefühl, als wollte sie sprechen. Doch dann überlegte sie es sich anders und verharrte in ihrem Schweigen, während sie den Mantel vom Garderobenhaken nahm und nach der Handtasche griff. Als der Inspektor ihr in den Mantel half, entdeckte er zwischen Rollschrank und Schreibtisch eine gelbbraune Diplomatenaktentasche. Schüttau hob sie auf.

„Ist das nicht die Tasche, die Ihrem Mann gehörte?"

„Das ist meine Tasche. Wir hatten jeder eine. Die Tasche meines Mannes ist in Angermünde geraubt worden! Das wissen Sie doch."

Unschlüssig behielt Schüttau die Aktentasche in der Hand.

Schließlich rief er die beiden Verkäuferinnen ins Büro. „Kennen Sie die?"

„Jaja, die gehörte Herrn Lemke."

„Ihre Chefin behauptet aber, sie hätte auch so eine Tasche besessen."

„Davon ist uns nichts bekannt." Die Angestellten blickten rasch, als wollten sie um Verzeihung bitten, zu Frau Lemke hinüber.

„Mir fällt da noch was ein", sagte die Verkäuferin, die in der Schwedter Straße wohnte. „In Herrn Lemkes Tasche sind mal zwei Flaschen Essigsäure geholt worden. Ein Korken war undicht und da gab's einen Fleck."

„Jenau!" fiel die jüngere Kollegin ihr ins Wort. „Der Chef hat janz schön jetobt wejen die Sauerei inne Tasche!"

„Dann sehen wir doch mal nach", meinte Schüttau trocken, öffnete die Tasche und hielt sie der Witwe hin. „Ich glaube, man kann es sogar noch riechen!"

„Ich verstehe nicht, was Sie von mir wollen. Ich habe mit dem Tod meines armen Mannes nichts zu tun. Lassen Sie mich zufrieden."

Noch in den Abendstunden mußte Elisabeth Lemke ihre Tatbeteiligung eingestehen. In der „Verantwortlichen Vernehmung", die um 16.30 Uhr begann, legte Schüttau ihr weitere Beweisstücke vor: Zwei Brieftaschen, die einander ähnelten; eine der beiden Taschen wies dunkle Blutflecken auf. Eine ebenso befleckte Kopie des notariellen Kaufvertrages, die Lemke in Angermünde dem vermeintlichen Rechtsanwalt übergeben wollte, und drei Liebesbriefe Elisabeth Lemkes an Karl-Heinz Petgen. Die Gegenstände waren bei der Hausdurchsuchung am Kronprinzendamm 9 von einem Kripotrupp, der sich wiederum aus West- und Ostbeamten zusammensetzte, beschlagnahmt worden.

Elisabeth Lemke gestand, daß Petgen ihr am Tag nach dem Mord die Aktentasche samt Inhalt in die Schönhauser Allee gebracht hatte, wo er sie ihr mit den Worten „Jetzt ist es erledigt!" übergab.

„Nun sagen Sie mir wenigstens noch, wo der ominöse Brief an den Rechtsanwalt abgeblieben ist?" fragte Schüttau abschließend.

„Petgen hat ihn verbrannt."

Zu den wichtigsten Maßnahmen kriminaltaktischer Beweisführung gehört die Rekonstruktion eines Verbrechens unter

„Neue Zeit" vom 8.12.1948. Quelle: Archiv des Autors

Berücksichtigung der Aussagen aller Tatbeteiligten. Schüttau verfrachtete Karl-Heinz Petgen und Eveline Kurtz in eine „grüne Minna" und fuhr mit ihnen an den Tatort. Das „Hotel Reichshalle" war durch Angermünder Polizeikräfte hinreichend abgesichert. Die Beamten der Eberswalder Mordkommission hatten sich gleichfalls eingefunden, um dem Berliner Kollegen zu gratulieren.

Schüttau ließ sich von Petgen das Postamt zeigen, das auf der anderen Seite des Marktes, aber noch in Sichtweite zum Hotel lag. Dann befahl er, Eveline Kurtz in die Gaststätte zu führen, wo Karl Kroll und der Kellner Fritz Berger am Tresen Aufstellung genommen hatten. Die beiden Männer sahen sich verdutzt an. Das armselige Persönchen im schlichten Mantel, mit dem strähnigen Haar und einem grauen teigigen Gesicht konnte unmöglich die elegante Sekretärin des Dr. Goldstein sein!

„Sie hatte doch rotes Haar …", tat Berger seine Zweifel kund.

„Selbstverständlich hatte ich mich zurechtgemacht", zischte

Eveline Kurtz. „Als Sekretärin eines Rechtsanwaltes läuft man nicht wie eine Vogelscheuche herum!"

Am 8. Dezember 1948 teilte die Ostberliner Zeitung „Neue Zeit" unter der Schlagzeile „DAS DUELL DES LIEBHABERS – Verbrecherjagd trotz Sektorengrenzen erfolgreich" unter anderem mit:

Durch die phantasievolle Geschichte, daß er eine Duellforderung bekommen habe und tödlich bedroht sei, gewann er (Petgen) die Unterstützung Eveline Kurtz', die einwilligte, den vermeintlichen Gegner mattzusetzen, bevor es zum offenen Kampf käme.

In jenem Hotelzimmer, das er ungesehen betrat, inszenierte Petgen dann weiter, verschob mit seiner Komplicin das Sofa dann so, daß er bequem dahinter hocken konnte und führte kaltblütig den raffiniert entwickelten Plan aus. Durchtrieben besonders

Quelle: Brandenburgisches Landeshauptarchiv Potsdam

deshalb, weil er glaubte, in den Westsektoren vor polizeilicher Verfolgung geschützt zu sein.

Das aber war ein Regiefehler!

Nach den Weihnachtsfeiertagen brachte der Berliner Kriminalinspektor den Vorgang Lemke zum Abschluß. Er diktierte den üblichen Schlußbericht, der sämtliche polizeilichen Untersuchungshandlungen und deren Ergebnisse als Quintessenz des Verfahrens zusammenfaßte. Dann wurde die Akte der Staatsanwaltschaft beim Landgericht Eberswalde zugesandt und das Mördertrio ins Eberswalder Gerichtsgefängnis überstellt.

Schon bei der ersten Durchsicht der Akte war der Oberstaatsanwalt Dr. Schulz von der Mordsache derart angetan, daß er am 19.1.1949 an den Generalstaatsanwalt des Landes Brandenburg, Dr. Ostmann, schrieb:

Es handelt sich um die schwierigste und sensationellste Mordsache, die jemals – seit Bestehen der hiesigen Staatsanwaltschaft – eingegangen ist ... Besondere Anerkennung verdient der Krim. Inspektor S c h ü t t a u der ordentlichen Berliner Polizei, der die Ermittlungen geleitet hat und dessen glänzender Vernehmungstechnik die Überführung aller Beschuldigten zu verdanken ist ...

Dr. Schulz verfügte die forensisch-psychiatrische Begutachtung der Inhaftierten. Er bestellte Professor Dr. Müller-Hess, Frau Professor Dr. Nau und den Oberarzt Dr. Niedenthal vom Berliner Universitätsinstitut für gerichtliche und soziale Medizin, Hannoversche Straße 7, zu Sachverständigen. Darüber hinaus wandte er sich an das Morddezernat der Hamburger Polizei. Der Oberstaatsanwalt bat, die Familien- und Lebensverhältnisse des Beschuldigten Petgen gründlich unter die Lupe zu nehmen. Aus „Sicherheitsgründen" ordnete er Petgens Verlegung in das Bad Freienwalder Gerichtsgefängnis an.

Die Justizbürokratie arbeitete schwergängig. Die für Mitte Februar avisierte Anklageerhebung verzögerte sich. Wochen und Monate gingen ins Land. Da erschien im Juli 1949 auf dem spärlich bestückten Buch- und Zeitschriftenmarkt der sowjetischen Besatzungszone eine Romanheftreihe im Taschenformat unter dem vielversprechenden Serientitel „Geschichten, die das Leben schrieb". Der im grünen Outfit aufgelegte Band Nummer 1 war von dem Autor Hannes Elmen verfaßt worden. Titel des Heftes: „polizeifunk meldet ... mordfall lemke aufgeklärt ..."

Die Tatsachenerzählung erregte Aufsehen in der Justizhierarchie des Landes Brandenburg. Verärgert schrieb der Justizminister am 12. Juli 1949 an die Deutsche Justizverwaltung der Sowjetischen Besatzungszone:

… Durch Staatsanwalt Hein wurde mir vor einiger Zeit ein 20 Pf-Roman zur Verfügung gestellt, der diesen Mordfall zum Inhalt hat. Er bringt eine genaue Schilderung der Tat und der ihr vorhergehenden Ereignisse unter Nennung der richtigen Namen aller aller Beteiligten. Das Heft erscheint unter dem Titel „Polizeifunk meldet … mordfall lemke aufgeklärt …" von Hannes Elmen, Druck der Phönix-Druckerei, Berlin Treptow. Verantwortlicher Redakteur ist Karl Preißner. Aus der Darstellung selbst möchte ich fast entnehmen, daß der Autor in Kreisen der Volkspolizei oder in ihr nahestehenden Kreisen zu suchen ist, denn die Arbeit der Volkspolizei wird gegenüber der Stumm-Polizei lobend hervorgehoben. Ich möchte annehmen, daß der Verfasser oder jemand, der diesem das Material geliefert hat, bei der rechtmäßigen Berliner Polizei tätig ist. Die Anklage gegen die Be-

Quelle:
Archiv des Autors

schuldigten wird in dieser Sache erst in einigen Tagen durch den Oberstaatsanwalt in Eberswalde erhoben werden. Wenn auch in diesem Einzelfall die vorherige Veröffentlichung aller Zusammenhänge in Romanform keinen Nachteil für den Fortgang des Verfahrens bildet, so kann dies doch bei sich fortbildender Praxis durchaus einmal in sehr unliebsamem Umfange der Fall sein. Ich halte es daher für richtig, wenn dortseits an die Deutsche Verwaltung des Innern herangetreten wird, damit erreicht wird, daß solche literarischen Kunstwerke erst nach rechtskräftigem Abschluß eines Verfahrens herausgebracht werden.

Ob es sich bei Elmens Tatsachenerzählung um ein literarisches Kunstwerk handelt, möge der Leser selbst entscheiden. Zwei kurze Textausschnitte:

Kommissar Pätzold hielt einen Augenblick inne. Jedem einzelnen, der vor ihm sitzenden Mitarbeiter in die Augen blickend, sprach er im tiefen Ernst weiter: „Als die Täter merkten, daß wir ihnen auf der Spur waren, bemächtigte sich ihrer eine begreifliche Angst. Bei ihrer Vernehmung durch die illegale Westberliner Polizei ... merkten sie dann, daß der künstlich gegen uns erzeugte Haß die verantwortlichen Stummpolizisten stärker beherrschte, als das Pflichtbewußtsein, zur Aufklärung eines Mordes beizutragen ..."

Die Westberliner Zeitungen haben über die endgültige Aufklärung des Angermünder Raubmordes niemals auch nur eine einzige Zeile veröffentlicht! Der Fall Lemke war für sie nur so lange interessant, als er Gelegenheit zu einer grundlosen Hetze gegen die Ostzone und gegen die Volkspolizei bot. Die Öffentlichkeit aber wird der Volkspolizei dankbar sein, weil es ihr wieder einmal gelungen ist, im Kampf gegen das Verbrechertum einen großen Erfolg zu erringen!

Auf mehreren Seiten des Heftes haben sich Propagandasätze dieser Güte in die Erzählung eingeschlichen. Die Namen der agierenden Kriminalbeamten sind ausnahmslos verändert, einige Fakten so hingebogen, daß sie in den Strich des Erzählers paßten. Die Vermutung des Justizministers, daß der Autor in Journalistenkreisen zu suchen sei, kommt der Wahrheit wohl am nächsten. Hannes Elmen ist ein Autorenpseudonym. Aus seiner Feder sind zwei weitere Krimitexte überliefert, die im Jahre 1949 in der Ostdeutschen Eisenbahner-Zeitung „Fahrt frei" veröffentlicht wur-

„Märkische Volksstimme" vom 5.9.1949. Quelle: Stadt- und Kreisarchiv Eberswalde

den: „Der Mörderklub ‚Weiße Krawatte'. Ein Tatsachenbericht über die Berliner Unterwelt von 1949. Von unserem Sonderberichterstatter Hannes Elmen" und die Kriminalnovelle „Was geschah im D 121?", die 1951 nochmal von der „Berliner Zeitung" in Fortsetzungen nachgedruckt wurde.

Elmens Krimitexte gelten als Pilotbeispiele für die Kriminalliteratur, die in den folgenden Jahren in der DDR entstanden ist. Insofern wäre es wohl interessant, zu erfahren, wer der „Vater der DDR-Kriminalliteratur" tatsächlich war. Karl Preißner, der Redakteur der Heftreihe, der 1959 verstarb, hätte die Frage gewiß beantworten können. Unter dem Pseudonym Peter Kast veröffentlichte er selbst abenteuerliche Spannungsromane und Krimi-

Quelle: Brandenburgisches Landeshauptarchiv Potsdam

nalerzählungen, wie „Der Millionenschatz vom Müggelsee"
(1951) oder „Jagd auf der Autobahn" (1953).

Am 18. Juli 1949 erhob der Oberstaatsanwalt Dr. Schulz Anklage beim Landgericht in Eberswalde. Das angerufene Schwurgericht trat am 2. September 1949, um 11.00 Uhr, unter Vorsitz
des Landgerichtspräsidenten Dr. Zerkowski in Eberswalde zusammen. Die Anklage vertrat Oberstaatsanwalt Dr. Schulz. Als
Verteidiger agierten Dr. Graeßner aus Bad Freienwalde sowie die
Eberswalder Rechtsanwälte Klingenberg und Alberti.

Der Anklagevertreter warf Karl-Heinz Petgen „Mord gem.
§ 211 Strafgesetzbuch, begangen in Heimtücke und aus Habgier"
vor. Für Eveline Kurtz „Mord in Mittäterschaft gem. §§ 211 und
47 StGB". Die Anklage Elisabeth Lemkes lautete auf „Beihilfe
zum Mord gem. §§ 211 und 49 StGB".

Der vom Gericht als Zweitgutachter berufene Facharzt für Psychiatrie und Neurologie, Dr. Donalies, schilderte Petgen als einen
„verrohten und völlig gefühllosen Menschen, der keinerlei Reue
zeige". Der Angeklagten Kurtz bestätigte er „monströse Beeinflußbarkeit und Unselbständigkeit, so daß sie Petgen mit Haut und
Haaren hörig war". Dr. Donalies befürwortete die Zuerkennung
einer verminderten Zurechnungsfähigkeit im Sinne des § 51,
Absatz 2 StGB.

Zum Verdruß des Publikums wurde die Öffentlichkeit für die
Zeit der Gutachtervorträge und der Vernehmung der Angeklagten

zur Sache „wegen Gefährdung der Sittlichkeit" ausgeschlossen.

Noch am gleichen Tag, um 22.00 Uhr, sprach das Gericht die Urteile. Petgen wurde zum Tode und dauerndem Verlust der bürgerlichen Ehrenrechte, die Angeklagte Lemke zu fünfzehn Jahren Zuchthaus und zehn Jahren Ehrverlust, die Angeklagte Kurtz zu 5 Jahren Zuchthaus verurteilt.

„Die Hauptverhandlung, die um 11 Uhr begann und um 22 Uhr zu Ende ging", berichtete der Oberstaatsanwalt nach Postdam, „bestätigte bis auf einen Punkt – die Zubilligung des § 51 Abs. 2 StGB für Frau Kurtz – das Ergebnis der Vorermittlungen".

Superintendent Dr. Haak, der als Seelsorger in der Haftanstalt Bad Freienwalde tätig war und gleichfalls am Prozeß teilgenommen hatte, teilte die Auffassung des Oberstaatsanwaltes mitnichten. Am 5. Oktober verwendete er sich im Justizministerium für den Verurteilten Petgen:

Mein Eindruck von der Hauptverhandlung war der, daß das Urteil gegen Petgen im wesentlichen feststand und die Zeugnisse für ihn daher nicht beachtet wurden. Er selbst kam in der ganzen öffentlichen Verhandlung von mittags 12 Uhr bis abends 9 Uhr nicht ein einziges Mal zu Wort.

Ich selbst wurde nach ca. 3 Minuten sofort unterbrochen, als ich einige Worte zu seinen Gunsten sagen wollte."

Erwartungsgemäß legte Dr. Graeßner für seinen Mandanten Karl-Heinz Petgen Revision gegen das Todesurteil ein. Rechtsanwalt Alberti schloß sich mit einem Revisionsbegehren für Elisabeth Lemke an. Der Strafsenat des Oberlandesgerichtes in Potsdam erkannte am 13. Dezember 1949 im Namen des Volkes für Recht: „Die Revisonen der Angeklagten Petgen und Lemke gegen das Urteil des Schwurgerichts beim Landgericht in Eberswalde vom 2. September 1949 werden auf Kosten der Angeklagten als unbegründet verworfen."

Karl-Heinz Petgen hatte dennoch Glück. Am 24. März 1950 wandelte das Präsidium des Landtages Brandenburg die Todesstrafe in eine lebenslängliche Zuchthausstrafe um. Mitte der sechziger Jahre wurde er aus dem Strafvollzug der DDR entlassen. Seine Spuren verloren sich irgendwo in der Bundesrepublik.

Wer in diesen Tagen in Angermünde das „Hotel Reichshalle" sucht, muß nach dem leergezogenen Gebäude der ehemaligen HO-Gaststätte „Haus Uckermark" Ausschau halten. Zur Geschichte dieses Hauses gehören der Vereinigungsparteitag von KPD und SPD am 24.3.1946 und der grausige Mordfall Heinrich Lemke am 10.10.1948. Beide Ereignisse sind in Angermünde in Vergessenheit geraten.

„Schokoladen-Lemke" gibt es längst nicht mehr in der Schön-

Schönhauser Allee 115. Quelle: Archiv des Autors

hauser Allee in Berlin. Das Haus mit der Nummer 115 beherbergt heute einen Minihaushaltsmarkt; jedenfalls noch so lange wie der Geschäftsinhaber die explodierenden Ladenmieten bezahlen kann.

Und was mag aus dem erfolgreichen Kriminalinspektor Schüttau geworden sein? Einer unscheinbaren Karteikarte aus dem Archiv des ehemaligen Ostberliner Polizeipräsidiums ist zu entnehmen, daß Max Schüttau am 25.4.1949 zum Polizeioberkommissar befördert wurde. Zwei Monate später, am 30.6.1949, hat er den Polizeidienst verlassen. Über seine Gründe zu spekulieren, erweist sich als müßig. Die Entscheidung könnte politisch motiviert, aber ebenso familiärer Natur gewesen sein. Auf der Karteikarte steht nur: „Entlassung auf eigenen Wunsch". Wir wollen uns mit dieser Auskunft bescheiden.

TREFFPUNKT SEKTORENGRENZE

Der Überfall auf den Circus Barlay

Wer heute auf der Berliner Friedrichstraße in Richtung Oranienburger Tor spaziert, wird hinter der Weidendammer Brücke vor dem rechterhand gelegenen neuen Friedrichstadtpalast verweilen. Nur ältere Berliner erinnern sich noch, daß in den vierziger und fünfziger Jahren auf dem Geviert zwischen Ziegel-, Kalkscheunen- und Johannisstraße ein weltbekanntes Zirkusunternehmen zu Hause war.

Hinter einer grauen Mauerfassade mit der Leuchtschrift „Circus BARLAY" erhob sich ein runder Holzbau, der Artisten wie Zuschauern vor Wind und Wetter Schutz bot. Auf der Ostseite des Geländes lag der langgestreckte Pferdestall, dessen Rückwand an die parallel zur Friedrichstraße verlaufende Kalkscheunenstaße stieß. Dazwischen eine bunte Wagenstadt für Artisten und Tiere, beidseitig flankiert von der Unfallklinik in der Ziegelstraße und einem Hotel in der Johannisstraße.

1950 wurden auf dem Boden der DDR sechsundvierzig kleinere und mittlere Zirkusarenen gezählt. Zu den beliebtesten Spielstätten gehörte der „Circus Barlay" in der Berliner Friedrichstraße 107. Eigentümer und zugleich Direktor war Harry Barlay, ein weltberühmter Artist, zu dessen wenigen Charakterschwächen wohl seine cholerische Neigung zählte. Barlay geriet nicht selten mit den Kulturfunktionären aneinander, die jedes neue Programm „auf künstlerische und ideologische Inhalte" begutachteten. Frustriert kehrte Barlay im Frühjahr 1950 der ostdeutschen Republik den Rücken.

Wenige Wochen darauf, am 12. Juli 1950, reiste ein westdeutscher Zirkusunternehmer über Wartha in die DDR ein. Sein Name sollte schon bald für Schlagzeilen in den DDR-Gazetten sorgen.

Montag, der 20. April 1953. Ein hoffnungsvoller Frühlingstag in

Berlin. Die Quecksilbersäulen der Thermometer sanken nachts zwar noch bis zur Nullgradgrenze, dafür zeigte die Sonne sich tagsüber von der allerbesten Seite. In den Anlagen vor dem S-Bahnhof Friedrichstraße genossen pflastermüde Berliner die wärmenden Sonnenstrahlen. Auf dem Geländer an der Weidendammer Brücke hockten Möwen, die ihre Gefieder ordneten.

An diesem Vormittag passierten nur wenige Besucher die Eingangs-tür zum „Circus Barlay". Otto Molander, der neue Direktor, hatte zur Pressekonferenz geladen, um das Tourneeprogramm des „Circus Barlay" vorzustellen. Nach Harry Barlays Flucht in den Westen war der Restzirkus in die Treuhänderschaft des Magistrats von Ostberlin übergegangen. Und der wiederum hatte die Geschicke des nunmehr „volkseigenen" Zirkusunternehmens auf Betriebsleiter und Geschäftsführer übertragen, die in rascher Folge wechselten.

Fassade des Circus Barlay in der Friedrichstraße 107 (Anfang September 1951). Quelle: Archiv Kürschner

Überschwenglich begrüßte Molander, ein imposanter Mann mit buschiger Künstlermähne, die Abgesandten der Berliner Zeitungen. Seine Laune hatte sich dem Wetter angepaßt. „Montags gehts auf Sommertournee durch die Deutsche Demokratische Republik." schwadronierte er aufgeräumt. „Ungarische Artisten am Dreifach-reck bilden die Hauptattraktion in unserem Programm. Wir haben Schleuderbrettakrobaten verpflichtet, eine exzellente Trapezdar-bietung. Sämtliche Pferde sind in einer Cowboy-Dressur zu sehen. Natürlich gehen auch die Löwen und Bären mit auf

Reisen. Und der kleine Zoo. Eine Tierschau darf ja in keinem guten Tourneeprogramm fehlen." Molander ließ zum Abschluß Werbezettel verteilen. Er beantwortete Fragen. Danach bot er den Damen und Herren Journalisten einen Rundgang auf dem Zirkusareal an. Die Gäste folgten voller Neugier. Wer schnuppert nicht gern am aufregenden Flair einer Zirkusstadt?

Probenatmosphäre hinter dem schweren dunkelroten Vorhang, der Manege und Sattelgang voneinander trennte. Die drei Barlay-Clowns feilten an einer Pointe für ihren Pausensketch. Ein junges Mädchen im hautengen Trikot balancierte auf dem Drahtseil. Lodernde Fackeln kreisten in ihren Händen.

Im Stallgang trafen sie auf die Tierpflegerin Susanne Kottke, die „Astra" und „Pascha", zwei prachtvolle Rappen, zur Tränke führte.

Molander deutete auf das Trio: „Dreiundzwanzig Pferde sind jetzt in die Dressuren eingebunden. Ich sage Ihnen, Hohe Schule und vom Feinsten, Herrschaften!"

Den Abschluß der Besichtigung bildete die Raubtiergruppe. Intensiver Geruch schlug den Besuchern entgegen. Die Braunbären und die Löwen waren schon in die rollenden Sommerquartiere gezogen. „Um sie einzugewöhnen", sagte der verantwortliche Raubtierpfleger.

Bevor Otto Molander die Pressemeute am Haupttor verabschiedete, rückte er mit einer letzten Information heraus: „In den nächsten Tagen erwarten wir die Lieferung eines neuen Chapiteaus aus Großröhrsdorf. Fast tausend Besucher können wir dann in dem Sechs-Masten-Zelt unterbringen! Ich hoffe, Sie werden in Ihren Zeitungen auch darüber schreiben!"

Der Bericht, den die „BZ am Abend" am 21. April 1953 veröffentlichte, fiel zur Enttäuschung des Direktors eher bescheiden aus:

BARLAY GEHT AUF REISEN

Wintersaison 52/53 beendet, lesen die Berliner, wenn sie am Zirkus Barlay vorübergehen. Jetzt ist die Belegschaft beim Packen, denn am Montag gehts auf Sommertournee durch die Deutsche Demokratische Republik.

Ungarische Artisten am Dreifachreck, sämtliche Pferde sowie Löwen und der Zoo gehen mit auf Reisen.

Die Spitzennachricht in den Ostberliner Blättern lieferte an diesem Tag der Tod des Dichters Erich Weinert. Den Westberliner Zeitungen war die Barlay-Tournee keine Zeile wert. 95 Volkspolizisten, darunter drei Kommissare, seien in der vergangenen Woche in Richtung Westberlin geflüchtet, vermeldete „Der Kurier". „Das ist die bisher höchste Zahl von Vopo-Flüchtlingen in einer Woche."

Dafür wußte der Osten von 50 Entlassungen bei der Firma „Bosse" in Berlin-Schöneberg zu berichten. Die Beseitigung der Arbeitslosigkeit gehörte zu den wenigen Propagandathemen, bei denen man dem Westen voraus war. Und die SED-Kreisleitung Weißensee lud im „Neuen Deutschland" zu einer „Besprechung aller Zirkelleiter zum Studium der Stalin-Biographie" ein.

Als Bedrich Tischer am Nachmittag des 21. April das „Kleine Ballhaus" in der Schöneberger Hauptstraße betrat, trug er die Mittagsausgabe der „BZ am Abend" in der Tasche. Das Lokal war zu dieser Zeit fast leer, nur wenige Tische besetzt. Gedämpfte Jazzrhythmen strömten aus einer Jukebox. In einer Ecke saßen ein paar junge Burschen.

Der neunundzwanzigjährige Artist, der als Messerwerfer und Kunstschütze gearbeitet hatte, grüßte zur Bar hinüber. Gelangweilt putzte der Keeper hinter dem Tresen die vernickelten Tabletts. „Der Chef ist im Büro!" teilte er halblaut mit.

Der Gast im modischen Trenchcoat schlängelte sich zwischen den Tischen hindurch. Er ging zur Tür, die mit der Aufschrift „PRIVAT! Eintritt verboten!" ungebetene Gäste abschrecken sollte. Nach kurzem Klopfen trat Tischer ins Allerheiligste, wie der Inhaber des „Kleinen Ballhauses Schöneberg" sein Büro zu nennen pflegte. Der Chef, ein Mann von vierundvierzig Jahren, saß hinter dem Schreibtisch. Bei Tischers Eintritt hob Alois Schickler den Kopf mit dem gelichteten Haarwuchs. Die etwas schief geratene Nase in seinem glatten Pokerface rührte von einem unglücklichen Sturz im Zirkusrund her.

Tischer warf ihm die Zeitung hin. „Erste Seite, rechts unten!"

„Weiß schon", knurrte Schickler. „Zirkus Barlay geht auf Reisen!"

„Woher?"

„Simon und Anderlick, der Stallmeister von Hoppegarten, waren heute früh bei mir."

„Die Stimmung unter den Leuten ist beschissen", wußte Tischer zu berichten. „Keiner weiß, was so recht werden soll. Höchste Zeit, daß wir zur Parade kommen." Er ließ sich in einen Sessel fallen, schlug die Beine übereinander und griff nach dem Kognakschwenker, den der Gastgeber ihm reichte. „Kann sein, daß die Pferde schon morgen zur Verladung kommen."

Schickler lachte kurz auf. „Mir wärs lieber, wir hätten zuerst das Chapiteau geholt."

Tischer verzog das Gesicht, als habe er in einen sauren Apfel gebissen. „Mir auch", gab er zu. „Aber das Loch in der Gartenstraße ist noch nicht fertig."

„Am besten, ihr stellt ein Transparent vor die Grundstücksmauer, irgendwas ›Fortschrittliches‹, das keinen Verdacht erweckt." Schickler grinste. „Wenn der Lkw mit dem Zelt kommt, reißt ihr das Plakat einfach weg und dann ab über die Sektorengrenze!"

„Die Idee mit dem Plakat ist gut. Ich sag dem Silberberg Bescheid. Der macht das schon."

„Kannst du dich auf deinen Kumpel verlassen? Ist der in Ordnung?"

„Hundertprozentig." Die Augen des Messerwerfers verrieten viel von der Bewunderung, die Bedrich Tischer für seinen ehemaligen Chef empfand. Schickler hatte ihn einige Zeit als Geschäftsführer beschäftigt. Er beneidete den einstigen Zirkusdirektor um dessen Cleverneß, die ihn befähigte, ein einmal anvisiertes Ziel mit aller Konsequenz durchzudrücken. Charaktereigenschaften, die Bedrich Tischer in den Jahren nach dem Krieg abhanden gekommen waren. Er brauchte nur in den Spiegel zu sehen, um zu erkennen, was das Schicksal aus einem Menschen machen konnte.

Schickler schnippte mit den Fingern. „Okay! Ich habe umdisponiert!" In einer elastischen Bewegung, die den durchtrainierten Artisten verriet, sprang er hinter dem Schreibtisch auf, nahm einen Stadtplan vom Wandregal und breitete ihn auf dem Tisch aus. Bedrich beugte den Kopf vor. Der Chef erläuterte: „Mantolla wird die Jungs heute Nacht zur Kalkscheunenstraße bringen. Silberberg steigt zu dir aufs Motorrad. Ihr haltet die Verbindung zwischen den Jungens und könnt sie im Notfall warnen, falls eine Vopo-Streife auftaucht. Wenn im Zirkus alles ruhig ist, öffnen Simon und Anderlick das hintere Tor. Die Leute aus dem Stall, die mitmachen wollen, bringen die Pferde auf die Straße. Und dann so schnell wie möglich zur Grenze. Hast du den Warenbegleitschein besorgt?"

„Mit 'ner Rasierklinge zurechtfrisiert. Im Dunkeln merkt kein Schwein, daß der Schein von 1952 stammt."

„Ist der Fluchtweg überprüft?"

„Johannisstraße, Tucholskystraße, Oranienburger, Krausnickstraße, Große Hamburger, Koppenplatz, Ackerstraße", zählte Tischer auf.

„Die letzte Strecke ist der Weg über den Friedhof." Schickler tippte mit der Rechten auf den Plan. Der Friedhof der Sophien-Kirchgemeinde spielte eine wichtige Rolle in ihrem Vorhaben. Während man das südliche Tor vom Pappelplatz aus betreten konnte, führte das Nordtor direkt auf die Bernauer Straße. Der gegenüberliegende Bürgersteig gehörte zum französischen Sektor. „Beide Tore müßt ihr rechtzeitig aufschließen. Hat Silberberg die Nachschlüssel beschafft?"

„Alles okay, Chef. Was machen wir, wenn dort Posten stehen?"

Schickler faltete den Plan zusammen. „Ich treffe die nötige Vorsorge. – Mensch, Bedrich, wenn die Sache mit den Pferden heute nacht klappt, macht ganz Berlin morgen Augen!"

Am Innsbrucker Platz drehte sich ein Riesenrad. Die Gondeln schwebten hinauf in den Nachmittagshimmel, ließen den Lärm des Rummelplatzes und den Staub, den Hunderte von Füßen aufwirbelten, für einen winzigen Augenblick unter sich zurück, bevor sie in die Kakophonie aus Musikfetzen, dem sausenden Rattern der Fahrgeschäfte, Schnarren der Glücksräder, und den Rufen der Los- und Luftballonverkäufer zurückgerissen wurden.

Hansi Küchwald schob sich durch das Gewühl der Rummelplatzbesucher. Der siebzehnjährige Bauschlosser hielt nach seiner Clique Ausschau, die sich bestimmt in der Nähe der Wellenbahn herumtrieb. Die meisten seiner Freunde – einige waren noch Lehrlinge, andere arbeitslos – hatte er im amerikanischen Jugendclub in der Schöneberger Hauptstraße kennengelernt. Dort konnte man basteln, Bücher ausleihen, sah amerikanische Filme und erfuhr nebenbei so manches über die Geschichte der Vereinigten Staaten von Nord-amerika. Und Mädchen traf man im Club. Hansi fielen auf Anhieb die Geschwister Schickler ein, zwei bildhübsche Mädchen, deren Vater das „Kleine Ballhaus" in der Nachbarschaft des Jugendclubs betrieb. Der Alkoholausschank im Club war verboten, so daß Hansi Küchwald und einige der Jungen ab und an im Ballhaus einkehrten. Bei solchem Anlaß hatten sie übrigens Alois Schickler kennengelernt, den Vater der beiden Mädchen. Jovial hatte der die Jungen als neue Gäste begrüßt, als kenne er jeden seit uralten Zeiten. Daß die Schicklers weltbekannte Artisten waren, erzählte er ihnen später, und daß sie aus der Ostzone flüchten mußten.

Bis zum Podest der Wellenbahn hatte Küchwald sich vorgedrängt, als er die Freunde entdeckte. Conny, Atze, Bully, Dicker und Pascha. Ihre richtigen Namen benutzte die Clique nur selten; man kannte sie kaum. Die Jungen standen neben dem buntbemalten Kassenhäuschen und wippten die Körper im Rhythmus der überlauten Musik. Ihre weiten dreiviertellangen Hosen galten als hochmodisch. Dazu trug man Ringelsocken und Schuhe mit zentimeterdicken Kreppsohlen.

„Conny!" brüllte Küchwald. „Hey, Atze!"

Pascha im giftgrünen Lumberjack legte die Hände trichterförmig vor den Mund. „Prima Stimmung hier! Komm rauf!"

Küchwald schüttelte heftig den Kopf. Er bedeutete den Freunden, daß er sie sprechen müsse. „Is was Geschäftliches!" unterstrich er die Dringlichkeit.

Nur ungern verließen die Jungen ihren Platz auf dem Podest. Küchwald zog sie hinter eine Bude. „Schickler läßt bestellen, daß alle um neunzehn Uhr im KBS sein müssen."

„Dann geht es also los?" fragte der dicke Tröbes aufgeregt.

Hansi Küchwald gab sich überlegen. Sollte die Clique ruhig glauben, daß der Chef ihn in seine Pläne eingeweiht hatte. Das hob sein Ansehen in der Truppe.

„Hoffentlich zahlt er auch das versprochene Geld", meinte einer der Jungen. „Die zwanzig Mark kann ich gut gebrauchen."

„Auch ein Job wäre nicht schlecht, als Pferdepfleger oder so."

Atze zog einen Kamm aus der Tasche und bearbeitete seine dunkle Haartolle. „Ich weiß nicht, ob die Sache okay ist. Um die Pferde zu holen, müssen wir doch in den Ostsektor …"

„Na und …?" hielt Pascha dagegen. „Hast doch gehört, daß die Pferde im Osten widerrechtlich festgehalten werden. Sie gehören Schickler!"

„Die Sache ist mir zu heiß", sagte Atze entschlossen. „Ich steige aus."

„Laßt ihn doch! Wenn er Schiß hat …"

„Quatsch keen jehäkelten Rhabarber!" Bully nahm für Atze Partei. Mittlerweile erschien auch ihm das Risiko in einem anderen Licht. „Ich brauch die zwanzich Emmchen nich. Wenn Ihr durchaus wollt, dann jeht ooch jefällichst alleene!"

Während am Innsbrucker Platz sich die Geister schieden, legte Alois Schickler im Hinterzimmer des „KBS" die neueste Ausgabe des „Renn-Courier" zur Seite. Verdrossen musterte er die Einrichtung in seinem Büro. Ein altersschwacher Aktenschrank, Couchtisch in Nierenform, zwei Sessel und der eingebaute Wandtresor in der Ecke. Die Wände waren mit Plakaten und gerahmten Artistenfotos dekoriert. Auf einem war Alois Schickler zu sehen, in rotem Frack und Zylinder. Mit der ausgetreckten Peitsche dirigierte er vier prachtvolle Rappen, die im Steiger posierten. Schicklers Augen blieben an dem Foto hängen. Der vertraute Geruch frischaufgeworfener Sägespäne stieg in seiner Erinnerung auf. Der Dunst von Stroh und warmen Tierleibern, wenn man in der Morgenfrühe die Stalltür öffnete, und die Pferde neugierig die Köpfe wandten. Pferde hatten einen Teil seines Lebens bestimmt. 1909 am Rande einer Zirkusmanege in Halle geboren, wurde ihm der Umgang mit Pferden von Kindheit an vertraut. Die Schicklers gehörten zu einer alten Artistenfamilie, deren Wurzeln sich bis ins hessische Werragebiet zurückverfolgen ließen. Schon als Dreizehnjähriger war Alois im verwegenen Cowboykostüm durch die Manege galoppiert. Mit neunzehn baute er sich eine Freiheitsdressur auf, die internationalen Vergleich nicht zu scheuen brauchte. Vor allem seine Dressuren waren es, die dem elterlichen Zirkus zu

Quelle: Zirkus-archiv Winkler

Rang und Ansehen verhalfen. Als der Krieg ausbrach, hatte Alois Schickler die Leitung des Unternehmens in eigene Regie übernommen. Ein wohlüberlegter Schachzug, denn die Glitzerwelt der Artisten spielte eine gewichtige Rolle im Kalkül der Truppenbetreuung für die deutsche Wehrmacht. Dann stand das Ende des „dritten Reiches" vor der Tür. Schickler zog sich nach Kassel zurück, wo sein arg gebeuteltes Zirkusunternehmen die letzten Kriegswochen überlebte ...

Der Chef des „Kleinen Ballhauses Schöneberg" unterbrach die Familienerinnerungen. Er trat zum Wandtresor, kramte ein Fotoalbum heraus, das er lange nicht mehr in den Händen gehalten hatte, und begann darin zu blättern. Hannover, Hamburg, München. Wo hatten sie nicht die Anker für die Halteseile ihres Chapiteaus ins Erdreich gerammt? Zirkusartisten waren gern gesehen. Nach den langen Kriegsjahren lechzten die Menschen nach Unterhaltung. Noch hatte man Geld in den Taschen, bis die Währungsreform vom Juni 1948 ihre Schatten warf. Fast über Nacht war das Publikum unter dem Zeltdach ferngeblieben. Lähmende Leere nistete sich auf den Zuschauerbänken ein, griff auf Kinos und Theatersäle über. Dafür lockten prallgefüllt Geschäfte mit Waren, die man lange nicht mehr gesehen hatte. Fieberhafter Kaufrausch überfiel die Menschen. Eine Entwicklung, die eine Vielzahl kleinerer Zirkusunternehmen in den Bankrott stürzte. Das Heer der arbeitslosen Artisten wuchs. Die wenigen Großstadtvarietés, die sich noch mühsam über Wasser hielten, konnten sie nicht auffangen.

Die Schicklers kämpften ums Überleben. Futterkosten, Wasser, Strom, Platzmiete, Transportkosten, die monatlichen Gagen für Personal und Artisten. Dazu die horrenden Steuern. Die dünn gewordene Kapitaldecke schmolz wie Schnee in der Frühjahrssonne dahin. Das Gespenst der Pleite ging um.

„Vielleicht sollten wir unser Glück mal im Osten versuchen", schlug Schickler eines abends in der Mitarbeiterrunde vor.

„Bloß nicht! Da bist du nie dein freier Herr. Schon beim Grenzübergang wirst du dein blaues Wunder erleben!"

„Wie man sagt, haben die Russen einen Faible für gute Zirkuskunst. Warum sollte es dort keine Arbeit für uns geben?"

Im Herbst 1949 streckte Alois Schickler die Fühler nach Ostdeutschland aus. Er konnte auf eine Reihe exzellenter Pferdedressuren verweisen und erbot sich zudem, eine Reihe guter Artisten – auch aus der DDR – zu verpflichten. Das von Gerhart Eisler geleitete Amt für Informationen beim Ministerpräsidenten der DDR erteilte die Tourneegenehmigung. Im Juli 1950 überschritt Schicklers Sechs-Masten-Unternehmen mit vierzig Pferden und zweiundvierzig Wagen die Zonengrenze bei Wartha. Im Winter 1950/51 bestritt er für mehrere Wochen das Programm des Steintor-Varietés in seiner Geburtsstadt Halle. Für die anschließende Sommertournee, die als „West-Ost-Gastspiel" angekündigt wurde, verpflichtete Schickler den aus Borna stammenden Artisten Bedrich Tischer. So hatte er zugleich einen des Landes kundigen Mitarbeiter, der die Geschäftsleitung beriet. Der „Circus Schick-

Quelle: Zirkusarchiv Winkler

ler" bereiste Sachsen, Sachsen-Anhalt, Brandenburg und Mecklenburg-Vorpommern.

Pressekritiken aus jener Zeit klebten im Album. Die „Norddeutsche Zeitung" lobte das Schweriner Gastspiel im August

1951: „Erstklassig, die Pferdedressuren von Direktor Schickler! Allein sie lohnen den Besuch. Vollgültige Reitkunst führen Edith und Ingrid Schickler mit ihren Partnern vor. Allerliebst Fred Schwarz mit seinen Hundelieblingen; eine im Raum des Zirkus nicht oft gesehene Nummer. Daneben steht ein umfangreiches artistisches Programm."

Selbst für die propagandistische Vermarktung mußte der Zirkus herhalten. Der Bericht des SED-Organs für das Land Mecklenburg endete mit den Sätzen: „Mit seinem Gastspiel will der westdeutsche Zirkus Schickler nicht nur uns neue artistische und zirzensische Darbietungen bringen, sondern vor allem, wie es der artistische Leiter E. Koschkar in der Begrüßung betonte, die For-

Gastspiel des Zirkus Schickler in Schwerin

Daß auch der letzte Platz in dem Zelt besetzt war, spricht von dem Interesse der Schweriner an zirzensischen Darbietungen; der starke Beifall dagegen beweist, daß dieser Zirkus aus der Nähe von Köln, der nun schon seit über einem Jahr in unserer Republik gastiert, ein gehaltvolles Programm bietet.

Da im Zirkus die Tiere das Wichtigste sind, beginnen wir die Aufzählung der Darbietungen, die den Zuschauer immer wieder zu lange anhaltendem Klatschen veranlaßten, mit den Tieren. Prächtige Pferde, Hannoveraner und Holsteiner Ostfriesen von Direktor Schickler und den Mitgliedern der Familie Schickler in Dressuren, Pottpourris, dem Pas de deux, der hohen Schule, Parforce und als Steiger vorgeführt. Wir freuen uns über die seriöse klassische Zirkuskunst, ebenso wie über das komische Pas de deux von zwei Unbekannten und über die Gruppe, bestehend aus einem Kamel, Maulesel, Esel, zwei Shetlandponys und zwei Steinböcken, die in die Manege kommt. Nach den Pferden sehen wir andere Haustiere, nämlich die Hundegruppe von Fred Schwarz, in seltenen und wirkungsvollen Dressurakten.

Die artistische Seite des Programms wird vervollkommnet durch die zwei Florettis (Tempo-Jongleure), die eine saubere Arbeit liefern, den beiden Mempers (Meisterinnen auf dem Drahtseil), die Artistik am Fangstuhl von Frank und Ossy und den drei Alascas. Auf humoristisch kommt uns der Einradfahrer Mendin, der auf seinem halben Rad einen Walzer fährt und auf einem Miniaturmotorrad — die Augen aller Kinder leuchten — seine Runden dreht. Bei Koco stritten wir uns, ob das Wesen im Affenfell ein Mensch oder ein Affe ist, zumal auf dem Programmzettel hinter der Nummer ein Fragezeichen steht. Wir wollen deshalb diese Frage offenlassen. Ein Mensch ohne Knochen, aus Kautschuk schien Siul in seinem komischen Klischnigg-Akt zu sein. Die vier Mantoys sind mit ihren Rollschuhen verwachsene rotierende und wirbelnde Wesen. Clowns und Auguste mit unmöglichen Instrumenten und Miniaturgeigen und vor allem, mit viel Wasser, erfüllen die Manege und die Zeit mit Lustigkeit und Lachen. Tollkühnheiten unter der Kuppel bringen die Geschwister Pahlow in einem Luftakt, dessen Präzision wir immer aufs neue bewundern.

Ein gutes und vielseitiges Programm, das noch dadurch gewinnen würde, wenn sich Künstler wie Siul und Frank und Ossy entschließen würden, auf die vulgären Späße und Grimassen zu verzichten. Ihre Leistungen sind so, daß sie dies nicht nötig haben. Mit seinem Gastspiel will der westdeutsche Zirkus Schickler nicht nur uns neue artistische und zirzensische Darbietungen bringen, sondern vor allem, wie es der artistische Leiter E. Koschkar in der Begrüßung betonte, die Forderung unterstützen: Deutsche an einen Tisch. Der starke Beifall bewies, wie er allen aus dem Herzen gesprochen hatte. —r.

Quelle: Zirkusarchiv Winkler

derung unterstützen: Deutsche an einen Tisch. Der starke Beifall bewies, wie er allen aus dem Herzen gesprochen hatte."

Damals schien es, als habe sich das Schicksal des „Circus Schickler" zum Guten gewendet. Eingedenk der trüben Erfahrungen, die das Unternehmen nach der westdeutschen Währungsreform durchlebt hatte, ging Schickler daran, das Loch in der Eigenkapitaldecke zu stopfen.

Die warnenden Stimmen, die von einer Ostzonen-Tournee abgeraten hatten, sollten aber am Ende recht behalten. Im Mai 1951 unternahmen die DDR-Behörden einen ersten Versuch, in Schicklers Reich einzudringen. Mitarbeiter des Amtes für Informationen und ein Funktionär des „Kartells Kunst und Schrifttum", das der Einheitsgewerkschaft FDGB angegliedert war, schnüffelten im Zirkus. Die Aktennotiz, die nach ihrer Inspektion entstand, behauptete „unhaltbare Zustände im Circus Schickler. Die Wohnwagen der Arbeiter und Tierpfleger befinden sich in völlig unhygienischem Zustand. Die Entlohnung ist mehr als schlecht, dafür müssen die Arbeiter jedoch 12 bis 14 Stunden täglich arbeiten. Direktor Schickler schreckte auch nicht davor zurück, einen Mitarbeiter zu verprügeln." …

Alois Schickler klappte das Fotoalbum zu. Die Erinnerungen an das Intermezzo mit den Kontrollfunktionären erweckten noch heute Verdruß in ihm. Die Männer hatte partout nicht wahrhaben wollen, wie schwierig es in dieser Zeit war, ausgebildete Pferdepfleger für einen Reisezirkus zu bekommen. Man mußte nehmen, wen man fand, darunter auch Leute, die ein bequemes und abenteuerliches Leben im Zirkus erwarteten. Die Härte und die Gefahren der Arbeit, mit denen Artisten, Pfleger und Zeltarbeiter konfrontiert sind, läßt keine Zeit für Schwärmereien aufkommen. Manche Leute kapitulierten bald, andere griffen gelegentlich zur Flasche. Wie jener Stallbursche, der im Alkoholrausch auf eines der Dressurpferde eingeschlagen hatte. Mit den Fäusten lehrte Schickler den Rohling Mores. Was er, wie er dem Kulturbürokraten aufgebracht erklärte, bis heute nicht bereuen könne.

Sie kamen ihm auf einem anderen Wege bei. Im Herbst 1951 nahmen die Steuerprüfer das Schicklersche Imperium unter die Lupe. Während die Zeitungen noch des Lobes voll waren über die Leistungen des westdeutschen Zirkusunternehmens, forderte der Fiskus eine Steuerschuld von 240 000 Mark ein. Sie sollte vor allem durch den Verkauf unversteuerter Eintrittskarten entstanden sein. Schickler und sein Geschäftsführer Edmund Schober sahen sich außerstande, diese Tatsachenbehauptung zu widerlegen. Wie soll-ten sie auch? Die „Steuerschulden", die das Finanzamt ein-treiben wollte, basierten auf Schätzungen. Schickler hatte nicht-numerierte Eintrittskarten verkauft. Anfangs hatte man sogar 500 000 Mark von ihm haben wollen, sah sich aber nach seinen Protesten zu einer Revision der Forderung gezwungen.

Das Finanzamt in Stralsund legte die Hand auf das Zirkusver-mögen. Zelte, Wagen, Zugmaschinen, Autos und vor allem die Tiere fielen unter die Pfändung. Schickler erhielt die Genehmi-gung, das Unternehmen nach Dahlwitz-Hoppegarten zu über-führen. Ein kleines Dorf vor den Toren Berlins, das ostdeutschen Artistenfamilien als traditionelles Winterquartier diente.

Am 6. März 1952 schrieb der „Ministerrat der Deutschen De-mokratischen Republik, Ministerium für Kultur, Abteilung Dar-

Abt. Darstellende Kunst

An den
Zirkus S c h i c k l e r
Berlin-Neuenhagen

3662   T Bk/Ho   6. März 1952

Entziehung der Zulassung

Bei der Ihnen gegebenen Zulassung zur Tätigkeit im Gebiet der Deutschen Demokratischen Republik durch das Amt für Information ist von der Voraussetzung ausgegangen worden, daß Sie die bei uns geltenden gesetzlichen Bestimmungen und arbeitsrechtlichen Bedingungen anerkennen und in Ihrem Betrieb durchführen. Wir haben feststellen müssen, daß Sie die bei uns geltenden Gesetze verletzt haben. So sind die bei Ihnen beschäftigten Mitarbeiter nach Feststellungen der Gewerkschaft Kunst in einer Weise be-handelt worden, die wir nicht dulden können. Außerdem wurden Ihnen teilweise ihre berechtigten Bezüge vorenthalten und bei der Ab-sicht des Arbeitswechsels das Arbeitsbuch nicht ausgehändigt. Unter diesen Bedingungen ist eine Tätigkeit auf dem Gebiete des Veranstaltungswesens in der Deutschen Demokratischen Republik nicht vertretbar. Wir sehen uns daher gezwungen, die Ihnen ge-gebene Lizenz zurückzuziehen.

I.A.

(B o r k)
Abteilungsleiter

Quelle: Zirkusarchiv Winkler

stellende Kunst" an den Direktor, Herrn Alois Schickler, und seinen Geschäftsführer Schober:

Bei der Ihnen gegebenen Zulassung zur Tätigkeit im Gebiet der Deutschen Demokratischen Republik durch das Amt für Informationen ist von der Voraussetzung ausgegangen worden, daß Sie die bei uns geltenden gesetzlichen Bestimmungen und arbeitsrechtlichen Bedingungen anerkennen und in Ihrem Betrieb durchführen. Wir haben feststellen müssen, daß Sie die bei uns geltenden Gesetze verletzt haben. So sind die bei Ihnen beschäftigten Mitarbeiter nach Feststellungen der Gewerkschaft Kunst in einer Weise behandelt worden, die wir nicht dulden können. Außerdem wurden ihnen teilweise ihre berechtigten Bezüge vorenthalten und bei der Absicht des Arbeitswechsels das Arbeitsbuch nicht ausgehändigt. Unter diesen Bedingungen ist eine Tätigkeit auf dem Gebiet des Veranstaltungswesens in der Deutschen Demokratischen Republik nicht vertretbar. Wir sehen uns daher gezwungen, die Ihnen gegebene Lizenz zurückzuziehen.

Nachdem Schickler den Brief gelesen hatte, verfiel er in einen Wutanfall. Selbst Edmund Schober, sein enger Vertrauter, vermied es, dem Chef über den Weg zu laufen. Am Abend berieten sie die Situation. Die Rücknahme der Spiellizenz machte es dem Zirkus unmöglich, die „Steuerschulden" abzuarbeiten. Die Schicklers hätten in die Bundesrepublik zurückgehen können, aber dann wäre ihr Vermögen wohl endgültig an den Staat DDR gefallen. „Ohne meine Pferde gehe ich nicht!" entschied Schickler.

Geschäftsführer Schober nahm Verhandlungen mit dem Finanzamt in Strausberg auf, das jetzt die Interessen der Stralsunder Steuerbehörden vertrat. Man einigte sich auf einen Kompromiß. Schicklers Unternehmen wurde an den Zirkus Baruk verpachtet, den Gerhard Babuke, ein früherer Mechaniker, 1949 gegründet hatte. Alois Schickler führte im Angestelltenverhältnis seine bekannten Freiheitsdressuren vor, seine Töchter ritten als die „Geschwister Schickler" auf den Schulpferden. Die monatliche Pachtsumme, die Gerhard Babuke nun neben seiner eigenen Steuerpflicht an das Finanzamt abzuführen hatte, betrug 10 500 Mark. Babuke, ein Seiteneinsteiger auf der Zirkusszene, war im Grunde genommen froh, den versierten Artisten Alois Schickler in seinem Stall zu wissen. Zwischen beiden entwickelte sich eine freundschaftliche Partnerschaft. Und Schickler erreichte, daß sein bisheriger Geschäftsführer Edmund Schober ein Unterkommen bei

Alois Schickler und Gerhard Babuke. Quelle: Zirkusarchiv Winkler

Babuke fand. Der Zirkus Baruk mauserte sich zu einem Unternehmen der Mittelklasse.

Schlagartig fielen am Morgen des 18. Oktober 1952 Kontrollkommissionen über die Zirkusunternehmen in der DDR her. Mitarbeiter der Finanzämter, der Arbeitsschutzinspektionen, der Gewerkschaft Kunst und der Volkspolizei setzten zu sogenannten Tiefenprüfungen an. Ein Autor, der sich mit den Vorgängen befaßt hat, schrieb 1981: „Inzwischen war nach der Verwaltungsreform in der DDR ... auch im Ministerium für Kultur die Zeit herangereift, die Situation im Zirkuswesen grundlegend zu überprüfen." Das Szenario war hinreichend erprobt. Bereits am 13. November 1950 hatte im thüringischen Oberhof eine ähnliche Aktion gegen private Einrichtungen des Kur- und Erholungswesens stattgefunden, in deren Folge zwei dutzend Hotel- und Pensionsbesitzer wegen „festgestellter Wirtschaftsverbrechen, Spekulantentums, Preisverstößen und Steuerhinterziehungen" enteignet wurden. Noch perfekter sollte sich übrigens die Planung für die „Aktion

Rose" erweisen, die mit gleichem Ziel im Frühjahr 1953 die Ostseeküste heimsuchte.

Für den Zirkus Baruk konstatierten die Kontrollkommissare am 19. Oktober 1952 eine Steuerschuld von 120 000 Mark. Der bereits zitierte Autor schrieb: „Damit wurde endgültig klar, daß auch die Verpachtung des Zirkus Schickler keinen Erfolg gezeitigt hatte, sondern, im Gegenteil, Schicklers Manipulationen bei Baruk fortgesetzt worden waren."

Alois Schickler wußte die Zeichen der Zeit zu deuten. Er kratzte seine finanziellen Mittel zusammen, stieg mit der Familie in die S-Bahn und setzte sich nach Westberlin ab. Gerhard Babuke, der im Raum Dedeleben die grüne Grenze überqueren wollte, hatte weniger Glück. Er wurde in Magdeburg festgenommen.

Am 13. November 1952 verfügte das Finanzamt Strausberg die Übergabe der Zirkusunternehmen Baruk und Schickler in die Treuhandverwaltung des volkseigenen „Circus Barlay". Edmund Schober, der die Verhandlungen mit Hilfe eines Rechtsanwaltes beim Finanzamt führte, erreichte, daß die sechs Schul- und Freiheitspferde, die nachweislich Privateigentum der Geschwister

Die Schwestern Schickler. Quelle: Zirkusarchiv Winkler

Schickler waren, aus der Treuhandmasse ausgegliedert wurden. Schickler ließ sie nach Westberlin überführen.

Bei den Verladearbeiten ging ihm ein Bursche zur Hand, der seit kurzem den Posten des Stallmeisters in Hoppegarten bekleidete. Der neunzehnjährige Ludwig Anderlick schwärmte ein bißchen für Edith und Ingrid, die flotten Schickler-Mädchen. Mit wohlwollender Geste übersah er, daß die Anzahl der verladenen Geschirr- und Sattelzeuge weitaus größer war, als in den Begleitpapieren vorgesehen. Und die Schicklers revanchierten sich mit einer freundlichen Einladung: „Vielleicht besuchen Sie uns mal, Ludwig, wenn wir drüben erst eingerichtet sind?"

Alois Schickler fand neue Geschäftspartner. Er wurde Mitinhaber des „Kleinen Ballhauses Schöneberg", ein Etablissement, wie es viele in der Westberliner Vergnügungsbranche der fünfziger Jahre gab. Das Publikum war bunt zusammengesetzt. Junge Leute, die auf amerikanische Jazzmusik und heißen Boogie-Woogie standen. Im Keller des Hauses richtete Schickler einen Schießstand ein. Man schoß mit Luftgewehren auf Papierblumen. Amerikanische Soldaten verkehrten in dem Lokal mit ihren deutschen Girls. Aber auch Prostituierte, die nicht nur in Westberlin, sondern auch in Ostberliner Lokalen zu finden waren. Nach einer routinemäßigen Razzia der amerikanischen Militärpolizei wies Schickler seine Türsteher an, nur noch Frauen mit ordnungsgemäßem Gesundheitspaß einzulassen. Weder mit den Amerikanern noch mit den deutschen Behörden durfte er es sich verderben.

Solche Mißlichkeiten des „Budikerlebens", wie Schickler sie genervt nannte, verfestigten seine Vorsätze. Schon bei der Flucht aus dem Osten hatte er sich geschworen, im Zirkusgeschäft wieder auf die Beine zu kommen. Wer zum Artisten bestimmt ist, der kämpft sich durch, lautete Schicklers Grundsatz. Er setzte auf sein Hauptkapital, seine Dressurpferde, von denen er jetzt wußte, daß sie seit einer Woche in den Ställen des Barlay-Geländes in der Friedrichstraße 107 untergestellt waren. Dreiundzwanzig edle, vollblütige Pferde, die er wieder in seinen Besitz bringen mußte – ganz gleich auf welchem Wege.

Alois Schickler umkreiste mit elastischen Schritten seinen Schreibtisch. Die Luft im Büro war stickig, erschwerte das Atmen. Schickler riß einen Fensterflügel auf und lockerte den Schlipsknoten.

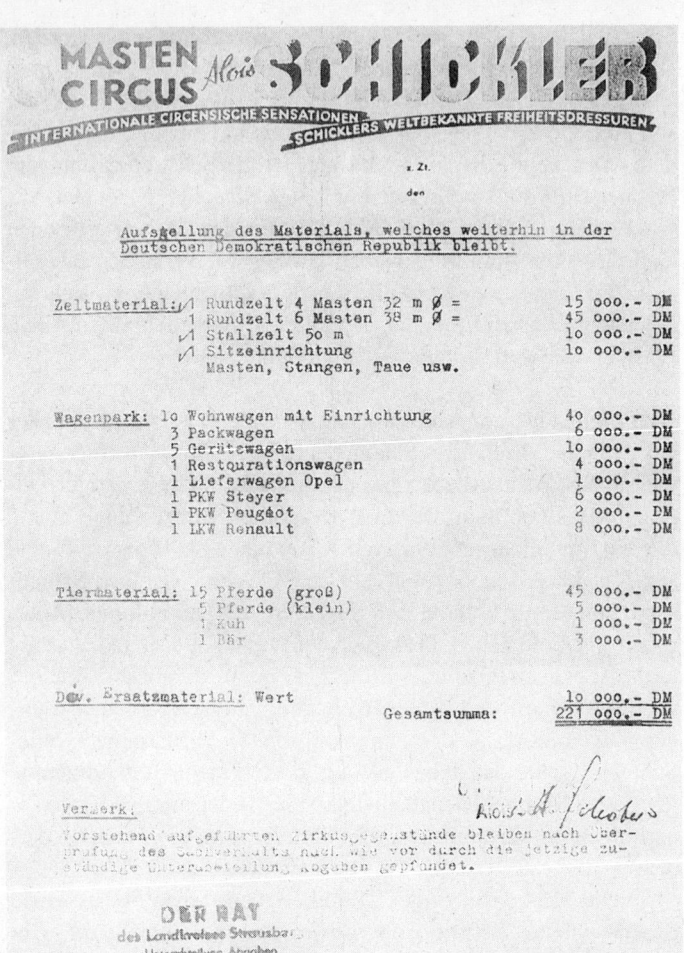

z. Zt.

den

Aufstellung des Materials, welches weiterhin in der
Deutschen Demokratischen Republik bleibt.

Zeltmaterial:	1 Rundzelt 4 Masten 32 m Ø =	15 000.- DM
	1 Rundzelt 6 Masten 38 m Ø =	45 000.- DM
	1 Stallzelt 5o m	1o 000.- DM
	1 Sitzeinrichtung	1o 000.- DM
	Masten, Stangen, Taue usw.	

Wagenpark:	1o Wohnwagen mit Einrichtung	40 000.- DM
	3 Packwagen	6 000.- DM
	5 Gerätewagen	1o 000.- DM
	1 Restaurationswagen	4 000.- DM
	1 Lieferwagen Opel	1 000.- DM
	1 PKW Steyer	6 000.- DM
	1 PKW Peugeot	2 000.- DM
	1 LKW Renault	8 000.- DM

Tiermaterial:	15 Pferde (groß)	45 000.- DM
	5 Pferde (klein)	5 000.- DM
	1 Kuh	1 000.- DM
	1 Bär	3 000.- DM

Dev. Ersatzmaterial:	Wert	1o 000.- DM
	Gesamtsumme:	221 000.- DM

Vermerk:

Alois H. Schickler

Vorstehend aufgeführten Zirkusgegenstände bleiben nach Überprüfung des Sachverhalts nach wie vor durch die jetzige zuständige Unterabteilung Abgaben gepfändet.

DER RAT
des Landkreises Strausberg
Unterabteilung Abgaben

*Die Anzahl der in der Aufstellung angegebenen PerdeQ erhöht sich
später auf 23. Quelle: Zirkusarchiv Winkler*

Der erste Versuch, einstigen Besitz zurückzuerlangen, war fehl-
geschlagen. Am 23. Dezember 1952 wollten Bedrich Tischer und
sein Bekannter namens Silberberg einen Pkw „Steyer", der in Alt-
landsberg untergestellt war, über die Grenze schmuggeln. Dabei
gerieten sie in eine Kontrolle. Tischer und Silberberg konnten sich
herausreden, mußten das Auto aber, da die Begleitpapiere unvoll-
ständig waren, der Polizei überlassen.

Im Februar 1953 versprach Tischer, eine Zugmaschine, die fast vergessen in einer Neubrandenburger Reparaturwerkstatt stand, nach Westberlin zu bringen. Auch dieses Unternehmen schlug fehl.

Tischer wurde seltsamerweise nicht verhaftet. War es die Dummheit der Polizeibehörden, oder ließen sie ihn längst „an der langen Leine laufen"? Die Wahrheit läßt sich heute kaum noch erschließen. Überliefert sind Aktennotizen, die auf eine Beobachtung hinweisen. Ein besorgter Funktionär notierte in einem erhalten gebliebenen Bericht: „Wir haben aus Gründen der Wachsamkeit dieserhalb verschiedene Stellen angesprochen und um Hilfe ersucht. Zu dieser Zeit leider ohne Erfolg."

Seit Wochen bereitete Alois Schickler den Pferdecoup vor. Da er nichts mehr dem Zufall überlassen wollte, kümmerte er sich selbst um die Vorbereitungen. Auf sein Geheiß hatte Tischer Kontakte zu Johannes Simon aufgenommen, der früher als Stallbursche bei Schickler gearbeitet hatte und jetzt zum Personal des volkseigenen „Circus Barlay" gehörte.

Gegen sechzehn Uhr trennten sich Simon und Ludwig Anderlick vor einer Kneipe am S-Bahnhof Friedrichstraße. Ausgiebig hatten sie Ludwigs zwanzigsten Geburtstag gefeiert.

„Vergiß nicht, heute abend um elf!"

Anderlick hob kurz die Hand. Dann lief er die Treppe zum Bahnsteig der unterirdischen Nord-Süd-Bahnlinie hinab. Der Feierabendverkehr hatte eingesetzt. Die S-Bahnzüge waren überfüllt. Während der Zug durch den Tunnel in Richtung Nordbahnhof raste, kreisten die Gedanken des Zwanzigjährigen um das nächtliche Rendezvous.

Johannes Simon war ein Jahr älter. Bis zu einem selbstverschuldeten Arbeitsunfall hatte er als Stallmeister in Hoppegarten gewirkt. Die Betriebsleitung beorderte ihn als Pferdepfleger in die Friedrichstraße 107 zurück. Deshalb fielen die Pflichten des Stallmeisters an Ludwig Anderlick, der davon ausging, daß Simon ihm den zwangsverordneten Rollentausch übelnahm. Statt dessen war Simon eines Tages mit dem Vorschlag herausgerückt: „Weißt du was, Ludwig, wir machen uns einen gemütlichen Abend. Mal raus aus dem Pferdemief. Hast du nicht Lust auf einen Kneipenbummel?"

Nach dem Füttern waren sie losgezogen. Simon, der den Ton angab, lotste Anderlick nach Schöneberg. Sie landeten im KBS.

Das Lokal war brechend voll, die Luft zum Schneiden dick. Der

*Das Kleine Ballhaus
in der Schöneberger
Hauptstraße. Quelle:
Archiv des Autors*

Pianist bearbeitete die Tasten, die Trompeten jazzten hell auf, geführt von dem Mann am Schlagzeug, der den Rhythmus hämmerte. „Mucki, mein Schnucki, tanz mit mir Boogie-Woogie …" Schwitzende Paare schoben und wippten auf der Tanzfläche.

„Donnerwetter, das ist ja der Ludwig Anderlick!" Mit ausgebreiteten Armen kam Alois Schickler den Besuchern entgegen. „Simon hat mir schon erzählt, daß du jetzt Stallmeister in Hoppegarten bist. Immer tüchtig, mein Junge. Nimm dir bloß kein Beispiel an diesem Suffkopp!" Im Scherz boxte er Simon in die Seite. „Wie geht's meinen Pferden?"

Anderlick bekam rote Ohren. Erstaunt über den freundlichen Empfang stotterte er: „Alles in Ordnung, Herr Schickler."

„Kommt, Jungs!" Er schob einige Leute aus dem Weg und führte sie zu seinem Stammtisch. „Ich finde es großartig, daß ihr gekommen seid. Nehmt Platz!" Schickler orderte eine Flasche Schampus. „Geht auf meine Rechnung, Jungens. Unser Wiedersehen muß doch gefeiert werden!"

Der Champagner kam. Sie tranken und palaverten über alte Zeiten.

„Manchmal blutet einem das Herz", klagte Schickler. Ein Anflug von Rührseligkeit schwang in seiner Stimme mit. „Die Jahre vor dem Krieg, das waren die glücklichsten meines Lebens, könnt ihr mir glauben. Zugegeben, der ›Circus Schickler‹ war nicht so groß wie ›Busch‹ oder ›Barlay‹, das wißt ihr ja, aber wir sind trotzdem durch Europa gereist. Gastspiele in Italien, in Budapest und Wien." Trübsinnig starrte er in sein Glas. „Und jetzt das hier, Jungens ..." Eine unbestimmte Handbewegung umschrieb das KBS.

„Aber Ihnen geht es doch gut, Herr Schickler", bemerkte Anderlick verwundert.

Alois Schickler warf ihm einen langen Blick zu. „Wer zum fahrenden Volk gehört, den zieht es immer zum Chapiteau zurück. Wer weiß, vielleicht mache ich eines Tages den ›Circus Schickler‹ wieder auf. Wollt ihr dann dabei sein, Jungens?"

Sie hielten es für einen Scherz und lachten. „Sie müssen uns nur rechtzeitig Bescheid geben, Herr Schickler."

„Schon in Ordnung. Laßt euch mal wieder sehen. Und paßt auf meine Pferde auf! Prost!"

Viel zu schnell war die Zeit an diesem Abend vergangen. Ludwig hatte ihn in angenehmer Erinnerung behalten. Als Johannes Simon zwei Wochen später einen weiteren Ausflug ins KBS vorschlug, war Ludwig dabei.

Diesmal ließen sich auch Edith und Ingrid Schickler für kurze Zeit an ihrem Tisch blicken. Ludwig war selig. Gern hätte er die Mädchen zu einem Drink eingeladen, aber als Ostler besaß er kaum Westgeld. Die Wechselstuben verkauften 1 Mark West gegen 5,85 Mark Ost. Alois Schickler, der die Nöte des Jungen bemerkte, stopfte ihm einen Zehner in die Tasche. „Kannst mir vielleicht auch mal aus der Patsche helfen", meinte er und klopfte ihm auf die Schulter.

Bei ihrem vierten Besuch kam Bedrich Tischer an ihren Tisch. Daß diese Begegnung abgesprochen war, ahnte Anderlick nicht.

An diesem Abend wurde Alois Schickler deutlicher: „Ich habe mich entschlossen, Jungens. Ich starte mit einem neuen Zirkus. Köln und Hannover warten schon. Dann ein Abstecher in die Schweiz und danach Frankreich. Selbstverständlich brauche ich zuverlässiges Personal. Und ich habe gleich an euch gedacht. Kann ich mit euch rechnen, Jungens?"

Simon stimmte begeistert zu. Anderlick zögerte. Sein Herz hing an dem Stall in Hoppegarten, an den Pferden, für die er die Verantwortung trug. Die Betriebsleitung vertraute ihm. Und was würden die Eltern sagen? „Hm, ich weiß nicht ..." Er spürte die Blicke der Männer, die auf ihn gerichtet waren, wurde verlegen und trank hastig einen Schluck.

„Was gibts da noch zu überlegen", redete Tischer auf ihn ein. „So eine Chance kriegst du doch nie wieder. Zürich, Lyon, Marseille, das Mittelmeer. Bei Barlay wirst du ewig im Osten versauern. Schlag ein, Mann!"

„Naja, wenn ihr meint …" Anderlick nickte.

Schickler klopfte sich zufrieden auf den Schenkel. „Prima, Jungens. Ohne eure Hilfe wäre ich nämlich aufgeschmissen. Drüben habe ich noch eine Rechnung zu begleichen." Er senkte die Stimme. „Ich will mit offenen Karten spielen. Wir holen meine Pferde!"

Ludwig spitzte die Lippen. „Aus der Friedrichstraße …?"

„Dachtest du vom Mond?" grinste Tischer. „Das einzige, was für den Chef zählt, sind seine Pferde. Die müssen wir rausholen, verstehst du. Ohne Dressuren kein neuer Zirkus!"

„Und keine Jobs für uns", fügte Simon hinzu. „Er nimmt uns beide als Stallmeister."

„Darauf habt ihr mein Wort, Jungens!" Schickler legte die Hand auf seine Brust. „Euer Risiko ist doch verschwindend klein. Ihr führt nur die Pferde aus dem Stall."

„Und wann soll's losgehen?"

„Endlich eine Frage nach meinem Geschmack", gluckste Tischer.

„Bald, Ludwig. Sehr bald sogar."

Nicht länger als zwei Wochen lag dieses Gespräch zurück. Als sie heute im KBS vorbeischauten, hatte Schickler sein Geheimnis gelüftet. Er führte sie in sein Büro. Ein Bursche von Mitte Zwanzig lümmelte im Sessel. Er trug betont kurze Hosen, das Sacko dafür überlang. Seine dunkelblonden Haare zu einer Dauerwellenfrisur gelegt. Zwischen den Zähnen malmte er einen Chewinggum.

„Günter Mantolla", stellte Schickler den Typ vor. Daß Mantolla vorbestraft war, sagte er nicht. „Günter bringt mit einigen Jungens die Pferde über die Grenze. Heute nacht ist es soweit. Ihr beide müßt die Betriebswache ausschalten. Du hast doch heute Geburtstag, Ludwig. Ladet die Nachtwächter zum Schnaps ein und sauft die Aasbande unter den Tisch. Die Pulle bekommt ihr von mir. Punkt drei Uhr fünfzehn öffnet ihr das Tor zur Kalkscheunenstraße. Haarmann und Kroker helfen euch im Stall. Mantolla und die Jungens übernehmen auf der Straße. Alles klar?"

Die Entscheidung war also gefallen. Wenn Anderlick jetzt nach Hause kam, dann würde es auch ein Abschied von den Eltern sein. Unwiderruflich. Würden sie es verstehen und auch billigen?

Die S-Bahn erreichte den Nordbahnhof. Ludwig stieg hinauf

Circus Barlay. Quelle: Zirkusarchiv Winkler

zum Tageslicht. Die beschädigten Mauern des Stettiner Fern-
bahnhofes, der seit 1950 Nordbahnhof hieß, waren abgetragen
worden. Nur die Verladerampe für den Güterverkehr war noch in
Betrieb. Der Zirkus nutzte sie, wenn Wagen und Tiere als Bahn-
transporte auf Reisen gingen.

Eine viertel Stunde später betrat er die elterliche Wohnung in
der Bergstraße. Die Mutter strahlte beim Anblick ihres Großen.
Alles Glück dieser Erde wünschte sie ihm. Vater schloß sich mit
einem kräftigen Handschlag an. Emil Anderlick arbeitete auf dem
Bau. Ein bescheidener und überaus ehrlicher Mann von einfacher
Denkart. Die Erlebnisse des Krieges – tagelang war er in einem
Bunker verschüttet – und die Gefangenschaft in einem sibirischen
Bergwerk hatten ihn zu einem ängstlichen Menschen geformt.
Viele Entscheidungen seines Lebens waren von Zweifel und über-
triebener Vorsicht begleitet.

Nachdem sie Kaffee getrunken hatten und die Männer nach einer Molle mit Korn lechzten, rückte Ludwig mit seinem Geheimnis heraus.

Der Vater erbleichte. „Um Gottes willen, was habt ihr euch aus-
gedacht?"

„Uns kann nichts passieren, Vater. Die Pferde gehören dem
Schickler."

„Sie sind ihm weggenommen worden, Ludwig. Das hat doch
Gründe."

„Selbst wenn – mir ist es egal."

„Und wenn sie euch an der Grenze erwischen?"

Hitzig entgegnete Ludwig: „Ich will nicht ewig im Osten versauern."

„Ich flehe dich an, Junge. Gebrauche doch deinen Verstand!"

„Schickler startet mit einem neuen Zirkus. Er nimmt mich als Stallmeister."

„Bist du denn in Hoppegarten nicht glücklich? Die Leute achten dich, man hat Vertrauen zu dir." Pause. Und dann der Befehl: „Du läßt dich auf keinen Fall mit diesen Ganoven ein!"

Ludwig spürte, wie der Kommandoton des Vaters seine Nackenhaare aufrichtete.

„Ich will aber mehr!" brauste er auf. „Ich möchte raus und die Welt sehen!"

Die Gemütlichkeit der Geburtstagsrunde war zerbrochen. Berta Anderlick, die wie alle Mütter der Welt, ihren Sohn nur ungern ziehen lassen wollte, versuchte zu schlichten. „Tu' uns das nicht an, Ludwig. Wie ein Zigeuner durch die Welt zu stromern. Unregelmäßiges Essen, ein schmutziges Quartier. Wer weiß, ob wir uns je wiedersehen?"

Trotz und zugleich eine Spur von Scham standen im Gesicht des jungen Mannes. Eine Weile war Schweigen, bis er unvermittelt aufsprang, die Windjacke vom Haken riß und blindlings aus der Wohnung rannte.

22.00 Uhr. Im KBS ging es hoch her. Die Leute, die bereit waren, in den Ostsektor zu gehen, hatten sich im Vereinszimmer versammelt. Küchwald war gekommen, Peter Hendler, aber auch Kumpa, Dadla und die acht anderen vom Innsbrucker Platz. Alois Schickler verteilte großzügig Zigaretten. Die Kellnerin servierte Cola, Bier und Schnaps.

„Trinkt nicht so viel", warnte Schickler. „Heute nacht braucht ihr einen klaren Verstand!"

„Dann holen wir heute die Pferde?"

„Du bist ja ein ganz schlaues Kerlchen", spottete Schickler. Sein jovialer Tonfall traf den Nerv der Jugendlichen. „Ich weiß, daß ihr mutige und entschlossene Kerle seid", fuhr er fort. „Heute ist es soweit. In einer Stunde marschieren wir los. Keine Angst und keine Aufregung. Es kann überhaupt nichts passieren. Alles ist aufs beste vorbereitet. Haltet euch an Mantolla."

Schickler winkte den Burschen mit der Dauerwellenfrisur an

seine Seite. „Er kennt den Weg und wird euch führen. Am Zirkus werdet ihr erwartet. Ihr übernehmt die Pferde und dann ab zur Grenze. Ein Kinderspiel, wie ihr seht. Schon morgen sind wir gemachte Leute! Die Wochenschau wird euch filmen wollen. Radio- und Zeitungsreporter werden sich um Interviews reißen! Na, ist das 'ne Sache?"

„Was sagen wir, wenn man uns im Osten mit den Pferden entdeckt?"

„Jungens, da besteht überhaupt keine Gefahr", wiegelte Schickler ab. „Auf der Route, die wir ausgewählt haben, werden regelmäßig Pferdegruppen zur Verladung am Nordbahnhof gebracht. Da wundert sich niemand, wenn er nachts eine Reitergruppe trifft. Falls aber doch, dann hat unser Freund Bedrich Tischer einen Begleitschein in der Tasche, der den Transport legitimiert. Kapiert?"

„Klar, Boß. Und wenn die Vopo kontrolliert?"

Von einem Augenblick zum anderen war es still im Raum. Die Jungen sahen betreten in ihre Gläser. Insgeheim hatte sich jeder mit dieser Frage beschäftigt, aber nur einer wagte es, sie zu stellen.

Günter Mantolla rettete die Situation. „Wer uns in die Quere kommt, der kriegt 'n Tritt in den Wanst, Boys!" schrie er siegessicher. „Die Parole heißt: Drauf und durch!"

„Bravo, Jungens! Das ist das richtige Rezept." Schickler sprach der Truppe Mut zu. „Denkt immer daran: Es geht nicht nur um mich. Vor allem tut ihr euch selbst einen Gefallen. Wer einen Job sucht, kann jederzeit in meinem Zirkus anheuern."

„Aber zuerst holen wir die Pferde!" lärmte Mantolla. „Legen Sie das versprochene Geld auf den Tisch, Boß, und wir ziehen sofort los!"

Schickler fuchtelte mit den Händen. Er mimte den Überrumpelten. „Ihr bekommt eure zwanzig Mark, wenn ihr zurück seid."

„Oooh!" tönte der enttäuschte Chor.

„Also gut." Der Chef zückte die Brieftasche. „Fünf Mark Vorschuß für jeden!"

Während die Burschen das Geld untereinander aufteilten, zog Alois Schickler Mantolla zur Tür. „Du bekommst natürlich fünfzig", versprach er mit gedämpfter Stimme. „Hier nimm!" Mantolla stutzte, als er den Griff einer Pistole fühlte. „Für den Notfall! Ich hoffe, du kannst mit so einem Ding umgehen. Ist nur Schreckschuß, aber immer noch besser als nackt!"

23.10 Uhr. In der Bergstraße fand Emil Anderlick keine Ruhe. Zusammengesunken hockte der Vater auf dem Sofa, die Unterarme auf den Tisch gestützt, vor sich die Schnapsflasche, die er seinem Sohn zum zwanzigsten Geburtstag geschenkt hatte. Die weinerliche Ratlosigkeit seiner Frau, ihr Gezeter, nun habe er endgültig die Tür für den Sohn zugeschlagen, hatten ihn tief verletzt. Jetzt lag sie in der Dunkelheit des Schlafzimmers, aber ihre Seufzer drangen bis zu ihm ins Wohnzimmer.

Seinen väterlichen Willen nicht durchgesetzt zu haben, war eine bittere Erkenntnis. Vielleicht war ich zu sehr mit meinen Vorstellungen vom Leben befaßt, so daß ich die Wünsche und Ziele des Jungen einfach übersehen habe. War das der Grund, weshalb er keine Vernunft gelten ließ? Was zwang ihn, sich Hals über Kopf in das Abenteuer zu stürzen? Mit den Pferden über die Grenze! Bei dem Gedanken erfaßte Emil Anderlick ein schmerzhafter Schreck, als zerreiße ein Nerv in seiner Brust. Wie in einem Alptraum spielten sich wilde Szenen vor seinem geistigen Auge ab. Polizisten hinter der Mauer des Sophien-Friedhofes … Ludwig rannte … Schüsse fielen … Neben einem Grabstein brach der Junge zusammen … Nein, nur das nicht! Ludwig war kein Verbrecher! Diesen Wahnsinn mußte man unterbinden! Ich muß die Polizei einschalten, dachte er, den Überfall verhindern! Vielleicht kommt Ludwig dann wieder nach Hause zurück. Und das Leben bekäme einen neuen Sinn.

Als Emil Anderlick sich schwerfällig erhob, wirkte er um Jahre gealtert. Doch er hatte einen Entschluß gefaßt.

00.50 Uhr. Nach Mitternacht wirkte die Gegend um den Bahnhof Friedrichstraße wie ausgestorben. Die verglasten Wände des Bahnhofsgebäudes leuchteten matt. Eine S-Bahn ratterte auf dem Stadtbahnbogen davon. Träge glucksten die Fluten der Spree gegen die Uferbefestigung. Auf der schwarzen Wasserfläche zitterten die Lichtreflexe der Straßenlampen.

Trübe Gaslaternen blinzelten gegen den Dunst in der Johannisstraße an. Linkerhand lag das Hotel „Johannishof". Auf der gegenüberliegenden Seite die Betriebsgebäude des „Circus Barlay". Daneben das Haupttor und der Sitz einer Betriebswache. Hinter verdunkelten Fensterscheiben dudelte ein Radio.

Drei junge Burschen standen sich seit geraumer Zeit an der Ecke Johannis- und Kalkscheunenstraße die Beine in den Bauch. Johannes Simon und seine Begleiter warteten auf Ludwig Anderlick. Die Nacht war kalt, nahe Null Grad. Die Jungen, die wie Anderlick und Simon zum Stallpersonal des Zirkus gehörten, bewegten sich ungeduldig, um sich warm zu halten. Mehr als eine Stunde über die vereinbarte Zeit, doch der Erwartete kam nicht. Ihr schöner Plan, die Männer in der Wache beim Geburtstagsbesäufnis außer Gefecht zu setzen, lief ohne Anderlick nicht. Was nun? Die Sache abblasen? Der Chef würde ihnen den Arsch aufreißen. Schickler bog Eisenstangen wie Kupferdraht zusammen.

Simon fluchte entsetzlich. Er sah auf die Uhr. Wenn Mantolla mit dem Schöneberger Hilfstrupp anrückte, sollten die Pferde paarweise aneinandergekoppelt und das Tor in der Kalkscheunenstraße geöffnet sein.

„Eins durch. Wir können nicht länger warten! Wir klettern über die Mauer!"

„Wenn die Nachtwache was spitzkriegt?"

„Dann gibts eins über die Rübe, verstanden! Wer Schiß hat, kann umkehren."

Sie liefen in die Kalkscheunenstraße hinein, hintereinander und so dicht wie möglich an die Ziegelmauer gedrängt, die die Rückwand des Pferdestalles bildete. Am Ende der Stallwand ein Stück grob verputzte Mauer, dann die hölzernen Torflügel der hinteren Zufahrt.

Die Männer blieben stehen. Vorsichtig blickten sie sich um. Weit und breit keine Menschenseele. Nur aus der Ferne, vom Kupfergraben, drang das hastige Gebimmel einer Straßenbahn herüber.

„Allez hopp!"

Simon stieg auf die verschränkten Hände seiner Begleiter. Sie hoben ihn neben dem Tor hoch, bis er die Mauerkrone packen und sich hinaufziehen konnte. Bevor er sich in den Hof hinabfallen ließ, beobachtete er eng an die Mauer geschmiegt, das Zirkusgelände. Nichts rührte sich, bis auf das gelegentliche Schnauben eines Pferdes oder das Klirren einer Kette im Stall.

Simon glitt an der Mauer hinab. Am Tor befand sich ein Vorlegeriegel, der über eine Krampe gestreift und mittels Vorhängeschloß gesichert war. Simon setzte das Brecheisen an. Es war ein mühsames Unterfangen, das Kraft kostete, so daß er den rechten Fuß Halt suchend gegen den hölzernen Torflügel stemmte.

01.20 Uhr. Im Operativstab der Volkspolizei-Inspektion Mitte schlug ein Telefon an. Der Lageoffizier nahm den Hörer ab.

„Mein Name ist Anderlick", haspelte eine Männerstimme. „Ich wohne in der Bergstraße und habe Ihnen eine wichtige Meldung zu machen."

„Worum geht es?"

„Der Zirkus soll überfallen werden! Zirkus Barlay. Es geht um die Pferde!"

Der Offizier war im Umgang mit aufgeregten Anrufern geübt. „Wo sind Sie, Herr Anderlick?"

„Wilhelm-Pieck-, Ecke Ackerstraße. Da steht eine Telefonzelle."

„Ich schicke einen Wagen!"

Der Diensthabende in der Funkleitstelle des Ostberliner Polizeipräsidiums, ein VP-Unterkommissar, gab die Weisung an das „Nachrichteneinsatzfahrzeug" Toni 14 weiter. Zehn Minuten später saß Emil Anderlick dem Lageoffizier und einem Kriminalisten des K-Dauerdienstes in der Polizeiinspektion gegenüber. Sein Bericht alarmierte die Männer. Während der Kriminalpolizist ein kurzes Protokoll zu Papier brachte, verließ der Lageoffizier eiligst den Raum, um pflichtgemäß die vorgesetzte Dienststelle ins Bild zu setzen. Anderlick fand endlich Gelegenheit, die Frage, die ihn am meisten quälte, an den Mann zu bringen: „Was geschieht jetzt mit meinem Sohn, Herr Kommissar? Muß er ins Gefängnis?"

Der Kripo-Beamte, seinem Dienstgrad nach nur Polizeimeister, sagte zuversichtlich: „Ich glaube nicht, Herr Anderlick. Die Tatsache, daß Sie zu uns gefunden haben, wird man ihm zugute halten."

Ein Stockwerk höher telefonierte der Lageoffizier mit dem Operativstab des Volkspolizei-Präsidiums. Im Gegensatz zur sonst geübten Praxis hielt sich das vorgesetzte Lagezentrum zurück. Es schob die Verantwortung den Offizieren in der Inspektion zu.

In einem Bericht, den der Operativstab des Präsidiums auf Weisung des Vopo-Präsidenten, Chefinspekteur Waldemar Schmidt, später vorzulegen hatte, ist ausgeführt:

Da der massierte Einsatz von Polizeikräften die Täter vermutlich gewarnt hätte, wurde vom Lageoffizier des OP.-Stabes PdVP der Entschluß gefaßt, die Bekämpfung der Bande mittels Funkwagen durchzuführen. Eingesetzt wurden

von der VPI - Mitte	NEF 10 11 14 16 18 19
VPI - Przl. Berg	NEF 20 21
VPI - Frdh.	NEF 53 55

Auf Anweisung des OP.-Stabes PdVP wurden alle Fahrzeuge zur

VPI - Mitte beordert und der Lageoffizier des OP.-Stabes der VPI - Mitte mit der Führung des Einsatzes beauftragt.

Zehn Minuten später wies der Einsatzleiter die Kommandanten der Funkstreifenwagen anhand des Stadtplanes in ihre Aufgaben ein. Ringförmig sollten die Toni-Wagen an das Zirkusgelände heranfahren. Vier Wagen verteilte er auf der Linie Invalidenstraße–Große Hamburger, bis zum Spreeufer gegenüber der Museumsinsel. Die Funkwagen der Inspektionen Prenzlauer Berg und Friedrichshain wurden westlich der Friedrichstraße postiert, um die Linie Invalidenstraße–Luisenstraße bis zum Schiffbauer Damm abzusichern. Die nach Süden offene Friedrichstraße blieb dem Schnellkommando vorbehalten, das in einer Seitenstraße auf den Einsatzbefehl wartete.

„Toni 10 und 14 fahren zur Ziegelstraße. Fahrzeugbeleuchtungen ausschalten. Richten Sie sich auf eine gedeckte Beobachtung ein. Alle Feststellungen über Funk an den Lageoffizier. Bei Durchgabe des Stichwortes ›Johannishof‹ fahren alle Wagen auf das Objekt zu. Personen, die im Sperrkreis angetroffen werden, sind vorläufig festzunehmen – Aufsitzen!"

02.15 Uhr. Wo die Ackerstraße im Norden Berlins die Bernauer Straße überquerte, stand ein großes weißes Schild mit der Aufschrift

Vous quittez le secteur francais
Sie verlassen den französischen Sektor.

Zwei Volkspolizisten patrouillierten entlang der Sektorengrenze, während sich auf der Westseite der Bernauer Straße ein Westberliner Zollbeamter und ein Polizist angeregt unterhielten. Die Uniformierten aus Ost und West würdigten sich keines Blickes. Die Grenze war eine unsichtbare Linie, die mitten auf der Straße verlief. Sie teilte die Stadt, war eine schmerzende Wunde und machte die Menschen, die sich an dieser Grenze gegenüberstanden, zu unversöhnlichen Feinden.

Kaum waren die Schritte der Ostbeamten im Dunkel der Nacht verklungen, als vier Männer aus dem Wedding sich der Sektorengrenze näherten. Sie hielten auf die Kreuzung zu. Beim Anblick der westlichen Grenzhüter, verharrten sie. Einer der Männer löste sich aus der Gruppe und trat zu den Beamten.

„Guten Morgen, die Herren. Ich nehme an, Sie sind im Dienst?"
Die Beamten musterten ihn mißtrauisch.
„Wir sind Angestellte im Zirkus Schickler. Unser Unternehmen

wurde bei einer Gastspielreise in der Ostzone beschlagnahmt. Heute Nacht wollen wir Pferde zurückholen. Unsere Kollegen bringen sie über den Friedhof zur Grenze. Das Holztor in der Mauer wird offen sein. Verstehen Sie?"

Die Uniformierten nickten.

„Für den Fall, daß wir verfolgt werden, bitten wir Sie um Polizeischutz!"

Der Polizeiwachtmeister zuckte die Achseln. „Das dürfen wir aber nicht entscheiden, guter Mann. Da müssen Sie sich zum Revier bemühen."

Über den weiteren Gang der Ereignisse ist ein Protokoll erhalten geblieben.

Am 22.4.1953. gegen 02.15 Uhr, hörte der Standposten des R. 52 in Berlin N 31, Acker-, Ecke Bernauer Straße, wie vier unbekannte männliche Personen, die sich als Angestellte des west-

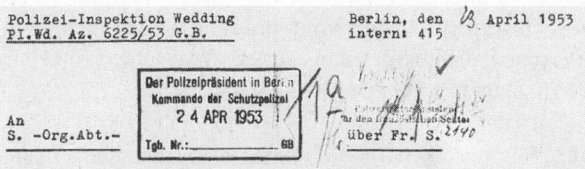

Polizei-Inspektion Wedding
PI.Wd. Az. 6225/53 G.B.

Berlin, den 13 April 1953
intern: 415

Der Polizeipräsident in Berlin
Kommando der Schutzpolizei
2 4 APR 1953
Tgb. Nr.:   GB

An
S. -Org.Abt.-

Betr.: Angeblich beabsichtigte Flucht eines Zirkusunternehmens
aus dem Ostsektor in den Westsektor.
Bezug: Ohne.

Nachstehenden Bericht überreiche ich mit der Bitte um Kenntnisnahme.

Am 22.4.1953, gegen 02.15 Uhr, hörte der Standposten des R. 52 in Berlin N 31, Acker- Ecke Bernauer Straße, wie vier unbekannte männliche Personen, die sich als Angestellter des westdeutschen Zirkusunternehmens "Schickler" ausgaben, den diensttuenden Zollbeamten erklärten, daß der Zirkus nach einer Gastspielreise in der Ostzone beschlagnahmt worden sei. Man beabsichtige, etwa 25 beschlagnahmte Pferde nach dem Westsektor zu verbringen. Aus diesem Grund wolle der Besitzer des Zirkusunternehmens die Pferde über das Friedhofsgelände der St. Elisabeth-Kirchengemeinde führen und durch ein Holztor der Friedhofsmauer in der Bernauer Straße in den Westsektor bringen. Das Holztor sollte zuvor durch Angestellte des Zirkusunternehmens geöffnet werden. Da seitens der Angestellten der Wunsch geäußert wurde, die Aktion von der Westseite her zu sichern, wurden sie an das R. 52 verwiesen.

Daraufhin sprach eine der genannten Personen auf dem R. 52 vor, wobei sie sich als Geschäftsführer des Unternehmens vorstellte, und erbat unter nochmaliger Schilderung des Sachverhaltes polizeilichen Schutz. Nach Rücksprache mit dem Insp. v. Dienst der PI.Wd. wurde eine Gruppe des EK.Wd. zur Ackerstraße abgestellt, wo sie bis gegen 05.30 Uhr verblieb und dann, als sich die vorgenannten Angaben nicht bestätigten, zur Unterkunft zurückkehrte.

Wie später von den beteiligten Personen gegenüber Angehörigen des R. 51 geäußert wurde, konnte die geplante Aktion nicht durchgeführt werden, da die Vopo von der Angelegenheit Kenntnis erhalten und die Pferdeställe durch Posten gesichert hatte.

Nach fernmündlicher Mitteilung des KK.Schöneberg ist jetzt durch Anzeigen verschiedener Eltern bekanntgeworden, daß durch das Zirkusunternehmen Westberliner Jugendliche als Helfer für diese Aktion angeworben wurden, die infolge des frühzeitigen Eingreifens der Volkspolizei festgenommen worden sind.

Quelle: Polizeihistorische Sammlung Berlin

deutschen Zirkusunternehmens ›Schickler‹ ausgaben, den dienstuenden Zollbeamten erklärten, daß der Zirkus nach einer Gastspielreise in der Ostzone beschlagnahmt worden sei. Man beabsichtige, etwa 25 beschlag-nahmte Pferde nach dem Westsektor zu verbringen … Da seitens der Angestellten der Wunsch geäußert wurde, die Aktion von der Westseite her zu sichern, wurden sie an das R. 52 verwiesen.

Daraufhin sprach eine der genannten Personen auf dem R. 52 vor, wobei sie sich als Geschäftsführer des Unternehmens vorstellte, und erbat unter nochmaliger Schilderung des Sachverhaltes polizeilichen Schutz. Nach Rücksprache mit dem Insp. v. Dienst der Pl. Wd. wurde eine Gruppe des EK. Wd. zur Ackerstraße abgestellt, wo sie bis gegen 05.30 Uhr verblieb …

02.50 Uhr. Toni 10 hatte in einer Lücke zwischen den Hausruinen ausreichende Deckung gefunden. Aus dem Lautsprecher am Instrumentenbrett zirpte die Kennung „da dit dit, dit dadada, da dit dit!" Die UKW-Verbindung zur Funkleitstelle im Polizeipräsidium stand. Alle eingesetzten Toniwagen hatten ihre Standortmeldungen durchgegeben. Das nervenzermürbende Warten begann.

Der Oberkommissar, der den Polizeieinsatz vor Ort leiten sollte, rutschte unruhig auf dem Beifahrersitz des Funkstreifenwagens herum. „Ich sehe mich draußen mal kurz um!" erklärte er den Männern der Besatzung. In den Schatten der Häuserwände gedrückt, arbeitete er sich zur Einmündung in die Friedrichstraße vor.

Die breite Verkehrsader war hell beleuchtet. Auf der gegenüberliegenden Straßenseite lag eine Tanzbar. Eine Handvoll junger Burschen lungerte vor der verschlossenen Eingangstür herum. Vom Oranienburger Tor knatterte ein Motorradfahrer heran. Er stoppte in Höhe der Jugendlichen, rief ihnen etwas zu, zog eine Schleife über die Straße und verschwand dann wieder in die Richtung Norden. Die Gruppe setzte sich in Bewegung.

Der Oberkommissar zog sich schleunigst in den Funkwagen zurück. Er riß den Sprechhörer aus der Halterung und legte den Kipphebel am Armaturenbrett in die Stellung „Senden".

„Toni 10 für Leitstelle. Bitte kommen!"

„Leitstelle hört!"

„Etwa acht bis zehn verdächtige Jugendliche in der Friedrichstraße, nahe Zielobjekt!"

„Verstanden. Ende!"

Der Unterkommissar in der Funkleitstelle saß zwischen schalldichten Wänden, die ihn und die große Sprechanlage von drei Seiten umgaben. Die vierte Seite war eine Glasscheibe, hinter der sich die Arbeitsplätze des Operativstabes befanden.

Um 02.59 Uhr nahm der Unterkommissar die nächste Meldung auf. Toni 14 teilte mit: „Vier weitere Personen und ein Kradfahrer in der Auguststraße gesichtet. Bewegungsrichtung Barlay!"

„Verstanden. Ende."

Der Unterkommissar reichte die Meldung in den Operativstab. Dort berieten sich der Lageoffizier und sein Gehilfe vor einem Stadtplan. Winzige Lämpchen markierten die unablässig wechselnden Standorte der Funkstreifenwagen.

Um 03.05 Uhr entschied der Lageoffizier: „An alle Funkwagen im Einsatzraum! Langsam und unauffällig an Zielobjekt heranfahren! Toni 10 und 14 verbleiben am Standort. Einsatzleiter vor Ort übernimmt!"

Der Oberkommissar im Funkwagen quittierte. Dann zirpte die Kennung des Polizeisenders wieder durch den Äther. Die Männer beobachteten angespannt, wie sich die ersten Gestalten in den Sichtwinkel des Streifenwagens schoben. Die Jugendlichen sammelten sich in der Kalkscheunenstraße. Jemand lief zum Tor in der Zirkusmauer.

„Achtung! An alle Einsatzwagen: ›Johannishof‹! Ich wiederhole: ›Johannishof‹!"

Der Motor des EMW sprang an. Toni 10 rollte aus der Deckung, jagte mit aufgeblendeten Scheinwerfern in die Kalkscheunenstraße hinein. Toni 14 blockierte die Gegenrichtung. Die übrigen Funkstreifenwagen rasten heran. Polizisten sprangen aus den Fahrzeugen, pistolenbewehrt. Alle Passanten, die sich im Sperrkreis befanden, wurden ausnahmslos gegen die Wände gedrängt, nach Waffen abgetastet und festgenommen.

Das Polizeiprotokoll belegt:

Im Laufe der Aktion wurden insgesamt 26 Personen vorläufig festgenommen, davon sind wohnhaft:

    1 Person in Berlin-Tempelhof

    1 Person im Bezirk Kreuzberg

    11 Personen im Bezirk Schöneberg

    12 Personen in den Bezirken Mitte, Frdh., Prenzl. Berg und Weißensee

    1 Person Staatenlos

Bei der in Berlin-Tempelhof, Alboinstraße, wohnenden Person

Friedhof Sophien-Kirchgemeinde an der Kreuzung Invaliden-, Ecke Bergstraße. Quelle: Archiv des Autors

wurde eine Pistole Fabrikat Walter, Kal. 7,65 mm, und im durchgeladenen Zustand gefunden. Es handelt sich um Günter M., der als Anführer der Bande bezeichnet wurde.

Die im Bezirk Kreuzberg wohnende Person hatte ein Stemmeisen bei sich.

Der Kradfahrer befand sich nicht unter den Festgenommenen.

03.40 Uhr. Der Mann auf dem Motorrad hieß Bedrich Tischer, der eigentliche Kopf der nächtlichen Aktion. Nachdem er die Jungen in der Friedrichstraße in Marsch gesetzt hatte, war er zum Friedhof der Sophienkirchgemeinde gefahren, wo Georg Silberberg auf ihn wartete. Sie öffneten das Tor zur Bernauer Straße, wechselten ein Zeichen mit Edmund Schober auf der anderen Seite der Grenze und begaben sich zur Gittertür am Pappelplatz. Der Schlüssel steckte im Schloß. Erst im letzten Moment wollten sie das eiserne Tor öffnen. Die Zeit verrann. Die nächtlichen Friedhofsbesucher hockten zwischen den Gräbern. Silberberg wehrte sich gegen ein mulmiges Gefühl. Ein ums andere Mal spähten sie über die Mauer zur Ackerstraße. Alles blieb ruhig. Weder Pferde noch ihre Bereiter waren in der Ferne zu sehen.

„Ob da was schief gelaufen ist?" fragte Silberberg.

Entschlossen ging Bedrich Tischer zu seiner Maschine. „Ich sehe mal nach", versprach er, trat das Motorrad an und kurvte sofort

Friedhof mit Blick zum Tor. Quelle: Archiv des Autors

in die Ackerstraße. Er fuhr in Richtung Koppenplatz, den der Transport passieren mußte. Große Hamburger. Der Motorradlärm sprang von den Wänden zurück. Krausnickstraße. Noch immer kein Pferdetransport. Nach rechts in die Oranienburger, dann die Tucholskystraße. Erst als er in die Johannisstraße einbog, erkannte er, daß die Sache gründlich gegen den Baum gelaufen war. Das Polizeiaufgebot an der Ecke Kalkscheunenstraße besagte genug. Tischer gab Gas.

Man wurde auf ihn aufmerksam. Rücksichtslos preschte er an den Polizeifahrzeugen entlang, erreichte die Friedrichstraße und stob über die Weidendammer Brücke davon. Unter den Linden glaubte er sich in Sicherheit, als Toni 10 plötzlich aus einer Seitenstraße hervorschoß und den Verfolgten zum Halten zwang. Bedrich Tischer hob die Arme.

Um 05.30 Uhr blies Edmund Schober in der Bernauer Straße zum Rückzug. Enttäuscht und übernächtigt trotteten seine Helfer davon. Der Treffpunkt an der Sektorengrenze war nicht zustande gekommen.

Im Präsidium wurde eine Einsatzgruppe der Kriminalpolizei gebildet. Ein Kriminaltechniker fuhr zum Zirkusgelände. Bei der Tatortbesichtigung fand er das geöffnete Tor zur Kalkscheunenstraße. Er fotografierte die Schartenspuren, die beim Aufbrechen der Verriegelung im Holz entstanden waren, und er entdeckte Schuhsohlenabdrücke auf der Innenseite des rechten Torflügels.

346

Das Sohlenprofil zeigte ein markantes Muster. Es fiel dem Kriminaltechniker nicht schwer, Johannes Simon als Spurenverursacher zu überführen.

Operativstab PdVP   Berlin, den 20.Mai 1953

                                                    009

Betr.: Versuchter Bandenüberfall auf den Zirkus Barlay.

                    B e r i c h t
                    ==============

Am 22.4.1953, gegen 01.20 Uhr, wurde der Operativstab der
VPI - Mitte gebeten, ein Fahrzeug zur Wilhelm-Pieck-Str.
Ecke Ackerstr. zu schicken, um eine Person abzuholen die
eine wichtige Mitteilung zu machen habe.
Die an dieser Stelle ...

                                                    010

                    - 2 -

Auf Anweisung des Op.-Stabes PdVP wurden alle Fahrzeuge zur
VPI - Mitte beordert und der Lageoffizier des Op.-Stabes der
VPI - Mitte mit der Leitung des Einsatzes beauftragt.
Nach eingehender Lagebesprechung erfolgte anhand einer Karte
die genaue Einweisung der Funkwagen, die ringförmig um das
Objekt eingesetzt wurden
1.) östlich der Friedrichstr. von Invalidenstr. über Gr.Ham-
    burger Str. bis zur Spree 4 NEF der VPI - Mitte,

2.) westlich der Friedrichstr. von Invalidenstr. über Luisen-
    str. bis zur Spree die NEF der VPI - Prenzl.Berg und Frie-
    drichshain = 4 NEF.

Zur Sicherung der nach Süden offenen Friedrichstr. wurde das
Schnellkommando der VPI - Mitte eingesetzt und zum VP-Revier 1
beordert.
Der Einsatzleiter erhielt den Auftrag mit den NEF der VPI Mitte
NEF 10 und 14 zur Ziegelstr. zu fahren und unter Ausschaltung
der Fahrzeugbeleuchtung Beobachtungsposten zu beziehen.
Die Heranziehung der kreisförmig eingesetzten 8 NEF sollte bei
Auslösung des Stichwortes "Johannishof" durch den Einsatzleiter zum Objekt erfolgen.
Gegen 02.50 Uhr wurde dem Op.-Stab PdVP gemeldet, daß alle Fahrzeuge streifenartig eingesetzt sind und zwar so, daß sie möglichst wenig von evtl. Tätern bemerkt werden.
In der Zeit von 02.55 Uhr bis 02.59 Uhr meldete NEF 10, daß in
der Friedrichstr., in der Nähe des Zirkus, sich ca. 8-10 Jugendliche in verdächtiger Weise aufhielten und sich weitere Personen in der Auguststr. in Richtung Zirkus Barlay bewegen. Ein
Krad mit Fahrer stellt die Verbindung zu den einzelnen Gruppen her.
Der Einsatzleiter erhielt vom Op.-Stab PdVP die Anweisung den
weiteren Verlauf genauestens zu beobachten. Gleichzeitig erging an alle Funkwagen die Anweisung sich strahlenförmig, langsam und unauffällig dem Objekt zu nähern.
Als der Einsatzleiter feststellte, daß ausser den im Sperrkreis
befindlichen verdächtigen Personen keine weiteren einsickerten,
meldete er dies' dem Op.-Stab PdVP und erhielt nun den Auftrag
sämtliche innerhalb des Sperrkreises befindliche Personen vorläufig festzunehmenund einer eingehenden Personalkontrolle zu
unterziehen.
Das am VP.-Revier 1 stationierte Schnellkommando wurde zur Unfallklinik Ziegelstr. beordert, um die festgenommenen Personen
...

Quelle: Archiv des Autors

347

Der Ballistiker des Kriminalistischen Institutes identifizierte die bei Günter Mantolla gefundene Schußwaffe als „italienische Selbstladepistole Beretta, Kal. 9 mm, eine Patrone im Lauf, zwei im Magazin". Mantolla wurde fortan als „Chef der Westberliner Verbrecherbande" gehandelt.

Um sechs Uhr begann der Reigen der Vernehmungen. Wie sich bald herausstellte, gehörten nicht alle Personen, die man im ersten Zugriff festgenommen hatte, zur Tätergruppe. 10 Personen wurden im Laufe des Vormittags auf freien Fuß gesetzt.

Gegen Mittag war der Tatbestand im wesentlichen aufgeklärt. Das Stadtbezirksgericht Berlin-Mitte erließ Haftbefehle gegen alle Beteiligten. Auf „höhere Weisung" übernahm das Untersuchungsorgan des Ministeriums für Staatssicherheit die Ermittlungsakten.

Eine der ersten Maßnahmen war die Verhaftung weiterer Verdächtiger in der „Barlay-Affäre".

Georg Silberberg, der nichts mit der Zirkusszene zu tun hatte und sich deshalb in Sicherheit wähnte, wurde festgenommen, ebenso ein junger Mann, der als Zirkusschmied arbeitete. Der dritte Zugriff galt – Ludwig Anderlick.

Aufgewühlt von dem Streit mit den Eltern war Ludwig ziellos aus dem Haus gelaufen. Stundenlang trieb es ihn durch die nächtlichen Straßen. Am Senefelerplatz hatte er schließlich eine Kneipe betreten und einen Schnaps verlangt. Die bunten Bilder, die Schickler ihnen für die Zukunft ausgemalt hatte, spukten in seinem Kopf herum, sie standen gegen das trübe Grau der Gefahren und der Risiken, die der Vater befürchtete. Jeder Berliner wußte, daß Schüsse und Tote an den Sektorengrenzen zum traurigen Alltag der geteilten Stadt gehörten.

Auf der Straße jagte ein Funkstreifenwagen mit Blaulicht und Martinshorn über die Schönhauser Allee. Ludwig sah zur Uhr. Für das Treffen am Zirkus war es zu spät. Er verlangte einen zweiten Schnaps, zahlte und ging zur U-Bahn. Ludwig Anderlick fuhr nach Hoppegarten und schlief im Wohnwagen seinen Rausch aus. Dort fand ihn ein bewaffnetes Polizeikommando. Anderlick landete in der Haftanstalt Rummelsburg, Haus 2. Niemand scherte sich darum, daß er von seinem Tatvorsatz freiwillig zurückgetreten war. Ebensowenig zählte, daß die Anzeige des Vaters den Erfolg der Polizei überhaupt erst ermöglicht hatte. Der Mann, der seinen Sohn vor einem bösen Geschick bewahren wollte, hatte ihn letztendlich ins Gefängnis gebracht.

Am Montag, dem 27. April 1953, begann in den Ostberliner Tageszeitungen eine Pressekampagne, die für DDR-Verhältnisse ungewöhnliche Ausmaße annahm. Den Aufmacher lieferte ein Foto, das die „BZ am Abend" auf der Titelseite druckte. Ein Stapel Groschenromane aus der Produktion westdeutscher Verlagshäuser füllte das Bildformat. Auf den Heften lagen eine Pistole, ein leeres Magazin, drei Patronen, ein Brecheisen und eine Flasche mit Schraubverschluß. Die Bildunterschrift lautete: „DURCH SCHLAGKRÄFTIGEN EINSATZ konnte die Berliner Volkspolizei in der Nacht zum 22. April einen bewaffneten Überfall einer Westberliner Verbrecherbande auf den Zirkus Barlay verhindern. Ziel des Überfalls war, den wertvollen Pferdebestand des Zirkus zu rauben und in die Westsektoren zu verschleppen. Zwölf der sechzehn Bandenmitglieder sind in Westberlin wohnhaft. Die Bande war mit Schußwaffen, Brecheisen und einem stark wirkenden Betäubungsmittel (in der Flasche) ausgerüstet. Die auf diesem Bild gezeigten West-Schmöker fand man bei der Woh-

DURCH SCHLAGKRÄFTIGEN EINSATZ konnte die Berliner Volkspolizei in der Nacht zum 22. April einen bewaffneten Überfall einer Westberliner Verbrecherbande auf den Zirkus Barlay verhindern. Ziel des Überfalls war, den wertvollen Pferdebestand des Zirkus zu rauben und in die West sektoren zu verschleppen. Zwölf der sechzehn Bandenmitglieder sind in Westberlin wohnhaft. Die Bande war mit Schußwaffen, Brecheisen und einem stark wirkenden Betäubungsmittel (in der Flasche) ausgerüstet. Die auf diesem Bilde gezeigten West-Schmöker fand man bei der Wohnungsdurchsuchung der im demokratischen Sektor wohnenden Bandenmitglieder.

„BZ am Abend" vom 27.4.1953. Quelle: Archiv des Autors

nungsdurchsuchung der im demokratischen Sektor wohnenden Bandenmitglieder."

In aller Stille hatten die Untersuchungsorgane die Ermittlungen seit dem 22. April vorangetrieben, bis einem der Profis in der Propagandazentrale der DDR – dem Amt für Informationen beim Ministerrat – die Erkenntnis aufdämmerte, daß die Barlay-Aktion sich in den Medien vermarkten ließ. Die bunte Welt der Artisten, liebenswerte Zirkustiere und Schurken im Direktorenfrack, die aus der DDR geflüchtet waren. Im Hintergrund eine Westberliner Kneipe – Vergnügungsstätte amerikanischer Besatzer und Brutstätte für den verruchten Pferdecoup.

So entstand ein Szenario, dessen Verbreitung der Pressestelle im Polizeipräsidium, Neue Königstraße, übertragen wurde. Die Ostberliner Zeitungsredaktionen reagierten erwartungsgemäß. Täglich präsentierten sie neue Schlagzeilen auf den Seiten ihrer Blätter. „ÜBERFALL AUF ZIRKUS BARLAY WURDE VEREITELT", „DIE VOLKSPOLIZEI HAT UNSEREN ZIRKUS BARLAY GERETTET", „BANDE PLANTE ÜBERFALL AUF CIRCUS BARLAY – CIC-Agent gab Anweisungen / Volkspolizei nahm Westberliner Verbrecher am Tatort fest", „NEUE VERHAFTUNGEN IM FALL BARLAY".

Aus der „Berliner Zeitung" erfuhren die Leser:
Ziel des Unternehmens war, das wertvolle Pferdematerial des Zirkus Barlay in die Westsektoren zu verschleppen. Wie festgestellt wurde, ist der Auftraggeber dieser organisierten Bande ein ehemaliger Zirkusbesitzer, Alois Schickler, der 1952 wegen Wirtschaftsverbrechen aus dem demokratischen Sektor Berlins nach Westberlin flüchtete.

Wer mehr über die Hintergründe des „Bandenverbrechens" erfahren wollte, der mußte schon zum Westberliner „Kurier" greifen. Unter der Überschrift „RÜCKFÜHRUNG MISSGLÜCKTE – Vopo durch Verrat informiert" berichtete das Blatt am 27. April unter anderem:

Mit seinem westdeutschen Zirkus war er von Kassel aus Mitte 1950 zu einer Gastspielreise in die Ostzone gegangen. Ihre ungehinderte Wiederausreise war ihnen schriftlich zugesagt worden. Als Schickler jedoch im Oktober 1952 wieder in den Westen wollte – sein Unternehmen sollte bei der CCC-Film in

Rückführung mißglückte

Vopo durch Verrat informiert – „Aufbau"-Methoden

Der Plan, einen Teil der in Ostberlin zurückgehaltenen Pferde des westdeutschen Zirkus Schickler nach Westberlin zu bringen, ist von der Volkspolizei vereitelt worden. Offenbar wurde die Vopo durch Verrat informiert. Wie der kommunistische Nachrichtendienst ADN meldet, sind in diesem Zusammenhang 16 Personen als „bewaffnete Westberliner Verbrecherbande, die wertvolles Pferdematerial verschleppen wollte", festgenommen worden. Der Fall zeige eindeutig, „daß es in Westberlin organisierte Banden gibt, die unter Anleitung amerikanischer Agenten versuchen, Schädlingsarbeit im demokratischen Sektor durchzuführen, um damit unseren Aufbau zu stören."

Wie dieser Ostberliner Aufbau aussieht, erläuterte Alois Schickler, der rechtmäßige Besitzer der Pferde. Mit seinem westdeutschen Zirkus war er von Kassel aus Mitte 1950 zu einer Gastspielreise in die Ostzone gegangen. Die unbehinderte Wiederausreise war ihm schriftlich zugesagt worden. Als Schickler jedoch im Oktober 1952 wieder nach dem Westen wollte – sein Unternehmen sollte bei der CCC-Film in Berlin-Spandau in einem Film mitwirken –, verweigerte man ihm aus „zwingenden Gründen" die erforderlichen Warenbegleitscheine. Das gesamte Zirkuseigentum, darunter über 80 Wagen, zahlreiche Zugmaschinen, Lastwagen und Personenwagen, drei große Zelte, 94 Pferde, fünf Grizzlybären, vier Löwen, ein Kamel und Affen, wurde im Winterquartier des Zirkus Schickler in Berlin-Hoppegarten festgehalten. Wenig später übernahm der „volks-

eigene" Zirkus Barlay den größten Teil des Materials, ohne daß jemals eine Enteignung ausgesprochen wurde oder überhaupt eine schriftliche Begründung erfolgte. Schickler selbst flüchtete daraufhin nach Westberlin.

Jetzt versuchten einige frühere Angestellte des Zirkus Schickler, etwa 25 Dressurpferde nach Westberlin zu bringen, die sich unrechtmäßig bei Barlay befanden. Nach der mißglückten Aktion hatte die Volkspolizei zunächst etwa 30 Personen als Verdächtige festgenommen. Wie ein inzwischen wieder Freigelassener mitteilte, mußte ein großer Teil der Festgenommenen in einer Ostberliner Vopo-Unterkunft die ganze Nacht mit dem Gesicht zur Wand und den Händen auf dem Rücken stehen. Einige habe man im Verhör blutig geschlagen. Der 17jährige Tierpfleger Krüger wurde mit Fesseln krummgeschlossen.

„Der Kurier" vom 27. 4. 1953. Quelle: Archiv des Autors

Spandau in einem Film mitwirken – verweigerte man ihm ›aus zwingenden Gründen‹ die erforderlichen Warenbegleitscheine. Das gesamte Zirkuseigentum ... wurde im Winterquartier des Zirkus Schickler in Berlin-Hoppegarten festgehalten. Wenig später übernahm der ›volkseigene‹ Zirkus Barlay den größten Teil des Materials ...

Wir wissen, daß die „zwingenden Gründe" auf einer Steuerschuld beruhten, die vom Finanzamt Stralsund behauptet, aber niemals bewiesen wurde. Wie die jüngere Rechtsgeschichte in der Bundesrepublik Deutschland belegt, gehören Steuerschulden keineswegs zu den Kavaliersdelikten. Fette Steuerhappen läßt sich der Fiskus auch hierzulande nicht ungestraft entgehen. Was den Fall Schickler suspekt macht, ist die auffällige Ähnlichkeit mit den Enteignungen während der „Aktion Rose". Insider der Zirkusszene bestätigen, daß die Vision von der Gründung eines volkseigenen Zirkusunternehmens nach dem Vorbild des Sowjetischen Staatszirkus bereits im Schwange war.

In ihrer Berichterstattung überging die DDR-Presse geflissentlich, daß Schicklers Aktion sich nicht gegen den volkseigenen Zirkus Barlay richtete. Lediglich um seine Pferde war es ihm zu tun, die man auf dem Zirkusgelände eingestallt hatte. Bezeichnend auch, daß über die bei Mantolla gefundene Pistole nur noch im Plural berichtet wurde. „Neues Deutschland" vom 28. April: „In der Nacht zum 22. April versuchte eine mit Schußwaffen und Brecheisen bewaffnete 16köpfige westberliner Verbrecherbande …", „Berliner Zeitung", 28. April: „Alois Schickler hatte in seinem Lokal eine 16köpfige Verbrecherbande organisiert, die mit Pistolen, Totschlägern und Giftwaffen ausgerüstet …" Der Luft-

Quelle: Archiv des Autors

gewehrschießstand, den man auf jedem Rummelplatz, also nicht nur im KBS – im Osten auch bei der GST (Gesellschaft für Sport und Technik, die Wehrsportorganisatuion in der DDR) – antreffen konnte, mutierte in der Berichterstattung zu einem Ort, an dem „Schickler mit den Jungen nächtliche Schießübungen abhielt".

Die Westpresse hingegen wiegelte ab. Als Schickler den Reportern des „Telegraf" erklärte, daß er Mantolla eine Schreckschußpistole aus dem ehemaligen Zirkusbestand überlassen habe, schrumpfte die durchaus ernstzunehmende Waffe zur „Knallplätzchenpistole" zusammen. Flugs gab der Osten ein Polizeifoto frei. Die Großaufnahme in der „BZ am Abend" vom 30. April

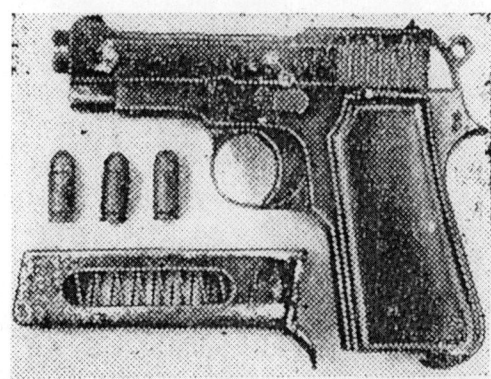

Die „Knallplätzchenpistole" (laut Telegraf), die bei Günter Mantolla gefunden wurde. Quelle: Archiv des Autors

zeigt die Beretta, ein Magazin und drei Patronen. Unter den Millionen Zeitungslesern fanden sich gewiß nur drei oder vier, die über spezielle Waffenkenntnisse verfügten und die winzigen Kerben an den Patronenspitzen zu deuten wußten. Waffenhersteller kennzeichnen Gas- und Knallpatronen mit dieser Kerbung.

Der überaus freie Umgang mit den Fakten paarte sich in der Berichterstattung mit Textpassagen, die unmißverständlich darauf abzielten, die Schickler-Familie zu diskreditieren. „Berliner Zeitung" vom 30. April 1953:

SCHICKLER VERKUPPELTE MINDERJÄHRIGE
Schwere Anklage der Westberliner Bevölkerung
Über die dunklen Machenschaften des Bandenchefs Alois Schickler, dessen Anschlag gegen den Zirkus Barlay durch die Wachsamkeit unserer Volkspolizei in Zusammenarbeit mit der Berliner Bevölkerung in letzter Stunde vereitelt werden konnte, werden immer neue Einzelheiten bekannt. Westberliner Einwohner berichteten, daß das Lokal von Schickler, das ›Kleine Ball-

haus‹ in der Hauptstraße in Schöneberg (USA-Sektor), nicht nur ein Bordell und ein Tummelplatz für amerikanische Soldaten ist, sondern daß Schickler sozusagen unter den Augen der Westpolizei einen Mädchenhandel aufzog, zu dessen Kunden ausschließlich amerikanische Okkupationssoldaten gehörten. Das „Kleine Ballhaus" liegt nur wenige Schritte von der Polizeiinspektion Schöneberg entfernt.

Schöneberger Einwohnern sind Fälle bekannt geworden, in denen Schickler 13- bis 14jährige Mädchen, die von seinen Töchtern – sie wurden von den amerikanischen Kunden des Lokalinhabers „Puppi" und „Püppi" genannt – angeworben wurden, nächteweise an amerikanische Soldaten verkuppelte ...

Auch die bewährten Leserbriefschreiber kamen zu Wort. Am 8. Mai druckte die „BZ am Abend":

BARLAY WAR KEIN EINZELFALL

Schickler ist ein ganz verkommener Mensch und ein ausgekochter Unternehmer. Ich bin ein ehemaliger Artist und kenne ihn von früher. Schon damals wollten die Kollegen nicht bei ihm arbeiten, weil er die Angestellten zu schlecht behandelte und sie oftmals um die Gage betrog.

A. M. Tiergarten

Alois Schickler war beileibe kein Mensch ohne Fehl und Tadel, eher ein knallharter Geschäftsmann, der eiskalt kalkulierte und schlitz-ohrig seinen Vorteil suchte. Glaubhaften Quellen ist zu entnehmen, daß er Analphabet gewesen sein soll. Das unterschied ihn wohl von jenem Hans Kohlhaas aus der Berliner Schwesterstadt Kölln, der 420 Jahre zuvor der weltlichen Obrigkeit seine Privatfehde erklärt hatte, „dieweil der sächsische Junker Günter von Zaschwitz ihm während einer Reise zur Leipziger Michaelismesse wider Recht und Ehr' und unter öffentlicher Anlastung, sie seien gestohlen, gewaltsam zwei Pferde nahm."

Als die verhafteten Jugendlichen am 28. und 29. April im Polizeipräsidium, Neue Königstraße, zum ersten Mal ihre Angehörigen sahen, war die Presse dabei. Gehorsam sagten die Jungen ihre Sprüchlein auf:

„Ich weiß, daß ich eine Riesendummheit begangen habe. Es geht mir gut. Das Essen ist sehr gut. Nein, wir sind nicht geschlagen worden, niemals. Die Vernehmung verlief sehr anständig."

„Wir sind auf Schickler hereingefallen, aber die Volkspolizei hat uns gut behandelt."

Die Reporter kolportierten die Sätze als authentische Antworten auf anderslautende Berichte in der Westpresse.

Aufgewühlt von den Eindrücken ihres Besuches im Volkspolizei-Präsidium zog ein Teil der Angehörigen in die Schöneberger Hauptstraße. Sie veranstalteten einen Auflauf vor dem KBS und forderten die Schließung des Lokals. „MÜTTER SPUCKTEN SCHICKLER AN", wußte der Reporter der „BZ am Abend" zu berichten, auch daß Schickler, als er aus einem Hoffenster flüchtete, mit Steinen beworfen wurde.

Strafanzeigen, die gegen Schickler beim Kriminalkommissariat Schöneberg erstattet wurden, landeten nach kurzer Prüfung in der Aktenablage.

Mitte Mai verebbte der Presserummel. Der komplizierte DDR-Alltag beschäftigte die Menschen weit mehr, als die angebliche „Flut der Protestzuschriften und Entschließungen, die die Berliner Werktätigen und vor allem die Jugend dem Zirkusunternehmen und der Berliner Volkspolizei zuleiteten".

Am 28. Mai 1953 faßte der Ministerrat der DDR den verhängnisvollen Beschluß über die Erhöhung der Arbeitsnormen. Was das Volk in diesen Tagen bewegte, ist dem Erinnerungsbericht des ehe-maligen KVP-Offiziers (Kasernierte Volkspolizei) R. Neuhaus entnommen: „Diese vielen Prozesse gegen die angeblichen Feinde der DDR? Die ungerechtfertigten Normerhöhungen? Nun bauen sie an den Grundlagen des Sozialismus. Dabei werden die Lebensmittel knapper und teurer. Warum gibt es so wenig Butter? Selbst bei der Marmelade fangen sie an zu sparen. Der Mittelstand bekommt keine Lebensmittelkarten mehr. Bald wird es auch bei uns wie in Rußland sein."

Am 17. Juni eskalierte die Situation. Die auf der einen Seite als „Arbeiteraufstand" und auf der anderen als „konterrevolutionärer Putschversuch" bezeichneten Unruhen wurden mit Waffengewalt niedergeschlagen. Beide Seiten hatten Tote und Verletzte zu beklagen. In den darauffolgenden Wochen füllten sich die Haftanstalten. Um Platz zu schaffen, erging die Order, Untersuchungshäftlinge aus minder bedeutenden Strafsachen bis zum Prozeß auf freien Fuß zu setzen.

Für Ludwig Anderlick öffneten sich die Rummelsburger Knasttore. Eindringlich ermahnte man ihn, den Termin für die Gerichtsverhandlung nicht zu verschlafen. Noch einmal fuhr er in die Berg-straße, um sich bestätigen zu lassen, was er im Grunde längst ahnte. Nach einem kurzen, aber dramatischen Auftritt mit dem Vater verließ er verbittert die Wohnung.

Ludwig fuhr nach Westberlin. Alois Schicklers Adresse hatte er noch im Kopf. Schickler empfing ihn in seiner Wohnung, machte aber kein Hehl daraus, daß der Besucher aus dem Osten nicht sonderlich gelegen kam. Am nächsten Morgen drückte er dem Jungen ein paar Mark in die Hand und schickte ihn in das Flüchtlingslager Berlin-Marienfelde. Ludwig Anderlick unterschrieb einen Arbeitskontrakt und landete als Bergmann im Ruhrgebiet.

Emil Anderlick hat die Flucht seines Sohnes nie verwunden. Der Gram, den er in sich hineinfraß, zerrüttete seine Gesundheit. Die Tat, die den Sohn vor unbedachtem Tun schützen sollte, hatte sich letzten Endes gegen die eigene Familie gekehrt. Darüber ist er nie hinweggekommen.

Am 19. Oktober 1953 hob sich der Vorhang zum letzten Mal für die Hauptbeteiligten in der Barlay-Affäre. Der Zuschauerraum im Saal des Ostberliner Stadtgerichts in der Littenstraße war bis auf den letzten Platz gefüllt. Delegierte aus Berliner Betrieben, Angehörige der Angeklagten und eine Handvoll Journalisten hatten sich eingefunden, um dem Prozeß beizuwohnen. Unter ihnen der dreiunddreißigjährige Reporter Günther Prodöhl, der für „BZ am Abend" und „Neues Deutschland" berichtete.

Punkt neun Uhr eröffnete der Vorsitzende des Strafsenats III b an diesem Montag die Verhandlung. Drei junge Männer waren bereits vor einem Jugendgericht abgeurteilt worden. Elf Täter saßen nun auf der Anklagebank, Silberberg hatte sich krank gemeldet. Gegen die Hauptangeklagten Alois Schickler und Edmund Schober verhandelte das Gericht in Abwesenheit. Laut Anklagetenor galten sie als flüchtig.

Die wichtigste Rolle bei dem geplanten Pferderaub im Zirkus Barlay – so die Staatsanwältin habe Bedrich Tischer gespielt. Er hielt die Verbindung zwischen Schickler und seinen ehemaligen Angestellten, von ihm stamme der Plan zum Raub des Zirkuszeltes, einer Zugmaschine und eines Pkw.

„Schickler hat uns dicke Posten versprochen, wenn er erst im Westen seinen Zirkus aufmacht", verteidigte Tischer sich mit zerknirschter Miene. „Naja, und dann hatten wir auch Angst vor Schickler."

Am zweiten Verhandlungstag kam Günter Mantolla zu Wort. Auch er hielt sich an die Rolle des jämmerlich Verführten. Das KBS sei ein Tummelplatz amerikanischer Soldaten, Prostituierter und anderer dunkler Elemente gewesen, erklärte er dem Gericht. Unter den Amis hätte es öfter Schlägereien um die Mädchen gegeben. Der Schießstand war ständig von ihnen umlagert. Wie auf einem Rummelplatz mußte man jeden Schuß bezahlen. Auf Befragen gab er an, daß er die Pistole von Schickler erhalten habe.

„Welche Verhaltensmaßregeln erhielten Sie von Schickler?"

„Ich sollte bei irgendwelchen Zwischenfällen, besonders beim Auftauchen der Volkspolizei, von meiner Waffe rücksichtslos Gebrauch machen."

„Haben Sie schon einmal geschossen?" bohrte der Vorsitzende nach.

„Nein."

„Hat Schickler Ihnen erklärt, wie Sie die Pistole handhaben müssen?"

Mantolla, den Blick zu Boden gesenkt, antwortete leise: „Ja, ich brauchte nur den Sicherungshebel umwerfen und dazwischenhalten."

Im Verlaufe des dritten Verhandlungstages befaßte sich das Gericht mit den übrigen Angeklagten. Ohne Ausflüchte gaben sie ihre Tatbeteiligung zu. Prodöhl notierte in seinem Notizblock:

Acht von ihnen sind junge Burschen, 18 bis 26 Jahre alt. Halbstarke, die auf dem Parkett des „Kleinen Ballhauses" oder im Schöneberger Ami-Jugendklub zu Hause waren. Ihnen war jedes Mittel recht, einen Zwanzigmarkschein zu verdienen. Hinzu kam die Sensationslust, die der „Boß" Schickler geschickt anstachelte. „Ihr werdet von der Wochenschau gefilmt, dann seid ihr Helden."

Am 26. Oktober verkündete der Strafsenat die Urteile im Barlay-Prozeß. Schickler wurde in Abwesenheit wegen gewerbsmäßigen Verbrechens gegen die Handelsschutzbestimmungen und verbotenen Waffenbesitz zu einer Gesamtstrafe von neun Jahren Zuchthaus verurteilt. Edmund Schober erhielt sechs Jahre. Für Tischer verhängte das Gericht fünf, für Mantolla vier und zweieinhalb Jahre Zuchthaus entfielen auf Simon. Die Mitangeklagten erhielten Gefängnisstrafen zwischen dreieinhalb Jahren und vierzehn Monaten.

„Barlay-Ueberfall" vor Gerich

Zwölf Mitglieder einer Gangsterbande auf der Anklageba

Ganoventreff „Kleines Ballhaus"

Der zweite Verhandlungstag im „Barlay-Prozeß"

Berlin (BZA). Mit der Vernehmung lers Ganoventreff sei ständig von

Schickler verkuppelte Minderjährige

Schwere Anklagen der Westberliner Bevölkerung

Strafanträge im Barlay-Prozeß

Berlin (Eig. Ber.). Am 4. Verhandlungstag des Überfalles auf den Zirkus Barlay stellte heute vormittag die Vertreterin der Anklage ihre Strafanträge.

Für die nach Westberlin geflüchteten Anstifter des Verbrechens, den 44jährigen früheren Zirkusbesitzer Alois Schickler und seinen 29jährigen Geschäftsführer Edmund Schober forderte die Staatsanwältin Verurteilung in Abwesenheit zu Zuchthaus ~~~~ ... bzw. 7 Jahren.

Westberliner Günther Ma████, auf 3 Jahre Zuchthaus lautet der Strafantrag für den 21jährigen Tierpfleger Johannes S████ und auf 2 Jahre Zuchthaus für den 20jährigen Zirkusschmied Anton S████.

Den von Schickler für den Überfall verleiteten Westberliner Angeklagten ████████████ ████ ████, die alle im Alter zwischen 18 und 21 Jahren sind, wurde ihre Jugend strafmildernd zugute gehalten. Der Strafantrag lautete auf Gefäng... 1 Jahr und 5 Mo-

9 Jahre Zuchthaus für Schickler

Berlin (-öhl. Eig. Ber.). Gestern verkündete der 3. Strafsenat des Berliner Stadtgerichts die Urteile im Barlay-Prozeß. Der nach Westberlin geflüchtete Zirkusbesitzer Alois Schickler wurde wegen gewerbsmäßigen Verbrechens gegen die Handelsschutzbestimmungen und verbotenen Waffenbesitzes zu neun Jahren Zuchthaus verurteilt.

Sein mit ihm geflüchteter Geschäftsfreund Edmund Schober erhielt ebenfalls in Abwesenheit sechs Jahre Zuchthaus. Über die Mitangeklagten, die an dem versuchten Diebstahl der 23 Dressurpferde des Zirkus Barlay beteiligt waren, wurden vier Jahre Zuchthaus bzw. Gefängnisstrafen von 3½ Jahren bis zu 14 Monaten verhängt.

Quelle: Archiv des Autors

Prodöhl war nicht mehr zum Gerichtsgebäude gegangen. Die Urteile ließ er sich telefonisch von der Pressestelle in der Littenstraße durchsagen. Ein Jahr später begann er seine Karriere als Krimiautor. In seinen Kurzgeschichten, Tatsachenberichten, Romanen und Fernsehfilmen verband er Elemente der Reportage und der Dokumentation mit der freigestalteten Erzählung. Viele Fälle, die der Berliner Gerichtsreporter erlebt hat, sind uns auf diese Weise literarisch überliefert. Der „Überfall auf den Circus Barlay" gehört nicht dazu. Der Propagandarummel, der die Affäre von Anbeginn begleitete, hatte Prodöhl wohl hellhörig gemacht.

Dafür entdeckte die staatliche Filmproduktion DEFA den Stoff als Spielfilmvorlage. Hans Kubisch und Wolfgang Kohlhaase, zwei junge Dramaturgen in den Babelsberger Studios, schrieben das Drehbuch. Unter der Regie von Gerhard Klein entstand ein Kriminalfilm, der vor allem junge Zuschauer ansprach.

„Alarm im Zirkus" begann mit dem Textvorspann: „Von dem verbrecherischen Versuch Westberliner Gangster, die wertvollen Rassepferde des Zirkus Barlay aus dem demokratischen Sektor Berlins nach Westberlin zu entführen, erzählt dieser Film, der sich im wesentlichen an die kriminellen und politischen Tatsachen hält."

Die Filmschöpfer hielten sich an die offizielle Version, die in der DDR-Propaganda verbreitet wurde. Erwin Geschonneck, in der Physiognomie einem Alois Schickler durchaus ähnlich, spielte den abgefeimten Ballhausbesitzer Klott. Er läßt die Pferde holen, um sein Etablissement in ein Hippodrom zu verwandeln. Im Film sind es Kinder, die eine Anzeige bei der Volkspolizei veranlassen. Krimigerecht auch das wilde Feuergefecht, das der Bandenchef Jimmy den Polizisten noch liefern darf.

Es versteht sich, daß der Drehstab tatkräftige Unterstützung bei der Berliner Volkspolizeiführung fand. Funkwagenbesatzungen wirkten als Statisten mit. Dem Schauspieler Uwe Jens Pape in der Rolle des Jimmy wurde die Schußwaffe zur Verfügung gestellt, die man bei Günter Mantolla gefunden hatte.

Uwe Jens Pape in der Rolle des Bandenchefs Jimmy mit der Original-Beretta.
Quelle: Archiv des Autors

Im Sommer 1954 gelangte der Film in die Kinotheater. Nahezu 3 000 Besucher wohnten einer festlichen Aufführung im Berliner Friedrichstadtpalast bei. Gerechter Beifall belohnte die Filmschöpfer. Bis die Veranstaltung zur Propagandashow verkam. Die Zeitschrift „Die Volkspolizei", Ausgabe 17/54, berichtete:

Die Begeisterung erreichte jedoch ihren Höhepunkt, als drei junge Arbeiter vom Parkett aus die Bühne betraten, ein Kraftfahrer, ein Schlosser und ein Mechaniker. Das Erlebnis der Veranstaltung hatte sie veranlaßt, ihren Wunsch, in die Volkspolizei einzutreten, allen Werktätigen mitzuteilen ...

Quelle: Archiv
des Autors

„Alarm im Zirkus" ist ein Kinostreifen, der die Stilmittel des Kriminalfilmgenres voll ausreizt. Ein spannendes Stück Unterhaltung, das den Zuschauer überzeugte und im Gedächtnis blieb. Vielleicht hat der Film deshalb – neben den vielen Presseberichten – dazu beigetragen, Klischeevorstellungen vom „Überfall auf den Circus Barlay" bis heute zu erhalten.

BRENNPUNKT OPTIK

Schmuggel über die Pyrenäen

Berlin glänzte in den letzten Strahlen der untergehenden Sonne. Ein Regenguß war über die Friedrichstadt hinweggezogen. Auf den Dächern und auf dem Asphalt verdunstete die Feuchtigkeit.

Das Zeitkino am Bahnhof Friedrichstraße spielte an diesem April-abend des Jahres 1959 den DEFA-Streifen „Ware für Katalonien". Ein Kriminalfilm über einen weitverzweigten Optikschieberring im geteilten Berlin. Der 140 Plätze umfassende Saal befand sich im S-Bahnbogen in der Georgenstraße. Die Spätvorstellung war gut besucht, der Film zudem spannend, so daß die Besucher sich kaum daran störten, wenn ab und an eine S-Bahn über die Betondecke des Zuschauerraumes dahingrummelte.

In der letzten Reihe saß ein hochgewachsener Mann von Mitte Dreißig. Seinen eleganten Übergangsmantel hatte er über die Lehne des Nachbarsessels geworfen. Mehr als alle anderen Zuschauer nahm er Anteil an dem Leinwandspektakel. Manche Filmszene begleitete er mit beifälligem Kopfnicken, andere erweckten seinen Unwillen, oder er lächelte nur still vor sich hin. Vielleicht ein Kunstkritiker, der sich für die Kulturseite einer Zeitung mit dem Film auseinandersetzen muß, vermutete die Platzanweiserin. Erst gegen Ende des Streifens wurde der Mann merklich unruhiger.

Ein grauer VW-Käfer jagt auf der Leinwand zum Brandenburger Tor. Teschendorf, der Chef der Schieberbande, fährt zur Sektorengrenze. Ein Volkspolizist stoppt den Wagen am üblichen Kontrollpunkt. Im gleichen Augenblick wird der VW von mehreren Funkwagen umstellt. „Herr Teschendorf. Steigen Sie bitte aus!" fordert der Filmkommissar. Der Mann mit dem Beinamen „der Spanier" – setzt langsam die Füße auf die Straße, dann stößt er die Tür mit solcher Wucht auf, daß der Kommissar rückwärts taumelt. Der Bandenchef hetzt los. Wenige Meter trennen ihn noch von der Sektorengrenze, als der clevere Kommissar ihm ein Bein stellen kann. Teschendorfs verzweifelter Versuch, sich mit einem Schlagring zur Wehr zu setzen, erstickt im Judogriff des Kriminalbeamten. Handschellen klicken. „Da fällt mir etwas ein, Herr Teschendorf", sagt der Kommissar. „Ein gewisser Holzapfel ist doch mit einem Schlagring ermordet worden."

„Ich kenne keinen Holzapfel", erklärt Teschendorf.

Auch der Mann in der vorletzten Reihe, der jetzt seinen Mantel über den Arm nahm und den noch dunklen Kinosaal rasch verließ, hatte nie von einem Mordfall Holzapfel gehört. „Geben Sie mir bitte dreißig Filmprogramme", verlangte er an der Kinokasse.

Die junge Frau am Schalter wunderte sich. „Gleich dreißig?" fragte sie erstaunt. Sie musterte den schlanken Herren im gutgeschnittenen Übergangsmantel. Der hatte einen seidenen Schal um den Hals geschlungen und trug Karlsbader Lederhandschuhe.

„Warum nicht?" strahlte er aus großen blauen Augen zurück. „Für mich ist der Film sehr interessant." Er lächelte verschmitzt.

Während sie die Filmprogramme abzählte, überlegte sie angestrengt, an wen der Dunkelhaarige sie wohl erinnere. Erst als der Herr bezahlt hatte und das Lichtspieltheater verließ, fiel ihr die gewisse Ähnlichkeit mit dem Filmschauspieler Wilfried Ortmann auf, der in „Ware für Katalonien" als Chef der Schmugglerbande agierte.

Die Kassiererin strich die drei Mark ein. Da fand sie neben den

Hasso Schützendorf um 1950. Quelle: Archiv des Autors

Wilfried Ortmann als Teschendorf in „Ware für Katalonien". Quelle: Archiv des Autors«

Münzen ein Kärtchen, das der Besucher offenbar an der Kinokasse zurückgelassen hatte. Sie las: „Wissen Sie, wer eben bei Ihnen war? Hasso Teschendorf – der Spanier. Angeblich im Film verhaftet. Eben hat er bei Ihnen 30 Filmprospekte gekauft!"

Amüsiert lachte sie auf.

„Nanu, was ist dir denn passiert?" fragte die Platzanweiserin, die durch eine Hintertür in den winzigen Kassenraum kam. Die Jüngere reichte ihr das Kärtchen.

Die Platzanweiserin schüttelte den Kopf. Dann wurde sie nachdenklich. „Zeig das lieber der Polizei", riet sie ihrer Kollegin.

Der Filmbesucher, der mit bürgerlichem Namen Hasso Schützendorf hieß, war schnurstracks in die mit polierten braunen Sandsteinplatten ausgestattete Halle des Bahnhofes Friedrichstraße geeilt. Für zwei Groschen zog er am Automaten eine S-Bahnfahrkarte. Auf dem Bahnsteig A verkündete eine Lautsprecherstimme: „Eingefahrener Zug in Richtung Potsdam. Hier letzter Bahnhof im demokratischen Sektor."

Schützendorf hastete die Treppe hinauf. Er stieg in die Bahn. Dem Mann in der dunkelgrauen Uniform des „Amtes für Zoll und Kontrolle des Warenverkehrs" sah er gelassen entgegen. Der Zollkontrolleur ging durch das Abteil. Hier und da warf er einen prüfenden Blick auf ein Gepäckstück. Schützendorf hielt den Stapel Filmprogramme auf dem Schoß. Der Zöllner registrierte es mit einem winzigen Lächeln und verließ das Abteil. Wäre es ihm eingefallen, den Ausweis des kinointeressierten Reisenden zu verlangen, hätte der ihm einen Deutschen Personalausweis, ausgestellt auf den Namen eines Dr. Wenner, präsentiert. Falsche Pässe waren Schützendorfs Spezialität. Da hatten die Drehbuchschreiber in „Ware für Katalonien" durchaus nicht gelogen. Aber dieser Mord in der Laubenkolonie, gleich zu Beginn des Filmes, war eine pure Erfindung. Und diese miese Hütte im spanischen Castel de Fels mit dem Esel davor grenzte schon an Blasphemie. Schützendorf stülpte verärgert die Lippen auf. Drei Luxusvillen hatte er damals in Spanien besessen! Er suchte die Besetzungsliste im Filmprogramm. „Buch: Lothar Creutz, Carl Andrießen, Richard Groschopp", las er. „Regie: Richard Groschopp". Hasso Schützendorf beschloß, dem Regisseur eine Karte zu schreiben. Daß er dieses Vorhaben um einige Monate aufschieben mußte, war in diesem Augenblick nicht abzusehen.

Am 6. November 1945 war die Unversität in Hamburg wiedereröffnet worden. Unter den Studenten, die zu Vorlesungsbeginn in die Hörsäle drängten, befand sich auch der einundzwanzigjährige Hasso Schützendorf, der für das Medizinstudium eingeschrieben war. Er hatte sich als „Opfer des Faschismus" ausweisen können und fiel in die Kategorie der förderungswürdigen Personen. Im Studentenrat vertrat er die Positionen der Kommunistischen Partei und entschied mit, wer die Studienrichtung Humanmedizin belegen durfte. Sein Auftreten war von einer unnachahmlichen Radikalität und einer gewissen Geltungssucht geprägt. Kein Wunder, daß die Presse von seinen Auftritten Kenntnis nahm. Das eine oder andere Blatt erwähnte seinen Namen. Das rief Neider auf den Plan.

Im Januar 1946 sah sich der Prorektor für Studienangelegenheiten zu einer Unterredung mit dem kommunistischen Studentenvertreter gezwungen. Den Anlaß hatte ein Brief geliefert, dessen Absender nicht eindeutig zu eruieren war. Er schien zum Umkreis der Familie Schützendorf zu gehören, denn er enthielt Informationen, die Hasso Schützendorf Jahre später zu der Behauptung bewogen, den Brief habe seine Mutter verfaßt.

In der Annahme, man wolle ihm eines der vielen neuen Ehrenämter antragen, begab sich Schützendorf unbeschwert ins Rektorat.

„Ihre Kommilitonen schätzen Sie als einen engagierten Studenten", bekam er dort zu hören. „Sie setzen sich für die Gerechtigkeit ein. Sehr schön, mein Lieber. Trotzdem muß ich Sie bitten, uns diesen Brief zu erklären. Er enthält die Mitteilung, Sie besäßen keine Matura!" Der Prorektor, der Kälte wegen in einen Wintermantel gehüllt, musterte den jungen Mann, dem alle Farbe aus dem Gesicht wich.

„In Königsberg", stotterte Schützendorf. „Der Krieg … wissen Sie, das Reifezeugnis ist mir verlorengegangen …"

„Geben Sie sich keine Mühe." Der weißhaarige Mann beugte sich energisch über den Tisch. „Ich habe mir Ihre Studienbewerbung gründlich angesehen. Sie behaupten, daß Ihr Reifezeugnis infolge Kriegseinwirkung vernichtet wurde. Dafür haben Sie die eidesstattliche Erklärung beigebracht, das Abitur in Königsberg erworben zu haben. Aber die Beglaubigung, lieber junger Freund, ist eine Fälschung!"

Hasso Schützendorf schwieg fassungslos.

„Warum, Schützendorf? Warum in aller Welt haben Sie denn das getan?"

Mag sein, daß Hasso Schützendorf unter dem Eindruck seiner Entlarvung, die wie ein Blitz über ihn gekommen war, den Drang zum Reden verspürte oder daß der lebenserfahrene Prorektor, der eine gewisse Sympathie für den jungen Mann empfand, instinktiv den richtigen Ton gewählt hatte, jedenfalls vertraute Hasso Schützendorf ihm an diesem Nachmittag seine Lebensgeschichte an.

„Wie Sie aus meinen Papieren ersehen, bin ich am 3. November 1924 in Düsseldorf geboren, und zwar in einer Künstlerfamilie. Mein Vater und fast alle seine Brüder waren Kammersänger. Meine Mutter war die Tochter eines Generals. Künstler und Militärs – das paßte nicht so recht zusammen. Nach der Scheidung bin ich bei meinem Vater geblieben. Seine Engagements wechselten häufig, wir zogen umher und immer wieder gab es ›Tanten‹, die mir die Mutter ersetzen sollten. Auf Gut Braunsdorf bei Berlin habe ich die Volksschule absolviert. Danach brachte mich mein Vater auf dem fürstlichen Pädagogicum in Putbus auf Rügen unter. Etwa hundert Schüler waren wir dort. Eine schöne Zeit. Aber mir passierte etwas ganz Dummes. Aus dem Bücherschrank meines Vaters nahm ich einige Bücher mit. ›Die Weiberherrschaft‹

oder ›Über die wahre Liebe‹ – Sie verstehen, was ich meine – und die habe ich unter der Bank an meine Mitschüler verliehen." Ein kurzes Lächeln blitzte in Schützendorfs Augen auf. „Heute lacht man darüber, aber als das damals rauskam, gab es einen Skandal. Ich flog im hohen Bogen aus dem Pädagogicum und landete als sittlich verwahrloster Schüler im Wichern-Heim in Hamburg. Nebenbei versuchte ich, beim Film unterzukommen. Man gab mir ein paar kleinere Rollen. Ich verkehrte mit jungen Leuten. Wir interessierten uns für Jazz, der ja bei den Nazis unterdrückt war. Und als ich einmal unvorsichtig äußerte, es wäre am besten ins neutrale Schweden abzuhauen, da steckten mich die Nazis ins KZ Neuengamme. Sechs Monate war ich dort. Ein alter Kommunist hat mir im Arbeitskommando das Leben gerettet. Dem habe ich dann versprochen, wenn alles vorbei ist, in die KP einzutreten."

„Jetzt begreife ich Ihre Position im Studentenausschuß."

Schützendorf nickte. Mit der Miene eines leidgeprüften und vom Schicksal überhart angepackten Menschen fuhr er fort: „1943 wurde ich an die Ostfront geschickt, in eine Bewährungskompanie. Ich bin stiften gegangen, wurde geschnappt und wegen Fahnenflucht zum Tode verurteilt. Ein Onkel, der im Generalstab saß, konnte meine Begnadigung erwirken. Zwölf Jahre Festungshaft. Als die Engländer uns befreiten, wurde ich durch die Behörden als ›Opfer des Faschismus‹ anerkannt. Ich war 20 und wollte endlich aus meinem Leben etwas machen. Deshalb", Schützendorf hob den Kopf und blickte seinem Gegenüber treuherzig ins Gesicht, „nur deshalb habe ich mich für das Studium der Medizin entschieden. Leider fehlte mir das Abitur. Und da habe ich eben …"

Wenn auch manches in dieser Lebensbeichte reichlich phantastisch klang, die bitteren Erfahrungen des Einundzwanzigjährigen konnte niemand bestreiten. Ein bißchen Mitleid war, weiß Gott, schon angebracht. Der Prorektor stand vor einer schwierigen Entscheidung. Wenn die Leitung der Universität den Vorfall zur Anzeige brachte, geriet Schützendorf erneut in die unerbittlichen Mühlen der Justiz. War jugendlicher Leichtsinn – mehr konnte es doch nicht sein! – diese Entscheidung wirklich wert?

Der Rektor gab sich einen Ruck. Mit einer schmerzlich-bedauernden Geste erklärte er: „Wir wollen Ihre Sache vergessen, Schützendorf. Aber Sie werden verstehen, daß wir Sie an unserer Lehranstalt nicht dulden können."

Der aus seinen Träumen gestürzte cand. med. nickte beschämt.

Der strenge Ausdruck im Gesicht des Prorektors für Studienangelegenheiten milderte sich. „Mir scheint zudem, Sie haben eine recht passable Stimme. Warum versuchen Sie es denn nicht am
Konservatorium?"

Jahrzehnte später erzählte Schützendorf der westdeutschen Illustrierten „Quick":

Es folgten vier Semester Konservatorium. Ich stammte ja aus
einer musikalischen Familie. Bald jedoch dämmerte mir die Erkenntnis: Es ist ziemlich mühsam von Oper zu Oper zu tingeln.
Geschäfte machen ist besser.

Die Lebensgeschichte des Hasso Schützendorf steckt voller Widersprüche. Abenteuerliche Berichte über seine Vergangenheit als
Schmuggler, Schieber und Fälscher, die sich in den unterschiedlichsten Medien wiederfinden, lassen sich nur schwer entwirren.
Immer wieder macht man die Erfahrung, daß Phantasie und Wirklichkeit in Schützendorfs Selbstdarstellungen verschwimmen,
wie in dem zitierten Bericht.

Die Hansestadt Hamburg bot Mitte 1946 das Bild einer übervölkerten Trümmerstadt. Die Menschen hungerten. Hasso Schützendorf nutzte jede Gelegenheit, seine soziale Lage zu verbessern. Es
ging ums Überleben. Bei der Suche nach zusätzlichen Erwerbs-
quellen konnte man nicht wählerisch sein. In einem der vielen
Tanzlokale, die in den Ruinen und Kellerräumen an der Reeper-
bahn untergekommen waren, verdingte er sich an den Abenden als
Musiker. Angeheizt durch die neuen anglo-amerikanischen
Rhythmen, hatten die Amüsierlokale regen Zulauf. Nach der
Aufhebung des Fraternisierungsverbotes mischten sich auch britische Soldaten mit Sinn für Amüsement und die ungeahnten Möglichkeiten, die der Schwarze Markt ihnen bot, unters Publikum.

Hinter dem Begriff „organisieren" verbarg sich ein ganzes
Lebensgefühl. Beschaffen auf jede Art und Weise war die Devise. Schützendorfs erste Tauschgeschäfte verliefen nach dem Prinzip: 250 Mark im Ankauf für ein Pfund Butter. Weiterverkauf als
„echte Landbutter" für 300 Mark. Diese brachten 60 Chesterfield-
Zigaretten, die man tags darauf mit einigem Geschick für 380
Mark verhökern konnte. Hasso Schützendorf fand Geschmack an
dem einträglichen Spiel.

Auf dem Schwarzen Markt gab es fast alles zu kaufen. Er war
zur mächtigsten ökonomischen Institution in allen Besatzungszonen geworden. Während die Deutschen sich aus reiner Existenz-

not beteiligten, mischten die Angehörigen der Besatzungsmächte aus Gewinnsucht mit. Für Produkte, deren Preise minimal waren, wurde Geld genommen, alles übrige nach Kaffee oder Zigaretten bemessen. Leitwährung war die Ami-Zigarette und Hasso Schützendorf schaffte sie heran – die Chesterfield, die Camel oder die Lucky Strike. „Der Schwarze Markt ist ein Tummelplatz für Leute mit Grips im Schädel", behauptete er. „Nur wer Mumm in den Knochen hat, bekommt hier eine Chance!"

1946 richtete die Hamburger Polizei ein Sonderdezernat zur Bekämpfung der Schwarzmarkt-Kriminalität ein. Polizeibeamte in Zivil streiften über die Märkte an den Landungsbrücken, in St. Pauli oder am Hauptbahnhof, um die professionellen Schieber herauszufischen, doch die wahren Drahtzieher der Geschäfte im Zwielicht blieben unangreifbar. Dafür mußten die Polizisten sich mit den kleinen Schwarzhändlern begnügen, die ihnen täglich ins Netz gingen. Polizeihaft und einige Wochen Knast galten als Berufsrisiko in den einschlägigen Kreisen. Auch Hasso Schützendorf, noch immer eine unbedeutende Größe auf der Hamburger Szene, erwischte es bei einer Razzia.

Vom Standpunkt des Geschäftsmannes aus gesehen, erwies sich seine Inhaftierung später als Gewinn. „König ist der, der über einen ausreichenden Nachschub an Zigaretten verfügt", belehrte ihn ein Zellengenosse. „Und das sind die Besatzungstruppen. Die Tommys unterhalten riesige Versorgungsdepots im Hafengelände, bewacht von der Deutschen Industriepolizei. Die Depots werden im Zuge der Truppendemobilisierung aufgelöst, die Waren jedoch nicht zurückgeführt, weil die Preisstruktur auf den Heimatmärkten nicht gefährdet werden darf. Schaffst du es, mit den Versorgungsbullen ins Geschäft zu kommen, ist deine Basis gesichert. Wer Schnaps liefert, wird bevorzugt bedient."

„Die Schnapsbrennerei ist aber im Land verboten."

„Hier ja. Bei den Russen drüben nicht."

Als Hasso Schützendorf wenige Wochen später die Haftanstalt verließ, kannte er die wichtigsten Verbindungen, die ihm den Aufstieg in die Aristokratie des Schieber- und Schmuggelgewerbes ermöglichen sollten. Die Strategie des Tauschens, des Beschaffens und des Kompensierens, die er bald meisterhaft beherrschte, wurde zu seiner Lebensmaxime.

Abnehmer fand er in Hülle und Fülle für Damenstrümpfe, frische Heringe, für Penicillin oder Insulin. Aber auch Grundstücke, Reisepässe oder die sogenannten Persilscheine, auf denen bestätigt wurde, daß die Inhaber politisch reine Westen hätten, konnte Schützendorf neben falschen akademischen Titeln, KZ-Bescheinigungen und Besitztumsurkunden über kriegsbeschädigte Häuser besorgen. Der Schwarze Markt wirkte wie eine Droge auf ihn. Es war das Risiko, das seine Phantasie beflügelte und ihn zu immer ausgefalleneren Unternehmungen anstachelte. Über die Hälfte der Lebensmittel, die Schützendorf auf den Markt brachte, stammten aus britischen Depots. Obendrein überließen ihm seine uniformierten Geschäftsfreunde eine Lagerhalle in jenem Teil des Hafens, der zum militärischen Sperrgebiet gehörte.

1995 gestand er in der ARD-Fernsehdokumentation „Die wirren Jahre":

Den meisten Profit machte man mit Zigaretten, Kaffee und Alkohol. Das waren die drei Artikel, die am meisten Geld brachten. Die anderen Sachen waren mehr oder weniger nötig, um vielseitig zu sein. Und es machte auch mehr Spaß, wenn man alles und auch große Mengen liefern konnte. Aber der größte Reibach war schon mit Alkohol, Zigaretten und Kaffee zu machen ...

Es gab nach dem Krieg praktisch alles, nur zu weit überhöhten Preisen. Und ich war einer der Glücklichen, die mit gutem Gespür an alle diese Sachen leichter rankamen, weil ich herausfand, wo es sie gab. Natürlich immer nur unter Stillschweigen, denn sonst wären die Leute ja aufgeflogen und hätten nicht mehr liefern können ...

Selbst wenn die Engländer mich in meiner Lagerhalle und die Waren, die ich im Store hatte, beschützten, das Risiko war dann doch vorhanden, wenn die Ware an die Verteiler abgegeben wurde.

Dabei ging ihm der Hinweis, daß man in der russischen Zone zu guten Preisen Schnaps holen könne, nicht aus dem Sinn. Im Juni 1946 brach Hasso Schützendorf zu einer Erkundungsreise über die Zonengrenzen auf. Seine Ziele waren Sachsen und das Berliner Umland, das er aus seiner Volksschulzeit gut kannte.

Der Kriminalanwärter Horst Girra, geboren am 8. November 1920 in Berlin, schlenderte zur Straßenbahnhaltestelle. Um 7.30 Uhr sollte er seinen ersten Dienst in der Kriminaldienststelle eines Lichtenberger Polizeireviers antreten. Diebstähle und Einbrüche würde er dort zu bearbeiten haben, hatte man ihm bei seinem Einstellungsgespräch im Polizeipräsidium erklärt. Bis zu diesem Tag war sein Leben ohne abenteuerliche Wendungen verlaufen. Volksschule von 1927 bis 1935. Danach eine Lehre als Verkäufer. 1939 die Einberufung zur Wehrmacht. 1942 war er an der Ostfront in sowjetische Gefangenschaft geraten, bis er am 4. Juni 1946 im Entlassungslager Gronenfelde die Heimkehrerbescheinigung erhielt. Eine deutsche Biographie, die für viele junge Männer vom Jahrgang 1920 zutraf. Was er denn nun anfangen wolle, hatte der Herr auf dem Arbeitsamt ihn bei der Anmeldung gefragt.

„Arbeiten – was sonst?"

„Als Verkäufer?" Kummerfalten überzogen das Gesicht des Angestellten. „Da werden Sie wohl umlernen müssen", meinte er mitfühlend.

„Wieso?"

„Weil die meisten Geschäfte zerstört sind. Und zu verkaufen gibts nicht viel. Wie wärs denn mit dem Polizeidienst?"

„Danke bestens. Uniform habe ich lange genug getragen. Nie wieder, kann ich Ihnen versichern!" Und um den Argumenten des anderen jeden Wind aus den Segeln zu nehmen, setzte er fix hinzu: „Ja, wenn ich wenigstens zur Kriminalpolizei könnte ..."

Der andere nahm ihn wider Erwarten beim Wort. „Selbstverständlich können Sie auch zur Kriminalpolizei, Herr Girra. Leute, die sich im Handelsbereich auskennen, werden bei der Kripo dringend gebraucht. Der Schwarze Markt ist wie eine Seuche."

Horst Girra konnte nicht mehr zurück. Das ließ sein Stolz nicht zu. Von einer Minute zur anderen war er in einem Beruf gelandet, der ihm noch keineswegs geheuer erschien.

Zwei Pappeln ragten neben dem Haltestellenschild in den Himmel. Während Girra wartete, las er die Zettel, die mit Reißnägeln an die Stämme gezweckt waren. „Tausche gute Milchziege gegen Nähmaschine!" – „Biete guterhaltenen Kinderwagen gegen Naturalien!" – „Wer kennt den Aufenthalt von Martha Jaeckel und Sohn? Ihr Mann Paul Jaeckel sucht die Adresse!" – „Herrengarderobe Größe achtundvierzig gegen Lebensmittel!"

Die Straßenbahn schlingerte bimmelnd um die Kurve. Girra stieg ein. Eine gewisse Spannung und Neugier auf das, was ihn im Polizeidienst erwartete, hatte den jungen Mann erfaßt.

Der dünne Strichregen, der den Lkw mit dem Hamburger Kennzeichen in der Lüneburger Heide überraschte, war versiegt. Wie ein grauer Schleier hing die Feuchtigkeit in der Nachtluft. Die beiden Scheinwerferkegel des Opel-Blitz zitterten durch die Dunkelheit auf der Dannenberger Chaussee. Hasso Schützendorf hockte neben dem Mann am Steuer. Der Fuhrunternehmer, der zu seinen engeren Geschäftsfreunden zählte, übernahm regelmäßig Fahraufträge für die britische Militärregierung. Die breiten Hände des Fahrers umkrampften das zitternde Lenkrad. Die Tachometernadel tanzte bei Neunzig. Das Singen des Motors stimmt schläfrig.

Ein paar Kilometer weiter winkte eine rote Lampe: Stop!

Ein britischer Militärposten schob sich an den Lastkraftwagen heran, während ein zweiter Mann ihn im Hintergrund mit der Sten gun sicherte.

„Tripticket!" kommandierte der Posten.

Schützendorf griff ins Handschuhfach und überreichte die gewünschten Papiere.

Der Posten blätterte im Scheinwerferlicht. „Alles okay, John", rief er seinem Kameraden zu. „Eine Ladung Kaffee, Zigaretten, Butter und Fisch von Hamburg nach Berlin-Spandau. Genehmigt vom General." Er gab die Papiere zurück. „Drive on!"

Schützendorf führte grüßend die Hand zur Stirn. Der Spediteur am Lenkrad legte den Gang ein und rollte los. „Weiß der Teufel, warum die jetzt an allen Ecken kontrollieren", knurrte er aufgebracht.

„Der Schwarze Markt soll stärker bekämpft werden", grinste Schützendorf. „Bloß gut, daß der Captain neue Passierscheine und Frachtpapiere zur Hand hatte."

„Wer ist dein Captain überhaupt?"

Hasso Schützendorf schüttelte lächelnd den Kopf. Über seine Verbindungen zu den Engländern schwieg er sich aus. Der Mann war zu wertvoll für ihn. Obwohl die „Civil Affairs Division" der britische Militärregierung einen energischen Kampf gegen Korruption und Schwarzhandel in den Reihen der Besatzungsarmee führte, war ihre Erfolgsquote gering.

Der Captain hatte sich als Glücksgriff für Schützendorf erwiesen. Schon nach der ersten Stunde ihrer Bekanntschaft wußte er, daß der Engländer genau der Mann war, den er suchte. Er ahnte sogar, daß dieser wahrscheinlich noch weniger Skrupel kannte, als Schützendorf selbst, denn er sorgte unablässig für Nachschub im Store.

Der Lkw fuhr durch Dannenberg und bog kurz darauf nach Süden ab. Hinter Lüchow erreichten sie die Zonengrenze. Keine Posten. Nur ein schwarzes Schild mit der blendendweißen Aufschrift:

ANGLO-RUSSIAN
DEMARKATION-LINE.

Darunter der gleiche Text in Deutsch und dann in kyrillischen Buchstaben.

Die Bewachung der Zonengrenzen wurde im Juni 1946 noch großzügig gehandhabt. Selbst wenn ihnen russische Posten oder deutsche Polizisten entgegengetreten wären, die Papiere des Capitains, die ihre Fahrt als „Transportauftrag für die britischen Armee" legitimierten, garantierten ihnen die ungehinderte Passage bis Berlin.

Der Morgen dämmerte, als sie unweit der Stadt Brandenburg auf einen einsamen Parkplatz einbogen. Der Motor verstummte. Schützendorf stieg aus, um sich Bewegung zu verschaffen. Im gleichen Augenblick blinkte am gegenüberliegenden Waldrand ein Scheinwerferpaar auf. Ein dreirädriger Lieferwagen löste sich aus der Deckung und hielt neben dem Opel. Ein Mann in Lederjacke griente aus dem Fahrerhaus des Goliath. „Alle Achtung, immer binktlich", sächselte er herzhaft. „Morchen, die Herrn!"

Hasso Schützendorf sah auf die Uhr. „Ich liebe die preußische Pünktlichkeit", gestand er mit feiner Ironie. „Alles klar bei Ihnen?"

Die Männer öffneten die Ladeklappen. 500 Flaschen Kornbrand à 0,7 Liter wechselten in der nächsten halben Stunde in den Stauraum des Opel-Blitz. Im Gegenzug wurden zwei Heringsfässer und mehrere Butterkartons heruntergereicht.

Für Hasso Schützendorf ein lukratives Geschäft. Dreißig Mark berechneten ihm seine Partner im Osten für jede Flasche Schnaps. In Hamburg holte er mühelos den zehnfachen Preis dafür herein. Da seine sächsischen Lieferanten aber Heringe und Butter als Gegenwert verlangten, lag auf der Hand, daß auch sie ihren Schnitt bei dem Geschäft machten. Jede Fahrt in die sowjetische Zone hatte sich bislang als rentabel erwiesen. Die Bevölkerung hungerte, und es sah nicht danach aus, als ob sich in den nächsten Monaten etwas daran ändern würde.

Für eine Zigarettenlänge blieben die Männer auf dem Parkplatz noch beisammen. Schützendorf erkundigte sich nach Kontaktadressen in der sächsischen Strumpfindustrie. „Für Seidenstrümpfe besteht enormer Bedarf", kündigte er an.

„Nu, da fahr'ch mal meine Lauscherchen aus, Chef!" versprach der andere, zertrat die Zigarettenkippe unter seinem Stiefelabsatz, stieg in den Goliath und ratterte winkend davon.

Am Freitag, dem 5. Juli 1946, geschah Ungewöhnliches an der britischen Zonengrenze bei Lauenburg. Wenige Minuten nach zwölf Uhr gab der diensthabende Sergeant dem Posten ein Zeichen, der daraufhin den rotweißberingten Schlagbaum an der Demarkationslinie senkte. Zum ersten Mal seit der Besetzung Deutschlands war die Grenze zwischen der britischen und der sowjetischen Zone geschlossen worden. Wenige Tage später schlossen sich die Amerikaner mit einem gleichlautenden Befehl für die Ostgrenzen ihrer Besatzungszone an. Die Westmächte glaubten, sich der Flüchtlingsströme erwehren zu müssen, die nach dem Exodus der deutschen Bevölkerung aus Ostpreußen, Schlesien und dem Sudentenland die Länder der sowjetischen Besatzungszone übervölkerten und nun aus Existenznot weiter westwärts drängten. Die Russen sahen es eher als politischen Affront. Alle Verbindungswege, ob Straße oder Schiene, endeten fortan an den Zonengrenzen. Für Dienst- und Handelsreisende galten, um den ohnehin nur spärlich dahinplätschernden Interzonenhandel nicht vollends zum Ersterben zu bringen, Interzonenpässe.

Die Maßnahmen der Briten und Amerikaner wurden zur wesentlichen Ursache für den bald einsetzenden illegalen Grenzverkehr. Wer keine Reisepapiere besaß, ging schwarz über die grüne Grenze. Bis zu dreißig Kilometer führten die illegalen Grenzwege über Berge und Täler der Mittelgebirge. In den Flachlandregionen erschwerten Niederwald, Gestrüpp und sumpfige Wiesen die nächtlichen Marschrouten. Ortskundige Schlepper boten ihre Dienste an. Für die Grenzführer ein einträgliches Geschäft und für manchen Reisenden ein Weg in den Tod. Die Unübersichtlichkeit an der Grenze begünstigte Verbrecher. 59 Morde und 6 Mordversuche wurden 1946 im Grenzbereich Braunschweig-Land registriert. 1947 kamen 30 Morde und 7 Mordversuche hinzu. Als bekanntester Mörder dieser Zeit ist der „Massenmörder Rudolf Pleil" in die Kriminalgeschichte eingegangen.

Hasso Schützendorf, der „norddeutsche Schwarzmarktkönig", wie er sich später nennen ließ, stellte sich auf die neue Lage ein. Mit Hilfe ortsansässiger Grenzführer organisierte er Trägerkolonnen. Bepackt mit Koffern und Ballen schleppten die schweigsamen Gestalten Bücklinge, Kaffee, Zigaretten, Medikamente und

Schokolade in Richtung Osten und kehrten, meist noch in der gleichen Nacht, mit Schnaps, Seidenstrümpfen, Plauener Spitzen und Agfa-Fotofilmen, die im Stammhaus Wolfen hergestellt wurden, zurück. Schützendorf empfing die modernen Kulis auf abgelegenen Waldwegen. Er übernahm die Waren auf seinen Lastwagen, den er inzwischen als Eigner besaß, und entlohnte die Träger reichlich. Wenn die Morgensonne über Hamburgs Oberhafen, eine vom Bomben und Luftminen rasierte Steinwüste, in der vereinzelt Speicher und Bürohäuser stehengeblieben waren, aufging, landeten die Waren in seinem Lager.

Hasso Schützendorf kalkulierte wie ein echter Kaufmann das Preisgefälle. Er schloß Verträge ab und vereinbarte Liefertermine, die er auch peinlichst genau einhielt. Der Konkurrenzdruck auf dem Schwarzen Markt wuchs. „Wenn wir die 5000 Kilo Heringe nicht parat haben, schnappen uns andere das Ostgeschäft weg!" hämmerte er seinen Gewährsleuten im Fischereihafen ein. Und die Vertrauten lieferten, denn er zahlte großzügig in Schnaps und Zigaretten.

Am 25. November 1947 löschte der US-Frachter „American Farmer" in Bremerhaven eine Ladung von 4800 Kisten mit einem Gesamtgewicht von 192 Tonnen. Nur die Eingeweihten wußten, was sie enthielten: die neuen Banknoten, die – in den USA gedruckt – am „Tag X" in den Westzonen ausgegeben werden sollten. Hasso Schützendorf erhielt einen Tip aus dem Offizierskorps der Militärregierung. Da er ihn ernst nahm, drosselte er seinen Warenabsatz, kaufte aber unentwegt auf, so daß es im Store bald eng wurde. In der ersten Junihälfte 1948 kletterten die Schwarzmarktpreise in astronomische Höhen. Für eine amerikanische Zigarette wurden in Hamburg bis zu 30 Reichsmark bezahlt.

Am 18. Juni 1948 verkündete der Nachrichtensprecher im Westdeutschen Rundfunk: „Das erste Gesetz zur Neuordnung des deutschen Geldwesens ist von den Militärregierungen Großbritanniens, der Vereinigten Staaten von Amerika und Frankreichs erlassen worden und tritt am 20. Juni in Kraft."

Die Währungsreform bedeutete eine Abwertung der bisherigen Zahlungsmittel im Verhältnis von 10 : 1. Jede Person erhielt ein Kopfgeld von 40 Mark, weitere 20 Mark wurden später ausgezahlt.

Überliefert ist, daß professionelle Schieber an diesem Tage ihre Zigaretten mit Hundertmarkscheinen anzündeten. Die finanzielle Brachialkur läutete das Ende der Schwarzmarktära ein, sie

brach der Zigaretten-Zivilisation und den meisten Schwarzmarkt-
händlern das Genick. Tags darauf füllten sich die Läden. Fassungslos standen die Menschen vor den prallgefüllten Schaufen-
stern, die zum Kauf animierten. Es gab noch nicht alles, aber was
man da sah, glich einem Paradies. Hasso Schützendorf:

> Für mich war das eine herrliche Zeit, denn ich hatte ja ein riesi-
> ges Warenlager, was ich gleich in D-Mark umsetzen konnte.
> Große Summen, die ich vorher schon in Gold investiert hatte.
> Brillanten, Stoffe – praktisch alles, was irgendwie von Wert war,
> was die Menschen brauchten. Das konnte ich gleich auf den
> Markt werfen und konnte noch hohe Preise kassieren. Am An-
> fang der Währungsreform war noch alles ziemlich teuer, und die
> Leute mußten teilweise den zwei- bis dreifachen Wert bezahlen.
> Erst nach etwa einem halben Jahr normalisierten sich die Prei-
> se und waren dann weit günstiger als heute noch. Aber am An-
> fang wurde die D-Mark nicht sehr geschätzt. Es gab vielleicht
> auch noch nicht so viele Sachen, so daß durch die Knappheit,
> die am Anfang noch da war, die Sachen überteuert wurden, und
> man am Anfang der Währungsreform Millionen machen konnte.

Sonnabend, der 26. Juni 1948. Seit zwei Tagen lief nun auch in
Ostberlin und in der sowjetischen Besatzungszone eine
Währungsreform. Girra, mittlerweile zum Oberassistenten aufge-
rückt, gehörte zu einer Einsatzgruppe in der Kriminaldirektion
Dircksenstraße, deren Aufgabe die Abwehr krimineller Aktionen
im Rahmen des Geld-umtausches war. Als berufsunkundiger Kriminalanwärter hatte er noch im Herbst 1946 einen achtwöchigen
Lehrgang an der Polizeischule in der Oberschöneweider Watt-
straße besucht.

Die Währungsreform in den Westzonen beschwor für den Osten
die Gefahr herauf, daß die entwerteten Reichsmarkbeträge nun
massenhaft in die sowjetische Besatzungszone hineinschwappen
könnten. Um diese tödliche Bedrohung für die ohnehin marode
Wirtschaft abzuwendenden, ordnete Sokolowski die Schließung
der Zonengrenzen an, womit er nur dem Beispiel folgte, das die
Engländer und Amerikaner ihm im Juli 1946 geliefert hatten. Die
D-Mark wurde als Währung in Groß-Berlin und in der SBZ verboten, ihr Besitz unter Strafverfolgung gestellt.

In großer Eile bereitete die SMAD unter Mitwirkung der ostdeutschen Wirtschaftskommission (DWK) eine eigene Währungsre-

Polizeikontrolle an der Sektorengrenze. Der Besitz von Westmark ist im Osten verboten. Quelle: Archiv des Autors

form vor. Den Finanzexperten fiel nichts Besseres ein, als Spezialkupons drucken zu lassen, die am Tag des Geldumtausches auf die alten Reichsmarkscheine geklebt werden sollten.

Am 23. Juni veröffentlichte die SMAD den Befehl Nr. 111. Sofort erklärten die Kommandanten der Westsektoren die ostdeutsche Kuponmark in Westberlin für ungültig und brachten die mit dem „B"-Stempel versehenen D-Mark-Noten in Umlauf. Sokolowski konterte mit der Sperrung des gesamten Eisenbahnverkehrs auf der Strecke Hannover-Helmstedt-Berlin und befahl die Stromlieferungen nach Westberlin einzustellen.

Am Potsdamer Platz und am Bahnhof Zoo, den angestammten Schwarzmarktzentralen, tauchten komplette Kuponbögen auf, die von den Schiebern gegen Reichsmark mit fünfzig Prozent Aufschlag verhökert wurden. Irgendein Gauner hatte eine undichte Stelle in der Wertpapierdruckerei oder im Verteilersystem für seinen Coup genutzt. Zwangszuführungen und Geldbeschlagnahmen an den Sektorengrenzen häuften sich. Eine fieberhafte Suche nach den Urhebern setzte in den nächsten Tagen ein. Die Spur führte in den amerikanischen Sektor. Ein Tempelhofer Graveur hatte die Klischees gefertigt, und ein ehemaliger Druckereibesitzer druckte in den Resten seines Betriebes frei drauflos. Der dritte der insgesamt fünf Täter war ein Stempelfabrikant aus Steglitz. Angesichts der schwelenden Interessenkonflikte im auseinanderdriftenden Polizeiapparat wäre der Fall wohl nie aufgeklärt worden, hätte es in der Polizeiinspek-tion Tempelhof nicht den dreiundvierzigjährigen Kriminalober- sekretär Hermann Wagner gegeben, ein gestandenes SED-Mitglied, der seine Genossen im Ostsektor mit Informationen versorgte. Vier Wochen später wurde die ostdeutsche Notwährung durch frisch gedruckte Banknoten ersetzt.

In einem abschließenden Bericht vermerkte die DWK, daß in den Ländern der sowjetischen Besatzungszone und an den Berliner Sektorengrenzen im Rahmen der Polizeikontrollen fast 90 Millionen alte Reichsmark beschlagnahmt wurden.

Als der Kriminaloberassistent Horst Girra bei der nächsten Gehaltszahlung für die neuen Banknoten quittierte, dachte er mit einem schmerzlichen Gefühl: Statt einer Währung haben wir nun zwei in der Stadt. Und wenn die Entwicklung so weiterläuft, gibt es bald einen abgrundtiefen Riß quer durch unser Berlin!

Nach der Währungsreform löste sich die Rationengesellschaft in den drei Westzonen rasch auf. Der Schwarze Markt begann auszutrocknen. Nur für Hasso Schützendorf nicht. Sein Gespür für gute Geschäfte ließ ihn nicht im Stich.

Der ostdeutschen Wirtschaft fehlten die objektiven Voraussetzungen, in der Rationierungsfrage gleichzuziehen. Die Bewirtschaftung von Lebensmitteln, Textilien, Lederwaren und Brennstoffen wurde beibehalten, Kaffee, Schokolade, Amizigaretten und Bücklinge wurden noch immer illegal gehandelt. Oder man fuhr nach Westberlin, um sie zum jeweiligen Tageskurs zu kaufen. Private Wechselstuben verkauften seit dem 2. August 1948 Westmark gegen Ostmark, Anfangs im Verhältnis 1 : 2,2, im September bereits für 1 : 3,9 und im August 1949 zum Kurs von 1 : 5,8! Wer hier nicht mithalten konnte, war auf den Schwarzen Markt angewiesen, der allen Bemühungen von Polizei und Justiz zuwider in der SBZ weiter existierte.

Im November 1948 eröffnete die staatliche Handelsorganisation die ersten „freien" Läden, in denen markenfreie Genußmittel oder Waren des täglichen Bedarfs zu teuren Preisen angeboten wurden. Auf Geheiß der DWK entstanden längs der Sektorengrenzen neue Geschäfte, gewissermaßen als Aushängeschilder in Richtung

Quelle: Archiv des Autors

Westberlin, die unter dem Slogan „Die kluge Westberliner Hausfrau kauft in der HO" Kunden anlocken sollten. Am Potsdamer Platz etablierte die HO eine der größten Berliner Verkaufseinrichtungen im „Columbus-Haus".

Trotz der Probleme ging es in der ostdeutschen Industrieproduktion aufwärts. Ökonomische Trumpfkarten besaß die 1949 gegründete DDR vor allem in der sächsischen Strumpfwarenindustrie, in der Porzellanproduktion, im Musikinstrumentenbau und in der Herstellung von Büromaschinen. Letztere fehlten dringend in der Bundesrepublik, die Anfang 1950 einen regelrechten Boom bei Firmenneugründungen erlebte. Die Produktion von Schreibmaschinen lief erst in den Jahren 1951/52 bei „Olympia" in Wilhelmshaven an.

In diese Marktlücke stieg Hasso Schützendorf ein. Schreibmaschinen aus Sömmerda und Rechenmaschinen aus dem Berliner Secura-Werk rückten in den Mittelpunkt seiner halblegalen Geschäfte. Noch konnte er sie problemlos in den HO-Geschäften der DDR einkaufen. Eine Reiseschreibmaschine vom Typ „Erika" kostete mit Kunstlederkoffer etwa 350 DM Ost. Schützendorf setzte sie in der Bundesrepublik, wo die Maschinen offiziell mit 320 DM West ausgepreist waren, für 250 Westmark ab, die er je nach Tageskurs in 1.300 Ostmark rückverwandeln konnte. Schon verfügte er über das nötige Kapital, um in der zweiten Runde drei bis vier Schreib- oder Rechenmaschinen einzukaufen. An jeder Maschine verdiente er also 250 Prozent.

Die eigentlichen Schwierigkeiten im Büromaschinengeschäft bereiteten die Zonengrenzen. Schützendorf bediente sich mehrerer Wege.

Um die Schreibmaschinen von Halle nach Hamburg zu bekommen, habe ich Schaffner in den Interzonenzügen bestochen, damit sie mir für mein Schmuggelgut die Hundeabteile zur Verfügung stellten. Die wurden nicht kontrolliert.

Das Geschäft florierte prächtig. Nach der Devise „Nicht kleckern, sondern klotzen!" hielt er nach Lkw-Transporten mit genehmigten Umzugsgütern Ausschau. War er mit den Spediteuren handelseinig geworden, schmuggelte er seine Ware zwischen die Ladungen. Oder er bediente sich gefälschter Papiere, die er an den Kontrollstellen in Marienborn oder in Helmstedt vorwies.

Wie alles im Leben endeten seine ausgeklügelten Transporte abrupt. Hasso Schützendorf bei den Dreharbeiten zu dem Film „Zwei Schicksale oder Eine kleine Königstragödie", der 1994 unter der Regie von Lothar Warneke im Auftrag der Kleinmachnower „Sanssouci-Film" entstand:

Weil ich auch Leute mit rausschmuggelte aus dem Osten, kriegten die mal fünf Autos, also eine ganze Karawane, von mir. Weil auf den Interzonenpässen zwei oder drei Personen mit den gleichen Namen reisten, kriegten die Russen das raus. Die waren gar nicht so dumm. Und da konnte ich die Schreibmaschinen nicht mehr durch Marienborn schleppen.

Der Vorgang erregte auch jenseits der Grenze Aufsehen. Die bundesdeutsche Zollfahndung nahm Hasso Schützendorf aufs Korn. Man interessierte sich brennend für seine illegalen Schreibmaschinentransporte. Laut einem Bericht in der Illustrierten „Quick" gelang Schützendorf bei der Fahrt zur Vernehmung die Flucht aus dem Auto.

Wenn der VP-Kommissar Girra das Fenster seines Arbeitszimmers im Ostberliner Polizeipräsidium öffnete, brandete der Lärm des Straßenverkehrs von der vier Etagen tiefer gelegenen Neuen Königstraße herauf. Auf der gegenüberliegenden Seite sah er den Eingang zu einem kleinen Kino, und etwas weiter rechts, zum Alexanderplatz hin, eine Kneipe, in der sich Kriminalisten und Zeitungsreporter manchmal auf ein Bier zum Feierabend trafen. Hob Girra den Blick, dann sah er am Horizont die acht Schornsteine des Kraftwerks Klingenberg, und linker Hand den Trümmerberg am Friedrichshain, den die aufbauwilligen Berliner ihren „Mont Klamott" nannten.

Am 28. Juli 1948 war der Berliner Polizeiapparat auseinandergebrochen. Der Kriminaloberassistent Horst Girra hatte dem Aufruf Dr. Stumms, sich in der Friesenstraße registrieren zu lassen, keine Folge geleistet. Ein Entschluß, der weniger politisches Bekenntnis, sondern vom praktischen Verstand diktiert war. Girra wohnte im Ostsektor, warum sollte er nicht hier seinen Dienst verrichten. Er unterschrieb die ihm vorgelegte Loyalitätserklärung für Polizeipräsident Markgraf und wurde bei der Besetzung der freigewordenen Planstellen in der Kriminaldirektion Dircksenstraße berücksichtigt. Girra übernahm die Tätigkeit eines Sachbearbeiters für Wirtschaftsstrafsachen im Dezernat B. Wenige Wochen später begegnete er am Alex dem ehemaligen Kriminaloberesekretär Hermann Wagner von der Tempelhofer Polizeiinspektion, den man in Westberlin fristlos entlassen hatte. Die Szenarien der fast synchron verlaufenden Entlassungswellen in allen vier Sektoren Berlins belegen, daß die Konfliktparteien in Ost und West das Ziel verfolgten, ihren Sicherheitsapparat von politisch nicht konform gehenden Kräften zu säubern.

Im Frühjahr 1950 konnte Oberst Paul Markgraf das Verwaltungsgebäude eines ehemaligen Versicherungskonzerns in der Ostberliner Neuen Königstraße als „Präsidium der Volkspolizei Berlin" einweihen. Markgraf wertete diesen Akt als einen „Ausdruck der erfolgreichen Verwirklichung des Zweijahrplanes auf dem Territorium der DDR". Die Industrieproduktion hatte tatsächlich den Stand der Vorkriegsproduktion erreicht, war aber auf Gedeihen und Verderben vom internationalen Rohstoffmarkt abhängig. Die DDR-Wirtschaft benötigte dringend Importe, die sie auf dem Weltmarkt nur im Gegenzug mit hochwertigen Exportgütern

Polizeipräsidium Neue Königstraße, 1950. Quelle: Archiv des Autors

realisieren konnte. Büro- und Rechenmaschinen gehörten ebenso dazu wie Glaswaren, Plauener Spitzen, Modelleisenbahnen und optische Geräte, also Lupen, Ferngläser und Fotoapparate.

Der Slogan von den „klugen Westberliner Hausfrauen, die in der HO kaufen", schlug den Erfindern nun ins Gesicht. Die große Nachfrage nach den Industrieerzeugnissen führte zu Masseneinkäufen im Ostsektor und ermöglichte infolge Verschiedenheit der Währungssysteme so manchen Grenzgängern ein bequemes Leben. Im November 1952 erließ der DDR-Regierung eine „Verordnung zur Verhinderung von Spekulation mit Lebensmitteln und Industriewaren". Der Verkauf von Konsumgütern an Westberliner Bürger wurde untersagt, die ungenehmigte Verbringung von Waren aller Art über die Sektorengrenzen unter Strafe gestellt.

Im Dezember 1952 erfolgte eine Reorganisation der Strukturen der Kriminalpolizei. Nachdem die Länder aufgelöst und politische Verwaltungsbezirke geschaffen waren, entstanden auf den Ebenen der VP-Bezirksbehörden und im Ostberliner Polizeipräsidium neben der Abteilung Kriminalpolizei eine Abteilung Untersuchung, der die Bearbeitung aller schweren Straftaten oblag. Horst Girra wurde ihr als VP-Kommissar zugeteilt. Hermann Wagner, seinem Wesen nach ein konsequenter Mann, rückte zum Stellvertreter des Leiters der U-Abteilung auf.

Gegen Mittag wurde Girra ins Zimmer des Oberkommissars gerufen. Er respektierte Wagner, der sich im Umgang mit Unterstellten eines ganz und gar unmilitärischen Tones bediente. Girra hatte noch nie erlebt, daß der Oberkommissar den Optimismus verlor. Man mochte ihn, ohne im Grunde sagen zu können, weshalb.

Wagner fragte: „Kennen Sie sich mit Fotoapparaten und Ferngläsern aus, Girra?"

Hermann Wagner ging 1970 in den Ruhestand. Quelle: Archiv des Autors

„Für ordentliche Tatortfotos reichen meine Kenntnisse allemal."

„Sie sollen ja nicht fotografieren. Da hätte ich einen von der Kriminaltechnik angefordert. Nach Informationen unseres Außenhandels werden auf dem Weltmarkt optische Geräte aus der DDR-Produktion angeboten. Das ist natürlich nicht schlecht, aber die Ware liegt im Preis weit unter dem international üblichen Verrechnungswert. So wie es aussieht, steckt organisierter Schmuggel dahinter. Wir brauchen jemanden, der das Problem anpackt. Ich habe dabei an Sie gedacht."

Girra übernahm das Sachgebiet Optik in der U-Abteilung. Wagner riet ihm, bei der „Deutschen Export- und Importgesellschaft Feinmechanik-Optik" in der Berliner Schicklerstraße nachzufragen. „Lassen Sie sich gründlich informieren", sagte er. „Holen Sie alle erreichbaren Auskünfte ein. Vergleichen Sie, und legen Sie mir dann eine ausführliche Analyse der abgeschlossenen Strafverfahren vor!"

Hasso Schützendorf saß bei „Kempinski", einem der exklusivsten Etablissements am Kurfürstendamm, und blätterte gelangweilt in der Nachmittagskarte. Das Licht, der Raum, Glas und Marmor, Teppiche und Gäste, alles war gedämpft und vornehm. Lautlos glitten draußen auf dem sonnenüberfluteten Damm die Autos vorbei, und lautlos schwebte der Ober heran, um sich nach Schützendorfs Wünschen zu erkundigen.

„Kaffee, Mineralwasser und ein Kognak", bestellte der Gast. „Doppelter natürlich."

Der Ober fand nichts Unpassendes daran. Er deutete eine knappe Verbeugung an, murmelte ein „Sehr wohl, der Herr!" und verschwand.

Schützendorf war jetzt 28 Jahre alt. Er sah blendend aus. Ein sympathischer Typ. Smart und immer gut gelaunt, glich er aufs Haar einem jener unkompliziert netten und überaus tüchtigen Burschen, die in den amerikanischen Nachkriegsfilmen ihr Wesen trieben. Seine bewegte Vergangenheit, über die wilde Gerüchte umliefen, verlieh seiner Person einen etwas romantisch abgedunkelten Hintergrund. Er war sich der Wirkung, die er auf Frauen ausübte und die Männern Vertrauen einflößte, durchaus bewußt.

Nachdem Schützendorf seine Zelte in Hamburg notgedrungen abgebrochen hatte, war er mit gefälschten Papieren in Berlin aufgetaucht. Die Gegend um den Bahnhof Zoo, zwischen Joachimsthaler, Knesebeck- und Kantstraße wurde sein neues Revier. In den Schalterhallen des Bahnhofgebäudes drückte sich das Strandgut der Großstadt herum. Prostituierte beiderlei Geschlechts boten ihre Dienste an. Die Schlepper geheimer Spielklubs und exklusiver Nachtlokale warfen allabendlich ihre Netze aus, während tagsüber elegante Herren promenierten, die dies und das und jenes zu verkaufen hatten oder kaufen wollten. Auf die Art der Ware und auf den Preis kam es an.

Hasso Schützendorf studierte die Szene. Nachdem er die Spielregeln durchschaut hatte, begann er seine neue Existenz aufzubauen. Die Sektorengrenzen und das Währungsgefälle Ost zu West waren der Born, aus dem viele schöpften. Sein Vorteil waren die Geldrücklagen, die er nach der Währungsreform angehäuft hatte, und seine Verbindungen in die „Zone", die nie endgültig abgerissen waren. Er brauchte sie nur neu zu knüpfen.

Hasso Schützendorf wartete auf Ferdinand Georg, einen Schweizer Geschäftspartner, mit dem er sich um Viertel nach drei hier treffen wollte. Der Ober tauchte wieder auf, servierte den Kognak. Schützendorf stürzte die goldfarbene Flüssigkeit in einem Zug hinunter. Als er den Blick hob, betrat der Schweizer gerade das „Kempinski". Georg sah sich kurz um und kam dann quer durch den Raum an Schützendorfs Fenstertisch.

Ferdinand Georg war mit einem weißen, nach der neusten Mode geschnittenen Trenchcoat und einer schottischen Sportmütze bekleidet. In seiner rechten Hand hielt er einen schweinsledernen Diplomatenkoffer. Der Inhalt wog schwer. „Tut mir leid, der Flieger hatte Verspätung", entschuldigte er sich, während er mit einem Seufzer der Erleichterung auf das Stuhlpolster fiel.

„Hat alles geklappt?" fragte Schützendorf gespannt.

„Vier Barren à fünf Kilo. Wie vereinbart."

„Keine Probleme beim Zoll?"

„Weder in Zürich noch in Tempelhof. Das Geld ist gut angelegt."

„Darauf geb ich einen aus!" verkündete Schützendorf launig. Er hob den Arm und winkte dem Ober.

Hasso Schüzendorf und Ferdinand Georg waren im gleichen Alter. Der aus Bern stammende Georg wirkte nicht weniger elegant als sein deutscher Kompagnon. Etwas breiter in den Schultern vielleicht. Er trug dunkelblondes und sorgfältig frisiertes Haar. Makellos weiße Zähne leuchteten im gebräunten Gesicht. Die wohlgeformten Nägel an den schlanken Fingern waren leicht manikürt. Ein Bonvivant, der sportlich saloppe Kleidung liebte. Die Bekanntschaft der beiden Männer beruhte auf einer Zufallsbegegnung. Nachdem sie im Casino ihre Jetons am Roulette umgesetzt hatten, wobei Georg einen bescheidenen Gewinn einstrich, standen sie sich an der Bar gegenüber und wechselten ein paar belanglose Worte. Die Männer fanden sich auf Anhieb sympathisch. Georgs Dialekt veranlaßte Schützendorf zu der Frage, aus welchem Winkel der Welt der Herr eigentlich käme?

„Aus der Schweiz. Ich wohne in Bern. Bin geschäftlich hier."

Über die Art der Geschäfte wollte er sich nicht so recht auslassen. Aber Hasso Schützendorf erriet, daß es in der Vita des Schweizers ebensoviele Ungereimtheiten geben mußte, wie in seiner eigenen. Ferdinand Georg war ein Glücksritter, der sich mit halblegalen Geschäften durchs Leben schlug, und nebenbei eine Vielzahl von Frauenbekanntschaften unterhielt. Daß die meisten dieser Frauen Schreibmaschinen und Fotoapparate für Georg im Ostsektor kauften, bekam Schützendorf bald mit.

„Nebbich!" kommentierte er die Klein-und-Klein-Geschäfte des Schweizers. „So eine Sache muß man ganz groß aufziehen. Wenn du willst, schmeißen wir uns zusammen. Ich liefere die Ideen und beschaffe das notwendige Geld. Du hilfst mir bei der Organisation."

Daß Georg mittun durfte, geschah keineswegs aus einer caritativen Anwandlung heraus. Schützendorf brauchte den Schweizer. Die Währungsreform in der Ostzone hatte seine sächsischen Lieferanten empfindlich gebeutelt. So manches ansehnliche Vermögen war dabei zum Teufel gegangen. Die Geschäftspartner ließen Schützendorf wissen, daß sie an weiteren Transaktionen interessiert seien, verlangten aber in Gold bezahlt zu werden, weil das Edelmetall eine beständige Wertanlage darstelle.

Schützendorfs Goldreserve erschöpfte sich. Und das, was die „Gold, Silber, Brillanten" murmelnden Jünglinge am Bahnhof Zoo feilboten, war garantiert überteuert. Gold konnte man in der Schweiz zu relativ günstigen Preisen erwerben. Da Georg die Schweizer Staatsbürgerschaft besaß, ergaben sich ungeahnte Möglichkeiten, den Goldaufkauf zu intensivieren.

Im Frühjahr 1953 hatte der Schweizer sein Einverständnis erklärt. Er stieg als Partner bei dem Deutschen ein. Schützendorfs Pläne nahmen reale Gestalt an.

1994 erzählte Hasso Schützendorf vor der Kamera der „Sanssouci-Filmproduktion":

Damals merkte ich, daß ZEISS ein fabelhaftes Geschäft war. Und das Geld beschaffte ich mir, indem ich Gold – damals wurde Gold verlangt in der Ostzone – da kaufte ich dann fünf, zehn oder zwanzig Kilo Gold in der Schweiz. Man verdiente allein vom Verkauf in der Ostzone ein Drittel. Ich kaufte einmal für viereinhalbtausend Schweizer Franken Gold und verkaufte es in Leipzig und in der ganzen Ostzone, vor allem bei den Juwelieren in Dresden.

Nachdem der Ober im „Kempinski" die zweite Bestellung Kognak serviert hatte, schob Georg den Diplomatenkoffer über den Tisch. Schützendorf öffnete das Zahlenschloß und bewunderte die vier mattglänzenden Barren. Zwanzig Kilo achtzehnkarätiges Feingold lagen in dem Koffer. Sie repräsentierten einen Wert von einhunderttausend Westmark. Das Betriebskapital der „Schützendorf & Co GmbH" war für die nächste Zeit gesichert.

Während Schützendorf die Geschäftsführung übernahm, kümmerte sich Georg um die Anwerbung von Optikeinkäufern in Ost- und Westberlin. Daß ihm das bei seinem sprichwörtlichen Glück bei den Frauen nicht sonderlich schwer fiel, ist nachzuvollziehen.

Girras Analyse ging von den objektiven Bedingungen an der Berliner Sektorengrenze aus. Nominell existierten noch immer vier Sektoren, doch die Stadt war längst auf ein Hüben und Drüben reduziert.

Der Viermächtestatus garantierte, daß die 81 Straßenübergänge an der 42,5 Kilometer langen Trennlinie offen blieben; dazu 13 Übergänge der S- und U-Bahnen. Allein den Bahnhof Friedrichstraße durchfuhren 285 Züge in vierundzwanzig Stunden. Etwa eine halbe Million Menschen wechselte täglich zwischen Ost und West. Nur ein verschwindend kleiner Teil – etwa 0,01 Prozent – konnte kontrolliert werden. Die Kontrollen fanden nicht regelmäßig statt. Für die Monate Januar bis August 1953 wies die Statistik 27240 Beschlagnahmen aus.

„Die meisten Vorgänge von Verschiebungen optischer und anderer hochwertiger Industrieerzeugnisse tragen überörtlichen Charakter", führte Girra aus. „Die Täter kommen aus allen sozialen Schichten der DDR-Bevölkerung. Kleinbürgerliche Elemente, aber auch Arbeiter, Angestellte und werktätige Bauern kaufen ›Westwaren‹, und Schieberelemente nutzen das aus. Neben Vorbestraften, Prostituierten und sogenannten politischen Flüchtlingen wird oftmals die Unkenntnis von Rentnern, Hausfrauen und Jugendlichen mißbraucht."

Selbstverständlich sah der Kommissar, daß die Versorgungs-engpässe in der DDR, die in erster Linie auf höhere Rüstungaus-gaben und auf die schmerzliche Reparationspolitik der sowjetischen Besatzungsmacht zurückzuführen waren, die Menschen geradezu nötigten, sich Genußmittel, modische Kleidung, Schuhwerk und Ersatzteile in Westberlin zu beschaffen. Dazu mußten sie ihr Ost-geld eintauschen oder Waren verkaufen. Für viele Westber-linbesucher ein selbstverständlicher Vorgang, der ihnen keinesfalls das Gefühl vermittelte, „Handlanger der imperialistischen Kriegs-streiber" zu sein. Aber Girra war auch klug genug, die amtliche Lesart der DDR-Propaganda nicht zu attackieren.

„In der letzten Zeit interessieren sich die Schieberzentralen be-sonders für optische Geräte", schrieb er, und fügte zum Beweis ei-nen Artikel aus der „BZ am Abend" vom 31. Juli 1953 an, in dem die Festnahme und Verurteilung des 29jährigen Werner Wirrwarr gemeldet wurde. Der Großschieber hatte sich als Kameramann der DEFA ausgegeben und zahlreiche Frauen und Mädchen veranlaßt, hochwertige Fotoapparate und Objektive einzukaufen, die er dann nach Westberlin verschob.

Girra überlegte: Um die illegale Ausfuhr von optischen Gerä-ten wirkungsvoll zu stoppen, müßte man das Verkaufssystem in den Griff bekommen. Beim Verkauf eines Fernglases oder Foto-apparates ist eine Rechnung auszustellen, in die der Fachverkäu-fer neben der Nummer des Gerätes die Personalien des Käufers und dessen Ausweisnummer einzutragen hat. Anhand der Rech-nungsdurchschriften, die der VP zu übergeben sind, könnte man ziemlich rasch die professionellen Aufkäufer herausfischen.

Am 15. Oktober 1953 erließ die Abteilung Handel und Versor-gung beim Magistrat von Groß-Berlin die entsprechende Instruk-tion für alle Verkaufseinrichtungen. Eine Verkaufsurkunde wurde eingeführt, die neben den technischen Gerätedaten folgenden Text enthielt:

Es ist nicht gestattet, diese Ware nach Westberlin, West-deutschland oder dem Ausland zum Zwecke des Verkaufens, Verschenkens, Verleihens oder Lagerns zu transportieren. Der illegale Transport dieser Ware aus der DDR oder dem Demo-kratischen Sektor von Berlin nach Westberlin, Westdeutschland oder dem Ausland wird nach den geltenden Gesetzen bestraft.

Ich habe von dieser Belehrung Kenntnis genommen.

Ein Verfahren, das für das gesamte Handelsnetz in der DDR Gültigkeit erlangte.

Komplettiert wurden diese Maßnahmen durch die Ausgabe neuer Personalausweise im November und Dezember 1953 für alle Personen, die das 14. Lebensjahr erreicht hatten. Zur schnelleren Identifizierung der Dokumente dienten römische Ziffern vor den Ausweisnummern. Für den Bezirk Cottbus die VI, für Dresden eine IX und die Berliner Ausweise trugen eine XV.

In der Hauptabteilung Kriminalpolizei suchte man fieberhaft nach Wegen, um die neuen Regelungen für die Strafverfolgung nutzbar zu machen. Am Stammsitz des VEB Carl Zeiss in Jena wurde eine Sondereinheit der Volkspolizei etabliert, die den Verkauf optischer Geräte in der gesamten DDR überwachen sollte. Fernschreibleitungen aus den vierzehn Bezirken der Republik und aus Ostberlin tickten allnächtlich die Daten der aktuellen Optikverkäufe an den „Operativstab Optik". Stießen die Auswerter in Jena auf Personalien oder Ausweisnummern, die sich wiederholten, war Straftatverdacht geboten. Fernschreiben an die Kripo-Kommissariate VE in den Volkspolizei-Kreisämtern und in den Berliner Inspektionen brachten dann die zuständigen Mitarbeiter vor Ort in die Spur.

Am Morgen des 23. Februar 1954 sah es noch keineswegs nach einem spektakulären Erfolg aus. Gegen neun Uhr kramte Girra eine Schachtel farbiger Stecknadeln aus seinem Schreibtisch und trat vor die Karte an der linken Wand seines Arbeitszimmers. Sein Stimmungstief war weniger dem Wetter geschuldet, das die Straßen mit einem schmutzig-grauen Schneematsch überzogen hatte, sondern lag im Rapportbericht des Operativstabes begründet, der über die polizeiliche Lage in den letzten vierundzwanzig Stunden Aufschluß gab.

Bei der VP-Inspektion Friedrichshain war der Einbruch in das HO-Geschäft Stalinallee 325 angezeigt worden. Unbekannte Täter hatten Zeiss-Ferngläser in einem Gesamtwert von etwa 20 000 DM erbeutet. Der Kriminaldauerdienst, der den Tatort in Augenschein nahm, gelangte zu dem Schluß, daß die Täter mit Nachschlüsseln gearbeitet hatten. Das schränkte den Kreis der Tatverdächtigen naturgemäß ein. Die Ermittlungen der Friedrichshainer Kriminalisten konzentrierten sich jetzt auf alle Personen, die Zugang zu den Schlüsseln haben konnten.

Girra kannte das Objekt. Schon vor drei Wochen war das Schaufenster der Fachfiliale eingeschlagen worden, um die Dekorationsstücke – zwei Fotoapparate und ein Theaterglas–- zu entwenden. Der Kommissar neigte eher zu der Ansicht, daß die beiden Tathandlungen in Zusammenhang standen. Aber da die Untersuchungen den Friedrichshainer Kriminalisten oblagen, verbot sich eine direkte Einmischung.

Girra heftete die Fahndungsliste mit den Nummern der gestohlenen Geräte ab. Dann nahm er eine Nadel mit blauem Glaskopf aus der Schachtel und stieß sie in den Stadtplan. Obwohl er über die meisten Strafverfahren nur in groben Zügen Bescheid wußte, verfolgte er aufmerksam die Entwicklungstendenzen im Optikbereich. Die Karte war mit einer Vielzahl solcher Nadeln besteckt. Die Farbe Rot bezeichnete die Verkaufseinrichtungen, in denen optische Geräte unter Vorlage verfälschter Personalausweise gekauft worden waren. Die blauen Nadeln markierten die Einbrüche, und die gelben standen dort, wo sich die Ausweisdiebstähle häuften. Von einigen Markierungen liefen dünne Fäden über die Sektorengrenzen nach Westberlin. Die meisten trafen sich am Bahnhof Zoo, wo man nach den Aussagen gefaßter Optikschieber zwei oder drei Aufkaufzentralen vermutete.

Das Kartenbild, das in der Tat einem weitverzweigten Spinnennetz glich, verdeutlichte die Intensität der Optikverschiebungen und der sogenannten Begleitkriminalität. Girra nannte sie im Scherz seine „gläserne Spinne".

Der Regen war stärker geworden. Hasso Schützendorf parkte das Borgward Coupe am Straßenrand. Der Mann, der schnelle Sportwagen liebte, schwang sich aus dem Sitz und hastete mit hochgezogenen Schultern über die Fahrbahn. Das Haus Jebenstraße 1 war ein vierstöckiges Bürohaus, das mehreren Großhandelsfirmen, Ex- und Importgesellschaften, Maklerbüros, niedergelassenen Rechtsanwälten und einem dubiosen Massagesalon als Firmensitz diente. Für das leibliche Wohl der vielen Angestellten sorgte eine kleine Kantine, die unter dem großsprecherischen Namen „Klatt-Casino" von einem gewissen Hoffmann betrieben wurde.

Das im Hochparterre gelegene Casino war Hasso Schützendorfs Ziel. Er stieß die gläserne Schwingtür auf und betrat einen nicht allzu großen Raum, der Gästen eine Mischung aus intimer Baratmosphäre und bürgerlicher Kneipe bot. Ein blonder Mittdreißiger, das Gesicht schmal und blaß, mit auffälligen Koteletten, die beinahe die Kinnlinie berührten, erhob sich an einem der Tische. „Ekelhaftes Wetter", sächselte der Mann zur Begrüßung.

Schützendorf schüttelte die Regentropfen von seinem Dufflecoat. „Tag, Siggi", sagte er und reichte dem anderen mit wohldosierter Distanz die Rechte. Dieser Siggi war nicht seine Kragenweite, doch er brauchte ihn. Siegfried Ditters stammte aus Leipzig. Nach einer mehrjährigen Zuchthausstrafe im Oelsnitzer Bergbaurevier, wo er wegen Wirtschaftsverbrechen einsaß, war er 1953 nach Westberlin geflüchtet. Der Haftentlassungsschein und seine Erklärung, daß die Stasi ihm eine Spitzelverpflichtung abpressen wollte, hatte ihm die Anerkennung als politischer Flüchtling eingebracht. Inzwischen betrieb Ditters einen schwunghaften Handel mit Ostausweisen. Ein Netz von Kleinganoven lieferte ihm die in Schieberkreisen begehrten Dokumente ins Haus, wobei es ihn herzlich wenig interessierte, ob der Ausweis einem Zonenflüchtling am Bahnhof Zoo abgeschwatzt oder von einem Taschendieb in Ostberlin gestohlen war. Das „Klatt-Casino" war nicht nur Ditters' Stammkneipe, hier wickelte er auch die meisten seiner Geschäfte ab.

„Na, Siggi, wie stehen die Aktien?" fragte Schützendorf ohne tiefere Bedeutung.

„Beschissen ist noch geprahlt!"

„Da kommen mir gleich die Tränen", grinste Schützendorf, während er sich am Tisch niederließ.

„Im Ernst", wetterte Siggi. „Im Osten haben die so 'ne Agitationskampagne gestartet: ›Bürger achtet auf eure Personalausweise! Dieser Ausweis ist Ihr wichtigstes Dokument!‹ Seitdem kommt immer weniger Ware rein. Mein Umsatz geht zurück!"

Schützendorf reagierte hellhörig. „Falls in deinem Köpfchen die Idee umgehen sollte, die Preise zu treiben, bist du bei mir an der falschen Adresse!" warnte er. „Im Pokern bin ich dir über, Siggi. Ich brauche neue Ausweise!"

„Wieviel?"

„Mindestens zehn. Ich nehme sie alle blanko."

Siggi zögerte. „Das wären dann vierhundertfuffzich Emmchen", meinte er vorsichtig.

„Du hast wohle 'ne Meise!" fuhr Schützendorf ihm in die Parade. „Ich sagte blanko. Das bedeutet, daß du keinen Federstrich an die Flebben verschwenden mußt, die deine Leute dir für schlappe fünf-zehn Mücken anschleppen."

„Zwanzig", verbesserte Siggi.

„Meinetwegen auch zwanzig. Wenn ich dir fünfunddreißig für jeden Ausweis zahle, beträgt deine Gewinnspanne immer noch fünf-undsiebzig Prozent."

„Ja, aber mein Risiko?"

„Von welchem Risiko sprichst du eigentlich?" höhnte Schützendorf. „Während ich und meine Leute in der Ostzone den Arsch riskieren, sitzt du hier im Trockenen und versuchst auf unsere Kosten deinen Schnitt zu machen!" Er hielt einen Augenblick inne, um dann unverhofft einzulenken. „Also gut – vierhundert!" Gleichzeitig zog er einen blauen DDR-Personalausweis aus der Tasche und schob ihn mit dem Geld über den Tisch.

Siggi stutzte.

„Den verrechnen wir!" forderte Schützendorf. „Kannst ihn von mir aus in die Windscheidstraße tragen."

„Du weißt von Helmut Stroh?"

Schützendorf lachte schon wieder. „Ich wäre ein schlechter Geschäftsmann, wenn ich die Konkurrenz aus den Augen ließe. Solltest du dir übrigens merken, Siggi. Ist 'ne eiserne Geschäftsregel bei mir. Solange Stroh mir nicht in die Quere kommt, kannst du ihm so viel Ausweise liefern, wie du willst."

Siggi klappte den Ausweis auf. Johannes Rumpf, las er, wohnhaft in Rostock, Bornsdorfer Weg 7. Auch mit der Nummer war alles in Ordnung. Hinter der römischen I stand die Zahl 0305820. „Aber hier ist ja dein Bild drin!"

„Ach Gott, entschuldige." Schützendorf nahm den Ausweise zurück und löste das Paßbild ab. „Jetzt darfst du ihn nach Belieben verwenden!"

Siggi nickte. „Ein gewisser Weinschenk hat neulich nach einem Ausweis gefragt. Der kriegt ihn", entschied er. „Weinschenk liefert an Stroh. Und hier sind deine Flebben!"

Schützendorf griff nach dem dicken Umschlag, der die Ostausweise enthielt. Siggi verstaute das Geld in seiner Brieftasche, die mit Banknoten reichlich gespickt war.

Die Nacht vom 24. zum 25. Februar 1954 verlief ungewöhnlich ruhig für den Diensthabenden im Operativstab des VP-Präsidiums in der Neuen Königstraße. Gegen 23.46 Uhr war in der Schönhauser Allee eine hilflose Person im volltrunkenen Zustand aufgefunden worden. 01.46 Uhr meldete die Inspektion Pankow einen Verkehrsunfall in der Mühlenstraße.

Die Zeiger der elektrischen Uhr an der Stirnwand des Raumes wanderten langsam um das Zifferblatt. Um 04.52 Uhr klingelte eines der vielen Telefone auf dem Arbeitstisch des Lageoffiziers. Der Apparat gehörte zum öffentlichen Leitungsnetz der Deutschen Post. Der Anruf kam also „von draußen", wie es im Polizeijargon hieß. Der Diensthabende nahm den Hörer ab und schaltete die Tonaufzeichnungsanlage ein.

„Präsidium der Volkspolizei. Guten Morgen!"

Der Anrufer war ein Mann. „Mein Name tut nichts zur Sache", erklärte er rasch. „Ich möchte Ihnen nur etwas mitteilen." Das Tonband hielt fest:

„In der Wilhelm-Pieck-Straße wohnt ein junger Mann, der republikflüchtig war und sich seit Oktober 1953 wieder im demokratischen Sektor von Berlin aufhält. Bisher ging er jedoch noch keiner Arbeit nach. Mit Nichtstuern hält er in seinem Zimmer Trinkgelage ab. Ich will nicht mehr zusehen, daß sich solche fragwürdigen Personen im demokratischen Sektor von Groß-Berlin umhertreiben, die wahrscheinlich ihren Lebensunterhalt aus der Beute strafbarer Handlungen bestreiten. Ich selber bin Arbeiter, habe eine Familie zu ernähren und verdiene mein Brot auf ehrliche Art. Meinen Namen will ich nicht nennen."

Jeder Polizeiapparat der Welt erhält ab und an solche anonymen Hinweise. Manchmal wollen notorische Denunzianten einem verhaßten Nachbarn oder einem unliebsamen Arbeitskollegen eins auswischen. Die Erwähnung der nächtlichen Trinkgelage deutete im vorliegenden Fall auf das Motivgefüge des Anrufers hin. Der Aktenvermerk hätte gut und gern im Papierkorb landen können, wenn die Dezernatsleiter, die beim Chef der Kriminalpolizei zum Morgenrapport versammelt waren, nicht über den Begriff „zurückgekehrter Republikflüchtling" gestolpert wären. Personen, die als Rückkehrer oder Zuwanderer in die DDR kamen, galten als unsichere Kantonisten und unterlagen für eine bestimmte Zeit der polizeilichen Überwachung.

Ungewöhnlich war auch der Zeitpunkt des Anrufes. Der Unbekannte hatte sich gegen 04.52 Uhr gemeldet. Das ließ den Schluß zu, daß es sich um einen Nachtschichtler handelte und der Mann erst nach reiflicher Überlegung im Betrieb zum Hörer gegriffen hatte, um seinen Frust bei der Polizei loszuwerden. Zwei Anhaltspunkte also: Er wohnt im Haus und er war in der vergangenen Nacht zur Arbeit.

Eine Stunde später war anhand der Meldeunterlagen der Abteilung Paß- und Meldewesen geklärt, daß zu den Personen, die seit Oktober 1953 in der Wilhelm-Pieck-Straße zugezogenen waren, ein gewisser Graßmann gehörte. Kripo-Akten aus dem Jahre 1952 belegten, daß gegen den sechsundzwanzigjährigen Graßmann vor der Flucht nach Westberlin wegen Diebstahlsverdacht ermittelt worden war. Das rechtfertigte die Wiederaufnahme des eingestellten Verfahrens.

Noch vor Mittag betraten die VP-Kommissare Lehmann und Blocksdorf sowie VP-Meister Günther das Haus in der Wilhelm-Pieck-Straße. Graßmann bewohnte zwei Räume im Dachgeschoß. Als die Tür nach anhaltendem Klopfen endlich geöffnet wurde, saß Graßmann noch der Schlaf in den Augen. Im Gespräch mit den Kriminalisten gab er sich aufgeschlossen. Er habe im Westen keinen Fuß fassen können, weil sich keine passende Arbeit fand, erklärte er ungeniert. „Naja, und die unsicheren sozialen Verhältnisse ... Sie wissen ja. Da bin ich eben zurückgekommen. Hier ist doch meine Heimat."

Wo er jetzt arbeite?

„Gegenwärtig bin ich noch auf der Suche."

„Und wovon leben Sie?"

„Gelegenheitsarbeiten. Mal hier und mal dort. Ich hab ein bißchen fotografiert und damit Geld verdient ... Außerdem habe ich einiges gespart", fügte er rasch hinzu.

„Die Ersparnisse heben wir uns für später auf", erklärte Kommissar Lehmann. „Jetzt interessiert uns Ihr Fotoapparat."

„Warum? Wozu?"

Unterkommissar Blocksdorf reichte ihm den Durchsuchungsbefehl. Da erst ließ Graßmann die servile Maske fallen. „Scheiß Polizeistaat!" zischte er wütend.

In der anschließenden Wohnungsdurchsuchung, bei der zwei unbeteiligte Zeugen aus dem Haus zugegen waren – einer war tatsächlich erst in den Morgenstunden aus dem VEB Bergmann-Borsig heimgekehrt – förderte Blocksdorf zwei Zeiss-Ferngläser, drei Fotoapparate, ein Objektiv, eine Lupe und verschiedene Werkzeuge, wie Zentrumsbohrer, Brustleier, Schraubenzieher und eine Handvoll Feilen zutage.

VP-Meister Günther zog die Fahndungsliste mit den Nummern gestohlener Optikgeräte zu Rate und staunte nicht schlecht. Die Ferngläser und Fotoapparate waren vor zwei Tagen beim Einbruch in das HO-Geschäft Stalinallee 325 entwendet worden.

Während die Zeugen das Beschlagnahmeprotokoll unterschrieben, polterten zwei junge Männer in die Wohnung. Die Überraschung war auf beiden Seiten. Der berühmte Kommissar Zufall hatte den Kriminalisten Graßmanns Komplizen in die Hände gespielt. Sie hießen Rospe und Nowatzki. Das Trio wurde unter dringendem Tatverdacht festgenommen. In Rospes Wohnung fanden die Polizisten kein Diebesgut, dafür aber einen Schraubenzieher, an dem noch Reste von Fensterkitt hafteten, einen halb bearbeiteten Schlüsselrohling und Metallspäne im Mülleimer. Letzten Aufschluß brachte ein Stück liniertes Schreibpapier, das mehrere Zeichnungen eines Schlüsselbartes aufwies.

Graßmann und Komplizen verbrachten eine unruhige Nacht im Polizeigewahrsam. Inzwischen gingen die Spezialisten des 1952 unter Leitung des VP-Inspekteurs Kurt Rothe gegründeten Kriminaltechnischen Institutes ans Werk. Daktyloskopie und Trassologie lieferten bestechende Ergebnisse.

Als Graßmann und Rospe am darauffolgenden Morgen ihren Vernehmern gegenüber saßen, wiesen die Kriminalisten ihnen auf Anhieb den schweren Diebstahl in einem HO-Lebensmittelgeschäft aus dem Jahre 1952 nach. Die Fingerabdrücke, die sie am Tatort hinterlassen hatten, waren ihnen zum Verhängnis geworden. Der Schock hielt an, als man ihnen das vorläufige Gutachten des Trassologen vorlas. Die Metallspäne aus Rospes Müllcimer paßten haargenau zu den Spänen, die man beim Ausbau des Kastenschlosses im HO-Geschäft Stalinallee 325 gefunden hatte. Und die gezackten Skizzen gaben das Profil des Sicherheitsschlüssels zu eben diesem Kastenschloß wieder.Die sachliche Beweisführung blieb nicht ohne Wirkung. Graßmanns und Rospes Bastionen waren erschüttert. Unter dem Eindruck der vorgelegten Beweise gestanden sie ihre Täterschaft. Und da bekanntlich ein Geständnis das nächste nach sich zieht, folgten weitere Straftaten, von denen die Kriminalisten bislang keine Ahnung hatten. Nowatzki, so sagten beide aus, habe die Verbringung der Diebesbeute nach Westberlin organisiert. Dieser revanchierte sich mit Aussagen, die seine Komplizen erneut belasteten und zur Aufklärung weiterer Straftaten führten. Die Namen anderer Tatbeteiligter fielen. Der Kreis wurde immer größer.

In diesem Stadium der Untersuchung stießen die Kommissare Lehmann, Blocksdorf und der VP-Meister Günther an den Rand ihrer Leistungsfähigkeit. Da der Vorgang auszuufern drohte, ging er in die Regie der Untersuchungsabteilung über. VP-Rat Hermann Wagner, seit kurzem Chef der U-Abteilung, setzte seine besten Spezialisten ein, die durch Mitarbeiter aus den nachgeordneten VP-Inspektionen unterstützt wurden. Als kluger Schachzug erwies sich, daß Lehmann, Blocksdorf und Günther nach wie vor als Vernehmer für Graßmann, Rospe und Nowatzki fungierten.

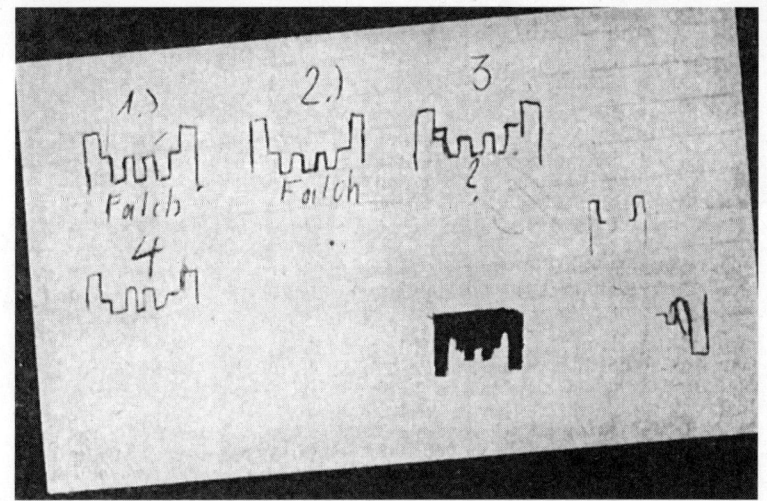

Schlüsselzeichnungen als Beweismittel sichergestellt. Quelle: Archiv des Autors

Insgesamt 40 Personen wurden in den folgenden Tagen als Mittäter ermittelt und überführt. 219 Straftaten kamen zur Aufklärung, darunter Diebstähle und Schmuggel von Schreibmaschinen, Rechenmaschinen, optischen Geräten, Textilien, Kaffee, Zigaretten und Lebensmitteln.

In der Schlußphase der Untersuchung nahm Kommissar Girra an den Vernehmungen der Hauptbeschuldigten teil. Seine Aufgabe lautete, Informationen über die Westberliner Schieberzentralen aus den Tätern herauszuholen.

Er hatte sich eine Sammlung von Karteikarten angelegt. Für jeden Namen eine Karte, die er laufend ergänzte, sobald er auf neue Anhaltspunkte stieß.

„Die Schreibmaschinen lieferte Nowatzki an eine Büromaschinenhandlung in der Charlottenburger Wielandstraße", berichtete er tags darauf seinem Chef. Girra nannte den Namen der Firma.

Wagner merkte auf. „Ist das nicht dieselbe Adresse, an die auch die Küllert lieferte? Sie erinnern sich doch, Girra?"

Ingrid Küllert hatte 64 Schreibmaschinen im Kinderwagen nach Westberlin geschmuggelt, bis sie bei einer Zufallskontrolle an der Sektorengrenze aufflog.

„Und die optischen Geräte?" wollte Wagner wissen.

„An ein Fotogeschäft in der Kantstraße", erklärte Girra. „Aber da muß es noch eine Zentrale am Bahnhof Zoo geben. Ist wohl so eine Art Büro- oder Geschäftshaus. Ein gewisser Sachsen-Walter kauft dort auf."

„Sachsen-Walter?"

„Wenn ich richtig vermute, handelt es sich um Walter Schulz. Ist nach einer Wirtschaftsstrafsache aus Leipzig geflüchtet."

Der harmlose Kinderwagen, der als Schreibmaschinencontainer diente.
Quelle: Archiv des Autors

„Dann haben ihn doch die Leipziger in der Täterlichtbildkartei."

„Richtig. Und wo Schulz auftaucht, kann Siggi Ditters nicht weit sein."

„Auch ein Sachse?"

„Für gewöhnlich arbeiten die beiden Hand in Hand."

Der Rat war zufrieden. „Fordern Sie die Lichtbilder aus Leipzig an, Girra! Vielleicht bekommt Ihre Spinne bald ein Gesicht. Nach und nach weitet sich der Optikschmuggel zu einem unschönen Politikum aus!"

„Sie meinen, weil unsere Exportaufträge auf dem Weltmarkt zurückgehen?"

„Nicht nur das, Girra." Wagner war hinter seinem Schreibtisch aufgestanden. Er stand jetzt direkt vor seinem Mitarbeiter und sagte, während er mit dem Finger auf Girras Brust tippte: „Im Nahen Osten und in Nordafrika sind Hunderte Zeiss-Gläser aus der Jenaer Produktion aufgetaucht. Verstehen Sie mich?"

„Aber es ist doch kein Geheimnis, daß wir die antikolonialistischen Befreiungsbewegungen in aller Welt unterstützen."

„Trotzdem hat die Sache einen Haken. Die Ferngläser gehören nämlich zur Ausrüstung der imperialistischen Armeen. Das bedeutet, unser Außenhandel ist in den Verdacht geraten, ein Doppelspiel zu treiben!"

Ein kühler Luftzug strich über den hochgelegenen S-Bahnhof in Potsdam-Babelsberg. Der viel zu kurze Sommer des Jahres 1954 neigte sich dem Ende zu. Menschentrauben drängten sich an der Bahnsteigkante.

Feierabend in den Babelsberger Motorenwerken und in den DEFA-Studios. Etwa vierzig Prozent der Belegschaft wohnte in Westberlin. Die S-Bahnzüge fuhren im Fünf-Minuten-Takt. Straßenbahnen und Busse karrten die Umsteiger heran.

Hasso Schützendorf stand in der Mitte des Bahnsteiges. Er hatte sich in einen weiten Lodenmantel gehüllt, auf dem Kopf trug er einen grünen Hut mit kurzem Federschmuck. Eine abgeschabte Ledertasche vervollständigte seinen Aufzug. Aus der rechten Manteltasche lugte eine Ausgabe des „Neuen Deutschland". Einige Meter entfernt wartete Ferdinand Georg. Auch er mit ungewöhnlicher Leibesfülle gesegnet.

Die Bahn polterte heran. Als der Zug zum Halten kam, befand sich das Traglastenabteil vor Schützendorfs Nase. Es gelang ihm, einen Sitzplatz in einer Ecke zu ergattern, auf dem er sich mit durchgedrücktem Rückgrat vorsichtig niederließ, so als stecke ihm der Hexenschuß im Kreuz.

„Einsteigen! Zuuurückbleiben!"

Der S-Bahnzug ruckte an und jagte mit aufheulenden Elektromotoren aus dem Bahnhof. Hasso Schützendorf schlug das Leib- und Magenblatt für alle SED-Genossen auf. Er las die Schlagzeilen, entdeckte aber keine einzige Nachricht, die seine Aufmerksamkeit fesseln konnte.

Die letzten Häuser von Babelsberg blieben zurück. Gärten. Ein

Waldstück. Der Zug fuhr in den Bahnhof Griebnitzsee ein, hielt mit quietschenden Bremsen am Bahnsteig.

„Griebnitzsee! Griebnitzsee!" plärrte der Lautsprecher auf dem Bahnsteig. „Letzter Bahnhof vor dem amerikanischen Sektor!"

Die Tür flog auf. Ein junger Mann in der dunkelgrauen Uniform des AZKW (Amt für Zoll und Kontrolle des Warenverkehrs der DDR) trat in das Abteil. Er grüßte militärisch. Sein prüfender Blick streifte über die Fahrgäste. Mit gleichgültigen Mienen erduldeten sie die Musterung. Niemand ließ sich das Unbehagen anmerken, das auch den friedlichsten Durchschnittsbürger angesichts der staatlichen Kontrollorgane unweigerlich überkam.

„Darf ich bitte Ihr Gepäck sehen?"

Schützendorf ließ das „Neuen Deutschland" sinken. Er deutete auf seine unansehnliche Aktentasche. Doch die Frage des Zollkontrolleurs galt seinem Nachbarn, der wie ein gutsituierter Besucher aus der Provinz aussah. Sein massiger Körper steckte in einer derben Joppe. Eine Schimütze bedeckte den runden Schädel, während auf dem zartroten Gesicht dicke Schweißtropfen perlten. Mit den Füßen versuchte der Mann einen Koffer unter die Bank zu schieben. Vergeblich. Der Zollkontrolleur sagte: „Bitte kommen Sie mit dem Koffer zur Kontrolle!"

Ein stummes Nicken als Gruß für den ND-Leser Schützendorf. Der Zöllner hielt ihn für seinen Gesinnungsgenossen, für einen Forstangestellten vielleicht, der tagsüber in den Potsdamer Waldgebieten zu tun hatte.

„Nach Erkner zurückbleiben!"

Die Druckluft zischte in die Türschließautomaten. Mit eigentümlichem Singen starteten die Elektromotoren, wurden hochgeschaltet. Als die S-Bahn über die Stahlkonstruktion der Teltow-Kanal-Brücke polterte, knüllte Schützendorf das ND zusammen. Die Fahrten im dichtesten Berufsverkehr gehörten zu seiner Taktik. Kein Zöllner vermochte in dem Gedränge jeden Reisenden unter die Lupe zu nehmen. Nur ein Zufall konnte zu einer Entdeckung führen. Und diesen Zufall hatte er mit Hilfe des „Neuen Deutschland" noch immer überlistet.

Bahnhof Wannsee. Hasso Schützendorf stieg aus. Vom anderen Ende des Zuges schlenderte Georg heran. Er grinste über das ganze Gesicht. Noch ein dritter Mann war im Zug gewesen, auch er mit Ferngläsern und Fotoapparaten behangen, die am Körper unter der Kleidung verborgen waren.

„Die Potsdamer Tageszeitung! Heute mit neuer Tarantel!" Neben dem Treppenabgang rief ein pickliger Jüngling seine Zeitungen aus. „Die Potsdamer Tageszeitung! Ein Westberliner Blatt für die Ostzone!"

Mit der nächsten S-Bahn kamen die drei Männer, die den Rest der Schlepperkolonne bildeten. Großes Hallo. Wieder war alles gutgegangen. Rund einhundertfünfzig Geräte hatten sie mit einem Schlag über die Grenze gebracht.

„Jungens, das feiern wir heute Abend", versprach Schützendorf. „Ich lade euch zu Sekt und Kaviar ein!"

Unter den Augen der Westberliner Zollbeamten, die in der Bahnhofsvorhalle postiert waren, marschierten sie zu den Parkplätzen.

Hasso Schützendorf im Interview:
Der Westzoll guckte, ob wir was in der Hand haben, aber wir hatten ja alles unter dem Mantel gut versteckt, daß man da nichts merkte. Der Westzoll erlaubte nicht, daß ich die Gläser in den Westen einführte. Das war genauso ein Delikt gegen den Interzonenhandel. Nur in Westdeutschland galt es als Kavaliersdelikt, während es schon im Osten ein Wirtschaftsverbrechen war. Die wußten ja, daß ihnen der Exporthandel kaputtging, wenn wir die Zeiss-Sachen billiger anboten, als sie selbst ...
Aber es hat Spaß gemacht damals. Wir aßen jeden Morgen russischen Kaviar aus Neunhundert-Gramm-Dosen. Dazu machten wir jeden Morgen im Hotel russischen Sekt auf. Wir lebten damals schon wie die Made im Speck.

Nacht für Nacht spien die Fernschreiber im Polizeipräsidium Papierschlangen in die Ablagekörbe. Die Schriftzeichen und Zahlenkolonnen enthielten die Auswertungsergebnisse des „Operativstabes Optik Jena". Als Girra am Montag die Fernschreiben in Empfang nahm, entdeckte er sofort, daß in der vergangenen Woche eine Käuferkolonne im Südwesten der Republik unterwegs war. Am Mittwoch hatte ein Paul Aschemann in Suhl einen Fotoapparat der Marke „Exakta Varex" und ein Zeissglas 8 x 30 gekauft. Bereits am Nachmittag tauchte der gleiche Käufer in der fünfzig Kilometer entfernten Bezirksstadt Erfurt auf, wo er in zwei Verkaufsstellen je eine Contax-Kamera und zwei Ferngläser unter Vorlage seines Personalausweises erwarb. Am darauffolgenden Tag kaufte Aschemann in Apolda und Weißenfels ein, während er am Freitag Halle und Bernburg heimsuchte. Beim Lesen des Fernschreibens stieß Girra auf weitere fünf Personen, deren Einkaufsrouten sich mit Aschemanns Fischzug deckten. Und in der einen oder anderen Stadt waren fast zeitgleich mehrere Kunden aufgetaucht, die sich gefälschter Ausweise bedienten. Wenn er die Zahl der gekauften Gegenstände summierte, kam er auf rund 120 Geräte. Er wußte aber aus Erfahrung, daß die Zahl vermutlich höher lag. Eine Dunkelziffer blieb immer.

Girra zog die Karteikarten und brachte sie auf den aktuellen Stand. Zu seinem nicht geringen Erstaunen entdeckte er, daß der Ausweis mit der Nummer I 0305820 im Jenaer Fernschreiben wieder aufgeführt war. Herr Johannes Rumpf aus Rostock, Bornsdorfer Weg 7, hatte die Bezirke Rostock und Neubrandenburg heimgesucht. Schon nach der ersten Einkaufsreise des Herrn Rumpf im Februar 1954 hatte Girra den Ausweisinhaber überprüfen lassen. Die Rostocker K teilte ihm mit, daß die Meldekarte des Johannes Rumpf den Vermerk „republikflüchtig" trug. Von Mai bis August war „Rumpf" dann nicht mehr in Erscheinung getreten. Gut möglich, daß der Ausweis inzwischen den Besitzer gewechselt hatte. Girra nahm die Ausweisdaten erneut in die Fahndungsliste für die Berliner Foto-Optik-Geschäfte auf.

Hasso Schützendorf besaß eine modern eingerichtete Wohnung in Charlottenburg, zu der nur die wichtigsten Freunde Zutritt hatten. Eine Maßnahme, die seiner Sicherheit diente. Geschäfte tätigte er im Hinterzimmer eines unauffälligen Schreibwarenladens nahe dem Bahnhof Zoologischer Garten. In der Wohnung bewahrte er die unentbehrliche Ausrüstung für sein Schmuggelgewerbe auf – Personalausweise aus der DDR, Handwerkszeug zum Fälschen und eine kleine sechsschüssige Brownig-Pistole.

Sauber gefälschte Ostausweise und die Mobilität seiner Käufer und Schlepper waren die wesentlichste Voraussetzung für die Effektivität der Schützendorf-Organisation. Die Mitarbeiter heuerte der Chef persönlich an. Verschwiegenheit und ein gewisses Maß an Risikobereitschaft erwartete er von jedem. Eigenschaften, die er selbst demonstrierte, denn bei vielen Fahrten in die DDR steuerte Hasso Schützendorf die Einkäufe vor Ort. Und er plante wie ein preußischer Generalstäbler. Auf jeder Tour fuhren seine Leute unter anderen Namen. Bevor die Jenaer Kontrollorgane dahinter kamen, daß Karl Stöppler oder Gustav Bröselbach ein Dutzend Fotoapparate oder Ferngläser gekauft hatten, grasten die Käufer längst wieder mit neuen Ausweisen eine andere Gegend ab. Daß ab und an einer der Leute dabei hopsging, war bedauerlich, aber letztendlich unter Berufsrisiko zu verbuchen. In diesem Geschäft durfte man nicht zimperlich sein. Um so eindringlicher hämmerte Schützendorf seinen Leuten ein, niemals den gleichen Ausweis am gleichen Ort mehrfach zu benutzen. Um die Beschaffung der Ausweise und um das Zurechtfrisieren jedes Passes kümmerte er sich selbst.

Hasso Schützendorf hatte es sich in seiner Wohnung bequem gemacht. Ein Glas Rotwein stand auf dem Tisch und eine Zigarette verströmte aromatischen Duft. Jedesmal, wenn Schützendorf die Ostausweise, das Fläschchen mit dem Pelikan-Tintentod und die Buchstaben zum Nachstanzen der Prägestempel aus der Stahlkassette holte, versuchte er diese anregende Atmosphäre zu erzeugen. Das Fälschen der Pässe verlangte viel handwerkliches Geschick und die Intuition des Künstlers.

Schützendorf schaltete eine Tischlampe ein und richtete den gebündelten Lichtstrahl auf das kleine blaue Heftchen. Unter Zuhilfenahme eines Pinsels strich er Pelikan-Tintentod über die Unterschrift des ehemaligen Ausweisinhabers. Während die Schriftzüge verblaßten, um später ganz und gar zu verschwinden, nahm Schützendorf sich den nächsten Ausweis vor. Mit einer Rasierklinge zerschnitt er das alte Paßbild. Dann griff er eine winzige Nagelschere und bog die metallenen Ösen, mit denen die Paßbilder rechts oben und links unten befestigt waren, vorsichtig auf. Schützendorf setzte ein neues Paßbild ein, drückte die Ösen wieder fest und hatte jetzt nur noch den Trockenstempel auf der rechten unteren Fotoecke nachzuprägen. Er entschied sich, die drei fehlenden Buchstaben aufzupausen und sie von der Rückseite her mit der stumpfen Klinge eines Federmessers durchzudrücken.

Eine andere Methode war, den Prägestempel komplett auszuwechseln. Selbst in diesem Falle wäre Schützendorf nicht in Verlegenheit geraten. Seine Stahlkassette enthielt neben einer Handvoll Gummistempel, die als Volkspolizei-Dienstsiegel Verwendung fanden, einen vollständigen Satz metallener Stempel, mit denen er mühelos Zahlen, Buchstaben oder sogar den Polizeistern nachstanzen konnte.

Weit nach den 22-Uhr-Nachrichten löschte Hasso Schützendorf an diesem Abend die Tischleuchte. Bevor er die Kassette wegschloß, betrachtete er das Ergebnis seiner Arbeit. Er konnte zufrieden sein. Sechs blitzsaubere Ausweise lagen vor ihm. Jeder mit neuem Paßbild versehen, Geburtsdaten und Personenbeschreibung dem jeweiligen Inhaber angepaßt. Nur die Unterschriften fehlten noch. Die mußte jeder von seinen Leuten selbst leisten, denn die Übereinstimmung der Unterschriften im Ausweis und auf der Kaufurkunde war unerläßlich.

Das Jahr 1954 neigte sich seinem Ende zu. Im Dezember begann die Suche nach den passenden Weihnachtsgeschenken. Die Regale in den Geschäften waren gefüllt. Zu erwarten war aber auch, daß die Optikschieber den Käuferansturm im Weihnachtsgeschäft nutzen würden, um ihr Schäflein ins Trockene zu bekommen. Die Berliner Polizeiführung befahl einen Großeinsatz unter dem Decknamen „Wespe" für die letzte Weihnachtswoche. Vom 18. bis 23. Dezember erfolgte eine verstärkte Überwachung der Übergänge an den Sektorengrenzen. Zivilstreifen der Polizei observierten in den Foto/ Optik-Abteilungen der großen Warenhäuser. Ausgewählte Fach- und Einzelhandelsgeschäfte hielt die Kriminalpolizei unter Kontrolle. 1802 Personen fielen den Überprüfungen zum Opfer. In 193 Fällen waren sie berechtigt, so daß kriminalpolizeiliche Ermittlungsverfahren eingeleitet wurden.

Der Mann, der am Freitagvormittag das Optikgeschäft in der Leninallee 251 betrat, fiel durch seine besonders große Kopfform auf. Mindestens Hutgröße 64, staunte der Lehrling Peter Zabel, der an der Brillenauslage stand und Staub wischte. Der Kunde gab sich selbstsicher. Mit raschem Blick musterte er das Angebot an Feldstechern in den gläsernen Vitrinen. „Ich möchte ein Fernglas

Kontrolle an der Sektorengrenze. Quelle: Archiv des Autors

›Deltrinten‹ für 285 Mark!" verlangte er, wobei er den Eindruck erweckte, als kenne er sich in diesen Dingen aus.

Der Geschäftsinhaber reichte ihm das gewünschte Glas. Der Kunde trat zum Schaufenster, setzte das Glas an die Augen, er prüfte Schärfe und das Funktionieren der Regulierungsmechanik. „In Ordnung. Nehm ich." Er stellte das Glas auf den Ladentisch neben seine dickbauchige Aktentasche.

„Sie haben eine gute Wahl getroffen", erklärte der Optikmeister verbindlich. „Wenn ich dann um Ihren Ausweis bitten darf?"

Gleichmütig schob der Kunde den Personalausweis über den Tisch. „Heinrich Hoffmann, geboren am 25. September 1908", las der Geschäftsinhaber. „Geburtsort: Berlin, wohnhaft in Berlin O 112, Boxhagener Straße 51". Bei diesem Eintrag stutzte der Optiker. Der Kunde sprach hochdeutsch, aber unverkennbar mit einer Thüringer Dialekteinfärbung. Unter dem Vorwand, den Rechnungsblock aus dem Büro holen zu müssen, eilte der Geschäftsinhaber ins Hinterzimmer und suchte mit fliegenden Fingern nach der Fahndungsliste der Volkspolizei. Es dauerte nur Bruchteile von Sekunden, dann hatte er den Namen gefunden. „Heinrich Hoffmann, 25.9.1908, Boxhagener 51, Ausweis Nummer XV 1006904!" Kein Zweifel, der Mann war ein steckbrieflich gesuchter Schieber! Für einen Moment zögerte der Meister, doch dann siegte sein Pflichtbewußtsein. Er schob einen Bleistift in die Wählerscheibe des Telefons und wählte den Polizeinotruf 01. „Sofort einen Toniwagen in die Leninallee 251. Im Optikgeschäft ist ein Schieber", sagte er mit vor Aufregung fast heiserer Stimme in die Sprechmuschel.

Als der Geschäftsinhaber wieder hinter dem Verkaufstresen erschien, warf der Kunde gerade die Ladentür von außen ins Schloß. Das knackende Geräusch und der leise Glockenton, der beim Auflegen des Hörers auf die Gabel entstanden war, hatten den mißtrauischen Mann gewarnt.

„Schnell, Peter, lauf ihm nach. Die Polizei muß gleich hier sein!"

Der Lehrling rannte los. Später sagte er als Zeuge aus, er habe angenommen, der Kunde sei mit dem Fernglas geflüchtet ohne zu bezahlen. Die Jagd ging um die nächste Straßenecke, führte hinein in die Langenbeckstraße. Eine Sackstraße, wie der Lehrling wußte, die vor einer Grünanlage endete.

Der alarmierte Funkstreifenwagen brauste heran. „Ich glaube, er ist nach links gerannt", berichtete Peter Zabel den Polizisten, während er stoßweise nach Luft japste. „An der Ruine des ausgebrannten Hauses habe ich ihn zum letzten Mal gesehen!"

Die Polizisten gingen routiniert vor. Mit gezogenen Pistolen durchsuchten sie den Trümmerberg. Eine Rutschspur zwischen Gesteinsbrocken, Schutt und altem Gerümpel wies ihnen den Weg zu einem quadratischen Kellerloch. Als einer der Polizisten den Kopf in das Kellerloch steckte, sah er den Flüchtigen, der wie ein Häuflein Unglück in der hintersten Ecke des zur Hälfte mit Unrat gefüllten ehemaligen Hauskellers hockte.

Eine halbe Stunde später wurde der Mann, der drei Personalausweise und mehrere tausend Mark Bargeld bei sich führte, auf dem Polizeirevier 68 einer ersten Befragung unterzogen. Auf die Frage, wer er denn nun tatsächlich sei, ob Heinrich Hoffmann, Kurt Dunkel oder Johannes Rumpf, schwieg er beharrlich. Die einzige Einlassung, zu der er sich dem Kriminaldauerdienst der VP-Inspektion Friedrichshain gegenüber hinreißen ließ, lautete: „Ich sage nichts, bevor ich nicht mit meinem Rechtsanwalt gesprochen habe."

Der festgenommene Schieber wurde zur U-Abteilung im Polizeipräsidium überstellt. Horst Girra, am 7. Oktober 1954 zum Oberkommissar befördert, nahm sich des merkwürdigen Vogels an. Sein Rezept, den Mann mit verständnisvoller Leutseligkeit zum Reden zu bringen, versagte. Nach zwei Stunden gab er genervt auf. „Also gut, wenn Sie uns nichts zu sagen haben, dann leiten wir jetzt ein erkennungsdienstliches Verfahren ein. Es sollte mich doch sehr wundern, wenn Sie nicht schon längst in irgendeiner Ecke der Republik kriminalpolizeilich erfaßt sind. Daß ich Sie hierbehalten muß, ist Ihnen doch klar."

Diesmal war Girra auf der richtigen Spur. In der ersten Januarwoche des neuen Jahres flatterten die ersten Ermittlungsergebnisse auf seinen Schreibtisch. Straftatenvergleichskartei und Zentrale Fingerabdrucksammlung teilten mit, daß der zur Auswertung übersandte Zehnfingerabdruckbogen mit den Abdrücken des Fuhrunternehmers Otto Weinschenk aus Gotha übereinstimmen, der 1950 wegen Wirtschaftsverbrechen zu einer dreijährigen Gefängnisstrafe verurteilt worden war. Seit der vorfristigen Haftentlassung galt Weinschenk als republikflüchtig.

Die Kollegen des Fahndungsdezernates steuerten Fotos aus der Gothaer Täterlichtbildkartei bei.

Und das Kriminaltechnische Institut legte ein Sachverständigengutachten vor:

1. Beim vorgelegten Ausweis Nr. I 0305820, Johannes Rumpf, wurde das ursprüngliche Geburtsjahr 1893 durch Überschreibung auf 1903 geändert. Die Unterschrift des legalen Ausweisinhabers ist chemisch entfernt und neu überschrieben worden. Das Bild wurde ausgewechselt, das neue Foto nur über die Ösen geschoben. Der Prägestempel ist aufgepaust und von der Rückseite her durchgedrückt worden.

2. Beim vorgelegten Ausweis XV 1006904, Heinrich Hoffmann, wurden sämtliche Tintenschriftzüge chemisch entfernt und neu überschrieben. Nach Behandlung mit Schwefelwasserstoffdämpfen konnte festgestellt werden, daß der Ausweis ursprünglich auf den Namen Schmidt, Erna ausgestellt war. Das Bild wurde auf die gleiche Weise wie unter 1. beschrieben ausgewechselt.

Sicherheitshalber forderte Girra beim „Operativstab Optik" eine vollständige Liste aller Optikeinkäufe auf die Ausweise Hoffmann, Dunkel, Rumpf und auf den Namen Otto Weinschenk an. Mit der Kurierpost aus Jena kam auch ein Stapel Rechnungsdurchschläge, deren Unterschriften schon beim ersten Hinsehen eine Vielzahl übereinstimmender Merkmale mit den Schriftzügen des Otto Weinschenk verrieten.

Girra ließ seinen schweigsamen Kunden vorführen. „Na, Herr Weinschenk, können Sie sich endlich erinnern, auf welchen Namen Ihre Mutter am 25.9.1908 die Geburt ihres erstgeborenen Sohnes Otto eintragen ließ?"

Weinschenk erstarrte. Mit diesem Empfang hatte er nicht gerechnet. Sie wußten also, wer er war. Wahrscheinlich auch, daß er noch ein reichliches Jahr Knast bei ihnen guthatte. Die würden sie ihm beim nächsten Prozeß unweigerlich in Rechnung stellen. Er entschloß sich, die Flucht nach vorn anzutreten. Wer sich kooperativ zeigte, konnte mit dem Satz, „Der Beschuldigte war aufrichtig bemüht, durch seine Aussagen zur allseitigen und umfassenden Aufklärung der Straftat beizutragen", im Schlußbericht der Kripo rechnen. Solche Hinweise stimmten die Richter oft milde.

Otto Weinschenk gestand, seit der Haftentlassung im Februar 1952 insgesamt 82 Ferngläser und Fotoapparate im Thüringer Raum auf seinen Personalausweis gekauft und nach Westberlin verbracht zu haben. Auf den Namen Heinrich Hoffmann hatte er in Berlin 27 Geräte gekauft, und auf den Namen Kurt Dunkel wiederum in Thüringen 17 Geräte.

„Bleibt der Ausweis Johannes Rumpf", sagte Girra. „Aus den

Unterlagen geht hervor, daß Sie seit 1953 weit über vierzig Geräte gekauft haben!"

„Nee, nee, Herr Oberkommissar. Da stimmt was nich. Den Ausweis Rumpf hab ich ja erst seit August 54. Den hab ich für vierzig Westmark von einem gewissen Siggi gekauft. Die Einkäufe seit August gebe ich zu, was vorher war nich."

Girra stutzte. Er wühlte die Rechnungen heraus, legte sie nebeneinander und verglich. Er kam nicht umhin, sich einzugestehen, daß er voreilig gewesen war. Die Unterschriften aus den Jahren 1953 und 1954 besaßen zwar entfernte Ähnlichkeit, aber sie waren von unterschiedlicher Hand gezeichnet. Er würde den Schriftsachverständigen im KTI bemühen müssen.

„Das wären dann immer noch einundzwanzig Geräte in Berlin, Leipzig, Halle, Merseburg und Aschersleben!"

„Geb ich zu, Herr Oberkommissar. Das andere nich!"

„Alles in allem 147 Ferngläser, Fotoapparate und Zubehör. An wen haben Sie die Geräte in Westberlin geliefert?"

„Zuerst an einen gewissen Walter Schulz …"

„Sachsen-Walter?" fragte Girra.

Weinschenk staunte: „Sie kennen ihn, Herr Oberkommissar? Walter hat sich schon im August nach Hamburg abgesetzt. Da habe ich dann an Siggi verkauft, der mir auch die Ausweise lieferte. Er gab mir Fahrtrouten an, die seine Leute – das waren zwei Frauen aus Dresden und drei Musiker aus Leipzig – immer benutzten."

„Wo findet man diesen Siggi?"

„Der hält sich in einer Kantine am Bahnhof Zoo auf. Jebenstraße 1. Das ist ein großes Industriehaus. Eine Menge Großhandelsfirmen sind da untergebracht."

Girra legte Weinschenk einen Stapel Fotos aus der Leipziger Täterlichtbildkartei vor.

„Mann, da ist ja Siggi", kam es verdutzt von Weinschenks Lippen. „Aber Ditters is nich der Boß. Da steckt noch 'n anderer dahinter. Hab mal was von 'nem Helmut Stroh gehört."

„Wie sieht der Mann denn aus?"

Weinschenk grübelte. „Strohs Verbindungen reichen bis Amerika, erzählt man. Läuft alles über Hamburg. Aber da gibts noch einen Konkurrenten. Am Bahnhof Zoo hab ich mal so'n großen Dunkelblonden gesehen. Der ›lange Fred‹, oder so ähnlich nennen sie ihn. Der Mann soll Ausländer sein."

Otto Weinschenk unterschrieb das Vernehmungsprotokoll und wurde in die Untersuchungshaftanstalt zurückgebracht. Über seine Zukunft hegte er keine Illusionen. Drei Monate später, am 19. April 1955, verurteilte ihn der 2. Strafsenat des Berliner Stadtgerichts zu einer Freiheitsstrafe von zwölf Jahren Zuchthaus.

Hasso Schützendorf hatte einen Faible für langbeinige und gutgewachsene Blondinen. Inga Möllner kam seinem Wunschtyp ziemlich nahe, zumal ihr Haar einen vagen Stich ins Rötliche aufwies. Sie mochte Anfang Zwanzig sein, wohnte im Stadtteil Prenzlauer Berg und arbeitete als Büroangestellte in einem großen Ostberliner Handelskontor. Ihre Bekanntschaft zu machen, war Hasso Schützendorf nicht schwer gefallen. Als er sie unter dem Namen Dr. Müller ansprach, setzte er auf die Taktik „vollendeter Kavalier", womit er den Vorstellungen des jungen Mädchens, die in einer spießigen Kleinbürgerfamilie aufgewachsen war, entgegenkam. Inga Möllner wartete auf den Mann ihres Lebens, einen Traumprinzen, der sie im eleganten Sportwagen mitnehmen und ihr die große Welt zu Füßen legen würde. Ihr neuer Bekannter besaß einen solchen Sportwagen. Er sah gut aus, war lebenslustig und offenbar auch recht wohlhabend. Ein Typ, der in den lauten Betrieb der Großstadt gehörte, aber seine Herkunft und seine familiären Verhältnisse, über die er nur dunkle Andeutungen machte, gaben ihr Rätsel auf.

Einem Nachmittagsbummel am Kudamm waren weitere Verabredungen gefolgt. Hasso Schützendorf – pardon: Dr. Müller – zog alle Register seiner Liebenswürdigkeit, bis er sie im Wagen nach Hause bringen durfte. Inga wohnte bei ihren Eltern in einer Seitenstraße in der Nähe des S-Bahnhofes Prenzlauer Allee. Er merkte sich die Straße und die Hausnummer und verabschiedete sich mit einem vollendeten Handkuß. Das Wackeln der Wohnzimmergardine in der dritten Etage des Hauses, hinter der neugierige Augen spähten, war ihm nicht entgangen.

Schützendorf lenkte seinen Wagen um die nächste Straßenecke, bog in die Wisbyer ein und rollte nur fünf Minuten später über die Sektorengrenze am S-Bahnhof Bornholmer Straße. Die Lage der Wohnung ging ihm nicht mehr aus dem Sinn. Zwei Stationen auf der Ringbahn bis Gesundbrunnen, überlegte er, und ein reichlicher Kilometer bis zum französischen Sektor. Ideal für ein Ausweichquartier in Ostberlin. Vielleicht konnte man hier einen Stützpunkt errichten, eine Anlaufstelle für Optikverkäufer aus der Ostzone, die sich mit der Ware nicht über die Grenze trauten. Er mußte das Mädchen Inga an sich binden.

Doch die Möllner war längst nicht so entgegenkommend, wie Schützendorf es sich erhofft hatte. Er überlegte bereits, wie er sich am besten aus der Affäre ziehen könnte, als eine Zufallsbeobachtung ihm unverhofft zu Hilfe kam. Er entdeckte, daß Ferdinand Georg, den er als Flugzeugmechaniker aus der Schweiz bei den Möllners eingeführt hatte, eine unerklärliche Schwäche für das Mädchen bewies. Auch ihr schien der Schweizer nicht gleichgültig zu sein, denn sie flirtete mit ihm heftig. Mit den Worten, „Weißt du was, die ist mir zu quatschig", überließ Schützendorf seinem Partner das Feld.

Eine Woche später hielt Fred Georg vor Inga Möllners Betrieb, und als er sie unter den vielen jungen Frauen entdeckte, die das Portal verließen, drückte er auf die Hupe. Georg fuhr einen mausgrauen Volkswagen mit dem Schweizer Kennzeichen BE–363. Die Möllner erkannte ihn auf den ersten Blick.

„Doktor Müller läßt sich entschuldigen", erklärte Georg mit einem Lächeln. „Eine unvorhergesehene Geschäftsreise."

„Macht überhaupt nichts", behauptete sie, schlüpfte in den Wagen und hauchte ihm einen Kuß auf die Wange.

Der mausgraue VW hielt nun immer öfter an den Abenden in der stillen Seitenstraße im Prenzlauer Berg.

„Vielleicht bist du auch nur einer von denen, die nur ein paarmal kommen und die man dann nie wiedersieht.

„Du brauchst keine Angst zu haben, wir bleiben zusammen." Ge- org behauptete nicht, daß er sie heiraten würde, aber er ließ auf seine Art durchblicken, daß es nicht ausgeschlossen sei, denn am Weihnachtsabend des Jahres 1955 sollte er ihr tatsächlich die Verlobungsringe überreichen.

In den Sommermonaten nahm der Verkauf optischer Erzeugnisse in den Berliner Geschäften beängstigende Ausmaße an. Der Außenhandel der DDR berichtete über Beschwerden des Schweizer Verbandes der Fotohändler, die ihr Mißfallen über Preisdrückerei mit illegal eingeführten Zeisserzeugnissen zum Ausdruck gebracht hatten. Die Schweizer Bundespolizei fahnde inzwischen eifrig nach ostzonalen Kameras, aber es sei dringend angezeigt, daß man die illegalen Kanäle im Herkunftsland wirkungsvoller verstopfe.

Die Staatsanwälte Bell und Krüger von der Abteilung II beim Generalstaatsanwalt von Groß-Berlin, die sich mit den Prozessen gegen gefaßte Schieber herumschlugen, verlangten vom Magistrat „administrative Maßnahmen zur Verhinderung der Verschiebung von optischen Geräten, Schreib- und Rechenmaschinen und Meißner Porzellan".

Sie regten an, „daß derartige Artikel nicht mehr sofort beim Kauf den Käufern auszuhändigen seien".

Am 6. Juli 1955 antwortete der Abteilungsleiter Handel und Versorgung:

```
                    - Abschrift -


Magistrat von Groß-Berlin          Berlin N 4, den 6.7.55
Abt. Handel und Versorgung         Chausseestr. 1o6
K 1ooo Kar/Hb.                     Fernruf: 42 5o 86
                                   Hausanschluss - 5 -
                                                        002
An den
Generalstaatsanwalt von Groß-Berlin
z. Hd. Staatsanwalt B e l l

B e r l i n C 2
Grunerstr. 8 -1o


Betr.: Verschiebung von optischen Geräten, Schreib- und Rechen
       maschinen sowie Meissener Porzellan.
Bezug: Ihr Schreiben vom 13. 6. 1955

In Erledigung Ihres obigen Schreibens teilen wir Ihnen mit,
daß wir mit folgenden Massnahmen einverstanden sind bzw. sie
als notwendig erachten:

1.) Das Zurückhalten von gekauften Gegenständen darf die
    Zeitdauer von 3 Tagen nicht überschreiten.

2.) Aufstellung einer Liste, die nur die wertvollsten Waren
    auf den Gebieten Optik und Porzellan enthalten sollte, so
    daß der Kreis der von dieser Massnahme Betroffenen dann
    sehr eng gezogen würde.

3.) Verbindungsaufnahme der Verkaufsstellen mit einer zentra-
    len Stelle der Volkspolizei, um einen Zeitgewinn bei der
    Überprüfung der Personalien zu erreichen. (Belehrung einer
    Verkaufskraft durch die Volkspolizei).

4.) Bekämpfung des Schiebertums durch verstärkte Kontrollen
    unter breitester Mithilfe der Bevölkerung (Vervielfachung
    der Arbeiterkontrolle).

5.) Pressekampagne gegen das Schiebertum.

6.) Bei Verstößen gegen die Ausweispflicht, besonders im
    privaten Handel, sofortige Bestrafungen vornehmen, im
    Wiederholungsfalle auch Geschäftsschliessungen.

                         gez. Karsten
                        ( K a r s t e n )
                        Leiter der Abteilung
                        Handel u. Versorgung
```

Quelle: Polizeihistorische Sammlung Berlin

In Erledigung Ihres obigen Schreibens teilen wir Ihnen mit, daß wir mit folgenden Maßnahmen einverstanden sind, bzw. sie als notwendig erachten:

1.) Das Zurückhalten von gekauften Gegenständen darf die Zeitdauer von drei Tagen nicht überschreiten.

2.) Aufstellung einer Liste, die nur die wertvollsten Waren auf dem Gebiet Optik und Porzellan enthalten sollte, so daß der Kreis der von diesen Maßnahmen Betroffenen dann sehr eng gezogen würde.

3.) Verbindungsaufnahme der Verkaufsstellen mit einer zentralen Stelle der Volkspolizei, um einen Zeitgewinn bei der Überprüfung der Personalien zu erreichen.

4.) Bekämpfung des Schiebertums durch verstärkte Kontrollen unter breitester Mithilfe der Bevölkerung (Vervielfachung der Arbeiterkontrolle).

5.) Pressekampagne gegen das Schiebertum.

6.) Bei Verstößen gegen die Ausweispflicht, besonders im privaten Handel, sofortige Bestrafungen vornehmen, im Wiederholungsfalle auch Geschäftsschliessungen.

Für Mittwoch, den 20. Juli, luden die Staatsanwälte zu einer Besprechung der anstehenden Maßnahmen in die Grunerstraße ein. VP-Oberrat Heidenreich, der Leiter des neuen Kripodezernates „Schutz des Volkseigentums" (VE), entsandte seinen Spezialisten, Oberkommissar Schöne. Horst Girra vertrat die Interessen der Abteilung Untersuchung, während das AZKW den Zollsekretär Preußing beauftragt hatte.

Über den Inhalt der Pressekampagne wurde man sich rasch einig. Der Vorschlag der Staatsanwälte, zwischen Verkauf und Aushändigung der optischen Geräte an den Kunden eine dreitägige Sperrfrist einzulegen, die von der Volkspolizei zur Überprüfung der Käufer genutzt werden sollte, stieß bei den Polizisten auf erhebliche Vorbehalte. Die Realisierung der Idee verlangte die Errichtung einer speziellen Struktureinheit in der Kriminalpolizei, für die wiederum personelle Voraussetzungen fehlten. Die Berliner Volkspolizei litt ständig unter Personalmangel. Mit den Versetzungen junger Männer aus Mecklenburg, aus der Altmark oder dem sächsischen Raum hoffte die Polizeiführung dem Kadernotstand beizukommen. Dafür holten sie sich ein anderes Problem auf den Hals. Angesichts der Zunahme sächselnder Ordnungshüter sank die Akzeptanz der Volkspolizei in den Augen der Berliner Bevölkerung. Ganz und gar Böswillige prägten den Begriff von „Ulbrichts sächsischer Besatzungsmacht".

Weder Girra noch Schöne standen in der Führungshierarchie soweit oben, daß sie Entscheidungsbefugnisse gehabt hätten. Oberkommissar Schöne berichtete seinem Chef. Heidenreich tat das Nächstliegende. Er setzte sich mit der Hauptabteilung K in Verbindung. VP-Kommandeur Hillner, der die Abteilung VE leitete, lehnte das Ansinnen der Staatsanwälte ab. Nachdem sich auch der Ost-Berliner Kripochef, Inspekteur Messer, Hillners Standpunkt zueigen gemacht hatte, notierte Oberkommissar Schöne am 29. Juli für die Akten:

Nach Rücksprache mit der HVDVP – Hauptabteilung K, Abteilung VE, Gen. VP.-Kdr. Hillner und dem Gen. Inspekteur Messer als Abtlg. Leiter K im PdVP ist dieser Vorschlag nicht realisierbar. Die Abteilung K muß zu diesem Vorschlag ihre Mitarbeit versagen.

Um so eifriger kümmerten sich Girra und Schöne um die Vorbereitung der Pressekampagne. Sie trugen Auszüge aus Vernehmungsprotokollen gefaßter und zum Teil bereits verurteilter Optikschieber zusammen, unterlegten sie mit statistischen Zahlenangaben über die Auswirkungen des Schieberunwesens auf die Außenhandelsbilanzen der DDR und stellten das Material in einer Pressekonferenz, die Polizeipräsidium und Generalstaatsanwaltschaft gemeinsam ausrichteten, den anwesenden Journalisten vor.

Es komme darauf an, den Lesern und Rundfunkhörern so eindringlich wie möglich die Schädlichkeit der Schieberringe vor Augen zu führen, erklärte Staatsanwalt Bell. Je treffender ein Vergleich die Lebensinteressen der Werktätigen berühre, desto überzeugender wirke er in ihren Köpfen nach.

Die Autoren der 20-Pfennig-Broschüre „In guten Händen", die 1955 aus Anlaß des 10. Jahrestages der Volkspolizei in die Zeitungskios-ke geworfen wurde, verfuhren nach diesem Rezept:

Aber nicht nur Buntmetall- und Schrottdiebe gefährden und schädigen unsere Wirtschaft und unser schnelleres Vorwärtskommen, sondern auch alle anderen, die sich durch Schiebergeschäfte auf Kosten der Werktätigen mühelos bereichern wollen. Wenn ein im Jahre 1954 festgenommener Verbrecher 200 Ferngläser nach Westberlin verschoben hat, dann hat er unseren Werktätigen und unseren Kindern damit rund 1400 Zentner Bananen entzogen. Seine Schiebereien haben verhindert, daß wir

Quelle: Archiv des Autors

die Ferngläser im normalen Außenhandel verkaufen konnten, um dafür vielleicht Südfrüchte oder andere wichtige Waren einzukaufen.

Der Gerichtsreporter und Krimiautor Prodöhl ging das Thema literarisch an. In seiner Kriminalgeschichte „Ausweis Nr. XV 0869888", die im Februar 1956 in der Unterhaltungszeitschrift „Das Magazin" veröffentlicht wurde, ließ er seinen Protagonisten, Kommissar Schulz, zu einem Tatverdächtigen sagen: „Wissen Sie, was das bedeutet, Hering? Auftrag über zweitausend Contax storniert? Ungefähr eine halbe Millionen Dollar sind unserem Außenhandel bei diesem einen Auftrag durch die Lappen gegangen. Mehrere tausend Zentner Bananen, Apfelsinen oder Kaffee können nicht mehr eingeführt werden!"

Hasso Schützendorf betrat den Wartesaal der 1. Klasse im Berliner Bahnhof Zoo. Seine mehrwöchige Geschäftsreise, die ihn in die Schweiz, nach Frankreich und zuletzt bis in die nordspanische Provinz Katalonien geführt hatte, war erfolgreich verlaufen. Da sich die Marktlage in der Schweiz zunehmend ungünstiger entwickelte, mußten andere Absatzmärkte gefunden werden. Schützendorf sondierte die südfranzösischen Reiserouten bis über die Pyrenäen. In Madrid stieß er auf eine renommierte spanische Ex-

Quelle: Archiv des Autors

und Importgesellschaft, die nicht abgeneigt war, auf Schützendorfs Angebote einzugehen. In Barcelona fand sich das Handelshaus „CABOREX", das vor allem in die lateinamerikanischen Länder exportierte. Der weltgewandte Deutsche überzeugte auch hier. Bei der Gelegenheit lud man ihn zu einem Kurztrip nach Mallorca ein. Noch bevor die ersten deutschen Touristenströme über die Insel der Träume hereinbrachen, entdeckte Hasso Schützendorf den Ort, den er zu seinem Alterssitz erkor.

Nach Berlin zurückgekehrt, verdreifachte Hasso Schützendorf die Aktivitäten seiner Organisation. Der gerade erschlossene Absatzmarkt erwies sich als besonders aufnahmefähig. Schützendorf suchte nach neuen Schmuggelwegen. Waren die illegal gekauften Fotoapparate und Ferngläser erst einmal in Westberlin gelandet, mußten sie auf ähnliche Weise in die Bundesrepublik verbracht werden, bevor sie über die französischen und spanischen Grenzen gelangen konnten. Hasso Schützendorf erinnerte sich seiner Erfahrungen mit den Reichsbahnern in Halle.

Der Mann, der den Transport der „heißen Ware" von Westberlin nach Frankfurt/Main übernehmen sollte, arbeitete als Zugführer bei der Bundesbahn. Schützendorf war mit ihm im Wartesaal verabredet. Er entdeckte den Eisenbahner sofort. Die Männer begrüßten sich. Schützendorf nahm Platz und bestellte Kaffee.

„Also, wie sieht es aus? Haben Sie sich entschieden?"

„Ich sage nicht nein, aber ein paar Einzelheiten möchte ich schon noch wissen."

Dafür zeigte Schützendorf Verständnis. „Die Sache ist ganz einfach. Kurz vor der Abfahrt Ihres Zuges werden Ihnen zwei Personen mehrere Pakete übergeben. Die Pakete müssen nach Frankfurt. Wo und wie Sie die Dinger verstecken, ist Ihr Problem. Nach der Ankunft in Frankfurt wird sich eine Kontaktperson bei Ihnen melden, der Sie die Pakete dann wieder aushändigen." Schützendorf lächelte. „Das ist alles. Leichter können Sie Ihr Geld gewiß nicht verdienen."

Der Eisenbahner, der aufmerksam zugehört hatte, hegte Bedenken. „Können Sie mir sagen, was in den Paketen ist? Mit Rauschgift will ich nämlich nichts zu tun haben."

„Guter Mann, in den Paketen ist keine Spur Rauschgift. Mein Ehrenwort!"

„Ja, was dann?"

„Ferngläser und Fotoapparate, die nicht durch die Zollkontrolle sollen."

„Also Optik aus dem Osten?" Der Mann dachte einen Augenblick nach. „Und wenn die mich erwischen?"

Schützendorf legte eine Hand auf den Arm des Eisenbahners. „Also, hören Sie gut zu! Die Pakete, die wir Ihnen liefern, tragen die Aufschrift ›Flüchtlingsgut für ... Müller, Lehmann oder Schulze‹. Jeder, der von drüben kommt, und als politischer Flüchtling anerkannt wird, erhält von den Behörden die offizielle Erlaubnis ›Flüchtlingsgut‹ im Wert von soundsoviel Mark in die Bundesrepublik einzuführen. Verstehen Sie? Sie brauchen die Pakete also nur im Zug zu verstecken, guter Mann, und sie bei der Ankunft wieder hervorzuholen. Sollte dennoch ein Schnüffler über die Ware stolpern, dann haben Sie damit nichts zu tun. Der Aufkleber ›Flüchtlingsgut‹ ist Ihre Sicherheitsgarantie."

„Hört sich gut an", räumte der Eisenbahner ein. „Ein paar Versteckmöglichkeiten wüßte ich schon. Günstiger wäre es natürlich, wenn die Pakete noch vor der Bereitstellung des Zugtrains verstaut würden. Rangierer oder die Leute aus der Wagenreinigung haben die besten Chancen!"

„Das muß ich mir mal durch den Kopf gehen lassen. Danke für den Tip!"

Der Eisenbahner nickte zufrieden. „Bitte, bitte. Und was die Bezahlung anbelangt ..."

Sie verhandelten noch eine Weile und schieden dann als Partner.

„CABOREX" orderte hundert Contax, vierzig Exakta, vierzig Praktica, Zusatzobjektive und einhundertzwanzig Ferngläser 8 x 50 mit Mitteltrieb. Schützendorf und Georg animierten ihre Aufkäufer, doch die Ware, die sie heranschaffen konnten, reichte nicht aus, um den spanischen Auftraggeber zufriedenzustellen. Da „CABOREX" drängte, beschlossen Schützendorf und Georg eine Einkaufstour in den sächsischen Raum.

„Du fährst doch bestimmt zu deiner Flamme in den Ostsektor", sagte Schützendorf, nachdem sie sich über die Reiseroute geeinigt hatten. „Ruf den Hans Simson in Dresden an. Wir treffen uns am Mittwoch im Astoria!"

Simson war pünktlich und bestens präpariert. Selbstverständlich wußte er, warum die beiden kamen. Seinerzeit in die Goldaffäre involviert, war er mit einem blauen Auge knapp davongekommen. Seiner Treue zu Hasso Schützendorf tat das keinen Abbruch. Die Begrüßung in der Hotelhalle fand mit großem Hallo statt. Dann erst fand Schützendorf Zeit, sich an den Portier zu wenden. „Mein Name ist Doktor Müller. Ich hatte telegrafisch zwei Zimmer bestellt."

Der Portier blätterte in einem Journal. Er fand die Eintragung. „Jawohl, das geht in Ordnung. Herr Doktor Müller und Herr Ingenieur Höppner aus Berlin. Ihre Zimmer liegen im dritten Stock." Er legte die Schlüssel auf den Tresen und deutete auf den Meldeblock. „Wenn die Herren sich dann bitte eintragen würden. – Angenehmen Aufenthalt!"

Systematisch klapperten die Männer am Donnerstag die Optik-Verkaufsstellen im Elbtal zwischen Schmilka und Meißen ab. Am Freitag suchten sie Freiberg, Freital, Kamenz, Bischofswerda und Bautzen heim. Am Abend ließen sie in der Hotelbar „eine Kuh fliegen". Unmengen von Alkohol vertilgten die drei Männer. Als Schützendorf und Georg am darauffolgenden Morgen Kassensturz hielten, meinte Schützendorf: „Ich habe noch ein Bündel Ostmark flüssig. Das Geld wird umgesetzt."

Georg warnte: „Das Versteck im Wagen ist randvoll!"

„Dann lagern wir die Sachen eben bei deiner Flamme in Ostberlin ein. Wir holen die Sachen später ab."

Hans Simson bemerkte trocken: „Von mir aus mach' mer noch 'ne Runde. E paar Fenn'che mehr sinn och nich zu verachten."

Seine Bereitwilligkeit gab schließlich den Ausschlag. Georg parkte den Wagen auf dem Dresdener Altmarkt. Während Simson vom vielen Kognak noch immer leicht benebelt zu einem renommierten Optikgeschäft marschierte, folgten die Berliner im gehörigen Abstand.

Hans Simson betrat das Geschäft. Zwei junge Mädchen warteten hinter dem Verkaufstresen auf Kundschaft. Ihr Lächeln setzte in Simson ungeahnte Regungen frei. Die Arme theatralisch ausgebreitet, sang er plötzlich mit voller lauter Stimme: „Welche Wonne, welche Lust ..." Dabei kam er ins Straucheln, hielt sich an einem gläsernen Verkaufsregal fest, in dem es beängstigend klirrte und schepperte.

„Kann ich Ihnen helfen, mein Herr?" Der Lärm hatte den Filialleiter alarmiert, der mit besorgter Miene herbeieilte.

Simson grinste unverfroren. „'ne Bragdiga häd'ch gerne. Oder och zwee."

Alkoholdunst wehte dem Verkaufsstellenleiter ins Gesicht. „Gleich zwei?" fragte er deshalb vorsichtig. „Haben Sie denn auch genügend Geld?"

„Is das vielleicht nischt?" Simson zerrte ein Bündel Banknoten aus der Brusttasche und fuhrwerkte damit in der Luft herum. „Wenn mir's baßt, koof 'ch dein' ganzen Laden hier auf."

Unauffällig schlüpfte eine der Verkäuferinnen ins Hinterzimmer. „Volkspolizei? Kommen Sie so schnell wie möglich", flüsterte sie ins Telefon. „Hier ist ein komischer Kerl. Vielleicht ein Schieber."

Während Simson sich den Spaß leistete, eine Kamera nach der anderen zu begutachten, um sie mit witzigen Kommentaren zu versehen, hielt draußen ein Polizeiwagen. Zwei Uniformierte stürzten herein und zerrten den Kunden kurzerhand auf die Straße.

Schützendorf und Georg sahen mit Entsetzen, wie Simson zum Funkwagen geführt wurde.

Schützendorfs rechte Hand glitt in die Jackentasche. Doch seine Finger zuckten, als sie die Griffschalen des Brownings berührten, zurück. Eine einfache Rechnung schoß ihm durch den Kopf. Drei Polizisten gehörten zum Funkwagen, jeder mit einer Pistole Nullacht und 16 Schuß Munition bewaffnet. Was richtete man mit einer kleinen Browning und sechs Patronen gegen die überlegene Feuerkraft der Vopos aus?

„Da ist nichts zu machen! Simson ist ein Rindvieh!" knirschte Schützendorf wütend. „Los, wir verschwinden!"

„Hauptsache, er hält dicht!"

Sie fuhren auf der Autobahn Richtung Leipzig. Ihre Stimmung war gedrückt. Am ersten Parkplatz scherten sie aus. Während Schützendorf sicherte, wechselte Georg mit verblüffender Schnelligkeit die IA-Nummer des Wagens gegen sein Berner Kennzeichen aus. Die Nummernschilder steckten lediglich in einer Schienenhalterung, wobei zwei aufgesetzte Muttern den Anschein erweckten, als wären die Kennzeichen in der üblichen Weise angeschraubt.

Etwa zehn Tage vermochte Simson, die Dresdener Kripo hinzuhalten. Die beiden Ausweise, die er in seinen Taschen hatte, wurden als Fälschungen erkannt. Der „Operativstab Optik Jena" lieferte die dazugehörigen Verkaufsbelege. Lichtbildvorlagen in den Optikverkaufsstellen des Bezirkes Dresden ergänzten die Ermittlungsergebnisse. Wenige Monate später wurde er vom Bezirksgericht zu einer fünfjährigen Zuchthausstrafe verurteilt. Einen Teil seiner Haft verbrachte er in Bautzen.

Als Girra aus dem Urlaub zurückkehrte, den er mit seiner Familie in einem Ferienheim der VP auf der Insel Rügen verlebt hatte, fand er einen umfangreichen Informationsbericht aus Dresden auf seinem Schreibtisch vor.

Der Bericht zitierte Passagen aus den Vernehmungen des Beschuldigten Hans Simson, die sich auf seine Westberliner Auftraggeber bezogen. Simson hatte zugegeben, im Hotel Astoria mit einem Dr. Klaus Dieter Müller und einem Ingenieur Hermann Höppner zusammengetroffen zu sein. Bei letzterem handele es sich vermutlich um einen Schweizer Staatsbürger, der in Wahrheit Ferdinand Georg hieß. Ziemlich groß und dunkelblond. Simson hatte ihn in Westberlin am Bahnhof Zoo kennengelernt. Er fuhr einen mausgrauen VW-Käfer.

Girra suchte die Karteikarte heraus, die er vor einem Jahr für den „langen Fred" angelegt hatte. Otto Weinschenk hatte ihn als ›groß und dunkelblond‹ beschrieben. War der Schweizer der mutmaßliche Chef des zweiten Schieberrings?

Girra erfaßte die beiden Namen und den Volkswagen. Eine zweite Karte legte er für Dr. Klaus Müller an, der in Simsons Beschreibung reichlich blaß ausfiel.

Der Ballsaal war in violettes Licht gehüllt. Die Band spielte einen Tango. Während die Beleuchtung abgedunkelt wurde, tasteten

Scheinwerferkegel von irgendwoher zur Decke empor, brachen sich in einer rotierenden Kugel aus Spiegelglas und fielen dann wie Konfetti auf die tanzenden Paare herab.

Renate Diebner tanzte mit einem jungen Mann. Krampfhaft versuchte er eine lockere Konversation in Gang zu bringen, doch Renate war nicht interessiert. Der Knabe war nicht der Typ, der sie zum Schmelzen bringen konnte. Zu fade und ein Langweiler obendrein.

Die Musik verstummte. Die Spiegelkugel stand still. Der Tango-spuk zerstob. Renates Partner dankte mit einer Verbeugung. Sie übersah seine Huldigung, nahm wortlos am Tisch neben ihrer Freundin Sabine Burg Platz.

Die beiden Mädchen waren im gleichen Alter. Anfang Zwanzig. Renate und Sabine kannten sich seit zwei Jahren. 1954 hatten sie an der Humboldt-Unversität in Ostberlin ein Medizinstudium aufgenommen. Ihre Studienleistungen blieben mäßig, dafür entwickelten die hübschen Kommilitoninnen bald einen unstillbaren Vergnügungsdrang, den sie nicht nur bei den Veranstaltungen im Studentenwohnheim, sondern auch in den Tanzlokalen in Ost- und Westberlin auslebten, wobei letzteres in den Augen der FDJ-Gruppenfunktionäre als besonders verwerflich angesehen wurde.

Drückende Schwüle erfüllte den langggstreckten, mit blauem Tabaksdunst geschwängerten Raum. Renate griff nach einer Zigarette. Gelangweilt musterte sie die Gäste an den anderen Tischen. Ihr wandernder Blick fiel auf zwei gutaussehende Männer um die Dreißig, die soeben die Nachtbar betreten hatten und jetzt die Barhocker erkletterten.

„Wäre der Rechte nicht nach deinem Geschmack?" fragte sie ihre Freundin. „Du schwärmst doch immer für elegante und reifere Männer."

„Der Dunkelblonde könnte mir schon gefallen", stimmte Sabine Burg zu. Sie versuchte zu erraten, welchem Gelderwerb die beiden Männer nachgingen. „Ich denke – Geschäftsleute", vermutete sie. „Sicher wohlhabend."

Hasso Schützendorf fing die Blicke der beiden Mädchen eher zufällig auf. Sofort stieß er Ferdinand Georg an. „Siehst du die beiden Käfer dort an dem Ecktisch? Die angeln wir uns!"

Als die Band zu spielen begann, standen sie schon am Tisch. „Verzeihung, würden die Damen mit uns tanzen?"

Ob ihres schnellen Flirterfolges verwirrt standen die Mädchen auf und gingen zur Tanzfläche. Georg hatte Sabine Burg erwählt. Hasso Schützendorf legte den Arm um Renate Diebner und zog sie fest an sich. Anfangs wehrte sie sich dagegen, doch dann gab sie nach. Der Mann gefiel ihr. Das wußte sie und ließ sie ein wenig zittern. Sie tanzten schweigend, bis Schützendorf das Gespräch suchte: „Netter Laden. Sind Sie öfter hier?"

„Ab und an."

„Sie sind aus dem Osten, nicht wahr?"

Renate Diebner lachte burschikos. „Betätigt der Herr sich vielleicht als Hellseher?"

„Nein, nein, gewiß nicht", entgegnete ihr Partner ernsthaft. „Aber der leichte Dialekt in ihrer Stimme läßt mich vermuten, daß Sie aus dem sächsisch-anhaltinischen Raum kommen. Ich hab ein Ohr dafür. Die Gegend zwischen Wittenberg und Dessau vielleicht?" Vorsichtig tastend begann er ihre Lebensverhältnisse zu erkunden.

„Meine Freundin und ich studieren Medizin an der Humboldt-Universität", gab Renate Diebner Auskunft.

„Oh, Kompliment für die Damen!" sagte Schützendorf artig. „Ich habe nämlich selbst ein paar Semester Medizin studiert. In Hamburg war das."

„Dann sind Sie Arzt?"

„Nein, schöne Frau. Das Medizinstudium gab ich auf, nachdem ich herausgefunden hatte, daß man als Geschäftsmann mehr Geld verdient, als ein Arzt es jemals könnte."

Das Geplänkel ging weiter, sie wechselten die üblichen belanglosen Sätze, mit denen man einen Flirt am Glimmen erhält.

Nach dem Tanz zogen die Herren sich wieder an die Bar zurück. Die Freundinnen fanden am Tisch Gelegenheit, ihre Eindrücke auszutauschen. „Er hat erzählt, daß sie Kaufleute sind. Ex- und Import von Industriewaren", berichtete Sabine Burg aufgeregt. „Der Hauptsitz ihrer Firma liegt in Südfrankreich. Und zu Hause ist er in der Schweiz." Sie legte den Kopf in den Nacken und schloß für einen Moment schwärmerisch die Augen. „Das wäre ein Mann für mich", seufzte sie.

An der Bar kamen Schützendorf und Georg überein, die hübschen Studentinnen nicht mehr aus den Augen zu lassen. Nach und nach würden sie die beiden in ihren Ring einbauen. Zuerst galt es die Mädchen an sich zu binden. Die Idee für diesen Coup ergab sich beim nächsten Tanz als sie die Partnerinnen wechselten.

Hasso Schützendorf erzählte der wißbegierigen Sabine Burg,

daß sein Freund und er nicht nur erfolgreiche Geschäftsleute seien, sondern auch mehrere Villen in Spanien besäßen, wo sie regelmäßig ihre Ferien verbrachten.

Die Kleine biß sofort an. „Einmal in Spanien Urlaub machen", rief sie begeistert, um im nächsten Augenblick illusionslos hinzuzufügen: „Aber von unseren paar Kröten Stipendium geht das ja gar nicht."

Hasso Schützendorf kam ihr entgegen. „Nichts leichter als das, mein Fräulein. Herr Gottschalk und ich laden Sie und Ihre Freundin nach Castel de Fels ein!"

Ihre Freude blieb getrübt. „Wir bekommen doch im Osten keine Pässe!"

„Das lassen Sie mal meine Sorge sein. Ich besorge Ihnen anständige Papiere!"

Nach der Tanztour führten die Herrn die Damen zur Bar. Es dauerte nicht lange und sie schmiedeten Urlaubspläne.

„Die Semesterferien für das Winterhalbjahr 1957 beginnen Ende Januar."

„Dann sollen Sie uns in Spanien recht herzlich willkommen sein!"

Was Renate Diebner und Sabine Burg während ihres Spanienaufenthaltes tatsächlich erlebten, ist in dem Tatsachenbericht „Schmuggel über die Pyrenäen" nachzulesen, den die Ostberliner Zeitung „BZ am Abend" im Januar 1958 veröffentlichte. Die Diebner und die Burg waren von Westberlin aus nach Frankfurt am Main geflogen, wo sie von Georg alias Werner Gottschalk abgeholt wurden, um die Weiterfahrt nach Spanien im Auto anzutreten. Schützendorf erwartete sie in Castel de Fels. Als die Autotouristen die spanische Grenze erreichten, geschah dies:

Der spanische Zollbeamte setzt eine diensteifrige Miene auf. Aber er kann kaum schnell genug nach den tausend spanischen Peseten (etwa 80 D-Mark) greifen und sie in seiner Tasche verschwinden lassen. „In Ordnung, Señor. Gute Fahrt!"

Nach einem kleinen Imbiß in einer Fonda in Rivas öffnet der Fahrer ein raffiniertes Versteck seines Volkswagens und läßt seine beiden Begleiterinnen einen Blick hineintun. Erschrocken fahren Sabine Burg und Renate Diebner zurück. „Das ist doch ...!"

„... nur ein bißchen Schmuggel", ergänzt der Besitzer des Fahrzeugs. „Und jetzt paßt mal gut auf. Ihr seid quasi schon Mitglieder eines internationalen Schmuggelrings. Das Geschäft lohnt, das werdet ihr später schon an unseren drei Villen merken. Ihr lernt bei mir etwas Autofahren und werdet für uns die in Frankreich lagernden Waren abholen. Keine Sorge, der Zoll ist sicher. Der kleine Beamte freut sich über jede Peseta, der vorgesetzte Agent erhält seinen Teil und selbst in den Taschen des Handels- und Finanzministers dieses Wunderlandes klingelt unser Geld. Na, wie steht's?"

Sabine und Renate sehen sich an. „Fahren Sie uns sofort zurück!" fordern beide.

„Jawohl, direkt ins Polizeipräsidium in die Neue Königstraße. Die würden sich mächtig über euch freuen", höhnt der Mann. „Nichts mit den Flausen. Werdet euch schon nicht langweilen. Haben da noch einige nette Täubchen eurer Sorte in Castel de Fels. Und schließlich – so übel von Figur sind mein Freund und ich auch nicht."

Einen Tag später parkt ein mausgrauer Volkswagen vor der Luxusvilla „Natalia", Calle 2, in Castel de Fels, einem kleinen Ort unweit Barcelonas. Und eine Woche danach werden dem Chef der Handelszentrale „Caborex" in Barcelona, Muntaner Straße 121, Sabine Burg und Renate Diebner als neue Mitglieder der Schieberbande vorgestellt.

Ereignisse und Zusammenhänge sind in diesem Bericht vereinfacht dargestellt. Der in einigen Passagen etwas naiv anmutende Text war auf die rasche Lektüre der Leser von Tageszeitungen abgestimmt. Dennoch steht außer Zweifel, daß die mitgeteilten Fakten den Tatsachen entsprechen. Der Autor Rolf Pfeiffer hatte sich auf Akten der Berliner Volkspolizei gestützt, zu denen die Protokolle mit den Aussagen der beiden Medizinstudentinnen gehörten. Daß die jungen Frauen während der kriminalpolizeilichen Vernehmungen bemüht waren, ihre schuldhafte Verstrickung so harmlos wie möglich darzustellen, liegt auf der Hand.

In Wahrheit hatte das wichtige Gespräch in der Halle der Casa Natalia stattgefunden. Hasso Schützendorf war mit einem hellen Anzug bekleidet und trug ein dunkelblaues Hemd, um den Hals schlang sich ein seidener Schal. In dem zierlichen Korbsessel neben ihm lagen ein Hut und leichte Lederhandschuhe, die Schützendorf am Steuer seines Wagens gern benutzte. Beklommen hörten Renate Diebner und Sabine Burg ihrem Gastgeber zu, der ihnen die Grundstrukturen seines weitverzweigten Schmuggelnetzes erklärte. Die Transportwege führten durch halb Europa. Das hatten sie mittlerweile begriffen.

„Kameras und Ferngläser von Westberlin nach Westdeutschland zu bringen, ist kein so großes Problem. Da sind die Milchtankfahrer, die von Berlin nach Hannover, Frankfurt oder sonstwohin kommen. Das Personal in den Interzonenzügen der Bundesbahn. Da gibt es Piloten verschiedener Fluggesellschaften,

Weg der Mädchen und des Schiebergutes. Quelle: Archiv des Autors

die sich nicht scheuen ein bißchen zu schmuggeln. Und daß man auch mit Zollbeamten reden kann, habt ihr doch an der spanischen Grenze erlebt."

Wichtige Einzelheiten gab Schützendorf verständlicherweise nicht preis. So verschwieg er den Studentinnen, daß die Städte Ravensburg und Lörrach die bedeutenden Umschlagplätze auf westdeutschen Boden für den Schmugglerring waren. Woche für Woche nahmen hier die knallgelb gespritzten Lastwagen der „Spedition TANZAS, Lörrach – In- und Auslandstransporte – mehrere größere Pakete auf, um sie im Transitverkehr zwischen der Bundesrepublik Deutschland, der Schweiz und Frankreich auf der „Autoroute la Catalane" als Lagergut bis ins südfranzösische Perpignan oder nach Foix zu befördern.

Eine Handvoll angeworbener Mittelsmänner übernahm den Transport auf der letzten Etappe. Sie führte über die spanische Grenze bis nach Barcelona. Nie war jemand auf die Idee gekommen, das Transitgut zu kontrollieren.

„Ich denke, es macht euch nichts aus, während eures Urlaubes ein paar Fahrten nach Perpignan zu unternehmen", sagte Schützendorf gönnerhaft. „Ihr könnt dabei eure Urlaubskasse ein bißchen aufbessern und helft uns eine Menge Geld zu sparen. Der Anblick attraktiver Blondinen läßt das Herz jedes spanischen Zöllners höher schlagen."

Der Fernbahnsteig des Berliner Bahnhofes Zoologischer Garten lag im diffusen Dämmerlicht. Der Interzonenzug nach Frankfurt am Main über Hannover hatte den Bahnhof vor fünfzehn Minuten verlassen. Der Fahrkartenkontrolleur an der Bahnsteigsper-

„BZ am Abend" vom 13.1.1958. Quelle: Archiv des Autors

re schloß die Wanne, und der Gepäckschaffner zog seinen Karren zum Aufzug.

Gegen ein Uhr verließ der Aufsichtsbeamte seinen Dienstraum und lief zur Toilette am anderen Ende des Bahnsteiges. Dabei ent-

423

deckte er auf einer einsamen Bank ein mittelgroßes Paket, das in graues Packpapier eingeschlagen war. Da der Beamte weit und breit keinen Menschen sah, dem das Paket gehören konnte, trat er näher und nahm den Fund in Augenschein. Das Paket mochte ein Gewicht von ungefähr zehn Kilogramm haben. Es war reichlich verschnürt und trug den Aufkleber „FLÜCHTLINGSGUT DER LISA NASS AUS HELBRA".

Der Eisenbahner kannte keine Lisa Nass. Seine verkehrsgeografischen Kenntnisse sagten ihm, daß Helbra irgendwo in Thüringen lag – das heißt in der Ostzone. Die Vermutung, daß das Paket bei der Abfahrt des Interzonenzuges vergessen worden war, drängte sich auf. Wahrscheinlich würde Lisa Nass noch im Laufe des Tages telefonisch aus Hannover oder Frankfurt anfragen, um nach ihrem Paket zu forschen.

Auf dem Rückweg zum Dienstraum nahm der Eisenbahner das Paket an sich und trug es vorschriftsmäßig ins „Fundbuch des Bahnhofes Bln. Zoo, Aufsicht Fernbahnsteig A" ein. Unter der Rubrik Inhalt vermerkte er „unbek.".

Vierundzwanzig Stunden später war das Paket noch immer nicht ausgelöst. Die Dienstvorschrift verlangte, daß es jetzt dem Zentralen Fundbüro der Reichsbahn zugesandt wurde. Nur die Angestellten der Fundsachenstelle im S-Bahnbogen am Bahnhof Alexanderplatz hatten die Befugnis, den Inhalt zu sichten. Sie staunten nicht schlecht, als sich das „Flüchtlingsgut der Lisa Nass" als 13 hochwertige Zeiss-Ferngläser entpuppte.

Der Bürovorsteher verständigte die Transportpolizei. Zehn Minuten später nahm der Kriminaldauerdienst des Transportpolizei-Abschnittes Berlin die Ferngläser in Augenschein. Da es sich um fabrikneue Optiken handelte, beschlagnahmte er das Paket. Die Nummern der Ferngläser hielt er im Beschlagnahmeprotokoll fest und schickte eine Durchschrift an die Abteilung K im VP-Präsidium. Das Verpackungsmaterial, das aus einem stabilen Pappkarton und dem beschrifteten Packpapier bestand, wurde an das Kriminaltechnische Institut übergeben. Die Spezialisten entdeckten eine handgeschriebene 12 im Innern des Kartons, und sie schlußfolgerten, daß das Fundpaket Teil einer kompletten Versandpartie sein müsse. Sie schlossen nicht aus, daß Mitglieder des Schmugglerringes möglicherweise nach dem verlorengegangenen Paket forschen würden.

Für die Dauer von drei Wochen erhielt das Fundbüro Verstärkung. Zwei Kriminalisten hielten sich in Bereitschaft, um Personen, die nach dem Fundgut fragen sollten, „zwecks Klärung eines Sachverhaltes" festzusetzen.

Vor dem Panorama der schneebedeckten Pyrenäen zog sich das Betonband einer neuen Straße durch das südfranzösische Departement Pyrenees-Orientales. Kurz hinter Perpignan passierten Renate Diebner und Sabine Burg im geliehenen Volkswagen die Hängebrücke über den Tech und fuhren zur französischen Zollstation am Paß von Perthus hinauf. Paßkontrolle und Zollformalitäten verliefen reibungslos. Die Franzosen zeigten kein Interesse für die beiden Pakete im grauen Packpapier auf dem Rücksitz des Wagens.

Renate Diebner saß am Steuer, während sie bergab zur spanische Grenzstation La Junquera rollten. Korkeichenwälder bedeckten die Hänge zu beiden Seiten der Fahrbahn. Klopfenden Herzens näherten sich die Mädchen der spanischen Zollkontrolle. Achtmal hatten sie in den zurückliegenden Wochen die Grenze passiert, ohne aufzufallen. Diese Fahrt sollte die letzte sein. Die Semesterferien gingen zu Ende. In den nächsten Tagen mußten sie die Heimreise antreten.

Renate Diebner brachte den Wagen vor der Zollbaracke zum Stehen.

Ein junger Mann in der graugrünen Uniform der spanischen Zollbeamten näherte sich sofort dem Auto. „Bienvenidos al suelo espaneol!" Überschwenglich hieß er die blonden Schönheiten aus Alemania auf spanischem Boden willkommen, nahm ihre Papiere entgegen und reichte sie durch das kleine Fenster in die Grenzbaracke, wo die Dokumente die vorgeschriebenen Sichtvermerke erhielten. Die attraktiven Blondinen lächelten freundlich. Dem Beamten wurde es heiß unter der Uniformmütze. Der Kavalier in ihm war gefordert, so daß er die ohnehin mit großer Zurückhaltung vorgenommene Besichtigung des Wageninnenraumes als bloße Formalität beendete. An die zwei Pakete verschwendete er keinen Blick.

Die Papiere kamen zurück. Die Mädchen dankten mit ihrem strahlendsten Lächeln. Der Beamte hob den Schlagbaum. Sein Abschiedsgruß für Renate Diebner und Sabine Burg geriet zu einer Kombination von militärischer Ehrenbezeugung und galanter Verbeugung. Sein Blick hing noch lange am Heck des Volkswagens, bis dieser in einer Talsenke verschwand.

„Uff!" stöhnte Sabine Diebner. „Geschafft. So langsam kann man sich an dieses Spiel gewöhnen."

„Hör bloß auf! Ich schwitze jedesmal Blut und Wasser. Drei Kreuze, wenn wir erst wieder in Berlin sind!"

„Tröste dich, noch bleibt uns ja der Blick auf die einmalige Landschaft. Kannst du dir vorstellen, wie schön es hier im Sommer ist." Im Hintergrund die Berge der Pyrenäen, vor ihnen die Weite der Costa Brava und das Mittelmeer, das in der Ferne mit dem Blau des Himmels zu verschmelzen schien. Die dichtbesiedelte Küste zwischen Barcelona und der südfranzösischen Riviera mauserte sich seit Beginn der fünfziger Jahre zum Touristenparadies. Weiße Hotelbauten bekränzten die Strände.

Das Malheur passierte, als sie Girona erreichten. Beim Überholmanöver touchierte Renate Diebner einen entgegenkommenden Wagen. Der Schaden an den Fahrzeugen wog zwar nicht schwer, doch die spanische Polizei mußte her. Die Gendarmen von Girona waren mißtrauischer als die Zöllner von La Junquera. Sie wollten nicht nur die Papiere der beiden deutschen Fahrzeuginsassinnen sehen, sondern auch den Inhalt der verschnürten Pakete auf dem Rücksitz des mit einem Schweizer Kennzeichen ausgestatteten VW.

Renate Diebner und Sabine Burg landeten bei den Zollbehörden. Es nutzte ihnen nichts, daß sie lautstark erklärten, die Ferngläser aus reiner Gefälligkeit für einen Bekannten über die Grenze gebracht zu haben. Der grämliche Untersuchungsrichter, dem sie vorgeführt wurden, ließ sich auf kein Palaver ein. Er steckte die hübschen Damen aus Alemania, die so harmlos dreinschauen konnten und ihn mit ihren Unschuldsbeteuerungen nervten, wegen dringenden Schmuggelverdachts ins Gefängnis.

Im Polizeipräsidium in der Neuen Königstraße war Optimismus angesagt. Obwohl sich die Hoffnung, dem Schieberring über das Reichsbahnfundbüro auf die Schliche zu kommmen, nach mehreren Wochen zerschlug, war Oberkommissar Schöne, der sich seit Beginn des Jahres 1957 Oberleutnant nennen mußte, einen wesentlichen Schritt vorangekommen.

Schöne hatte die Nummern der Ferngläser an den „Operativstab Optik" übermittelt. Inzwischen hielt er die Antwort aus Jena in den Händen. Sechs Personen waren als Käufer der insgesamt 13 Ferngläser genannt. Bei einem Abgleich der Verkaufsurkunden mit den polizeilichen Meldekarteien stellte sich heraus, daß drei Käufer gefälschte Ausweise benutzt hatten, während die Kunden Nummer 4, 5 und 6 ihre eigenen Ausweise vorlegten. Nummer 4 war bereits vor Monaten nach Westberlin abgedampft, für die Kriminalisten also nicht greifbar.

„Bleiben Arno Richter und Monika Laschke. Ich möchte wetten, die sind neu im Geschäft", erklärte Schöne in der Dienstberatung des Referates 4a, das auf drei Planstellen aufgestockt worden war. „Ich will alles über die beiden wissen. Macht euch in die Spur!"

Als Schönes Mitarbeiter den ABV im Wohngebiet kontaktierten, wußte der Unterleutnant Bescheid. „Arno Richter oder Arni, wie ihn seine Kumpel rufen, wohnt zur Untermiete bei der Laschke. Arbeitet als Heizer im Kabelwerk Oberspree. Macht öfter blau, als seiner Lohntüte zuträglich sein kann. Der Alkohol hält die beiden zusammen. Wenn man den Nachbarn glauben will, geht die Laschke manchmal in der Charlottenburger Hardenbergstraße auf den Strich. Was liegt denn an, Genossen?"

„Optik!"

Der Unterleutnant pfiff durch die Zähne. „Ist eigentlich gar nicht ihr Ding. Da müssen die beiden wirklich klamm gewesen sein."

Oberleutnant Schöne trabte zum Dezernatsleiter, um sich die Zustimmung für die Festnahme des verdächtigen Pärchens zu holen. Major Heidenreich hörte ihm aufmerksam zu – und winkte ab. „Verschieben Sie das Ganze um ein paar Tage. Mehr kann ich im Augenblick auch nicht sagen."

Verwirrt kehrte Schöne in sein Zimmer zurück. Er fand keine Erklärung, zumal Heidenreich ihn noch vor wenigen Tagen mit der ewigen Frage nach brauchbaren Ermittlungsergebnissen auf Trab gehalten hatte.

Am 12. März 1957 begann für die Berliner Volkspolizisten eine Serie von Alarm- und Einsatzübungen, die den Auftakt zur Ausbildung im Straßen- und Häuserkampf gaben. Die mit der Einführung militärischer Offiziersdienstgrade forcierte Militarisierung der Volkspolizei fand ihre Fortsetzung im demonstrativen Säbelgerassel. Die Logik des Kalten Krieges triumphierte. Nachdem uniformierte Kampfgruppenbataillone am 1. Mai 1954 über den Marx-Engels-Platz paradiert waren, marschierten Einheiten der Westberliner Bereitschaftspolizei zur alljährlichen Polizeiparade mit Stahlhelmen und aufgepflanzten Bajonetten auf.

Erst im April gab Heidenreich den Männern des Referates 4a wieder grünes Licht. Um sechs Uhr morgens wurden Monika Laschke und ihr Galan aus seligen Träumen geweckt.

„Wa-wa-wat s-solln dette?" stotterte Arni empört, zog sich aber widerstandslos an und ließ sich aus der Wohnung führen. Die Durchsuchung brachte nichts Belastendes zutage, außer einem kleineren Westmarkbetrag, der in den Jahren der offenen Grenze wohl in jedem Ostberliner Haushalt zu finden war.

„Sie haben am 4. Januar 1957 im Optikladen in der Memhardstraße ein Fernglas ›Deltrinten‹ gekauft?" wurde Arni im Präsidium gefragt.

„Kann ma nich erinnern."

„Aber, Arni!" Schöne lächelte amüsiert. „Hier habe ich die Verkaufsurkunde mit der Nummer des Personalausweises, und hier ist auch Ihre Unterschrift!"

„Na jut", lenkte der Heizer ein. „So'n Jlas zu k-koofen, i-is ja nich verboten."

„Da haben Sie Recht, Arni. Und wo ist das Glas jetzt? In der Wohnung war nämlich keines zu finden."

Arno Richter stellte sich ahnungslos. „Tja, denn weeß ick eben och nich", behauptete er mit der treuherzigsten Miene der Welt.

Oberleutnant Schöne zog das Glas aus einem Schubfach und stellte es abrupt auf die grüne Schreibunterlage. „Bitte, wenn Sie die Nummern vergleichen wollen?"

Arno staunte. „W-wo ham Sie'n d-dette her?"

„In einer Partie Schieberware beschlagnahmt!" schaltete Girra sich ein. „Das Glas, das Ihre Verlobte gekauft hat, war übrigens auch dabei!"

„Na, nun mal raus mit der Sprache, Arni! Wer hat die Gläser nach Westberlin gebracht?"

„Da fragen Se ma lieber Mo-monin", brummelte der Heizer. „Die hat det Ding anjeleiert!"

Monika Laschke keifte wie ein Fischweib auf dem Rostocker Viktualienmarkt. Sie verlangte den Polizeipräsidenten Fritz Eikemeier zu sprechen, um sich bei ihm zu beschweren. Oberleutnant Schöne riß der Geduldsfaden. „Mit solchem Gerede kommen wir nicht weiter, Frau Laschke." Er ließ Arno Richter ins Zimmer führen. „Mach deiner Braut mal klar, Arni, daß wir längst wissen, wo die Ferngläser abgeblieben sind!"

„Stimmt, Moni. D-du hast sie doch am Bahnhof Zoo ver-verkooft!"

„Blöder Hund!" Ein giftiger Blick streifte ihren Galan.

Girra unterband den drohenden Familienkrach, indem er sachlich fragte: „An wen haben Sie denn die beiden Gläser verkauft?"

„Die Leute im Dreh nennen ihn bloß den ›langen Fred‹. Der hat'n Büro in der Kantstraße."

„Beschreiben Sie uns doch mal den Mann!"

„Groß, schlank und sehr elegant. Immer schnieke in Schale."

Girra lauschte fasziniert. „Und ein Auto hat er auch?" pokerte er.

„'n grauen VW-Käfer", antwortete die Laschke. „Ich hab mir sogar die Nummer gemerkt. Weil ich am 3.6. Geburtstag hab."

„Nichts wie raus damit!"

„BE-363!"

Am Nachmittag zogen die Kriminalisten Bilanz. Major Wagner, der Leiter der U-Abteilung, hatte sich in Heidenreichs Zimmer eingefunden. Oberleutnant Schöne trug vor: „Wir können davon ausgehen, daß eine Verbindung zwischen der Aufkaufszentrale in der Kantstraße und dem Bahnhof Zoo besteht. Wahrscheinlich existiert ein Versteck in einem der Interzonenzüge. Deutet man die 12 als eine fortlaufende Nummer, so ist das Paket als Teil einer größeren Sendung anzusehen. Bei der Übergabe muß es aus uns noch unbekannten Gründen eine Panne gegeben haben, so daß das Paket auf dem Bahnsteig zurückblieb."

„Zu unserem Glück", freute sich Wagner.

„Zwei Käufer sind inzwischen identifiziert. Die Laschke hatte mit der Aufkaufzentrale in der Kantstraße Kontakt. Auf Grund ihrer Beschreibung können wir annehmen, daß der Chef des Optikschieberringes einen mausgrauen Volkswagen mit dem Schweizer Kennzeichen BE-363 fährt."

„BE steht übrigens für Bern", warf Heidenreich ein. „Der Mann dürfte Eidgenosse sein."

„Was die Beschwerden der Schweizer Optikhändler erklärt." Wagner kniff die Lider zusammen, zog die Brauen hoch und wiegte den Kopf nach rechts und links, als staune er selbst über die Zusammenhänge, die sich hier offenbarten.

Horst Girra legte seine berühmten Karteikarten auf den Tisch. „Die Dresdener Genossen haben im vergangenen Jahr einen gewissen Hans Simson festgesetzt. Simson war mit einem Doktor Müller und einem Schweizer unterwegs, der einen grauen VW-Käfer fuhr. Laut Hotelunterlagen nannte er sich Hermann Höppner."

„Keinen Hinweis auf den Klarnamen?"

Girra sah auf seine Karte. „Der Mann heißt wahrscheinlich Ferdinand Georg!"

Der Spanienaufenthalt hatte länger gedauert als vorgesehen. Hasso Schützendorf und Ferdinand Georg mußten alle Hebel in Bewegung setzen, um die beiden Mädchen bei der spanischen Justiz auszulösen. Sie zahlten eine saftige Kaution und trachteten danach, die Mädchen so schnell wie möglich außer Landes zu bringen. Renate Diebner und Sabine Burg bestanden auf ihre Rückkehr nach Berlin. Daß sie schweigen würden, war so gut wie sicher. Die Ostberliner Behörden verstanden keinen Spaß, wenn sich einer ihrer Bürger ohne offizielle Genehmigung im Ausland aufhielt.

Der VW war startklar. Ferdinand Georg stand vor dem Wagen und schlug die Kofferraumhaube zu. Das Gepäck der beiden Mädchen war verstaut. Die Reise konnte losgehen. Hasso Schützendorf blieb in Castel de Fels. Er wollte sich in den nächsten Tagen auf Mallorca umsehen. Das Geschäftsklima für Investitionen sei auf der Mittelmeerinsel außerordentlich günstig, hatten ihm seine katalanischen Geschäftsfreunde versichert.

„Fahre sofort in die Kantstraße, wenn du in Berlin bist", schärfte Schützendorf seinem Kompagnon ein. „Sieh nach, wo die Nummer zwölf abgeblieben ist. Sprich mit den Zwischenhändlern und frage die Leute vom Transport. CABOREX will die Ferngläser sehen. Wir können uns keine Verluste leisten."

„Geht in Ordnung!" versprach Georg.

„Also dann: Gut Holz!"

Sabine Burg und Renate Diebner traten aus dem Haus. Ihr Abschied fiel gedämpft aus. Der Schock, den sie durch die Gefängnishaft erlitten hatten, saß noch tief. „Tut mir ja leid, Mädchen, daß das alles passiert ist", tröstete Hasso Schützendorf. „Aber es ist ja nochmal gutgegangen. Vergeßt unsere Villa Natalia nicht! Gute Heimfahrt!"

Georg ließ den Motor an. Sie stiegen ein und rollten in einer Staubwolke davon.

Drei Stunden später passierten sie Perpignan. Mittags rasteten sie in Avignon. Gegen Mitternacht setzte Georg die beiden Frauen am Frankfurter Flughafen ab. Auf der Flugroute nach Berlin-Tempelhof entgingen sie den Grenzkontrollen der DDR-Behörden.

Auch Ferdinand Georg, der sich wieder in den Geschäftsreisenden Werner Gottschalk mit westdeutschem Reisepaß verwandelt hatte, gelangte unangefochten in die Charlottenburger Kantstraße. Im Büro herrschte einige Aufregung. Die Zollbehörden der

DDR hatten ein weiteres Paket im Interzonenzug Berlin–Frankfurt entdeckt und es als herrenloses Fundgut in Beschlag genommen.

Georg meldete ein Auslandsferngespräch an.

„Verluste! Nichts als Verluste!" schimpfte Schützendorf im fernen Castel de Fels. „Wenn wir keinen Ersatz im Lager haben, dann mußt du selber nochmal auf Tour!"

„Gut, ich fahre nach Rostock!"

„Vielleicht ist es besser, du nimmst die Südtour. – Viel Glück, alter Knabe!"

„Danke. Kann ich gebrauchen." Georg legte den Hörer auf die Gabel.

Als er am Abend in den Ostsektor fuhr, um seine Verlobte Inga Möllner zu besuchen, wurde er mit einem Hagel von Vorwürfen empfangen. Sie glaubte ihm nicht, daß er ausschließlich in Geschäften im Ausland war.

„Wenigstens eine Karte hättest du mir schreiben können, damit ich weiß, wo du steckst!"

„Du hast ja recht, Liebes", räumte er zerknirscht ein.

„Aber vielleicht ist es dir mit unserer Verlobung überhaupt nicht ernst", rief sie unter Tränen, „und ich falle auf einen Schwindler rein. Du, ich gehe zur Polizei!"

Ferdinand Georg hatte alle Mühe, sie davon abzubringen. Um sie zu beruhigen, machte er Inga den Vorschlag, eine Reise nach Bern zu unternehmen. „Meine Mutter freut sich riesig, wenn sie ihre zukünftige Schwiegertochter kennenlernt."

Vierzehn Tage später reiste Inga Möllner in die Schweiz. Sie fuhr allein. Ihr Verlobter war schon wieder in dringenden Geschäften unterwegs.

Sonnabend, der 15. Juni 1957. Auf der Autobahn herrschte mäßiger Verkehr. Gegen 17 Uhr passierte Ferdinand Georg aus Richtung Dresden kommend das Schönefelder Kreuz. Er nahm den Fuß vom Gaspedal und fuhr jetzt die vorgeschriebenen 100 km/h. Die Reifen wummerten auf dem abgefahrenen grauen Betonband. Das blaue Schild mit der Aufschrift „Königswusterhausen – 1000 Meter" tauchte rechts neben der zweispurigen Fahrbahn auf. Dahinter begann die Geschwindigkeitsbeschränkung. Erst 80 km/h, dann 60, schließlich 40 und zuletzt der Hinweis „ACHTUNG – Kontrollpunkt!". Dort, wo die Autobahn die Berliner Stadtgrenze bei Bohnsdorf erreichte, versperrte ein Schlagbaum die Weiterfahrt. Ferdinand Georg brachte den Wagen zum Stehen. Ein Grenz-polizist trat heran, warf aber nur einen flüchtigen Blick auf die Papiere, die Georg ihm durchs geöffnete Wagenfenster reichte.

„Danke! Gute Weiterfahrt!"

Die Schranke hob sich. Georg legte den Gang ein, er nahm den Fuß vom Kupplungspedal und gab allmählich Gas.

Der Wagen war noch in Sichtweite, als die Tür der kleinen Wachbude am Kontrollposten aufgestoßen wurde. Ein Oberwachtmeister stürzte heraus. „Hast du dir die Nummer von dem VW gemerkt?"

„Berta Emil Strich drei sechs drei", wiederholte der Posten automatenhaft.

„Mann! Der Käfer ist zur Fahndung ausgeschrieben!" schrie der Postenführer ärgerlich, rannte in die Bude zurück und griff zum Telefon.

Ferdinand Georg hatte unterdessen das Adlergestell erreicht. Zügig setzte er seine Fahrt in Richtung Stadtkern fort. Am S-Bahnhof Adlershof gewahrte er die Silhouette eines VP-Funkstreifenwagens. Die Männer in den grünen Uniformen und den schwarzglänzenden Tschakos wandten nicht einmal die Köpfe – so erschien es ihm.

Kaum war der Wagen vorbei, drückte der Streifenführer im Funkwagen auf die Sprechtaste.

„Toni 16 – kommen!"

„Toni 16!" reagierte der Diensthabende in der Funkleitstelle.

„Toni 16 an Leitstelle! Gesuchtes Fahrzeug fährt stadteinwärts auf der Höhe Grünauer Straße!"

„Verstanden. Ende!"

Der Lageoffizier im Operativstab des Polizeipräsidiums entschied: „Vorerst keine Festnahme! Fahrtroute überwachen und Fahrtziel feststellen!"

Am Bahnhof Schöneweide plazierte sich Toni 13 hinter Georgs mausgrauem Käfer, ein weiterer Funkwagen übernahm unauffällig an der Elsenbrücke.

„Toni 10 für Leitstelle! – Ihr Standort?"

„Holzmarktstraße, nahe S-Bahnhof Jannowitzbrücke!"

„Übernehmen Sie Observation des gesuchten Fahrzeuges!"

Der dunkelblaue EMW setzte sich in Bewegung. Wenige Sekunden später kam der VW-Käfer in Sicht. Ferdinand Georg überholte. Er fuhr zum Alexanderplatz, bog nach links in die Rathausstraße ein, überquerte den Marx-Engels-Platz und raste dann mit erhöhtem Tempo auf die Schloßbrücke zu.

„Gesuchtes Fahrzeug fährt Unter den Linden. Richtung Sektorengrenze Brandenburger Tor!"

„Auftrag an Toni 10 und Toni 7: Festnahme am Kontrollpunkt absichern!"

Die Streifenführer quittierten. Ferdinand Georg hielt neben der kleinen Zollbaracke am Brandenburger Tor.

„Führen Sie Gegenstände bei sich, für die Sie einen Warenbegleitschein benötigen?"

„Nö. Höchstens einen Sack voller Gold!" lachte der Schweizer. Bereitwillig stieg er aus und öffnete Motorhaube und Koffer-

Festnahme am Brandenburger Tor, Szene aus „Ware für Katalonien".
Quelle: Archiv des Autors

raumklappe für den Zollkontrolleur. Die Fotoapparate, die er in Zwickau und in Karl-Marx-Stadt gekauft hatte, wußte er sicher im Geheimfach, das unter dem Benzintank verborgen lag. Das Lachen verging ihm, als sich zwei Funkwagen vor und neben seinen Wagen stellten.

433

Der junge Leutnant vom Kriminaldauerdienst der VP-Inspektion Mitte, der mit der Erstbefragung des festgenommenen VW-Fahrers beauftragt war, wirkte ein bißchen unsicher. Georg glaubte, leichtes Spiel mit dem jungen Spund zu haben. Er hatte sich mit einem westdeutschen Reisepaß ausgewiesen. „Sie müssen mir schon glauben, Herr Kommissär. Ich heiße Werner Gottschalk und bin der Inhaber der Papierfabrik Mosimann in der Schweiz."

„Und der Sitz Ihrer Firma?"

„Bern, Bierhübeliweg 35. Auf meiner Geschäftskarte steht die Nummer. Rufen Sie an und überprüfen Sie meine Angaben."

„Sie sind aber Schweizer Staatsbürger?"

Ein gelangweilter Blick zur Zimmerdecke. „Das red ich ja die ganze Zeit, Herr Kommissär!"

„Und Ihr Auto ist auf den Namen Ferdinand Georg zugelassen?"

„Ein alter Berner Geschäftsfreund."

„Beschreiben Sie mir mal den Mann!"

Georg seufzte demonstrativ, kam aber der Forderung nach. Erst als der Leutnant unverhüllt grinste, begriff Georg, daß er einen Fehler begangen hatte. Im Eifer des Gefechtes war ihm die eigene Personenbeschreibung entschlüpft.

Einige Tage später wurde sein Wagen in der Kfz-Werkstatt des Polizeipräsidiums einer gründlichen Untersuchung unterzogen. In einem Hohlraum zwischen Tank und Chassisboden lagen gefälschte Personalausweise der DDR, mehrere westdeutsche und Schweizer Reisepässe, zwei Fläschchen Pelikan-Tintentod und Fotoapparate der Herstellerfirmen Zeiss-Jena und Ihagee Niedersedlitz. Georgs Schicksal war besiegelt. 15 Mitglieder des Käufernetzes flogen in Ostberlin und in der DDR auf.

Inga Möllner wartete nach ihrer Rückkehr aus der Schweiz vergeblich auf den abhandengekommenen Verlobten. Um Gewißheit zu erhalten, nahm sie Kontakt zur Polizei auf.

1994 äußerte Hasso Schützendorf zu den Vorgängen:

Das war aber meine Braut. Die hatte ich dem Fred Georg – wie im Film an Brandenburger Tor verhaftet – die hatte ich dem übergeben. Die war mir zu gefährlich, die quatschte zuviel und hat am Ende alles verraten und ist dann selber zum Staatssicherheitsdienst gelaufen. Der im Film da bei ihr am Klavier singt, das war ich, denn ich war ja der Sänger.

Die Nachricht vom Zusammenbruch seiner Schmuggelorganisation traf Hasso Schützendorf empfindlich. In Castel de Fels erreichte ihn auch die zweite Hiobsbotschaft. Am 13. Oktober 1957 ließ die DDR-Regierung die Sektorengrenzen zu Westberlin abriegeln und tauschte die seit 1948 in Umlauf befindlichen Geldscheine der Deutschen Notenbank um. Sämtliche Gedanken an eine Reorganisation seiner Ost-West-Geschäfte waren Schützendorf nun vergällt. Die in Westberlin und in der Bundesrepublik lagernden Ostmarkbestände hatten nur noch Papierwert.

Rolf Pfeiffer war siebenundzwanzig Jahre alt. Er arbeitete als Reporter bei der Ostberliner Zeitung „BZ am Abend". Wie jeder ehrgeizige Journalist war er ständig auf der Suche nach „seiner Story", der ihn mit einem Schlage bei den Lesern bekannt machen sollte. Aber für einen Mitarbeiter der Lokalredaktion, der nur gelegentlich aus dem Gerichtssaal berichtete, würde sich die Chance wohl niemals ergeben. Als er an einem regnischeren Oktoberabend des Jahres 1957 in der Kneipe in der Neuen Königstraße zum ersten Mal von einem „langen Fred" hörte, erwachte sein Interesse. Was die Kriminalisten beim Bier über den geheimnisumwitterten Optikschieber erzählten, erschien ihm für einen interessanten Artikel geeignet, vielleicht sogar mit Schlagzeile auf der ersten Seite.

In Absprache mit seiner Abteilungsleiterin wandte er sich an die Pressestelle des VP-Präsidiums. Nach einigen Wochen wurde ihm der Bescheid zuteil, daß die Ermittlungen gegen den Optikschieber Werner Gottschalk alias Ferdinand Georg nunmehr abgeschlossen seien und daß man dem Mitarbeiter der „BZ am Abend" Einsicht in die polizeilichen Ermittlungsakten gewähren wolle.

Der zuständige Pressereferent, Oberleutnant Johannes Malik, besaß Gespür für dramatische Geschichten. Seit einiger Zeit selbst als Krimiautor in der Zeitschrift „Die Volkspolizei" gedruckt, erriet er die Nöte des jungen Reporters. Selbstverständlich legte er ihm nicht die gesamte Ermittlungsakte vor, sondern er wählte Auszüge aus verschiedenen Vernehmungen aus. In Pfeiffers Phantasie formte sich so das Bild einer internationalen Schieberbande, an deren Spitze der Schweizer Ferdinand Georg gestanden hatte.

Rolf Pfeiffer sah seine Chance, literarische Ambitionen zu verwirklichen. Mit Feuereifer tippte er den Tatsachenbericht „Schmuggel über die Pyrenäen" und versah ihn mit dem Untertitel „Aus Akten der Berliner Volkspolizei nacherzählt". Nachdem die Pressestelle ihn ausdrücklich abgesegnet hatte, und der Chefredakteur der „BZ am Abend" seine Zustimmung gab, erschien der Bericht als dreiteilige Serie am 10., 11. und 13. Januar 1958. Just am Montag, dem 13. Januar, begann auch der Prozeß gegen Ferdinand Georg vor dem Strafsenat 2a des Ostberliner Stadtgerichts. Rolf Pfeiffer saß mit stolzgeschwellter Brust auf der Pressebank. Die Berichterstatter der anderen Blätter hatten ihn kollegial begrüßt. Pfeiffer wertete es als Anerkennung.

Zum ersten Mal sah er nun den Angeklagten, der im Mittelpunkt seiner Fortsetzungsserie stand. Der Reporter war enttäuscht. Der

Schmuggel über die PYRENÄEN

Aus Akten der Berliner Volkspolizei nacherzählt
Von unserem Mitarbeiter Rolf Pfeiffer (II)

Mitte Januar des Jahres 1957 fährt ein riesiger, knallgelb gestrichener Speditionswagen durch das Inn-Tal in Richtung der Schweizer Grenze. An beiden Flanken des Fahrzeuges prangt die Aufschrift „Spedition ,Tanzas', Lörrach – In- und Auslandstransporte".

Der Wagen hat einen Teil des Transitverkehrs zwischen der Bundesrepublik, der Schweiz und Frankreich übernommen. Unter der verschiedenartigen Fracht befinden sich einige mittelgroße Pakete, die als Lagergut für Perpignan am Golf von Lion bestimmt sind. Schon seit etwa drei Jahren befördert die Spedition derartige Pakete abwechselnd von Lörrach und Ravensburg nach Foix und Perpignan.

Nie ist jemand auf die Idee gekommen, das Transitgut zu kontrollieren.

Mitte Januar des gleichen Jahres sitzen die beiden Medizinstudentinnen Sabine B███ und Renate D███ in Erwartung eines Spanienaufenthaltes im Flughafenrestaurant von Frankfurt am Main.

„Da ist er ja endlich", seufzt Renate auf und winkt einem etwa 30jährigen zu, der suchend am Eingang des Restaurants umschaut. Mit vollendeter Höflichkeit küßt der Neuankömm-

Schwarzer Transit

ling den beiden Mädchen die Hand. „Ich hoffe der Flug war nicht allzu anstrengend, meine Damen. Aber dafür erwartet Sie die Romantik Spaniens", setzt er scherzend im Tonfall eines Fremdenführers hinzu, „Der Wagen ist bereits startklar."

Der spanische Zollbeamte setzt eine dienststeifrige Miene auf. Aber er kann kaum schnell genug nach den tausend Peseten (etwa 80 D-Mark) greifen und sie in seiner Tasche verschwinden lassen. „In Ordnung, Señor, Gute Fahrt!"

Nach einem kleinen Imbiß in einer Fonda in Rivas öffnet der Fahrer ein raffiniertes Versteck seines Volkswagens und läßt seine beiden Begleiterinnen einen Blick hineintun. Erschrocken fahren Sabine B███ und Renate D███ zurück, „Das ist doch . . .!" —
„. . . nur ein bißchen Schmuggel", ergänzt der Besitzer des Fahrzeugs.

„Und jetzt paßt mal gut auf. Ihr seid quasi schon Mitglieder eines internationalen Schmuggelringes. Das Geschäft lohnt, das werdet ihr später schon an unseren drei Villen merken. Ihr lernt bei mir etwas Autofahren und werdet für uns in Frankreich lagernden Waren abholen. Keine Sorge, der Zoll ist sicher. Der kleine Beamte freut sich über jede Peseta, dem vorgesetzte Agent erhält seinen Teil und selbst in den Taschen dieses Handels- und Finanzministers dieses Wunderlandes klingelt unser Geld. Na, wie steht's?"

Sabine und Renate sehen sich an. „Fahren Sie uns sofort zurück", fordern beide.

„Jawohl, direkt ins Polizeipräsidium in die Neue Königstraße. Die würden sich mächtig über euch freuen", höhnt der Mann. „Nichts mit den Flausen. Werdet euch schon nicht langweilen. Haben da noch einige nette Täubchen eurer Sorte in Castel de Fels. Und schließlich — so übel von Figur sind mein Freund und ich auch nicht."

Einen Tag später parkt ein mausgrauer Volkswagen vor der Luxusvilla „Natalia", Calle 2, in Castel de Fels, einem kleinen Ort unweit Barcelonas. Und eine Woche danach werden dem Chef der Handelszentrale „Caborex" in Barcelona, Muntaner Straße 121, Sabine B███ und Renate D███ als neue Mitglieder der Schieberbande vorgestellt.

Ebenfalls Mitte Januar 1957 entdeckt die Transportpolizei des demokratischen Sektors von Berlin auf dem Westberliner S-Bahnhof Zoo ein Paket mit der Aufschrift: „Flüchtlingsgut der Lisa Nass aus Helbra". Das „Flüchtlingsgut" besteht aus 13 besten Zeiss-Ferngläsern. Das Paket ist ebenso verpackt wie jene, die mit „Tanzas" die Reise nach Südfrankreich antraten. Aber das können weder die Transport- noch die Kriminalpolizei wissen.

Blanke Stiefel — aber die Seele . . .? Auch in Barcelona, dem Sitz der Firma „Caborex", sind Beamte (wie überall in Spanien) bestechlich.

„BZ am Abend" vom 11.1.1958. Quelle: Archiv des Autors

Mann auf der Anklagebank ähnelte keineswegs jener schillernden Persönlichkeit, die Pfeiffer sich nach den Informationen der Volkspolizei als cleveren Boß des Schieberrings ausgemalt hatte. Blaß und ziemlich nervös versuchte Ferdinand Georg, hinter seinem Verteidiger in Deckung zu gehen.

Oberrichterin Töpfer eröffnete die Verhandlung. Sie erteilte Staatsanwalt Krüger das Wort, der die Anklage vortrug. Danach wurde der Angeklagte zur Person vernommen. Georgs Antworten wirkten konfus. Als er auf Befragen von zwei Kopfverletzungen erzählte, die er in früheren Jahren erlitten hatte, sprang sein Verteidiger auf und beantragte, seinen Mandanten einer gründlichen ärztlichen Untersuchung zuzuführen. Für ihn stelle sich die Frage, ob Ferdinand Erik Georg für seine Handlungen überhaupt verantwortlich zu machen sei?

Das Gericht gab dem Antrag statt. Noch vor Mittag vertagte Frau Töpfer den Prozeß.

Rolf Pfeiffer mußte sich mit einer 17-Zeilen-Meldung begnügen. Vier Tage später wurde er unverhofft zum Chefredakteur gerufen.

Im Zimmer des „Alten" saßen die ehemalige Verlobte Ferdinand Georgs, ihr Vater und ein Anwalt, der die Interessen der Familie vertrat. Der Tatsachenbericht „Schmuggel über die Pyrenäen" enthalte eine Reihe von Unwahrheiten, die dem Ruf der Familie M. abträglich seien. So habe der Autor Pfeiffer von einer Verlobungsfeier berichtet, bei der ein gewisser Hasso Schützendorf mit Ferdinand Georg über weitere Schiebergeschäfte gesprochen hätte. Familie M. war aber über die Geschäfte des Herrn Georg nicht unterrichtet.

Am 20. Januar 1958 veröffentlichte die „BZ am Abend" auf ihrer Seite 2 eine kursivgesetzte Klarstellung.

Der junge Reporter hatte einen beruflichen Dämpfer erhalten. Er verstand die Welt nicht mehr, war doch sein Bericht von der Pressestelle des Polizeipräsidiums ausdrücklich abgesegnet worden. Viel später erst, nach der zweiten Verhandlung gegen Ferdinand Georg, begriff Rolf Pfeiffer, daß der Polizeiführung daran gelegen war, Georg alias Gottschalk als den Chef der internationalen Schieberbande zu präsentieren. Der tatsächliche Drahtzieher der Organisation, Hasso Schützendorf, hatte ihnen eine Nase gedreht.

Am 1. März berichtete Pfeiffer über den Prozeß:

Schmuggler hinter Gittern

Zuchthausstrafe für internationalen Optikschieber

Zu der beantragten Gesamtstrafe von sechs Jahren Zuchthaus und Vermögenseinzug verurteilte gestern der Strafsenat 2a des Stadtgerichts von Groß-Berlin den internationalen Optikschieber Ferdinand Erik Georg (32). Das Gericht unter Vorsitz von Oberrichterin Töpfer sprach den Angeklagten des fortgesetzten Verbrechens gegen die Handelsschutzverordnung in Tateinheit mit Wirtschaftsverbrechen sowie der fortgesetzten Urkundenfälschung schuldig.

Georg hatte von 1954 bis 1957 in verschiedenen Orten der DDR mit gefälschten Personalausweisen optische Geräte und andere Industriererzeugnisse im Wert von etwa 16 000 DM aufgekauft. Diese Waren beförderte er über Westberlin, Westdeutschland, die Schweiz und Frankreich nach Spanien. (Wir berichteten bereits im Januar in unserem Beitrag „Schmuggel über die Pyrenäen" darüber). Allein bei einer dieser Transaktionen wurden etwa 50 Zeiß-Feldstecher nach Spanien verschoben ...

Zu Beginn der Verhandlung hatte die Staatsanwaltschaft den Gerichtspsychiater Dr. Anton aufgerufen. Der kleine quirlige Mann mit dem spärlichen Kopfhaar war von ungeheurer Sprachgewandtheit. Er führte aus, daß bei Ferdinand Georg keinerlei Hinweise auf eine Hirnleistungsschwäche vorlägen, er folglich für seine Straftaten im Sinne der verletzten Gesetze voll verantwortlich sei.

Der Angeklagte nahm das Urteil des Gerichtes nicht an. Eine Geste, die ihm jedoch wenig nützte. Die meiste Zeit seiner sechsjährigen Freiheitsstrafe verbrachte er im Zuchthaus zu Brandenburg. Nur vierundzwanzig Stunden später, am 2. März 1958, wurde an gleicher Stelle der Eisenbahner Alfred K. wegen seiner Verstrickungen in die Optikschieberszene am Bahnhof Zoo zu einer Freiheitsstrafe von 2 Jahren und 3 Monaten Zuchthaus verurteilt.

Die DDR-Propaganda versuchte zu allen Zeiten den Eindruck zu erwecken, die Westberliner Behörden würden die kriminelle Schieber- und Schmugglerszene schützen, um die Wirtschaft der DDR zu schädigen. Und so war der nicht minder spektakuläre Fall eines Westberliner Rentners der „BZ am Abend" am 3. Mai 1958 nur knappe sechs Zeilen wert:

Der Westberliner Zoll hat einen Rentner aus Schöneberg unter der Beschuldigung festgenommen, Flöten im Wert von

150 000 DM illegal aus der DDR nach Westberlin verbracht und dann nach Hannover verkauft zu haben, meldet die Westpresse.

Pfeiffers Tatsachenbericht war bei dem DEFA-Regisseur Richard Groschopp auf reges Interesse gestoßen. Der im Unterhaltungsgenre spezialisierte Groschopp hatte 1957 mit dem Autorenteam Lothar Creutz und Carl Andrießen den Kriminalfilm „Sie kannten

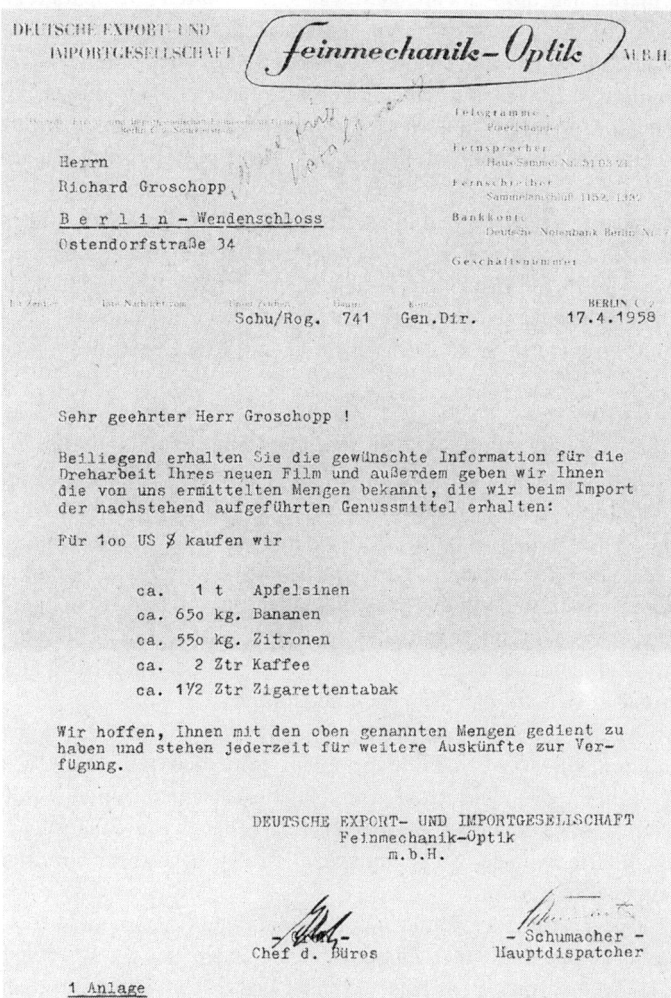

Quelle: Deutsches Filmmuseum Potsdam

439

sich alle" gedreht. Er ahnte, daß die Geschichte des internationalen Optikschieberringes um Hasso Schützendorf und Ferdinand Georg ausreichenden Stoff für einen spannenden Spielfilm bot. Im Nachlaß des 1996 verstorbenen Regisseurs, der heute im Archiv des Filmmuseums Potsdam gepflegt wird, befindet sich auch das Originaldrehbuch zu „Ware für Katalonien", dem eine Kopie des Pfeifferschen Manuskriptes vorangestellt ist. Groschopp recherchierte, daß die Außenhandelsorgane der DDR Fotoapparate zu einem Durchschnittspreis von 50 US-Dollar auf dem internationalen Markt anboten und ließ sich bestätigen, welche Mengen Genußmittel für 100 $ erhandelt werden konnten. Dann ging er mit seinen Co-Autoren ans Werk. Aus dem Namen Schützendorf wurde im Film Teschendorf, Fred Georg wurde in Bob Georgi umgetauft. Die Filmschöpfer hielten sich im wesentlichen an den tatsächlichen Kriminalfall, setzten an den Anfang des Filmes jedoch einen Mord an einem ungehorsamen Optikschieber, für den Teschendorf verantwortlich zeichnet. Aus filmdramaturgischen Gründen wird er am Brandenburger Tor festgenommen. Das flott inszenierte Spektakel avancierte zum Kinorenner des Jahres 1959.

Hasso Schützendorfs Ära als „norddeutscher Schmugglerkönig" ging noch im gleichen Jahr zu Ende. Nach seinem Kinobesuch am Bahnhof Friedrichstraße wurde er unter falschem Namen beim DDR-Außenhandel vorstellig und erwarb eine größere Partie Strickmaschinennadeln, die er in Dollarwährung cash bezahlte. Geschäftsfreunde in der Schweiz hatten ihn um die Abwicklung eben dieses Freundschaftsdienstes gebeten. Mit seinem Einfallsreichtum, mit der Ware und mit aller Welt zufrieden machte Schützendorf sich auf den Weg nach Südeuropa.

An der Schweizer Grenze herrschte mäßiger Betrieb. So hatten die eidgenössischen Grenzbeamten Zeit, sich den deutschen Geschäftsreisenden etwas gründlicher anzusehen. Seitdem eine Serie von Sprengstoffanschlägen das benachbarte Südtirol erschütterte, war der Sicherheitspegel an den Schweizer Grenzen verschärft worden.

Der Beamte, der Schützendorfs Paß in den Händen hielt, blätterte gemächlich im Fahndungsbuch. Gegen den Westberliner Handelskaufmann Dr. Klaus Wenner lag nichts vor. Er verglich das Paßbild mit dem im Auto sitzenden Original, blätterte noch einmal im Paß und wollte ihn schon zurückgeben – da stutzte er.

„Herr Doktor Wenner, darf ich Sie einen Augenblick in den Dienstraum bitten?"

„Ja, was ist denn ...?"

„Nur eine Formalität."

Der Raum, in den der Grenzbeamte ihn führte, war hell und sauber. An der Wand stand ein Schreibtisch, davor ein Tisch mit drei Sesseln, in der Ecke ein Rollschrank mit einer Schreibmaschine.

„Ich verstehe nicht, was das bedeuten soll", protestierte Schützendorf mit beleidigter Miene.

„Wie gesagt, nur eine Formalität", erklärte der Beamte erneut und bat ihn mit einer Handbewegung im Sessel Platz zu nehmen. Ein Zivilist betrat den Raum. Er nahm den Paß, blätterte und stellte die Frage: „Sie heißen also Doktor Klaus Wenner und sind in Westberlin wohnhaft?"

„Das steht doch alles in meinem Paß?"

„Dann ist dieser Paß wirklich Ihr Eigentum?"

„Was wollen Sie damit sagen?" fuhr Schützendorf auf.

„Ihr Paß ist falsch. Sehr geschickt gefälscht, das will ich zugeben. Aber wenn der Paß falsch ist, dann ist auch der Name Doktor Klaus Wenner eine Erfindung. Wer sind Sie also wirklich?"

Zu Schützendorfs Pech fanden die Beamten sieben weitere Pässe in seinem Wagen. Er gestand, daß er sie in Westberlin gefälscht hatte, und wurde an die deutschen Behörden abgeschoben. Wenige Wochen später stand er in Moabit vor dem Kadi. Die Richter am Landgericht verhalfen ihm zu einem mehrmonatigen Aufenthalt hinter Gittern.

1994 plauderte er für das Kamerateam der „Sanssouci-Film": aus dem Nähkästchen:

Ich saß dort mit der Panneberg-Bande, die den Einbruch in Ostberlin gemacht hatten, mit dem Margarinefabikanten Oberjath und dem Vatermörder Derz, der seinen Vater mit Gas vergiftet hatte. Und da sind wir dann in der Runde spazieren gegangen, das war der Prominentenblock. Nach der Haft bin ich dann endgültig nach Mallorca und habe den Autoverleih groß aufgezogen.*

---

* Walter Pannewitz – spiritus rector des 1951 in der Ostberliner Eisenbahnverkehrskasse verübten Tresoreinbruchs, Verurteilung 1954 in Moabit zu 9 Jahren Zuchthaus; Karl Oberjat – Margarinekönig, 1956 wegen Schwarzmarkthandel mit zweieinhalb Jahren Gefängnis bestraft; Diertrich Derz – 1955 als Doppelmörder zu lebenslanger Freiheitsstrafe verurteilt.

Hasso Schützendorf brachte es auf Mallorca zum Millionär. Seinen Reichtum, den er oft und gern präsentiert, verdankt er vor allem den Touristen, die das Urlaubsparadies der Teutonen Jahr für Jahr überschwemmen. Heute gibt es wohl kaum einen prominenten Inselbesucher, dessen Name nicht in der Kundenkartei von „Hasso's Alquiler De Coches" in Can Pastilla, Telefon 26 02 19, zu finden ist.

Den Film „Ware für Katalonien" hat er über all dem nicht vergessen.

Der Film war natürlich eine herrliche Sache. Normalerweise ist man schon tot, wenn man verfilmt wird. Eine tolle Sache, wenn man noch nicht mal dreißig ist und eine ganze Filmkompanie – damals war die DDR ja noch ein ganzes Land – wenn die eine Schmuggelepisode dreht ... Das war für mich natürlich ein Ereignis. Und die, die diese Sache machten, die habe ich natür-

Der 71jährige Hasso Schützendorf. Quelle: Archiv des Autors

lich aufgemuntert und mir den Spaß gemacht, ihnen zu schreiben.

Zunächst Kartengrüße an Richard Groschopp mit beleidigenden Inhalten, später im höflicheren Ton, bis er den Regisseur Ende der 8oer Jahre zu einem Besuch auf Mallorca einlud und ihm die Flugkarten schickte. Groschopp lehnte dankend ab. Dafür kamen Hassos Schulkameraden aus dem Putbuser Pädagogicum. Spürt man dem Geheimnis der freigebigen Gastlichkeit nach, so stößt man auf die Sätze:

Früher haben die Leute, wie ich Schmuggler war, immer auf mich herabgesehen. In der Schule bin ich dreimal sitzengeblieben, da haben sie gesagt, das is'n dummes Schwein, der kommt nie zu was ... Allen diesen Leuten, die das mal zu mir gesagt haben, daß ich ein Taugenichts bin, denen habe ich natürlich bewiesen, daß ich tausendmal erfolgreicher bin, als wie sie selbst, die immer über mich gelästert haben. Das hat mir auch immer großen Spaß gemacht. Deshalb bin ich auch immer gern in die Zeitungen gekommen und im Fernsehen, um den Leuten zu beweisen, daß ich erfolgreicher bin als sie.

Bei allem Machogebaren hat der Multimillionär nie versucht, sich als politischer Feind der DDR in Szene zu setzen. Sein perfekt organisierter Schmugglerring hat dem DDR-Außenhandel immensen Schaden zugefügt, exakt errechnet wurde er nie. So nimmt es auch nicht wunder, daß der „norddeutsche Schmugglerkönig" seinen einstigen Verfolgern aus der ehemaligen DDR nicht gram sein kann, er hätte sie nur gern irgendwann kennengelert. Sie hatten seine Phantasie in Atem gehalten, hatten ihn immer wieder gezwungen, neue Schliche und Tricks zu ersinnen. Und was er keinem Richter gestand: Seine kriminellen Delikte hatten ihm Spaß bereitet, eine geheime Befriedigung, wie Männer sie empfinden, wenn sie ein besonderes Wild erlegt haben oder einen Boxpartner knockout schlagen konnten.

Horst Girra entdeckte seine schriftstellerische Ader. 1958 debütierte er mit dem Hörspiel „Die gläserne Spinne". Für den Autor eine besondere Genugtuung, daß sein Funkdrama am Abend des ersten Prozeßtages gegen Ferdinand Erik Georg über den Deutschlandsender ausgestrahlt wurde. 1959 publizierte er das Roman-Heft „Begehrte Ware". Weitere Kriminalhörspiele und Erzählungen folgten. Als der Hauptmann der K 1972 verstarb, steckte er mitten in der Arbeit an dem Kriminalroman „Die gläserne Spinne". Das Buch ist 1973 unter der Mitautorschaft von Hans Siebe im Verlag Neues Leben Berlin erschienen.

Hermann Wagner schied 1970 als Major der K aus dem Polizeidienst aus. Der Autor Gert Prokop veröffentlichte 1965 in der „Neuen Berliner Illustrierten" den Kriminalreport „Verbrechen ohne Chance", der nach Erinnerungen des Berliner Kriminalisten entstand.

MORDAKTE H.

Es geschah in Eberswalde

Ein leiser Windhauch fuhr über die Oberfläche des Scharmützelsees, er kräuselte flache Wellen auf und trieb sie dem östlichen Ufer zu. Auf dem kleinen Zeltplatz bei Diensdorf erwachte das Leben. Kinder waren wie stets die ersten, die aus den grünen, roten und blauen Tuchhäusern krochen. Mit Wasserspritzen und viel Geschrei begann die Reinigungszeremonie an der Waschrinne.

Heinz Kabel, 38 Jahre alt, mittelgroß und dunkelblond mit einem deutlichen Ansatz zur Stirnglatze, reckte sich auf dem Luftmatratzenlager unter dem orangefarbenen Zeltdach. Ein schönes Fleckchen Erde, das er und seine Frau für den diesjährigen Campingurlaub entdeckt hatten. Geradezu geschaffen, um den Alltagsstreß eines Polizeioffiziers zu vergessen. Kabel war Hauptmann der Kriminalpolizei. Er leitete die Morduntersuchungskommission in der Bezirksbehörde der Deutschen Volkspolizei in Frankfurt/Oder.

Jetzt drehte er vorsichtig den Kopf und sah zu Jutta hinüber. Als er merkte, daß sie nicht mehr schlief, tastete seine Hand zum Kofferradio. Er schaltete den Empfänger ein. Radio DDR, Sender Frankfurt/Oder, brachte Regionalnachrichten und den Wetterbericht. „Heiter und trocken", verkündete der Sprecher für Donnerstag, den 12. Juni 1969. „Tagestemperaturen um 25 Grad, tiefste Nachttemperaturen um 11 Grad."

Heinz Kabel schaltete das Radio aus. Jutta blinzelte. „Marsch, Genosse, Hauptmann, höchste Zeit aufzustehen!" befahl sie unter Lachen. Die Kabels krochen aus ihren Schlafsäcken.

Nach der Morgentoilette kümmerte Jutta sich um die Vorbereitungen für den Morgenkaffee, während Heinz mit dem Einkaufsbeutel zum HO-Kiosk trabte, wo er nach geduldigem Anstehen frische Brötchen und eine Zeitung erstand.

Auf der Seite 2 brachte das SED-Bezirksblatt „Neuer Tag" eine Vermißtenmeldung:

Wer kann Angaben machen?

Seit dem 31. Mai 1969 gegen 14 Uhr werden die Kinder

S p e c h t, Henry
geb. 9.2.1960

und   L o u i s, Mario
geb. 25.8.1960

aus Eberswalde vermißt.

Sie haben die Wohnung der Eltern unter Mitnahme ihrer Fahrräder verlassen und wurden danach nicht wieder gesehen.

Henry ist etwa 140 cm groß, schlank, hat mittelblondes, kurzgeschnittenes ungescheiteltes Haar, hinter beiden Ohren auffällige Operationsnarben. Er ist mit kurzer graugrüner Rauhlederhose, dunkelblauem Silastikpulli, blauem Pullover mit spitzem Ausschnitt, schwarzen Socken und zerschlissenen Schuhen bekleidet. Er hat das Herrenfahrrad Marke „Elite-Diamant", Größe 26, Nummer 601 411, mit weißer Bereifung bei sich.

Mario ist etwa 135 cm groß, untersetzt, volles Gesicht, dunkelblondes Haar ohne Scheitel. Bekleidet ist er mit einer schwarzen Trainingshose, rotem Pullover, blauer Strickjacke und braunen Halbschuhen. Er hat bei sich ein Herrenfahrrad Marke „Mifa", Größe 24 mit 26er Rädern, Nummer 4 436 889.

Die Bevölkerung wird um Mitfahndung gebeten. Sachdienliche Hinweise können allen Dienststellen oder Angehörigen der Deutschen Volkspolizei gegeben werden. Auf Wunsch werden diese vertraulich behandelt.

Heinz Kabel las die Meldung während seiner zweiten Tasse Kaffee. Gedankenversunken starrte er auf die Kinderfotos. Zwei hübsche Jungen, dachte er. Fast vierzehn Tage waren die beiden verschwunden. Kabel weilte in Gedanken bei den Kollegen in Eberswalde. Die mußten ziemlich ratlos sein, wenn sie die Suchmeldung in der Zeitung verbreiteten. Für die Öffentlichkeitsarbeit der Volkspolizei galt eine Richtlinie, die von der Hauptabteilung K in Berlin vorgegeben war. „Wir sind nach wie vor gegen jede Sensationsmacherei in der Öffentlichkeitsarbeit", hieß es kategorisch in dem Text. „Bei der Auswahl der für die Öffentlichkeit bestimmten Informationen ist eine hohe politische Wachsamkeit zu üben. Es kommt darauf an, bei der Bevölkerung die Überzeugung zu festigen, daß nicht ein einziges Verbrechen unaufgedeckt bleibt und jede Straftat die ihr entsprechende staatliche und gesellschaftliche Reaktion nach sich zieht."

Wer kann Angaben machen?

Seit Sonnabend, dem 31. 5. 1969, gegen 14.00 Uhr werden die Kinder

Specht, Henry
geb. 9. 2. 1960

und

Louis, Mario
geb. 25. 8. 1960

aus Eberswalde vermißt.

Sie haben die Wohnung der Eltern unter Mitnahme ihrer Fahrräder verlassen und wurden danach nicht wieder gesehen.

Henry ist etwa 140 cm groß, schlank, hat mittelblondes, kurzgeschnittenes, ungescheiteltes Haar, hinter beiden Ohren auffällige Operationsnarben. Er ist mit kurzer graugrüner Rauhlederhose, dunkelblauem Silastikpully, blauem Pullover mit spitzem Ausschnitt, schwarzen Socken und zerschlissenen Schuhen bekleidet. Er hat das Herrenfahrrad Marke „Elite-Diamant", Größe 26, Nummer 601 411 mit weißer Bereifung bei sich.

Mario ist etwa 135 cm groß, untersetzt, volles Gesicht, dunkelblondes Haar ohne Scheitel. Bekleidet ist er mit einer schwarzen Trainingshose, rotem Pullover, blauer Strickjacke und braunen Halbschuhen. Er hat bei sich ein Herrenfahrrad Marke „Mifa", Größe 24 mit 26er Rädern, Nummer 4 486 889.

Die Bevölkerung wird um Mitfahndung gebeten.

Sachdienliche Hinweise können allen Dienststellen oder Angehörigen der Deutschen Volkspolizei gegeben werden. Auf Wunsch werden diese vertraulich behandelt.

„Neuer Tag"
vom 12.6.1969.
Quelle: Archiv
des Autors

Gerade dieser Satz bereitete Kabel einiges Unbehagen. Wie jeder Polizist wußte er, daß es zu allen Zeiten ungeklärte Straftaten gegeben hatte. Daran würde wohl auch in Zukunft kaum etwas zu ändern sein. Zwar lag die Aufklärungsquote in seinem Spezialgebiet – die Untersuchung von Tötungsdelikten – mit über neunzig Prozent ungewöhnlich hoch, doch die marxistisch-leninistische Theorie von der Aufklärbarkeit jedes Verbrechens hatte ihre Tücken. Bei langgedienten Kriminalpraktikern stieß sie auf Vorbehalte.

Heinz Kabel hob den Blick, er sah über das bunte Treiben auf dem Campingplatz, die herumtobenden Kinder, lachende Eltern, die gelöst vom Alltagstrott mit ihren Sprößlingen spielten. Eine dumpfe Ahnung stieg in ihm auf. „Wenn da mal nicht der Tod im Spiel ist", sagte Heinz Kabel zu seiner Frau und reichte ihr die Zeitung.

Die DDR-Verwaltungsreform des Jahres 1952 hatte Eberswalde um den Status einer kreisfreien Stadt gebracht. Sie wurde Kreissitz des neu gebildeten Landkreises Eberswalde. Die im neunzehnten Jahrhundert einsetzende Industrialisierung der von Wäldern, Auelandschaften, idyllischen Seen und Hochmooren umkränzten Stadt hatte Eberswalde zu einem industriellen Ballungszentrum anwachsen lassen. Etwa 60 000 Menschen lebten 1969 in ihren Mauern. Sie arbeiteten im Reichsbahnausbesserungswerk „8. Mai", im „VEB Kranbau Eberswalde", in den staatlichen Forschungseinrichtungen für die Land- und Forstwirtschaft der DDR, im Guß- und Walzwerk oder in den kleineren Chemieunternehmen. Der anhaltende Zustrom an Arbeitskräften ließ Eberswalde aus allen Nähten platzen. Der Wohnraum wurde knapp. Neue Wohnsiedlungen schossen empor, zum Teil in billiger Plattenbauweise errichtet, wie das Neubaugebiet Westend, das 1965 den Mietern übergeben wurde.

In das Haus Triftstraße Nr. 61 zogen die Familien Louis und Specht ein. Die Kinder Mario und Henry – beide gleichaltrig – fanden rasch Kontakt zueinander. Gemeinsam besuchten sie den Kindergarten und ab 1966 die gleiche Klasse in der gleichen Schule. Henry Specht und Mario Louis wurden unzertrennliche Freunde.

Am Samstag, dem 31. Mai 1969, kurz nach dem Mittagessen rief Henry seinen Eltern ein letztes „Tschüß" zu. Dann lief er die Treppe hinab und klingelte eine Etage tiefer an der Wohnungstür bei Louis. Sein Freund Mario saß schon auf dem Sprung. Auf die Frage seiner Mutter, wohin es denn eigentlich gehe, antwortete Mario lakonisch: „Rumkutschen!" Das hieß, sie würden mit ihren Fahrrädern durch das ausgedehnte Waldgebiet hinter dem Neubauviertel streifen. Die verschlungenen Wege, die über Erdhügel und Bodenwellen, entlang der Drehnitzwiesen bis hin zum Franzosenbunker und weiter in die Barnimer Heide führten, verlockten zum wilden Ritt auf stählernen Rossen, wobei sich die Jungen wie Gojko Mitic in der Rolle des Indianerhäuptlings Weitspähender Falke wähnten.

Um halb sieben gab es bei der Familie Specht Abendbrot. Henry war noch nicht zurück. Als das DDR-Fernsehen um 19.00 Uhr die Werbesendung „Tausend Tele-Tips" ausstrahlte, die der Junge wegen der eingebetteten Trickfilmserien „Arthur, der Engel" oder „Lolek und Bolek" gern sah, fehlte er noch immer. Um 20.00 Uhr wurden die Spechts unruhig. Sie fragten bei der befreundeten Familie Louis nach. Auch hier keine Spur von Henry und Mario.

„Es ist doch ziemlich lange hell", versuchten die Eltern sich gegenseitig zu beruhigen. „Wer weiß, was die beiden aufgehalten hat." Trotzdem hielten die Väter erste Umfragen in der Nachbarschaft. Einige Spielkameraden hatten die beiden Radler zuletzt am Franzosenbunker gesehen. „So um vier war das", erzählten die Kinder.

Die Eltern suchten an den Drehnitzwiesen, eine waldumstandene Aue mit feuchtem, zum Teil sogar morastigem Untergrund. Vielleicht waren die Kinder mit ihren Rädern gestürzt und brauchten Hilfe.

Der „Franzosenbunker", eigentlich die Fundamentreste eines Barackenlagers, in dem 1944/45 französische Kriegsgefangene untergebracht waren, die in den Ardeltwerken, dem späteren Kranbau Eberswalde, arbeiteten, lag im dämmerigen Kiefernforst. Die Rufe der Eltern verhallten ungehört.

Kurz nach 22.00 Uhr klingelten sie am Portal des Volkspolizei-Kreisamtes.

„Unsere Kinder sind verschwunden! Einfach weg!" stieß Renate Specht aufgeregt hervor, noch ehe der Wachposten die Tür richtig geöffnet hatte.

Der Diensthabende hinter dem Tresen des Empfangsraumes, ein älterer, fast grauhaariger Polizist, versuchte beruhigend auf die Eltern einzureden. „Bestimmt haben die Bengel beschlossen, im Wald zu übernachten", sagte er. „Oder sie wurden von der Dunkelheit überrascht. Sie werden sehen, morgen früh tauchen die wieder auf."

Der Kriminaldauerdienst des VPKA Eberswalde nahm die Sache durchaus ernst. Ausführlich ließ er sich von den Eltern ins Bild setzen. Er verstand ihre Ängste und auch ihre Sorgen.

„Geben Sie mir eine kurze Personenbeschreibung. Alter, Größe, Frisur, Haar- und Augenfarbe. Womit waren sie bekleidet?"

Die Angaben wurden auf einer Vermißtenanzeige protokolliert. Auf manche Fragen, die das Formular noch vorsah, verzichtete der Kriminalist. Die immense Spannung und die psychischen Belastungen, unter denen die Eltern jetzt litten, hätte ihre Erörterung unnötig erschwert. „Am besten, Sie fahren jetzt nach Hause", riet er, nachdem das Protokoll unterschrieben war. „Versuchen Sie, ein wenig zu schlafen. Ich setze unseren Funkstreifenwagen ein. Wir überprüfen die Waldwege. Mehr können wir in der Dunkelheit nicht erreichen. Vielleicht hat sich morgen früh schon alles erledigt."

Die Familien Specht und Louis verbrachten eine unruhige, von kurzen Schlafphasen unterbrochene Nacht. Gegen Morgen, zwischen vier und fünf, goß es wie aus Kübeln. Als die Eltern sich von den zerwühlten Betten erhoben, begann die Suche erneut.

Gegen sieben Uhr dreißig übernahm der Fahndungsoffizier der Eberswalder Kripo die Vermißtensache. In Begleitung eines jüngeren Kollegen fuhr er zur Triftstraße, um die Lage zu sondieren. „Wir müssen erfahren, warum die Kinder weg sind; und wir müssen herausfinden, wohin sie wollten. Dann erst läßt sich einschätzen, wo wir zu suchen haben."

Von Henry Specht und Mario Louis gab es noch immer keine Spur. Der Fahndungsoffizier erkundigte sich nach Verwandten. „Vielleicht sind sie dort überraschend aufgetaucht." – „Dann hätten uns doch die Erwachsenen Bescheid gegeben!" fuhr Herr Louis unwillig dazwischen. Sein Gesicht war von Zorn und Ungeduld gerötet.

Der Oberleutnant überhörte die Grobheit. „Lassen Sie uns gemeinsam überlegen", schlug er, um Sachlichkeit bemüht, vor. „Und zur Sicherheit noch mal in alle Winkel schauen. Je gründlicher, um so besser. Vielleicht geht uns dabei ein Licht auf."

Sie blickten in die Zimmer der Kinder. Das übliche Spielzeug, mit dem sich Neunjährige befassen, eine Handvoll Bücher, die Schulmappen. Doch nirgendwo ein Hinweis, der das Ausbleiben der Jungen erklären konnte.

Sie überprüften die Keller des großen Miethauses, die anliegenden Schuppen und Garagen.

Dann fragten die Kriminalisten nach Fotos. Paßbilder seien am besten für die Fahndung geeignet, fügte der Oberleutnant hinzu.

Die Mütter rissen die Fotos aus den Pionierausweisen.

Bei der Übergabe der Bilder verlor Renate Specht ihre Fassung. „Bilder ... Fahndung ...! So tun Sie doch endlich etwas!" schrie sie die beiden Kriminalisten an. „Warum suchen Sie nicht im Wald?"

Das tat die Eberswalder Volkspolizei dann auch. Gegen 9.00 Uhr wurde der Personalbestand des Kreisamtes alarmiert, hinter dem alten Westendstadion in Suchgruppen eingeteilt und in südlicher Richtung durch den Wald geschickt. Bis auf ein einsames Liebespärchen, das sie in einem Gebüsch nahe dem Drehnitzfließ aufstöberten, verlief die Aktion ergebnislos. Dafür erregte die Polizeipräsenz Aufmerksamkeit bei den Spaziergängern in der Unterheide. In Windeseile sprach es sich herum: Im Westend werden zwei Kinder vermißt!

Daß Menschen ihrem gewohnten Lebenskreis für kürzere oder längere Zeit entfliehen, war auch in der DDR kein ungewöhnliches Phänomen. Etwa 78 Prozent aller vermißten Personen waren Kinder und Jugendliche im Alter zwischen 9 und 18 Jahren. Ein Drittel von ihnen galt als Dauerausreißer. Die meisten kamen aus ungünstigen Erziehungsverhältnissen, aus Trinkerhaushalten oder asozial eingefärbten Familien. Erziehungston und -haltung boten aber auch in scheinbar wohlgeordneten Elternhäusern Anlässe für eine Flucht aus dem vertrauten Milieu. Leistungs- und Verhaltensschwierigkeiten in der Schule, Angst vor Strafe, vor Heimeinweisungen, das Gefühl unverstanden zu sein und ungerecht behandelt zu werden, waren neben Abenteuerlust, Einzelgängertum und einem vagen Freiheitsdrang die hauptsächlichen Motive für das Entweichen von Kindern. Jeder Ausbruch aus dem sozialen Beziehungskreis galt als Anomalie im geregelten Sozialverhalten. Die Anzahl der Vermißtenvorgänge, die sich ohne nennenswertes Zutun der Kriminalpolizei erledigten, war relativ hoch, nur 8 bis 10 Prozent aller Fälle endeten tragisch.

Am Sonntagnachmittag tickerte die „Eilfahndung – Vermißt" nach Mario Louis und Henry Specht über die Fernschreibleitungen in alle Bezirke.

Montag, der 2. Juni 1969. Wieder ein Morgen nach durchwachter Nacht. Und noch immer gab es keinen Hinweis auf den Aufenthalts-ort der verschwundenen Kinder. Der Leiter des Kreispolizeiamtes ordnete eine stabsmäßig geführte Suche im Westend und in den angrenzenden Wäldern an. Einheiten der Bereitschaftspolizei, freiwillige VP-Helfer, die Feuerwehr und Angehörige der Kampfgruppen aus den Eberswalder Betrieben verstärkten die Suchketten, die sich sowohl in Richtung Süden als auch west- und nordwärts in Richtung Finowkanal und darüber hinaus entfalteten. Der Tierpark am Zainhammerteich und der Forstbotanische Garten wurden besonders sorgfältig durchsucht.

„Richten Sie Ihre Aufmerksamkeit auf weggeworfene Gegenstände und Spuren aller Art", belehrte der Kripochef die Suchkräfte. „Und melden Sie dem Stab, wenn Sie auf verdächtige Erdgrabungen stoßen!"

Die Suche nach den vermißten Kindern setzte Prioritäten. Die Bezirksbehörde der Volkspolizei in Frankfurt/Oder entsandte ihren Dezernatsleiter Fahndung in die nachgeordnete Kreisstadt. Am Dienstag kurvten Lautsprecherwagen durch die Eberswalder Straßen. Handzettel wurden gedruckt und in den Betrieben, Schulen und in den Geschäften zum Aushang gebracht, Straßenpassanten und die Kinder auf den Spielplätzen befragt. Kriminalisten kamen zum Einsatz, um die Krankenhäuser der Umgebung zu überprüfen.

Eberswalde war am 25. April 1945 von der Roten Armee besetzt worden und seither sowjetische Garnisonstadt. Drei große Kasernen lagen in den angrenzenden Forstgebieten, jedes Areal gut bewacht. Darüber hinaus am Südwestrand der Stadt ein ausgedehnter Militärflugplatz. Bei so viel militärischer Präsenz konnte es nicht verwundern, daß die Suchkräfte allenthalben auf Sperrschilder stießen, die ein weiteres Vordringen untersagten.

Als der Standortkommandant, ein Gardeoberst, von den Vorgängen in der Stadt Kenntnis erhielt, bot er die Unterstützung durch seine Truppen an. Sowjetische Hubschrauber stiegen in den folgenden Tagen auf und kreisten über den Forsten. Ein Bataillon Soldaten durchkämmte einen Waldstreifen nach dem anderen. So gut gemeint diese Art von Hilfe war – Sprachdefizite bei der Abstimmung der Aktionen führten dazu, daß die Forstjagen 117, 118 und 119 zwischen Schwärzesee, Kalkofenbrück und der Berliner Eisenbahnstrecke bei der Suche ausgelassen wurden.

Die vergebliche Fahndung bestärkte jene Polizisten, die zu der Auffassung neigten, daß die Kinder sich auf Wanderschaft befänden.

Am 5. Juni konsultierte der Eberswalder Einsatzstab den Chef der Fahndung bei der Hauptabteilung K in Berlin. Major Philipp stimmte dem Entwurf einer Suchmeldung zu, die der Presseoffizier der BdVP Frankfurt/Oder für die Medien des Bezirkes vorbereitet hatte. Taucher nahmen den Grund des Schwärzesee in Augenschein.

Am 13. Juni 1969, einem Freitag, lief der Forstarbeiter Günther Brenken aus Spechthausen durch das sogenannte Kesselfenn, einem Waldstück südlich der Bahnstrecke Eberswalde–Berlin. Sein Ziel war ein Forstjagen zwischen Großem und Kleinem Schwärzesee. Brenken arbeitete im Holzeinschlag des Staatlichen Forstwirtschaftsbetriebes.

Am Eisenbahnkilometer 85,2 überquerte Brenken die Gleisanlagen. Das Gebiet nördlich der Bahn trug den Namen Kalkofenbrück. Eine Holzbrücke führte hier über die Schwärze, die aus dem Großen Schwärzesee kommend in Richtung Spechthausen und dann weiter nach Eberswalde floß. Mischwald mit dichtem, fast dschungelartigem Unterholz zu beiden Seiten des Weges. Neben Buchen standen Kiefern, Erlengruppen, Stieleichen und die schlanken Stämme der Moorbirken. Hoher Farn, Brombeerhecken, Vogelbeersträucher bedeckten das zum Bachufer abfallende Bodenrelief. Die Vernässung in den Senken hatte Feuchtbiotope entstehen lassen, über denen Wolken von Insekten schwebten. Holzbruch moderte vor sich hin, und fette Kröten plumpsten vom Schritt des Vorübergehenden aufgeschreckt ins Wasser.

Ein Geruch von Aas hing plötzlich in der Luft. Brenken hob die Nase. Vielleicht ein Stück Wild, das von einem Eisenbahnzug angefahren wurde und erst im Unterholz verendet war. Brenken durchbrach das Weißdorngestrüpp am Wegesrand. Er trat auf eine kleine Lichtung – und erstarrte. Vor ihm lag der Körper eines toten Knaben. Brenken erkannte das Kind. Es handelte sich um Mario Louis. Dessen Bild hatte er vor zwei Tagen in der Zeitung gesehen.

Wie von Furien gehetzt sprang der Waldarbeiter zurück. In der Nähe hörte er das schrille Singen einer Motorkettensäge, mit der seine Kollegen den Kiefernstämmen zu Leibe rückten. Rauschen und Splittern kündete vom Fallen eines Baumes.

Mit aschgrauem Gesicht erreichte Brenken den Einschlagplatz. „Dahinten … Kommt schnell … da liegt ein totes Kind!" keuchte er.

Dann standen sie zu dritt vor dem grausigen Fund. Etwas abseits im Gebüsch entdeckten sie ein „Mifa"-Fahrrad.

„Vorsicht! Nichts anfassen!" warnte der Brigadier. „Günther und ich sperren den Weg ab. Und du", er wandte sich an den Jüngsten, „läufst zum Forsthaus. Alarmiert die Polizei!"

Etwa dreißig Minuten später erreichte ein Funkstreifenwagen den Forstwirtschaftsweg am Kalkofenbrück. Das Vorauskommando der Eberswalder Kripo, zu dem der Kriminaltechniker Hans Grunds und der K-Leiter Lungwitz gehörten, arbeitete sich entlang des Bahndammes vor. Der KT (Kriminaltechniker) war hochzufrieden, daß die drei Waldarbeiter nichts verändert hatten. Mit weitaus größerer Sorge äugte er auf das rasche Anwachsen des „Spurenvernichtungskommandos", einer Gruppe aus leitenden Polizeifunktionären und Vertretern der örtlichen Partei- und Staatsnomenklatura, die von Neugier getrieben durchs Gelände trampelten und zur Gefahr für die letzten Spuren werden konnten, sofern überhaupt noch welche zu erwarten waren. Madenbefall und Fäulnis hatten die Leiche stark angegriffen. Erst als der Kreisstaatsanwalt auf den Plan trat, der die Meute in Schach hielt, atmete Grunds auf.

Während der KT mit kleinen Zahlentafeln Spuren markierte und die ersten Fotoaufnahmen schoß, forderte der amtierende Kripochef eine Hundertschaft der Bereitschaftspolizei aus Basdorf an. Die Einheit, die erst am 14. Juni zur Verfügung stand, erhielt den Befehl, die angrenzenden Jagen 119, 143, 144 und 145 abzusuchen. Noch fehlte jede Spur von Henry Specht. Sie fanden ihn gegen 7.45 Uhr, genauso grausam zugerichtet wie Mario Louis. Der kleine Körper lag in südwestlicher Richtung, etwa zweihundertfünfundsiebzig Meter entfernt, Kopf und Rumpf zum Teil von Laub verdeckt.

Als der Kriminaltechniker der Frankfurter MUK den kleinen Leichnam besichtigte, fiel ihm die geöffnete Hosenklappe an der Kleidung des Jungen auf. Gewissenhaft vermerkte Möncke diesen Umstand im Tatortbefundbericht.

Am Sonntag – der Campingplatz hielt Mittagsruhe – tauchte ein grün Uniformierter zwischen den blauen, gelben und orangefarbenen Leinwandvillen auf. Heinz Kabel beobachtete den Mann aus seinem Liegestuhl heraus.

„Genosse Hauptmann Kabel?" Seufzend nahm der VP-Meister die Mütze vom Kopf und wischte über das Schweißband. „Sie sollen sofort den Urlaub abbrechen und sich bei Ihrer Dienststelle melden!"

Heinz Kabel nickte. Er nahm es gelassen. Bei wem hätte er sich auch beschweren sollen? Als man ihn 1957 nach dem Abschluß des zweijährigen Lehrganges an der VP-Schule für Kriminalistik in Arnsdorf nach seinen Einsatzwünschen befragte, hatte er sich spornstreichs für die Arbeit in der Mordkommission entschieden. Seit 1961 war er ihr Chef und hatte bei jedem Urlaubsantritt die genaue Anschrift zu hinterlegen. Volkspolizisten mußten jederzeit abrufbar sein. Doch bei den zehn bis zwölf Tötungsdelikten, die sie im Bezirk jährlich zu bearbeiten hatten, kam dies höchst selten vor.

Am nächsten Morgen fuhr Kabel nach Eberswalde. Im Kreisamt traf er auf vertraute Gesichter. Werner Möncke und Konnietzki, die strukturmäßig zu seiner MUK gehörten, Eberswalder Kollegen, die er aus der langjährigen Zusammenarbeit kannte, und einige Mitarbeiter von Morduntersuchungskommissionen aus Cottbus, Potsdam und Neubrandenburg, die man als Verstärkung nach Eberswalde abgeordnet hatte. Horst Popiela, der Stellvertreter des Kripochefs im Bezirk Frankfurt/Oder, koordinierte den Einsatz. Er war erleichtert, Heinz Kabel zu sehen. Sofort drückte er ihm die Akten in die Hand und schob ihn in ein leeres Zimmer. „Mach dich mit der Lage vertraut, Heinz!" befahl er.

Was der Hauptmann lesen konnte, ist später von Herbert Grieschat in einem Auswertungsbericht zusammengefaßt worden. Der Major war für den Arbeitsbereich Tötungsdelikte in der Hauptabteilung K verantwortlich, wenn man so will – der oberste Mordermittler in der DDR.

Im Ergebnis der Tatortuntersuchungen und der gerichtsmedizinischen Obduktion konnten trotz der fortgeschrittenen Leichenfäule folgende Befunde erhoben werden:

1. Die Leiche des einen Jungen wurde mit geordneter vollständiger Bekleidung in Rückenlage aufgefunden. Sie wies eine Stichverletzung in der Brust und eine tiefe Schnittverletzung an der linken Halsseite auf. Der Tod war auf Verbluten infolge des Halsschnittes zurückzuführen. Das Fahrrad lag in unmittelbarer Nähe des toten Kindes.

2. Die Leiche des anderen Jungen wurde in Bauchlage mit abgetrenntem Kopf aufgefunden. Der Brustbereich wies mehrere Stichverletzungen auf. Die infolge starken Madenbefalls und Leichenfäulnis erklärbare vollständige Abtrennung des Kopfes und

damit einhergehende Vernichtung eindeutiger Spuren ließen hier nur die Annahme eines tiefen Halsschnittes zu. Auffällig war bei der sonst geordneten Bekleidung die geöffnete Hosenklappe. Als Tatwerkzeug kam, nach den Stichverletzungen zu urteilen, ein relativ breites, einschneidiges Messer in Betracht.

Kabel las die Akte ein zweites und ein drittes Mal. Er betrachtete die Tatortfotos und er war erschreckt über die Bestialität, die den Tod der Kinder herbeigeführt hatte. Wer ist dazu wohl fähig, grübelte er. Ein Verrückter vielleicht? Unwillkürlich kam ihm die Bezirksnervenklinik am Nordostrand der Stadt in den Sinn. „Nachprüfen, ob dort Patienten zur Tatzeit abgängig waren", notierte er für den Untersuchungsplan.

Nächste Frage: Warum sind die Kinder nicht früher gefunden worden?

Der Eberswalder Fahndungsoffizier erklärte es ihm anhand der Lagekarte. „Wir haben uns auf den stadtnahen Bereich konzentriert. Drehnitzwiesen, Unterheide, Oberheide, Schwärzesee, Unteres Schwärzetal und Leuenberger Wiesen. Weiter südlich haben die Freunde* gesucht. Und hier lagen die Leichen." Er deutete auf einen Punkt, der etwa fünf Kilometer südwestlich vom Neubaugebiet Westend entfernt lag. „Niemand hat in Wahrheit damit gerechnet, daß die Jungen so weit von der Stadt entfernt waren."

Was wußten sie über die Familienverhältnisse?

Die ersten Protokolle, die darüber Auskunft gaben, lagen vor. Die Eltern Specht und Louis galten als unauffällig. Sie waren gute Nachbarn, nahmen an den NAW-Einsätzen** im Wohngebiet teil. „Hans Specht ist Mitglied der SED", hieß es im Ermittlungsbericht des Abschnittsbevollmächtigten. „Er hat einen guten Ruf. Kollegen und Nachbarn bezeichnen ihn als prima Kerl und respektablen Burschen." Nichts deutete darauf hin, daß eine familiäre Konfliktsituation möglicherweise den Nährboden für das blutige Verbrechen geliefert hatte.

„Verwandtenspiegel!" notierte Kabel. Auch hier waren die Verbindungen unter ähnlichen Gesichtspunkten zu durchleuchten. Die Erfahrung lehrte, daß die meisten Verbrechen an Kindern von Beziehungstätern begangen wurden, von Personen also, die aus dem Lebensumkreis der Kinder kamen. Dazu gehörten Verwandte ebenso, wie Nachbarn oder Freunde der Familie. Ein Racheakt

---

* umgangssprachliche Bezeichnung für Angehörige der Sowjetarmee
** NAW – Nationales Aufbauwerk

Hauptmann der K Heinz Kabel – Chef der MUK. Quelle: Heinz Kabel

war möglich, aber auch die Beseitigung der Kinder, weil sie unter Umständen Zeugen eines Verbrechens geworden waren.

In der Lagebesprechung der erweiterten MUK skizzierte Kabel seine Versionen und die angedachten Ermittlungsrichtungen. Eine Auswertergruppe wurde gebildet, bei der alle Protokolle und Arbeitsdokumente abzurechnen waren. In Anbetracht der Fülle der zu erwartenden Informationen erschien es unmöglich, den Leiter der MUK mit dieser Arbeit zu belasten. Kabel hielt sich ohnehin gern den Rücken frei, um beim Anfall einer heißen Spur sofort in die Ermittlungen vor Ort einzusteigen. Die übrigen Kräfte wurden zu Ermittlergruppen zusammengefaßt. Während ein Team sich mit der Auswertung der Straftäterkartei befassen sollte, hatten andere Kriminalisten Alibis zu überprüfen. Die Kinder, die am Franzosenbunker gespielt hatten, sollten erneut vernommen werden.

Noch einmal trat der Hauptmann vor die Karte. „Was ist das hier?" Er deutete auf den Bahnübergang am Tierpark, wo ein dünn gezeichnetes Nebengleis in einem fast vierhundertfünfzig Meter langen und etwa achtzig Meter breiten Areal verschwand. Von hier waren es nur drei Kilometer bis zum Fundort der Leichen. Nach dem Westend höchstens zwei.

„Ein Versorgungsdepot der Freunde!" lautete die Antwort seiner Genossen. Er registrierte ihre verlegenen Mienen. Seit Tagen gab es Gerüchte in der Stadt, daß die Russen etwas mit dem Verschwinden der Kinder zu tun haben könnten.

Die Befragung der Kinder hatte Vorrang. In zwei Wochen schlossen die Schulen ihre Pforten. Die meisten Schüler würden nach der Zeugnisausgabe in ein Ferienlager fahren, andere mit ihren Eltern an die Ostsee oder in die DDR-deutschen Mittelgebirge verreisen. Hauptmann Kabel trieb zur Eile.

Ein halbes Hundert Kinder wurde in den nächsten Tagen von den Ermittlern befragt, manche zwei- oder dreimal ausgequetscht. Das Ergebnis blieb mager. Etwa ein Dutzend Mädchen und Jungen hatte sich am 31. Mai im Drehnitzgebiet aufgehalten. Mario und Henry waren an mehreren Punkten des Waldes gesehen worden, zuletzt aber am Franzosenbunker, wo sich auch ein Fremder herumtrieb, über dessen Alter und Bekleidung die befragten Kinder widersprüchliche Aussagen machten. Während die einen ihn für jung hielten, behaupteten andere, er sei schon „ziemlich alt, so um die Fünf-zig" gewesen. In der Auswertergruppe, die Major Popiela leitete, entstanden Personenbeschreibungen von mindestens fünf oder sechs Täterphantomen, die sich für die Fahndung nicht verwenden ließen.

„Unser Ansatzpunkt ist der Franzosenbunker", beharrte Kabel auf seinem Standpunkt. „Specht und Louis wurden hier zum letzten Mal gesehen. Bei dem, was danach passierte, müssen sie ihrem Mörder über den Weg gelaufen sein."

„Gefahren", warf Dr. Kuschel, der im Bezirk für Mordsachen zuständige Staatsanwalt, trocken ein.

„Wie?"

„Ich sagte – gefahren. Die Kinder sind doch mit ihren Fahrrädern zum Tatort gelangt. Also liegt es auf der Hand, daß auch der Täter ein Fahrrad benutzte!"

Polizeiposten bezogen auf den Waldwegen Position. Sie registrierten sämtliche Personenbewegungen und befragten alle Passanten, ob ihnen am Samstagnachmittag im Waldgebiet drei Radfahrer begegnet wären – zwei Jungen und ein Erwachsener.

Die Tage während Aktion brachte keine neuen Erkenntnisse.

Mit einem Negativergebnis endeten auch die Ermittlungen im Verwandten- und Bekanntenkreis der Familien Specht und Louis. Seitenlange Protokolle wurden getippt, in denen es von Namen und Adressen nur so wimmelte. Reale Verdachtsmomente oder Anhaltspunkte für weitere Ermittlungen enthielten die im typischen Polizeideutsch abgefaßten Elaborate nicht.

Nun nahmen sie sich den Kreis der Personen vor, die wegen Rohheitsdelikten vorbestraft waren. Dann die Sexualtäter. Schließlich alle Homosexuellen, die Entblößer, danach Handtaschendiebe und zuletzt sogar die Einbrecher. Einen nach dem anderen fischten sie routinemäßig aus der Täterlichtbildkartei, aktualisierten die Wohn-adressen und gingen auf Alibijagd.

Nach längerem Hin und Her erwirkte Dr. Kuschel eine Zusammenarbeit mit der Militärstaatsanwaltschaft in Wünsdorf, dem Hauptquartier der Gruppe der Sowjetischen Streitkräfte in Deutschland. Wie in jeder Armee der Welt gab es auch bei den Russen Fahnenflüchtige. Und manche scheuten vor einem Verbrechen nicht zurück, weil sie Geld für ihre Flucht brauchten. Angesichts der spartanischen Verhältnisse, unter denen die Soldaten in den Kasernen hausten, kamen Desertationen oder Suizide häufiger vor. Für die Öffentlichkeit in der DDR waren solche Vorkommnisse Staatsgeheimnis. Wie nicht anders zu erwarten, lautete die Auskunft aus Wünsdorf: „Kein Flüchtiger im betreffenden Zeitraum!"

In der letzten Juniwoche fanden Mario Louis und Henry Specht ihre letzte Ruhestätte auf dem Waldfriedhof zu Eberswalde. Die Eltern hatten beschlossen, die im Leben unzertrennlichen Freunde in einem Gemeinschaftsgrab beizusetzen. In ihrem Schmerz baten sie um eine Trauerfeier in aller Stille. Doch die Anteilnahme aus der Bevölkerung trieb Hunderte von Trauergästen an das Doppelgrab. Vertreter der örtlichen Partei- und Staatsmacht durften da nicht fehlen. Auch sie drückten den Eltern am offenen Grab stumm die Hand, unfähig wie die anderen, Worte des Trostes zu finden.

Selbst der abgebrühteste Polizist, der einem kriminalistischen Auftrag folgend, gleich anderen Beamten auf dem Friedhof nach verdächtigen Personen Ausschau hielt, gestand später „ein überaus beschissenes Gefühl" gehabt zu haben.

Eine Woche darauf erschien eine Todesanzeige in der Presse, die den Dank der Eltern für bezeugtes Mitgefühl einschloß.

Ein schwarzer Stein schmückt heute das Grab. Neben den Namen, Geburts- und Sterbedaten der Kinder steht die Inschrift „Kurz war euer Leben und tragisch der Tod".

Das in der Bundesrepublik bei solchen Gelegenheiten übliche Medienspektakel fand nicht statt. In der DDR gab es keine Regenbogenpresse. Und die Redakteure der parteiengebundenen Tageszeitungen wünschten keinen Zoff mit ihren Zensoren. Dennoch wußte jeder Einwohner von Eberswalde und in der weiteren Umgebung über den Fall Bescheid. Die Angst grassierte in den Straßen. Kinder sah man nur noch in Begleitung von Erwachsenen. Die Spielplätze in den Wohngebieten blieben leer und auf den verschlungenen Pfa-den und Wegen der Wälder ertönte kein Kinderlärm.

Was tat die Polizei?

In erster Linie bekämpfte sie den Frust in ihren eigenen Reihen. Kriminalisten wissen: Je mehr Zeit zwischen einer Tat und der Festnahme eines Täters verstreicht, um so größer wird sein Vorsprung und um so schwieriger die Beweisführung. In Eberswalde lieferte die Zeit den Ermittlern ein gnadenloses Rennen. Alle herkömmlichen Mittel und Methoden waren ausgeschöpft.

Oberst Ernst Strauß, der Leiter der Hauptabteilung Kriminalpolizei, befahl den Spezialisten, Major Grieschat, nach Berlin zum Rapport. Der Hauptmann Dieter Lüdicke von der Untersuchungsgruppe des Ministeriums für Staatssicherheit hatte seinem Minister zu berichten. Die Kreisleitung der SED in Eberswalde und der Sicherheitsbeauftragte der Bezirksleitung verlangten Auskünfte über den Stand der Ermittlungen. Nicht zuletzt erwarteten die Menschen in Eberswalde die befreiende Nachricht von der Festnahme des grausamen Mörders.

Statt dessen wurde die Personaldecke in der erweiterten Morduntersuchungskommission verringert. Das V. Deutsche Turn- und

Sportfest in Leipzig verlangte einen Massenaufmarsch an Sicherheitskräften aus allen Bezirken der DDR. Die 1. Synodaltagung des neugewählten Bundes der evangelischen Kirchen in der DDR erhielt oberste Priorität im Überwachungsprogramm des MfS. Und der mit aufwendigem Pomp gefeierte 20. Jahrestag der DDR geriet, wie Insider wissen, zu einem Festival kompletter Heerscharen uniformierter und ziviler Waffenträger.

Verärgert packte Heinz Kabel seine Akten unter den Arm und fuhr zur Bezirksstaatsanwaltschaft. Die Majore Grieschat und Popiela begleiteten ihn. Dr. jur. Heinz Kuschel, ein mittelgroßer, untersetzter Mann, der die Abteilung II bei der Bezirksstaatsanwaltschaft leitete, führte die Aufsicht über das Ermittlungsverfahren. Er und Kabel kannten einander aus langjähriger Zusammenarbeit; jeder wußte um die Stärken und Schwächen des anderen.

Während Kuschels Sekretärin, eine dunkelhaarige Schönheit, in deren Adern romanisches Blut floß, den obligatorischen Kaffee servierte, erstattete Kabel Bericht.

„Ihr seid mit eurem Latein am Ende", faßte Kuschel seinen Eindruck zusammmen. „Das kann uns in Teufels Küche bringen, Genossen!"

Major Popiela raffte sich zu der Bemerkung auf: „Solange ich dabei bin, habe ich einen solchen Fall noch nicht erlebt. So brutal und ohne erkennbares Motiv." Erst Jahre später sollte sich erweisen, wie recht der Major mit diesem Bekenntnis hatte. Die Eberswalder Knabenmorde gehörten in ihrem Charakter und Ausmaß in eine Verbrechenskategorie, die es bislang in der Kriminalgeschichte der DDR nicht gegeben hatte. Das erklärt in gewisser Weise die Hilflosigkeit der Kriminalbeamten.

„Gewiß gibt es ein Motiv", konterte Staatsanwalt Kuschel. „Ihr habt es bloß nicht entdeckt! Vielleicht muß man die Lösung doch im Umkreis der Familien suchen?"

Herbert Grieschat schaltete sich ein: „In der Fachliteratur wird ein Liegenlassen des Opfers als relativ lose Täter-Opfer-Beziehung gedeutet. Mit anderen Worten: Der Täter rechnet damit, daß seine Beziehungen zum Opfer der sozialen Umwelt verborgen geblieben sind. Es gibt keinen Zeugen, der ihn mit den Kindern gesehen hat."

„Für eine Person aus dem Familienkreis kann ich mir das nicht vorstellen", schob Heinz Kabel nach.

Der Staatsanwalt nickte. „Da ist was dran, Genossen. Was bedeutet das für die Ermittlungen?"

„Wahrscheinlich haben wir es mit einem Sexualmord zu tun, wenn auch nicht im herkömmlichen Sinne."

Dr. Kuschel bearbeitete mit der rechten Hand seinen schütteren Haarwuchs. „An den Leichen wurden keine Spuren von Vergewaltigungen gefunden. Weder Sperma noch andere Anzeichen."

„Nicht im herkömmlichen Sinne", gab Grieschat zu. „Aber da ist die geöffnete Hosenklappe bei Henry Specht. Und da sind die kleinen Stichverletzungen im Brustbereich, die wir als Spuren der realen Bedrohungssituation für den Jungen angesehen haben. Heute würde ich sie als Hinweis auf eine mögliche sadistische Neigung des Täters werten."

„Was schlagen Sie vor?"

„Wir sollten einen Gutachter zu Rate ziehen."

„Haben Sie jemand bestimmten im Auge, Genosse Grieschat?"

„Ich habe an einen Dozenten der Humboldt-Universität gedacht. Ist Ihnen der Name Doktor Doktor Hans Szewczyk ein Begriff?"

„Flüchtig, mein Lieber. Nur flüchtig."

„Szewczyk leitet die Gerichtspsychiatrie der Nervenklinik im Charité-Bereich. Er hat sich mit dem Thema ›Sadismus – eine Form der sexuellen Abnormität‹ auseinandergesetzt. Können Sie übrigens im ›Forum der Kriminalistik‹ nachlesen." Grieschat deutete auf einen Sammelband der Kripo-Fachzeitschrift in Kuschels Bücherschrank.

„Also gut." Der Staatsanwalt ließ sich von den Chefermittlern überzeugen. Gemeinsam arbeiteten sie die Fragen aus, die Kuschel samt Ermittlungsakten an die Charité übergab.

Der Dozent Dr. med. habil. Dr. rer. nat. Diplompsychologe Hans Szewczyk benötigte einige Zeit für sein Gutachten. Selbstverständlich wußte er aus der internationalen Fachpresse, daß solche Täterhypothesen, wie man sie von ihm erwartete, in den USA bereits üblich waren, aber hier in der DDR bedeuteten sie absolutes Neuland. Einerseits mußte er vorsichtig formulieren, um seinen Ruf als Koryphäe nicht zu gefährden, und anderseits war das Quellenmaterial, das Polizei und Staatsanwaltschaft ihm zur Verfügung stellten, nur im beschränkten Maße aussagefähig.

„Der Verdacht einer sexuellen Abnormität ergibt sich vielfach bereits aus der Tatortsituation", führte Szewczyk aus. „Wenn das Vorgehen des Täters nicht mit der Tatversion einer Vergewaltigung übereinstimmt und zum Beispiel die Leiche Verletzungen zeigt, die mit dem Ziel einer Vergewaltigung oder der Tötung des Menschen ebenfalls nicht erklärbar sind." Er verwies auf die geringfügigen Stichverletzungen. „Einem Sadisten schaffen Quälen und Schmerzenzufügen diejenige Befriedigung, die ein anderer bei der Vollführung des Geschlechtsaktes empfindet. Ziel der Handlung eines solchen Täters ist also nicht die Vollendung des Geschlechtsverkehrs, wohl aber sind fast stets Mißhandlungen sexueller Selbstzweck. Dabei empfindet der Sadist um so größere Befriedigung, je stärker der Widerstand des Opfers schon gebrochen ist."

Es folgte die allgemein gehaltene Beschreibung: „Ein Sadist ist an seinem Äußeren und an seinem Allgemeinverhalten als solcher nicht zu erkennen. In der Mehrzahl sind sie gehemmte, ängstliche und übergenaue Menschen, die sich sonst nicht in geeigneter Weise durchsetzen können. Sexuell sind sie häufig Spätentwickler, ohne große Triebkraft, vielfach impotent, oder sie kommen auf normale Weise nicht zur geschlechtlichen Befriedigung. Ein großer Teil hat bis zur Tat nie sadistische Handlungen vollführt, aber sie in Tagträumen, vor allem aber bei Onaniephantasien immer wieder durchlebt. Die Zahl ihrer Sexualkontakte vor der Tat ist zumeist gering. Sie bevorzugen häufig ältere Frauen. In der Ehe beugen sie sich der Meinung und dem Willen der Frau." Für die Person des unbekannten Mörders von Eberswalde folgerte er,

daß es sich bei dem homophilen Sadisten um eine noch ziemlich jugendliche männliche Person handeln kann, die vermutlich in geordneten, mit hoher Wahrscheinlichkeit nicht asozialen Verhältnissen lebt.

Über die Ursachen des Sadismus gibt es bisher noch keine gesicherten Erkenntnisse. Der Sadismus als sexuelle Perversion ist nicht heilbar, eine Rückfallgefahr ist immer vorhanden.

Der letzte Satz jagte nicht nur Heinz Kabel Schauer über den Rücken.

Ende November 1969 bestätigte Dr. Kuschel die „vorläufige Einstellung des gegen Unbekannt eingeleiteten Ermittlungsverfahrens gem. § 143, Ziff. 1 der Strafprozeßordnung, weil der Täter nicht ermittelt werden konnte".

Natürlich war das Verfahren mit der vorläufigen Einstellung nicht endgültig vom Tisch. Jeder Straftäter, der 1969 und 1970 in Eberswalde und Umgebung in Erscheinung trat, wurde hochnotpeinlichen Verhören unterzogen, um möglichen Zusammenhängen zur ungeklärten Mordsache doch noch auf die Spur zu kommen. Daß der Aufwand mit fortschreitender Zeit nachließ, ist nachzuvollziehen, obwohl Heinz Kabel Szewczyks unheilvolle Prognose nie ganz aus dem Gedächtnis verlor: „Der Sadismus als sexuelle Perversion ist nicht heilbar, eine Rückfallgefahr ist immer gegeben!"

Freitag, der 9. Oktober 1971. Zwei Jahre und vier Monate waren seit der grausamen Bluttat im Eberswalder Forst vergangen. In Finow-Ost, westlich der Drehnitzwiesen, stampften Bauleute ein weiteres Wohngebiet aus dem märkischen Sand. Kinder bevölkerten wieder die stadtnahen Waldgebiete, und die Spielplätze waren so belebt, als wären die Erinnerungen an den zweifachen Knabenmörder längst getilgt.

Doch das Raubtier war nicht verstorben, wie manche Ermittler inzwischen glaubten. Niemand ahnte, daß ein neunzehnjähriger Koch, der unauffällig im Westend lebte, dieses furchtbare Doppelleben führte. Da war einerseits die bieder-bürgerliche und an den sozialistischen Staat angepaßte Welt seiner Eltern, in der die Mutter, eine angehende Ingenieur-Ökonomin, dominierte, und andererseits die Phantasiewelt eines Pubertierenden, die sich immer stärker auf abstruse sexuelle Inhalte konzentrierte. Seit er als Vierzehnjähriger ein Mädchen auf dem Schulhof küssen wollte und dafür geohrfeigt worden war, wuchs seine Abneigung zum weiblichen Geschlecht. Und als der dickliche Junge eines Tages seinen Klassenkameraden von einem Huhn „Amanda" erzählte, das auf einem Auge blind im elterlichen Garten lebte, hatte er seinen Spitznamen weg. Das Gefühl, ausgestoßen zu sein, machte ihn zum Einzelgänger. Die allmähliche Veränderung seiner psychischen Strukturen ließ bestimmte sexuelle Triebvorstellungen wachsen. Es zog ihn zu Jungen mit hübschen Gesichtern und zarten Körpern, möglichst blond sollten sie sein, und vor allem schwächer als er. Bilder von wilden Folterszenen begleiteten seine Onaniephasen. Ende 1968 nahmen die Phantasien auch von seinen Träumen Besitz. Im April 1969 verstärkten sie sich derart, daß er Nacht für Nacht von Folter und Tötungen träumte. Sechs Wochen später wurden sie grausame Realität.

Nach den Morden an den beiden Jungen, die ihm höchste Lust verschafft hatten, ließen die Träume nach. Die Gefahr, entdeckt zu werden, dämpfte seinen satanischen Trieb. Doch im Sommer 1971 setzten die Träume mit unverminderter Wucht wieder ein, entbehrten bald nicht mehr einem suchtartigen Zwang. Ruhelos kreisten seine Vorstellungen um ein neues Tötungserlebnis, bis alle inneren Hemmschwellen brachen und das Raubtier erneut in den Forsten spürte.

„Heute muß es klappen", motivierte sich der Neunzehnjährige, der seit gut zwei Stunden um die Drehnitzwiesen strich. In der Nähe einer Futterstelle für Rehwild vernahm er lärmende Kinderstimmen.

Er nahm Witterung auf. Schon das Anschleichen, Beobachten und Absichern bereiteten ihm eine gewisse Art von Genuß. Doch die Situation in der spielenden Gruppe entsprach nicht seinen Erwartungen. In seiner Vernehmung sagte er später aus:

Ich habe die Kinder aus dem Grunde wieder verlassen, einmal weil es zu viele Kinder waren, zum anderen, weil ein Mädchen dabei war und weil ich Mädchen für meine sexuellen Handlungen nicht gebrauchen konnte. Deshalb habe ich die Kinder nach kurzer Zeit wieder verlassen.

Weitergehen, trieb er sich an. Weitersuchen! Gegen 17 Uhr – es dämmerte bereits – gab er seine Hoffnungen endgültig auf. Heute findest du keinen, dachte er enttäuscht und wandte sich dem Waldrand zu. Als er auf den Weg hinaustrat, der das Gelände von den ersten Häusern des Westendgebietes abgrenzte, vernahm er ein klapperndes Geräusch. Sein Blick fiel auf einen Bretterstapel, den man wohl für Reparaturarbeiten an einer Schutzhütte und an den Bänken des Ausflugsgebietes herbeigekarrt hatte. Zwei Jungen kletterten auf dem Stapel herum. Zwischen 11 und 12 Jahren, der eine blond und schmächtig, mit einer pfirsichzarten Haut. Dieser und kein anderer! – schoß es ihm durch den Sinn. Sofort war die Erregung da.

„Was macht ihr denn da auf den Brettern?" schnauzte er im oft gehörten Befehlston. „Das ist verboten! Runter und sofort herkommen!"

Die Kinder spritzten auseinander. Während der größere Junge instinktiv zu den nahen Wohnbauten flüchtete, rannte der kleinere in den Wald hinein, dicht gefolgt von dem unheimlichen Fremden. Sie brachen durch die Büsche. Keuchender Atem. Hastige Schritte. Die Drehnitzwiesen. Am jenseitigen Waldrand eine Sandkuhle. Der Junge stolperte, fiel hinein. Im nächsten Augenblick war der Mörder über ihm.

… und ich denke mir, da wolltest du ihn sowieso hinhaben, und bin gleich hinterher. Er gefiel mir, ich hätte ihn um keinen Preis mehr losgelassen. Ich habe ihm kleine Stiche mit dem Messer versetzt. Er mußte sich ausziehen. Ich befühlte sein Geschlechtsteil, griff so hart zu, daß er wimmerte.

Ein unverhofftes Geräusch in der Nähe zwang das Untier einzuhalten. Vielleicht war es das Klappern eines Fahrrades oder die raschen Schritte eines joggenden Freizeitsportlers. Der Mörder warf sich den Körper des Jungen über die Schulter und schleppte ihn tiefer in den Wald hinein. Er spürte die Todesangst des Kindes, die ihn belustigte. Es war alles so wunderbar arrangiert, wie er es sich besser nicht vorstellen konnte. Ein geiler Kitzel, den er durch weitere Messerstiche stimulierte. Der Junge schrie.

Jetzt war ich auf vollen Touren, habe zugestochen. Mehrmals kleine Stiche in den Rücken, dann in die Brust, in den Kopf. Kurz vor dem Höhepunkt den ersten Schnitt an der Halsschlagader durchgeführt ...

Wie ein elektrischer Stromschlag jagte der Orgasmus über den Rücken des Mörders. Eine Welle der Glückseligkeit schwappte über ihm zusammen. Leicht wie eine Feder fühlte er sich jetzt, beschwingt und beseelt von einer undefinierbaren Euphorie, die in diesem Moment seine Gefühlswelt dominierte.

Als der zwölfjährige Frank Fuhrmann nach Einbruch der Dunkelheit in der elterlichen Wohnung erschien, stand ihm das schlechte Gewissen im Gesicht geschrieben. Es dauerte eine Weile, bis die Mutter seine Bedrücktheit bemerkte. Nach mehrmaligem Fragen erzählte er seinen Eltern von dem Erlebnis am Bretterstapel.

„Und wo ist Ronald jetzt?" wollte der Vater wissen.

„In den Wald gerannt."

„Und der fremde Mann ist hinter ihm her?"

Die Familie Winkler wohnte im gleichen Haus. So erfuhren die Fuhrmanns, daß Franks gleichaltriger Freund Ronald nicht nach Hause zurückgekehrt war. Panisches Entsetzen flog durch den gesamten Wohnblock. Die Menschen erinnerten sich der tragischen Ereignisse des Jahres 1969. Mit Lampen und handfesten Knütteln bewaffnet zogen die Männer durch den Wald. Erst gegen 23.00 Uhr, die verzweifelte Suche war erfolglos abgebrochen worden, verständigte Herr Winkler die Polizei.

Der Diensthabende Offizier beorderte die beiden Funkstreifenwagen nach Westend. Zwei Einsatzzüge der Feuerwehr rückten zur Unterstützung an. Für den Personalbestand des VPKA wurde Einsatzalarm ausgelöst.

Zwei Stunden später fanden die Suchtrupps den toten Ronald Winkler.

Der kleine Leichnam lag rücklings gegen eine Baumwurzel gelehnt, verblutet an einem Halsschnitt.

Verschlüsselte Blitzfernschreiben informierten die Bezirksbehörde in Frankfurt/Oder und den Leitungsdienst der Hauptabteilung Kriminalpolizei in Berlin. Gut zweihundert Polizeibeamte aus den verschiedenen Dienstzweigen der VP, darunter die Spezialisten des Kriminalistischen Institutes, und zahlreiche Mitarbeiter des MfS wurden in Marsch gesetzt.

Der Bericht des DDR-Chefermittlers in Sachen Mord und Totschlag, Major der K Herbert Grieschat, hielt fest:

Bereits die erste Inaugenscheinnahme des Fundortes ließ den Zusammenhang mit den Morden im Jahre 1969 deutlich werden. Die Leiche wies zahlreiche Stichverletzungen und einen klaffenden Halsschnitt auf. Auf Grund der eingetretenen Situation – es mußte mit weiteren Angriffen des sich nun deutlich als Lustmörder manifestierenden Täters gerechnet werden – machten sich außergewöhnliche Maßnahmen erforderlich.

Es wurden mehrere Morduntersuchungskommissionen und zusätzlich eine große Anzahl Kriminalisten eingesetzt.

Waldgebiet, in dem Ronald Winklers Leiche gefunden wurde. Quelle: Archiv des Autors

Einer Spezialistengruppe oblag die Anleitung, Kontrolle und Koordinierung der Untersuchung.

Während die Anleiter und Kontrolleure mit der Unterbringung der aus verschiedenen Bezirken und Dienststellen eintreffenden Einsatzkräfte beschäftigt waren – sowohl Arbeitszimmer als auch Nachtquartiere mußten gefunden werden –, konzentrierten sich die Gerichtsmediziner und die Spezialisten des Kriminalistischen Institutes auf die Tatortuntersuchung.

Mehrere 800 W Halogen-Leuchten stellten sie auf. Um die notwendige Stromzufuhr kümmerte sich die Feuerwehr, die zwei Dieselaggregate herankarrte.

„Die Leiche ist bis auf eine Sandale, die neben den Füßen des Toten liegt, vollständig bekleidet", hielten die Untersucher sodann im Protokoll fest. „Erdverschmutzungen im Unterbauch- und Genitalbereich sowie ein ungeordneter Sitz der Hosen deuten auf se-

Faserspuren an einem Kiefernzweig. Quelle: Archiv des Autors

xuelle Manipulationen des Täters hin. Die Todeszeit ist mit dem Zeitpunkt des Vermißtseins gleichzusetzen. Hinsichtlich des Tatwerkzeuges muß an ein relativ breites einschneidiges Messer mit feststehender oder feststellbarer Klinge gedacht werden."

Major Klaus Schwenzer, ein diplomierter Biologe, und seine Kollegen von der trassologischen Disziplin nahmen sich Zentimeter für Zentimeter des Waldbodens vor. Buchstäblich auf den Knien krochen sie über die Erde, sie drehten jeden Grashalm und jedes vertrocknete Blatt um. An verschiedenen Kiefernzweigen entdeckten sie Faserbüschel, die sich zwischen den zentimeterlangen Baumnadeln verfangen hatten. Im Lichtkegel der Halogen-Scheinwerfer schimmerten sie wie die Fäden des Altweibersommer.

„Was hältst du davon?" fragte Schwenzer seinen Assistenten.

„Wenn mich nicht alles täuscht – Kunstfasern. Und wenn wir Glück haben, stammen sie vom Täter."

Nachdem die Spurenlage fotografiert war, nahm Schwenzer eine Gartenschere zur Hand. Er schnitt die fasertragenden Zweige vom Baum und asservierte sie in geräumigen Plastiktüten.

In einem Zimmer des Volkspolizei-Kreisamtes sortierte Heinz Kabel unterdessen die alten Akten. Das Personalkarussell auf den Leitungsebenen der Kriminalpolizei hatte sich seit 1969 in Berlin und in Frankfurt/Oder mehrfach gedreht. Leiter der Hauptabteilung K war Helmut Nedwig geworden, ein dreiundvierzigjähriger Oberst, der sich mit Vehemenz für die Erneuerung des technischen Ausrüstungsgrades der Kriminalpolizei engagierte. Er entsandte seinen Vertreter Arthur Dietzsch und den Leiter der Abteilung II, Oberstleutnant Eylhauer, nach Eberswalde.

Herbert Grieschat behauptete zwar später, daß die Leitung der komplexen Untersuchung dem Chef der Kripo „des betreffenden Bezirkes" übertragen worden sei, doch die erfahrenen Praktiker der Eberswalder und Frankfurter Kripo haben andere Erinnerungen. 1970 war Major Willi Hoheisel auf den Sessel des K-Leiters im Bezirk Frankfurt/Oder gerückt. Der Major war ein Vorzeigekriminalist aus dem Bezirk Halle. Die Parteiideologen hatten ihn Ende der sechziger Jahre zu einer Art Adolf Hennecke in der Kripo aufgebaut. Altgedienten VP-Kriminalisten entlockt seine „Merseburger Initiative" noch heute ein mitleidiges Lächeln. Hinter dem hochtrabenden Begriff verbarg sich nicht mehr als die straffe Durchsetzung der Führungsprinzipien.

Unter Popielas, Kabels und Grieschats Leitung wurden die in

doppelter Kompaniestärke angerückten Kriminalisten in fünf Untersuchungsgruppen aufgeteilt. Jede erhielt ihr konkretes Arbeitsfeld. Während die einen sich mit der Tatortuntersuchung einschließlich Spurensuche, -sicherung und -auswertung befaßten, hatten andere die Personenbewegungen und Zeugen zu ermitteln oder sie gingen Hinweisen und Einzelspuren nach, die sich aus der Bearbeitung aktiver Verdachtsrichtungen ergaben. Angesichts der zu erwartenden unvermeidlichen Papierflut an Berichten, Protokollen, Einschätzungen und Gutachten wurde ein sechstes Team gebildet, das die einlaufenden Informationen zu sichten, zu speichern und für weitere Ermittlungsaufträge aufzuarbeiten hatte. Diese Auswertergruppe unterstellte Popiela seinem unmittelbaren Befehl. Womit beginnen?

Zunächst versuchten sie es mit der oft erprobten Routine. Noch vor Mittag rollte der Lautsprecherwagen wieder durch Eberswalde und rief die Bevölkerung zur Mitfahndung auf. Erneut wurden Plakate gedruckt und in den Betrieben und Wohngebieten ausgehängt. Bald gab es keinen Menschen in der Stadt, der nicht mit Ronald Winklers Personenbeschreibung und der Frage, wo er zuletzt lebend und in Begleitung anderer Personen gesehen wurde, vertraut war.

Etwas mehr als dreihundert Familien wohnten 1971 im Westendviertel. Vom frühen Morgen bis weit nach zweiundzwanzig Uhr schwärmten hier die Ermittler auf „Klingeltour" aus, um jeden Erwachsenen anhand vorbereiteter Vernehmungsspiegel nach seinem Aufenthaltsort zur Tatzeit und nach Personen, die seine Angaben bestätigen konnten, zu befragen. Die solchermaßen gewonnen Daten wurden der Auswertergruppe zur Verfügung gestellt, die sie auf ein Schaudiagramm übertrug, das alle wichtigen Zeit- und Bewegungsabläufe im Wohnviertel und im Bereich der Drehnitzwiesen grafisch verdeutlichte.

Heinz Kabel und sein neuer Mitarbeiter Erdmann nahmen sich noch einmal Frank Fuhrmann vor. Es stand außer Zweifel, daß der Zwölf-jährige den Mörder gesehen hatte, und daß er nur um Haaresbreite einem grausamen Schicksal entronnen war. Doch so sehr sie sich mühten, das Erinnerungsvermögen des Jungen zu aktivieren, der Erfolg blieb aus. Franks Beschreibung zielte auf einen Mann, nicht jung und nicht alt, nicht ganz so groß wie der Herr Kriminalhauptmann. Ob eine helle oder dunkle Stimme – er wußte es nicht zu sagen. Das schreckhafte Erlebnis am Bretterstapel hatte sein Gedächtnis blockiert.

Sie ermittelten auch die Kinder, die an der Drehnitzwiese gespielt hatten. Nur vage erinnerten sie sich an einen „großen Jungen", der kurzzeitig bei ihrer Gruppe aufgetaucht war. Dieser Begriff, der in den meisten Aussagen vorkam, ließ verschiedene Deutungen zu. Nachdem die Psychologen sich den Wahrheitsgehalt der Aussagen angesehen hatten, einigte man sich auf die Person eines jungen Mannes, zwischen 15 und 25 Jahre alt.

Das rollende Labor des Kriminalistischen Institutes, ein „W-50-Koffer" aus dem IFA-Fahrzeugwerk Ludwigsfelde, war auf dem Hof des Feuerwehrgebäudes in der Weinbergstraße stationiert, neben einer alten Baracke. Elektrokabel führten zu den Kellerfenstern des Haupthauses hinüber. Sie sicherten die Stromversorgung für den Laborwagen. Als Herbert Grieschat und Heinz Kabel den Spezialisten ihre Aufwartung machten, feilten Schwenzer & Co gerade an den Formulierungen für ihr Fasergutachten.

„Nett, daß ihr mal bei uns reinschaut", sagte Schwenzer. „Ihr erspart mir einen Weg."

Kabel, der zum ersten Mal in dem vielgelobten Fahrzeug weilte, sah sich neugierig um. Vor der rechten Fensterfront zog sich ein gekachelter Labortisch hin. Links eine hüfthohe Schrankreihe, darüber festgeschraubte Wandhalter und Regale, in denen die unterschiedlichsten technischen Geräte fixiert waren. Kabels Blick erfaßte die Reagenzgläser, Flüssigkeitsbehälter, Elektroverdampfer, Vergleichsmikroskope und einen Bücherschrank, wohlbestückt mit Katalogen und naturwissenschaftlichen Nachschlagewerken. Irgendwelche Geheimapparaturen entdeckte er nicht.

„Also – wie stehen unsere Chancen?" fragte Grieschat.

„Erstens: die Fasern stammen tatsächlich von der Bekleidung des Täters, und zweitens …"

„Warte mal, warte", unterbrach Kabel den Biologen. „Wieso seid ihr so sicher, daß es die Fasern des Täters sind? Jeder andere Spaziergänger kann sie doch auch im Wald verloren haben – oder?"

Schwenzer setzte ein überlegenes Lächeln auf. „Wir haben Bruchstücke der gleichen Fasern als Abrieb an der Bekleidung des getöteten Kindes gefunden."

„Und zweitens?" fragte Grieschat.

„Die Fasern bestehen aus einem Kunststoff, der nicht zum Produktionssortiment in der DDR gehört."

471

Der „W-50-Koffer", das mobile Labor der KI. Quelle: Archiv des Autors

„Was heißt das?"

„Es sind Kunststoffasern, die in der Textilindustrie des kapitalistischen Auslands, zum Beispiel in der Bundesrepublik, Verwendung finden."

„Habt ihr keine genauere Vorstellung?"

„Ich denke an eine Art von Webpelz", erklärte Schwenzer.

Kabel staunte. „Ein Mörder im Pelzmantel?"

„Red keinen Unsinn!" konterte Schwenzer. „Diese Art von
Webpelz wird als Futter in der Oberbekleidungsindustrie verar-
beitet. Stell dir eine Kutte, einen Anorak oder eine Lederjacke
vor."

Kabel überlegte schon, wie man diese Aussage für die Fahndung nutzen konnte. Ihm fiel nichts Passendes ein.

Für die direkte Suche nach dem Tatverdächtigen erwies sich der
Hinweis auf den Webpelz kaum als brauchbar. Sollten sie allerdings einen Verdächtigen an der Angel haben, könnte man sich
nach dem entsprechenden Kleidungsstück umsehen, um die Anwesenheit des Trägers am Tatort vermittels Faservergleich nachzuweisen.

„Auf jeden Fall könnt ihr davon ausgehen, daß der Täter Verbindungen in die Bundesrepublik hat, und daß er gelegentlich Bekleidungsstücke von dort bekommt", machte Schwenzers Assistent, ein Oberleutnant, den Ermittlern Hoffnung.

„Oder er hat sie sich im An- und Verkauf geholt!" schloß Kabel unwillig die Debatte ab. Westkontakte – wie die verwandtschaftlichen Beziehungen von DDR-Bürgern in die Bundesrepublik im ostdeutschen Amtsjargon hießen – waren ein rotes Tuch für Heinz Kabel. Jahrelang hatte seine Mutter ihn mit Vorwürfen überhäuft, weil ihre Reiseanträge zu Verwandtenbesuchen in die BRD von den Mitarbeitern der Abteilung Paß- und Meldewesen im VPKA Eberswalde mit steter Regelmäßigkeit abgelehnt wurden, wobei sie sich auf die polizeiinterne „Geheimhaltungsordnung" beriefen, derzufolge Familienangehörige ersten Grades nicht in den Westen reisen durften. Erst die Demarche eines weniger peniblen Vorgesetzten, der darauf verwies, daß die Regelung nur für den Fall gemeinsamer Haushaltungsführung zuträfe, hatte die Eberswalder zum Einlenken bewogen. Den Fleck in Kabels Personalakte konnte der Dezernatsleiter nicht verhindern.

Im Volkspolizei-Kreisamt traten sich die Mitarbeiter der Untersuchungsgruppen inzwischen gegenseitig auf die Füße. Zwar hatten die städtische und die Kreisverwaltung einige Räume zur Verfügung gestellt, die man zu provisorischen Arbeitszimmern für die Kriminalisten umfunktionierte, doch der allgemeine Platzmangel blieb. Mitunter saßen drei, vier oder fünf Polizisten in einem Büro. Sie teilten sich Telefone und Tische und stritten um die wenigen Schreibmaschinen, auf denen sie im Zweifingersuchsystem ihre Protokolle tippten. Die Flut von beschriebenem Papier versiegte in diesen Tagen nicht. Erst als der DDR-Kripo-Chef Nedwig zu einem Kurzbesuch nach Eberswalde kam und einer der Offiziere die Gunst der Stunde nutzte, um den Oberst auf die Mängel aufmerksam zu machen, änderte sich die Situation.

Die Angst vor einem erneuten Zuschlagen des Mörders nistete sich in der Stadt ein, die nicht frei von Hysterie war. Wer als Fremder nach Eberswalde kam und zufällig ein Kind nach dem Weg fragen wollte, geriet in die Gefahr als Kindermörder gelyncht zu werden. Die Stimmung in der Bevölkerung schwankte. Während die einen alle Maßnahmen der Polizei unterstützten, schimpften jene, die – aus welchen Gründen auch immer – ins Fahndungsnetz der Mordkommissare gerieten. Drei oder vier Mal wurden manche, und immer wieder unter anderen Gesichtspunkten, von den

Beamten überprüft. Zeitweise war der Kreis kleiner, dann wieder größer, bis das Sieb erneut geschüttelt wurde. Frust staute sich bei den Betroffenen auf, nicht zuletzt auch über die scheinbare Unfähigkeit der Polizei.

In dieser Situation quartierte sich ein weiterer Führungsstab im Gebäude der SED-Kreisleitung ein. Die „Bezirkseinsatzkommission", in der vor allem Parteifunktionäre, MfS-Offiziere und leitende Polizeikommandeure das Sagen hatten, galt als Krisenstab, der nur bei besonderen Lagen zusammentrat. Eine solche war nach Meinung der Funktionäre, die im Grunde wenig von der kriminalistischen Arbeit verstanden, in Eberswalde gegeben. Bei Staatsanwalt Dr. Kuschel sowie den Praktikern Popiela, Kabel und Major Grieschat stießen solche Aktivtäten auf wenig Gegenliebe, wenngleich letzterer auch schrieb:

Es sei besonders hervorgehoben, daß die Volkspolizei bei diesem Einsatz die größte Unterstützung der Bevölkerung sowie von der Kreisleitung der SED, dem Rat der Stadt und den volkseigenen Betrieben erfahren hat.

Die Zahl der Hinweise, denen die Polizei mit aller Akribie nachspürte, überstieg bald die Tausend. Nicht immer bezogen sie sich unmittelbar auf die Knabenmorde, doch die Bereitschaft der Menschen, mit den Ermittlern über Dinge zu reden, die sie irgendwann beobachtet und als merkwürdig empfunden hatten, löste in der Ausnahmesituation die Zungen. Da fühlte sich niemand als Denunziant. Viele Straftaten, darunter Diebstähle und Einbrüche, von denen die Polizei nichts wußte, konnten bei der Gelegenheit aufgeklärt werden. Die Aufklärungsquote in der Kriminalstatistik der Eberswalder Kripo schnellte im Oktober und November 1971 mühelos auf die Hundert-Prozent-Marke.

So befriedigend die kriminalistischen Nebenprodukte für den Eberswalder Polizeichef auch sein mochten, in der dreifachen Mordsache ging es keinen Schritt voran. „Wir trampeln auf der Stelle", gestand Popiela während einer Stabsbesprechung vor der großen Krisenkommission. „Wir wissen, daß der Täter vermutlich ein junger Mann ist und daß er in Eberswalde wohnt. Und wenn ich auf Doktor Szew-czyks Täterbeschreibung aus dem Jahre 1969 zurückgreife, dann muß es sich um einen homophilen Sadisten handeln. Aber wo, um Himmels willen, findet man einen solchen Burschen?"

Staatsanwalt Kuschel stutzte. „Warum fragen wir das den Herrn Doktor nicht selbst? Sie haben doch einen guten Draht zu

Szewczyk. Bitten Sie ihn, zu uns nach Eberswalde zu kommen, Genosse Griecschat!"

Szewczyk kam. Doch zunächst weigerte er sich, die ihm gestellte Aufgabe sang- und klanglos zu übernehmen.

„Bitte, verstehen Sie mich nicht falsch, Herr Staatsanwalt. Wir haben es schon mal probiert, und genutzt hat es, wie Sie wissen, nicht viel. Zu viele Unwägbarkeiten stecken in dieser Problematik. Wenn ich Ihnen wirklich helfen soll, dann nicht im Alleingang. Stellen Sie mir die verehrten Kollegen Obermedizinalrat Dr. Barylla von der hiesigen Bezirksnervenklinik und den Herrn Oberstleutnant Ochernal aus Waldheim zur Verfügung. Dann will ich's, bittschön, nochmal versuchen."

Medizinalrat Dr. Manfred Ochernal leitete als ärztlicher Direktor die Strafvollzugsanstalt in Waldheim. Seit 1716 wurde die alte Burganlage abwechselnd als Zucht-, Armen- und Waisenhaus genutzt. In aller Welt bekannt geworden ist die Anstalt aber erst durch die „Waldheimer Prozesse" im Jahre 1950. Eines der unseligsten Kapitel in der Justizgeschichte der DDR. Zu Beginn der sechziger Jahre erhielt die Anstalt eine psychiatrische Abteilung, in der Dr. Ochernal das Sagen hatte. Der tägliche Umgang mit den Strafgefangenen wies ihn nach Szweczyks Ansicht als qualifizierten Praktiker aus. Da die Anstalt in Waldheim – wie der gesamte Strafvollzug in der DDR – dem Ministerium des Innern unterstand, veranlaßte Nedwigs Stellvertreter, Arthur Dietzsch, den Marschbefehl für den Waldheimer Medizinalrat im Obristenrang.

Szewczyk war immer noch nicht zufrieden. „Haben Sie schon mal von dem Fall Jürgen Bartsch gehört? Wahrscheinlich nicht, meine Herren. Der sogenannte ›Kirmesmörder‹ hat in einem Zeitraum von nur wenigen Jahren mindestens vier Knaben auf grausame Weise zu Tode gefoltert. Bei der ersten Tat war er fünfzehn Jahre alt, bei der letzten neunzehn."

„Hier bei uns?" echote ein dabeistehender Funktionär erschreckt.

Szewczyk überhörte den Zwischenruf. „Das Landgericht Wuppertal hatte eine lebenslängliche Zuchthausstrafe verhängt. 1969 hob der Bundesgerichtshof die Entscheidung auf. Bartsch wurde zu zehn Jahren Jugendstrafe und Einweisung in eine Heilanstalt verurteilt. Leider kenne ich den Fall auch nur aus der medizinischen Fachliteratur. Man müßte die Akten sehen. Vielleicht habe ich bei unserem Kölner Kollegen, dem Hauptgutachter Professor

Paul Bresser, ein bissel Glück. Wir korrespondieren gelegentlich. Das kann aber dauern, meine Herren."

„Dann versuchen wir es auf unserer Schiene", erklärte Hauptmann Lüdecke, der das Gros der MfS-Mannen in der Eberswalder Mordsache kommandierte. Noch am gleichen Tage telefonierte er mit seinem Vorgesetzten, Oberstleutnant Pyka.

Am 15. Oktober, sechs Tage nach Ronald Winklers Tod, nahm die Kommission ihre Arbeit auf. Der „Tscheff", wie Szewczyks Spitzname an der Charité lautete, schleppte einen kompletten Stab von Assistenten an. Unzählige Akten gingen sie durch, darunter auch das von Mielkes Mannen herbeigeschaffte „Kirmesmörder"-Material. Sie diskutierten das Für und Wider einzelner Krankengeschichten, stellten Thesen auf, verwarfen sie erneut und kamen erst am 18. Oktober zu der einhelligen Auffassung, daß man mit hoher Wahrscheinlichkeit nach einem sadistisch veranlagten jüngeren männlichen Triebtäter aus Eberswalde suchen müsse, der homosexuell-pädophil fixiert sei.

„Das heißt, der ist auf kleine Jungen scharf", erläuterte „Tscheff" vor den Chefs der Ermittlergruppen. „Zartgliedrig und vor allem blond."

Auf der Grundlage dieser Täterhypothese und der in allen drei Mordfällen erhobenen Tatbefunde gelangten folgende Personengruppen ins Visier der Fahnder:

1. wegen Sexualverbrechen vorbestrafte Personen, deren Handlungen homosexuell-pädophile oder sadistische Neigungen erkennen ließen;

2. geistesgestörte Personen, die in den offenen und geschlossenen Häusern der in der Nähe liegenden psychiatrischen Einrichtungen untergebracht bzw. in der psychiatrischen Ambulanz von Eberswalde behandelt wurden;

3. bestimmte, mit den Tatumständen in Zusammenhang zu bringende Personengruppen, wie z. B. Fleischer, Jäger, Forstarbeiter u. a.;

4. alleinwohnende oder zur Tatzeit alleinstehend gewesene männliche Personen des gesamten Ortsteils;

5. männliche Personen, die sich sowohl zu der Tatzeit 1969 als auch zu der Tatzeit 1971 nachweisbar vorübergehend in Eberswalde aufhielten;

6. alle männlichen Jugendlichen und Erwachsenen von Eberswalde, zu denen es einen – wenn auch geringen – Hinweis auf sadistische Neigungen gab.

Als stünde er im Hörsaal vor seinen Studenten dozierte Szewczyk: „Gerade Triebtäter führen nach außen ein normales Leben. Das müssen Sie bei Ihrer Fahndung berücksichtigen. Nicht jeder Sadist wird mit Notwendigkeit kriminell. Die Tötung als sexuelles Äquivalent stellt erst den Endpunkt der Entwicklung einer sadistischen Persönlichkeit dar. Darin liegt übrigens auch der Schlüssel, daß viele Sadisten jahrelang unauffällig leben. Ihre Neigung, die sich mitunter bis zur Kindheit zurückverfolgen läßt, äußert sich nicht immer sexualspezifisch. Mitunter sind es ganz allgemeine Rohheitsakte, Tierquälereien, Sachbeschädigungen, Brandstiftungen oder ähnliches.“

„Eine Art Inkubationszeit, wie bei Masern oder Röteln?“

„Der Vergleich ist gar nicht so schlecht“, meinte Szewczyk. „Der Sadist bedarf in der Tat zur Befriedigung seines Geschlechtstriebs immer intensiverer Reize. Der emotionale Druck nimmt zu, wie in einem Dampfkessel, bis die realitätsbezogene Triebsteuerung zusammenbricht und eine zerstörerische Dynamik freisetzt.“

„Der Mörder wird also erneut zuschlagen?“ fragte Kabel gespannt.

„Auf jeden Fall“, schloß Szewczyk kategorisch. „Ich glaube, Sie müssen sich sogar sehr beeilen.“

Eine Vorstellung von dem Mörder hatten sie nun. Doch bei Licht besehen – nicht mehr als ein Röntgenbild. Aus dem Negativ- mußte ein Positivbild werden. Aber wie?

In der MUK veranstalteten sie eine Art Ideenbörse, zu der jeder Mitarbeiter seine Überlegungen beisteuerte.

„Wir sollten es einmal bei Gericht versuchen“, schlug einer vor. „Unterschiedliche sexuelle Bedürfnisse schlagen sich oft genug in Scheidungsurteilen nieder. Ich weiß das noch von meiner eigenen Scheidung.“

„Das Referat Jugendhilfe hat bestimmt auch einiges in den Akten.“

Sie fügten Sexual- und Eheberatungsstellen hinzu. Selbst fachärztliche Einrichtungen, Ambulatorien und Kliniken konnten unter Umständen Hinweise liefern.

„Und die ärztliche Schweigepflicht?“

Dr. Kuschel wußte Rat. „Sollte einer Ihrer Gesprächspartner die Mitarbeit verweigern, kann er per Gerichtsbeschluß von der Schweigepflicht befreit werden. Aber ich denke, das wird gar nicht nötig sein.“

Der Aktenberg wuchs. Unverdrossen schleppten die Ermittler Erkenntnisse heran, die in die sogenannten Spurenakten Eingang fanden. Zu jedem Hinweis, Sachverhalt oder Verdachtsmoment gab es inzwischen solch einen Hefter; gegen Ende Oktober bereits 1300 Stück. Es sollten noch 57 hinzukommen, bis sie ans Ziel gelangten.

Eine Personenkartei gab Auskunft über jede Person, die irgendwann mit den Untersuchern als Verdächtiger, Zeuge, Tipgeber oder sonstige Auskunftsperson in Kontakt geraten war. Die Karteikarte enthielt die kleinen Personalien und die Registriernummer des Komplexes, unter dem die Protokolle zu finden waren. Bei Verdächtigen kam noch der Vermerk hinzu, ob das Alibi zweifelsfrei geprüft und von wem es geliefert wurde.

In den Kaderabteilungen der Betriebe gaben sich die Polizisten die Klinken in die Hand. Jeder hatte eine Liste mit Fragen, auf die er in den Personalakten oder in den Gesprächen mit den Kaderchefs, Partei- und Gewerkschaftsfunktionären, Brigadieren oder Vorarbeitern nach Antworten suchte.

So stießen sie im VEB Kranbau auf einen debilen Hofarbeiter, der sich vor Kollegen gebrüstet hatte, der „Schlitzer von Eberswalde" zu sein. Nach allen Regeln der Kunst wurde der Mann durch die Vernehmungsmühle gedreht. Im Haushalt seiner Eltern beschlagnahmten sie alle Messer und untersuchten die Schneidwerkzeuge im Labor auf menschliche Blutspuren.

Nicht anders erging es einem Junggesellen, der sich als Pilzsammler häufig in den Wäldern herumtrieb.

Es traf Förster und Waldarbeiter – von einem war über die Scheidungsakten bekannt geworden, daß er masochistische Sexpraktiken favorisierte – und immer wieder die Beschäftigten des Fleischergewerbes oder die Angestellten im Eberswalder Schlachthof.

Das Papier war geduldig. Die Ungeduld der Vorgesetzten in Berlin und Franfurt/Oder, vor allem aber im Parteiapparat stieg. Die SED-Bezirksleitung ließ anfragen, wann man den Normalzustand in der Stadt Eberswalde wieder herzustellen gedenke. Die Bevölkerung der DDR bereite sich auf die in drei Wochen stattfindenden Wahlen zur Volkskammer und zu den Bezirkstagen vor.

Heinz Kabel begann Nerven zu zeigen. Als einige Mitglieder von Jagdkollektiven sich unter Berufung auf ihren Status als Partei- oder Staatsfunktionäre den Unannehmlichkeiten der Überprüfung entziehen wollten, explodierte der Hauptmann. Zwar stand Dr. Kuschel, der Staatsanwalt, hinter ihm, doch Kabel ahnte, daß er nun ein paar Feinde mehr besaß.

Am Freitag war das Reservoir der potentiellen Verdächtigen ausgeschöpft. Da gebar der Stab die Idee, die Suche auch auf andere Bezirke der DDR auszudehnen. Kabel lief vor Ärger rot an. „Verflixt nochmal!" polterte er. „Was sollen wir denn in Rostock, in Magdeburg oder in Suhl suchen? Das ist doch Firlefanz! Der Täter sitzt bestimmt in Eberswalde! Und ich bin überzeugt, daß wir ihn nur über die Kinder finden werden!"

Die Mienen der hohen Vorgesetzten versteinerten.

Dem Oberleutnant Gedath aus der Branduntersuchungskommission, der ihm für den Einsatz unterstellt war und dem er besonders vertraute, schärfte Kabel ein: „Ecki, du gehst mir nicht aus dem Westend weg! Suche immer wieder Kontakt zu den Kindern. Und wenn du sie hundert- oder tausendmal befragst, etwas wird ihnen immer einfallen. Du wirst sehen, am Ende schnappen wir ihn uns!"

Müde und abgespannt verließ Heinz Kabel gegen 19.00 Uhr das Polizeihaus in Eberswalde. Zu allem Überfluß war ihm am Nachmittag zu Ohren gekommen, daß die MfS-Mannen im Eberswalder Postamt die Empfänger von Brief- und Paketsendungen aus der Bundesrepublik registrierten.

Kabel lenkte seine Schritte in die Heinrich-Heine-Straße, zum Wohnhaus seiner Eltern. Sein Blick glitt über die häßlichen Fassaden der Altstadthäuser. Als Eberswalde im April 1945 von den Russen besetzt wurde, hatten abziehende deutsche Fliegerkräfte das Stadtzentrum in Schutt und Asche gelegt. Hier in der Altstadt kannte Kabel jede Straße und jeden Winkel. Er war hier aufgewachsen, nachdem ihm und seiner Mutter noch im letzten Kriegswinter die Flucht über das vereiste Stettiner Haff gelungen war. In Eberswalde ging Heinz Kabel zur Schule, hier hatte er den Beruf eines Maschinenschlossers erlernt und zugleich die erste Liebelei seiner Jugend erlebt. 1952 ließ er sich zur Volkspolizei anwerben. Als er entgegen allen Erwartungen bei der Bereitschaftspolizei in Prenzlau landete, wo der Kasernenhofdrill ihn ansprang, war sein Widerspruchsgeist erwacht. „Entweder zurück zum Volkspolizei-Kreisamt oder die Entlassungspapiere!" forderte er kategorisch. Und er hatte Erfolg. Beim Dienstantritt im Kreisamt bewarb er sich flugs zur Kriminalpolizei. Militärischer Drill und Kadavergehorsam waren Heinz Kabel seit früher Kindheit verhaßt. Dafür hatte sein älterer Bruder gesorgt, ein glühender Nazioffizier, der

1944 „für Führer, Volk und Reich" in Rumänien gefallen war. Wenn der Bruder auf Heimaturlaub kam, hatte er den Jüngeren zum stundenlangen Strammstehen gezwungen.

Heinz Kabel verscheuchte die Erinnerungen. Inzwischen war er Hauptmann der Kriminalpolizei und sollte als Chef einer MUK drei Morde in seiner Heimatstadt aufklären. Leider war ihm der Erfolg bislang versagt geblieben. Irgendwo, in den Mauern dieser Stadt, lebte ein Mann, der unter der Maske eines Biedermannes Tag für Tag zur Arbeit ging, der mit den Kollegen scherzte und lachte, und den beim Anblick hübscher blonder Knaben Mordgelüste plagten. In Augenblicken der Ernüchterung erinnert man sich oft vergangener Enttäuschungen, an Mißerfolge und Niederlagen, selbst die kleinen Mißlichkeiten der Kindheit sind einem wieder gegenwärtig. In seiner vierzehnjährigen Praxis als Morduntersucher hatte Heinz Kabel nur selten danebengegriffen, aber sogenannte „nasse Fische", unerledigte Fälle, gab es eben auch. Würde er die Eberswalder Kindermordserie eines Tages zu den unerledigten Akten legen müssen?

Kabel betrat das Haus. Er begrüßte die Eltern. Er hörte ihre Klagen über das marode Dach, das schon wieder geflickt werden müsse, und ob er es sich nicht doch nochmal überlegen wolle, er könne doch mit seiner Familie wieder nach Eberswalde ziehen. Einer müsse ja das Haus übernehmen.

Später lag er auf dem Bett in dem Zimmer, das er immer bewohnte, wenn er dienstlich oder privat nach Eberswalde kam. Er starrte zur Zimmerdecke und seine Gedanken kreisten um die Mahnung der Eltern, sich doch einen ruhigeren Posten in Eberswalde zu suchen. Merkwürdig, dieses Gefühl von Unlust und Verdrossenheit, das sich seit geraumer Zeit immer öfter einstellte. Früher war er jeden Fall mit fieberhafter Entschlossenheit angegangen. Unvorhergesehene Wendungen und Schwierigkeiten hatten seine Sinne geschärft. In letzter Zeit aber überfiel ihn häufig eine seltsame Müdigkeit, ganz so, als widerstrebe es ihm, den unendlich langen und mühsamen Weg zur Wahrheit jedesmal von neuem anzutreten. 1955, auf der Polizeischule in Arnsdorf, hatte er gelernt, daß die Kriminaliät mit fortschreitender Entwicklung der sozialistischen Gesellschaft immer rascher abnehmen werde. Voller Ernsthaftigkeit hatten sie die Frage aufgeworfen, ab wann sie sich dann um einen anderen Beruf kümmern müßten. Heute, zehn Jahre nach dem Mauerbau, der auch die letzten Schlupflöcher von und nach Westberlin verstopfte, sah jeder, daß die Kriminalität keineswegs im Absterben begriffen war. Zwar gab es keine bewaffneten Raubüberfälle oder Rauschgiftdelikte, dafür um so mehr Baustoffdiebe in den VEB, betrunkene Rowdys und räuberische Buchhalter in den sozialistischen Produktionsgenossenschaften. Es schien, als produzierten die veränderten gesellschaftlichen Verhältnisse zugleich neue Formen der Kriminalität. Ein Kreislauf, der einmal in Gang gekommen, nicht mehr aufzuhalten war.

Verärgert ob solcher Gedanken schloß Kabel die Augen. Und dann schoß es ihm durch den Kopf: Ich habe Angst, den Eltern der ermordeten Kinder eines Tages erklären zu müssen, daß wir den Täter nicht gefunden haben!

Aufgekratzt winkte Major Popiela den Hauptmann am nächsten Morgen in den Arbeitsraum der Auswertergruppe. „Setz dich, Heinz, und lies das!" Er reichte ihm ein kurzgefaßtes Protokoll. Einer der Ermittler hatte es tags zuvor im Ergebnis seiner Recherchen in der MITROPA-Gaststätte des Bahnhofes Eberswalde abgeliefert.

In dem Text wurde ein Kochlehrling erwähnt, der bis vor kurzem seine Ausbildung bei der MITROPA erhalten hatte. Dem Personal war er durch sein merkwürdiges Verhalten aufgefallen. Es ging das Gerücht, daß er zu den „Schwulis" gehöre. Auch verstünde er sich darauf, seltsame Tierschreie nachzuahmen. „Wie sterbende Karnickel", hatte einer die Schreie charakterisiert.

„Scheint ja ein merkwürdiger Kauz zu sein", sagte Kabel. Als Quelle für die zusammengetragenen Informationen war die „Stellvertreterin des Objektleiters" angeführt. Kabel grinste ob der hochtrabenden Bezeichnung. Dann tippte er auf das Blatt. „Findest du nicht, daß wir da nachhaken sollten? Ich rede nochmal mit der Frau. Wo steckt der Ermittler?"

„Im Moment unterwegs. Sobald er zurück ist, schicke ich ihn zu dir."

Noch vor Mittag statteten sie der MITROPA-Verwaltung einen neuerlichen Besuch ab. Die „stellvertretende Objektleiterin" erwies sich als eine füllige Mittvierzigerin, die ihr weißblondes Haar zu einem Knoten aufgesteckt trug. Hinter ihrer Funktionsbezeichnung verbarg sich die Verantwortung für den täglichen Frischwareneinkauf und die Lagerwirtschaft in der Bahnhofsgaststätte.

„Unser Erwin interessiert Sie also." Sie drückte die Zigarette im überfüllten Ascher aus. Die Frau qualmte hemmungslos. „Wenn Sie meine Meinung hören wollen – der Erwin ist ein harmloser Spinner."

„Eben das wollen wir ja herausfinden", sagte Kabel. „Seit wann kennen Sie ihn?"

Sie begann in ihrem Schreibtisch zu kramen. „Irgendwo muß hier noch eine alte Karteikarte sein. Ich kassiere nämlich die Gewerkschaftsbeiträge. Ach ja, hier – Erwin Hagedorn, geboren am 30. Januar 1952, wohnhaft in Eberswalde-Finow, Werbelliner Straße 4. Erwin hat vor einem Jahr die Lehre bei uns abgeschlossen. So ein richtiger Koch mit Leib und Seele – Sie verstehen, was ich meine – ist aus ihm nicht geworden. War wohl nicht sein Traumberuf. Ich nehme an, die Eltern haben ihn bedrängt."

„Eine Freundin? Kontakte zu Mädchen?"

„Ein Küchenmädchen hat ihm bei einer Weihnachtsfeier mal einen Kuß gegeben, da ist er fast in den Boden versunken." Sie zuckte mit den Achseln. „Erwin ist ein typischer Einzelgänger. Jetzt gehört er zur Belegschaft der Autobahnraststätte in Finowfurt. Die arbeiten dort im Schichtbetrieb."

„Wie war das eigentlich mit diesen Tierstimmen?"

Die Frau fingerte schon wieder nach einem Glimmstengel. „Der Erwin spielte ganz gerne mal den Clown. Ich selbst habe es ja nie gehört, aber ein Kollege, der inzwischen in Rente ist, hat mir davon erzählt. Wenn Erwin die Fische schlachtete, dann machte er sich diesen Jux."

„Die Fische werden in der Küche geschlachtet?"

„Nein, nein, im Keller." Sie schüttelte den Kopf. „Da haben wir so einen speziellen Rost dafür. Muß ja alles ganz sauber sein. Wegen der Hygiene. Ach, wissen Sie, ich zeige Ihnen den Platz gleich. Da können Sie sich selbst ein Bild machen." Die Frau erhob sich und begleitete die Beamten durch einen dunklen schmalen Hausflur, an dessen Ende eine gewundene Holztreppe in den Keller führte.

Muffige Kellerkühle wehte den Männern zwischen den unverputzt gekalkten Wänden entgegen. Rechts unter der Treppe stießen sie auf ein steinernes Becken, dessen Oberfläche ein stählerner Rost bedeckte.

„Das ist der Platz. Forellen, Karpfen oder manchmal auch Aale werden hier geschlachtet. Je nachdem, was im Angebot ist. Mit einem Messerschnitt von Kiemen zu Kiemen, verstehen Sie."

Noch bevor sie sich den Mitropa-Koch aus der Nähe ansehen konnten, brachte die Szewzcyk-Kommission neue Aspekte in die Fahndung ein.

„Wir haben ein ziemlich genaues Porträt vom Charakter des Täters entworfen", dozierte der „Tscheff" im Kreis der leitenden Kripo-Offiziere. „Und es gibt eine Reihe von Begleitumständen der Morde, die den Untaten des ›Kirmesmörders‹ Bartsch, ich möchte fast sagen: bis aufs Haar gleichen. Der westdeutsche Autor Friedhelm Werremeier hat übrigens ein Buch über den Fall Jürgen Bartsch geschrieben." Sein Blick schwenkte in Richtung Grieschat. „Empfehle dringend, es gelegentlich zu lesen." Er sah wieder in die Runde. „Ein Kollege hat neulich den treffenden Vergleich mit der Inkubationszeit bei Masern oder Röteln benutzt. Genau so war es auch bei Jürgen Bartsch. Der ersten Mordtat gingen eine Vielzahl von Handlungen voraus, bei denen er Kinder in eine Höhle lockte. Wenn wir davon ausgehen, daß unser Mörder in Eberswalde auch auf Knaben, die seinen sexuellen Phantasievorstellungen entsprechen, aus ist, dann halte ich es sogar für höchstwahrscheinlich, daß er nicht zum erstenmal versucht hat, sich solchen zu nähern. Der Bursche durchlebt Entwicklungsphasen, die ihn förmlich zwingen, immer wieder die Nähe und das Erlebnis mit den Kindern zu suchen. – Bauen wir darauf unsere neue Strategie auf!"

Major Grieschat notierte:

Von diesen Überlegungen ausgehend, war zu berücksichtigen, daß solche Handlungen des Täters bisher aus den verschiedensten Gründen nicht zur Anzeige gekommen zu sein brauchten. So war es z. B. durchaus möglich, daß Kinder aus Scham Erwachsenen nichts von derartigen Erlebnissen erzählten oder der Täter seine Handlungen als Teilnahme an kindlichen Spielen kaschierte und damit seine sexuellen Absichten für die Kinder nicht erkennbar wurden. Es erschien zweckmäßig, alle Schüler der gefährdetsten Altersgruppe individuell und psychologisch gut vorbereitet anzusprechen.

Rund dreißig Kriminalisten wurden für die Aktion ausgewählt, die Hälfte von ihnen waren Frauen. Alle kamen sie aus der Arbeitsrichtung VII, dem Kripo-Kommissariat, das auf die Kinder- und Jugendkriminalität in der DDR spezialisiert war. Pädagogisches Einfühlungsvermögen wurde von den Beamten verlangt, die als Zweierteams mit den Psychologen der Szewczyk-Kommission zum Einsatz kommen sollten.

Kinderaussagen sind nicht ohne Tücken. Das, was sie erzählen, muß nicht immer der Realität entsprechen. Kinder neigen zu Übertreibungen, tatsächlich Erlebtes wird in der Wiedergabe mit phantastischen Elementen angereichert.

„Achten Sie also darauf, daß Motive wie Eitelkeit, ein gewisser Hang zur Romantik und der Wunsch, sich im Zentrum der Aufmerksamkeit zu sehen, zu falschen Aussagen führen können", warnte der Einsatzleiter. „Das merkt man aber relativ schnell, weil Kinder Schwierigkeiten haben, ihre Phantasiegebilde nahtlos in das reale Geschehen einzuordnen. Nach meinen Erfahrungen beinhalten derlei Schilderungen aber immer ein Quentchen Wahrheit, und dieses gilt es aufzuspüren."

1971 gab es neun Schulen in Eberswalde und fast die doppelte Anzahl von Kindergärten. Einige hundert Knaben im Alter von 5 bis 16 Jahren wurden an den ersten Novembertagen befragt. Sie taten es in möglichst kleinen Gruppen und am Ende jeden Gespräches erklärte einer der beiden Interviewer: „Natürlich kann es sein, daß euch später noch ein solches Erlebnis mit einem unbekannten Mann einfällt, oder mit einem großen Jungen, der ein Messer hatte, dann sprecht ruhig mit euren Eltern, oder ihr sagt es einem Lehrer. Wer möchte, kann es natürlich auch auf einen Zettel schreiben."

Oberleutnant Werner Hempel verabschiedete sich vom Direktor der Karl-Marx-Oberschule. Bei der Sekretärin hinterließ er einen Zettel. „Für den Fall, daß sich doch noch etwas ergeben sollte, lasse ich Ihnen meine Telefonnummer hier", meinte er, obwohl er keine großen Hoffnungen an seine Worte knüpfte.

Am 10. November nahm eine Ermittlergruppe einen jungen Mann im Wohngebiet Westend unter die Lupe. Die anonyme Aufforderung „dem geheimnisvollen Treiben in der Garage auf dem Grundstück in der Britzer Straße endlich ein Ende zu bereiten!" hatte die Ermittler in die Spur gebracht. Der Garagenbesitzer galt als Einzelgänger. Vom weiblichen Geschlecht hielt er offenbar nichts, dafür tauchten um so häufiger junge Männer bei ihm auf, mit denen er dann in der sonst sorgsam abgeschlossenen Garage verschwand. Den i-Punkt setzte jedoch der Hinweis, daß er ein Fahrtenmesser am Gürtel trage.

Als die Beamten mit staatsanwaltschaftlicher Rückendeckung die Garage öffneten, standen sie zu ihrer Überraschung vor einem Berg Diebesgut. Die Vielfalt der zusammengeschleppten Gegenstände verblüffte. Von Ersatzteilen für Autos und Motorräder bis hin zu Bohrmaschinen oder transportablen Baugeräten war fast alles zu finden. Selbst Haushaltsgeräte schrieben sie ins Beschlagnahmeprotoll, darunter einen Satz Küchenmesser. Sie benötigten einen Lkw, um das Diebesgut abzuholen.

Für die Kriminalisten bestanden keine Zweifel: sie hatten den Brennpunktverursacher gefaßt, der Baustellen, Betriebskantinen und Garagenkomplexe in und um Eberswalde seit längerer Zeit nächtens heimsuchte. Stolz ob des unverhofften Erfolges klopfte man sich gegenseitig auf die Schultern.

In der Garage lag aber auch einen Stapel zerlesener Pornohefte, deren Einfuhr und Verbreitung in der DDR verboten waren. Der pädophile Charakter der meisten Sexfotos war unverkennbar. Die Heftchen, die Messer und eine angedeutete Homosexualität machten den Mann für die Mordkommission interessant. Er wurde in die Untersuchungshaftanstalt nach Frankfurt/Oder übergeführt. Heinz Kabel, dessen Stärke vor allem in einer überlegenen und sachlichen Vernehmungsführung bestand, sollte ihm am Mittwoch die Eberswalder Mordverbrechen nachweisen.

Er ging, wie er später zugab, mit vielen Zweifel in den Vernehmungsraum. Erwin, der MITROPA-Koch, wollte ihm nicht aus dem Sinn. Nur mit Mühe konzentrierte der Hauptmann seine Gedanken auf die Vernehmung.

Sein Gegenüber war ein schmaler Bursche von 28 Jahren, weißblond und kaum mittelgroß. Die Eindrücke der ersten Nacht hinter Gittern hatten dunkle Ringe um seine Augen gelegt.

Kabel eröffnete das Verhör mit den üblichen Allgemeinplätzen. Sie sprachen über das graue Schmuddelwetter, das vor den Fenstern der Haftanstalt nistete, über Zigarettensorten, die der Delinquent bevorzugte, und kamen schließlich auf sein Hobby zu sprechen.

Der Einbrecher war in der Nachbarschaft als Autonarr bekannt. Jeden Pfennig, so hieß es, stecke er in seinen Oldtimer, den er über alle Maßen hege und pflege. So ein Steckenpferd kostet natürlich eine Stange Geld. Nicht zu unrecht vermutete der Hauptmann, daß man hier nach dem Motiv für die Einbrüche gründeln müsse.

„Wir wissen, daß eine Menge Besucher zu Ihnen in die Garage kamen."

„Ist das vielleicht verboten?"

„Wer sind diese Leute?"

„Mal der und mal der. So genau erinnere ich mich nicht."

„Und worüber haben Sie gesprochen?"

„Über Autos und Motorräder. Was sonst?"

„Die Leute waren doch Ihre Kunden!" sagte Kabel überzeugt.

„Welche Kunden?"

„Sie haben Diebesgut an die Leute verhökert! Deshalb die Besuche im Dunkeln und in aller Heimlichkeit."

Widerspruchslos nahm der Einbrecher die Vorwürfe hin. Aus seiner Sicht war es verständlich, daß er weder Personen noch Fakten preisgeben wollte. Obwohl die Kripo über hinreichende Beweise verfügte, drückte er sich um eine klare Aussage. Die Vernehmung währte Stunden. Längst brannte das Licht im Verhörraum. Zum wiederholten Male kam Kabel auf den Stapel Pornohefte zu sprechen.

„Naja, gefällt mir eben", warf der Beschuldigte unwillig hin.

„Auch, daß die Fotos Sexpraktiken mit Kindern zeigen?"

„Ergab sich halt so."

Der Hauptmann erhöhte die Lautstärke: „Und wozu die Messer?"

Wieder saß er wortlos vor dem Hauptmann, minutenlang. Er war blaß, einigermaßen erschöpft und atmete hastig. Bis er sich im plötzlichen Entschluß kerzengerade aufsetzte und mit spröder Stimme erklärte: „Also gut, ich gebe es zu. Ich habe die Kinder umgebracht!"

„Wie?"

„Mit dem Messer natürlich. Ich habe ihnen den Hals aufgeschlitzt."

Heinz Kabel bewahrte Gleichmut. „Wissen Sie überhaupt, was Sie da sagen?"

„Ja doch. Ja! Ja!" keuchte der andere. „Ich bin der Mörder! Schreiben Sie das endlich auf!"

„Wenn Sie der Mörder sind, dann können Sie mir erklären, wo und wie Sie auf Ronald Winkler getroffen sind?"

„An den Drehnitzwiesen."

„War er allein?"

„Sonst wäre er nicht mitgegangen."

„Sie irren. Ein Freund ist bei ihm gewesen und der hat den Täter gesehen. Morgen früh machen wir eine Gegenüberstellung!"

„Wozu denn das? Ich habe doch alles zugegeben!"

Heinz Kabel rief nach der Schreibkraft. Er diktierte das Protokoll, das der Beschuldigte kommentarlos unterschrieb.

Nach der Vernehmung rief der Hauptmann in Eberswalde an.

Major Popiela konnte seine Erleichterung kaum verhehlen. „Ach du dicker Vater! Na dann ist ja alles klar, Heinz!"

„Warten wir mal ab. Der Bursche hat ein Motiv für die Einbrüche. Da gefällt er mir ganz gut. Aber bei den Morden habe ich ein dummes Gefühl."

„Und warum?"

„Vielleicht will er uns bloß hinhalten. Jedenfalls kläre ich morgen früh erst mal die Einbrüche mit ihm!"

Während Heinz Kabel den Vernehmungstrakt der Frankfurter Untersuchungshaftanstalt betrat, um sich erneut mit dem mordgeständigen Einbrecher auseinanderzusetzen, klingelte in der Eberswalder Polizeizentrale das Telefon. Der Anrufer verlangte den Oberleutnant Hempel. Es war die Schulsekretärin. Sie fragte, ob Hempel in der Neun-Uhr-Pause in der Schule vorbeischauen könne. Der Biologielehrer, Herr Kittel, möchte mit ihm sprechen.

Der Lehrer wartete im Zimmer des Direktors. Bei ihm ein Junge von 12 oder 13 Jahren. Strohiges Blondhaar über einem weichen Knabengesicht. Es war genau der Typ, den der Mörder für seine Bluttaten suchte.

„Das ist mein Sohn", sagte Herr Kittel. „Er heißt Andreas."

Hempel reichte beiden die Hand. „Tag, Andreas. Geht's gut?"

„Es geht."

Der Oberleutnant rückte sich einen Stuhl zurecht.

Herr Kittel sagte: „Nachdem Sie in der Schule waren, Herr Hempel, habe ich zu Hause nochmal mit Andreas gesprochen. Zu meiner Überraschung rückte er plötzlich mit einer Geschichte heraus, von der ich selber keine Ahnung hatte. Die Sache liegt mehr als drei Jahre zurück. Ist im Winter 1968 passiert. Aber ich denke, Andreas soll Ihnen das selbst erzählen."

Hempel nickte. „Einverstanden?" wandte er sich an den strohblonden Jungen.

„Naja, das war im Wald hinter den Drehnitzwiesen. Es lag Schnee. Ich war zum Skilaufen. Und da kam der große Junge. Erst hat er nur zugeguckt, aber dann wollte er mit mir ringen."

„Ein Ringkampf also? Wer hat denn gewonnen?"

„Der war ja viel stärker als ich. Und als ich dann unten lag, da hat er …"

Der Junge stockte. Hempel nickte ihm aufmunternd zu. „Erzähl nur. Brauchst keine Angst zu haben."

„Er hat mir die Hose runtergezogen und bei mir angefaßt an …

hat er angefaßt. Das tat weh. Ich hab's ihm gesagt. Er hat aber nur gelacht und weitergemacht und so gekeucht und geschnieft."

„Haben dir denn deine Spielkameraden nicht geholfen?"

„Die sind ja alle weggerannt."

„Verstehe. Aber war da nicht noch was mit einem Messer?"

„Stimmt. Das ist ihm aus der Tasche gefallen, als wir gekämpft haben. Da hat er gesagt, daß er mich abstechen wird, wenn ich zu Hause was erzähle."

„Deshalb hast du die Geschichte deinen Eltern verschwiegen. Könntest du den großen Jungen beschreiben? Ich meine, wie alt er war?"

„Naja, so sechzehn oder siebzehn. Ganz früher ist er mal Aufsichtsschüler gewesen in unserer Schule."

Hempel merkte gespannt auf. „Wie – ganz früher?"

„Da war ich in der dritten Klasse."

Hempel rechnete schon. Andreas Kittels Antwort wies einen Weg, den unbekannten Jungen zu ermitteln. Der mußte – vorausgesetzt, die Aussage stimmte – 1966 zum Schülerkreis der Karl-Marx-Oberschule gehört haben. Der Biologielehrer erriet Hempels Gedanken. „Ich beschaffe Ihnen eine Namensliste", versprach er.

Hempel reichte dem Jungen ein Blatt Papier. „Bitte, Andreas,

Andreas Kittel brachte die Kripo auf die Spur. Quelle: Archiv des Autors

schreib das alles mal auf diesen Zettel! So, wie du es uns erzählt hast." Das war so üblich. Derlei Schriftstücke konnten, wenn es um die Glaubwürdigkeit von Kindesaussagen ging, eine gewisse Bedeutung erlangen.

Doch es kam noch besser. Andreas räusperte sich und sagte plötzlich: „Ich weiß aber auch, wo der Junge wohnt."

„Du ... du weißt was?"

„Ich hab ihn immer mal in der Stadt gesehen. Und einmal, da guckte er aus dem Fenster eines Hauses in ... in ..." Er überlegte krampfhaft, kniff dabei sogar die Augen zu. „Ich weiß genau, wo das Haus steht. Ich kann's Ihnen zeigen."

Ein paar Minuten später saßen sie im Auto. Andreas Kittel dirigierte das Polizeifahrzeug zur Heegermühler Straße. Sie bogen nach rechts auf die Hauptstraße ein. In Höhe des Westendtheaters befahl er: „Jetzt wieder links!"

Die Straße folgte einer langgestreckten Krümmung. Fast im Scheitel des Bogens deutete Andreas Kittel rechterhand auf ein vierstöckiges Wohnhaus. „Dort! Aus dem Fenster da oben hat er rausgeguckt!"

„Werbelliner Straße 4", notierte Hempel.

Sie brachten den Jungen zur Schule zurück. „Danke, Andreas, daß du alles erzählt hast. Ich glaube, du hast uns sehr geholfen!"

Im VPKA suchte der Oberleutnant die Kreismeldekartei auf. Er ließ sich aus den langgestreckten Trögen die Karteikarten der Personen ziehen, die im Haus Werbelliner Straße 4 wohnten. Es gab nur eine männliche Person im vergleichbaren Alter – Erwin Hagedorn, geboren am 30. Januar 1952!

Während Heinz Kabel in der Frankfurter Haftanstalt noch immer den Einbrecher vernahm, bereiteten sie in Eberswalde den entscheidenden Schlag vor. Einer der Auswerter hatte sich sofort erinnert: „Hagedorn, Werbelliner Straße 4 – klar war da was. Ist das nicht der Bengel aus der Mitropa?" Er suchte das Ermittlungsprotokoll heraus und legte es neben Andreas Kittels Zettel, der die „Spur 1357" eröffnete.

In aller Eile trugen sie zusammen, was die Informationsspeicher der VP und des MfS über die Hagedorns hergaben. Vater: Bibliothekar im Reichsbahnausbesserungswerk und Mitglied der SED. Mutter: Schneiderin, die sich im Fernstudium zum Ingenieur-Ökonom qualifiziert, Mitglied der SED. Einziges Kind Erwin:

Koch, seit einem Jahr Kandidat der SED. Für DDR-Verhältnisse eine politisch integere Familie. Aber wenn in einer Ermittlungssache gleich zwei heiße Spuren auf ein und dieselbe Person hindeuten, brennt in aller Regel die Luft.

Am Donnerstagmittag, es war der 12. November 1971, wurde Erwin Hagedorn festgenommen. Er war allein zu Hause, als die Oberleutnante Erdmann und Gedath an der Wohnungstür läuteten. Der neunzehnjährige Koch gab sich höflich und zuvorkommend. Selbstverständlich würde er mit zur Dienststelle kommen, wenn man es von ihm verlange. Er verstehe schon, es gehe um die toten Kinder, da müsse jeder helfen, der etwas sagen kann.

„Können Sie denn etwas sagen?" fragte Erdmann noch an der Wohnungstür.

Die Frage ließ Hagedorns Redefluß versiegen. Wortlos stieg er in den Wartburg, der vor dem Haus wartete, und ebenso schweigend folgte er den Polizisten, die ihn durch die Gänge des Volkspolizei-Kreisamtes führten.

Die steinerne, starre Wucht des Treppenhauses, das wie eine Mischung von Bürogebäude und Gotteshaus wirkte, drohte auf ihn herabzustürzen. Die Gesichter der Kinder erstanden vor seinem geistigen Auge auf, jagten wie auf einem Karussell vorbei. Das springende Blut ...

Die Polizisten stießen eine Tür auf.

Mit zögernden Schritten trat Erwin Hagedorn über die Schwelle. In der Mitte des Raumes blieb er stehen, als habe er keine Kraft mehr, drehte sich zu Erdmann um und sagte: „Ich bin der Mann, den Sie suchen!"

Eine Stunde später hatten sie schon ein handschriftliches Geständnis. Erdmann fragte sicherheitshalber nach der Jacke mit dem Webpelz. Ja, die hänge zu Hause im Schrank. Eine schicke Lederjacke aus Knautschlack, die habe seine Oma ihm aus dem Rheinland geschickt.

Und das Tatwerkzeug?

„Ein Messer ist zu Hause. Das andere habe ich weggeworfen."

Heinz Kabel wurde nach Eberswalde zurückgepfiffen. Als Chef der Morduntersuchungskommission war er für die weiteren Verhöre zuständig. Staatsanwalt Dr. Kuschel wollte bei den wichtigsten Vernehmungen dabei sein. Hagedorns Generalgeständnis bedurfte der Präzisierung.

Das „Ungeheuer von Eberswalde" saß in einem kleinkarierten

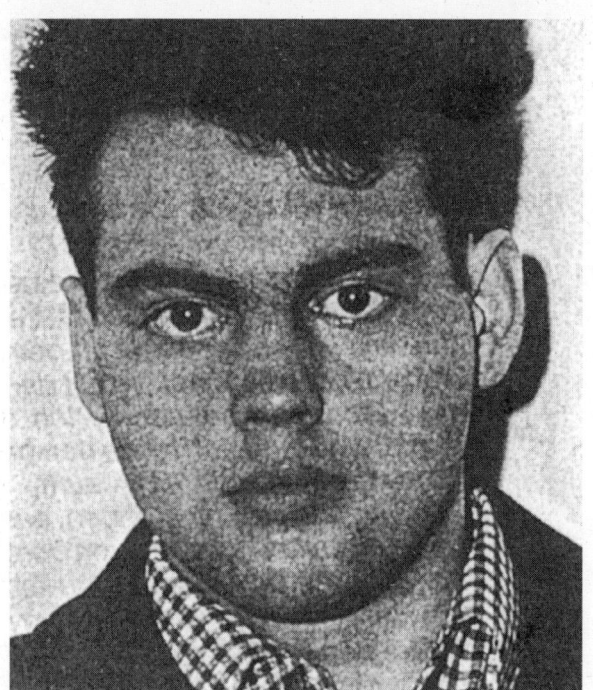

Hemd und in einer grauen Hose vor ihnen. Ein offenes freundliches Kindergesicht. Ein richtig netter Junge, dachte Kabel. Mit dem wirst du keine Schwierigkeiten haben. Mußt nicht laut werden, der wird alles erzählen. Und so war es dann auch. Hagedorns Geständnisbereitschaft verblüffte Staatsanwalt und Kriminalisten gleichermaßen. Bisweilen überschlug er sich vor purer Hilfsbereitschaft. „Bitte", sagte er, „Sie können mich ruhig duzen. Da spricht es sich leichter."

Heinz Kabel erinnerte sich später: „Ich wußte manchmal morgens nicht, was ich sagen sollte, wenn er reinkam und sagte: ›Guten Morgen. Herr Kabel, auf welche Fragen kann ich heute eine Antwort geben?‹"

Auch darin ähnelte Hagedorn seinem westdeutschen Pendant Jürgen Bartsch.

„Na dann los", sagte Kabel. „Erzähl uns mal, Ewin, wie du die beiden Kinder im Mai 1969 weggelockt hast."

„Sie meinen den Henry Specht und den Mario Louis? Das war

kein großes Kunststück. Die hab ich am Franzosenbunker aufgenommen." Hagedorn benutzte tatsächlich das Wort „aufgenommen", als berichte er über eine Wildfährte. „Die haben dort mit
anderen Kindern gespielt. Erst habe ich sie eine Weile beobachtet, dann habe ich mich eingemischt. Ich war zu diesem Zeitpunkt
sexuell erregt. Ich hatte ein steifes Glied, und ich wollte mit dem
einen Jungen sexuelle Handlungen vornehmen. Ich hatte es vor
allem auf den größeren Blonden abgesehen. Ich stand nun mal auf
blond. Ich sagte zu den beiden, daß ich einen tollen Hochsitz wüßte, von dem man auch bei Tage Tiere beobachten kann. Wir fuhren mit den Fahrrädern bis zum Forst Schwärze, dann weiter in
Richtung Spechthausen."

„Bis zur Eisenbahn seid ihr aber nicht gekommen?"

„Nein. Ich mußte die beiden Jungen trennen, denn ich wollte
zum ersten Mal richtig töten. So, wie ich es oft geträumt hatte. Ich
versetzte dem kleineren Jungen deshalb einen Messerstich …"

„Einfach so, aus heiterem Himmel?" unterbrach Dr. Kuschel.

„Ich hatte zu den beiden gesagt, wie alt sie sind und daß ich mal
sehen wolle, ob sie zusammen stärker sind als ich. Wir machten
einen Ringkampf. Dabei zog ich das Messer und versetzte dem
Jungen einen Stich in die Brust. Der kleine Junge wurde durch
diesen Messerstich leicht verletzt. Ich sagte: ›Au, verflixt! Das
wollte ich nicht! Leg dich ruhig hin. Ich hole mit deinem großen
Freund schnell Hilfe!‹"

„Dann seid ihr losgefahren?"

„Ja, aber nur ein Stück. Da war so dichtes Unterholz. Bereits
während der ganzen Zeit war ich sexuell stark erregt und hatte ein
steifes Glied. Da mußte ich es endlich tun, verstehen Sie. Ich zog
das Messer und stach zu. Meine sexuelle Erregung war auf dem
Höhepunkt, als das Blut aus dem Körper des Jungen herausge-
schossen kam. Erst nach dem Töten klang diese langsam ab."

Hagedorn hatte sich in eine hektische Erzählhaltung hineinge-
steigert, die den Männern seltsam erschien. Dr. Szewczyk erklärte es ihnen später: „Hagedorn durchlebt, während er über seine
Mordtaten berichtet, sexuelle Phantasiephasen."

„Beschreibe uns doch mal, wie du das Messer gehalten hast."

„Das Messer hielt ich so, daß die Klinge aus der Faust an der
Daumenseite herausragte."

„Du hast aber nicht nur auf ihn eingestochen. Du hast doch noch
etwas getan. Überleg mal."

„Meinen Sie vielleicht, daß ich ihm die Hose aufgemacht habe?"

„Das hast du also getan?“

„Na sicher“, sagte Erwin, und räumte damit sogenanntes Täterwissen ein. Der Umstand der geöffneten Hosenklappe war geheimgehalten worden. Nur die Polizisten und der Mörder konnten davon wissen.

„Den Blonden, den Henry, hast du im Unterholz liegen lassen. Was geschah mit Mario?“

Hagedorn besann sich nur kurz. „Für einen Moment tat mir der Junge ja leid. Mir war aber klar, daß ich ihn auch töten mußte. Aus diesem Grund begann wieder eine starke sexuelle Erregung bei mir, wobei mein Glied steif wurde. Ich beugte mich über den Kleinen ... und weil er um Hilfe rief ... und ich Angst hatte, stieß ich ihm das Messer in die Brust, und zwar in die Herzgegend.“

Heinz Kabel verlangte es nach einer Pause. Trotz aller Sachlichkeit war ihm kotzübel zumute. Bevor er und Kuschel den Verhörraum verließen, schob er Hagedorn einen Zettel und einen Kugelschreiber hin: „Mal doch mal auf, Erwin, wie du die Kinder am Franzosenbunker gefunden hast.“

Und Erwin tat es. Mit sorgfältig gezeichneten Kreisen und Strichen skizzierte er die Situation und die Bewegungsabläufe und fügte am Schluß die Erklärung hinzu: „Kontaktaufnahme am

Waldstück am Franzosenbunker. Quelle: Archiv des Autors

493

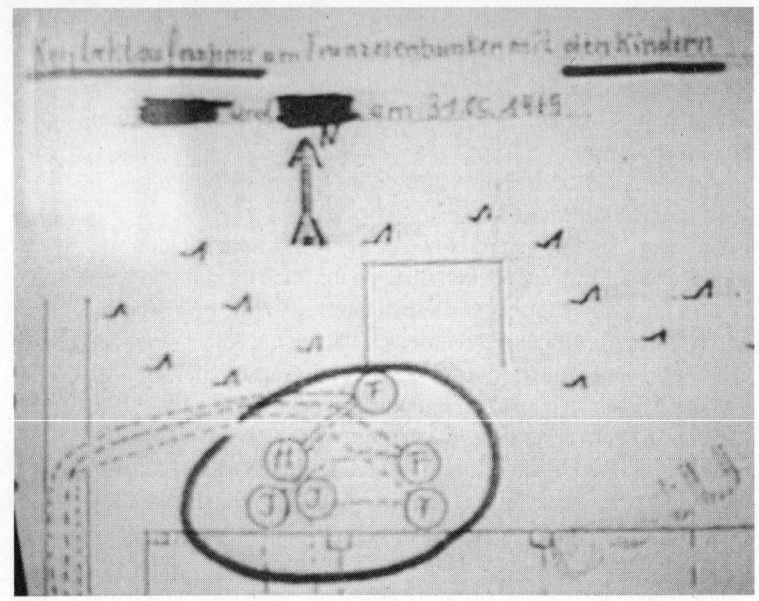

Skizze über die Kontaktaufnahme Hagedorns mit den Kindern. Quelle: Archiv des Autors

Franzosenbunker mit den Kindern Specht und Louis am 31.05.1969".

Nach der Pause wandten sie sich dem Mordkomplex Ronald Winkler zu. Hagedorn erzählte fließend, wie er den Jungen am Bretterstapel „aufgenommen" hatte. Lebhaft schilderte er die Verfolgungsjagd und das grausame Ende des Jungen.

„Ich komme mir dabei vor, als ob ich kein Mensch mehr bin, als wenn ich ein Wolf bin, der Blut geleckt hat. Ich muß dann Blut sehen, nicht nur die sexuellen Handlungen vornehmen. Dieses Herausquellen des Blutes aus dem menschlichen Körper, das muß sein. Ohne dem hätte die Tötung keinen Sinn."

„Wie beim Schlachten der Fische, als du noch Lehrling warst in der Mitropa", warf Kabel hin.

„Das wissen Sie?" fragte Erwin Hagedorn verwundert. „Dieses Fischeschlachten hatte für mich keine sexuelle Bedeutung, es war eine innerliche Genugtuung zuzusehen, wie die Karpfen oder Aale mit ihrem Tode kämpften, wobei ich großen Aalen besonders gern den Kopf abschlug. Es war die Freude des Tötens, verstehen Sie. Ich hätte am liebsten gar nicht mehr aufgehört zu schlachten."

„Es stimmt aber nicht, daß du keine Erregung gefühlt hast!"

„Naja, ich habe versprochen, die Wahrheit zu sagen. Es kam vor, daß mein Glied dabei steif wurde. Es machte mir auch nichts aus, wenn das jemand sah."

Heinz Kabel breitete mehrere Messer auf dem Tisch aus.

„Mit welchem Messer hast du die Kinder getötet?"

Hagedorn zeigte auf ein breites einschneidiges Fahrtenmesser. „Mit diesem hier. Ich habe es mir zur Erinnerung aufgehoben."

Dann war die Lederjacke dran. „Hast du sie am 9. Oktober getragen, Erwin?"

Hagedorns Hand strich kurz über den glänzenden Knautschlack, er berührte den Webpelzkragen. „Habe ich damit etwa Spuren hinterlassen?" fragte er gespannt.

„Mehr als genug", knurrte Kabel, und beendete das Verhör.

Der Führungsstab in Eberswalde wurde aufgelöst, die zugeordneten Mitarbeiter der Mordkommission in ihre Heimatdienststellen verabschiedet. Am 14. November 1971 trug jeder mit seiner Stimmabgabe am Wohnsitz dazu bei, den grandiosen Wahlsieg von „99,85 % für den Wahlvorschlag der Nationalen Front" bei den Volkskammerwahlen sicherzustellen.

Eine Pressenotiz im „Neuen Tag" informierte über die Festnahme des Mörders. Bis Mitte Dezember wurde Erwin Hagedorn in der Frankfurter Untersuchungshaftanstalt vernommen. Er erinnerte sich an Andreas Kittel. „Ja, den habe ich in meine Folterhöhle mitgenommen ..."

„In die ... was?"

Verwundert erkundigte sich Hagedorn, ob er ihnen das noch nicht erzählt hätte. Ja, er habe hinter den Häusern ein kleines Versteck hergerichtet. Eine richtige Höhle aus Brettern habe er gebaut. Dorthin habe er die Jungen gelockt, die ihm gefielen, und die er für seine sexuellen Handlungen brauchte.

„Wen zum Beispiel?"

Er beschrieb einen Jungen, den er schon im Brustbereich mit dem Messer geritzt hatte. „So als Mutprobe getarnt, verstehen Sie. Aber plötzlich kam ein anderer Junge gerannt. Ich steckte mein Messer schnell weg. Zu dumm, sagte ich mir."

„Was noch?"

„Ja, in dem einsamen Jagen bei Spechthausen. Unweit der Stelle, wo ich Specht und Louis umgebracht hatte. Ein süßer blonder Bursche. Vielleicht sieben Jahre alt. Da tauchte ein Forstbeamter auf." Mindestens acht solcher Handlungen räumte Erwin Hagedorn vor den Untersuchern ein. Sie protokollierten es gewissenhaft und versuchten die Kinder zu ermitteln. Bis auf den Sohn des Biologielehrers, der sich freiwillig gemeldet hatte, gelang ihnen das nicht.

Hagedorn bei der filmischen Rekonstruktion am Tatort. Quelle: Archiv des Autors

Das Kriminalistische Institut bestätigte inzwischen die Gleichheit der Kunstfaserspuren, die sie am Tatort gesichert und mit den Proben von der Jacke des Beschuldigten verglichen hatten.

Am Knautschlack wiesen sie geringfügige Spuren von Menschenblut nach. Sie erbrachten sogar den Beweis, daß es von einer männlichen Person stammte. Darüber hinaus entdeckten sie winzige Rückstände von menschlichem Blut am Messergriff. Für eine Blutgruppenbestimmung reichte die Menge leider nicht aus.

Erwin staunte, was sie ihm alles beweisen konnten. „Ich habe mich doch jedesmal gründlich gereinigt", ließ er sie wissen. „Und das blutige Taschentuch habe ich verbrannt."

Aus Berlin rückte ein Filmstab der Hauptabteilung Kriminalpolizei an. In Absprache mit dem MfS war die Idee entstanden, eine Filmdokumentation über den „Fall Hagedorn" zu drehen. Die filmische Rekonstruktion sollte als Lehrmaterial bei der Ausbildung kommender Kriminalistengenerationen Verwendung finden.

Ein halbes Hundert Polizisten sicherte die Filmaufnahmen im weiten Umkreis ab. Es hatte sich in der Stadt herumgesprochen, daß sie den Mörder nach Eberswalde bringen würden. Die Menschen, die ihn nur von weitem sahen, hätten ihn am liebsten gelyncht.

Hagedorn war voll und ganz bei der Sache. Er zog seine Lederjacke an, ließ sich das Mikro umhängen und stieg mit unbewegter Miene in die Grube, in der er anhand einer Schaufensterpuppe den Mord an Ronald Winkler demonstrierte.

Auf Major Hoheisels Geheiß übernahm Horst Popiela den Part des unsichtbaren Vernehmers für die Filmarbeiten. Kabel zuckte nur mit den Schultern, als er von der Entscheidung des Bezirks-K-Leiters hörte. Er hatte ohnehin den Eindruck, daß sein Stern als Chef der MUK im Sinken begriffen war. „Kritik und Selbstkritik, die unverzichtbaren Führungselemente des sozialistischen Leiters" verlangten nach einem Prügelknaben für die ungwöhnlich lange Zeit bis zur Aufklärung der Mordverbrechen.

Ende Dezember 1971 schrieb Heinz Kabel den Schlußbericht in der Mordsache „Erwin Hagedorn". Es war tatsächlich seine letzte Amtshandlung als Chef der MUK. Oberleutnant Erdmann trat seine Nachfolge an. Heinz Kabel wurde in ein anderes Dezernat versetzt.

Staatsanwalt Dr. Kuschel beauftragte Szewczyk und Ochernal mit der Begutachtung des Eberswalder Kindermörders. Hagedorn wurde in der Haftanstalt Berlin-Rummelsburg untergebracht, und von dort fast jeden Morgen zum Hintereingang der Charité gefahren, wo das Mitarbeiterteam der Nervenklinik ihn in Empfang nahm. Dr. Manfred Ochernal, der Zweitgutachter, verlegte seinen Arbeitsplatz tageweise von Waldheim nach Berlin.

In den Gesprächen mit den Gutachtern und deren Assistenten gab Hagedorn sich äußerst aussagewillig. Er genoß es geradezu, Objekt der Aufmerksamkeit des bedeutenden Professors Dr. Dr. Szewczyk zu sein. Mit erstaunlicher Redegewandtheit versuchte er seine Taten zu erklären. Er schwelgte geradezu in Details, wobei er offensichtlich noch einmal die Lust auskostete, die seine Verbrechen ihm bereitet hatten.

Ich hätte immer weiter gemordet und vielleicht wären die Abstände immer kürzer geworden. Das war wie auf einem Karussell, das sich immer schneller drehte, und von dem ich nicht mehr abspringen und es auch nicht selber anhalten konnte.

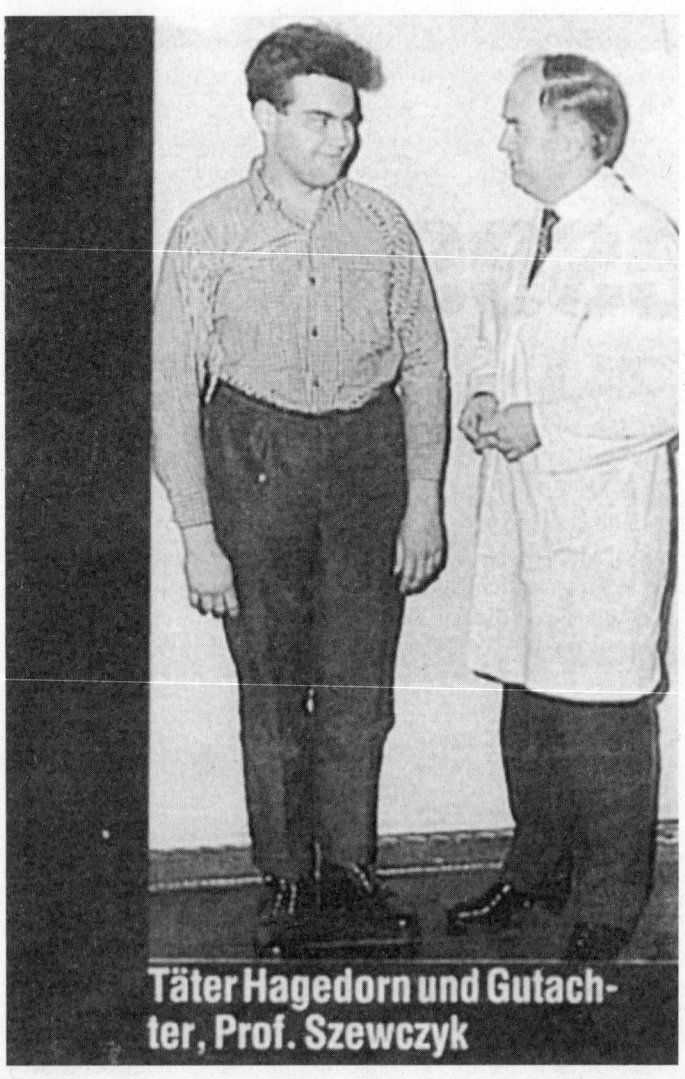

Hagedorn mit dem Gutachter Prof. Szewczyk. Quelle: „Super Illu", Oktober 1991

Die Experten explorierten ihn nach allen Regeln und Verfahren ihrer Wissenschaftsdisziplin. Hagedorn wurde internistisch, andrologisch und schließlich auch genetisch untersucht, um den sogenannten „Mörder-Chromosomen" in seinem Körper auf die Spur zu kommen.

Forschungsergebnisse aus den USA belegten, daß es Aberrationen von der normalen Chromosomenkonstellation, die sich bei Männern als XY und bei Frauen als XX darstellen, gibt. In diesen Chromosomenanomalien, z. B. XXY oder XYY, vermutete man die Ursachen für eine schwere Aggressivität, die sich u. a. im Sexualverhalten und in der Triebsteuerung äußern sollte. Hagedorns Karyogramm zeigte, daß seine X- und Y-Chromosomen im richtigen Verhältnis angeordnet waren.

Selbstverständlich wurden auch die Eltern in die Ursachenforschung einbezogen. Das Ehepaar galt als ernst und zurückhaltend. In der Wohnung war es blitzsauber, man hätte zu jeder Zeit vom Fußboden essen können. Die Eltern nahmen aktiv am gesellschaftlichen Leben im Wohnbezirk teil, mehrere Ehrenämter hatten sie inne. Auffällig war nur, daß sie Erwin wie ein Sorgenkind behandelten, ihn abschirmten und Kontakte zu anderen Kindern meist unterbanden. Sie wollten aus dem Jungen etwas Besonderes machen.

„Wir wollten, daß er studiert, schnell vorwärtskommt", erklärte die Mutter auf Szewczyks Befragen.

„Er mußte sich an Sonntagen immer schick anziehen?"

„Ja."

„Haben Sie, als Erwin klein war, mit ihm geschmust?"

„Ich habe ihn sehr lieb, aber schmusen kann ich nicht. Ich habe da Hemmungen."

„Wie entwickelte sich sein Charakter?"

„Er kommt mehr nach meinem Mann, selbstbewußt, redegewandt und so."

„Haben Sie ihn sexuell aufgeklärt?"

„Nein, das hat mein Mann gemacht."

Der aber antwortete: „Nicht direkt."

Szewczyk: „Sie haben ihn nie gefragt, ob er Probleme mit seiner Sexualität hat?"

„Ich hatte schon den Eindruck, daß an unserer Erziehung vielleicht etwas nicht stimmte. Anfangs dachte ich, es läge nur daran, daß er früher so unsportlich war und weil die anderen Jungen ihn nicht akzeptierten. Aber dann kam mir der Verdacht, daß er so etwas wie ein Homo sei. Ich habe ihn gefragt, ob wir nicht mal zusammen zum Arzt gehen sollten, da hat er nur gesagt, ich solle ihn in Ruhe lassen."

Ende Januar 1972 – die Frankfurter Bezirksstaatsanwaltschaft hatte schon mehrfach gedrängt – wurde das Gutachten formuliert. Die Befunde lauteten: starkes Geltungsstreben, Minderwertigkeitskomplexe, geringe Fähigkeit, Bindungen einzugehen, flache Gefühlsreaktionen, Mitleid, Liebe, Haß etc. nur in gespielter Form vorhanden, Hagedorn ist extrem gemütslos. Der entscheidende Satz jedoch lautete:

Hagedorn war fähig, sich willentlich in sadistische Erregung hineinzusteigern und diese zu steuern.

Keiner der gelehrten Gutachter konnte sich entschließen, „eine schwerwiegende abnorme Persönlichkeitsentwicklung mit Krankheitswert" für Erwin Hagedorn zu konstatieren.

Am 9. Mai 1972 wurde Erwin Hagedorn vor dem 1. Strafsenat des Bezirksgerichtes in Frankfurt (Oder) angeklagt. Bezirksgerichtsdirektor Nasarow fungierte während der dreitägigen Verhandlung als Vorsitzender Richter. Die Anklage wurde von Bezirksstaatsanwalt Meckert und Staatsanwalt Dr. Kuschel vertreten. Die Stadtverordnetenversammlung von Eberswalde-Finow hatte einen „gesellschaftlichen Ankläger" benannt, der dem Gericht die Empörung aller anständigen Bürger aus Eberswalde übermitteln und die strengste Bestrafung des Mörders fordern sollte. Als Verteidiger stand der ortsansässige Rechtsanwalt Herbert Wesendorf zur Verfügung, ein älterer Herr mit schütterem grauem Haar und einer dunkelrandigen Brille. Seine stattliche Erscheinung erweckte Vertrauen.

Das Gericht betrat den Saal. Der Vorsitzende überprüfte mit einem Blick das Publikum. Es hatte alles seine Ordnung. Die Zuschauerbänke waren Angehörigen der Volkspolizei, des MfS, Staatsanwälten, Juristen und handverlesenen Parteifunktionären aus Berlin und anderen Bezirken der DDR vorbehalten. Am Eingang wies sich jeder mit einer namensgebundenen Eintrittskarte aus. So hielt man die unberechenbare Öffentlichkeit fern. Die Presse war nicht zugelassen, lediglich der Berliner Filmstab durfte für seine Dokumentation drehen.

Der Vorsitzende erklärte die Verhandlung für eröffnet. Die Personalien des Angeklagten wurden festgestellt, danach die Anklage vorgetragen. Dr. Kuschel warf Hagedorn 3 vollendete und 8 versuchte Mordtaten in Tateinheit mit Nötigung und sexuellem Mißbrauch vor. Das erste Verbrechen, einen zweifachen Mord, habe er 1969 im Alter von 17 Jahren begangen, bei der letzten Mordtat im November 1971 war er 19 Jahre alt. Er sei sowohl als Jugendlicher als auch nach dem Erwachsenenstrafrecht zur Verantwortung zu ziehen.

Hagedorn spielte in den drei Verhandlungstagen die Rolle, die man von ihm erwartete. Er bestritt kein einziges Detail, schilderte seine Verbrechen in aller Ausführlichkeit und bestätigte, daß er nach jeder Tat sehr sorgsam darauf bedacht war, keinerlei Spuren zu hinterlassen. Mit anderen Worten, er redete sich um Kopf und Kragen. Denn wer bei der Spurenbeseitigung so logisch vorging, wie Hagedorn, bewies eigentlich nur, daß er um die Strafwürdigkeit seiner Handlungen wußte und gesellschaftsgemäß denken konnte.

Die Beweisaufnahme wurde mit dem Vortrag des Sachverständigen aus dem Kriminalistischen Institut der Deutschen Volkspolizei fortgesetzt.

Dann kamen die Gutachter, Professor Dr. Dr. Hans Szewczyk und Dr. Manfred Ochernal, zu Wort. Die Herren standen zu ihrem Gutachten. Auf Befragen fügten sie in der mündlichen Verhandlung hinzu, daß die Gefährlichkeit und die Schwere der Handlungen des Angeklagten ohne Zweifel nach seinem 18. Geburtstag, der Erreichung der Volljährigkeit im DDR-Strafgesetz, zugenommen hätten. So müsse man auch das von Hagedorn geprägte Bild vom „Karussell, das sich immer schneller drehte" interpretieren.

Der dritte und letzte Verhandlungstag war den Plädoyers der Staatsanwaltschaft und der Verteidigung vorbehalten. Während der Bezirksstaatsanwalt mit fester Stimme die Todesstrafe als einziges mögliches Strafmaß beantragte, wobei er die Unterstützung des gesellschaftlichen Anklägers erhielt, wies Rechtsanwalt Wesendorf, der sich in einem Psychiatrie-Lehrbuch belesen hatte, darauf hin, daß bei schwer gefühlsgestörten Persönlichkeiten – und um eine solche handele es sich ja unstrittig bei dem Angeklagten – sehr wohl die Voraussetzungen der verminderten Zurechnungsfähigkeit gegeben sein könnten. Er bitte das hohe Gericht, dieses bei der Urteilsfindung zu bedenken.

Als Hagedorn das letzte Wort erhielt, erhob sich nur kurz und erklärte knapp: „Nein, danke!"

Vor unveränderter Kulisse – sogar der Filmstab war wieder zugegen – verkündete der Vorsitzende am 15. Mai 1972:

In Namen des Volkes:

Der Angeklagte wird wegen mehrfachen vollendeten und vorbereiteten Mordes, teilweise in Tatmehrheit mit mehrfacher vollendeter und versuchter Nötigung zu sexuellen Handlungen und mehrfachen vollendeten und versuchten sexuellen Mißbrauchs von Kindern zum Tode verurteilt.

Die Taten, so führte er in der Begründung aus, seien heimtückisch und in besonders brutaler Weise begangen worden. Sie hätten Furcht und Schrecken in der Bevölkerung ausgelöst. Für die Person des Angeklagten sei eine schwere abnorme Entwicklung zu berücksichtigen gewesen, die jedoch keinen Krankheitswert erreicht habe, so daß dem Angeklagten die gesellschaftsschädlichen Auswirkungen seiner schlimmen Verbrechen zu jeder Phase der Begehungsweise dieser Verbrechen voll und ganz bewußt waren.

Hagedorn nahm das Urteil ohne sichtbare Gefühlsregung hin. Es ist überliefert, daß die Gedanken an eine bevorstehende Exekution sexuelle Erregungen bei ihm auslösten.

Am 16. Mai veröffentlichte die Zeitung „Neuer Tag" im Lokalteil für Eberswalde die einspaltige Mitteilung:

Tötungsverbrechen verhandelt

Der 1. Strafsenat des Bezirksgerichtes Frankfurt (Oder) verhandelte unter Vorsitz des Direktors des Bezirkgerichtes Frankfurt (Oder) vom 9. bis 11. Mai 1972 die 1969 und 1971 in Eberswalde an Jungen begangenen Mordverbrechen. Den Anträgen des Staatsanwaltes des Bezirkes Frankfurt (Oder) und des von der Stadtverordnetenversammlung Eberswalde-Finow beauftragten und mitwirkenden gesellschaftlichen Anklägers folgend, verurteilte der Senat am 15. Mai 1972 den Täter Erwin Hagedorn aus Eberswalde wegen mehrfachen vollendeten (in 3 Fällen) und mehrfachen vorbereiteten Mordes zum Tode …

Noch in der gleichen Woche nahm die bundesdeutsche Presseagentur dpa den Artikel zum Anlaß für die Nachrichtenmeldung, „daß in der Mark Brandenburg ein junger Mann gefaßt wurde, dem mehrere Kindermorde zur Last gelegt werden".

Die Volksmeinung nahm das Urteil mit Genugtuung auf. Ein eher gemischtes Gefühl beschlich die Gutachter. Aber noch gab es ja die Möglichkeit, das Todesurteil auf dem Berufungswege in eine lebenslängliche Freiheitsstrafe abzuwandeln. Wesendorf legte das Rechtsmittel ein. Doch der 5. Strafsenat des Obersten Gerichtes der DDR bestätigte das in erster Instanz ergangene Urteil. Für den Kindermörder gab es keinen Pardon.

Die allerletzte Chance, Erwin Hagedorns Kopf doch noch vor dem Henker zu retten, war ein Gnadengesuch an den Staatsrat der DDR.

Herbert Wesendorf bat „in Anbetracht der großen Jugend des Verurteilten und im Interesse der leidgeprüften Eltern des nunmehr auch letztinstanzlich zum Tode Verurteilten vom Recht der Begnadigung Gebrauch zu machen". Gerade dieser Fall, in dem das gesetzliche Strafmaß voll ausgeschöpft sei, werde immer ein Grenzfall auch in der sozialistischen Rechtsprechung sein.

Walter Ulbricht, der Vorsitzende des Saatsrates, der gemäß Artikel 74 der Verfassung der DDR das Amnestie- und Begnadigungsrecht ausübte, war im Sommer 1972 ein kränkelnder Greis. Vor reichlich vierzehn Monaten hatte sein Kronsohn Erich Honecker mit Moskauer Rückendeckung die Macht an sich gerissen. Ulbricht verblieben das Ehrenamt eines „Vorsitzenden" der SED und der Vorsitz im Staatsrat. Die Gesundheit des 78jährigen verschlechterte sich rapide. In der Öffentlichkeit war er kaum noch zu sehen. Die Umstände, unter denen er mit dem Gnadengesuch Erwin Hagedorns konfrontiert wurde, sind bis heute nicht hinreichend ausgeleuchtet.

Sowohl Rechtsanwalt Wesendorf als auch die Richter, Anklagevertretung, Gutachter, ja selbst die an der Ermittlung beteiligten Volkspolizisten waren fest davon überzeugt, daß Walter Ulbricht Gnade vor Recht ergehen lassen würde.

Ulbricht lehnte das Gnadengesuch ab. War ihm die Brisanz des Verfahrens nicht mehr bewußt geworden? Oder hatte er in Erinnerung an frühere Glanzzeiten als ZK-Sekretär die Vollstreckung der Todesstrafe mit kurzen Federstrichen in Gang gesetzt?

Dokumente aus dem ehemaligen Archiv des Zentralkomitees der SED belegen, daß Ulbricht Mitte der fünfziger Jahre in mehreren politischen Schauprozessen gegen Agenten und Spione das Strafmaß bestimmte. So hatte er am 15.6.1955 im Verfahren gegen Joachim Wiebach die vorgesehene lebenslängliche Zuchthausstrafe handschriftlich in „Vorschlag Todesstrafe" abgeändert. Im sogenannten Benkowitz-Prozeß* verfügte er mit vier kleinen

---

* Gerhard Benkowitz – 1955 als Agent der antikommunistischen „Kampfgruppe gegen Unmenschlichkeit" (KGU) hingerichtet

Strichelchen – sogenannten Wiederholungszeichen – die Todesstrafe für Hans-Dietrich Kogel.

Ulbrichts Wille wurde auch im Fall Hagedorn vollstreckt. Erwin, der „Kinderschlitzer von Eberswalde", selbst von den Mithäftlingen in der Strafvollzugseinrichtung Cottbus, wo er zwischenzeitlich einsaß, verachtet, ging am 14. September auf Transport in die Haftanstalt Torgau. Tags darauf weckten sie ihn im Morgengrauen und fuhren mit ihm nach Leipzig, in die Alfred-Kästner-Straße. Gegen zehn Uhr wurde Hagedorn in einem abgeschotteten Keller der Strafvollzugsanstalt in den Hinrichtungstrakt geführt. Staatsanwalt Kunze, der Vertreter der Generalstaatsanwaltschaft, eröffnete ihm die Ablehnung des Gnadengesuches, dann schoben sie den Delinquenten in einen Nebenraum. Unbemerkt trat Hauptmann Lorenz hinter den Mann. Er hob seine Pistole in Nackenhöhe und brachte den „unerwarteten Nahschuß" an, so wie es die „Gemeinsame Anweisung über die Vollstreckung der Todesstrafe vom Juni 1968" als „Geheime Verschlußsache 02014" des Ministers des Innern, des Generalstaatsanwaltes der DDR und des Ministers für Staatssicherheit vorsah.

Ein dreiviertel Jahr später verstarb Walter Ulbricht. Erich Honecker, der ihn nun auch als Staatsratsvorsitzender beerbte, erwies sich in Gnadensachen moderater. „Der Mann ist doch krank. E.H.", steht auf einer Gnadenakte, die einem Sittlichkeitsverbrecher das Leben schenkte.

Im Februar 1973 tagte in Berlin das „IX. Internationale Kriminalistische Symposium sozialistischer Länder". Kriminalisten, Juristen, Vertreter aus den Kriminalistischen Instituten und Gerichtsmediziner nahmen an der Tagung teil. Major der K Herbert Grieschat referierte vor international besetztem Auditorium den „Fall Hagedorn". Noch im gleichen Monat erschien das Referat, das auf einem Auswertungsbericht des Major Horst Popiela beruhte, nach redaktioneller Kürzung im „Forum der Kriminalistik". Die DDR-Fachzeitschrift wurde im Ministerium des Innern herausgegeben und gelangte auf offiziellen Wegen auch in die wissenschaftlichen Bibliotheken der Bundesrepublik.

In Deutschland Ost und West zeigten zwei Autoren völlig unabhängig voneinander für den Hagedorn-Fall Interesse. In der Bundesrepublik war es Friedhelm Werremeier, ein Gerichtsreporter und Krimiautor, der sich mit der Figur des von ihm für den TV-Bildschirm erfundenen Hamburger Hauptkommissar Trimmel einen erstklassigen Ruf erworben hatte. Zu seinen größten Verdiensten zählt zweifellos das Engagement, das er für den vierfachen Knabenmörder Jürgen Bartsch entwickelte. Aus anfänglicher Entrüstung über die sadistischen Taten des „Kirmesmörders" erwuchs im Verlaufe des Wuppertaler Landgerichtsprozesses ein großes Mitleid. „Bartsch ist krank", kommentierte er, „und einen Kranken bringt man in eine Heilanstalt!" Die Richter verurteilten Jürgen Bartsch 1967 unter Anwendung des Erwachsenenstrafrechts zu einer lebenslangen Zuchthausstrafe. Werremeier gewann den namhaften Strafverteidiger Bossi für ein Revisionsbegehren. Der Bundesgerichtshof hob Ende November 1969 tatsächlich das Urteil gegen Jürgen Bartsch auf und verwies den Fall zur erneuten Verhandlung an die Jugendstrafkammer beim Landgericht Düsseldorf. Der zweite Prozeß revidierte das Lebenslänglich-Urteil auf eine zehnjährige Jugendstrafe und Einweisung in eine Heilanstalt. War Bartsch im ersten Prozeß noch für schuldfähig befunden worden, erkannten die Düsseldorfer Richter wenigstens auf „verminderte Schuldfähigkeit". Werremeiers Zivilcourage hatte sich – jedenfalls zu einem gewissen Teil – gelohnt. Bartsch ist 1976 bei einer Kastrationsoperation, der er sich freiwillig unterzog, verstorben.

Werremeier wollte mehr über das Schicksal des Erwin Hagedorn wissen, der allen vorliegenden Informationen zufolge, diesem Jürgen Bartsch vom Charakter und von der Veranlagung her so faszinierend glich. Urplötzlich waren da im gleichen Jahrzehnt in beiden Teilen Deutschlands jugendliche Mörder herangewachsen, deren perverser Sadismus die Menschen aufschreckte.

Er klopfte beim Ostberliner Staranwalt Friedrich Karl Kaul an, wurde in der Charité bei Professsor Szewczyk vorstellig und schrieb einen Brief an den DDR-Generalstaatsanwalt, der erwartungsgemäß nie beantwortet wurde. Die Findigkeit des Reporters brachte dennoch einen Informationsdeal zustande – diesmal von Ost nach West –, bei dem Mielkes Mannen vielleicht unfreiwillig Schützenhilfe geleistet haben. Werremeiers Recherchen und seine Absicht, nun ein Buch über den Fall Hagedorn zu schreiben, blieben nicht unerkannt.

In der DDR recherchierte die Autorin Dorothea Kleine. Am 26. August 1973 war ihr Krimi „Der Ring mit dem blauen Saphir" in der Fernsehreihe „Polizeiruf 110" über den Sender gegangen. Der Erfolg bestärkte die Autorin. Sie wollte einen Stoff über Homosexualität und Triebverbrechen aufgreifen. Fernsehstaatsanwalt

Przybilski ermöglichte ihr die Einsichtnahme in die Ermittlungsakten Hagedorn bei der Bezirksstaatsanwaltschaft in Frankfurt (Oder). Anschließend fuhr sie nach Waldheim, um sich mit Hilfe Dr. Manfred Ochernals, Einblicke in die Psyche dort einsitzender Triebtäter zu verschaffen. Dann schrieb sie ihr Szenarium, dessen Handlung nur noch entfernt an die Eberswalder Vorgänge erinnerte, das Täterprofil jedoch sorgfältig im Auge behielt. Das Szenarium wurde angenommen und vom Regisseur Heinz Seibert, der bereits vier „Polizeiruf"-Krimis vorgelegt hatte, unter dem Titel „Am hellerlichten Tag" in Szene gesetzt.

1975 erschien Friedhelm Werremeiers Report „Der Fall Heckenrose".

„Es sollte kein DDR-feindliches Buch werden", merkte der Autor an. „Es wurde ein trauriges Buch über eine traurige Wahrheit."

In den zuständigen DDR-Ministerien verschlang man das Buch geradezu. Es glänzte durch Faktenwissen und Detailtreue, so daß die Fahndung nach den Quellen unverzüglich einsetzte. Eine MfS-Kommission ging auf Jagd.

Zu den Hauptverdächtigen gehörten neben Heinz Kabel, die Sekretärin Dr. Kuschels in der Frankfurter Bezirksstaatsanwaltschaft und die Mitarbeiter und Assistenten des Gutachterteams um Szewczyk und Ochernal; vor allem jene, die sich aus verschiedenen Gründen in die Bundesrepublik abgesetzt hatten. Selbst die Cottbuser Autorin Dorothea Kleine bekam Besuch von Mielkes Ermittlern. Sie sollte ihre Quellen für den „Polizeiruf"-Stoff benennen.

Werremeiers Buch wurde in der DDR als Geheimsache behandelt. Nicht einmal Heinz Kabel, der ja einer der Hauptakteure in der Ermittlungssache war, bekam es zu Gesicht.

An die Chefredaktion „Forum der Kriminalistik" erging das Verdikt, keine Falldarstellungen mehr zu spektakulären Verbrechen zu veröffentlichen. Ab 1976 trug jedes Heft den in einen Kasten gesetzten Hinweis „Zur Beachtung! Diese Zeitschrift trägt den Charakter interner Fachliteratur und ist nur zur Verwendung in der Deutschen Volkspolizei und den anderen Organen des Ministeriums des Innern bestimmt."

Der „Polizeiruf"-Film „Am hellerlichten Tag" wurde von einer hochrangigen Gutachter-Kommission, an deren Spitze Fernsehchef Heinz Adameck stand, aus dem Programm gekippt. Selbst die Kopien wurden vernichtet, bis auf eine 16mm-Fassung, die ein Arbeiter eher zufällig vor der völligen Zerstörung bewahrte.

Der Film hatte – wie Werremeiers Buch – eine wunde Stelle in der Rechtsgeschichte der DDR berührt. Chronisten, die nach der Wende über den Fall Erwin Hagedorn berichteten, taten dies im Sinne gängiger Medienklischees: „Die vertuschten Verbrechen der DDR – Im real existierenden Sozialismus durfte es keine perversen Triebtäter geben". Nicht selten wurde Friedrich Engels als „Beweis" zitiert, der gesagt hätte, daß es im Sozialismus gelungen sei, die „Axt an die Wurzel des Verbrechens zu legen". Die Autoren hätten Engels vorher lesen sollen. Das richtige Zitat lautet: „Die kapitalistische Gesellschaft befindet sich im permanenten sozialen Krieg aller gegen alle. Die Kommunisten heben den Gegensatz des einzelnen Menschen gegen alle anderen auf. Sie beseitigen die soziale Ungerechtigkeit, setzen dem sozialen Krieg den sozialen Frieden entgegen und legen damit ›die Axt an die Wurzel des Verbrechens‹." (Marx/Engels Werke Bd. 2, S. 541 ff.) Und an anderer Stelle erklärend: „In einer Gesellschaft, wo die Motive zum Stehlen beseitigt sind, wird auf die Dauer nur von ›Geisteskranken gestohlen‹." (Marx/Engels Werke Bd. 20, S. 87 ff.) Engels erweist sich bei näherer Betrachtung als höchst ungeeigneter Zeuge für die angebliche These, daß geistig verwirrte Triebtäter ausschließlich Produkte der kapitalistischen Gesellschaft seien. Niemand hat dergleichen in der DDR behauptet. Das auffällige Bemühen, den Fall Hagedorn aus dem Gedächtnis der Öffentlichkeit zu streichen, lag in der panischen Furcht der DDR-Führung begründet, auf internationalem Parkett auszugleiten. Im September 1973 war sie Mitglied der UNO geworden, sie hatte die Charta der Vereinten Nationen unterzeichnet und Menschenrechte anerkannt. Im Vergleich beider deutscher Rechtssysteme hatte die DDR-Justiz im Falle Hagedorn bewiesen, daß sie unfähig war, mit jugendlichen Triebtätern umzugehen. Das vollstreckte Todesurteil hing ihr jetzt wie ein schrundiges Mal an. Spurenbeseitigung lautete die Devise. Die Mitarbeiter des Kreisarchivs Eberswalde wundern sich noch heute, warum in dem sorgfältig geführten Zeitungsbestand Lücken klaffen. Betroffen ist der Zeitraum von Mitte Mai 1969 bis Oktober 1972.

Sechs dicke Ordner umfaßt die Akte, die das Ministerium für Staatssicherheit im Zeitraum von 1969 bis 1973 unter dem Kennwort „Knabenmorde Eberswalde" zusammentrug. Sie erhielten die Registriernummer 436/73 und sind in der Berliner Gauck-Behörde zu finden.

„Erwin war schon ein armes Würstchen", meint der Kriminalhauptkommissar a. D. Heinz Kabel, wenn er sich an Erwin Hagedorn erinnert. „Einerseits ein grausames Untier und andererseits eine gebrochene und einsame Seele, die sich nach Wärme, Liebe und Freundschaft sehnte. Ich hatte den Eindruck, er war ein kranker Mensch!"

QUELLEN

DAS EISENBAHNATTENTAT VON BURKAU

SächsHStA: Landesregierung Sachsen, Ministerium des Innern, Nr. 278, Bl. 1-6

Geschichte der Deutschen Volkspolizei 1945-1961, Berlin 1979

Grundriß Geschichte der Deutschen Volkspolizei 1945-1961, Teil I in der ersten und zweiten Fassung vom April 1969 und März 1970, als Ms. gedruckt

Manfred Drews: Generalleutnant a. D. Willi Seifert. In: Leben und Kampf im Dienst des Volkes. Literarische Porträts, Band I. Berlin 1984

Festschrift zum 100. Jubiläum der Eisenbahnstrecke Radeberg–Kamenz. 1971

Sächsiche Volkszeitung. Jahrg. 1, Nr. 103 und 104

Lekschas u. a.: Kriminologie – Theoretische Grundlagen und Analysen. Berlin 1983

Hans Joachim Ritzau: Katastrophen der deutschen Bahnen, Band II. Pürgen 1993

Gespräche des Autors mit Erhard Lange, Siegfried Hempel, Oskar Gneuß in Burkau und Hans Raschinsky in Kamenz

AFFÄRE CONTI

Stadtarchiv Dessau, OB 1251-1253 (Conti-Prozeß)

Urteil in der Strafsache Herwegen, Brundert u. a. In: Neue Justiz, Jahrg. 4, Nr. 8/50

Entlarvt. Die Geschichte eines aufgedeckten Riesenbetrugs. Hg. vom Amt für Informationen der Regierung der Deutschen Demokratischen Republik. Berlin 1950

Berliner Rundfunkarch. DOK 139, Herwegen-Brundert-Prozeß

BARCH P, DO 1/MdI/7.0. Nr. 38 S. 8 – 10; DO 1/MdI/7.0. Nr.
361 S. 51 und DO 1/MdI/7.0. Nr. 268

Hilde Benjamin: Zum Dessauer Prozeß. In: Neue Justiz, Jahrg.
4, Nr. 5/50

Willi Brundert: Es geschah im Theater. Berlin und Hannover 1958

Neue Berliner Illustrierte. Jahrg. 5, 2. Dezemberheft

Neues Deutschland v. 23.11.1949 und 20.4.-30.4.1950

Freiheit v. 24.4.-29.4.1950

Telegraf v. 26.4.-1.5.1950

Tägliche Rundschau v. 12.12.1950

Die Volkspolizei. Jahrg. 3, Nr. 3/50 und 9/50 sowie Jahrg. 42, Nr.
9/89

Rainer Karlsch: Der Schauprozeß im Dessauer Theater. In: Mitteldeutsche Zeitung v. 10.9.1993

Friedrich Mühlberger: Verbrechen gegen das Eigentum des deutschen Volkes. Berlin 1956

Geschichte der Deutschen Volkspolizei 1945-1961. Berlin 1979

Progreß-Filmillustrierte. Jahrg. 1953. Geheimakten Solvay

Sport und Technik. Jahrg. 30, Nr. 11/1986

Badstübner u. a.: Geschichte der Deutschen Demokratischen
Republik. Berlin 1984

Fritz Hesse: Erinnerungen an Dessau. Bonn 1990

Rainer Karlsch: Allein bezahlt? Die Reparationsleistungen der
SBZ/DDR 1945-1953. Berlin 1993

Gerhard Keiderling: Die Spaltung Berlins. Berlin 1985

Günter Koch: Geheimaktion „Bird Dog". Berlin 1969

Werner Kahl: Spionage in Deutschland. München 1986

A. J. Wyschinski: Gerichtsreden. Berlin 1951

Laszlo Rajk und Komplizen vor dem Volksgericht. Berlin 1949

Rudolf Herrnstadt: Das Herrnstadt-Dokument. Reinbek 1990

Der Autor dankt Dr. Rainer Karlsch für wertvolle Anregungen
und Archivhinweise.

DIE TODESSCHÜSSE VON UCKRO

BArch P, DO 1/MdI/ 11.0. Nr. 777

Die Volkspolizei. Jahrg. 6, Nr. 11/53 und 12/53

Lausitzer Rundschau. Jahrg. 2, Nr. 243

Nachtdepesche v. 4.11.1953

Telegraf v. 4.11.1953
Gespräche mit Medizinalrat Dr. H. in A., Wanda Lessing in Reich-
walde und Rudolf Ruhs in Waldow
Gespräche mit den ehemaligen Angehörigen der Volkspolizei
Heinz Rebentisch, Joachim Dunst, Werner Grund, Helmut
Strempel, Helmut Wittkewitz, Kurt Lichan, Heinz Menzel,
Martin Worrack und Werner Illig
Frantisek Vrbecky: Mrtvi nemluvi. Prag 1985 Deutsche Fassung:
Die Masins geben nicht auf. Aus dem Tschechischen übertra-
gen von Martin Wachowski. Berlin 1989
Fotoarchiv Frantisek Vrbecky jr. (Prag)
Ota Rambousek: Jenom ne strach. Prag 1991
Radio Free Europe. München. Sendereihe Panorama 87. Inter-
view-Serie mit Ctirad Masin, ausgestrahlt März-April 1987
Janusz Piekalkiewicz: Spione – Agenten – Soldaten. München
1988
Miroslaw Siska: Verschwörer – Spione – Staatsfeinde. Berlin
1991
Torsten Diedrich: Der 17. Juni 1953 in der DDR. Berlin 1991
Heinrich/Ullrich: Befehdet seit dem ersten Tag. Berlin 1981
Rudolf Herrnstadt: Das Herrnstadt-Dokument. Reinbek 1990

Die Übersetzung der Textzitate aus dem Tschechischen besorg-
ten Erich Schindler (Wahrenbrück) und Franz Hadrborlec (Maas-
dorf), denen der Autor zu Dank verpflichtet ist.

FEUERTEUFEL

Strafprozeßakten Günter W. und Dietmar W. Az BS 125/62 (Cott-
bus), 91/88 (Forst) und 314/75 (Cottbus-Land)
Norbert Heideklang: Der Feuerteufel. In: Im Kampf bewährt. Ant-
hol. II, Cottbus 1985
Gespräche mit Fritz Zech und Fritz Noack in Döbbrick
Gespräche mit Major der K a. D. Kurt Brase, Kriminalrat a. D.
Hans Jakobitz, Kriminalrat a. D. Roland Mette, Kriminal-
hauptkommissar a. D. Rainer Marx und Hauptmann der VP
a. D. Hans Loreck in Cottbus, Dissen und Merzdorf
Geschichte der Deutschen Volkspolizei 1945-1961. Berlin 1979
Kriminalistische Beiträge. Berlin 1960
Gerhard Feix: Kleines Lexikon für Kriminalisten. Berlin 1965

Bildquellen der vier vorangegangenen Fälle

Die Fotos, Dokumente und Ausrisse aus der Tagespresse auf den
im folgenden genannten Seiten entstammen dem Archiv des
Autors: 18, 42, 48, 49, 50, 55, 61, 64, 94, 96, 99, 106, 107, 108,
109, 113, 114, 119, 120, 132, 136, 138, 140, 144, 148, 151,
167, 170, 174, 175, 176, 178, 180, 184, 185, 187, 188, 193,
196, 211, 216, 220, 231, 233
Quellen der überdies verwendeten Fotos und Dokumente:
Bundesarchiv Potsdam 80
Stadtarchiv Dessau 58, 115, 123
Geschichte der Volkspolizei 21, 26, 27, 132
Ota Rambousek, jenom ne strach, Praha 1991 192
Wolfgang Herr 200
Helmut Strempel 146

MORDSACHE LEMKE

Brandenburgisches Landeshauptarchiv Potsdam, Ld. Br. Rep.
212, Ministerium der Justiz, 903a und Ld. Br. Rep 203, Mini-
sterium des Innern, LBDVP Nr. 120
Märkische Volksstimme vom 20.10.1948, 1.8.1949 und 5.9.1949
Neue Zeit vom 8.12.1948
Telegraf vom 19.10.1948
Der Tagesspiegel vom 20.10.1948
Hannes Elmen: polizeifunk meldet … mordfall lemke aufgeklärt
… Berlin 1949
Heinz Beck: Mordsache Klembke. Berlin 1984
Norbert Steinborn/Hilmar Krüger: Die Berliner Polizei 1945 bis
1992. Berlin 1993
Der Morgen vom 19.8.1948
Berliner Zeitung vom 22.8. bis 25.8.1948
Tribüne vom 3.8.1948, 19.8. bis 21.8.1948
Zeittafel zur Geschichte der Volkspolizei Berlin 1945–1961. Ber-
lin 1985
Helmut Klein: Eine Begründung der Entlassung wurde nicht ge-
geben. In: In Erfüllung des Klassenauftrages. Berlin 1980

Der Autor dankt Gisela Warsow (Berlin), Dietrich Kukla (Angermünde), Mathias Schalow (Schmökerkiste Berlin), den Mitarbei-

tern des Stadtarchivs Eberswalde sowie des Brandenburgischen Landeshauptarchivs Potsdam.

TREFFPUNKT SEKTORENGRENZE

Zirkusarchiv Dietmar Winkler, Berlin. Materialsammlungen „Circus Schickler", „Circus Baruck" und „Circus Barlay"

Dietmar Winkler: Überfall auf einen Zirkus. In: Kassette Nr. 5/1981

Klaus-Dieter Kürschner: Überfall in der Kalkscheunenstraße. In: Sport und Technik Nr. 12/1976

Wolfgang Kohlhaase/Hans Kubisch: Alarm im Zirkus. Berlin 1954

Hanns Krause: Überfall auf den Zirkus. Berlin 1954

Eberhard Richter: ... der polizeibericht meldet ... Leipzig/Jena 1960

BZ am Abend vom 23.4.1953, 27.4. bis 30.4.1953, 8.5.1953, 20.10. bis 27.10.1953

Berliner Zeitung vom 26.4. bis 30.4.1953, 5.5.1953, 23.10.1953

Neues Deutschland vom 28.10. bis 29.10.1953

Der Kurier vom 27.4.1953

Die Volkspolizei. Jahrg. 6, Nr. 22/1953 und Jahrg. 7, Nr. 17/1954

Der Autor dankt Lothar A. (Berlin), Dietmar Winkler (Berlin), Klaus-Dieter Kürschner (Berlin), Markschiess-van Trix (Berlin) sowie der Polizeihistorischen Sammlung Berlin.

BRENNPUNKT OPTIK

Polizeihistorische Sammlung Berlin. Materialsammlung „Optikverschiebungen"

Rolf Pfeiffer: Schmuggel über die Pyrenäen. In: BZ am Abend vom 10.1. bis 13.1.1958

BZ am Abend vom 31.7.1953, 14.1.1958, 20.1.1958, 1.3.1958, 3.3.1958 und 3.5.1958

Die wirren Jahre. Deutschland 1945–1948. TV-Serie und Begleitbuch. Berlin 1996

Frank Grube/Gerhard Richter: Die Schwarzmarktzeit. Hamburg 1979

Paul Berndt: Achtung 2 Peter Einsatz! Hamburg 1997

Der König von Mallorca. Hasso Schützendorf im Interview. Spiegel-TV 1996

Der Schmugglerkönig. TV-Porträt. MDR 1997

Zwei Schicksale oder Eine kleine Königstragödie. TV-Film von Lothar Warneke. Sanssouci-Film. Kleinmachnow 1994

Bild am Sonntag. Serie: Die „deutschen Könige von Mallorca". 1984

Quick. Jahrgang 1985

Lothar Creutz/Carl Andrießen/Richard Groschopp: Ware für Katalonien. Berlin 1959

Filmmuseum Potsdam. Signatur 116 „Nachlaß Richard Groschopp"

Horst Girra: Optikschmugglern wurde das Handwerk gelegt. In: Forum der Kriminalistik. Jahrg. 6, Nr. 6/1970

Tatsachen über Westberlin. Dokumentation. Berlin 1962

Die Volkspolizei. Jahrg. 7, Nr. 6/1954 und 12/1954; Jahrg. 8, Nr. 7/1955

Zeittafel zur Geschichte der Volkspolizei Berlin 1945–1961. Berlin 1985

Frank Overesch: Das besetzte Deutschland 1945 bis 1949. Augsburg 1992

Günter Prodöhl: Ausweis Nr. XV 0869888. In: Das Magazin. Jahrg. 3, Nr. 2/1956

Günter Prodöhl: Drei gefälschte Ausweise. In: Die im Dunkeln. Berlin 1957

Horst Girra: Begehrte Ware. Berlin 1959

Horst Girra/Hans Siebe: Die gläserne Spinne. Berlin 1973

Gert Prokop: Verbrechen ohne Chance. Erinnerungen eines Berliner Kriminalisten. In: Neue Berliner Illustrierte. Jahrg. 21, Nr. 27 bis 32/1965

Der Autor dankt Lothar Warneke (Kleinmachnow), Rolf Pfeiffer (Berlin), der Polizeihistorischen Sammlung Berlin und dem Archiv des Filmmuseums Potsdam.

MORDAKTE H.

Herbert Grieschat: Die Leitung der kriminalistischen Untersuchung zur Aufklärung komplizierter Tötungsverbrechen. In: Forum der Kriminalistik. Jahrg. 9, Nr. 2/1973

Heinz Diedering: Spurensicherung bei Nacht. In: Forum der Kriminalistik. Jahrg. 8, Nr. 7/1972

Neuer Tag vom 12.6.1969 und 16.5.1972

Mordfall Hagedorn. Spiegel TV 1997

SUPER-Illu. Jahrgang 1991, 1. bis 3. Oktoberheft

Verschwiegene Verbrechen. In: FF. Nr. 47/1995 und Nr. 2/1996

Hans Halter: Nahschuß in den Hinterkopf. In: Der Spiegel. Jahrg. 44, Nr. 34/1991

Friedhelm Werremeier: Der Fall Heckenrose. München 1985

Dr. Dr. Hans Szewczyk: Sadismus – eine Form der sexuellen Abnormität. In: Forum der Kriminalistik. Jahrg. 2, Nr. 9/1966

Zum Thema Öffentlichkeitsarbeit. In: Forum der Kriminalistik. Jahrg. 3, Nr. 1/1967

Paul Moor: Jürgen Bartsch: Opfer und Täter. Reinbeck 1991

Gerhard Feix: Der Tod kam mit der Post. Berlin 1979

Hans Pfeiffer: Der Zwang zur Serie. Leipzig 1996

Rudi Beckert: Die erste und letzte Instanz. Goldbach 1995

Der Autor dankt Kriminalhauptkommissar a. D. Heinz Kabel (Frankfurt/Oder), Kriminalhauptkommissar a. D. Karl-Heinz Krause (Eberswalde), Friedhelm Werremeier (Bad Bevensen), Dorothea Kleine (Cottbus) und Dr. Rudi Beckert (Berlin).

INHALT

PETER NIGGL

Ich bin ein Untier

Die Geständnisse des Thomas Rung

»Dieser Mensch … ist kein Ungeheuer, das aus dem Nichts auftaucht und jetzt hinter Gittern lebt, sondern ein Produkt unserer Gesellschaft, so wie auch das Böse nichts ist, das wir isolieren, herausschneiden und einfach wegsperren können.«

Das schreibt Prof. Gallwitz in seinem Vorwort zu diesem Buch über den Serienmörder Thomas Rung. Dieser Mann mordete mit unvorstellbarer Brutalität und menschlicher Kälte. Als am 5. März 1996 das Urteil gegen ihn verkündet wurde, ging einer der spektakulärsten Kriminalfälle der deutschen Nachkriegsgeschichte zu Ende. Nach Gesprächen mit Thomas Rung, nach Polizei- und Prozeßakten, Erkundungen seines Umfelds sowie seiner Familiengeschichte zeichnet der Publizist Peter Niggl das erschütternde Psychogramm eines Serientäters.

256 S., brosch., mit Abbildungen, 24,80 DM
ISBN 3-360-00889-8

VERLAG DAS NEUE BERLIN

WOLFGANG MITTMANN
Aktion Roland
Jagd auf einen Frauenmörder

Deutschland im Frühjahr 1946. Eine Völkerwande-
rung überzieht das Land. Gefangene kehren heim,
Ausgebombte und Flüchtlinge suchen nach einer
Bleibe ... Und Frauen sind unterwegs, um in
den Dörfern Wäsche oder Schmuck gegen Eßbares
einzutauschen. In dieser Situation treibt sich ein Mann
auf Bahnhöfen oder in vollbesetzten Zügen herum
und bietet Frauen seine Hilfe an. Die auf sein günsti-
ges Angebot eingehen, werden vergewaltigt und
beraubt, manche bezahlen ihre Gutgläubigkeit sogar
mit dem Leben. Erstmals ist in diesem Buch die Jagd
nach dem Serientäter vollständig rekonstruiert und
spannend aufgeschrieben, der von 1946 bis 1949
vor allem im Berliner Umland und in den Wäldern
Brandenburgs sein Unwesen trieb.

256 S., brosch., mit Abbildungen, 24,90 DM
ISBN 3-360-00870-7

VERLAG DAS NEUE BERLIN

ISBN 3-360-00895-2

1. Auflage dieser Ausgabe
© 2000 Das Neue Berlin
Verlagsgesellschaft mbH
Rosa-Luxemburg-Str. 39, 10178 Berlin
Umschagentwurf: Jens Prockat
Druck und Bindung: Ebner Ulm